世界规模的积累

——欠发达理论批判

〔埃及〕萨米尔·阿明 著

杨明柱 杨 光 李宝源 译 李宝源 杨 光 校

社会科学文献出版社
SOCIAL SCIENCES ACADEMIC PRESS (CHINA)

重庆出版集团 重庆出版社

Samir Amin

L'accumulation à l'échelle mondiale,

critique de la théorie du sous-développement (Anthropos, 1970);

Eng. translation, Accumulation on a World Scale:

A Critique of the Theory of Underdevelopment (Monthly Review Press,

New York, 1974).

ⓒ Samir Amin

在学习借鉴中发展 21 世纪马克思主义和当代中国马克思主义

李慎明[*]

习近平总书记在哲学社会科学工作座谈会上的重要讲话中明确指出："我国哲学社会科学的一项重要任务就是继续推进马克思主义中国化、时代化、大众化，继续发展 21 世纪马克思主义、当代中国马克思主义。"[①]这一要求，对于我们在新的历史起点上坚持和发展马克思主义，具有重大的现实意义和深远的历史意义。

为深入贯彻落实习近平总书记重要讲话精神，在中宣部理论局指导下，中国社会科学院世界社会主义研究中心会同重庆出版集团选编了这套"国外马克思主义和社会主义研究丛书"。经过众多专家学者和相关人员的辛勤努力，终于开始奉献在广大读者的面前。

进一步加强国外马克思主义研究，是坚持以马克思主义为指导、坚持和发展中国特色社会主义的需要。2013 年 1 月 5 日，习近平总书记在新进中央委员会的委员、候补委员学习贯彻党的十八大精神研讨班开班式上的重要讲话中明确指出："中国特色社会主义是社会主义

---

[*]李慎明，十二届全国人大常委、内务司法委员会副主任委员，中国社会科学院原副院长，中国社会科学院世界社会主义研究中心主任、研究员。

[①]《人民日报》，2016 年 5 月 18 日。

而不是其他什么主义,科学社会主义基本原则不能丢,丢了就不是社会主义。"①在哲学社会科学工作座谈会上的重要讲话中,他又强调指出:"坚持以马克思主义为指导,是当代中国哲学社会科学区别于其他哲学社会科学的根本标志,必须旗帜鲜明加以坚持。"②2008年国际金融危机对西方国家的影响和冲击至今仍未见底,这是生产社会化直至生产全球化与生产资料私人占有这一根本矛盾的总爆发,本质上是资本主义经济、制度和价值观的危机。经济全球化、新的高科技革命和世界多极化都在深入发展,各种政治理论思潮此起彼伏。马克思主义的"幽灵"重新徘徊在发达的资本主义社会上空。全球范围内的马克思主义和左翼思潮也开始复兴。中国特色社会主义已巍然屹立于当今世界之林。在强大的事实面前,即便是一些西方学者,也不得不承认马克思主义的强大生命力和对西方社会的重要影响力。西方国家的一些马克思主义研究者或信仰者说得更为深刻。日本著名作家内田树呼唤道:"读马克思吧!""读过马克思之后,你会感觉到你自己思考的框子(或者说牢笼也可以)从外面被摇晃着,牢笼的墙壁上开始出现裂痕,铁栅栏也开始松动,于是你自己就会领悟到原来自己的思想是被关在一个牢笼当中啊。"③这些都充分说明,马克思主义的基本原理和科学社会主义的基本原则决没有过时。对这些基本原理和基本原则,我们在任何时候和任何情况下都必须毫不动摇地坚持。正因如此,习近平总书记多次强调我们党要坚持以马克思主义为指导,哲学社会科学研究工作要以马克思主义为指导,强调全党特别是党的中高级干部要认真学习马克思主义的经典著作,强调哲学社会科学工作者

①《十八大以来重要文献选编(上)》,中央文献出版社,2014年9月第1版,第109页。

②《人民日报》2016年5月18日。

③〔日〕内田树、石川康宏:《青年们,读马克思吧!》,于姸、王伟译,红旗出版社,2013年10月第1版,第26页。

要认真学习马克思主义的经典著作。进一步加强国外马克思主义研究，积极借鉴国外有益经验和思想成果，无疑有助于我们在新的形势下更好地理解马克思主义的基本原理和科学社会主义的基本原则，以更好地坚持以马克思主义为指导，推进中国特色社会主义事业健康发展。

进一步加强国外马克思主义研究，是发展21世纪马克思主义、当代中国马克思主义的需要。中国是个大国。不仅是世界上最大的发展中国家，而且是世界上最大的社会主义国家；经济规模是世界第二；人口是世界人口的1/5。而且，中国有着马克思主义中国化的丰硕成果以及5000多年的优秀文化传统。新中国成立至今，特别是冷战结束至今，无论是国际还是国内实践，都为我们坚持和发展马克思主义提供了正反两方面的十分丰厚的沃壤。当今世界正在发生十分重大而深刻的变化，当代中国正在进行着人类历史上最为宏大而独特的实践创新，也面临着许多可以预料和难以预料的新情况新问题。习近平总书记指出："这种前无古人的伟大实践，必将给理论创造、学术繁荣提供强大动力和广阔空间。这是一个需要理论而且一定能够产生理论的时代，这是一个需要思想而且一定能够产生思想的时代。我们不能辜负了这个时代。"①我们在坚持马克思主义基本原理的同时，决不能固守已有的现成结论和观点，必须结合当今的世情、国情、党情和民情，以与时俱进、奋发有为的姿态，解放思想、实事求是，坚持真理、修正错误，创新和发展21世纪的马克思主义和当代中国的马克思主义。

进一步加强国外马克思主义研究，是更加积极借鉴国外马克思主义研究有益成果的需要。改革开放以来，我国马克思主义研究步入了新的发展阶段。译介、研究和借鉴国外的马克思主义研究著作，成为马克思主义研究一个不可或缺的组成部分。20世纪70年代末，我国

①《人民日报》，2016年5月18日。

的国外马克思主义研究进入一个新的阶段,西方各种思潮包括"西方马克思主义"也一并进入中国,引起了学术界的关注。随着东欧剧变和苏联解体,20世纪90年代初期我国对国外马克思主义的研究曾一度收缩。随着改革开放的深入,90年代后期又开始逐步扩大,到21世纪头10年又进入了新的高速发展时期。作为深入实施马克思主义理论研究和建设工程的重要内容,2005年12月,我国设立了马克思主义理论一级学科,国外马克思主义研究成为其中一个重要的二级学科。应该说,经过近40年的发展,我国国外马克思主义研究取得了长足的进步,结出了丰硕的成果,为增强马克思主义的影响力和说服力注入了新的内容,同时也为增强人们对中国特色社会主义的道路自信、理论自信、制度自信、文化自信,提供了有价值的理论资源。但同时也要清醒地看到,我国国外马克思主义研究所取得的成果,与它理应承担的使命、任务相比还存在不小差距。虽然国外马克思主义研究的前沿流派和代表人物不断被引介过来,一些比较新奇的观点也令人有眼花缭乱之感,但总体上看,国外马克思主义研究并不尽如人意,一些问题也越来越突出。比如,在表面的繁荣之下,有的被研究对象牵着鼻子走,失去了曾经清晰的目标;有的陷入至今仍未摆脱的迷茫和瓶颈期。又比如,在国外马克思主义研究过程中,有的缺乏辩证思维,把"西方马克思主义"奉为圭臬,认为它富有"新思维",是马克思主义的新发展;有的甚至把列宁、斯大林时期的马克思主义和中国的马克思主义看作是"走形变样"的政治话语,是"停滞、僵化的马克思主义"。国内外也有一些人企图用黑格尔来否定马克思,用马克思来否定列宁,用否定列宁来否定中国的革命、建设和改革开放,进而企图把中国的社会主义现代化建设和改革开放引入歧途。

虽然造成上述状况的原因是多方面的,但翻译性学术著作和资料的数量有待进一步拓展、质量有待进一步提升,也是其中的重要原因。总的看,目前国外马克思主义研究著作虽已有许多被译成中文出版,但整体上并不系统，而且质量参差不齐。

从借鉴国外马克思主义研究有益成果，发展 21 世纪马克思主义、当代中国马克思主义这一宗旨出发，在新的条件下继续翻译出版"国外马克思主义和社会主义研究丛书"，必将有助于我国学界更加深入、系统地研究国外马克思主义。这套丛书的出版，可以说是对国外马克思主义研究成果的一次重新整理，必将有利于我们进一步深化国外马克思主义研究，在借鉴国外马克思主义研究的有益资源过程中，为繁荣发展 21 世纪马克思主义、当代中国马克思主义作出新的贡献。

经过比较严格的遴选程序进入这套丛书的著作，主要聚焦和立足马克思主义理论研究，既注重立场性、代表性、权威性和学术性的统一，又兼顾时代感和现实感。同时，我们还邀请国内相关领域的知名专家分别为每本著作撰写简评并放在各本著作的前面，对该书的核心思想和主要内容作了简要介绍和评析，以尽可能帮助读者了解这些作品的理论价值、现实意义和历史局限。

这里特别需要指出的是，由于我们的能力、水平有限，这篇总序和每一本书的简评，或许还存在这样那样的不足，敬请各位读者不吝指教。不妥之处，我们将及时修正。

我们希望，这套丛书既能够在理论界、学术界，同时又能够在广大党员干部中产生一定影响，以期不断加深人们对马克思主义和社会主义的理解、把握和认同。

是为序。

2016 年 12 月 1 日

"中心－外围"原创性理论的代表作

程恩富[*]

一　本书的作者和写作背景

萨米尔·阿明（Samir Amin）生于 1931 年，1956 年毕业于法国巴黎政治学院及巴黎大学统计学研究所，1957 年获得经济学博士学位。1957～1963 年担任埃及经济发展组织研究部主任和非洲马里政府计划部顾问。1963～1970 年先后担任联合国非洲经济开发与计划研究所、法国普瓦蒂埃大学、巴黎大学教授。1970～1980 年担任联合国非洲经济开发与计划研究所主任。1980 年起，担任第三世界论坛主席等。阿明曾推出《不平等的发展》（1973）、《为多极世界进言》（2005）等许多论著。

1916 年列宁发表《帝国主义是资本主义最高阶段》一书，科学地阐明资本主义发展到形成垄断经济基础阶段的时代特征和世界经

---

[*]程恩富，中国社会科学院马克思主义研究学部主任、马克思主义研究院院长，教授。

济体系问题。以后的数十年内，国际马克思主义学界不断推出新的研究论著，但对欠发达国家及其在世界经济体系中的作用研究相对较少。埃及经济学家萨米尔·阿明的《世界规模的积累》是在其《论前资本主义经济国际一体化的结构效果——关于对产生所谓欠发达经济机制的理论研究》博士论文和十几年研究的基础上撰写的。目的便是加强这一领域的研究，从世界体系及其积累来阐明"中心"（指发达国家，以下不再注明）和"外围"（欠发达国家，以下不再注明）两种"社会经济形态"。尽管作者后来又出版了十多本著作，而这本著作始终是其奠基之作和主要代表作。本书是为攻读经济学的大学生而写的，来源于讲稿，因而带有讲稿的痕迹。不过，1970年出版的法文版，不到一年便销售一空，1974又出版了英文版。此书曾对一批发展中国家，特别是非洲和阿拉伯国家的发展实践产生显著影响。至今，这本著作仍在包括中国在内的许多国家经济学教学与研究中被列为重要参考书，也是人们了解国外马克思主义，尤其是国外马克思主义经济学的主要读物之一。

鉴于本书在国际知识界首创"中心"与"外围"社会经济形态和世界规模积累理论以及其他扩展性理论具有重大学术创新和现实意义，2016年6月在印度举办的国际论坛上，全球学术团体——世界政治经济学学会授予萨米尔·阿明"世界马克思经济学奖"（此奖与诺贝尔经济学奖相对应，而学术科学性和应用价值则大大超过后者）。

二　本书的体系结构与主要内容

本书从"中心"与"外围"的关系角度系统论述欠发达国家的产生和发展，认为资本主义世界是一个由"中心"和"外围"两种"社会经济形态"构成的体系。在这个体系中，"中心"利用不平等的国际劳动分工剥削"外围"，从而实现其世界规模的资本积累（以下简称积累）；而"外围"的经济发展则因此被"滞阻"，并处于对"中心"的依附地位。在作者看来，这是国家之间发达与欠发达的根本原因，欠发达国家只有摆脱这种依附关系，才能获得经济发展。全书共分两大部分。

第一部分由第一章和第二章构成，占全书的大部分篇幅，是最重要的核心内容，主要论述中心与外围之间不平等的国际专业化规律。其中，第一章主要叙述中心国际专业化的阶段与方法，通过对国际交换理论的批判以及对专业化历史的介绍来阐明不平等的概念。根据中心在每一发展阶段对积累的要求，来说明专业化的不同方法以及在垄断阶段国际资本运动对这一专业化方向的影响。主要研究结论如下：

第一，研究世界规模积累的实质，就是研究资本主义体系的中心社会形态与外围社会形态。不平等交换是原始积累机制的当代形式。自从垄断资本出现以来，中心和外围的社会形态造成了在生产率相等条件下劳动报酬的差异。把中心和外围的关系分析局限在一般资本主义生产方式的范围之内，是一种"经济主义"的根本错误。

第二，作为"经济主义"的国际交换理论的依据，李嘉图的比较利益说恰恰是局限在资本主义生产方式的范围之内。李嘉图的比较利益说包含了全世界工资水平普遍一致的隐蔽假设。在该理论中，交换条件似乎成了次要问题，从而得出"在任何情况下交换都对所有伙伴有益"的结论。

第三，随着垄断、帝国主义和与之俱来的变化的出现，包括资本扩大再生产的动态变化和工资的动态变化、"工人贵族"现象等，世界规模的积累理论才显示出它的意义。

第四，历史证明，外围国家通过所谓国际专业化，并没有从加入世界市场中得到好处。1880 年左右，交换条件的变化一般与生产率进步的变化相对应，即"中心"和"外围"的劳动报酬都减少了，但此后，"外围"交换条件的恶化导致了"外围"和"中心"劳动报酬差距的扩大：从"外围"流向"中心"的价值转移越来越多。那些借助"需求行为"一类的次要现象来掩盖这种主要现象的企图，充满无法令人接受的矛盾。

第五，从历史发展不同阶段看，国际专业化的形式是相互衔接、多种多样的。资本主义史前史的形式（掠夺财宝、奴隶贸易等）被殖民地经济的"古典"形式（贸易经济和矿业开发）所替代，后来又出现了新古典形式（在"外围"建立轻工业企业，它们依附于"中心"的重工业）。在当代的技术和科学革命的环境中，一些尚处于萌芽状态的新的不平等的国际专业化形式正在形成，"中心"掌握着建立在高级技术劳动基础上的产业（原子技术、自动化、电子技术、空间技术）。

第六，按照"中心"的要求征服和开发"外围"，是资本主义固有的扩大市场和输出资本的趋势的结果，这些趋势说明了世界贸易的结构。

第七，"经济主义"理论由于没有提出世界资本主义体系的"中心"社会形态和"外围"社会形态的性质问题，没有认识到当代原始积累机制这个主要问题。

第八，分析原始积累的当代机制对于理解"中心"资本主义社会内部的"团结"（特别是无产阶级与资产阶级之间的"团结"或协调，它是社会民主的根源）的基础和"外围"形态的内部矛盾的性质（生产率的不平等和报酬的不平等），是至关重要的。

第九，对世界规模的资本积累的分析表明，这种积累总是对"中心"有利：不是"发达国家"向"欠发达国家"提供"资本"，而是相反。这就说明了后者的"滞阻"，说明了"欠发达的发展"。由此可见，"外围"国家只有走出"中心"国家控制的世界市场，自身发展才有可能。

第二章论述"外围"资本主义形态。在"中心",资本主义生产方式由于以国内市场为基础,从而趋向于排他性。在"外围",资本主义的发展根据"中心"与"外围"的特殊专业化建立在国外市场的基础上,将会走向经济"滞阻",从而不可能使由外部推动的"外围""状况逐渐向自主的、以自我为动力的"中心"状况过渡。主要观点如下:

第一,前资本主义的自给自足自然经济向外围资本主义过渡的模式,根本不同于向"中心"资本主义过渡的模式。事实上,资本主义生产方式从外部对"外围"社会形态的贸易入侵,肯定会导致"外围"决定性的倒退,如手工业破产之后,并没有当地的工业生产取而代之。当代"第三世界"的土地危机在很大程度上是这种倒退的恶果,而不是所谓"人口决定论"所产生的结果。外国资本随后在"外围"国家进行的投资并投有使这种倒退得到纠正,原因是外国资本在外围建立的工业是外向型的。

第二,不平等的国际专业化在"外围"的发展方向方面表现为三种扭曲。第一种为具有决定性的倾向于出口活动的扭曲(即出口导向的外向型经济)。这并非像平庸的分析所认为的那样是由于"国内市场需求不足"造成的("贫困的恶性循环"),而是因为"中心"的生产率在一切领域占有优势所造成的。这就把"外围"限制在只能起一种补充性的产品供应者的地位之内,对这些产品来说自然优势具有一定的意义(异国农产品及矿产品)。由于这种扭曲,当"外围"的工资水平在生产率相等的情况下变得低于"中心"的工资水平时,"外围"以自我为中心的工业有限的发展变得可能,与此同时交换也变得不平等了。

第三,第一种主要的扭曲导致了第二种扭曲的出现——"外围""第三产业"的畸形发展。在这一方面,流行经济学试图把"中心"和"外围"生产活动的部门分布的演变归纳为一种单一的模式,这实际上也是在回避真正的问题。无论在"中心"还是在"外围"，需求结构的变化或生产率的变化都不能使人意识到当代第三产业的畸形发展。"中心"的这种畸形发展反映了在发达的垄断阶段实现固有剩余价值的困难，而"外围"的这种畸形发展则是由于最初"外围"发展本身的矛盾造成的，如工业化不足、失业增加、地租地位的加强等。阻碍当代第三世界积累的非生产性活动的畸形发展——它尤其表现为行政支出的畸形发展造成了"欠发达国家"。公共财政近乎经常性的危机。

第四，不平等的国际专业化还导致了"外围"倾向于轻型生产活动部门的第三种扭曲。"外围"固有的真正矛盾，即优先发展轻型部门以及与此同时在这些部门使用现代生产技术，是由于"外围"发展的补充性特点所决定的，它造成了一些特殊问题，即强迫"外围"实行与西方不同的发展政策。

第五，投资的乘数效应理论不能被机械地推广到"外围"。事实上凯恩斯的投资的乘数效应理论不能被机械地推广到"外围"。在"外围"，无论是"现金贮存"，还是进口，都不会构成降低乘数作用的"流失"。其实是外国资本的利润输出取消了这种作用。不平等的专业化和强烈进口倾向，促使倍数机制的效应由"外围"向"中心"转移。这类效应与加速效应联系在一起。

第六，外国资本输出的利润量的日益增加，要求人们认真地研究垄断超额利润的根源和动力。在这方面，西方边际效用论认为垄断的根源不存在于生产关系之中，而是存在于需求曲线的形式之中，这就回避了真正的问题，而对外国垄断在"欠发达"国家采取的战略的分析，就仅限于个别"具体研究"的范围。事实证明，只要主张"外围"与世界市场一体化的教条不被推翻，"外围"就不会拥有对垄断采取经济行动的手段。

第七，表现"外围"欠发达的，不是这些国家的人均产值水平，而是一些特有的结构性特征。根据这种特征，就不应该将欠发达国家与发达国家曾经历的前一个发展阶段混同起来。一是在由"中心"输入"外围"的价格体系中，生产率的分布极不平等，这种不平等来源于"外围"形态的特有本质并且在很大程度上决定了"外围"的收入分配结构；二是"外围"根据"中心"的需要而进行的生产方向的调整造成了自身的脱节，它阻碍了发展极的技术进步产生的效益向经济整体的转移；三是"中心"对"外围"的经济统治通过国际专业化的形式（在世界贸易结构中，"中心"根据自身的需要对"外围"加以改造）和"外围"增长的投资结构的依附形式（外国资本积累的原动力）表现出来。

第八，随着"外围"的经济增长而更加深化的欠发达的特征必然导致增长的停滞，即无论人均产值达到何种水平，"外围"也不可能实现自我为中心的、自己产生原动力的增长和发展。

第九，如果说资本主义生产方式在"中心"有成为唯一的生产方式的趋势，那么在"外围"则不是这种情况。这就使得"外围"形态从根本上不同于"中心"形态。无论"外围"形态在一开始有多么大的差别，它们却都趋向于接近一种典型的模式，其特点是附属性的农业和商业资本（买办）占据优势。"中心"资本对整个体系的统治以及有利于"中心"资本发展，并表现了这种统治的原始积累机制，严格地限制了"外围"民族资本主义的发展，但最终限制其发展的是政治关系。"外围"民族社会"残缺不全"的特点赋予当地官僚以明显特殊的地位和作用，这是"中心"的官僚和技术专家社会集团所不具备的。欠发达国家的发展所固有的矛盾和反映这类矛盾的"小资产阶级"阶层的上升，解释了当代"第三世界"普遍向国家资本主义转化的趋势。"外围"资本主义发展的这条新道路，不大可能是一条向社会主义过渡的道路，原因是与世界市场一体化非但没有受到否定，反而成了建立在不平等的国际专业化的新阶段基础上组合"外围"与"中心"新关系的未来形式。

第二部分由第三章至第五章构成，主要阐述影响"外围"调整，使之满足"中心"需要的力量，即货币机制、行情机制和国际收支机制。

第三章论述外围的货币机制。一方面对数量论和新数量论的货币理论进行批判，同时对"外围"货币机制和世界货币机制进行分析。通过阐述，消除了"货币幻觉"，即认为只要建立了本国货币机制，加之对外关系的监督措施，就能够实行发展政策而不需要彻底否定世界市场一体化的看法。主要观点如下：

第一，银行系统只起着按照需要调整货币量的"被动"作用。虽然它在积累机制中（在实现剩余价值的过程中）也起着一种"能动"作用，但是流行的货币理论却没有想到这种作用。

第二，当西方货币理论被扩大应用到"欠发达经济"之后，该理论认为"欠发达经济"中发现了一些特殊的"恶性货币机制"，它们使货币供应取决于对外收支的平衡，并且给欠发达国家的经济造成了特有的混乱。但是"货币问题"并不在这里，只要欠发达国家仍然属于世界市场这一点没有改变，创造本国货币不会使当地政府具有实际的管理能力，也无法消除种种不良金融问题。

第三，"外围"的银行系统完全服务于外国的或者本国的、私人的或者国家的"外围"资本主义发展，它是为了促进建立在外部市场基础上的资本主义发展，这种类型的资本主义发展才是"欠发达"的基本原则和根源所在。

第四，世界货币体系是服务于世界规模的积累规律的一种手段。它的职能是促使积累手段的集中化有利于体系的"中心"（发达国家）而不利于"外围"（欠发达国家）。

第四章论述世界货币行情发展中"外围"的作用，主要说明"外围"如何通过这种行情变化使自身被迫与"中心"相适应。该章批判了货币主义行情理论以及国际"传导"理论。这些理论把国际专业化条件下具体的主要积累动力错误地抽象化了。主要观点如下：

第一，周期性的货币行情波动是资本主义生产方式所特有的生产能力和消费能力之间内部矛盾的表现形式。这些矛盾不断被资本主义市场的深化和扩大所解决。而西方流行的理论却掩盖体系的矛盾根源。

第二，资本主义生产方式固有的矛盾日趋严重，但这并不会导致资本主义体系"自发的、灾难性的崩溃"，因为垄断机构和国家干预总是可以做出反应，以吸引日益增加的生产过剩。所以，世界规模的积累所赖以进行的历史条件是最主要的。

第三，西方流行理论认为，欠发达国家就相当于处于发展前期的发达国家，并把发达国家对欠发达国家进行周期性行情"传导"的机械论点作为挡箭牌。而事实上，资本主义体系的"外围"经济没有真正的、自身的行情现象和内部动力。

第四，"外围"可以为资本主义生产方式的发展提供场所，尽管对发挥积累机制不是主要的，但它对"中心"的增长起着催化和加速作用。

第五章论述收支平衡问题，并批判了普遍和谐的思想。普遍和谐的思想提出资本主义经济自我调整的错误理论，目的在于掩盖"结构性调整是为了适应'中心'积累的需要"这一问题的实质。阿明的主要观点如下：

第一，所谓能保持国际收支自行平衡的机制，其性质属于"市场规律"的说法是错误的理论。如同宣扬普遍和谐的市场规律一样，并没有什么平衡的普遍倾向。

第二，"外围"根据"中心"积累的需求，受其左右，价格结构和利润分配完全被控制，"外围"的资本主义发展始终是外围型的，也就是说主要是建立在国外市场的基础之上。伴随调整而来的必然是"外围"国际收支的长期逆差倾向。

第三，"外围"国际收支的长期逆差倾向，发生在资本主义体制的危机时期，建立在国外需求基础上的增长受"阻塞"时期。外汇本位制在一个时期中掩盖国际收支的逆差倾向。"外围"的货币独立不是问题的真正解决办法，因为问题在世界市场一体化的深刻的机制之中。

三　本书的理论价值和现实意义

第一，本书强调"中心"与"外围"世界体系的矛盾和危机是完全客观的，也符合 21 世纪以来的现实。当今的世界经济体系，存在以美国为首、以七国集团为核心的少数"中心"国家，与广大发展中国家构成的"外围"国家，二者之间控制与反控制的诸多矛盾。再以经济领域为例，各类经济危机主要是"中心"国家的资本主义基本矛盾即生产的不断社会化与生产资料的资本主义私人占有之间的矛盾造成的。2008 年以来由世界体系的中心之中心即美国引发的全球危机再次证明这是完全正确的。不过这还不够，因为这只从一国内部来考察分析，而现阶段经济社会化已经升级为全球化了。当今世界是经济全球化时代，科技进步、大数据运用、生产力发展、流通大发展等，使得人类社会作为一个整体的社会化程度越来越高。那么，这种经济全球化条件下的全球基本矛盾是什么呢？那就是经济的不断社会化和全球化与生产要素或生产资料的私人所有之间有冲突，甚至与集体所有、合作所有、国家所有也都有矛盾。也就是说，经济的全球化要求突破国家的界限，以使生产要素在全球统一自觉配置。但是，由于美国等资本主义国家不愿意搞公正发展的经济全球化，它要保持南北之间的差距，维护它本国的狭隘的利益，全球统一自觉配置和治理也就无从谈起。相反，作为世界体系中心的发达国家还要搞资源战、气候战、金融战、贸易战、货币战等来损人利己。这种形式的博弈在本质上是因为现在的各种制度包括国有制度，都不适应经济全球化的需求。可见，只有根本消除"中心"与"外围"的矛盾，才能为欠发达国家（发展中国家）和发达国家的有序有效发展奠定良好的基础。

第二，本书强调直到目前为止，世界体系的主要趋势是"中心"与"外围"差距的扩大而不是缩小，这一论断继续得到证实。从生产力和生产关系一般意义上说，经济全球化描述的是生产要素在各国之间流动加快的趋势，经济活动在各国之间联系日益紧密的趋势。然而单纯从善良的正面去了解经济全球化问题，是远远不够的。我们要理解"中心"与"外围"条件下经济全球化的正负效应。其正面效应表现为以下几点：首先，它为资源未来在全球范围内的优化配置开辟了前景；其次，它使得世界市场成为一个不断扩大的统一的整体，市场经济的客观经济规律将在全球范围内发挥作用；再次，它加速了世界性产业结构的调整；最后，它为解决环境、资源、人口等经济社会发展面临的一些共同问题，可能提供有利的条件。从这个意义上说，本书完全否定世界经济体系的正效应，有点绝对化。

但是迄今为止，其负面效应有三个加大：一是加大了世界经济发展的不平衡性。由于发达资本主义国家在经济发展中占有明显的优势，因而在经济全球化的进程中他们的获益也大大超过发展中国家。这就使得"中心"国家与"外围"国家的发展不平衡差距在全球范围内进一步扩大。特别是发达国家和发展中国家人均国内生产总值的指标相差悬殊。这种发展的不平衡还具体体现在国际分工、对外贸易、科学技术力量和知识产权等方面。

二是加大了世界经济发展的波动性。例如，1994年墨西哥发生的金融危机，1995年2月巴林银行的倒闭，1997年发生的东南亚金融危机，近年阿根廷金融和经济危机，以及与国际金融密切相关的原苏东国家经济的大规模倒退，日本经济 20 多年繁荣不起来，尤其是 2008 年以来的西方"中心"国家引发的国际金融危机、经济危机和财政危机等，都对世界经济发展造成了巨大的损失。

三是加大了世界经济发展的矛盾性。"中心"国家引发的当代资本主义矛盾错综交织，使全球经济充满了不平衡、不协调、不稳定和各种危机。在发达国家之间，以及发达国家与欠发达国家之间的贸易战、货币战接连不断，并波及整个世界。发达资本主义国家，尤其是美国，凭借他们的经济实力和在世界体系中的优势地位，对别国的干预、制裁、威胁愈演愈烈，甚至发动军事侵略，从而加剧了世界体系内的矛盾、摩擦和斗争，对世界经济的发展造成了极为不利的影响。

第三，本书强调"中心"与"外围"都对无产阶级群众实行了剥削，论述世界资产阶级与世界无产阶级的斗争，是有科学价值和现实意义的。作者批判"中心的工人剥削外围的个人"的资产阶级观点（第550页），认为只有私人资本所有权才会产生剥削，而"中心"的资产阶级对本国无产阶级群众进行剥削，而且对"外围"无产阶级群众的剥削更残酷、更粗暴。在当代，美国等"中心"国家的资产阶级及其代言人经常散布，是中国等发展中国家出口价廉物美的消费品和普通工业品而造成"中心"国家的高失业率和不涨工资。这是完全错误的。因为正是"中心"国家控制知识产权、资本输出或业务外包给"外围"国家，从而在"外围"国家追求比本国更多剩余价值或利润，才部分导致这一状况的。况且，当代"中心"国家控制大量的垄断资本和知识产权及其获取的收益，大大超过"外围"国家通过"三来一补"和合作贴牌的生产经营所获取的收益。这类研发和销售的两头在"中心"国家、加工一头在"外围"国家的"微笑曲线"，便是当下"中心"与"外围"的世界经济体系的不合理国际分工和不平等国际交换以及经济差距日渐扩大的真实写照。作者质疑"富国与穷国的矛盾代替了资产阶级与无产阶级之间的矛盾"这一说法，突出论述"矛盾不是孤立地发生在每个国家资产阶级与无产阶级之间，而是发生在世界资产阶级与世界无产阶级之间。"（第 26 页）确实如此，当今处于中心地位的跨国垄断资产阶级在世界体系内造成的贫困、饥饿、战乱、环境危机、不平等和不公正等问题，归根结底是与世界无产阶级的矛盾和斗争，属于国际阶级斗争的表现。

第四，本书强调"能否形成一个社会主义世界"，是有远见和渐进现实意义的。20 世纪以来以"中心"与"外围"为格局的全球政治经济的治理大致经历了三种类型。一是列强争霸或帝国争夺型治理。1900~1945 年，伴随着英国霸权地位的日渐衰落和美国等国势力的不断提升，世界强国之间的冲突和竞争加剧，维护国际政治经济体系稳定的国际组织和国际规则缺失，爆发了两次世界大战及一系列殖民主义战争和一次严重的世界性经济危机。但是，苏联等社会主义国家的诞生，使全球政治经济的民主治理出现了许多积极的因素。二是两超阵营型治理。1946~1989 年，美苏两个超级大国分别支配了资本主义和社会主义两大阵营，各方都尽力维持着自己的势力范围，维持了世界政治经济体系的一种相对的平衡和稳定。但是，主要资本主义国家长期发动的"冷战"，严重妨碍全球经济、政治和文化进步，并使军备竞赛加剧。三是一霸数强型治理。美国为首，欧盟、日本和英国等"中心"国家主导着 21 世纪初期世界体系的全球治理，是阻碍世界趋向公正发展经济全球化、政治民主化、文化多样化和军事自卫化的主要障碍。四是未来全球民主治理。展望未来，超越霸权治理，实现全球经济政治的民主治理，任重而道远。为了提升现时期世界体系内经济政治的民主治理水平，必须首先改革联合国以及国际货币基金组织等国际机构，构建联合国主导型全球治理框架。作者寄希望于"外围"国家的社会主义运动，正确地写道："到目前为止，导致社会主义力量的主要中心由中心移向了外围"（第551页）；"社会主义的唯一成就——直到目前为止——准确地说正是表现在社会主义和民族目标结合得最完整的那些地方（中国、越南）"（第552页）；"社会主义不是各国社会主义的简单总和。社会主义应该把世界组成一个统一的、消灭了不平等的整体。只有当社会主义达到这一目标时，才能说它已彻底完成。"（第36页）

第五，本书强调"与世界市场决裂是发展的首要条件"（第35页），"应该根据国内和国外关系的演变，设想新的过渡形式。"（第37页）。后来，作者在《全球化时代的资本主义》一书中设想出"替代性的多中心的区域化"和"重绘全球社会主义图景"。应当认识到，欧盟、东盟、非盟、金砖国家和"一带一路"等区域化和集体化的成立和发展，实际上都是在现有的资本主义世界体系大框架范围内的局部改良，一个部分的质变。欧盟的产生、跨国公司的大规模出现等现象，实际上是在朝社会主义经济全球化大方向"蠕动"。过去列宁讲，国家垄断资本主义再进一步就是社会主义，现在我们可以称欧盟、跨国公司、国际垄断资本主义比国家垄断资本主义是更进一步，它们已逐渐站在全球社会主义的入口处，经济全球化必然最终导致全球社会主义。因此，阿明倡导进步知识分子必须抛弃"思维技工"的做法，为"重构大众阶级的社会力量"和"人道主义的全球化"而发挥批判性重要作用这一观点，是十分有益的。

四 本书的值得商榷之处

笔者与阿明较为熟悉，多次共同出席一些国际论坛并互相交流观点，但本书有可深入讨论和商榷之处，也必须如实指出。例一，书中偶尔武断地不加详细说明而批评马克思和列宁的理论。比如，作者写道："马克思对外围资本主义过渡所持有的问题几乎完全没有注意，因而导致他在'殖民地问题'上的错误观点。"（第311页）又如，作者写道："马克思主义的理论只有冲破狭窄的资本主义生产方式的分析范围，才能说明这种历史性的变动（列宁同罗莎·卢森堡之间以外部市场为主题的对话含糊不清，原因就在于此。）"（第110页）上述两段话的上下文，并没有分析马克思和列宁的论述错在何处，这实际上是作者的一种误解。

例二，书中写道："与五个世纪以前相比，今天的历史并不具有更多的线条性。正像假马克思主义的'五个阶段'模型（原始共产主义、奴隶制、封建制、资本主义、社会主义）是源于机械主义的观念（在方法上与罗斯托何其相似！）一样，把当代演变完全归结为马克思、列宁或托洛茨基的所谓'预见'是源于宗教教条主义。发展的不平衡仍是能够永远揭露预言思想的唯一准则。此外，政治斗争的结局每时每刻都在决定着新的、未预料到的抉择。"（第539页）上述对马克思主义理论的批评与作者在《全球化时代的资本主义》（中国人民大学出版社2013年版）一书中质疑马克思相关理论是一脉相承的，那本书说："分析资本主义经济的马克思传统并没有什么发展，它的方法和经济决定论的方法近似，尤其是对问题的界定方面。无论如何，马克思对资本主义的激进批判，并没有为从经济决定论的教条中解放出来的社会管理提供任何解决答案，也没有提供一剂向这个社会过渡的'万能药'。"（第12页）"我认为，在依附理论以及世界体系框架中提出的理论，有时候是机械论的、决定论的或经济决定论的。这类保守意见还可以列举更多。"（同上，第127页）"新马克思主义流派的错误：他们有经济决定论和本质论偏见，经常对马克思主义进行一知半解和教条化的解释，而且有技术决定论倾向。这一切在庸俗马克思主义的苏联模式中表现得尤为明

显。"（同上，第 127 页）

作者认为必须重视发展的不平衡、政治斗争结局等新情况和新阶段的分析，这是正确的，但是，他对马克思、恩格斯关于五种社会形态论、经济决定论、多因素决定论、合力决定论和本质决定论却有严重的误解。马克思主义经典作家关于五种社会形态的理论，是从全球范围的人类社会历史发展中科学抽象出来的典型社会模型，并非认为每一个国家均会机械地严格经历，况且，在基本社会形态大框架下的任何新情况和小阶段发展，也不可能否定历史发展的大趋势和基本制度的大框架。另外众所周知，恩格斯在批评有人将经济因素曲解为人类历史发展进程的"唯一决定性的因素"时曾特别强调，经济状况虽是基础，但是蕴含着人的主观意志的上层建筑的各种因素，如政治、法律、哲学、宗教也对历史斗争的进程发生影响，甚至起到某种形式的决定作用。（参见《马克思恩格斯选集》第4 卷，1995 年，人民出版社，第 247 页）马克思主义既肯定人类历史发展受内在的客观经济规律支配，也肯定政治、文化等其他领域客观规律的作用，肯定包括人的主观意志在内的必然性和偶然性在历史发展进程中的作用。一般说来，客观规律是不以人的主观意志为转移的，但在社会和历史领域，这种"主观意志"不是单个人的"主观意志"，而是"作为合力的意志"。我们必须对马克思主义关于经济决定论、多因素决定论、合力决定论和本质决定论有辩证的科学理解，而不宜只强调某一侧面，那是片面的。

例三，书中写道："'欠发达'、'第三世界'等错误观念应该去除，代之以'外围资本主义形态'这一概念"，说书中使用"欠发达"一词是出自习惯和简便的考虑。（第 18 页）其实，欠发达国家、发展中国家、三个世界的划分、四个世界的划分、新兴经济体等概念，与"外围"国家和"外围"资本主义概念一样，都是有联系又有差异的有用概念和话语，不必相互否定。

综上所述，瑕不掩瑜，本书理论阐述的不足，决不会抹去本书独立思考的理论智慧和建言献策的思想光辉。恰恰相反，只要有耐心仔细阅读，就必然会被作者的马克思主义批判精神、为人类的命运着想立言的高尚品格所感动！请大家细细品读吧！

目　录

中文版序
资本主义体系已经过时，
并成为全人类的敌人

一　资本主义的不平等发展与历史形态

自古以来，历史就呈现地区不平衡发展的特点。但只是到了近代，两极分化才成为全球融入资本主义体系的无处不在的副产品。在资本主义生产方式的演化过程中，近代资本主义的两极分化相继呈现以下几种形态。

（1）工业革命以前的重商主义形态（1500～1800年），其表现为商业资本在大西洋主要中心区域盛行以及外围区域（美洲）的出现，它的出现完全符合商业资本积累的逻辑。

（2）工业革命过程中产生所谓经典模式，它成为此后资本主义的基本模式。相比之下，外围——逐渐加入其中的先是拉丁美洲，后来是除日本以外的亚洲和非洲——却保持农村状态，没有进入工业化阶段。因此，这些地区通过农业生产和矿业生产参与世界分工。这一重要的分化伴随着另外一个重要的分化，即一批核心工业体系的形成。它们是一批全国性的自我中心型体系，是与全国性的资产阶级国家建设同时出现的。总之，这两大分化说明了民族解放思想的主线,那就是回应两大分化的挑战。①工业化被视为解放进程的同义语和"赶超"的手段。②建设民族国家的目标也是受到中心国家模式的启发。现代化思想就是这样构建起来的。从工业革命(1800年以后)到第二次世界大战,世界体系的特征就是这种经典的两极分化形态。

(3)战后时期(1945～1990年)见证了以上两大分化的逐渐销蚀。这是一个外围国家工业化的时期——当然是不平等的工业化。在亚洲和拉丁美洲,工业化是主导因素——在那些刚刚重新获得政治自主权的外围国家,民主解放运动大大加快了这一进程。这同时也是一个逐渐摧毁那些自我中心型的全国性生产体系,并且使它们无法作为构件重新组合成一个完整的世界生产体系的时期。这种双重销蚀是全球化深入发展的新表现。

(4)这种转变的累积,使战后生产体系的均势瓦解。这种发展并没有导致以新型两极分化为特征的新世界秩序,而是导致了"全球动荡"。我们今天所面对的这种混乱,产生于世界体系的三大败局:①它没有建立超越民族国家的新型政治社会组织;②它没有建立一种经济政治关系,使新兴的具有竞争力的亚洲和拉丁美洲外围区域的工业化崛起与追求全球增长相协调;③它没有建立一种不排斥非洲外围的关系,非洲外围没有参与竞争性的工业化。这种混乱在世界所有地区,在政治、社会、思想等所有方面都显而易见。这也是欧洲建设困难,无力实现市场一体化和建立平行的一体化政治结构的原因所在。这也是在东欧、半工业化的"第三世界"和最近被边缘化的第四世界所有外围地区动荡不安的原因所在。当前这种混乱,反映了世界体系极端脆弱,不能保证全球化进程的持续推进。

(5)我们不能因这种混乱占主导地位,就不考虑"新世界秩序"的替代方案。"世界秩序"的未来有多种可能。我们应该把注意力集中到一些被全球化不可避免和必胜主义过度粉饰的问题上来，这些问题的不确定性已经昭然若揭。

我认为，争论应当从深入探讨世界体系的新特征开始。这些新特征是先前的世界体系销蚀所引发的。新特征主要表现在以下两个方面。

（1）自我中心型国家的销蚀，以及由此引起的再生产领域与积累之间关联性的销蚀，政治社会控制也随之削弱。这种社会政治控制至今严格局限在自我中心型国家的疆域之内。

（2）工业中心与非工业化外围区域之间的差别不再明显，世界分化出现了新情况。

竞争力是多种经济、政治和社会因素综合作用的产物。在这场不公平的斗争中，中心国家利用了我所谓的五大垄断。这些垄断挑战着社会理论的整体。

（1）技术垄断。这需要有巨额的经费投入，只有富有的大国才能做到。没有国家的支持，尤其是军费开支——这是自由化论调所没有提到的，这类垄断大多都难以为继。

（2）世界范围内金融市场的金融控制。由于金融规制的自由化，这种垄断具有前所未有的效力。直到不久以前，一个国家的大部分储蓄还只能在一定地区——主要是全国范围内——的金融机构之间流通。今天，这些储蓄集中到了那些在全球范围内开展业务的机构手中。我们所谈论的是金融资本，它是资本全球化中程度最高的部分。

（3）对获取全球自然资源的垄断。现在全球都面临资源被肆意开采的危险。资本主义基于短期理性，不能克服这种轻率行为带来的一系列危险。因而，进一步巩固了发达国家的垄断。它们的考虑是，不让其他国家也像它们那样不负责任。

（4）传媒和通信垄断。它不仅导致文化的同质化，还会为政治操纵提供新的手段。现代传媒市场的扩张已经成为西方国家自身的民主进程遭到破坏的主要原因。

（5）另外，大规模杀伤性武器垄断。这种垄断在两级格局下曾经受到抑制，但如今美国又像 1945 年时那样成为独家垄断者。"扩散"风险的失控说明，在没有民主的国际控制情况下，这是与这种令人无法接受的垄断作斗争的唯一方法。

以上这五大垄断总体上决定了全球化价值规律的运行框架。价值规律是所有这些垄断条件的集中体现，而不是客观的"纯粹"经济理性的体现。所有这些垄断的影响，抵消了外围地区的工业化影响，使外围地区的生产活动贬值，使新的垄断活动增值，并且使中心从中获益。结果就是，在世界规模的收入分配领域出现一个新的——比从前更不平等的——等级结构，外围地区的工业成为附属品，并降低到分包商的地位。这是资本主义/帝国主义两极分化的新原理，预示了未来的模式。

然而，南方——至少是许多南方国家——的处境已经与 1955 年万隆会议时不同了。那时，它总体上完全不具备掌握工业化技术的能力。今天，北方的五大垄断是可以被打破的。南方掌握了现代技术，甚至可以完全依靠自己的能力开发这些技术。南方可以控制对重要自然资源的获取，使北方调整消费结构，减少浪费。南方能够退出金融全球化进程，能够发展自主的贸易网络以及实现资本和技术转移，也能够发展军事实力以应对北方的威胁。

二　另一种人性的全球化替代方案

相比于目前的主导意识形态话语，我认为，通过市场实现全球化是一种反动的乌托邦。我们必须加以反对，并从社会主义视角提出一种人性的全球化替代方案。

　　资本主义与历史上所有的社会体系一样，在其上升时期发挥了进步作用（相对于它们之前的政治体系而言）：把个人从以前的体系所强加的诸多限制中解放出来，以空前的规模发展了生产力，把五花八门的社区融合为我们所了解的民族，奠定了现代民主的基础。然而，所有这些贡献都表明并局限于它们的阶级属性："自由的"个人实际上只不过是"富有的资产阶级男性"。而父权制的长期存在使占人类半数的女性处于从属地位；民主的受惠者只限于男性。自然资源的开采总是与受短期利益支配的金钱盈亏逻辑有关，并且引发长期的严重威胁。国家的权利都留给了占支配地位的中心的人们，而那些处于被支配和被殖民化地位的外围地区的人们，却完全没有这种权利。随着全球化的扩张进一步成功，资本主义的局限性也逐步增加，它今天已经处于悲惨境地。

　　当代的全球化资本主义不再是人类追求个人和集体解放的适当框架，无论单个的资本主义国家还是整个资本主义世界都是如此。资本主义不仅是一个以剥削工人（尤其是工人阶级）为基础的体系，而且已经成为全人类的敌人。

　　现代帝国主义不能为广大亚非拉地区的绝大多数人提供任何东西，而这些地区的人口占全世界的80%。在这里，帝国主义的继续发展可能只是让少数拥有特权的群体受益，在某些情况下还导致其他群体（尤其是占人类将近一半人口的农民）的严重贫困，特权群体中许多人甚至会考虑采取有计划的种族灭绝措施。由于资本继续对整个外围进行统治，那里的人们随时都可能揭竿而起（这个"风暴区"如今被世界体系的操纵者用刑律术语称为"流氓国家"和"恐怖主义巢穴"），因此全球化需要军事化。这种进程排除了真正的民主化，不能使这些地区的人们真正有可能实现社会进步。

　　就全球范围来看，在资本追逐利润的排他性逻辑主导下进行积累，意味着加速破坏全球生命繁育的自然基础，损耗不可再生能源

（尤其是石油），以不可恢复的方式破坏生物多样性，破坏生态，最终甚至威胁这个星球上的生命。这里必须澄清的一点是，这些破坏短期内会给特权群体带来"好处"，但这些"好处"的获取越来越不平等。当美国总统小布什宣布"美国的生活方式决不妥协"的时候，他实际上在说，任何"赶超"国家——亚非拉三大洲的人们都不要心存幻想，要让帝国主义国家（首先是美国，其次才是欧洲和日本）独占性地挥霍全球范围内的资源。

为巩固现有的富豪统治地位而强行开放新领域——公共服务部门（教育、医疗等），以及对满足基本需要的生产（水、电、住房、交通等）实行私有化，结果总是导致不平等的加剧和大众阶层的基本社会权利被破坏。

资本主义已经成为全人类的敌人。所以，必须视之为一种"过时的"世界体系，我甚至要说它是"老态龙钟"，尽管它表面上还在成功地扩张。为了保卫人类，我们要根据一些基本原则采取措施。这些原则不同于支配全球化的资本主义/帝国主义的积累和再生产原则。

三 人民的斗争必须彻底化

在金融富豪统治的控制下，全球垄断资本的侵略遭到全世界人民的持续不断的抵抗，有些反击说明，反攻确有可能。然而必须看到，迄今为止的这些抵抗和还击均以失败告终。在中心的资本主义富裕国家，这些反抗仍然以捍卫利益为主，但由于自由政治的开展而日益萎缩。在一些外围国家，这种反击表现为开展一些向后看的文化性项目，肯定不足以应对 21 世纪的挑战。现在，许多反击富豪统治新力量的运动，并没有质疑资本主义的基本原理，而资本主义基本原理正是这些运动所号召动员的群众遭受社会灾难的根源。这些反抗活动与世界体系发生冲突，但却没有充分考虑到这一体系的形成机制。正因为如此，它们的斗争还没有成功地使力量对比发生有利于民众阶级的转变，否则它们早已在这里或那里赢得重大胜利。

斗争的彻底化程度——我这样说的意思是，人们突然意识到资本主义已经过时这一特征——决定着它们是否有能力拿出积极的替代方案，这是完全必要的，而且是有可能的。

尽管进入当代资本主义/帝国主义体系的国家和这些国家的工人阶级的客观条件极为不同，但世界各国人民都盼望社会进步、盼望真正的民主化、盼望和平。从根本上来说，我们今天要把挑战的不同内容综合到一起，而不是分裂开来。具体说就是：

（1）在政治、经济、社会、家庭、商业、学校、邻里和国家生活等所有方面的管理中推进民主化，要与所有人的社会进步相结合，要从最贫困的社会群体入手。真正的民主化与社会进步密不可分。捍卫人权、工作权、所谓男女到处"机会均等"，可能都是合情合理的（的确是合情合理的），却是不够的。把它们纳入到向社会主义过渡的全球性计划中来，一定会取得更大成就。对于各种各样的看法，应当尊重，因为这样可以丰富人们的思想。

（2）尊重国家、民族、人民的独立和主权，并在此基础上建立多中心的国际体系。就建立工人阶级的团结和各国人民的国际主义而言，没有什么不可逾越的障碍。具备这一重要条件，才能减缓资本主义发展不平等引起的利益冲突，以谈判的义务取代激烈的权利之争，消除充斥我们这个时代的南北双方的无休止战争。这就意味着，要围绕共同目标建立"统一战线"——特别是恢复不结盟运动和三大洲运动的建设；以其他的全球化管理机构取代现有的全球化金融资本机构（世界贸易组织、国际货币基金组织、世界银行、北大西洋公约组织、欧盟，还有诸如美洲自由贸易区，涉及欧盟与非洲、加勒比和太平洋国家关系的组织等地区性合作项目）。有些地区已经朝这个方向迈出了步伐，尤其是拉丁美洲的美洲玻利瓦尔替代计划和南方共同市场以及亚洲的上海合作组织。我们还远未成功地击败现有机构，但它们已经在各国人民的眼里丧失了合法性。不幸的是，在投入战斗的抵抗运动中，许多积极分子，特别是在帝国主义中心区（由美国和加拿大——澳大利亚也应列入此方，西欧和中欧，以及日本组成的三位一体）的富裕国家，仍然拒绝捍卫国家的想法，轻率地视之为激进的沙文主义。我认为，不管他们喜欢不喜欢听，这些人都是拥护全球化帝国主义/资本主义的。

关于彻底化，我已经指明了它的构成因素，它是斗争政治化和确定社会主义替代方案的同义语。政治化意味着，必须认识到，没有一种社会运动可以宣称具有"政治"特征，尽管这种社会运动可能合理地反映出现有政治力量及其所属政党笼络民心的逻辑。许多大大小小的政党都打着"先锋队"的旗号，人们完全可以合理地否定这种自封的称号。

目前，彻底化需要优先考虑的是，挫败为富豪统治下的全球化服务的全球军事控制计划。

绪　言

　　并非一定是经济学家才知道下列事实：我们这个世界是由发达国家和"欠发达"国家组成的，它是由自称为"社会主义"和其他一些必须直言不讳地称之为"资本主义"的国家组成的，而这两类国家都不同程度地被纳入一个世界商业、金融关系网之中。这就要求我们必须考虑这些关系，而不能像当年对待互不相交的罗马帝国和中华帝国那样孤立地去研究每个国家。

　　《世界规模的积累》的主题就是从根本上对这些关系进行整体分析。这个问题对理解我们当今世界至关重要，它当然是复杂的。此外，由于国际关系与国内结构之间的相互影响往往起着关键作用，所以这就使问题涉及的范围更宽了。不过，作为系统研究，这仅仅是开始，原因我们将在下面谈到。如果说，马克思主义的分析必须在其纲领中包含对这一理论的阐述，那么可以说，自从列宁发表《帝国主义论》以来，这一理论进展很慢。而时下大学中的经济学的基本理论工具（边际效用论）连这个问题都不许提出来。所以，当前对"欠发达"问题的分析，其水平之低令人咋舌。

　　上述这些理由鼓舞我去写这本书，同时也使我犹豫不决。十二年以前，我恰恰选择了这个题目作为我的博士论文的主题，[①] 那时，

---

　　① 萨米尔·阿明：《论前资本主义经济国际一体化的结构效果——关于对产生所谓欠发达经济机制的理论研究》，系 1957 年于巴黎完成的论文。今日重读此文，尽管我们维持原来的基本观点不变，但也感其中有若干理论上的错误和某些不足。我们从上述论文中引用了许多段落，特别是对一般大学经济理论工具的批评。

我比现在胆子大。我曾经想过，要把这个题目深入下去，就必须事先进行大量具体的、尽可能准确而又有数字材料的分析。自那以后，我一直从事这方面的工作。[①] 我觉得，现在进一步发展世界规模的积累这一理论的条件成熟了。因此，尽管这可能显得十分狂妄，我还是决定再次投身到这项工作中去，力求完成一个带有评论的概括。我意识到，这只是一个阶段而已。我曾试图把我个人的亲身体会和他人的某些理论贡献[②]——我认为它们对正在进行的研究十分重要——结合在一起。我最强烈的愿望是这本书能得到大家的批评，这是决定它今后有所提高的起码条件。

本书也是为攻读经济学的大学生而写的，它来源于讲稿，所以带有讲稿的痕迹。我过去就觉得很有必要对课堂上讲授的经济理论进行评论，包括内部评论。我认为，严格地说，这种理论除了回避问题以外，没有任何意义。一谈到"欠发达"问题，上述感觉就很明显。不过，还必须对此进行彻底分析，弄清楚这种理论究竟在涉及哪些方面时会"离题"以及它为什么提不出真正的问题来。这种评论有时可能会枯燥无味，然而对那些脑子里灌满了边际效用说的大学生来说，是极重要的。人们都是在弄清某种理论无能的根源的过程中学会更正确地提出真正的问题以及建立必要的科学概念的。所以，即使仅仅从这个理由出发，评论对我们的研究同样也十分重要。这方面的情况当举例说明。

---

① 萨米尔·阿明：《三个非洲国家的发展经验：马里、几内亚和加纳》，法国巴黎大学出版社，1965；《马格里布经济》二卷集，子夜出版社，1966；《象牙海岸资本主义的发展》，子夜出版社，1967；《塞内加尔的商业界》，子夜出版社，1969；《停步不前的西非——1880～1970年殖民统治的政治经济史》，子夜出版社，1971。

② 我认为，最关键的突破是关于当代垄断资本主义的理论（保罗·巴兰和斯威齐的研究），以及 A. G. 弗兰克对"欠发达"发展理论的新贡献。此外，还有埃马纽埃尔关于不平等交换的理论。其他人对我也有很大帮助，我将在书中陆续提到他们的论著。

虽然流行的"欠发达"理论没有太大价值，但是，已有的客观资料浩如烟海，① 没有任何理由加以轻视，即使这些资料来路很广，十分零乱，有时甚至不知该怎么找。因为科学理论不是"考虑事实"的理论，而是来自事实并将事实纳入一个严密的体系中去的理论。在这方面，人们也总是惊讶地发现，时下那些躲进象牙之塔的学院派理论对事实是多么无知。

一　分析的范围

积累、扩大再生产是资本主义，无疑也是社会主义生产方式的一条主要的内在规律。但它不是前资本主义各种生产方式运行的一条内在规律。然而，整个世界资本主义体系不能都归结为——即使是抽象的——资本主义生产方式；更不能把受资本主义生产方式支配和受前资本主义生产方式支配的国家和地区并列在一起进行分析（那是"二元论"的观点）。因为，除了几块"人种志保留地"（奥里诺科的印第安人）之外，所有的当代社会都纳入世界体系中去了。找不到任何一个具体的当代社会经济组成部分是在这个体系之外的。

发达国家（中心）的组成部分和"欠发达"世界（外围）的组成部分之间的关系最终表现为价值的转移运动，这就是世界规模的积累问题的本质。每当资本主义生产方式同受制于它的各种前资本主义生产方式发生关系时，就出现了后者向前者的价值转移，而这是原始积累的机制造成的。所以，这些机制不仅属于资本主义前的历史时期，在现代社会中也存在。这一有利于中心的原始积累的既

---

① 国际组织（联合国，经济合作与发展组织）是这些资料的主要提供者，其质量自然很不相同。"欠发达"国家的政府机构在制订国家预算时也收集了"经济资料"和发展计划以及大量数据。还有些更系统、更严谨的研究见诸带分析性的经济史的优秀专著中。

革新又持久的形式，构成了世界规模的积累理论的范围。

这肯定是个理论问题。事实上，满足于描绘事实和试图测量价值运动的实证主义和先验主义的方法，只能抓住表象，不能揭示"隐蔽的转移"以及在世界范围内积累规律的本质。可是，这种理论上的分析还远未完成。以后我们将从国际贸易"理论"的错误中举一个突出的例子来加以说明。用以建立这一理论的基本概念应该是什么呢？这就是我要提出的问题。我们将看到，这一理论之所以不能是"经济主义"的理论，恰恰是因为经济主义不能使我们对资本主义生产方式明显的机制做出分析，因而就不能研究纳入同一世界体系中的不同组成部分之间的关系，不能提出真正的问题。为了了解这一点，最好就从当前的"欠发达"理论出发，衡量其无能的程度。

不过，在评论"欠发达"理论之前，也许有必要把涉及研究范围的最后一点明确一下。中心和外围不是资本主义世界仅有的一对伙伴。"共产主义"世界的各个组成部分（俄国、东欧、中国、朝鲜、越南和古巴）之间以及它们与资本主义世界之间都保持着关系。我不准备讨论这些组成部分的性质问题。① 然而，这个世界同"欠发达"世界以及西方发达世界的外部关系产生于世界资本主义市场。因为，在这方面，我们无论如何不能认为，俄国和东欧同世界其他国家的贸易与发达的西方大国的贸易有区别。不存在资本主义和社会主义两个世界市场，只有一个资本主义的世界市场。东欧国家也进入这个市场，但微不足道。我们将看到，苏联关于这些关系方面的理论同西方的理论不谋而合。虽说如此，但苏联世界的内部关系（俄国和东欧之间的关系）并不隶属于国际资本主义市场。因为，尽

---

① 即它们是否具有社会主义性质和"过渡性"，如果说它们是"过渡"体制的话，是走向社会主义或是走向资本主义（何种类型的资本主义），向社会主义过渡的条件等。

管苏联世界各个组成部分不完全是社会主义的，可它们更不是真正的资本主义（有的是新型的已"定性"的组成部分，有的则是过渡性的组成部分，或者说是特别的组成部分）。因此，苏联体系的内部关系有它们自己的规律，我不准备在本书中研究这些规律。换言之，我认为，俄国和东欧不属于（或尚未属于）世界资本主义体系，尽管在同发达的西方国家和"欠发达"世界的关系中，它们是世界资本主义市场的组成部分。此外，国际关系并不限于发达的西方国家和"第三世界"之间的关系，因为西方世界的内部关系在国际关系中占有一个很重要的位置（而且从数量上看，比前两者之间的关系重要得多）。我不打算系统研究中心的这些内部关系，尽管它们是世界规模积累中的一个重要部分，特别是在北美中心和其他发达中心（西欧和日本）之间的贸易关系和资本运动方面。不过，我会提到这些关系，为了说明这些关系与中心和外围之间关系在性质上是不同的。

换句话说，我分析的主要范围包括中心（一方面是北美，西欧，日本，澳大利亚，新西兰和南非；另一方面是俄国和东欧）和外围（三大洲）之间的整个关系。

二　流行经济理论的概念工具

尽管从某种特殊角度，如从传统的大学学科的角度（经济学、社会学、政治学等）可以在一定程度上接近社会事实，但社会的科学却只有一种，因为社会事实是统一的，它从来不分成"经济"事实、"政治"事实和"思想"事实等。但这种特殊的近似做法只有在知晓自身的局限性并为总体社会科学留有余地的情况下，才可能是科学的。然而，自1870年以来，占优势地位的边际效用说将建立"纯"经济学——更确切地说，独立于其他所有社会科学学科之外的经济学——作为其目标。这样的"纯"经济学必定是反历史的，因为它力图发现不管在什么样的经济和社会制度下都应该是正确的规律。抛弃马克思主义所创造的总体观念，割断马克思主义为了解释历史而在社会科学（经济学、社会学、政治学）各不同学科之间建立的联系，从而导致新古典派经济学首先成为一堆建立在"永存人"简易心理学基础之上的公理的逻辑推理代数。

于是，这个"纯"经济理论的概念工具便处在一种抽象的水平上，无法运用它来分析任何社会的各种机制——甚至是经济机制——的运转。确定这些基本概念（首先是主观价值）要求助于研究鲁滨逊在孤岛上行为的公理学：（孤立的）人面对大自然，经济已成为研究人和物（常见物和罕见物）的关系的"科学"。可是，鲁滨逊构不成一个社会，而构成社会经济机制真正组成部分的、生产和财富分配过程中人与人之间的关系，却从一开始就被边际效用说回避了。在这样的基础上，边际效用说确定形而上学的、绝对的、反历史的概念，如储蓄、投资、资本（物）等，它们都存在于结构之外，也就是说不受任何社会生产方式的影响①。

这些从远在天边的出生地掉到一个社会人间现实中来的概念，通过庸俗的先验程序，勉强地进行了调整。而这样的程序就将表面上近似的现象联系在一起：储蓄取决于收入，投资取决于企业家的预测（取决于他们气质中的乐观程度）等。此外，由于鲁滨逊的公理学从其定义本身来讲就是经济行为的绝对理性代数，而鲁滨逊的这种行为又表现在所有"经济因素"方面。因此，毫无疑问，人们发现体制是一种纯理性。只要现象是合理的，那就万事大吉了。整个边际效用说的理论是建筑在这个巨大的同语反复的基础上的：它无非就是一种意识形态（故而毫无科学性），普遍和谐的意识形态。

---

① 流行的理论不用生产方式概念，它谈到比格迈人的经济时同研究美国经济时所用的概念是相同的。此外，这种理论也不研究生产的过程，而只研究流通的过程。

人们可以看到，这门"经济科学"的每一"部分"都是回避问题，其原因就是最初的同语反复。所以，货币理论（数量论）、国际贸易理论（比较利益）、行情理论以及收支平衡理论等都是这种情况。我们将看到，涉及"欠发达"国家经济的情况，所有这些理论的内在弱点显得愈加明显，因为它们连起码的事实也不顾，所以这些理论是完全错误的。研究"欠发达"国家经济有助于我们更好地了解边际效用概念的无能，找出它们的错误根源，因为对此进行分析会迫使我们恢复一种结构。

然而，边际效用说从其根本立场出发，无视结构概念。流行的学院经济学则在谈到结构（技术、人口、企业以及制度等方面）时，似乎涉及的是一些先验的互相没有关联的、与始终是"一般性"的"理论"① 不发生关系的事实。这种理论从一开始就回避（改造结构的）制度的动力问题，把这个问题排斥在研究范围之外，而交由历史学家去研究。② 这样，它就回避掉了"欠发达"的真正问题：欠发达的历史渊源。

更有甚于此者：对普遍和谐思想的关心，迫使"经济学"披上"全面平衡理论"的外衣，它当然也是静止的，从这个意义上讲，进步、变化是发生在制度之外的。作为资本主义制度本质的内部动力——积累——应该消失。因此，边际效用说通过这种巧妙的手法使利润从它的图像中消失了。利润甚至不再是"要素的收入"：利润之所以消失是因为它无非是"一旦实现了普遍平衡后实际收入和理想收入之间的差距"。所有的收入（工资、租金、利息）都包含

---

① 利昂耐尔·罗宾斯（1932 年著有《经济学的性质和意义》一书）正是这样提出问题的。

② 在这种情况下，经济史或是来自单纯经济主义理论的形而上学，或是像德国历史学派那样成为一种折中的描述。唯有马克思主义提供了关于历史的理论：历史唯物主义。因此，那些"欠发达"问题的马克思主义作家如 A. G. 弗兰克和赛义德·沙在他们即将出版的关于"欠发达"的著作的序言中都写着"理论是历史"。

"一点儿利润"。自然，建立在一个"静止的资本主义"假设的基础上的整个理论不仅在事实上不真实；而且这种理论只能走上歧途，因为它一开始就否认最根本的现象。

如果要把资本利润概念重新整合到经济理论中去，就必须放弃边际效用的"要素生产率"工具，因为这要求从历史维度理解"储蓄"、"投资"、"资本"和"利润"概念以及历史规模；要求人们抓住那些将上述概念在资本主义生产方式中连接在一起的深刻联系；要求人们不再将这些资本主义制度中的概念同适合于其他生产方式的概念混淆；要求人们理解，前资本主义社会的储蓄（或称"攒钱"）不同于资本主义生产方式的储蓄。① 在资本主义生产方式中，虽然这些概念是高度一致的，但是，决定供需平衡——万一供应曲线和需求曲线各自独立发展的话——无法做到。必须超越表面现象，分析产生利润的剩余的根源及其发生的情况。

因而，必须有一种关于价值的理论。它只能是客观的，也就是说社会的，不是建立在主观的同语反复基础上的。如果人们完全不理解建立价值理论②的极端必要性，那就意味着，今后的理论会陷入无力的抽象之中，它可以归纳为简单一句话："一切均在一切之中。"到那时，经济学将堕入衰落的最低点。

三　流行的"欠发达"理论

边际效用说经济理论作为社会科学的一门特殊学科严格地讲毫

---

① 经济史家（参阅《剑桥经济史》）或经济人类学家在这方面比边际效用论者高明得多。然而必须指出，里斯特（《关于储蓄的几个定义》，《人民经济》杂志，1921）在区别储备储蓄和创造储蓄时意识到了这个问题。

② 因此，在萨缪尔森的《经济学》或在巴尔的经济理论的教科书（"泰米斯丛书"，两卷集）中把价值理论说成是形而上学，不再做介绍，这当然对最平庸的英美先验折中主义是有利的。

无价值。因而在这一范围内，企图建立一种"欠发达"的理论就特别没有意义。

首先选择一个毫不说明问题的"欠发达"的概念：把"欠发达"看作一般的"贫穷"。然后，喋喋不休、枯燥无味地描述贫穷的不同表现（分类指数：健康、扫盲率、营养、死亡率等，或综合指数：人均收入），用一般性的材料来弥补分析的空虚。① 最严重的是这个定义立即导致一个关键性的错误：人们把"欠发达"国家看成处在发展早期阶段的"发达"国家。也就是说，人们回避本质："欠发达"国家属于世界体系的一部分，它们曾经有一个被纳入这一体系的历史过程，这就形成了它们的特殊结构。而这个结构同这些国家被纳入现代世界之前时的结构已大相径庭。

我们感到有幸的是，罗斯托②已经以系统、明确和简洁的方式阐明了这个"欠发达"和发展的理论。众所周知，它就是关于各国社会经过和必须经过的五个发展阶段的全球理论：①传统社会阶段，②发展的准备条件阶段，③"起飞"阶段，④成熟阶段，⑤整体消费阶段。每个阶段都是用僵硬的、统一的方式，并（通过"储蓄水平"）以"经济学"词汇来加以确定。这种系统理论的极端荒谬性可以从下面的引文中得到证实③："目前世界上不可能找到一个符合第一阶段特点的国家和社会……这一点毫不足怪，因为罗斯托的阶段结构论既不考虑当前那些欠发达国家的历史，也不考虑几世纪以来这些国家与当今发达国家之间尖锐的关系……这种关系不仅影响了欠发达国家采用出口加工区的做法，而且这种历史上的关系完全

---

① 这段乏味的文字恰恰是课堂上"欠发达"理论的要点。参阅"发展经济学"大学教程。

② W. W. 罗斯托：《经济增长的阶段》，剑桥，1960。

③ 这是巴兰和霍布斯彭（《经济增长的阶段》，1961）和 A. 弗兰克（《发展与欠发达》，《每月评论》第 4 期，1966）提出的。引文摘自罗斯托的《欠发达颂歌》，《三大洲》第 4 期，1968。

改变了欠发达国家人民的社会结构。然而，经济和社会二元论这一几乎在国际上已被接受的理论却支持采用出口加工区的做法，其实无论从实践还是从理论上看，这种做法都是错误的……"

折中主义是创造这种错误理论的必要代价。因为，要想解释第一阶段"受挫"的原因，又要耍小聪明避而不谈与世界资本主义体系一体化问题，那就必须以"外因"作为遁词。新马尔萨斯人口论的解释是最常见的。它经不起分析和事实的检验。这种理论的概念始终是"模糊"的（它指的自然财富究竟是已经开发的还是潜在的？），它的基础公理也是错误的（所谓"产量递减规律"）。它矢口不提大量的历史事实，如英国和德国是于 1870～1910 年在人口急剧增长的情况下（1870～1910 年增长了 58%）发展起来的。然而，同一时期印度却一直处于不发达状态，尽管它的人口才增加了 19%！新马尔萨斯人口论避而不谈这样一个事实：有些"欠发达"地区因为一直以农立国，所以表面上看来"人口过多"，但是也有许多地区，即使具有发展农业的潜力，人口也是不足的，如加蓬。加蓬的人口自然增长力十分微弱，每年人口增长率为 0.5%。这个国家与其他人口增长率高的国家一样不发达。①

这样说并不意味正确的、自主的发展政策就不要考虑人口因素了，而是说在具体条件下，执行不执行压缩人口政策不能说明"欠发达"的原因。

"贫穷恶性循环说"的解释同样也回避了问题的本质。② 所谓"欠发达"的起因是"储蓄"的不足，而储蓄不足又是收入水平低

---

① S. 阿明论文集第 45～50 页；L. D. 斯坦普：《我们的欠发达世界》，伦敦，1953；米尔达尔：《工业化与人口》，伦敦，1933。

② 纳克斯（《欠发达国家资本形成问题》，牛津，1953）的理论最为系统。见 S. 阿明论文集第 23～30 页及 51～53 页对这一理论的批判。在批判中，我们说明纳克斯最终在国际一体化问题上碰了壁。

造成的，所以，"贫穷"就等于"欠发达"。那么，人们就不明白，当今的发达社会又是如何冲破这些"恶性循环"的呢？为了使"恶性循环说"更有说服力，只好借助于一种极为虚弱的理论，这种理论甚至同市场规律中基本正确的说法都有矛盾：它认为，在一定条件下，投资创造着自身的后市场，即使这种投资从来没有创造过前市场。此外，为了树立"恶性循环说"，人们只好做出违背事实的假设："欠发达"国家的剩余低到近乎不存在。

巴兰①指出，"欠发达"国家的特点是，它们的剩余不低，但都用在非生产性方面，或是被浪费和出口。对此，我们曾以埃及为例进行了评估。② 1939～1953 年，剩余在埃及国民收入中占 1/3，但是这些剩余的 38% 被统治阶级用作奢侈性浪费，34% 投入不动产，15% 被用于现金（黄金或货币）或半现金（国家资金）储蓄起来。只有 14% 用于真正的生产性投资（未分配的利润，家庭企业的财政开支，公众认购的有价证券）。

可是，每当我们研究实际情况的时候，即研究"欠发达"国家剩余的内容、形式及其用途时，我们总会遇到问题的实质：剩余的形式及其用途取决于外围形态的性质，取决于外围被纳入世界资本主义体系的机制。

如果"欠发达"理论放弃经济分析，畏缩在"社会学"折中主义里面，也就是说，依靠所谓宗教等其他因素，而这些因素当然又都不会成为整个社会理论的一部分，那么，这种理论实际上又后退了一步。

四　从社会科学到管理艺术

大学的经济学科作为一门社会科学，由于它放弃客观的价值理

---

① P. 巴兰：《增长的政治经济学》。
② S. 阿明：《1939～1953 年埃及可作储蓄的收入的使用》，巴黎，1955。

论，因此已奄奄一息。但是它把管理艺术作为一笔遗产留给了我们。因为对各种现象之间的"相互关系"进行实证主义的观察使我们能设计出一整套比较有效的操作技术。鉴于边际效用说的所谓"永久"概念实际上是从对资本主义生产方式的观察直接引证出来的，所以它们使我们可以设计出一种经济管理方法。诚然，这种方法无论在微观经济方面（企业管理方法）还是宏观经济方面（国民经济政策），都是建立在并无理论指导的实际观察基础之上的，因而它是不完善的。垄断形成后出现的资本主义生产方式内部的结构性变化，引起国家干预，导致必然产生这种管理方法。这一方法所包含的全部问题的本质是，在一定的限制条件下（特别是资源匮乏的限制），在一定时期和一定的体制下（此处指的是资本主义生产方式，而这是人们常常不提及的），最大限度地扩展某些经济规模（利润或产值）。由于它具有这样的本质，所以不能把这一整套"技术"看作社会科学的替代物，因为方法来源于学科，明确的或不明确的学科。而在这里，隐含的学科便是边际效用说。① 只有将经济学意识形态化，使之成为经济主义，才能把无法成为学科的内容也炮制成学科。以下我们将谈谈经济主义的根源。

今天的大学经济课教学中之所以出现这样的鼓噪，其原因就是在经济学科的本质——究竟是社会科学还是管理方法——问题上一片混乱。人们一方面讲授整套没有实用价值的抽象定义以及从鲁滨逊的行为公理学中推算出来的定理；另一方面又讲授一大堆与上述那套"理论"毫不相干的实际技术。

在经济理论和经济政策之间横贯着一条"无桥"之河：一边是"玄学"，它既解释一切，又什么也解释不清楚；另一边则是一系列

---

① 因此最佳理论是没有意义的，这是一个虚假的问题，真正的问题存在于比经济学更大的范围之内。

"配方"。数学的运用本身不解决问题。我们并不反对运用数学的方法。相反，在理论的创建中，至少从表象上看，数学是必不可少的。数学可以帮助人们避免在立论时随心所欲地赋予同样的概念以不同的含义。可是，尽管用严格的方法从错误的概念中推导出了一整套理论，也就是说，没有使用那些"含混不清"的、由于愚蠢的"想当然"的习惯而得出的概念，但是这些概念毕竟还是错误的。以此列出的方程式不会赋予概念本身以任何科学性。这样的经济学虽然十分严谨，却成了一种智力游戏和无用的"玄学"。经济总平衡理论是最能说明这种情况的例子，根据该平衡的理论，利润消失了，这就证明，这一套概念不能反映主要事实，所以是不科学的。为了开出技术管理的"配方"，也就是必须运用数学方法，以便从当前的现象中去粗取精，去伪存真，而能提供这类方法的唯有数学统计学。但是，如何选择要测试的假设，也必须根据明确或隐含的理论分析，自然，进行明确的分析更好。著名的"哈佛晴雨表"的惨败最有力地证明了即使进行严格的实际观察，如果没有理论指导也会一事无成的。可以用来预测和实施的模式设计——就其形式来说，必然运用数学方法——来自同样的方法论，并存在同样的局限性。

　　经济课程教学中存在的危机深刻地反映了这种混乱：大学生们提出这样的问题——既然设计管理方法不依靠理论指导，这种"理论"还有什么用？他们还提出一个问题：管理方法的价值又是什么？

　　走取消理论教学以避开问题的歧途，或者盲目崇拜数学方法，只不过是回避问题而不是解决问题。如果说这条道路表面上似乎走得通，那是因为所谓的管理方法是建立在那些名不副实的概念基础之上的。它们不是反映历史的、经济学科的概念，而是从对资本主义生产方式机制的肤浅观察中得出的实际概念。因此，管理方法既非完全无用，也非完全荒谬，至少在西方是这样。但是在"欠发达"国家，这种方法显然只能是无用和荒谬的。因为这种方法赖以存在的概念体系不符合表面的机制。经济学课程的教学危机在此——我们必须夸张一些——因此而使人感受更深。

一般经济学科的情况尚且如此，涉及经济学科中发展与"欠发达"部分则更是如此了。发展的方法——发展政策——要成为经济学科的前导，因为只有这样的学科才能将发展与"欠发达"作为历史事实来进行解释。发展经济学是经济学中一门十分年轻的学科。至少，在第一次世界大战之前，经济学理论对结构体系的分析毫不留意。在这种情况下，经济学当然不了解这样的事实：在世界上不仅从量上，而且从质上存在着发展不平等的体系。然而这恰恰是当时世界上占统治地位的、发达的宗主国以及被统治的殖民地世界——直至很晚以后人们才称它们为"欠发达"国家——历史演变和现实存在的明显特点。由于对体系的分析被排除在经济学科的领域之外，这样，经济学科就被当成一门历史学科，而历史学和经济学一样处于萎缩的境地。经济学科满足于就事论事，至少它也不去理解社会变化的一般趋势。对属于今天发展经济学和发展社会学的那些问题的思考，在当时被认为是超出社会调查的范围，应由"历史哲学家"和专栏作家去研究。不管这些人中有的才智多么过人，观点多么深邃，因为只是理论系统化的开端，所以无论如何还谈不上是发展经济学和发展社会学。至于经济学，它充其量也仅仅是满足于注意到经济学的"理论"模式和"不纯"的现实之间的差距。这种差距的大小要看是什么样的体系，若是"欠发达"经济体系，则差距尤为明显。

除了经济学之外，产生了一些其他的流派，它们强调的是必须深入了解各种结构和机构。但这些流派当时仅止于在表述方面做出努力。它们更关心研究发达国家而不是"欠发达"国家的特殊机构和结构。20世纪初日本在政治和军事上的崛起，1917年的俄国革命，1919年土耳其穆斯塔法·卡麦尔的革命，亚洲和阿拉伯世界民族主义运动的诞生以及 1924 年起的中国革命和内战对两次世界大战之间的经济学并未产生影响。一直到 1949 年中国革命胜利，三大洲民族运动的巩固和普及，"第三世界"新兴国家在政治上的崛起，才逐渐形成对发展或从其社会整体，或从其各个方面，特别是经济方面进行科学研究的新领域。

因此，诞生于 1945～1960 年的经济学的新篇章——发展经济学是在形势和紧急需要的背景下应运而生的。从一开始，发展经济学的目的就是为那些宣称要进行发展实践的政府服务的。但是，新的"发展经济学"也存在着与一般经济学同样的不足。它往往也自称为发展的方法，而不是为发展而设计的科学，因此是一种过分狭隘的实用方法。然而，与经济学中的其他学科相比，它所提出方案的理论基础更为薄弱。

在第二次世界大战爆发之前，人们一直这样认为：自由经营可以使殖民地发展起来，就像自由经营过去曾经使工业化的宗主国发展起来一样；再说，也不可能有其他的道路可走。比较利益和国际专业化的理论在国际上构成自由经营这一哲学的理论基础，乃至变成一种教条，其影响之广，直到今天发展经济学的理论著作——不论是提出一般理论问题的，还是限于具体实施的——中的主流仍然对这一教条未予质疑。而放弃这一教条必然会导致对政府边际效用说整个理论基础的否定。但是，这种观点最终使发展经济学变得无甚价值：了解"欠发达"这一特殊的历史事实并未给经济学理论增添任何新内容。既然国际专业化被认为是理所当然的好事，对参加交换的各方——不论其发展水平如何——都有利；既然对外国资本在"欠发达"国家的投资也被看作对双方都有好处，那么，就根本不可能对发展经济学进行科学的分析。发展经济学理论仅仅成为边际效用经济学一般原则在"欠发达"国家特殊条件下的一种严格的实施而已。它没有为丰富一般经济学理论做出贡献。

　　然而，由于形势的逼迫，即那些不否定国际一体化的"发展政策"的失败，一种从批评发展方法做起的、关于"欠发达"和发展问题的理论逐渐诞生了。这一理论表现了它同一般边际效用说教条的，或明或暗的决裂。

　　因此，发展经济学真正的诞生之日也就是它和所有这些教条决裂之时。这种近乎公开的决裂，也是对经济学理论基础的全面否定。① 马克思主义学派并未接受国际专业化的理论。从 1914 年起，列宁、罗莎·卢森堡和布哈林以他们对帝国主义的理论来对抗。马克思主义学派力求从经济学、社会学和政治学角度综合"欠发达"世界的各种特定现象并将其置于世界资本主义之中进行总体分析。因为，马克思主义者从来都反对把这些现象孤立起来。

　　这样，建设中的新发展经济学就不断丰富了一般的经济理论思想，乃至整个社会科学。如同一般经济学，发展经济学必然也包含两个不同的方面：一个是通过对历史现实的观察而做出的基本分析，其目的是建立关于"欠发达"和发展的理论；另一个是关于结构改革行动的实施，经济管理的方法，发展的方法，一种从发展理论派生出来的方法。

五　"欠发达"的理论应是世界规模的积累的理论

　　让我们首先看一下"欠发达"的直接"表象"，即它的"结构性"特点。这些特点是：①生产率在部门间的不均衡性，②经济体制的脱节，③外部的优势地位。当然，这些都不是"传统"的特点。

---

　　①　这种对国际一体化的否定是发展经济学的优秀著作的特点，特别是 A. 希尔施曼的《经济发展战略》（1958）。在法国，有佩鲁为首的实用经济学研究所的研究工作，如 M. 比耶对国际大公司的研究，在对现象的分析方面，关于统治结构对外围的控制理论十分接近马克思主义。

　　生产率在部门间分配的极端不均衡，即人均产值在部门间分配的极端不均衡，反映了属于不同经济时代的结构的庞杂性。而极端的"二元论"观点把这种庞杂性简单化地说成互不渗透的两种体系的并存：一种是所谓"传统"的或称"前资本主义"的，即先于殖民时期，和"欠发达"世界与商品及资本的国际资本主义市场一体化之前的体系；另一种就是所谓"现代"的，或由上述一体化产生的"资本主义"的体系。这种说法本身就是简单化的，因为它不考虑以下事实："传统"部门往往本身就已同世界市场一体化了（例如，非洲农民在"传统"结构中所生产的产品是面向出口的）。生产率的不均衡性是十分普遍而常见的，甚至在发达国家中，技术进步也从来是不平衡的，它始终出现在新兴工业部门之中。然而，在发达国家，强大的经济力量总是倾向于将技术进步的受益面扩大到所有经济实体中去，特别是通过调整价格使部门间工资及利润率趋于平衡等做法。这些经济力量发挥作用的结果使得经济重心始终向进步最迅速的部门转移。因此，比较而言，人均产值的分配差距不大。差别最大的部门之间的比也就是1∶2或1∶3，这样的比可说是最突出的了。多数就业人口集中在接近平均指数80～120的生产部门之中。相反，在"欠发达"国家，1∶4甚至1∶10或差距更大的比都是司空见惯的。就业人口和产值在部门中的分配不是相同的，而是完全不同的。例如，在整个"第三世界"，根据不同地区和国家，农村人口占整体人口的2/3或4/5，可是农业产值极少有超过国内生产总值2/5的。那种在发达国家推广技术进步的经济力量，在"欠发达"国家不起作用或作用十分有限。

　　"欠发达"国家经济部门之间出现互不沟通的情况是由于这种经济是脱节的。而发达国家经济之所以是一个统一的整体，是因为该经济的各个组成部分之间进行着大量的所谓"工业间"或"部门间"的交换。它们互相补充，互相支持：采掘工业和能源工业向基础工业提供主要原料，而基础工业则通过它所生产的设备和半成品，支持轻工业和现代化农业（所谓"工业化"了的农业）。至于轻工业和现代化农业则提供最终消费品。不同的是，"欠发达"国家的经济是由平行的部门构成的，它们之间的交换微不足道。它们主要是同国外进行交换。其中某些部门是由几个大企业组成的——它们往往是外国企业或是国际大公司的子公司——其动力中心与"欠发达"国家的经济并无关系。这些矿业和石油大公司从矿业中攫取的财富不是用来支持当地的下游工业，而是输出国外，以支持发达世界中的联合工业集团。在"欠发达"国家中，有时也存在外国的或本国的最先进的轻工业集团。但是，由于基础工业薄弱，这些生产生活消费品的工业在设备和半成品的供应方面严重依赖外国。所以，它们不起"组合"作用，而是直接面向最终消费，它们之间也只有少量交换。交通、商业及金融服务等依附于外国经济的第三产业也是如此。农业本身是由平行的部门组成的：有的是自给自足，自我封闭；有的则为出口"种植园产品"而生产。但是，农业"传统"部门和"现代"部门简单的并列形象并不总是反映实际情况的，有时差距还很大。事实上，往往同一批农业劳动者既生产粮食作物也生产出口作物。的确，在这种情况下，常常只有一小部分粮食作物作为当地商品消费，大部分都自我消费了。换言之，农村经济的商品化主要服从于外国的需求（供出口），只是辅助性地服从于城市的需求（当地需求）。此外，这种农业即使已经商品化了，其现代化程度也是低的，很少消费工业品，如化肥、机器等。

经济的脱节阻碍了任何一种能起带动作用的部门的发展。这种带动作用转移到了国外，转移到了提供国："欠发达"国家的经济部门成为占统治地位的发达国家经济的延伸。与发达国家极不相同的国内生产总值和投资的分配结构也反映了这种脱节以及作为其后果的生产率的不均衡性。

　　对外依赖既是这种情况的根源也是它的结果。对外依赖首先反映在外贸方面。在"欠发达"国家，无论是私人或集体的贸易都有这个特点：不仅仅是这些国家的出口大部分由矿业或农业的基础产品构成，进口由制成品构成——这都是人所共知的事实，而更主要的是，大部分贸易都是与发达国家进行的，然而发达国家的贸易则大部分是在它们自己之间进行的。所以，当代发达国家80%的贸易——其总贸易量相当于世界贸易量的80%——是在发达国家之间进行的，而这些国家20%的贸易是与"欠发达"国家进行的，不到20%的"欠发达"国家的贸易由"第三世界"内部的交换实现。从总体上来讲，"第三世界"对发达世界在贸易上的依赖程度大大超过后者对前者的依赖程度。这并不意味着发达国家可以不要"欠发达"国家，同样也不意味着资本主义体系可以忍受中止中心的内部交换。所谓中心"坐庄"的提法毫无根据，因为外围向中心提供的原料是至关重要的。①

　　日益严重的金融依附加重了贸易依附，其根本原因是外国资本在"欠发达"国家的投资必然产生利润的反方向转移。利润的反向转移按20%～25%的资本平均利润率，迅速超过了资本的投入。这样，达到了一定"开发"水平以后，对外贸易支付差额就会发生逆转。作为"欠发达"国家鲜明特点的这种逆转，反映了向资本开放的新地区从"开发"阶段向"交叉剥削"阶段的过渡。由于外国投资在"欠发达"国家缺乏带动效果，这就使"欠发达"国家不能发挥积累进程的催化作用；而如果外国资本在具有资本主义结构的国家中投入的话，这种作用是可以发挥的。历史上不乏这种例子，如欧洲19世纪在北美、俄国，20世纪在日本的投资，当前美国在欧洲的投资。

---

　　①　皮埃尔·雅雷：《1970年的帝国主义》，巴黎，1969。

在外国向"欠发达"国家投资的情况下，支付平衡要求出口迅速增长，其速度不仅要高于国内生产总值的增长率，而且还要高于进口率。然而有许多因素导致"欠发达"国家进口速度的加快，其中主要有：①随着城市化而来的粮食生产增长的不足，迫使人们增加基本食品（小麦、稻米等）的进口；②行政开支的迅速增长与本国经济的实力极不相称，因为这种经济已与当代国际经济一体化，由此欠下了债务；③收入分配结构的变化及社会特权阶层生活和消费方式趋于欧化（所谓"示范效应"的结果）；④工业发展的不足以及工业结构的不平衡（消费工业的绝对优势）。这些使得设备和中间产品的进口必不可少。所有这些因素的综合作用使得"欠发达"国家依赖外援。这种外援逐渐成为"经常化"，即它只能克服最严重的危机而无法解决日益严重的结构不平衡这一根本问题。这种依附现象是第二次世界大战结束以来的时代特点。

随着经济的增长，确定外围结构性质的上述特点不仅没有消失，反而更为突出了。在中心，增长即发展，也就是说，增长起了组合作用；在外围，增长不等于发展，因为增长起了解体作用。从本意上来讲，建立在世界市场一体化基础上的外围的增长，发展了"欠发达"现象。

人们现在可以看清楚，把"欠发达"归诸人均产值低的看法是肤浅的，从科学上讲是错误的。在当前的文献中，特别是在联合国浩如烟海的文献中，确定"欠发达"的方法是把国家分成不同类别：人均收入低于100美元的国家，如印度，拉丁美洲的穷国，东南亚国家被列为最不发达国家；人均收入为300美元至500美元的国家，如拉丁美洲的富国，产油国被列为发展中国家；人均收入为500美元至1000美元的国家，如东欧和南欧国家，被列为贫穷的发达国家；人均收入高于1000美元的国家，如欧洲、北美、日本、澳大利亚、新西兰、南非，被列为发达的工业国家。严格地讲，这样分类是毫无意义的。因为即使假设人均收入没有变化（这是可以测定的），当代印度与沦为殖民地前的印度又有什么共同之处呢？殖民统治之前的印度是一个（或几个）统一的社会，其特点是它的各种结构（经济或其他方面）之间互相沟通，所以对印度本身就可以进行分析和研究。可是对于一个现代印度，离开了它的对外关系就无法理解。此外，人们不能不看到其他国家也出现了同样的问题①：科威特的人均产值为 3290 美元，它高于美国的 3020 美元；委内瑞拉人均产值 780 美元，分别高于罗马尼亚（710 美元）和日本（660 美元）；葡萄牙的人均产值（340 美元）与许多非洲国家相比，如加纳（230 美元）所差无几。今日加蓬的人均产值与 1900 年的法国接近，但加蓬不等于 1900 年的法国，也不是法国的缩影。因为加蓬本身的结构从本质上来讲是外围型的结构，不是发展缓慢的中心型结构。

大学的经济理论提出用"二元论"来回答上述问题。②"二元论"虽然推动了某些研究课题的进行，但充其量不过是在描述"欠发达"现象时，少了一些图解化的缺点，其基本分析仍然是错误的。实际上，两个社会的"并列"现象是不存在的。因为"欠发达"经济是世界资本主义经济这一完整机器的一个部件。它在这个总的体系中占有一个特殊的位置，在其中起着明确的作用。所以，我们首先要了解清楚这一体系在历史上是如何诞生的，并了解其机制。

只有在阐明这个历史的基础上才能建立起"国际劳动分工的理论"。运用这一理论就能使我们理解"欠发达"现象产生的根源以及"欠发达"国家在世界范围内的资本主义积累机制中的地位。"欠发达"和发展的理论只能是世界规模的积累的理论。"欠发达"理论之

---

①　根据世界银行 1960 年的数字。

②　J. H. 博凯首先在他的《二元社会的经济和经济政策》（纽约，1953）一书中提出，后来又由赫岑斯发展到社会学领域，见《欠发达地区的二元论》（《经济发展与文化变化》，1956）。

所以错误，就在于它把统一的、完整的前资本主义的独立经济和社会，同由于殖民统治历史而被纳入占统治地位的资本主义世界的经济和社会——其中的资本主义是从外部引入的——相混淆。我们要从另一个方向去研究：分析统一的过程，它既是中心的发展过程，也是外围的"欠发达"过程，或者更确切地用弗兰克的话来说是"欠发达"的发展过程。这样的研究方向必须明确不同概念的内涵，其中包括增长的概念，发展的概念，有增长而无发展的概念，"第三世界"当前所进行的开放或现代化概念。这样的研究方向还必须分析在世界范围资本主义体系的机制中"第三世界"的特殊作用。

六 建立资本主义社会形态的理论

根据马克思主义分析所形成的基本概念，无疑是建立世界范围积累理论的必要工具。但是，我们只能讲到此处为止，这一理论尚未建立起来。列宁对中心资本主义体系的变化已做了初步分析。分析集中在垄断形成这个主要方面，但他没有专门研究外围形态。到了我们这个时代，巴兰和斯威齐继续了列宁的分析，并进行了新的阐述，但他们也没有更多地研究外围的变化。因此在这方面还大有可为，尽管用以分析的各种因素已开始得到人们更多的了解。对大学经济课的批评是一项很有价值的工作，因为正是通过这一批评，才使得上述因素得以明确，特别是关于不平等交换。① 这些情况鼓励我们坚持朝这个方向前进，鼓励我们对有助于批判流行经济学的一切进行了解。毕竟，马克思的《资本论》恰恰也就是在批判李嘉图的基础上才得出了它自己的概念。

---

① 说明这一批评的作用的最好例子是下列著作：A. 埃马纽埃尔的《不平等交换》和 C. 帕鲁瓦的《开放经济的增长问题》。

　　我们觉得应该避免在这里先把一大堆概念都端出来，我们想最好随着问题的逐步展开再一一提出来。我们现在只是把世界资本主义体系中心和外围的概念明确一下。特别是要提出外围与正在形成的年轻的中心究竟有何区别这个问题。这样，我们就可以了解到，"形态"概念应该与"生产方式"概念严加区别。特别还要提出为什么中心的资本主义生产方式会趋于独一无二，而外围则不是这种情况。此外，中心的形态十分理想地同生产方式趋于一体。

　　我们将看到，世界规模积累的理论是涉及中心－外围关系的理论，它只能是一种总的理论。也就是说，它不能局限于资本主义生产方式的狭小范围之内，它应该置身于更大的、资本主义形态理论范围之中。由此可见，这不是严格意义上的经济理论，即经济主义理论，因为经济主义——将社会事实局限于经济事实——是和资本主义生产方式紧密相连的。市场对于生产者来说，如同一种客观的、来自社会外部的力量，是必不可少的，同时，还有"经济规律"。由此可见，经济学是由于资本主义的发展才诞生的。当我们了解了经济主义的根源，即了解到这一概念是从生产方式中得出来的，这时，问题就不仅仅是经济主义了。当我们对这一问题的分析一旦进入形态方面，就应该摆脱经济主义。如果我们感到这样做有困难，那是因为经济主义是一种意识形态。在这一点上，我们赞成普朗扎①的分析：在垄断前的资本主义体系中，随着占统治地位的经济要求而来的是意识形态要求中的政治性质；在垄断资本主义中，当占统治地位的经济要求转移到政治方面以后，随之而来的便是意识形态要求向经济的同步转移，然后又变为意识形态（"技术至上的意识形态"）。正是因为没有意识到这种转移，所以社会形态学的理论才会那样落后。在涉及不同形态关系的世界规模积累问题上，政治是占

---

① 　N. 普朗扎：《政治权力和社会阶级》，巴黎，1968。

统治地位的。因此，我们应该根据对原始积累而不是对扩大再生产的分析来考虑这些关系。

"欠发达"现象完全是有利于中心的原始积累现象深化的结果。随着中心的变化，对这种原始积累现象前后不同形式的研究构成全部问题的所在。原始积累不仅仅发生在资本的史前时期，它至今仍在不断发生。这里要顺便提到，上述情况说明，"欠发达""第三世界"等错误概念应该去除，代之以"外围资本主义形态"这一概念。①

七　是资产阶级国家和无产阶级国家之间的斗争，还是世界范围的阶级斗争？

最近在 C. 贝特兰和 A. 埃马纽埃尔之间展开的关于不平等交换的争论②，直接涉及当代最重要的问题。如果外围向中心的价值转移所反映的资本主义体系的中心与外围的关系是一种统治与被统治的不平等关系，那么为了使用通常的用语，难道不应该以资产阶级国家与无产阶级国家的说法来分析世界资本主义体系吗？如果说这种外围向中心的价值转移能够使中心的劳动报酬得到更大的提高，即没有这种转移就不可能如此的话，那么为了维持世界的现状，中心的无产阶级不是应该支持本国的资产阶级吗？如果这种转移不仅降低了外围的劳动报酬，而且也减少了当地资本的利润，这难道不也是外围国家资产阶级与无产阶级相互团结起来为实现本国经济解放而进行斗争的一个理由吗？

埃马纽埃尔书中没有提到这一点。他只限于谈到：①肯定中心

---

① 书中我们使用"欠发达"一词是出自习惯和简便的考虑。
② 参阅 1969 年 11 月 11 日的《世界报》。

和外围的关系是一种不平等的关系；②由此得出结论，不平等交换促使人们要重新考虑阶级斗争问题。我们觉得，第一个看法已经做出了论证，而第二个看法虽然是清楚的，但论证不充分。诚然，人们不能指责埃马纽埃尔没有解答这个问题。他只是在书中把这个问题作为结论提出来。但是，不应到此为止，因为人们已经把问题提了出来。埃马纽埃尔自己在文章中也是这样提了一下，他说，富国与穷国的矛盾代替了资产阶级与无产阶级之间的矛盾。

　　贝特兰坚决不同意这种替代的说法。中心劳动报酬水平之所以高，主要不是来自对外国的剥削，而是由于中心发展水平更加先进。然而，在生产率相同的情况下，不平等关系加剧了劳动报酬的不平等。可是，对于这个基本观点，贝特兰加以否认，甚至声称，在发达的资本主义国家中，剥削率更高。这是完全不正确的。人们忘记了，外围的出口不是来自生产率低下的"传统"部门——可惜，埃马纽埃尔对这个事实重视不够——3/4的出口来自高生产率的现代化部门（石油，矿产品，联合果品公司、尤尼莱佛和费莱斯通公司现代化的资本主义生产的种植园）。然而，在这些关键部门，生产率虽然与中心一样，但劳动报酬却比中心低（即使它比"传统"部门要高一些）。正是因为外国资本享受着外围资本主义形态中"劳动市场"的特殊待遇。较高的剩余价值率，同等的生产率，世界范围的利润率平衡趋势，这些都决定着价值由外围向中心转移（"隐蔽"的转移，加上外国资本利润的"公开"转移）。同埃马纽埃尔在文章中匆忙做出的结论（不是他在书中的看法）相反，这种转移对于中心来说是微不足道的，但对于外围来说完全不是如此。

　　贝特兰的论点还始终停留在"经典"的框框里，亦即列宁之前的框框里。我们的意思是说，他只是从一国范围去分析阶级斗争，他看问题的方法似乎是把世界资本主义体系看作仅仅是各个国家资本主义体制的简单并列。从相互关系来讲，仿佛国际问题构成另一领域。当然，他也不否认这两个领域之间会产生相互影响。只有当人们认识到，阶级斗争不仅在一国范围内进行，而且在世界资本主义体系内进行，争论才会结束。

确定资本主义生产方式性质的主要矛盾就是建立在主要的、有限的生产资料（它变成资本）私有制基础之上的生产关系与在发展中必然表现出来的生产组织的社会性的生产力之间的矛盾。垄断使这种矛盾进一步升级，因为垄断与19世纪的家庭小企业相比，它们的社会性必然更为突出：生产资料所有制的社会化成熟了。这种客观的成熟性表现在垄断对国家干预的依靠逐渐增多，而国家采取行动的目的是对垄断进行协调和支持。所以，垄断国家的"国民"经济政策成为替代自由经营的一种现实。因为只有当这一主要矛盾尚未充分成熟时，也就是说，只要依靠市场的自发机制还能使积累（通过周期性的浮动）发展下去，那么自由经营还是可能的。这意味着，资本主义生产方式仍然有它的历史进步作用。

但是，依助于国家并不能使矛盾消失。因为国家是垄断的国家，而垄断是根据资本主义生产方式的主要规律行动的：通过（广义上的）竞争来追求最大的利润额。所以，这一体系的所谓合理性始终是资本主义的合理性。从社会方面来讲，生产力和生产关系的主要矛盾是通过这一体系两个基本对抗阶级——资产阶级和无产阶级——的矛盾体现出来的。

当人们坚持从资本主义生产方式的角度来进行分析时，事物是十分简单明了的。但是，资本主义已成为一个世界体系，而不是各国资本主义的简单总和。因而，反映这一体系特点的诸多社会矛盾带有世界规模，即矛盾不是孤立地发生在每个国家资产阶级与无产阶级之间，而是发生在世界资产阶级与世界无产阶级之间。可是，世界资产阶级和世界无产阶级不是生活在资本主义生产方式的范围之内，而是在资本主义形态的体系之中。我们将在书中指出，这些形态有中心形态和外围形态。问题在于谁是世界资产阶级，谁是世界无产阶级。

说清谁是世界资产阶级并不困难：它主要是中心资产阶级，加上在它的卵翼下的外围资产阶级。主要核心，主要力量位于中心的中心——北美的垄断集团。至于外围资产阶级，我们将会看到，它是由中心在通过世界市场创造、促进、指导和统治下形成的，因此，外围资产阶级永远是依附于他人的。外围资产阶级的形式各不相同，这个阶级是经过前资本主义形态与世界资本主义一体化后演变而来的。这个阶级主要是农业资产阶级（大庄园主或富农）和商人，或在世界资本主义一体化基础上发迹的官僚资产阶级。它可以带有封建或其他的前资本主义的形式，但实际上已经不是一个前资本主义的阶级了，因为这个阶级的主要作用已和世界资本主义体系发生了关系。

世界无产阶级又是谁呢？它是如何构成的呢？对马克思来说这毫无疑问。在他生活的时代，无产阶级的主要核心就在中心。我们将会看到，在那个资本主义的发展阶段中，很难掌握殖民地问题的全部含义，而只有到了后一阶段才有可能。我们将提到，马克思甚至害怕欧洲的社会主义革命会遭到亚洲资本主义上升势力的抵制。在那个时代，中心没有发生社会主义革命，资本主义变为垄断资本主义以后仍在继续发展，阶级斗争的国际条件发生了变化。列宁在他讲的一段话里把这层意思表达得十分清楚。这段话到了我们这个时代，成了毛泽东的路线。列宁说："我们的斗争能否胜利，最终要取决于占世界人口绝大多数的俄国、印度、中国等国家。"这就是说，今后无产阶级的主要核心不是位于中心，而是在外围。为什么会出现这种转移呢？

实际上，资本主义体系日益激化的主要矛盾反映在利润率的下降趋势中。为了在世界范围内制止这种趋势，只有一个办法：提高剩余价值率的水平。而外围形态的性质决定了在那里比在中心可以大大提高这一比率。这样，比较而言，外围的无产阶级承受的剥削比中心无产阶级就更多了。

同外围的资产阶级一样，外围无产阶级的形式也是各不相同的。外围无产阶级不完全是，而且主要也不是由现代化大企业的雇佣工人组成的。这个阶级中还有广大的农民，他们参与了世界性的交换，他们和城市工人阶级一样，为不平等交换付出了代价。这种不平等交换体现在中心和外围剩余价值率的差别上。尽管广大农民生活在往往带有前资本主义形式的各种不同的社会组织之中，但他们归根结底还是由于与世界市场一体化而被无产阶级化了。外围无产阶级中还有日益增多的城市失业者，这是外围结构所造成的——它也是外围的剩余价值率更高的条件之一。在当今世界上，他们正是那些"除了身上的锁链外一无所有"的群众。在他们身上自然也反映了外围无产阶级化的"不成熟"形式。

主要是这些群众的反抗使得中心的剥削条件必然会更加严酷，而这正是资本主义对付限制其活动的唯一手段。这样看来，贝特兰和埃马纽埃尔之间纠缠不清的争论该结束了。前者关于中心无产阶级始终是世界无产阶级主要核心的观点不是列宁主义的观点：它否认资本主义体系具有世界性。而无产阶级国家与资产阶级国家相对立的观点同样也否认资本主义体系具有的世界性，否认外围的反抗会对中心的条件产生影响。这种观点认为，外围的资产阶级也受"剥削"（这个词不准确，因为外围资产阶级只是在发展中受到了限制），它也会反对中心资产阶级的。可是在外围发生的主要反抗——暴力斗争，恰恰否定了上述看法，因为外围资产阶级在这种情况下不得不尽可能地把对它进行的掠夺转嫁到本国无产阶级身上。

此外，把中心无产阶级描写为都是特权阶级，因而必然会支持本国资产阶级去剥削"第三世界"，这是把现实过于简单化了。诚然，在生产率相等情况下，中心无产阶级的平均报酬要高于外围工人的报酬。但是，资本为了阻止中心利润率下降趋势规律起作用，它一方面从外围输入廉价劳动力（同时把最低贱的工作让他们去干）；另一方面，资本也利用这些输入的劳动力以对宗主国的劳动市场施加压力。劳动力的输入规模是巨大的：在法国、德国、英国、瑞士等西欧国家以及在北美，自1960年以来，来自外围的移民工人，在不同国家、不同时期，占这些国家劳动力平均增长率的0.7%～1.9%，这是一个很高的比率。移民工人的劳动力也是外围向中心价值转移的隐蔽形式，因为是外围承担了培养这些劳动力的费用。

在国内对被殖民人民的力量的动员也是同样情况。例如，美国黑人的无产阶级化。这些黑人已成为北美某些大工业城市无产阶级的多数。这种体制的最极端例子发生在南非、罗得西亚和以色列这些种族主义国家中。世界资本主义体系正是这样席卷了愈来愈多的、受它剥削的群众，使问题的国际性达到了一个前所未有的水平。同时，世界资本主义体系利用劳动力的大会合，竭力在"白人"工人中煽动于它有利的种族主义和沙文主义倾向。资本在中心的发展过程中，始终起统一和分裂的作用。有利于统治资本的集中机制同时在中心的不同地区发挥作用，所以，随着资本主义的发展，地区不平等的情况也在发展。每个"发达"国家都在它的内部制造自身的"欠发达"地区。意大利南半部是最突出的例子，法国的南部和西部也如此。不做这样的分析，对当代的地方主义运动的兴起就无法理解。所以，即使从列宁主义的角度来理解的"工人贵族"（极少数人的阶级）的概念也已过时，并在事实上被更复杂的分化现象所代替。而埃马纽埃尔在他的文章中提出来的"贵族国家"的概念掩盖了这些复杂的分化现象。

八　外围发展的条件

看来，用自主发展政策来代替那种必然有限的"开发"政策、

"有增长无发展"的政策是十分必要的。从确定发展的纯经济目标以及制定发展政策的技术等有限方面来看，近20年来的实践已取得决定性的进步，即使对过去的政策及其后果的批评，也有了长足的进步。

建立在"欠发达"和发展理论基础上的经济发展方法——实行发展政策的方法，如同任何方法一样，都是十分具体的。发展方法的目标实际上就是根据具体情况——某个欠发达国家的具体情况——确定经济事务的方向。所谓具体情况就是指某个"欠发达"国家有它自身的结构和历史，这个国家又处在不断的结构变革之中，它要建设一个统一的、自主的、以自身为动力的民族经济。因此，这个方法就是要着眼于民族经济解放。这样，发展政策就必然应以消除上述"欠发达"的三大特点为目标。

首先，要使对发展的选择能便于创立统一的民族经济。主要目的是组织低生产率部门的就业人口逐步向高生产率部门转移，特别是使农业——主要是生计农业——向现代化工业转移。另外是要提高人均产值低的部门的生产率。经济重心的这种转移自然会否定国际专业化的基础，而当今世界不平等的经济关系正是建立在这种基础之上。它们还通过现有的价格和盈利体制反映国际和各部门之间生产率的不平衡方面。至于提高传统农业的生产率问题，它牵涉如何组织深刻的，也是困难的技术改造问题，因为，要提高传统农业生产率就要改变与原始技术相联系的社会结构、生活方式以及农作物等。掌握"经济人类学"——它也是一门年轻的学科——可以为采取这一行动提供必要的科学基础。而这一行动则能够把农业技术发展史提高到任何一般理论所要求的抽象水平。[1]

其次，要使对发展的选择能便于为新经济确保整体的一致性，

---

① E. 博塞鲁伯：《农业增长的条件》，伦敦，1965。

而这种一致性正是"欠发达"经济所缺少的。这样，就能自觉地在经过正确选择的发展重点周围形成一些由相互支援的生产活动所组合起来的工业整体。这样构成的所谓"自主"式"内向"的新经济与面向外部的"外向型""欠发达"经济相对立，它将形成一个有机的整体，其各个部分是相互支持的，这就可以使技术革新和技术进步迅速在整个经济实体中得到推广。发展政策就是要根据一国的具体情况确定这些选择。在这方面，许多文献对不同的主题已做了大量阐述，它们涉及如何根据总的发展阶段，在农业发展、轻工业和消费工业以及基础工业（能源、冶金和机械、化学）之间，逐步实现不同类型的平衡。

最后，要确保新经济具有自身独立的动力，这种动力可以使它从依附的条件下解脱出来。而"欠发达"经济正是处于对统治经济的附依之中，后者从外部给"欠发达"经济提供它所缺少的推动力。这就不仅要求彻底改造外贸结构——它是由上面所分析的方向造成的——使之改变方向，脱离国际专业化的现有形式，还要进行其他方面的改造，特别是货币结构以及建立一项收入再分配政策和财政政策，以满足加速发展的巨大需要。广为流传的所谓"增长阶段论"由于它否认结构变化的先决条件，所以在这方面没有显出明显的成绩。这也许更突出地说明了所谓发展政策无非就是一般政策而已，它们包括工资政策、价格调整政策——特别是调整农业价格和工业价格的关系以及国内投资政策，其目标就是要保证国内储蓄能满足发展的需要。关于本国私人和公共投资以及外部投资的作用和地位的主题，也在这些方面为许多文献提供了大量的研究内容。作为更加专门的税务政策也是如此。

为了确立这一系列选择，发展政策自觉地求助于最新的技术，即经济计划的技术。从历史上来讲，这些技术首先是在苏联经济这个十分特殊的领域内出现的。然后，第二次世界大战以后出现在西欧发达国家的经济中，特别是法国、荷兰和挪威。这些技术后来扩大到了"第三世界"国家的经济中去，它本应根据情况加以调整，但是看法很不一致，不仅在理论上，而且在计划化的具体实践中都不一致。

实行发展的计划化必然包括三个互为联系、互为补充的阶段：①确定总的发展战略；②制定与总战略相一致的各部门的目标；③从微观经济的角度，选择基本项目，并制定局部政策（工资政策、税务政策、财政政策、价格政策等），这些政策也要和部门目标相吻合。

第一项工作的目标是要明确实行结构改造的主要困难的性质和深度，实行这些改造的节奏和安排，在一国的具体条件下确定实行改造的步骤。这些困难可能比较严重，同时也由于不同情况有不同的表现形式。主要的"瓶颈"有时在国际收支平衡方面（出口能力不足或传统产品市场狭小，利润流出量太大等），有时在市场狭小方面（它给建立基础工业造成困难），有时又在收入分配的结构方面（土地改革问题）或价格结构方面，等等。制定发展战略可以使政治选择的经济意义，即它的经济代价得到明确。所提出的各种方案——一般来讲会有不同的方法，可以测试不同的政治选择带来的后果，特别是关于对外部依赖程度的大小，不同的社会选择（如在收入分配中平等倾向的大或小）可能带来的后果。所以，制定一个总的模式有助于政界权威在考虑时更为周密。

模式的统一性——这是模式的主要作用——是完成各项复杂工作的结果，这些工作有许多方面：如"物质"方面（尊重资源的平衡，生产和进口的平衡，就业和消费的平衡，出口和投资的平衡）；收入分配方面（尊重收入和支出的平衡，税源和公共开支的平衡，外部收入和开支的平衡）；财政方面（投资需要和本国私人和公共储蓄加上外国投资能力之间的平衡）。这些复杂的工作主要依靠国家统计以及运用数学宏观模式等规划技术来完成。一般来讲，实施这些规划的时间平均为 3～7 年，这符合大部分投资的成熟期限，有时可将时间延长为 10～20 年。

制定部门目标——用做计划的人的术语来讲即"总目标的分解"——可以检验总模式的整体一致性，尤其是可以估量目标的现实可能性。能够立即反映总战略的、所谓"重点"目标的选择涉及"次要"目标的选择，这方面的做法往往比较死板。的确，有些补充性的规定是必须尊重的，也是十分严格的，特别是因为总战略对进口、外资、投资、税收等都规定了限额。所以，聪明的发展方法在于不仅使选择好的重点和非重点目标能保持协调，而且还要有效——从这个意义上说，这些目标确定了形成自主结构经济的一个阶段——而现实，即考虑到各种制约因素：自然资源、对外关系、政治和社会体制的能力。在一定时间内注意最大限度地减少付出的代价将有助于对不同方案做出选择。

对项目进行分析和评估以及制定具体政策必然是发展方法的第三步。正是到了这一步才确定基本的、微观经济方面的具体目标，从而在经济生活中做出决定，即一般讲在企业这一级做出决定。但是，只有集中实行计划经济的国家才主张在一个时期内把计划一直落实到所有企业①。其他国家则仅仅对主要项目的规模以及它们的重要战略地位进行确定和分析。至于其他部门，特别是分散在几千个家庭企业中的农业、商业、服务业、小工业等部门，人们仅仅制定一些具体政策，目的在于对它们进行引导，其余则让它们自由经营，只要经营方向符合计划的目标即可。这些政策包括刺激投资政策、

---

① 这涉及对计划集中和下放的争论。苏联主张通过市场实行计划下放（W. 布鲁斯：《苏联经济运转的一般问题》，巴黎，1968），而中国主张通过当地群众的政治监督来实行计划下放（F. 舒曼：《共产主义中国的意识形态和组织》，伯克莱，1968，第85页）。

税收政策、信贷政策等，同时配置以必要和可能的监督（如就业、工资、价格等）。当然，关键是要确保所有这些项目都要服从由上述工作所确定的那些目标。一般来讲，情况不会完全如此，总会需要对总的目标和部门目标做出修正。这样的调整可以通过不断的估算逐步使目标适当地一致起来。正是这后一步工作以及旨在保证有效实施计划的实际措施——在每做出决定后都必须实行这些措施——体现了发展计划的严肃性。

通过对项目的分析首先自然要达到这样的目的，即提供一些带有普遍意义的情况：必要的投资额、生产量、每个项目或所有项目应分配的工资额和实现的利润额。只有这样才能得出不同的技术方案。这些方案有的以资本密集为特点，有的以劳动密集为特点。技术的合理选择是许多文献研究的主题。然而，在实践中，计划制订者自由行动的余地往往是很小的。正因为如此，所以必须在可能的情况下，再次针对市场的实际价格运用不同的"参考价格"。① 可是在这个问题上意见是很不一致的，有人赞成"轻"技术，以便大量使用劳动力，因为国内拥有丰富的失业后备军，许多"欠发达"国家均有这种情况；另外有些人则主张采取生产率更高的"重"技术。

此外，发展经济学中有一种流派十分强调对项目的分析。在这种分析中，整个计划化问题基本上处于次要地位。这一流派在自由派人士中占统治地位，特别在美国和国际组织（如国际货币基金组织和世界银行）中。他们在尊重市场规律和自由经营的基础上寻找"发挥最佳经济效益"的条件。这一流派完全忽视了发展经济学的特点，否认结构改革目标的重大意义。最佳效益论所提出的合理选择被说成是普遍适用的，而"欠发达"和发展问题被缩小为仅仅是一个资本不足的问题，且资本完全可以由发达国家提供。国际专业化

---

① J. 丁伯根推荐此种方法。

没有遭到批评，但是在这个问题上意见也是不一致的。不仅在最佳效益的条件方面，而且在对尊重市场规律的假设的理论和意义方面也是不一致的。另外，对于最佳效益能否仅仅由经济方面来确定，人们也是有不同看法的。因为文明的选择属于一种更为广阔的社会现实层次。

然而，即使今天由于依靠对经济机制的技术分析而更熟练地掌握了发展政策的工具，即使在实践中的发展政策在形式上与上述理论模式已有所接近，但仍然相去甚远。

因为，与世界市场决裂是发展的首要条件。① 任何与这一市场一体化的"发展政策"必然会失败的，这种政策只能是对"必要的外援"的"良好愿望"。② 它至多不过是计划中的项目的图解，因为本国的"计划制订者"无法掌握那些重要的关系。作为经济主义思想牺牲品的技术人员在绝望之余，只能再次投降，退回到"现实主义"，也就是说，只能从世界资本主义体系所强加的赢利角度来分析项目。"第三世界""计划化"失败——由于"第三世界"与中心的差距增大，所以前者必败无疑——的主要原因只能是拒绝与世界市场决裂。西方（世界银行，经济合作与发展组织等）自由派经济学家与俄国学派经济学家提出的"理论"在这一个关键问题上是相吻合的：他们都拒绝与世界市场决裂。俄国人认为，这一演变反映了国内变革的影响。这些变革导致在对外关系方面与西方一致的做法。

九　能否形成一个社会主义世界？

外围的发展要求建立与世界市场决裂的自主的民族结构。不

---

① 参阅 S. 阿明：《欠发达和世界市场》，《今日政治》，1969 年 9 月号。
② 我们将这归入"赠礼"理论（F. 佩鲁）。

能否认，这种说法也存在一个矛盾。资本主义把世界分为一个中心和一个外围，因此，从某种意义上说，它统一了世界。社会主义只有当它在各方面的优势都超过了资本主义的条件下才能存在。社会主义不是各国社会主义的简单总和。社会主义应该把世界组成一个统一的、消灭了不平等的整体。只有当社会主义达到这一目标时，才能说它已彻底完成。但是要走上这条道路必须巩固当前，巩固它们自己，也就是说使自己成为真正的社会主义国家，这才能具备在现代化世界中充分发展和充分参与的条件。

将来的发达社会主义世界会是怎样的呢？如何与各国的情况相结合（如果这些国家还单独存在的话）？从世界统一的角度来看，这样说，甚至这样去考虑还为时过早。如果试图去回答这些问题，就会陷入空想。我们只能从几个原则方面谈谈看法。首先，社会主义不能建立在国内市场基础上，也不能建立在世界市场基础上。按照恩格斯的话来说，社会主义不能是一个"没有资本家的资本主义"，东欧正在朝这个方向演变。这种演变反映了它的那种制度的过渡性质。这种过渡无疑是以国家官僚资本主义为方向的。其次，国际劳动分工（或地区劳动分工）也不能建立在市场的基础上，因为市场必定突出不平等。国际劳动分工的方法第一次真正服从于地球表面自然资源以及人力流动（即国家形式的维持或消亡）的分配。在国家尚未完全消亡之前，专业化应该建立在十分平等的基础之上。以非洲为例，非洲有丰富的能源和矿产资源，人口也少。非洲的自然禀赋不在于农产品的专业化，它本来就是强加于非洲的。非洲的禀赋在于集中发展大型的现代工业，如铝（现在却在加拿大进行加工），特种钢（需要钴、镍等，而非洲有丰富的蕴藏，特种钢应该逐步代替普通钢），木材和木材工业，化学（可使用大陆上巨大的水力发电资源）等。

当然，与世界市场决裂只有发生在大的空间范围内才有意义。

可是，以国外市场为中心、通过开放形成的社会结构恰恰是当代"第三世界"微型民族主义的客观基础，这一点我们将在书中阐述。所以，改变这些结构是发展的条件。

分析哪些是实行世界社会主义的条件，即向外围解放过渡或各种类型的过渡方法，这本身也是一种空想。历史将告诉人们事物该怎样发展。就以农村世界的改造来看，这个改造既不能依靠维持前资本主义的传统——它本身已经受资本主义发展的极大影响；也不能简单地依靠"个人能量的释放"，因为这种释放所导向的资本主义道路是有限的、外围型的、依附性的。这就是当前有限的资本主义发展的现实道路。因此，应该根据国内和国外关系的演变，设想新的过渡形式。

十　本书的结构和结论综述

本书将系统论述中心和外围之间关系的所有问题，即"欠发达"的产生和发展。

前两章可说是全书的第一部分，它所涉及的是问题的关键：中心和外围之间不平等的国际专业化规律。第一章叙述国际专业化的阶段和方法问题。我们将在该章中通过对国际交换理论的批判以及对专业化历史的介绍阐明不平等交换的概念，其内容包括：根据每一发展阶段中中心对积累的要求，说明专业化的不同方法以及在垄断阶段国际资本运动对这一专业化方向的影响等。我们还在书中指出了不平等交换与中心垄断的形成有着密切的关系。因此，在垄断前的国际劳动分工形式所涉及的问题与帝国主义的问题是不相同的。我们还要阐明，如果仅仅把分析局限于资本主义生产方式之内，那么就无法理解这些机制，而是应该把对它们的研究放在一个更大的范围，即中心和外围的资本主义形态关系这个范围中去。因此，中心内部的"专业化"与从总体上和中心对立的外围"专业化"的性质是不同的。另外，我们还要讲到，在对这些问题进行讨论时，必须排除任何经济主义思想。

第二章阐述的是外围资本主义形态。我们将在该章中说明，中心的资本主义生产方式趋向于排他性，因为这种生产方式是以国内市场为基础的。而在外围，资本主义的发展却根据中心与外围的特殊专业化建立在国外市场的基础上，两者有着不同的方向。从一开始起，与世界资本主义体系一体化的前资本主义形态的过渡，就是一种以外围资本主义为方向而不是以一般资本主义为方向的过渡。随着增长，即"欠发达"现象的不断发展，中心占统治地位的机制（外围的卫星地位，侧重于出口，轻工业部门和第三产业的绝对优势等扭曲现象以及由此引起倍数机制的转移）表现为具有"结构性"的"欠发达"现象日益加重。正是这样，才逐渐形成了中心和外围这两个基本概念，从而得以超越当前流行的分析——描述性的分析，重新评价片面的"经济主义"的分析。同时对它们的理论基础——"倍数"理论、盈利和"投资选择"理论进行批判，并建立"第三世界"国家经济解放的理论。这种解放意味着与世界市场决裂，它也必然会否定外围的各种社会形态。而这种恰恰是源于"欠发达"现象不断发展的社会形态，将会走向"滞阻"，从而不可能使由外部推动的外围状况逐渐向自主的、以自我为动力的中心状况过渡。

作为全书第二部分的后三章仅仅构成了我们称之为的现象范畴，即表象。通过这些表象，人们可以看到影响外围调整，使之满足中心积累需要的那些主要力量。我们在那三章中把所有这些现象集中起来分为三类：货币机制、行情机制以及国际收支机制。

第三章讲述的是外围的货币机制。一方面对数量论和新数量论的货币理论进行批判，另一方面又对外围货币体制和世界货币体制进行分析。我们认为，通过阐述，消除了我们的"货币幻觉"，也就是指那种认为只要建立了本国的货币体制——伴随以对外关系的监督措施——就能够实行发展政策而不需要彻底否定世界市场一体化的那一整套看法。

第四章讲述的是在世界行情发展中外围的作用。我们力求在这一章中说明，外围是如何具体地通过行情的变化使自身适应于中心。为了进行分析，我们还批判了流行的货币主义的行情理论以及更为肤浅的国际"传导"理论。这些理论把在国际专业化的具体条件下的积累的主要动力抽象化了。

最后是第五章。这一章讲述的是收支平衡问题，并且批判了普遍和谐的思想。这种思想提出自我调整的错误理论，其目的是掩盖以下问题：结构性调整是为了适应中心积累的需要。

第一章
不平等的国际专业化和国际资本流动

一 总问题

国际经济关系理论没有恰当地提出问题，或者更准确地说，它提出了一个虚假的问题。事实上，它起源于国际关系中只有"纯"资本主义经济伙伴这种假设。无论以这种方法分析国际交换，还是分析内部积累，论证的范围并没有什么差别。也就是说，这种分析都局限在资本主义生产方式的范围之内。对于分析发达国家之间的国际交换来说，这种假设尚有某种意义，但是对于分析发达国家与"欠发达"国家之间的交换来说，它是没有意义的。应当将后一种分析放在另一个论证范围内展开，也就是放在不同社会经济形态之间的交换关系范围内展开。

这些不同的形态是什么？这才是真正的问题。根据我们的研究结果，我们把它们称为中心资本主义和外围资本主义。这个问题后面还要讲到。中心资本主义的具体社会经济形态具有以下特点，即在这些具体社会形态中，资本主义生产方式不但占据支配地位，而且由于它的扩张建立在内部市场扩大的基础之上，所以它趋于成为独一无二的生产方式。前资本主义的生产方式走向最后的解体，并且被解体后由其自身各部分组合而成的资本主义生产方式所替代，从而使资本主义生产方式日臻完善。具体社会经济形态趋于同资本主义生产方式融为一体。这就证明，马克思的分析和他的以下论断是正确的，即《资本论》的分析是对他那个时代最先进的资本主义国家——英国——渐趋形成的实际制度的分析。外围资本主义社会经济形态的特点是：资本主义生产方式在这些社会经济形态中占据支配地位；但是，由于在这些形态中资本主义的扩张是建立在外部市场的基础之上，因而这种支配地位不会造成非他莫属的倾向。正因为如此，前资本主义生产方式才没有被摧毁，而是受到改造，并且服从于世界和地方规模的占支配地位的生产方式——资本主义生产方式。

"欠发达"这个用于称呼外围资本主义社会形态的不贴切的术语标志着受阻的过渡形态。

《资本论》所谈论的不是一般的社会经济形态的理论，而是资本主义生产方式的理论。因为，顾名思义，它是政治经济学批判。马克思的著作中没有世界规模的积累的理论。这种理论的出现仅仅同被认为是资本主义生产方式的史前史的原始积累有关。不过，这个史前史并没有完结。它借助于世界规模的资本主义扩张延续了下来。一种标志着世界资本主义体系的中心与外围之间关系的原始积累机制正在同资本主义生产方式所固有的积累机制——扩大再生产同时继续运行。

世界规模的积累的理论亟待提高。马克思没有研究过这个问题。否则，他在写到英属印度的时候，不会说英国的统治将在那里引起生产方式的彻底变革。[1] 列宁提出了问题，即帝国主义问题[2]。但

---

[1] 我们将在第二章阐明这个基本问题。

[2] 列宁：《帝国主义是资本主义的最高阶段》，1917。

是，他提问题的范围只限于（从资本主义中心的垄断形成以来）世界规模的积累的新形式。因为，这个延续不断的史前史在改变着形式：它的一种又一种形式反映出中心与外围之间的"国际专业化"的一种又一种方式。列宁抓住了其中的一个阶段，即建立在向殖民地输出资本基础之上的新专业化阶段。巴兰和斯威齐通过研究中心体系的变革和剩余增长趋向规律的形成，使列宁主义的分析焕然一新。[1] 安德烈·G. 弗朗克和 A. 埃马纽埃尔为扩大争论的范围和提出真正的问题做出了大量贡献[2]。因为，弗朗克根据拉丁美洲的情况证明了史前史是怎样延续下来并且"滞阻资本主义发展"的，而我们在非洲也发现了这样一些过渡受阻的现象。他和我们常常不约而同地都是在具体社会经济形态，即外围资本主义形态的范围之内进行分析。埃马纽埃尔最近率先提供了对不平等交换的分析（对世界规模的积累的机制的一个最一般方面的分析）。因此，他重述并且超过了我们在几年以前对国际交换理论的批判。[3]

对国际交换理论的批判是提出问题的必然出发点，它定将超出其本身的界限。

所以，下面的研究将从这一批判开始，重温我们以前的提法，并且补充埃马纽埃尔的贡献。为此，我们将描述并分析"中心与外围之间经济关系的表象"：中心和外围的技术进步（积累和劳动生产率）和劳动力价值（它说明不平等交换）的动态对比、不平等的国际专业化在历史上的形式、导致中心"征服"外围的力量的动态（"销售市场问题"及其在历史上的形式）。

---

① P. 巴兰和 P. 斯威齐：《垄断资本》，巴黎，1967。
② A. G. 弗朗克：《拉丁美洲的资本主义与欠发达》，巴黎，1968；A. 埃马纽埃尔：《不平等交换》，巴黎，1969。
③ 萨米尔·阿明：《前资本主义经济的国际一体化》（法律和经济学学院油印），1957。

从对这些表象的分析中，必然会得出世界规模的积累的规律，从而提出真正的问题：外围资本主义社会经济形态的性质，也就是建立在外部市场基础之上的资本主义发展的规律。这是下一章所要论述的对象。

二 世界贸易和国际资本运动的基本演变

在着手批判流行的国际关系理论之前，在试图勾画这些关系的理论总轮廓，以便（从世界资本主义体系的中心和外围之间关系问题的狭义角度）确定这些关系在世界规模的积累这样一个总问题中的位置之前，有必要回顾一下涉及这些关系的主要事实和重大变化。这些事实和变化司空见惯，但奇怪的是，流行的学院理论偏偏视而不见。这就导致该"理论""专门研究"虚假的问题而回避真正的问题。它就是以这种基本方法来发挥辩护士式的意识形态作用。

世界资本主义体系的发展经历了不同的阶段。在它的每一个阶段，中心和外围之间都有一种不同的关系与之相对应，并且履行特殊的职能。从这种历史的角度来看，应当区分：①资本主义形成时期，即"史前史"，它一直持续到18和19世纪的工业革命，我们可以根据占支配地位的资本主义重商特征来确定这个时期；②以工业革命、新兴工业资本占主要支配地位和以资本主义市场的竞争形式为特征的中心资本主义生产方式蓬勃发展时期，这是"古典"时期，在这一时期中，资本主义体系已经充分形成，以至于马克思能够就其实质做出严密而彻底的分析；③从19世纪末开始的帝国主义垄断阶段——按照列宁主义赋予这个词的含义解释。

正在形成的中心（西欧）与新生的外围在重商主义时代构成的关系是资本主义产生过程中的基本关系。无论就数量而言，还是就性质而言，这一时代的贸易关系都是正在形成的资本主义体系的一个根本因素。就数量而言，当时西欧与新世界、东方和非洲的殖民公司之间的国际贸易构成了世界交换的主要部分。而中心内部的很大一部分，或许是大部分交换都是来自外围的产品的再分配活动。例如，中世纪末的意大利（特别是威尼斯）和汉斯各城市、16世纪的西班牙和葡萄牙、17世纪以后的荷兰和英国都相继充当了这样的角色。中心从外围输入农业的（东方的香料、美洲的糖）或手工业的（东方的丝绸和棉布）"奢侈"消费品。中心通过简单交换、掠夺和组织以此为目的生产而获得这些产品。由于欧洲除了它从美洲获得的贵金属以外，拿不出其他值钱的货物，因而（同东方的）简单交换总是受到威胁。贵金属流失的危险持续不断，以至于那个时代的全部学说都是以抵制这种基本趋向的必要性为出发点的。在美洲开展的各种形式的生产，其基本职能就是向中心提供贵金属和某些奢侈品。在对印第安人的财宝进行赤裸裸的掠夺时期过后，紧张的矿业开采开始了。巨大的人力浪费是这种经营产生效益的条件。同时，奴隶制生产方式的建立使美洲能够生产糖、靛蓝……美洲的全部经济活动都是围绕着这些面向中心的开发区进行。例如，放牧经济的职能是保证矿区和奴隶制种植园地区的供应。三角贸易——在非洲猎奴——履行这样一种职能：通过向统治阶级销售外围的产品而实现金钱资本在欧洲港口的积累；然后，统治阶级受到推动，由封建阶级转变为土地资本家，从而加快了封建生产方式的解体过程。

随着工业革命的发生，中心同外围之间的贸易改变了职能。从数量上看，这种贸易仍然是主要贸易，它在世界贸易中所占的比重虽然在1830~1850年有所下降，但仍然是占大多数。就英国而言，直到19世纪中叶，同美洲和东方（印度、奥斯曼帝国，而后是中国）的贸易一直占据优势，以至于那个时代的文字材料凡是阐明贸易机制和提出贸易理论的，总离不开这种类型的贸易。以后，英国作为欧洲的异国产品再分配中心又延续了很长一段时间。中心（首先是英国，其次是欧洲大陆和北美，很久以后又包括了日本）向外围输出日常消费的制成品（如纺织品）。它主要从外围输入东方传统农业所生产的产品（如茶叶），尤其是生产效率高的新世界资本主义农业所生产的农产品（如小麦、肉类和棉花）。工业国和农业国之间的国际专业化正是在那个时代明确下来的。当时，除传统的贵金属之外，中心尚未从外围输入矿产品——其生产要求大量投资和廉价的运输手段。随着一些新兴国家步入工业阶段，它们同英国之间的贸易改变了性质。起初，它们同外围一样，提供农产品并取得"英国造"的制成品，或者是一些由英国转口的异国产品。然而，由于它们自身的工业化以及它们的工业化水平不尽相同；另外，由于它们"得天独厚"，拥有以一定方式分布的已探知并且可开采的矿藏（如煤矿和铁矿），所以用制成品和矿产品交换制成品和矿产品的交换关系便在中心国家之间建立和发展起来。落后国家（如俄国）仍然是农产品输出国。因此，世界贸易逐渐分化为职能各不相同的两个交换群体：中心同外围之间的交换和中心内部的交换。

在此之前，几乎不存在资本输出。1870～1890年，垄断的形成使资本输出以始料不及的规模得到实现。在这方面，也必须区分外围的外国投资和对年轻的、正在形成的中心型国家（美国和加拿大、俄国和奥地利—匈牙利、日本、澳大利亚、南非）的投资。因为，无论是这些投资的职能还是它们的动态都是不一样的。资本输出并没有取代商品输出，相反，它有力地推动了商品输出。而且，它使外围的专业化得以改变：因为，外围目前出口的并不是传统农产品，而是其他产品。外围变成了生产效率很高的资本主义现代企业所提供的产品的输出者：石油和矿物原料产品占外围出口的40%以上，它们的初级加工产品（附带一些主要与工业化程度不同的外围国家之间贸易有关的制成品）占15%以上。至多占目前"第三世界"出口 40% 的农产品，尤其是食品（1/3）和工业原料（棉花、橡胶等，1/3）不再由传统农业提供了，这些产品中至少有一半来自于资本主义的现代种植园（像尤尼莱佛或者联合果品公司那样的种植园）。因此，外围出口的 3/4 来自于生产效率高的现代部门，这是外围资本主义发展的体现，在很大程度上是中心投资的直接后果。外围的这种新专业化是不对等的：正因为如此，外围贸易的 80% 是同中心进行的；而中心的内部交换却以更快的速度发展，以至于 80% 的中心对外贸易是在其内部进行的。不过，中心的内部交换属于另一种类型：主要是以工业品交换工业品。应当讨论这些交换的动机、机制和职能，它们与同外围交换的动机、机制和职能是不相同的。应当讨论同资本流动（特别是从美国流向欧洲）和政府援助（发达国家对"第三世界"的资本流动）的发展有关的当代趋势。因为，在这些方面，基于中心的内部关系与中心同外围之间关系不同，这些关系的职能也有所不同。

其他一些事实——也是司空见惯的——应当同对国际关系的分析联系起来。说来话长，但是我们认为，最好还是先提及以下几点。①中心和外围之间的交换关系和资本流动并没有减少与之相联系的生产率和消费水平的差距，相反，这些差距是在扩大。②对于农业和对于工业来说，近百年来技术进步的动态是不一样的，工业的进步要快得多，还有一些比其他工业水平更高的"工业化的工业"。[1] ③外围的交换条件直到 1880 年并没有恶化，但那之后，它们全都开始恶化了。无论是就生产效率低的传统农业的出口而言，还是就生产效率高的现代资本主义矿业、石油和农业企业的出口而言，皆是如此。④最后一点，工资水平（当然是在资本主义部门之中，在此范围以外，工资概念是没有意义的）在外围和在中心是不相同的，

---

① 这是杰拉尔·德贝尔尼的明白易懂的术语。

差距是在中心资本主义从竞争阶段向垄断阶段转变的时候开始明显出现的。

国际关系理论应当包括所有这些事实和变化。我们断言，流行的理论（比较利益说）绝不可能这样做，相反，李嘉图著作中的科学成分却被淹没在冒牌的新古典理论之中。后者任意地提出假设——这些假设是违背事实的——从而变成一种拒不注重事实的纯粹的趣味游戏。它充当了普遍和谐意识形态的辩护士，这种蜕变与主观价值论有密切的关系。我们还断言，并不存在什么现成的马克思主义国际关系理论，而仅仅存在：①《资本论》"顺便"提到的一些情况；②对帝国主义时代——列宁的时代——国际关系的彻底分析，这种分析由巴兰和斯威齐加以继续和深化；③尚未完成的理论建设的一些素材，一些当代马克思主义者（特别是 A. 埃马纽埃尔和 C. 帕鲁瓦）对这些素材的各个方面都进行过研究。

三 国际交换理论

（一）李嘉图的古典理论

1. 该理论的基本内容

"古典的"国际交换理论基本上是一种国际商品贸易理论。[①] 它认为，参加交换的每一方都能从专业化中得到益处。因为，从使用价值来看，交换可以提高两个国家的总收入水平。这种理论适用于

---

① 李嘉图学说的介绍见于安吉尔：《国际价格理论》，剑桥，1926；M. 比耶：《国际专业化原理》（1953～1954 年博士课讲义，巴黎，油印）；迟云吾（译音——译者注）：《国际价格理论概述》，伦敦，1937；埃尔斯沃斯：《国际经济》，纽约，1950；梅斯勒：《格雷厄姆的国际价格理论》，《政治经济学杂志》，1950 年 2 月；萨缪尔森：《国际贸易的增加》，《加拿大经济和政治学杂志》，1939。

一定的范围：资本主义生产方式。在这种理论所提出的工资假设中，我们将清楚地看到这一点。

英国的古典派认为，劳动是一切价值的源泉。利息、利润、地租都是不可约数。它们是马克思后来所发现的"剩余价值"的各种形式，也就是不属于劳动者，而属于土地、实际资本或金钱资本的所有者的那部分劳动产品的价值。正是由于这一原因，李嘉图才认为，两种产品的交换最终是凝结在对交换者具有不同使用价值的两种产品中的等量劳动的交换。不过，在内部交换范围内，价值规律要求含有等量劳动的两种商品的交换价值相等①；而在外部交换范围内，被交换的商品含有不等量的劳动。这种不等量的劳动反映出生产率水平的不相等。

我们再来看一看李嘉图的著名举例。葡萄牙无论在葡萄酒的生产上（80 个小时的劳动便足以生产一个单位的这种商品，而在英国则要用 120 个小时）还是在呢绒的生产上（在葡萄牙，90 个小时的劳动所生产的呢绒在英国要用 100 个小时来生产）都比英国更为有利。然而，相比之下，生产葡萄酒比生产呢绒对葡萄牙更有利。因为：

$$\frac{90}{100} > \frac{80}{120}$$

尽管在葡萄牙生产这种呢绒的成本绝对低于英国，但是葡萄牙倘若专门从事葡萄酒生产而从英国得到呢绒，则更为有利可图。

即便是可以在当地以更低的成本制造进口产品，从使用价值来看，进口仍然是有利的。这个论断是李嘉图胜似亚当·斯密的主要贡献。②

---

① 由于李嘉图犯了利润率平均化的错误（他混淆了剩余价值和利润，这就是他之所以会犯这种错误的原因），因而他的说法是含混不清的。马克思在发现价值转化为生产价格的规律的同时，提出了第一个正确的说法。但是，这个问题在这里不予论述。

② 丁·瓦伊纳：《国际贸易理论研究》，伦敦，1937，第 441 页。

不应当任意解释这个理论。它仅仅向人们揭示，在一定的时候，在一定的生产率分布情况下，两个国家有进行交换的利益，哪怕这是不平等交换。对此，我们将加以说明。让我们试举李嘉图的例子，同时把国名对调一下，以便使这个举例更接近于现实。

表 1-1　单位产品中包含的劳动量

英 国	葡萄牙	英国大于葡萄牙的利益
1 单位呢绒:80 小时	120 小时	1.50
1 单位葡萄酒:90 小时	100 小时	1.11
内部交换比率:		
1 单位呢绒 = 0.89 单位葡萄酒	= 1.2 单位葡萄酒	

国际交换比率必然介乎于两个内部比率之间。例如，可以用单位（葡萄酒）与单位（呢绒）相比来计算。

假设葡萄牙同意专门生产葡萄酒，而必须从英国进口呢绒。如果在葡萄牙可资使用的全部劳动力为 1000 个小时，并且葡萄酒的消费是固定不变的（5 单位），则葡萄牙将投入 500 个小时的劳动用于生产它所消费的葡萄酒。它有 500 个小时可以用来自己生产呢绒（500:120 = 4.2 单位），或者再增产 5 单位葡萄酒，并且用这些葡萄酒换取 5 单位呢绒：它在交换中赚得 0.8 单位呢绒。然而，尽管它赚得了使用价值，它却付出了 500 小时以取得英国用 400 小时生产的 5 单位呢绒。它的一个劳动小时与英国的 0.8 个小时相交换：交换是不平等的。交换的不平等——按交换价值计算——反映出葡萄牙的劳动生产率低于英国。

正因为如此，如果说劳动生产率的不平等不是天生的，而是历史的，那么，当落后的经济进步时，比较利益就会发生变化。如果葡萄牙经过现代化可以在所有领域中达到英国的生产率，也就是在 80 个小时之内生产出呢绒和在 90 个小时内生产出葡萄酒，那么对它来说，最好是现代化。因为那样一来，它就可以用 450 个小时生产 5 个单位的葡萄酒，并且有 550 个小时用以生产 6.9（550∶80）个单位的呢绒。交换将不再发生，因为两个国家的成本是相同的。然而，同以前有交换时的情况相比，葡萄牙赚得了 6.9 − 5 = 1.9 个单位的呢绒。

如果葡萄牙现在同意专门生产葡萄酒，并且全力以赴地在这个领域中赶上英国，它将赢得什么呢？它必须投入 450（5×90）个小时以生产 5 个单位的葡萄酒供本国消费。它有 550 个小时用以生产 6.1（550∶90）个单位的葡萄酒，这些葡萄酒使它得以换取 6.1 个单位的呢绒，因为内部交换的比率在英国没有改变（1 个单位的呢绒 = 0.89 个单位的葡萄酒）；而在葡萄牙依然大于 1（1 个理论单位的呢绒——即如果使用该国第一流的技术生产呢绒的话——同 1.34 个单位的葡萄酒而不是同 1.2 个单位的葡萄酒相交换），因而交换条件（单位与单位相比）可以保持原有状态。对葡萄牙而言，这种选择并非良策。因为，呢绒工业的进步潜力（它的耗费从 120 个小时减少到 80 个小时）大于葡萄酒生产的进步潜力（它的耗费从 100 个小时减少到 90 个小时）。

所以，最高的利益在于发展那些进步可能性最大的生产行业，并且使该行业的对外贸易选择服从于这种发展的优先需要。根据这种设想，贸易选择应当在发展的每个阶段有所变化。这无疑是一种富于进取精神的国际关系观念。但是，正如我们在下面所要看到的那样，它是同历史和现实相联系的，而且只有在全球的国家体系不复存在和出现一个完全一体化的社会主义世界的时候，它才会改变。

当然，比起在特殊条件下（不计运输成本，生产成本固定不变）两个国家交换两种产品的李嘉图模式来，现实更为复杂。把这三个方面的现实注入该模式之中会使该模式的表述复杂化，然而却不会改变其基本内容。在生产成本下降（或者升高）的情况下，必须考虑到，相对利益本身会因国际专业化的程度不同而发生变化。国际专业化的捍卫者们从不否认，如果起初对某国相对不利的一种商品以后由于产量增加而造成其成本大幅度下降，以至于它变成对这个国家相对有利的商品，那么这个国家就有保护这支"新兴工业"的利益。① 同样，运输成本也会改变相对利益。② 数种商品和几个国家的假设是后来提出的，它不会改变论证的总范围。③

2. 隐蔽的假说：货币价格和货币工资问题④

比较利益说遇到的真正困难是基于这样一个事实：同国外进行贸易的企业直接衡量商品的价格，而不是相对成本。

这个困难，李嘉图已经看到并且克服了。起初，他假设用黄金表示的每小时工资在两个国家一样多。在这种条件下，葡萄牙的葡萄酒价格低于英国的葡萄酒价格。因为，价格与投入产品生产的劳动量是成比例的。当然不能说，商品的价格与它所包含的直接工资量成比例，因为该产品所包含的一部分劳动具有资本的形式（凝聚在一种产品中的劳动）。但是可以说，价格的总水平与货币工资是成比例的。⑤ 倘若后者在两个国家中是一样的，则如果实际成本相同，两个国家的价格也就相同。因此，英国人从葡萄牙购买葡萄酒，由此而在英国葡萄酒生产中产生的失业使工资下降，价格也就随之而下降，直至呢绒价格低于葡萄牙的时候为止。另外，在葡萄牙，葡

---

① 格雷厄姆：《进一步强化保护的一些问题》，《经济学杂志季刊》，1923。

② 丁·瓦伊纳：《国际贸易理论研究》，伦敦，1937，第467页。请注意，以后由于"国内物品"（与"国际物品"相对应）的存在而造成的复杂情况也属于这一范围。"国内物品"系指因运输价格过高而不可能出口或者无法以货物形式运输的物品。

③ 格雷厄姆：《国际价值理论的再研究》，《经济学杂志季刊》，1923；丁·瓦伊纳：《国际贸易理论研究》，伦敦，1937，第462～467页。

④ 丁·瓦伊纳：《国际贸易理论研究》，第483～489页；H. 德尼：《比较成本的含义和意义》，《政治经济学杂志》，1940；卡尔卡泰拉：《各国价格水平差异之可能性》，《国际社会科学评论》，1950年9～10月。

⑤ 类似于波凯维兹关于价值转化为生产价格所做的微小修正。

萄酒的增产提高了工资和价格的水平，其中包括呢绒生产的工资和价格水平。

事实上，李嘉图在他的模式中描述了完整的国际一体化的机制，也就是可以使产自不同国家的同样商品的价格最终成为同一价格的机制。他证明了，就同一种商品而言，交换渠道怎样最终迫使世界上的所有市场接受同一种价格。

两个国家中名义工资相同的假设使这种论证似乎从一开始就是错误的。其实，这种假设是完全合乎逻辑的。它产生于李嘉图的前一步推论。李嘉图在前一步推论中提出了可以使两个国家加入同一个黄金市场的机制。假设在 A 国，生产相当于 1 克黄金的 1 个法郎货币单位需要耗费 1 个小时的劳动；而在 B 国，生产同样相当于 1 克黄金的 1 个英镑货币单位需要耗费 2 个小时的劳动；如果所有商品的按劳动计算的生产成本在两个国家中相同，那么就没有任何实际的交换理由（比较利益方面的理由）。然而，在 A 国，黄金是一种生产成本较低的商品，所以交换便能够建立。A 国的黄金生产者们不在本国购买商品，而到 B 国购买商品。因而，在 A 国，黄金生产继续进行；在 B 国，商品的产量增加。工资和价格在 A 国下降，在 B 国上升。在 B 国，黄金生产不再有利可图。在最后均衡的时候，形势如下：向两个国家供应黄金的 A 国生产更多的黄金、较少的商品；相反，B 国的商品产量增加，它不再生产黄金。两个国家的价格相同。

由于价格相同，两个国家的实际工资也应当相同（相当于"基本生活费"）。因而，假设名义工资相等也是完全合乎逻辑的。在其下一步的推论中，李嘉图导入了交换的第二个理由：实际成本之间的差别以及由此导致的价格之间的差别（因为工资相同）。

两个国家的实际工资自始至终都没有变化，因为名义工资和价格朝同一方向运动。这就意味着工资收入者是全国唯一的消费者。

如果要区分"基本生活费"和"奢侈品",则该模式将出现反常的复杂情况。工资和价格不再成比例,但它们继续朝同一方向运动。

这里所描述的机制说明从对外交换中获得的利益怎样归根结底全部属于两个国家的资本家。他们按使用价值计算的利润量增加了。交换最终使结构变得更加有利于获取利润,并且加快了两个伙伴国的资本积累进程。

因此,李嘉图的理论是与实际工资相同(并且相当于"基本生活费")的基本假设联系在一起的。专业化的优点在于降低两个伙伴国的劳动力价值,从而提高剩余价值率,进而提高利润率。这种假设之所以有意义,仅仅是由于李嘉图的理论只限于两个联系着的"纯"资本主义体系范围。他本人绝对没有意识到这一点,因为他不懂得把一种生产方式和一种社会形态相区别,并且他把资本主义生产方式看成一种永恒的、完全合理的类型。

(二) 从科学到普遍和谐的意识形态

1. 交换条件的确定

在李嘉图的举例中存在着一个不确定的范围,交换比率可以在这个范围内确定。在几个国家和数种产品进行交换的情况下,这个范围会缩小,但是它不会消失。

在两个国家交换两种产品的假设中,交换比率可以仅仅使两个国家中的一个国家从专业化中获得利益(另一个国家赚不到任何东西,但是也不失去任何东西),或者使两个国家都从交易中获得利益。在两个国家交换几种产品的情况下,不难论证,参加交换的两个国家肯定都应当在交换中赚得一些东西;也不难论证,用最少量出口支付其全部进口的国家将获得最大的收益①。

---

① 格雷厄姆论证了这一点,见《国际价值理论的再研究》一文。

无论在不确定的范围中交换比率的确切状况如何，在几种产品被交换的情况下，李嘉图的继承者们不难严格地证明以下两个命题：①在参加交换的两个国家的经济规模不相称的情况下（以国民收入来衡量这种不相称），两国之中的小国获得较大的利益；②在被交换的两种产品的相对重要性不相称的情况下（以每一种产品在其生产国的国民收入中所占的地位来衡量这种不相称），相对重要性较大的商品的供应国获得较大的利益。

要最终消除不确定性，就必须在李嘉图的模式中导入相对需求。在导入参加交换者的相对实力的同时，完全可以把交换条件确定在不确定范围的两条界线之间。这样得出的结果与上面的结果截然相反：倘若参加交换国的规模不相称，则交换条件有利于两个交换国中较强的一方；倘若两种被交换产品的重要性不相称，则交换条件有利于供应最不重要的商品的一方。

这两种结果并不是矛盾的，而是互补的。由于首先导入了交换国的规模和被交换产品的数量和重要性，缩小了不确定范围。然后，在导入相对需求的同时，把交换条件确定在这个范围之中。

从历史上看，并没有用这种方法消除不确定性。斯图尔特·穆勒在应用货币数量论的同时，导入了相互需求[1]。让我们把交换条件确定在不确定范围中的随意一点上。按照这种价格，国际收支可能平衡（纯属偶然），也可能不平衡。在后一种情况下，将发生黄金的国际流动。所有的价格，特别是出口价格将在一个国家中升高，而在另一个国家中下降。交换条件将以重新恢复收支平衡为方向，得到改变。我们不接受这种建立在数量论基础上的理论（"价格效应"

---

① 斯图尔特·穆勒：《政治经济学原理》，第21章，伦敦，1848；休谟：《道德、政治与文学短论集》，伦敦，1875，第330~345页；转引自瓦伊纳：《国际贸易理论研究》，伦敦，1937，第292页。

论）。另外请注意，假如存在两种纸币，那么收支不平衡决定着汇率的变化，其效果类似于"价格效应"。达不到任何平衡是有可能的；但是无论如何，恢复平衡（不一定达到平衡）的基本力量不是"价格效应"（或者"汇率效应"），而是相互需求的规模的变化（"收入效应"）。

其实，斯图尔特·穆勒的论证还包含着第二个前提：平衡的交换条件存在于不确定范围之内。如果我们假定不是这样，也就是说交换条件超出了这个范围，在这种假设中，相对利益受到改变。在这种情况下，交换条件归根结底决定着被交换产品的数量。因而，出口的变化可以不是交换条件的原因，而是它的结果；交换条件则取决于实际生产条件以外的一些力量（它们事先决定了被交换产品的名单和这些产品的交换条件的极限），诸如影响国际收支的力量或者参加交换国的相对实力。在这一点上，数量论又一次同主观价值观联系在一起，因为价格已经脱离了成本，而取决于相对需求。

但是即便在这种假设之中，该理论仍然是乐观的。如果两个规模不同的参加交换国按照它们实际具有的交换条件交换几种商品，则较小的提供产品最少的和提供对其经济最重要的产品的参加交换国获得最大利益。

2. 实证说[1]

自1870年起，劳动价值论已经被所有政治经济学家抛弃。研究国际交换问题的著者们拒绝把由各种要素构成的所有成本仅仅归结为劳动的耗费，因而拒绝比较参加交换各国的生产率。他们认为，市场价格并不是仅仅同产品中所含的劳动量成比例。他们拒绝像马克思确定劳动价值转变为价格的规律那样进行深入的分析，主张通

---

[1]　由陶西格创立，《国际贸易》，纽约，1927。

过观察实证价格直接进行分析。

因此，相对利益是用货币成本的比率来衡量的。这些成本取决于各种要素的相对报酬和它们的相对使用量。

该理论应当受到同李嘉图的理论同样的评论。但是必须补充，它建立在一种恶性循环的基础之上，并且使比较成本原理失去了真正的意义。恶性循环是陶西格推论的根据，而它的基点是，效益最高的技术（要素的最有效的组合）取决于要素的相对报酬率。但是，这些报酬本身是随着要素的使用量（假定要素的供给及其禀赋均为已知数，但这本身就是不正确的，因为要素的供给取决于它们的价格）变化，因而最终是随着使用的生产方法而变化的。这样的恶性循环在所有的一般均衡理论中都是必不可少的。由此可知，与李嘉图的理论相比，该原理的意义更为有限：在古典理论中，人们建立了商品运动的秩序；在这里却是相反，商品运动的任何改变都改变着比较利益，因为商品运动的改变影响着要素的相对价格。所以，这是一个封闭的恶性循环：每个国家都必须在对它最有利的方面实现专业化，而之所以对它最有利，是因为它大量拥有（因而价格相对比较低）适合于某种生产的一种要素。

所以，抛弃客观价值论已经使比较利益说改变了性质。这种抛弃赋予该学说一种辩护士式的意识形态的明显特征。因为严格说来，"利益"不再有任何含义：它没有事先包含在客观现实（生产率的对比）之中。于是，经验主义的实证论被迫到处求助于一些冒牌理论（数量论），或者一些对其论证有利的前提（不存在"反常的价格效应"），再或者求助于一些错误的概念（"已知生产要素——资本和劳动"，这种说法严格说来毫无意义：第一部类和第二部类之间的社会分工才是这些所谓"自然"禀赋的内容）。现代的主观主义理论继续朝着辩护士式的意识形态蜕变。

3. 替代说①

尽管劳动价值论正像我们所看到的那样早已经被抛弃，但是在相当长的时期中，大部分新古典派的著者却保留了李嘉图的比较利益说的形式。他们没有注意到，这个理论是以客观价值观为前提的。哈勃勒、勒纳和里昂惕夫使这种理论最终形成了现有的面貌：这种理论断言，一种产品的成本等于放弃另一种产品。巴斯台布尔、马歇尔、埃奇沃斯和陶西格的折中式的妥协被放弃了，这种妥协意味着，每一种产品的成本都是由比例稳定的工资、利润、利息和地租构成的，② 从而回避了把不同人的主观效用也考虑在内的问题。这里，我们不再重复在不同数量的两种物品效用相等基础上绘制"无差异曲线群"的细节，我们也不再重复在生产要素储备不变情况下根据生产不同数量的两种物品的技术可能性绘制"生产可能性曲线"的细节。无论如何，国际交换比率都处在两个"个别"交换比率之间，它依靠无差异曲线的斜切线来确定，切点位于"无差异曲线"与"生产可能性曲线"的相切处。在这些切点上，消费者的产品替代率等于生产者的产品替代率。因而，国际交换的充分和必要条件是，各国的个别交换比率各不相同。

如同在李嘉图的学说中一样，这里也存在一个不确定的范围。必须导入相对需求才能将它消除。由于替代说采用了主观价值观，因此它也像陶西格的理论一样被封闭在恶性循环之中。因为，有利的商品是用最丰富的要素生产的商品，而诸要素的报酬则取决于对

---

① 关于这种政治理论向替代这一当代提法的过渡，参见哈勃勒《国际贸易理论》，1936，第175页以后；勒纳：《国际贸易中的成本条件概述》，经济出版社，1932；W. 里昂惕夫：《无差异曲线在外贸分析中的应用》，《经济杂志季刊》，1933；巴斯台布尔：《国际贸易理论》，1879；埃奇沃斯：《巴斯台布尔评论：国际贸易理论》，《经济学杂志》，1892；陶西格：《国际贸易》，纽约，1927。

② 这就意味着，存在一种暗含的假设，即伙伴之间的有机构成相同，剩余价值率相同，也就是说发展程度相同。

外交换。此外，还应当看到主观观念的特殊困难。"无差异曲线群"是在个别曲线的基础上把各种人的效用加在一起绘制而成的。人们为了回避困难而假设对外贸易不改变收入分配，这是不正确的。或者说，人们人为地把与个人的偏好相似的一些偏好说成是全国的偏好。以这些根据为基础的所谓通过交换实现"收入最大化"的说法是很没有说服力的，[①] 其意识形态特征是显而易见的。比较利益说已经一文不值了：由于交换是存在的，它对所有国家都是有利的。

（三）一个基本的贡献：不平等交换

对资本主义生产方式的假设意味着劳动力的流动（资本主义经济的行业之间以及国家之间工资的平均化）和资本的流动（利润率的平均化）。这无疑是一个高度抽象的假设，但它理所当然地成为李嘉图和马克思的推论范围，因为他们所研究的是资本主义生产方式。马克思对他的总问题具有极为明确的认识，因此，他没有研究国际交换问题，这个问题在他的总问题中毫无意义。国际贸易同内部贸易，例如地区间贸易并没有差别。因此，对于劳动或者资本流动不足的可能后果，马克思仅仅附带地——"顺便"——进行了一些评论，同时明确地强调了这个"国际"问题同国内流动不足的后果问题的类似性。[②]

李嘉图对他的总问题却不是这样了如指掌，而是根本不清楚。正因为如此，他才研究国际贸易。经验主义的李嘉图认为，劳动和

---

① J. 瓦伊纳：《国际贸易理论研究》，伦敦，1937，第 527~593 页；希克斯：《福利经济学基础》，《经济学杂志》，1939 年 12 月和卡尔多：《经济学中的福利问题》，《经济学杂志》，1939 年 9 月。

② 见 A. 埃马纽埃尔所引《资本论》中突出说明问题的段落，《不平等交换》，巴黎，1969，第 136 页。

资本具有相对的不流动性，这个"事实"本身是无可争议的。中心的任何资本主义社会经济形态都不能简化为一种纯资本主义生产方式，这一事实本身也是无可争议的。中心的资本主义发展在各个国家进展不一，因而劳动的有机构成、劳动生产率和劳动力价值在各个国家不一致的事实也是无可争议的。但是，李嘉图没有理由在同样的推论中同时既援引这些属于具体社会形态方面的"事实"，又援引属于他的思想范围的假设（纯资本主义生产方式）。

然而他这样做了。由此得出的一种理论，由于它承认各国的实际工资（等于"基本生活费"）相同，因而只能把国际交换建立在资本不流动的基础上。A. 埃马纽埃尔的功绩之一就在于揭示了李嘉图学说的这个方面：

> 关于要素的流动性，李嘉图只关心它的效果，即报酬的平均化。正因为如此，他只谈论唯一会受到要素的不流动性、特别是受到资本的不流动性影响的利润平均化；不论劳动力的流动性是否存在，从根本上说，工资的平均化是通过人口调节实现的。在李嘉图的理论中，利润的不平均化是比较成本规律起作用的充分必要条件，但是这个要点至今并没有受到注意。[1]

如果资本是流动的，并且假设工资相同（等于"基本生活费"），则交换只有在生产率有差异的情况下才会发生。这种情况只能产生于以下两种原因之一：①"自然"条件不同（由于气候原因，用同样数量的劳动、资本和土地可以在葡萄牙比在英国生产更多的葡萄酒）；②有机构成不同，它们反映出资本主义发展水平的不相

---

[1]　A. 埃马纽埃尔：《不平等交换》，巴黎，1969，第90页。

等。但是，在这种情况下，工资是不相等的，因为"劳动力从价值观点来看包含着一个道德和历史的因素"①。如果劳动和资本这两种要素是充分流动的，那么贸易就将如赫克歇尔所指出的那样消失。②埃马纽埃尔完全有理由提醒人们注意这样一个事实，即专业化所代表的只是一种相对的最佳选择。"绝对的最佳选择不是葡萄牙专门生产葡萄酒和英国专门生产呢绒，而是英国人带着他们的资本前往葡萄牙去生产葡萄酒和呢绒这两种产品。"③

因此，我们可以看到产品不按真实价值相交换的两种国际交换的形式。第一种形式是，工资相等，生产价格——利润率平均化的必要条件——使有机构成较高的发达国家一小时的（直接的和间接的）总劳动比不发达国家的一小时的劳动在国际市场上获得更多的产品。下面的例子就说明了这种情况。

表 1-2　国际交换的形式之一

	c 不变资本	v 可变资本	m 剩余价值	V 价值	p 利润	P 生产价格
A	10	10	10	30	8	28
B	16	7	7	30	9	32

A：不发达国家（不变资本/可变资本 = 1）
B：发达国家（不变资本/可变资本 = 2.3）
剩余价值率：100%
平均利润率：17/43 = 40%

埃马纽埃尔完全有理由指出，在这种情况下，尽管交换不保证一个小时的总劳动获得同样数量的产品，但是它并不是不平等交换，国家内部关系也有这种"不平等"交换的特征，因为"生产价格……是

① 《资本论》第一卷，第六章。
② 伊利·赫克歇尔：《对外贸易对收入分配的影响》，《经济学杂志》，1919。
③ A. 埃马纽埃尔：《不平等交换》，巴黎，1969，第 30 页。

竞争制度的一个内在成分"。[①]

无论如何，在这种情况下，交换仍然是不平等的，而且这种不平等反映出生产率的不平等。应当着重强调，这两个模式描述了用不同技术——B 国技术先进，A 国技术落后——生产同一种产品时的条件，它们是价值模式，分别用 A 国和 B 国各自的劳动小时计算。按使用价值计算，A 国和 B 国的产品数量不可能是一样的，因为 B 国的生产力水平比较高。例如，在 B 国，用 30 个小时的（直接的和间接的）总劳动可以获得 90 个物理单位的产品；而在 A 国，用 30 个小时的总劳动只能获得较少量的产品，比如说，60 个单位的产品。如果 A 国和 B 国加入同一个世界市场，则产品只能有一个价格，即先进国家的价格。换言之，A 国的 30 个小时的劳动不及 B 国的 30 个小时的劳动，它等于 B 国的 $30 \times 60/90 = 20$ 个小时的劳动。

附带地说，如果该产品进入工人的消费并且只有一种价格（每单位 10 法郎），则 B 国的 30 个小时的劳动得到 $90 \times 10 = 900$ 法郎的报酬，相当于每小时 30 法郎；在 A 国，这 30 个小时的报酬却是每小时 20 法郎。尽管生产率不同，如果 A 国和 B 国的实际工资相同，则 A 国的剩余价值率应当降低，以便补偿生产率的低下。可变资本—剩余价值的分配不等于 10/10，而应当等于 15/5。

在这方面，我们认为，贝特兰对埃马纽埃尔的批评是完全正确的。因为，在这里，交换之所以是不平等的：①主要因为生产率不相等（这种不相等同有机构成的差别有关）；②不同的有机构成通过利润平均化的机制决定着与个别价值不同的生产价格，但这只是一个次要的原因。在这里，我们还应当指出，A 国和 B 国的剩余价值

---

① A. 埃马纽埃尔：《不平等交换》，巴黎，1969，第 192、102～109 和 189～206 页。

率必然不相同使问题更加复杂（为了保证 A 国和 B 国的实际劳动报酬相等）。因此，生产价格的模式应当写成下面形式。

表 1 - 3 A 国和 B 国的生产价格模式

	c 不变资本	v 可变资本	m 剩余价值	V 价值	p 利润	P 生产价格
A	10	15	5	30	6	31
B	16	7	7	30	6	29

A：不发达国家（不变资本/可变资本 = 0.7）
B：发达国家（不变资本/可变资本 = 2.3）
A 剩余价值率：33%
B 剩余价值率：100%
平均利润率：12/48 = 25%

然而，统一的世界市场价格却与这些理论上的生产价格不成比例。在 A 国，该生产价格应当除以 90/60 这个生产率的比率，故为 21，而在 B 国为 29。

但是，这并不是埃马纽埃尔的推论，因为《不平等交换》的作者本人拒不接受这种情况。而贝特兰的推论正是建立在这一点之上的。故而，这是一场聋子的对话。因为，埃马纽埃尔的推论归根结底是建立在第二种情况之上，而在这种情况下，被交换产品的有机构成是相同的。

相反，在第二种情况中，他假设生产技术处在同样发达的水平（有机构成相同），并且在推论开始的时候假设工资相等（剩余价值率相同）。交换是严格平等的。

举例来说，如果资本系数为 3.5，剩余价值率为 100%，利润率为 15%（与投入的资本相比），则 A 国和 B 国的生产方程相同，如表 1 - 4 B 栏所示。假设由于某种原因，工资不相等了，也就是说，剩余价值不相同了，生产技术和生产率不变，例如在生产率相同的情况下 A 国的工资是 B 国的 1/4，那么我们便得出表 1 - 4。

表1-4

	C 投入资本	c 投入使用的不变资本	v 可变资本	m 剩余价值	V 价值	p 利润	P 生产价格
A	70	10	2	18	30	14	26
B	70	10	10	10	30	14	34

　　A国剩余价值率的增加把 A 国 + B 国的平均利润率总和从 14%提高到 20%。低工资国家（A 国）在国际交换中在同样生产率条件下的同等劳动总量（直接的和间接的）交换到的东西少于它的伙伴B 国，确切地说是 76%。埃马纽埃尔非常正确地把这种交换并且只把这种交换称为真正的不平等交换。[①] 因为他论证了，国与国之间利润率的差异应当是很大的，必须用这种差异来补偿工资的相反差异。[②] 在前面的例子中，为了在 A 国的工资是 B 国的工资 1/4 的情况下使交换平等，利润率必须在 A 国为 26%，在 B 国为 14%。

　　可惜，埃马纽埃尔没有指出，他所研究的第二种情况基本符合实际情况，这是一个对他有利的论据。因为，"第三世界"的出口主要不是由来自于生产率低下的落后部门的农产品构成的。在"欠发达"国家的 350 亿美元（1966 年）的出口总额中，高度现代化的资本主义部门（石油、采矿、矿物的初级加工和现代种植园——比如联合果品公司在中美洲的种植园和尤尼莱佛在非洲和在马来西亚的种植园等）至少占其中的 3/4，即 260 亿美元。然而，这些产品对 A 国和 B 国的比较方程式是完全适用的。如果这些产品由拥有同样技术，因而拥有同样生产率的发达国家提供，平均利润率为投入资本的 15%，投入使用的资本占投入资本的 1/7（5 年之内到 10 年之内折旧完毕，平均为 7 年），剩余价值率为 100%（这符合 3.5 的资本

---

① A. 埃马纽埃尔:《不平等交换》，巴黎，1969，第 109 ~ 111 页。
② A. 埃马纽埃尔:《不平等交换》，巴黎，1969，第 122 ~ 126 页。

系数），则它们的价值将是 340 亿美元。仅此一项，外围向中心的价值转移就颇为可观；这是始料未及的，因为这是 80 亿美元的转移（现实的估算）。

由生产率低下的"落后"部门提供的其他"第三世界"出口，即由传统农业提供的农产品，道理是否就不那么明白呢？因为在这种情况下，劳动报酬（在这里，我们不能说它是工资）的差别是随较低的生产率而出现的。低多少呢？难说，因为产品通常是不可比的：茶、咖啡、可可只出产于外围。不过，我们在这里可以说，按比例来说，外围的报酬比生产率低得多。例如，一个非洲农民用一年中 100 个非常艰辛的劳动日换取的进口制成品，其价值仅仅等于一个欧洲熟练工人 20 来个简单劳动日的价值。如果这个农民用欧洲的现代技术生产（从农学家们拟订的现代化计划中，人们才会具体知道这意味着什么），他每年劳动 300 天，并且多获得 5 倍数量的产品：他的每小时劳动率至多翻一番。所以，在这种情况下，交换仍然是十分不平等的：如果劳动的报酬与它的生产率成比例的话，这些产品的价值就不应是 90 亿美元（现实如此），而是高于它 2.5 倍，也就是 225 亿美元，而外围向中心的价值转移就应是 140 亿美元。按比例说来，这种转移比现代工业产品所造成的转移更可观得多。这并不奇怪，因为就后者而言，进口设备的成分很大；而就直接劳动几乎相当于产品全部价值的传统农产品而言，这种成分是微乎其微的。

总而言之，如果外围的出口额是 350 亿美元，那么在生产率相等、劳动报酬与中心相等的条件下，外围的出口价值应为 570 亿美元。不平等交换机制造成的外围向中心隐蔽的价值转移是 220 亿美元，是外围所接受的"政府援助"和私人资本额的两倍。把"掠夺第三世界"这个词用在这里肯定并不过分。诚然，西方发达国家从"第三世界"的进口只占其 1966 年的 12000 亿美元国内生产总值的

2%～3%；但是，这些出口却占"欠发达"国家的 1500 亿美元国内生产总值的 20%。在此，不平等交换所造成的隐蔽的价值转移是这一产值的 15%。相对而言，这远非一个小数目，而且，仅此一项就足以阻碍外围的增长，不断扩大它与中心之间的差距。从得益于这种转移的中心方面来看，转移的好处也非同小可，因为它占中心国内生产总值的 1.5%。但是中心认为，这无关紧要，而对于直接受益的巨型公司来说，这种转移才是最重要的。

根据什么"歪理"在生产率相同的条件下工资可以不平等呢？要回答这个问题，必须涉及中心资本主义和外围资本主义的不同社会经济形态性质。这是一个关键，我们以后还要详述。

（四）经济主义的局限性

国际交换的经济理论站得住脚吗？

经济理论只有用作分析表象，也就是研究资本主义生产方式的运转机制时才站得住脚。马克思在揭示资本主义生产方式的实质的同时，已经超越和彻底批判了经济主义的"科学"，并且指出了唯一站得住脚的科学，即历史学的基础应当是什么。

由于斯密和李嘉图始终是经济主义者，也就是异化分子，因而他们先后试图建立一种国际交换的经济理论。为此，他们必须假设在参加交换的各国都存在一种纯粹的资本主义生产方式。然而，应当钦佩他们那种为其师承者所不具备的历史性智慧。斯密已经看到与资本主义初期相适应的对外贸易职能，即"使因国内农业市场狭小而受到阻碍的剩余得以产生"。李嘉图也看到了他那个时代的对外贸易职能，即"使因农业单位面积产量下降而受到阻碍的剩余得以产生"。克里斯蒂·帕鲁瓦的贡献就在于，他讲清楚了这个问题。[1]

---

[1]　克里斯蒂·帕鲁瓦：《开放经济的增长问题》，巴黎，1969。

正如帕鲁瓦所指出的那样，马克思概括了斯密和李嘉图的理论，但是他在这方面没有走得更远。我们认为，这并不是因为他疏漏了这个问题，相反，正是因为他看到了这个问题。因为，各种社会形态之间关系的理论不可能是经济主义的理论，从恰好属于这一范畴的国际关系中不可能形成一种"经济理论"。马克思对这些关系的论述回答了他那个时代的问题。在那个时代，外围向中心转移的剩余不可能是大量的：外围出口生产率极低的传统农业产品，这种生产所产生的剩余很少。但是，今非昔比，外围75%的出口都来自于现代化的资本主义企业。

以主观价值论为基础的，以新古典形式出现的经济主义"交换理论"，是对李嘉图经济主义的全面倒退。因为它看不到生产关系，只能是同语反复。正如帕鲁瓦在莫里斯·比耶之后指出的那样，[①] 它仅仅从"消费无差异图"中求出交换关系，这是荒唐的。莫里斯·比耶一再提醒，在李嘉图的理论中，比较成本是建立在各国的劳动生产率不相等的基础之上的，在新古典派的理论中，它却产生于"无差异曲线"的图形。他指出了这种逆转怎样使该理论遭到破产，同时使它无法把专业化的"短期利益"同"长期利益"结合起来。比耶就像诺加罗在指出数量论的恶性循环和软弱无力时所做的一样，论证了新古典派的比较成本说的软弱无力。但是他没有走得更远，因为他也试图建立一种国际关系的经济理论。正因为如此，现代国际关系理论充其量只能把不同的机制分析加以罗列——对领土之间的大统一体运转机制的分析、对对外贸易乘数机制的分析等——而不能使它们融会贯通。赫克歇尔—俄林定理更是荒诞至极：先将技术相同（因而发展水平相同）的假设与"要素禀赋"不同的假设对

---

① 克里斯蒂·帕鲁瓦：《开放经济的增长问题》，主要见第23、57、130、133 ~137、154~155、175页和莫里斯·比耶的《国际经济关系》。

立起来，然后再提出虚假的问题，从中自然就得出违背历史事实的结论（交换缩小差距，并且使要素的报酬接近）；最后，埃克汉斯据此提出了强化中心对外围的统治的政策建议（在外围选择耗用人工的技术……）。这位理论家没有权利如此信口开河，因为，自从他不负责任地进行荒唐的假设开始，他的"科学"就变成了一种抽象的游戏。

真正的问题在于研究哪些是国际贸易过去和现在的实际职能以及这些职能是如何发挥的。马克思以后的马克思主义者并不一定看到了这个问题。现有布哈林以下的论述为证：①

> 劳动力的流动"被认为是资本主义生产体制的一个极，与它对称的另一个极是资本流动。在第一种情况下，流动受工资率的国际平均化规律调节；在第二种情况下则产生利润率的国际平均化"（着重号是我们加的——萨米尔·阿明）。

布哈林将世界经济的概念建立在把资本主义生产方式的两条基本规律同时引申到世界范围的基础之上。他没有看到，世界资本主义体系并不是匀质的，不能把它混同于资本主义生产方式。列宁序言中的溢美之词使我们无法认为这仅是布哈林一个人的"图解"。然而一旦陷入资本主义生产方式的范围之中，不平等交换就无影无踪了。

罗莎·卢森堡的天才恰恰在于看到了中心同外围之间的关系属于原始积累的机制，因为这些关系不是资本主义生产方式的内部运转特有的经济机制，而是这种生产方式与各种形态之间的关系，本着同样的思想，普列奥勃拉真斯基就这些交换写到，它们是：

---

① N. 布哈林：《世界经济与帝国主义》，写于 1915 年，人类出版社，1967，第 32 页。列宁曾为此书作序称赞。

一个经济体系或者一个国家的少量劳动与另一个经济体系或者另一个国家的大量劳动的交换。①

因此，不平等交换是可能的。

受苏联影响的占支配地位的经济主义理论标志着一种倒退。对此，C. 帕鲁瓦具有清楚的认识，他阐述了关于"国际价值"的争论的历史过程。贡戈尔·佩特尔·霍罗卫特声称（主张），"在生产部门之间，'欠发达'国家所提供的产品的价值取决于发达国家的价值；这后一种价值实际上为零，因为发达国家可以免费生产这样一种产品，而专业化却把它分配给'欠发达'国家来生产"②。这种论据是完全不能接受的，因为外围75%的出口来自于生产率高的现代农业，而且其他产品——特别是当地的农产品——无法在发达国家生产！罗马尼亚经济学家拉姆特奋起反对这种论点是可以理解的，但很可惜，正像 C. 帕鲁瓦所指出的那样，拉姆特使用了另外一种经济主义的理论：李嘉图的理论！"如果先进国家专门从事能够最大限度地提高生产率的产业，而'欠发达'国家却不得不经营生产率提高十分有限的部分"③，那么建立在比较成本基础上的国际交换反映了发展的不平等性。这种说法只是部分正确，因为外围的许多专业化生产是为提供现代产品服务的。经济主义的比较利益说又一次回避问题：为什么"欠发达"国家不得不从事这种专业化生产，也就是说，国际交换的职能是什么？

因而，即便在李嘉图的科学解释中，经济主义的比较利益说也只有十分有限的意义：它描述了一定阶段的交换条件，虽然说明了

① 普列奥勃拉真斯基：《新经济学》，巴黎，1977，第142页。

② 克里斯蒂·帕鲁瓦：《开放经济的增长问题》，巴黎，1969，第93页和第257～258页。

③ 克里斯蒂·帕鲁瓦：《开放经济的增长问题》，巴黎，1969，第105页。

要发展或改善生产率，但却没有突出表明一定阶段的专业化是建立在比较生产率基础之上的。从这个有限的范围内来说，这个理论并不是错误的，但它软弱无力。因为它不能讲清在资本主义体系中标志世界贸易发展的两个基本事实：①结构相近，从而比较生产率分布相近的发达国家之间的交换比生产率分布差别较大的发达国家与"欠发达"国家之间的交换发展更为迅速；②外围的专业化依次呈现种种不同形式，特别是现在的形式，按照这种形式的专业化，外围提供的原料基本上是由生产率高的现代资本主义企业生产的。要说明这两种现象，就必须运用：①资本主义固有的扩大市场的趋势的理论，②中心支配外围的理论。

只要在生产率相等条件下外围的劳动报酬率更低一些——实际如此——就可以从发达国家同"欠发达"国家之间的交换分析中得出不平等交换的看法。除非说明在外围占据支配地位的资本以什么样的政策（经济政策和一般的政策）造成了劳动力的过剩，否则无法说明这个事实。为了能够说明这个事实，有待于解决的真正问题是，资本怎样在外围造成了无产阶级化，它所强加的专业化怎样在那里造成长期不断的和越来越多的超过需求的劳动力供给。本着这种思想，人们对于在外围占据支配地位的资本主义的经济政策这个基本问题已经做过一些研究。在这里，让我们回顾一下这些研究中最深入细致并且最有说服力的一个，即阿里吉对罗得西亚劳动市场发展史的研究。① 阿里吉根据这一历史彻底批判了 W. A. 刘易斯关于"欠发达"国家经济中劳动供求动态的理论。② 刘易斯假设，在生产

---

① 乔西尼·阿里吉：《劳动力供给的历史回顾：罗得西亚农民的无产阶级化研究》，《非洲的经济发展与上层建筑》，埃诺第出版社，1969；G. 阿里吉和 J. S. 索尔：《意识形态与发展：论非洲的政治经济学》，东非出版公司，1970；G. 阿里吉：《罗得西亚的政治经济学》，慕东出版社，1966。

② W. A. 刘易斯：《劳动无限供给的经济发展》，曼彻斯特学院，1954 年 5 月。

率低下的"传统"部门中存在一种潜在的过剩劳动力（"隐蔽的失业"），这种过剩随着高生产率的"现代"部门的发展而逐渐减少。正是这种过剩使现代部门的劳动报酬低微，因为现代部门的劳动力供给是所谓无限的。阿里吉论证了在罗得西亚发生的情况正好相反：现代部门的过剩劳动力越来越多，在当代的 1950～1960 年比在 1896～1919 年殖民化初期的数量还要大。因为这种过剩是政权和资本的经济政策（特别是"保留地"政策）造成的。因而，外围的工资变化（这种变化是不平等交换的依据）的原因不是"市场规律"而完全是在那里推行的原始积累政策。所以，对于分析中心同外围的关系来说，研究资本在外围推行无产阶级化政策的章节是至关重要的。它摆脱了那种经济主义的"经济"范围，把经济的事实重新结合在真实的社会——政治范围之中。因而，它不允许提出什么中心同外围之间交换的"纯经济"——因而是"经济主义的"——理论。

既然如此，处于不同发展水平的社会主义计划经济国家之间的国际交换学说就更不能建立在比较利益基础之上了。关于罗马尼亚人同俄国人之间对多瑙河下游国家联合体的争论，C. 帕鲁瓦强调，罗马尼亚人所主张的经济政策旨在使对外交换服从于内部发展的优先需要，这一政策受到运用李嘉图经济主义理论的俄国人的激烈批评。这场争论使人们想到，它与加入同一世界资本主义体系的发达国家和"欠发达"国家之间的争论具有类似性。[①]

以内部发展为先决条件的原因显然是国家这个事实的存在，而经济主义理论却对此佯装不知。如果说资本主义体系统一了世界，那么，它也是在发展水平不同的国家的基础上统一世界的。社会主义体系也仍然是，而且可能在很长时期内始终是一个社会主义国家的体系。它若要胜过资本主义体系，必须优先实行本国的自主发展

---

① C. 帕鲁瓦：《开放经济的增长问题》，巴黎，1969，第268页以后。

政策，这是日后清除国家这一事实对经济的影响，使国际经济变为真正的世界经济的条件。只有在所有的国家都达到同样的发展水平之后，才可能建立一种新的专业化理论。只要国家不平等的问题依然存在，一切在经济主义基础上过早地建立这种理论的尝试无非是为中心资本主义国家在它们同外围的关系中的类似做法作辩解。鉴于使平等专业化成为可能的基本条件尚不具备，所以任何在其他基础上建立这种理论的尝试都是空想。

四　国际专业化的形式和交换条件

比较利益说经得起事实的考验吗？用这种"经验主义"的词句提出问题很可能是不恰当的。因为无论我们从劳动价值方面来看还是从效用价值方面来看，都不可能用统计的方法"测定""欠发达"国家从国际交换中得到的利益（或受到的损失）。如果非要对被交换产品的生产成本进行先验主义的比较，我们就会遇到另一种困难。实际的统计倒是可以告诉我们一种确确实实被生产出来的商品的生产成本是多少，但是它不会告诉我们在没有专业化和国际交换的条件下当地生产这种商品的成本是多少。

不过，我们可以从研究表象做起：世界贸易的"结构"特征（贸易参加国的经济规模、各类国家的对外贸易专业化程度、这种贸易对这些国家的相对重要性等），这些特征的历史演变（交换条件和技术进步百年演变的比较），专业化的表面结果（各个国家的制成品消费和人均收入）。然后，应当用国际专业化的历史形式理论把这些表面的事实加以归纳，也就是用一种国际交换理论来解释它们，这种理论应当是各种社会形态（这里指中心和外围的资本主义诸形态）之间交换关系的理论，而不是一种资本主义生产方式内部的交换理论。

（一）世界贸易的结构特征

从最"外在"最表面的东西出发，我们首先看到，各种不同经济之间明显地不协调，而且越来越不协调。1938 年，发达国家（北美、西欧、苏联和东欧国家、日本、大洋洲）大约有 8 亿人口，而三大洲（包括中国在内——当时有 4 亿人口）拥有 13 亿人口；发达国家总共占世界收入的 70% 以上；人均收入的平均化比例为 1∶4（无论是否包括中国在内）。三十年之后，这一比例为 1∶6（中国除外，它已不再属于世界市场），"欠发达"国家人口的比例（也是除中国以外）从 53% 增加到 58%，而它们的产值的比例从 20% 下降到 18%。①

另外一个最平淡而明显的事实是，"欠发达"国家的出口的专业化程度更高——专门输出某些"基础产品"，一般还同时出现供方和买方相对集中的现象。② 不过应当避免某些常见的简单化分析。"欠发达"国家并没有垄断"基础产品"（农业和矿业初级产品）的输出；输出基础产品（斯堪的纳维亚的木材、澳大利亚的羊毛等）的富裕国家是存在的，有些"初级产品"（例如小麦）主要由发达国家出售。可是我们将看到，这些产品的价格特性与"欠发达"国家的出口价格特性有所不同。把"欠发达"国家等同于基础产品输出国是一种简单化的看法，它导致一个理论上的错误。③ 在"欠发达"国家集团内部，国家越小（例如古巴与印度之比），人均收入越高，

---

① 这方面的资料来源很多，1938 年的资料主要见于柯林·克拉克《经济发展的条件》，伦敦，1940，第 56 页；最近几年的资料（人口和国民收入）见联合国年鉴；皮埃尔·雅雷提供了一份极为有用的当代世界贸易结构提要，即《1970 年的帝国主义》，巴黎，1969，第二、三章；见同一作者所著《世界经济中的"第三世界"》，巴黎，1968。

② 见我们对这一题目的阐述，萨米尔·阿明论文，第 83～84 页；联合国统计委员会：《国际贸易方向》，年刊，1938 年、1948 年和最近几年出版。

③ 这是常见的欺人之谈，埃马纽埃尔对此进行了无情的批判。见《不平等交换》，巴黎，1969，第 126 页以后和第 49 页。

与世界市场的一体化程度越深（例如以出口在生产中所占的比例来衡量），"专业化程度"就越高。这也意味着，专业化程度随着时间的推移而提高是这些国家与世界市场一体化的反映。

与世界市场一体化的程度也是可以判断和测定的。① 粗略的观察（观察出口占国内生产总值的比例）说明不了多少问题，因为在这方面，两组国家的情况千差万别：有些发达国家表面上"很少"加入世界市场（美国和苏联），另一些则加入得很深（英国、比利时等）；就"欠发达"国家而言，有从也门或者阿富汗（以这种方法测定，它们的加入程度比加入程度最"低"的发达国家还要低）到扎伊尔或者安的列斯群岛（其加入程度高于加入程度最"高"的发达国家）等一系列国家。

除了这第一个表象之外，如果"平均进口倾向"（与产值之比）不是与国内生产总值之比，而是与该产值的商品部分之比，那么就全部"欠发达"国家而言，这种倾向更突出。特别是，通过观察货币流通与产值的比率，可以得出一些经济"商业化"的指标。显而易见，这种更突出的进口倾向（经过矫正的）反映出一个平淡无奇的事实，即"欠发达"国家的商品经济广泛地面向外部（外向型），而发达国家的经济是以自我为中心的。

这些初步的结论是逐一地将每个国家的全部对外贸易予以比较后得出的。但是，我们所关注的是全部发达国家与全部"欠发达"

①　见萨米尔·阿明论文第76～82页，又见联合国组织：《基础产品贸易和经济发展》；常：《国际收支的周期性变动》，剑桥，1951，第24页；丁伯根：《国际经济一体化》，阿姆斯特丹，1954；维塞尔和莫迪格里安尼：《国民收入和国际贸易：数量分析》，乌尔巴那，1953；波拉克：《国际经济体系》；联合国组织：《国际收入和开支》，H丛书第7辑，表6和《国际贸易年鉴》；夏贝尔：《经济结构和货币理论》，巴黎，1956，第120～136页；纽因和罗恩的《英属非洲殖民地的货币和银行业》（伦敦，1956）计算了非洲经济的货币部门的进口倾向；联合国组织经同样计算（《热带非洲的货币经济的作用与结构》，第36页）所得出的结果是这种倾向更突出了。

国家之间的贸易，因而只强调发达国家同"欠发达"国家之间的交换，而不谈发达国家之间和"欠发达"国家之间的贸易。这种见解引出了一些非常有意义的结果：被交换产品的相对重要性在经济"欠发达"的国家中比在经济发达的国家中大得多。这是由于发达国家贸易的主要部分是在发达国家之间进行的。发达国家相互进行大约80%的贸易而仅同"欠发达"国家进行20%的贸易，但就外围国家而言，形势正好相反，它们同发达国家进行80%的贸易。[①]

现在，我们已经可以把表面上混乱不堪的关系理顺了。就发达国家而言，存在着一种明确的关系：在经济规模与出口和产值的比率之间存在一种强烈的反比关系。因而按顺序排列，排在名单前头的是"小"国（斯堪的纳维亚、荷兰、东欧国家等），中间是西欧的"大"国，末尾是美国和苏联。以上事实当然应当记住：它反映出比较利益说所忽视的资本主义特有的扩大市场的固有趋势。就"欠发达"国家而言，经济规模这个因素被以外部需求为基础的发展程度大大地掩盖了。但是总体说来，"欠发达"国家深深地加入了世界市场。

由于发达国家之间的交换比它们同"欠发达"国家之间的交换增加得更为迅速，世界贸易中制成品与制成品的交换增加了。1950～1965年，世界交换格局的变化如表1-5所示。

发达国家之间的交换部分从1950年占世界贸易的46%增加到1965年的62%。制成品交换部分相应扩大，在1960～1965年期间约占发达国家贸易的70%和世界贸易的54%。1966年世界贸易分布如表1-6（以10亿美元时价为单位）：[②]

---

① 国际联盟：《世界贸易网》，1928年和1938年；关税及贸易总协定：《世界贸易年度报告》；又见我们对非洲贸易网的分析，即萨米尔·阿明：《非洲内部贸易》，《非洲月刊》，1967。

② 参见《国际货币基金组织年鉴》：《贸易方向》和《国际金融统计增刊》，1962～1966年，第3、5、7、9页。

表 1－5 1950～1965 年的出口方向 *

单位：10 亿美元时价

发货国家	到 货 国 家				总 计	
	发达国家		欠发达国家			
	1950	1965	1950	1965	1950	1965
发达国家	11	27	25	96	36	123
欠发达国家	5	8	12	26	18	34
总 计	18	34	36	123	54	156

资料来源：哈尔·B. 拉里：《来自欠发达国家的制成品进口》，纽约，1968，第 2 页。

表 1－6 1966 年世界贸易分布

单位：10 亿美元时价

	出口（离岸价格）	进口（到岸价格）	差 额
1. 发达国家			
美 国	30.3	27.3	+3.0
欧 洲	82.5	93.0	-10.5
日 本	9.2	8.8	+0.4
加拿大、澳大利亚、新西兰和南非	14.7	16.4	-1.7
合 计	136.7	145.5	-8.8
2. 欠发达国家			
产油国	10.2	5.3	+4.9
其他国家	24.8	31.0	-6.2
合 计	35.0	36.3	-1.3
（拉丁美洲）	(10.7)	(9.5)	(+1.2)
（中 东）	(6.8)	(5.4)	(+1.4)
（非 洲）	(7.4)	(6.8)	(+0.6)
（亚 洲）	(8.1)	(11.6)	(-3.5)
3. 共产党国家			
东欧、苏联、中国、朝鲜	5.7	6.6	-0.9
越南、古巴	1.6	1.8	-0.2
合 计	7.3	8.4	-1.1
总 计	181.4	192.0	-10.6

　　发达资本主义国家部分占世界贸易的 75%，"欠发达"国家部分占 19%，共产党国家部分占 4%。但正如表 1－7 所示，发达国家的贸易主要靠制成品。

表 1 - 7　1960 ~ 1965 年年平均出口结构

	发达国家		"欠发达"国家	
	金　额 (10 亿美元时价)	占比(％)	金　额 (10 亿美元时价)	占比(％)
食品、饮料和烟草	13.9	14.3	8.4	28.9
农业和矿物原料	11.6	11.9	6.8	23.5
石油产品和矿物燃料	3.7	3.8	9.1	31.4
制成品	68.0	70.0	4.7	16.2
总　计	97.2	100.0	29.0	100.0

资料来源：哈里·马克道夫：《帝国主义时代》，墨西哥，1969，第 116 页。

　　面对这一系列显而易见的事实，必定会得出一个结论：比较成本说过于简单和笼统，以至于无法解释错综复杂的现实。

　　不用资本主义固有的扩大市场的趋势，就无法解释发达国家的贸易结构和发达国家之间贸易增长更快的趋势。不运用外围在世界资本主义体系中的职能的理论，就无法解释"欠发达"国家的"专业化"，因为"欠发达"世界所出口的主要不是来自这些国家的传统农业的农产品，而是来自于一些生产率之高堪与发达国家相比的现代部门（矿业、种植园、石油开发）的原料和农产品：这是该理论往往忽视的一个显而易见的基本事实。

　　如果用比较利益说来说明这些有关世界贸易的事实中的某些例子，便会得出一些无限乐观的结论。那些世界贸易中的"小"伙伴，即用在其经济中占有较高地位的几种产品支付其所有进口的"欠发达"国家，是国际专业化的主要受益者，它们从国际专业化中获得的利益比发达国家还要多！

　　然而我们看到，对外贸易并不能弥补制成品消费的不平等。由于世界上专业化的扩大和世界分成工业化国家和非工业化国家，这种不平等扩大了。我们看到，工业化确实可以致富：制成品的消费水平取决于当地生产这些产品的水平。[①] 一些"富裕国家"大量进口制成品表面上是一种例外（"白人自治领"、丹麦等），其实不然，因为实际上它们的工业产值很高，只是依靠专业化和富足的农业换取数量可观的制成品作为补充而已。显然，"欠发达"国家不能用发展进口来代替本来尚不存在的制成品生产。为了达到世界人均消费水平，它们的进口必须达到目前的40倍；为此，出口也必须增加同样的倍数。不用说，这样一种发展是不可能的。除此之外，即便农业和矿业国能够这样做，工业国也不需要这样的剩余。有些"欠发达"国家的制成品进口量与发达国家差不多相等，但是由于没有发达国家那种作为基本供应来源的当地生产，消费水平依然很低。

（二）百年来交换条件和技术进步的变化

应当把古典的比较利益说看作一种静止的理论：在一定时间内，在生产成本不变的条件下，一个国家有专门进行对它相对有利的生产的利益。但是，比较利益说声称它的论述不限于此。它声称证明了专业化能够使所有的国家从世界各地所实现的技术进步中得到好处。让我们考察一下"工业国"和"农业国"之间关系的情况，然后再让我们假设工业国实现了某些技术进步。与农产品价格相比，制成品的生产成本和价格下降了。交换条件发生了有利于农业国的改善。因而，这些国家在始终提供同样数量的农产品的同时，获得更多的工业品；因而，它们受益于其他国家的技术进步。

上述活生生的事实（工业品的消费和生产之间强大的联系）冲

---

① 国际联盟：《工业化与对外贸易》，第25、103页；比恩：《国际工业化和人均收入》，《收入和财富研究》，1946。

淡了该理论的乐观思想。要解释这些事实，就必须一方面考察百年来交换条件的变化对比，另一方面考察百年来发达国家和"欠发达"国家的出口生产中技术进步的变化对比（这种生产必然既不同于工业生产也不同于农业或者初级生产）。

百年来交换条件的变化（"纯货物贸易条件"）如表1-8所示。[①]

表1-8 百年来交换条件变化

时 期	世界贸易中的原料 价格/制成品价格	英国的进口 价格/出口价格
1876~1880 年	147	163
1881~1885 年	145	167
1920~1930 年	118	120
1931~1935 年	93	101

1939 年，"欠发达"国家用同样数量的初级产品只能购买它们在 1870~1880 年所能够买到的制成品数量的 60%。在 1936~1938 年，按黄金计算的基础产品贸易额等于 1876~1880 年的贸易额的 2.2 倍，而制成品贸易额等于 2.3 倍。基础产品的贸易量相应地增加了 3 倍，而制成品贸易量仅增加 1.5 倍或 2 倍。这证明，"欠发达"国家的交换条件恶化了，因为它们按黄金计算的出口价格下降了 45%，而同时期之内工业国按黄金计算的出口价格下降了 21%。[②]

我们掌握着一批更为完整的数字，即伊姆拉赫所提供的关于英国交换条件的数字（以 1880 年为 100），见表1-9。[③]

---

① 联合国组织：《欠发达国家的进出口相对价格》；关于交换条件的定义和计算，见 J. 瓦伊纳：《国际贸易理论研究》，伦敦，1937，第 558 页以后和莫雷：《交换条件研究》，《当代经济》，1950 年 2 月。

② 联合国组织：《欠发达国家的进出口相对价格》。

③ 伊姆拉赫：《联合国的贸易条件》，《经济历史杂志》，1950 年 11 月。

表 1 - 9　百年来英国交换条件变化

1801～1803 年	245	1879～1886 年	98
1803～1808 年	225	1886～1894 年	105
1843～1848 年	118	1894～1905 年	116
1848～1856 年	110	1905～1913 年	118

　　我们还要指出，1850～1910 年，美国的工业价格指数与农业价格指数的比率不断下降。

　　数字如表 1 - 10[①]。

表 1 - 10　1850～1910 年美国工业价格指数与农业价格指数的比率

1850 年	1.41	1890 年	1.01
1860 年	1.08	1900 年	1.00
1870 年	0.94	1910 年	0.81
1880 年	1.07		

　　就最近一个时期而言，可以把它明确地分成两个阶段：第二次世界大战期间以及从战后到朝鲜战争结束（1953～1955 年前后）。这期间交换条件确实发生了有利于"欠发达"国家的改善。但是在当代的发达世界进入大繁荣时期以后，交换条件发生了十分严重的恶化。就"欠发达"国家的出口产品而言，交换条件至少下降了 5%～15%，或许下降了 8%～25%。

　　保罗·贝罗克在综合了有关交换条件的信息之后，提出了全体"欠发达"国家的交换条件在原料价格持续下降的 1953/1954～1962 年下降了 10% 的估计；而 1962～1967 年，这些交换条件没有发生显著的变化。[②] 皮埃尔·雅雷估计，1954～1965 年，整个"第三世界"

---

　　① 马诺伊莱斯科：《保护理论和国际贸易》，巴黎，1939，第 276 页。
　　② 保罗·贝罗克：《"第三世界"经济在 1960～1967 年的演变和短期前景》，维也纳发展与合作研究所讨论会，1968 年 6 月。

的交换条件下降了 19%。1968 年在新德里召开的联合国贸易与发展
会议估计，1961～1966 年，交换条件的恶化使"欠发达"国家受到
的损失相当于它们所接受的政府援助的 38.4%。① 与 1928 年为 100
的基数相比，除委内瑞拉（这个石油出口大国的情况极为不同）以
外拉丁美洲国家的人均进口能力指数在 1955 年下降到 37，在 1965
年下降到 32。② 就中非关税和经济联盟国家而言，1955～1967 年交
换条件恶化的损失相当于 1740 亿非洲金融共同体法郎，占同时期内
它们的经济性出口额的 20%。③ 这种例子不胜枚举。④

　　上述统计结果驳斥了比较利益说的"动态论点"——除非在
"欠发达"国家的"初级"出口生产中技术进步更为迅速。如果是
在后一种情况下，该理论可以是有效的，而且发达国家——同原料
生产国一道——通过国际专业化获得技术进步的利益。如果情况相
反，也就是如果发达国家的出口生产中技术进步更为迅速，就必须
说明是什么样的机制使专门从事"初级"生产的国家失去了专业化
的好处。

　　无论如何，我们应当注意两点。第一，这里所说的恶化并不是
基础产品的恶化，而是"欠发达"国家的出口产品的恶化，因为发
达国家出口的基础产品价格并没有下降。⑤ 第二，这种恶化在 1880
年以前的时期并不突出。伊姆拉赫所提供的那一批数字说明，1800～
1880 年全世界都从英国实现的技术进步中得到益处。只是从这一时
期开始，这个工业国的交换条件恶化倾向才发生了逆转，这是需要

---

① 《新德里会议文献集》，《国际贸易与发展评论》，1967，第 35～36 页。

② 哈里·马克道夫引自《经济学家》，伦敦，见《帝国主义时代》，第 188 页。

③ 萨米尔·阿明：《争取调整法郎区非洲国家的货币体系》，《非洲月刊》1969
年第 4 期，第 27 页。

④ 见国际货币基金组织公布的原料价格统计，各年度 12 月号一览表，用美元
来表示主要世界贸易商品价格。

⑤ 埃马纽埃尔正确地强调了这一点。

强调的一个要点。

要知道上述交换条件的变化是否"正常"，首先要回答以下的问题：技术进步在发达国家的出口生产中是否比在"欠发达"国家的出口生产中更为迅速。

如何测定经济的进步呢？如果"要素"（包括利润在内）的名义报酬稳定不变，则把不同时期的价格加以比较就可以了。但是情况并非如此。试图解决这个问题的经济学者们测量了不同时期每个经济部门的每个劳动者的实际纯产值。这种方法正确吗？很可能存在这样一种工业，它使用的工人相对比较少，它使用的资本却比较多。不过，生产资料也是生产出来的。从劳动力自最终生产向中间生产的转移中能够得出一种总的收益吗？

要证明后一个命题，就应当把经济看作一个整体。就经济整体而言，人均产值的确是进步的唯一最终标准。如果不考虑对外关系，那么，增加使用的实际资本就是生产者们自己就地创造的。在人均资本的使用更为密集的同时，人均纯产值相应提高，这只不过意味着，人们通过有差别地分配人口（对生产资料的生产投入较多的人，对消费资料的生产投入较少的人），获得更大的消费资料总量。这只不过是"在延长生产过程的同时"，也就是在采用中间产品的"预先"生产（实际上是同时生产）的同时提高最终产值这一庞巴维克命题的体现而已。从经济整体的角度肯定可以证实，最终人均产值的提高是与越来越密集地耗用资本并行不悖的。

第一个方法是比较人均资本和人均收入。表 1 – 11 便是这一比较的数据。①

---

① C. 克拉克：《经济发展的条件》，伦敦，1940，第 388～392 页。

表 1-11 美英人均资本和人均收入比较

	人均资本	人均收入		人均资本	人均收入
	(任选单位)			(任选单位)	
美 国			英 国		
1880 年	678	1247	1865 年	1420	530
1922~1929 年(平均数)	1775	1718	1928~1935 年(平均数)	5350	1230

该命题得到了清楚的论证，况且，以下的国际比较表格也验证了这一点，见表 1-12。

表 1-12 六国人均资本和人均收入比较

	人均资本	人均收入		人均资本	人均收入
	(国际单位——1913 年)			(国际单位——1913 年)	
美 国	5160	1191	法 国	3060	629
英 国	3590	966	匈牙利	1110	220
阿根廷	4680	800	日 本	460	128

资本耗用比较密集的国家也就是最终人均产值比较高的国家。这只不过意味着资本积累比收入增长更为迅速罢了[1]。

我们可以列举许多例子，使研究和测定的方法更细致，例如运用著作中常用的"资本系数"（"资本产出率"），从而得出同样的结论：技术进步是（或者更确切地说，直到当代的最近一个时期仍然是）"耗用资本"[2]。这意味着，相对地增加资本的使用比起节省直

---

[1] 例如 1879~1919 年美国的情况，见库兹涅茨：《1869 年以来的国民产值》，纽约，1946，表4、表10。

[2] 见萨米尔·阿明论文第86页以后；主要资料来源：联合国组织：《欠发达国家工业化的方法和问题》，第 19 页；库兹涅茨：《美国的国民收入》，全国经济研究局，1946，第 119 页；C. 克拉克：《经济发展的条件》，伦敦，1940，第 71 页；国联：《工业化与对外贸易》，第 59 页；又见 E. 莫塞对法国纺织工业的计算，《马克思与增长问题》，巴黎，1957。

接劳动来,增加的开支少。这个结论不足为怪。企业主之所以更加密集地使用资本,无非是因为所增加的开支比节省工资得到的补偿更多而已。反过来说,如果某一生产部门中的人均产值提高了,那就是因为使用了更多的资本。这反映了资本使用的密集化是技术进步的条件。这种看法使我们可以把每个劳动者的纯产值视为一种恰当的技术进步指数,这样就可以完全有把握地研究在一个各部门的报酬(工资和利润率)差不多相等的国家中工业和农业的变化对比。对一国经济内的工业和农业的长期技术进步进行对比会产生什么结果呢?试看表1-13中的数字。①

表1-13 按国际单位计算的人均收入

			增长(%)	年增长率(%)
美国	(1850年)	(1935年)		
农业	298	669	124	1.0
工业	737	1683	128	1.0
英国	(1867年)	(1930年)		
农业	581	827	42	0.6
工业	418	1151	175	1.6
法国	(1860~1869年)	(1930年)		
农业	435	500	15	0.2
工业	468	1373	193	1.8
澳大利亚	(1886~1887年)	(1935~1936年)		
农业	678	1408	108	1.5
工业	368	1461	293	2.9

按照技术进步的快慢分类突出地表明,在所有的国家中,工业的进步都是最快的;而与工业的进步相比,最快的农业进步(澳大利亚的农业进步)只相当于中等水平。即便在农业进步极其卓越的美国,1935年以后显然也出现了更为迅速的工业进步。

---

① C.克拉克:《经济发展的条件》,伦敦,1940,第346页以后。

工业的进步一般更为迅速，也是经济各部门中的资本分布造成的，见表 1 - 14。①

表 1 - 14　资本积累的沿革（按人均国际单位计算）

人 均 收 入	农 业	其他产业	人 均 收 入	农 业	其他产业
第一组：约 500 　日本：1913 年 　斯堪的纳维亚：1880 年	100	400	第三组：3000 　英国：1885 年 　德国：1913 年 　法国：1913 年	300 ~ 400	2300 ~ 3400
第二组：1000 ~ 2000 　英国：1865 年 　意大利：1913 年	100 ~ 300	700 ~ 1400	第四组：4000 ~ 5000 　美国：1913 年	300 ~ 500	3400 ~ 5100

因此，如果把第 1 组同第 4 组相比较，则农业资本增加了 2 ~ 4 倍，工业、贸易、建筑和铁路的资本加在一起增加了 7 ~ 11 倍。这再一次说明，进步就是"使用资本"，并且，在资本使用的密集程度与生产率水平之间存在一种密切的关联。

就当代而言，技术进步的模式似乎正在发生深刻的变化。进步不再是"使用资本"了，见表 1 - 15。

表 1 - 15　资本与产值的比率变化

年　份	美　　国		年　份	英　　国
	加工工业	采掘工业		国民经济
1880	0.54	1.16	1875	3.15
1890	0.73	1.36	1895	3.72
1900	0.80	—	1909	3.80
1909	0.97	1.80	1914	3.40
1919	1.02	2.30	1928	3.53
1929	0.89	2.14	1938	2.68
1937	0.74	1.57	1953	2.55
1948	0.61	1.34		
1953	0.59	1.26		

资料来源：此表引自 R. 里奇塔，《外在十字路口的文明》，巴黎，1969，第 373 页。

――――――――――

① 　C. 克拉克：《经济发展的条件》，伦敦，1940，见表格。

这种比率的百年变化的逆转反映了当代科学技术革命的开始。以自动化为基础的这场革命使"残余因素"（科学）渐趋成为技术进步的基本因素，而传统生产职能的主要因素（劳动和资本）的作用日趋减小。① 当然，这场革命仅仅触及发达的大国：它于20世纪20年代始于美国，30年代始于英国，在欧洲大陆则发生在当代。它尤其说明了，仍在进行"古典"式工业积累的"欠发达"国家，其资本系数趋于增大，而发达世界的资本系数则正在减小；在一些"欠发达"国家中，它往往已经高于许多发达国家。在后面，我们还要讲到这种基本现象。这种现象说明，正在形成中的未来的不平等国际专业化将与迄今为止人们已知的专业化极不相同。

从对百年来技术进步的变化的所有这些观察中，人们对于发达国家和"欠发达"国家的出口部门的技术进步对比能否得出某些看法呢？虽然在古典的积累过程中，发达国家的农业进步不如工业快（尽管在这些国家，机械化已经进入了农村），但是经济发达国家的出口工业显然比"欠发达"国家的传统出口农业进步更大，在这样的农业中，机械化尚未实现。这个事实表现为工业（当然必须是现代工业）与农业的人均产值差距日益扩大。在"欠发达"国家，这种差距的扩大比在发达国家更快。我们已多次指出过这种现象，关于它的例子不胜枚举。下面，我们还有机会更为具体地研究这种现象的意义。②

无论如何，"欠发达"国家主要不是传统农业生产的农产品的出口国。因而，我们应当把以下各部门的进步加以比较：①面向"欠发达"国家的发达国家出口工业；②"欠发达"国家的出口采掘工业（矿物和石油）；③这些国家的现代种植园农业；④这些国

---

① 里奇塔极力坚持的论点，见《处在十字路口的文明》，巴黎，1969，第375页。
② 见第二章我们对以美国和英国为一方和拉丁美洲、埃及、马格里布和象牙海岸为另一方所做的差距比较。

家的传统出口农业。如果我们能够把上述四组中每一组的资本输出系数（由于无法系统了解资本有机构成的演变过程）加以比较，我们就能够做到这一点。我们还应当注意以同样的方式估算投入的资本和产值（增值：劳动和资本的报酬）。关于资本，可以一律按时价估算，因为设备几乎全部由发达国家提供。但关于产值，必须牢记，在生产率相等条件下，"欠发达"国家的工资更低，而且在这些国家实现的一部分利润，通过按世界平均利润率压低产品价格的办法被转移到中心。如果把一切同等看待而进行一致性的比较，就会降低"欠发达"国家的资本输出系数。降低多少呢？如果生产率相等，"欠发达"国家的实际工资是发达国家的1/3；平均化以前的平均利润率不像发达国家那样是15%，而是30%，工资占增值的30%，"欠发达"国家的资本系数则应当比发达国家的资本系数高1倍。不过，在作为发达世界的出口工业突出典型的美国加工工业中，资本投入系数是2，而就"欠发达"国家的石油和采矿工业而言，按照通常的估算，其资本系数低于3，这些国家的现代种植园农业则低于1.5，传统农业的资本系数几乎是零。可以说，外围出口部门，按通常方式计算（并根据每一种产品在"欠发达"世界中所占有的不同地位加以平衡）其资本系数平均为1.8，按可比方法计算则低于1。在这种条件下，我们完全有理由得出这样的结论：发达国家出口产业的技术进步一般比"欠发达"国家的出口产业更为迅速。

按照比较利益说，交换条件本应得到有利于"欠发达"出口国的改善，从而使这些国家能从向其提供制成品的工业国所实现的更为迅速的技术中获益。可是，这种事情却从未发生。至于"欠发达"国家的某些矿业生产曾经有过十分迅速的技术进步，这也并非不可能。但是，我们没有任何理由认为，所有这些产品都比发达国家的工业先进。不过即便如此，交换条件也是恶化了。

相反，我们却没有看到发达国家的大量同类生产的交换条件发生
丝毫的恶化。①

（三）用需求分析说明交换条件恶化的种种尝试

1. 需求分析

按照主观主义的价值观，价格取决于需求，而且仅仅取决于需
求，它与生产成本的任何变化无关。当代的经济学家们就是热衷于
从主观主义的立场出发来说明"欠发达"国家交换条件恶化的机制。
他们企图从理论上证明并且在实际中指出需求是持续减少的，因而
"初级"产品价格也随之持续下跌。

其理由是，人类的进步首先使基本需求（食品需要）得以满足，
继而使其他需要得以满足，因而对其他需要的需求增长得更快。请
注意，这种理论与"报酬递减"说是针锋相对的。按照"报酬递
减"说，由于人类的需要与有限的资源之间越来越不平衡，因而交
换条件的变化对农产品有利。

某些人为他们的主观主义的推论从外观上加以精雕细琢。② 特里
安蒂斯在答复鲍厄和雅梅的时候断言，由于发展使收入的不平等进
一步加剧，而且也由于对第三部类（教育、娱乐等）的需求的增长
是不均衡的，所以经济发展总是导致第三部类的膨胀。"欠发达"国
家的发展就意味着，世界收入的增长比例更接近于"欠发达"国家，
而与老牌发达国家差异较大。总的说来，全世界对奢侈品的需求在
相对减少。这种相对减少使交换条件对奢侈品的生产者，也就是对
发达国家不利。另外，基础产品的交换条件恶化是世界的发展越来
越不平等的后果，在这种发展中，落后的国家更加落后了。特里安

---

① 这一点 A. 埃马纽埃尔强调得正确。
② 特里安蒂斯：《经济发展，职业再分配和贸易条件》，《经济杂志》，1953 年
9 月。

蒂斯还认为，"欠发达"国家还是有发展的，尽管速度比发达国家慢；这种发展扩大了"欠发达"国家内部在分配上的不平等，因而在"欠发达"国家中奢侈品开支倾向比必需品开支倾向增长更快，这便导致食品的需求越来越少于对其他产品的需求，从而导致交换条件越来越不利于贫穷国家。

对事实肤浅的考察似乎证明了这种论点是正确的。当世界收入增加时，工业国的出口比农业国的出口增长更多。当农业国和工业国的需求按同样比例增加时，前者的进口远比后者的进口增加得多。[①] 这是由于，对工业品需求的增加大于对食品需求的增加。仅仅生产极少量工业品的"欠发达"国家必须从他国进口。

整个这种观点都应当受到严格的批判，仅就食品而言，这种推论尚可勉强接受，但是对其他初级产品，即那些与制成品的需求相联系的工业原料（矿产品如铜等，或农产品如棉花、橡胶……）来说，这种推论则肯定是不能接受的。此外，据证实，这些出口的收入弹性很大。不过所有"欠发达"国家，无论它们提供食品（茶、咖啡、糖等）还是提供工业原料（橡胶、棉花、矿物等），它们的交换条件都恶化了。再说，如果该理论是正确的，人们自19世纪初以来就应当看到效果。可是，实际并非如此，到1880年前后，"欠发达"国家的交换条件一直有所改善，某些人曾经据此证明"报酬递减"的论点。

希克斯曾经试图说明，尽管发生了不利于食品需求的变化，而且这种变化持续不断，但是，1880年以前"欠发达"国家的交换条件得到了改善。接着，这种局面又发生了逆转。为此他强调，在19世纪，英国出口工业的生产率提高了；而在20世纪，美国的生产率提高了，国内的产品替代了进口。总之，在一个世纪内，成本因素

---

① 常：《国际收支的周期性变动》，剑桥，1951，第42、50页。

起着与需求因素相反的作用。但是,这仅仅是一种尚需论证的假说。然而现在,美国增加原料进口这一事实推翻了上述假说。

关键性的错误在于,这种分析要让供求规律说明它无法说明的东西。这一规律明确地告诉我们,如果收入稳定不变,则当需求减弱时价格下降。但是情况并非如此,因为技术进步造成的非食物商品需求与收入是同步增长的。

建立在需求分析基础上的其他同类理论主要由纳克斯、辛格和金德尔伯格提出。埃马纽埃尔已经论述过这些理论的不够严谨之处。[1]

2. 交换条件的恶化和工资的变化对比

或许,保罗·普雷比什是持另一种观点的,也就是持技术进步和要素报酬的百年变化对比分析观点的第一位经济学家。[2] 他认为,技术进步在发达国家的制造业中比在"欠发达"国家的初级生产中更为迅速的假说是正确的。因为,这种假说本身就是普雷比什研究的条件。如果不是这样,问题干脆也就不存在了,因为"欠发达"国家的交换条件随着技术进步的变化对比而相应地恶化,原本也是正常的。普雷比什的分析是以发达国家和"欠发达"国家的价格的变化对比为根据的。

技术进步的益处可以通过两种方式表现出来,或者是在货币收入保持稳定的情况下价格下降,或者是在价格固定不变的情况下这些收入提高,如果在两个国家的价格都因技术进步而下降,则交换条件的变化仅仅反映出这种进步的速度不相等。如果两个国家的收入都因生产率提高而提高,则情况亦然如此。但是,如果在一个国

---

① A. 埃马纽埃尔:《不平等交换》,巴黎,1969,第126页以后;纳克斯:《贸易伙伴和发展》,牛津,1962;辛格:《投资国和借贷国之间的收益分配》,1950;金德尔伯格:《贸易条件》,伦敦,1956。

② 联合国组织:《拉丁美洲的经济发展及其问题》。

家中技术进步引起价格下降；在另一个国家中它引起收入提高，价格却没有下降，情况就不再一样了。表1-16说明了发生的情况。

表1-16　开始时的状况

基础产品价格	制成品价格	欠发达国家的交换条件
100	100	100

假设工业国的技术进步率为50%，而初级生产中的技术进步率为20%，又假设一切进展正常，那么我们便得出表1-17。

表1-17　技术进步后的情况 I

加工产品价格	基础产品价格	交换条件
50	80	160

按照我们的第二种假设，我们却得出表1-18。

表1-18　技术进步后的情况 II

制成品价格	基础产品价格	交换条件
100	80	80

"欠发达"国家的交换条件在正常情况下本应改善，但它们却恶化了。

普雷比什认为，这正是国际关系中所发生的情况。他用工资在周期中的变化来说明这种情况。在欧洲的每一个繁荣阶段，工资收入者们都曾因生产率的提高而增加工资收入。在每个衰退阶段，不易改变的名义工资阻碍了这些收入的下降。在原料生产国，劳动供给的持续过剩使这些收入不能随着普遍的繁荣而提高。

普雷比什的论点就是埃马纽埃尔的论点，它用工资水平只在发达国家不断提高来说明交换条件的恶化。不能把这种论点同以需求分析为基础的辛格的和其他人的论点混为一谈。① 此外，普雷比什（错误地）把"欠发达"国家的出口混同于基础产品的出口，这倒无关紧要。如果不混同，他的推论也同样站得住脚，因为他的解释并非基于需求的性质，而是基于工资的变化。

虽然我们同意这种解释，但是是否还须更深入一步呢？使"原料生产"国（指"欠发达"国家）的劳动供给总是过剩的原因究竟是什么？普雷比什告诉我们，是技术进步解放了这种生产的劳动力。这肯定是正确的。但是在制造业中，技术进步恰恰也具有同样的表现。

在我们看来，只消用外围资本主义的社会经济形态的性质加以说明，劳动供给长期过剩就不足为奇了。这些形态是以正在解体过程中的大量乡村后备军为特征的。正在解体过程中的大量乡村后备军是劳动市场的基本现象。相反，在中心资本主义诸形态中，这些后备军已不复存在。②

根本问题就在于此。但是还必须补充，在发达国家中，尽管劳动力的供给过剩已相对地少于"欠发达"国家，但是技术进步却没有——直到 1880 年前后——表现为价格的稳定和工资的增加。在整个 19 世纪，在世界体系的中心，价格是下降的。③ 所以，与普雷比什的论点相反，在欧洲，技术进步在一个世纪中表现为价格的下降。

况且，在整个 19 世纪，欧洲海外国家的价格却持续上涨。这正

---

①　在这一点上，埃马纽埃尔搞错了，由此产生了对普雷比什的不公正的态度，见《不平等交换》，巴黎，1969，第 126 页以后。

②　刘易斯提出了这个问题，埃马纽埃尔正确地强调了这个问题，见《不平等交换》，巴黎，1969，第 133 页；主要见 G. 阿里吉《非洲的经济发展与上层建筑》，埃诺第出版社，1969。

③　关于 1820 年以来西方大国的价格演变，见《法国统计年鉴》，1938，第 436 页以后。

好与普雷比什的论点相反。确实，欧洲海外国家经济中的持续涨价是与汇率持续下降相应发生的。这种下降可能是由价格机制以外的原因造成的，例如国际收支的长期不平衡。在这种情况下，汇率的下降不是价格上涨的结果，而是价格上涨的原因。欲知进步是否影响了价格，必须考察用不变价格货币表示的价格水平的变化。

在这种情况下，我们或许可以发现，在19世纪，"欠发达"国家的进步也表现为下降的趋势。可惜，那时大多数这样的国家没有价格指数。我们对1861年以来的印度和晚些时期的其他某些国家所进行的计算有助于证明，"欠发达"国家的模式与19世纪欧洲的模式并无不同，即技术进步在那里表现为价格的下降。[①]

这些看法促使我们导入一个在1880～1890年出现的新因素。这个新因素就是资本主义在中心的变革：垄断的出现。正是这种垄断化使经济体系得以抗拒价格下降。由此说明，为什么在整个19世纪技术进步表现为价格的下降，在1890年以后反映技术进步的却是价格的提高，而且收入的增加更为迅速（工资与利润之和）。竞争的方式从此不再是价格竞争，垄断使工资的提高成为可能。

这样我们就说明了，"欠发达"国家交换条件的恶化是随着垄断的开始、帝国主义和"工人贵族"一同出现的。这种因工资的不同变化而造成的现象并非在每个时期都具有典型性。在19世纪的前2/3的时间里，工资在欧洲——特别是在英国——少得可怜，近乎基本生活费的水平。普雷比什和埃马纽埃尔都没有看到"欠发达"国家的交换条件恶化同1880年以后垄断造成的"工人贵族"现象之间的深刻的——也是基本的——联系。

像普雷比什那样导入商情分析是没有必要的，对社会经济形态

---

① 见萨米尔·阿明论文第96页以后；主要资料来源：《万国联盟年鉴》，1938～1939，第226、231页以及《法国统计年鉴》；贾瑟和贝里在《印度经济的几个问题》中提供了印度的价格，伦敦，1951，第129页。

性质的分析却总为我们带来新的充实。因为，在中心资本主义形态中，主要的收入是资本主义的利润；而在外围资本主义形态中，主要收入却往往是从加入国际市场中受益的统治阶级——地主——的地租。在资本主义国家的经济中，利润或许是最受商情变化影响的弹性收入了。在繁荣时期实现的异乎寻常的收入被重新用于投资。技术进步解放出来的劳动力，一部分被设备生产对劳动力的增加需求所吸收。仅仅是一部分而已，因为显然，只有在劳动力的节省大于增加的资本开支的时候，企业主才有兴趣采用新的发明。在加入国际市场的农业国的经济中，情况就不一样了。在繁荣时期增加的地租不是被重新投资，而是被花掉了（而且在很大程度上是被花在购买进口商品上）。农业生产率的进步没有从设备制造对劳动力的需求的增加中得到补偿，即便是部分的补偿也没有得到。那些设备是进口的，是靠它们所造成的一部分增加的出口来支付的。因此，劳动力供给的过剩相对多得多。除了这一人口相对过剩的根本原因之外，还有其他一些与体系的性质密切相关的原因，尤其是外国工业使手工业破产，而这种破产没有得到当地工业发展的补偿。这使整个体系通过把一大批人口排挤出生产之外而得以重新平衡。

（四）国际专业化在历史上的形式

诚然，国际交换不是资本主义时代的产物。相反，它同世界一样古老。确切地说，国际交换的定义是不同的社会，也就是以不同社会形态为特征的社会之间的产品交换。前资本主义社会的特征，恰恰是内部交换的稀少。在乡村大家庭、领主庄园或者东方帝国内部，某些产品的"流通"颇有条理（支付租税、在某些场合互赠礼品、陪嫁财产的流通等），但并不是商品的交换：在这里，物品的流通是同履行超经济的社会义务相配合的。在乡村大家庭之间或者在"封建"庄园之间也很少有交换：每个单位都与旁邻类似，每个单位都过着闭关自守的生活。然而，这些社会无一或者几乎没有一个忽视远距离贸易。这种贸易使这些社会获得对交换伙伴来说是完全陌生的异国产品，也就是说，获得者并不知道如何评价这些产品的生产成本。在非洲中部发现的中国瓷器，运抵欧洲的鸵鸟羽毛以及各种"香料"都证明了远距离贸易的性质。

荒唐的是，主观价值论——对资本主义社会的产品的现代交换毫无意义——竟然为这一类贸易找到了某种意义。对于想要弄懂参加远距离贸易的社会形态的性质的人来说，这种贸易的重要性不容忽视。一些完整的社会——不是指更小的社会（例如腓尼基或古希腊）——都曾建立在这种互不了解的世界相互沟通的活动之上。在许多分化尚不明显、拥有少量剩余的社会中，管理远距离贸易所提供的产品对于社会形态的组成至关重要。正如卡特琳·科克里·维德罗维奇依靠其深刻的洞察力所证明的那样，[1] 许许多多非洲社会的情况尤其是这样。中世纪阿拉伯伊斯兰教世界的一些完整地区，特别是马格里布的情况或许也是如此。[2] 其他诸如蒙昧时代的斯堪的纳维亚社会或俄国草原社会和鞑靼人的亚洲社会可能也是如此。远距离贸易往往与掳掠人口相结合——于是奴隶成为一种重要的交换产品。但是严格地说，国际专业化并不存在。从这种意义上说，远距离贸易尽管对于理解社会形态的性质至关重要，但是仍然是次要的，因为它不是交换伙伴所代表的生产方式的基本因素。

随着资本主义成为世界体系，国际交换改变了性质。有史以来人们第一次能够真正谈论国际专业化，也就是已知价值——马克思

---

① 卡特琳·科克里·维德罗维奇：《非洲生产方式研究》，《思想》，1969 年 4 月；我们完全同意这个精彩的新论点，但问题不在于一种生产方式，而在于一种由"乡村的"或者部落的生产方式（有待于进一步明确的定义）和远距离贸易组成的非洲社会形态。

② 伊夫·拉科斯特：《伊本·哈勒顿》，巴黎，1965。

主义意义上的价值——的产品的交换。不过,资本主义的中心征服世界经历了几个阶段,其中每个阶段都有自己的特点和与这些特点相适应的中心与外围之间国际专业化的特有方式。

资本主义的史前时期,即从大发现(16世纪)到工业革命(18世纪~19世纪)这一商业资本主义时期,使外围(主要是美洲和非洲,后来是英属印度)产生了一些特殊的职能。已经形成的(工业的)资本主义只有通过资本主义生产方式的个别因素的特殊结合——(巧合?)——才能充分发展。这些因素一个是动产的集中,另一个是无产阶级化。如果说第二个因素是欧洲封建生产方式内部解体的结果,那么,正在形成的资本主义中心同它的外围以及与它相联系的独立社会形态之间的国际交换——和对外围的掠夺——对于向下一阶段过渡所必需的动产的形成起着至关重要的作用。在这一方面,美洲首先在粗暴的掠夺中提供了金银财宝。远距离贸易在这一阶段中持续不断,但是逐渐改变了特点。它使大西洋港口的商人们——荷兰的、英国的和法国的——大发横财。随后为开展这种贸易而在美洲开垦了种植园,要开垦种植园就必须开展奴隶贸易,奴隶贸易在资本主义的发展中起了至关重要的作用。[①] 显而易见,这些都是原始积累的方式。

然后,一些原始积累的方式又以国际专业化的新形式延续下来。这似乎很不易被察觉,因此我们认为应当着重强调这一看法。

从工业革命到征服世界(1880~1900年),此期间越过了一个世纪,它仿佛是一段间歇:旧的形式(奴隶贸易、掠夺新世界)逐渐消亡,新的形式("贸易"经济和矿物开发)缓慢形成。欧洲和美国似乎花费了一个世纪来巩固后方,以便完成大业:从资本主义的史前形式过渡到完善的工业形式。在这一时期,持续未断的贸易

---

① 见埃里克·威廉斯:《资本主义与奴隶制》,非洲现状出版社,巴黎,1968。

似乎是"平等的"：正如我们已经讲过的那样，产品按照其价值（更确切地说是按照马克思主义所说的生产价格）相互交换，中心的劳动报酬很低并且有减少到"生活费"的趋向，交换条件（海外产品与英国制成品相交换）朝着符合平等交换规则的方向发展。我们认为，正是这种"间歇"造成了马克思的疏忽：马克思认为印度应当成为像英国那样的资本主义国家，从而他疏忽了殖民地问题。

正当欧洲和北美在完成第一次工业革命之后形成的资本主义发展可能性已经丧失殆尽的时候，出现了列宁所说的帝国主义。一次新的资本主义地域范围的扩张势在必行。于是，在征服殖民地的背景下，当代的外围形成了。这场征服以崭新的形式把各种社会形态——中心资本主义社会形态和正在形成的外围资本主义社会形态——重新联系在一起。有利于中心的原始积累机制重新活跃起来。原始积累的特点——与正常的扩大再生产相反——是不平等交换，也就是不等值产品的交换（更确切地说，也就是马克思主义所说的生产价格不相等）。这意味着，劳动报酬也会变得不相等；而事实上，它正是从这一时代开始变得不相等了。这种新的"国际专业化"后来成为商品交换（按照肤浅的描述，就是"基础产品与制成品相交换"，这种描述仅仅是一种粗略的近似）和资本流动（因为，在第一次工业革命造成的可能性丧失殆尽的同时形成了列宁所强调的垄断，而垄断使资本输出成为可能）的依据。罗莎·卢森堡的功绩在于指出了这些当代的原始积累机制——其实就是指"掠夺第三世界"。

帝国主义时代分为 1880～1945 年和 1945 年以来两个时期。第二次世界大战以前，殖民地制度迫使国际分工采取"古典的形式"。殖民地提供"贸易经济"产品（由欧洲海外的农民提供的"热带"农产品），欧洲资本投入矿业经济和与这种殖民地开发相联系的第三部类（银行业和商业、铁路和港口、公债等），发达的中心提供制成的消费品。这种体系尤其具有使外围贫穷化的作用，并且导致了第一种类型的"滞阻"。我们认为，这是易于论证的。① 资本主义在经历了光辉而短暂的第一个时期——1880～1914 年——之后，又经历了一段停滞不前的时期（两次世界大战期间）：军事化和战争成为唯一的出路。

在第二次世界大战期间，西欧和美国扩大了差距；战后，在西欧深入现代化的基础上（共同市场等）开始了一个中心资本主义飞速增长的新时期。与此同时，殖民统治摇摇欲坠。在欧洲海外有步骤地建立一批轻工业企业成为这一时期的特点，这就是"进口替代"政策（生产以前进口的制成品）。但是，这些欧洲海外国家仍然留在世界市场之内，仅仅是国际专业化的方式变了：从此以后，中心提供建设轻工业所用的设备。归根结底，以外围向中心输出农产品和矿物的基础的增长"滞阻"仍然不可避免。②

这个时期是否已接近尾声？恐怕是这样。在外围国家，"进口替代"已经失去了前途，这表现为工业化和增长的明显放慢③。在西方中心国家，再度出现的半持久性的"通货紧缩"压力和"国际清偿危机"标志着一次间歇的开始。

世界资本主义体系无疑可以克服这种局面：使该体系遭受灭顶之灾的"灾难性危机"是不存在的。何况，世界资本主义体系正在试图从两方面来克服这种局面。这两种办法有可能影响未来的国际专业化方式。

第一个方面是东欧的现代化，使其加入中心的内部交换网络。尽管对加入的形式还在激烈的争论之中（在苏联的控制下，还是按

---

① 关于这个题目，参见我们对一些具体情况的研究，特别是《马格里布经济》第一卷，巴黎，1965。

② 我们已经通过一些具体情况论证了这一点。见萨米尔·阿明《马格里布经济》第二卷，巴黎，1966；《象牙海岸的资本主义发展》，巴黎，1967。

③ 见联合国组织最近几期关于非洲、拉丁美洲和亚洲形势的报告；又见阿瑟·埃温《非洲的工业》，伦敦，1968。

照国家"独立"的形式——南斯拉夫模式），但是东欧内部的一些内在变化说明这种加入是有可能的。

第二个可能的方面是，"第三世界"实行"古典"的工业生产专业化（包括生产设备），中心则保留最现代化的产业（自动化、电子技术、征服太空、核技术）。我们的时代是一个非同寻常的科学技术革命的时代①。这一场革命使以提高资本有机构成为标志的"古典"的积累方式过时，"剩余要素"——智能——变成了增长的主要要素。这意味着，用 A. 埃马纽埃尔十分明确的术语来说②，现代化工业的标志是"劳动的有机构成"，它大大提高了高技术劳动的相对地位。"欠发达"国家专门从事只需简单劳动的"古典"生产，其中包括古典的重工业生产（冶金、化学等）。

这些就是不平等国际专业化过去的、现在的——或许是将来的——各种方式，它们始终体现着有利于中心的原始积累机制，而一直让外围扮演同样的角色——尽管形式有所更新。正是这种通过劳动报酬差距的扩大表现出来的机制，延续和加重了外围的"欠发达"。同时，这种"欠发达"的发展③通过外围形态所固有的内部矛盾的激化表现出来：外围经济内部的部门生产率差距越来越大。就分析"欠发达"社会形态而言，这是至关重要的差距。④

五　对外贸易和市场问题

比较利益说肯定无法说明帝国主义时代对外贸易的异乎寻常的

---

① 拉多芬·里奇塔：《处在十字路口的文明》，巴黎，1969。
② A. 埃马纽埃尔：《不平等交换》，巴黎，1969。
③ 这是安德烈·G. 弗朗克的提法，比我们的"没有发展的增长"的提法更为贴切。
④ 这是第二章的论题。

发展；显然也无法说明，而且尤其不能说明从资本主义发展的某一阶段起出现的大规模资本输出。相反，以要素不流动假设为根据的贸易理论与国际资本运动这一事实是相互矛盾的。说明流行经济学的贫困的典型事实就是它无视这种资本运动。流行经济学其实承认这种资本运动，但是它不去说明，也就是说，它不想知道这种资本运动是否会动摇它的理论的严密性。在国际关系（包括商品贸易和资本流动）理论中，比较利益的地位肯定应当大大低于它所占据的地位。因为比较利益仅仅是事物的表象：价格的实证比较的结果几乎是显而易见的。

如果向该理论提出这样一个问题，即被比较的价格是如何确定的，我们就可以对它进行彻底的批判了，也就是说，我们就可以发现，以"经验主义—实证论"的态度拒不提出问题，拒不深入到表象的背后，其作用就是要把该"理论"同普遍和谐的意识形态结合在一起。因为这样一来，人们就不再提出这个问题了，交换必然显得对所有各方都是有利的。既然没有提出问题，所以也就没有解决问题！只要提出问题，就走出了该"理论"的范围，因为我们会发现，只有从技术进步运动、工资变化等的意义之中，也就是从中心资本主义向外围扩张的条件以及从外围资本主义社会形态形成的条件中，一言以蔽之，只有建立世界规模的积累的理论，才能认识国际贸易的意义。这种理论揭示出，运动总是向心运动，价值转移的方向是从外围到中心，体系总是按照这个方向运行，而不是如表象所说明的那样按照相反方向运行。

还应当提出第二个问题。如果比较利益是一种次要现象，那么说明这种运动的主要现象是什么？我们当然应当从该体系的最主要方面去研究。生产能力与消费能力之间不断发生又不断被克服的矛盾——这是资本主义积累的基本规律——既说明市场扩张的固有趋向，也说明国际资本运动的固有趋向。

（一）资本主义扩大市场的固有趋向

比较利益说认为，国际贸易的深刻原因是商品相对价格的国际差异。比较利益说不仅断言被交换的商品是国与国之间相对价格有差异的商品，它还有更多的断言。它断言，没有这些差异，就丝毫不存在交换的兴趣；正是这些差异，而且唯有这些差异促使各国交换它们的产品；所以，这些差异对交换来说不仅是必要的，而且也是充分的。

然而，恰恰就是因为用这种方法来确定国际贸易的基础，才使该理论软弱无力。交换发生的原因应当在参加交换的国家的内部动态中去寻找。当这种机制的内部具备了某些条件的时候，便发生了交换。它是按照比较利益规律发生的，但是价格的差异不会单独引起交换。

让我们暂且按照纯正的比较利益说来分析问题。两个国家的结构差异越大，用肤浅的语言来说，也就是两个国家的要素相对"稀缺"程度越不相等，它们之间的贸易就越发达。"劳动"是农业国相对"富足"的要素，而在工业中，占有这种地位的是"资本"。因此，农业国在它的生产中可能比较有利，因为它的生产是"轻型的"。工业国在它的生产中亦如此。如果不考虑可能发生的资本运动，则交换将一直继续到要素的相对报酬平均化时为止。现在假定，工业国继续进行它的扩大工业化的运动。在工业国中，"资本"重新变得相对富足。对外贸易将一直发展到这种新的不平等被消除时为止。因此，对外贸易的绝对值增加。两个国家的对外贸易和国民收入比率都发生变化。但是，就革新国而言，对外贸易和总收入都增加了；而就被动国而言，对外贸易的绝对额增加了，增加的数量与参加交换的另一方相同，因为假设国际收支是平衡的，但是它的国民收入却几乎保持不变。如果我们现在假设，"欠发达"国家与先进国家相应的发展，要素的相对稀缺程度的不平等几乎保持不变，两个国家的对外贸易与国民收入都增加，那么，两个国家的对外贸易和国民收入比率将发生同样的变化。所以，对外贸易和国民收入比率的不等量变化是不平等发展的征兆。这里所描述的模式完全合乎实际，因为在全体发达国家同全体"欠发达"国家之间的关系变化中，"欠发达"国家的对外贸易和国民收入比率有快于发达国家的趋向。

对于这个符合实际的模式，应当着重强调如下：即便"欠发达"国家之间的结构有差异，但是它们之间绝对的和相对的贸易量都很小。相反，结构相似的发达国家之间的贸易量却很大。正因为如此，当我们不再把发达国家和"欠发达"国家看作整体的时候，我们就会看到，前者的平均进口倾向比后者增加得更快。这一点从世界贸易中制成品与制成品的交换逐年增加的事实中反映出来。① 发达国家进口的平均总倾向的提高只不过意味着这些国家比"欠发达"国家在更大程度上加入了国际市场。这并不奇怪。扩大市场是资本主义发展的绝对规律。地方市场变成全国市场，然后变成世界市场。

某些人由此得出结论说，"欠发达"国家的工业化会增加它们的绝对和相对的进口量。他们举例说，英国的"白人自治领"的发展就是与它们的进口的巨大发展并驾齐驱的。然而，不应当把这些国家特有的社会经济形态变化——这种十分特殊的例子——推广到经济"欠发达"的国家。"欠发达"世界的社会经济形态与此不同，它们是在外部市场而不是在内部市场扩大的基础上形成的。在这种条件下，形成了某种国际分工。如果经济发达的国家拒不进行原有

---

① 希尔施曼：《民族实力与对外贸易结构》，贝克莱，1945，第126页；康迪夫：《各国贸易》，纽约，1951；莫斯克：《拉丁美洲与世界经济，1859～1914年》，《国际美洲经济事务》，1948年冬季号；文卡塔苏比亚：《印度的对外贸易，1900～1940年》，新德里，1946。

国际分工的必要结构调整,"欠发达"国家的工业化就不得不在收缩对外贸易的条件下进行。[①]

国际贸易的绝对和相对范围的扩大的深刻原因,应当从资本主义的内部动态,从资本主义的主要动力——追求利润和追求利润所造成的、影响资本主义公司行为的机制中去寻找。在两个结构上有相对差异的前资本主义社会之间不存在交换,因为这种社会的动力是直接满足需要,而不是利润。人们通过在本乡本土,也就是在村庄或者在大农庄内部的生产而获得这种满足;人们仅从外界购买他们认为需要的而且绝对无法自行生产的稀缺产品,通常是高级奢侈品,如香料。同样的原因使内部交换与外部交换一样稀少,不追求利润,没有市场。相对实际成本的差异可能存在,但是交换不存在。这些社会的对外贸易总是一种远距离贸易,它的对象是本地的陌生产品,人们甚至无法比较这些产品的生产成本。奇怪的是,主观价值论恰恰看中了前资本主义社会的远距离贸易这个交换陌生产品的领域。

在资本主义经济中,市场不断扩大,因为追求利润引起了竞争,而竞争者则驱使每一个公司去积累,去扩大,并且为此到更遥远的地方去寻找更廉价的原料,到更遥远的地方去销售产品。同样的机制既扩大了当地市场也开拓了全国市场,它驱使公司到国外销售产品。不应当认为一家公司在尚未征服整个全国市场之前就没有向国

---

① 对于这个问题,曾经有过饶有趣味的讨论,这方面的问题见于,艾迪:《殖民地的工业化与英国的就业》,《经济研究杂志》,1943 年冬季号;布朗:《工业化与贸易》,伦敦,1943;弗兰克尔:《农业国的工业化和新国际分工的可能性》,《经济杂志》,1943 年 6 月;希尔施曼:《工业国与欠发达国家的工业化》,《国际经济》,1951 年 8 月;哈伯德:《东方工业化及其对西方的影响》,伦敦,1935;尤克斯:《世界工业的增长》,牛津经济出版社,1951;佩尔策:《年青国家的工业化与国际分工的变化》,《社会研究》,1940 年 9 月;普罗科波维耶:《1914~1919 年后农业国的工业化和世界经济结构》,巴黎,1945;斯特利:《世界经济发展对先进工业国的影响》,蒙特利尔,1944。

外销售的意向；也不应当认为必须达到这样一种"最佳规模"，即独家企业就足以满足全国所有的需要，才能征服全国市场。这种边际主义的看法是站不住脚的；因为不存在"最佳规模"，总有更大的公司也就是更强的公司，更具竞争力的公司。所谓"最佳规模"究竟"佳"在哪里？"佳"就佳在效益先递增后递减的"企业"要素。新古典派大概是想由此建立一种所有要素的对称理论。但这只能是一种臆想，因为"企业"在这里意味着"政府"。而一个巨型企业能够按其需要把这个政府分为许多独立的基本单位，以便实行最佳管理。这个巨型企业的分厂同具有最佳规模的小型竞争公司相比，具有一种关键性的有利条件：共同的资金使它们得以在竞争中取胜。所以实际上，生产同样产品的企业是在许多地点创办的。在一定阶段上，市场被一定数量的公司所瓜分。每一个公司都不断地与同类公司竞争，同时在国外寻求市场。市场的征服使它得到加强，使它得以扩大，从而在国内更加容易与其同业竞争。

　　迄今为止，还未曾需要过"比较利益"。之所以存在到国外去购买和销售的趋向，是因为到处都有准备向国外销售的公司，它们从公司的扩大中获取的利益起着决定性作用。这种资本主义所固有的扩大市场的趋向是国际贸易发展的深刻原因。相反，比较利益说不足以说明这种现象的存在和发展，因为它无法说明为什么在资本主义以前的全部历史中除了以陌生产品为对象的远距离贸易以外，几乎完全不存在其他的对外贸易。

　　这时，"比较利益"开始发挥作用了。最先向国外销售产品获得成功的企业是那些最能与生产同类产品的国外生产者竞争的企业。需要说明的是，为什么出口国会变成进口国。本书不拟在此阐述这种理论。[①] 我们仅强调，在经济学说史上，这个早已提出的问题曾经

---

　　① 对国际收支的深刻倾向的研究，见第五章。

使普遍和谐的意识形态出现了一次非同寻常的发展：人们试图论证，出口怎样借助以根本错误的理论（货币数量论）为基础的一些神秘的"均衡"力（价格效应）而引起进口。我们在这里仅仅强调，收入的转移使国际收支趋于某种平衡，但是由于这种平衡是通过一方按照另一方的需要调整其结构而实现的，因此这种平衡并没有消除贸易伙伴之间的不相称地位。所以，依照这种理论，"比较利益"的实际地位如下：一种必要而不充分的条件。

因此，我们不是用"天然的利益"和专业化的扩大，而是用资本主义固有的扩大市场趋向，就已说明了对外贸易在国民收入中地位的提高。

哪里有资本主义，也就是说，哪里有这种具有动态本质、不断寻求"新市场"的制度，哪里就有活跃的对外贸易，而不论结构是差异悬殊还是十分近似，因为即便结构十分近似，也随时都存在着大量的"特殊"产品或者被视为"特殊"的产品。不过，这些利益在永不止息地变化，国际交换不断扩大，这并不是因为每一方都更加专业化了，而是因为资本主义强化了、扩展了、生产多样化了，换言之，每一方都越来越不专业化了。

我们在这里所说的当然是发达国家之间的交换，也就是制成品与制成品相交换。如果参加交换的各方总的发展水平相同，从理论上说，比较利益和交换可能就不存在。然而它们是存在的，不过它们在不断地变化。之所以德国能够向法国出口大众牌汽车（法国不能向德国出口雷诺牌汽车），法国却能够出口另一种制成品，并不是因为在这些生产中要素的相对报酬及其相对使用存在差异，而是因为大众公司比它的竞争者雷诺公司在技术上更为先进（往往与它的规模有关）或者拥有更加雄厚的资金等。假如竞争者通过调整，使大众公司失去了这种领先地位，那么贸易流向就会逆转。无论如何，如果像在美国同欧洲之间的交换中那样，参加交换的各方处在不同的发展水平，则比较利益说可以说明一些交换，因为美国的生产率优势在各个行业中是不平衡的。此外，也存在着某些真正的"天然利益"，不过它们仅仅局限于一些方面（某些农产品的气候原因或者矿藏）。这些"天然利益"说明了为什么意大利向挪威出口柑橘而不是相反，说明了鲁尔同洛林之间的煤和铁矿的交换。

以上我们所提出的问题与罗莎·卢森堡所研究的问题不同。市场的扩大、世界规模的市场扩张是资本主义发展的本质所决定的。这种扩张的发生并不一定是为了解决一个市场问题——为了实现剩余价值。资本主义生产方式的理论证明，实现剩余价值不需要通过前资本主义社会的解体来扩大市场。马克思和列宁已经论证了这个命题。关于实现剩余价值，只剩下一个货币问题：适当扩大信贷的问题。① 罗莎·卢森堡却提出了一个其他性质的问题，因为她的总问题不同。她不是在资本主义生产方式的范围（《资本论》的范围）内进行研究，而事实上研究了另一个实际的问题：世界资本主义扩张问题，也就是一个各种形态之间关系的问题（前资本主义社会的解体）。罗莎·卢森堡的功绩在于指出了，资本主义生产方式内部依靠深入开发市场来扩大再生产的进程是与当代的原始积累进程同时进行的。因而，体现资本主义生产方式基本矛盾的生产能力与消费能力之间的长期矛盾不断地被内部市场（"纯资本主义的"）的深入开发和对外市场扩张所克服。

这个不断被克服的长期矛盾也在扩大。它表现为过剩资本的增多。与此同时，这些资本的控制集中化，资本主义市场扩展到全世界。因此，从这种发展的某一阶段开始发生大规模的资本输出就是非常自然的了。如果让比较利益说恢复其真正的地位，也就是次要

---

① 这里暂不论证，我们将在第三章里再来论述这个属于货币职能理论的问题。

的地位，如果我们对它实事求是，说它是国际交换的表面机制理论，而不是无中生有地将它看作国际资本主义扩张的基本力量理论，那么国际贸易理论与资本流动理论之间的矛盾（这种矛盾是争论虚假问题的主要原因之一，流行的大学经济学就靠这些虚假的问题而独树一帜）就会消失。

扩大市场、建立国际市场的固有趋向并不是资本主义的帝国主义阶段（按列宁主义的说法）特有的一种新现象。根据这种看法，世界市场的形成、获取原料的争斗和垄断殖民地的竞争都早于 19 世纪的最后 25 年，某些人认为应当对列宁主义的帝国主义论提出根本不同的看法。①

是的，建立世界市场的趋势从资本主义早期，甚至在工业革命之前就已经出现了。奥利弗·C. 考克斯曾经在一份对世界资本主义体系的十分出色的研究中努力说明，在资本主义发展中，国际贸易从其产生之时的重商主义时代起就起着重要的作用，朝气蓬勃、有推动力、有代表性的公司始终深深地结合在世界贸易的网络之中（自 16 世纪开始），今天——虽然还存在着自给自足的幻想——世界贸易对美国一批最大的公司起着至关重要的作用。至于考克斯由此得出的推断，即不能用纯资本主义生产方式把资本主义（世界体系）当作一个封闭的体系加以分析，那是另外一个问题了。在这方面，考克斯公然支持罗莎·卢森堡反对马克思和列宁。我们不会站到他那一边去，因为，没有非资本主义的外部市场就不能实现剩余价值的这种论证是错误的：没有非资本主义的环境也可能扩大再生产，市场起初并不存在，而是后来用投资创造出来的。这一点对于理解一旦资本主义生产方式建立在内部市场基础之上，它就具有变成独

---

① 奥利弗·C. 考克斯：《论资本主义体系》，纽约，1964，主要内容见第 97、117、130 页。

一无二的生产方式的趋势是至关重要的。

无论如何，当集中化（资本主义的另一个长期固有趋势）使世界资本主义体系（在中心）过渡到垄断阶段的时候，这种资本主义的扩大市场的长期固有趋势的表现形式就发生了质的变化。列宁清楚地了解这一点，他把垄断作为继续分析资本主义的基本方向。因为 19 世纪的小型企业没有能力输出资本，扩大市场的趋势必然表现为贸易（商品输出）或者是国家的政治干预，后者的作用在于使外围屈从于中心的客观需要。从 1880 年开始，垄断直接发生了影响，扩大市场的趋势能够以新的形式——资本输出——表现出来。

所以，在竞争资本主义时代，市场的扩大是在宗主国企业在外部市场竞争的环境中发生的。不过，中心资本主义也有一些客观需要，这些客观需要产生于：①市场不足，主要是在初级阶段农业市场不足，因为它受到农业生产率进步的速度和广度的限制。②必须使利润率达到最高限额，因而必须在外部寻找廉价的消费资料（特别是粮食），从而得以降低劳动力的成本；必须寻找原料，以便降低投入使用的不变资本的价值。克里斯蒂·帕鲁瓦在他的一部力作中对这些客观需要与从亚当·斯密到马克思的国际贸易理论的形成阶段之间的关系做出了新的说明。[①] 帕鲁瓦明确地指出，生活在资本主义初期的亚当·斯密认为"①内部市场狭小，在工业化阶段，劳动分工受到限制，因而外部市场提供了剩余商品的销路；②外部市场可以造成本国范围内的劳动分工扩大，仅仅使用国内市场就会大大阻碍这种劳动分工"。对外贸易与产生剩余之间的关系也受到李嘉图的关注。但是他与斯密的看法相反，认为"工业部门已经具有相当

---

① 克里斯蒂·帕鲁瓦：《开放经济的增长问题》，以下我们所引录的部分来自第 37、47、48、62 页。

广泛的基础，从而能够扩大为吸收工业剩余所必需的各个市场。J. B. 萨伊的市场法则具体说明了这种前景，李嘉图也赞成这个法则。因此，内部农业市场在工业品的消费中仅有微小的作用……如果农业部门不再发挥吸收剩余的市场作用，那么……在它威胁到这种剩余的潜力提高的情况下——按照收益递减规律造成工资上涨……从而制止利润的增加——它便具有制约剩余的产生的作用。对外贸易的作用……是接替内部农业市场，提供劳动力所必需的生活资料"。后来，"马克思对亚当·斯密和大卫·李嘉图的理论贡献加以综合，调和了吸收剩余的学说（输出制成品的作用）和产生剩余的学说（进口原料的作用）"。从这种意义上来看，对外贸易是阻止利润率下降的一种手段。

> 在国外贸易部分地使不变资本要素低廉化，部分地使必要生活资料（可变资本转化成的东西）低廉化的限度内，它会有提高利润率的作用，因为它会提高剩余价值率，并减低不变资本的价值。①

资本主义在竞争时期的这样一些需要说明了各国的经济政策：征服殖民地和为宗主国打开被保护的市场，破坏殖民地的手工业并且为此使用政治手段（已多次引用过的印度的例子最为明显），鼓励移民，并且开发美国西部和南美洲的麦田和牧场等。这些"超经济"手段都应当被用来说明世界资本主义体系的运行。对此，"经济主义"却讳莫如深。

在那个时期，人们还不知道资本输出是扩大市场的手段。正因为如此，当在特定情况下出现资本输出的时候，其主要形式仍然是

①　马克思：《资本论》，第六册，社会出版社，第249页。

实力雄厚的金融公司在中心筹集的政府贷款，例如向埃及总督提供的贷款。

在垄断时代，这种扩大市场的固有趋势的表现形式迥然不同。因为，从这时开始，商品输出可以同资本输出同时存在，而且资本输出对商品输出是一种促进。对中心的资本而言，国际关系（贸易和资本输出）保留着同样的职能，也就是通过以下两种方式同利润率的下降趋势做斗争：①扩大市场和开发剩余价值率高于中心的新地区，②降低劳动力和不变资本的成本。但是，要分析这些新的条件，首先必须分析中心资本主义输出资本的固有趋势。

（二）中心资本主义输出资本的固有趋势

政治经济学课本先后分别讲述商品贸易和国际资本运动。这种讲述的方式有其教育学方面的道理，但可悲的是，先后提出的两种理论是相互矛盾的。[1] 在论及资本运动时，这些课本断言，资本从一个国家向另一个国家转移是因为生产要素的分布不均等，这种不均等导致了资本报酬的不均等（利润率分配的不均等）。然而，在此之前，这些课本用这种要素的分布不均来说明商品贸易，甚至断言，交换会使不均等分布的要素报酬平均化。

在这里，让我们再回过头来看一看李嘉图的理论。我们已经看到，比较利益说从劳动价值角度得出的结论是，资本主义生产方式内部的国际交换不改变实际工资，但提高参加交换双方的利润量。提高利润量，但不一定使两个国家的利润率平均化。李嘉图的理论

---

[1]　除已指出的论述国际贸易理论的教科书之外，请参阅赫克歇尔：《对外贸易对收入分配的影响》，《国际贸易理论阅读材料》，第 272 页；斯托普勒和萨缪尔森：《保护与实际工资》，《经济研究杂志》，1941；萨缪尔森：《要素的价格》，《经济杂志》，1948 年 6 月~1949 年 6 月；俄林：《地区间和国际贸易》，伦敦，1933。

为后人建立一种资本在高利润率国家的吸引下运动的补充理论留下了余地。

实证论的信奉者以及后来的主观主义价值观的信奉者抛弃了李嘉图这个简单的论点。陶西格首先告诉人们，由要素的相对报酬不均等引起的国际贸易造成了这些报酬的绝对差异。陶西格把李嘉图认为仅仅适用于利润的正确结论推广到工资和地租方面：交换提高所有要素的生产率，从而提高它们的实际报酬，但不因此使实际报酬平均化。我们直接看到了这种观念与价值观念的联系。然后，萨缪尔森、赫克歇尔和俄林把争论继续下去。

萨缪尔森论证了商品交换导致要素报酬的绝对平均化。他的论证建立在两个假设之上：要素的禀赋一成不变，对于每一种产品来说只存在一种最有效的要素配合。如果 A、B 两国的要素量相等，那么它们的相对报酬从一开始就是一致的。两国使用同样的技术生产同样的产品，不存在交换的可能（技术也同样有效）。相反，倘若 A 国拥有较多的土地，而最有效的小麦生产技术需要较多的土地，那么 A 国就有利于生产小麦，因为土地要素的报酬比较低。B 国拥有较多的劳力，有利于纺织生产。交换发生了。在生产较多的小麦（其中一部分被出口）的 A 国，一批工人失业了（A 国进口纺织品）。土地报酬增高，劳动报酬降低。B 国发生了相反的变化。交换一直进行到两个国家的报酬平均化为止。恶性循环显而易见。本身就是最有效的技术是不存在的。最有效率的配合取决于要素的报酬。要素的报酬取决于它们的相对使用，因而取决于技术的选择。我们可以导入这个新的因素。A 国分别以耗用土地和节省劳力的方式生产小麦和纺织品，与边际生产率相等的土地报酬高，而劳动报酬低。B 国以不同的方式生产这两种商品。A 国的小麦价格完全可能与 B 国的小麦的价格一致，因为 A 国使用了较多廉价的土地和较少的昂贵劳动。如果 A 国使用较多的土地，但是在进一步降低土地的相对报酬中得到补偿，那么，A 国的小麦价格完全可能低于 B 国。在这种情况下，A 国向 B 国出售小麦，农业生产的发展排挤了纺织工业，使土地价格增高、使劳动的价格一直下降到两个国家尽管在小麦生产技术上有差异但是它们的小麦价格却变为相同的时候为止。

国际贸易的发展使两个国家中每一种要素的价格都趋于相等，但是绝不可能使它达到完全的均等。看来，同这种贸易理论相结合的资本流动理论还是有一席之地的。

应当强调，这种讨论的全过程没有超出资本主义生产方式的范围，它没有提出中心和外围这两个不同的资本主义形态之间的关系问题。对于"纯"资本主义国家之间的关系来说，要素报酬平均化的趋势是真实的，中心资本主义国家的社会形态实际上是接近的。相反，在中心与外围之间的关系中，工资并没有这种趋势，因为社会形态不一样。

当代理论由于忽视这一基本事实而遇到了以下的困难：既然贸易和资本输出二者都是补偿国际不平等的手段，那么如何解释一种手段没有取代另一种手段？如何解释只是从某一时代开始资本输出才有了更为迅速的发展？如何解释资本输出的发展不但没有冲销（即使是部分地取代）商品输出，反而一直促进商品输出？

要解释这些问题，就必须同时援引六个说明问题的事实。

第一，老牌资本主义中心国家的资本输出大约从 1880 年起才真正初具规模。英国的资本输出额从 1825～1830 年的 1 亿英镑、1854 年的 2.1 亿英镑、1880 年的 13 亿英镑增加到 1913 年的 37.63 亿英镑。法国的资本输出额从 1870 年的 120 亿～140 亿法郎激增到 1914 年的 450 亿法郎。德国的资本输出额从 1883 年的 50 亿马克增加到 1914 年的 220 亿～250 亿马克。美国的资本输出额从 1896 年的 5 亿美元增加到 1914 年的 15 亿美元，1922 年的 185.83 亿美元和 1933

年的 252.02 亿美元。[1]

第二，老牌资本主义中心国家主要是向正在形成的新中心国家输出资本，其次才是向"欠发达"国家输出资本。因此，英国的"白人自治领"和俄国是主要市场。在当代，主要的资本运动是北美的资本输出到欧洲、加拿大、澳大利亚和南非。

第三，资本输出不但没有取代商品输出，反而促进了商品输出，尽管资本输出的运动比商品输出的运动规模更大。这种现象大体上可以从世界贸易中看出：迄今为止，1880~1913 年这个世界贸易增长最快的时期（每年增长 14%，而 1840~1880 年每年增长 3.3%，两次世界大战期间的增长几乎为零，1950 年以来每年大约增长 7%），也就是资本输出增长最为迅速的时期。[2] 资本输出急剧增长的时期也是商品贸易急剧增长的时期。

第四，在中心和外围的关系中，或者在老牌中心和正在形成的中心的关系中，外国资本投资的流入（输出利润的流出）动态差异很大。在中心和外围的关系中，外围从"新借款人"（输入资本量超过输出的收入量）阶段过渡到"老借款人"阶段（利润流出量超过新资本的流入量），并且"稳定"在这个阶段上。在老牌中心和正在形成的新中心的关系中，变化则不同：新中心也变成了资本输出者

---

① 据以下著作估算，霍布森·C. K.：《资本输出》，伦敦，1914，第 207 页；菲斯：《欧洲，世界的银行家》，纽黑文，第 47、71 页；霍布森·J. A.：《帝国主义》，伦敦，1902；英格兰银行：《联合王国的海外投资》，伦敦，1950；凯恩克劳斯：《国内外投资，1870~1913 年》，剑桥，1953；詹克斯：《1875 年以前的英国资本流动》，纽约，1927；克莱奥纳·刘易斯：《国际投资中的美国投资》，华盛顿，1938；纳德勒：《美国的外国投资》，《拉维罗国民银行季刊》，1950 年 1~3 月号；里比：《1880 年代英国在拉丁美洲矿业的投资高峰》，《国际美洲经济事务》，1948 年 3 月；索纳·D.：《在帝国中的投资》，费城，1950；艾弗森：《国际资本运动理论面面观》，第 ⅡB 部分，伦敦，1936；皇家国际事务研究所：《国际投资问题》，牛津，1937。

② 马什：《世界贸易与投资》，纽约，1951；弗恩斯：《19 世纪英国与阿根廷之间的投资和贸易》，《经济历史杂志》，1950；希顿：《欧洲经济史》第二卷，第 199 页。

（从"新贷款者"变为"老贷款者"）。①

第五，正在形成的"新中心"的工资趋于提高到向它们提供资本的老牌中心的工资水平（有时甚至从一开始，正在形成的新中心的工资就更高一些），而中心和外围之间的工资差距（在生产率相等的情况下，生产技术等是相同的）趋于扩大。

第六，外围的利润率比中心高。一些肤浅的资料意欲认为，外围的资本报酬率仅仅是略高一点。例如，我们发现，1880～1913年和两次世界大战期间，支付给欧洲的股东和债券持有者的殖民地和外国证券报酬的比率（5%～6%）仅仅比宗主国的证券报酬率（4%～5%）高百分之一。② 两个比率的差距不过体现了一种"风险补贴"而已。这里有一种错觉，股东得到的报酬并不是利润，证券交易所的证券牌价把五花八门的报酬都缩小到共同的水平，使"证券交易所的价值"同净资产的价值相脱离。如果看一下美国投资在美国和拉丁美洲的总效益，我们便可以看到很大的报酬率差异：在第二次世界大战以后的时期中，在拉丁美洲为15%～20%，在美国为11%～14%。

在所有这些计算中，困难在于，往往很难区分企业部分（利润报酬）和流动资本贷款部分（利息报酬）。例如，让我们看一看19世纪的政府贷款吧。这里谁是企业主？是不知名的认股者，还是银行这个以提取佣金作为利润的神通广大的中间人？肯定是后者。它的利润与小储户得到的报酬是无法相比的。让我们看一看欧洲财团（弗吕林·戈申，奥本海姆，比朔夫斯海默，英国埃及银行和奥斯曼

---

① 联合国组织：《欧洲经济的增长与停滞》，第217页和其他资料来源（萨米尔·阿明论文第77页以后）。

② 这种错觉使 A. 埃马纽埃尔和上述其他著者都做了错误的评价；卡尔·艾弗森：《国际资本运动理论面面观》，伦敦，1936，第104～106页；联合国组织：《拉丁美洲的外国资本》，第163页；《两次大战期间资本的国际运动》，第64页。

银行）1862～1873 年给埃及总督伊斯梅尔贷款的例子吧。这些贷款的名义价值是 6800 万英镑，埃及国库实收 4400 万英镑。[①] 当然，向银行家实际缴付 6800 万英镑的认购者们只是按 7% 的名义利率收取利息。这一利率是艾弗森在他的名著中所提到的那些作者们事先计算好的，而人们从未曾计算过银行的利润率，也就是已经实现的毛利润（在这里为 2500 万英镑）与银行实际投入的资本的比率。毫无疑问，这一比率是很高的。但这是掠夺（原始积累）！解决这个问题的最好办法是把发达国家同"欠发达"国家的全部工业的平均利润率加以比较。这一比率最能说明问题。我们已试着对埃及工业进行了这样的计算并且把计算的结果同美国工业的利润率进行了比较。比较的结果是不容置疑的，"欠发达"国家的利润率明显偏高。[②]

边际效用论的分析一向不能提出真正的问题：它把利润说成是资本的报酬方式，因而全部都是属于普遍和谐意识形态的、静止的假分析。只有三种理论曾经试图回答这个问题：李嘉图的收益递减说、后凯恩斯的成熟理论、马克思主义对帝国主义的利润率下降趋势及其延续的分析。

第二次世界大战不仅像第一次世界大战那样打乱了列强之间的力量对比，而且还从根本上对它们重新进行了排队。[③] 与其他西方大国相比，美国开始发挥突出的作用。这表现为美国在资本输出中占据了绝对优势地位：美国的比重从 1914 年的 6.3% 和 1930 年的 35.3% 提高到 1960 年的 59.1%；而英国的比重却从 50.3% 下降到

---

① 安杰罗·萨马尔科：《埃及简史》第四卷，开罗，1935，第 322 页。

② 见萨米尔·阿明论文第 117 页以后。

③ 关于资本输出的当代趋势分析，著述很多，让我们指出最优秀的综合性著作。哈里·马克道夫：《帝国主义时代》，《每月评论》，1968；皮埃尔·雅雷：《1970 年的帝国主义》，第四章，巴黎，1969；克里斯托弗·莱顿：《欧洲与美国的投资》，巴黎，1968；吉尔·Y. 贝尔坦：《国际投资》，"我知道什么丛书"；最好的资料来源是经济合作与发展组织的历次报告。

43.8%，而后下降到24.5%；其他两个主要资本输出国（德国和法国）的比重从39.5%下降到11.0%，而后下降到5.8%。① 发达国家变成了美国资本的主要市场：1966年，欧洲吸收了美国资本的40.3%，加拿大吸收了34.8%，澳大利亚、日本和南非吸收了7.2%，而整个"第三世界"仅吸收了这些资本的17.7%。② 这些资本的部门分布在接受这些资本的发达国家和"欠发达"国家中很不相同。在美国1964年的全部直接投资中，矿业部门总共占8.0%，石油部门占32.4%，加工工业占38.0%，公共事业、商业和各种服务业占21.6%。但是，加工工业部分在欧洲高达54.3%，在加拿大达44.8%，在澳大利亚和新西兰达54.1%，而在拉丁美洲却仅占24.3%，在亚洲占17.5%，在非洲占13.8%。而外围国家的矿业和石油部门大约占60%，第三部门占20%。③ 如果同时也考虑到在欧洲的大部分美国工业都是内向型的（美国资本控制了英国汽车工业的50%，控制了德国石油工业的40%，控制了法国电气和电子设备工业的40%，控制了加拿大几乎全部大型工业）；④ 而在外围一定数量的这种工业面向外部市场（把矿产品加工之后用于出口）这一事实，我们就可以毫不迟疑地得出结论说，在外围，美国资本首先主要投资于出口产业（采矿、石油、矿产品的初级加工），其次投资于同出口有关的第三产业，很少投资到内向型的工业之中。英国和欧洲的私人投资也是同样。

所以，国际资本运动结构中最近发生的改变对于理解美国与欧洲之间关系的变化是至关重要的，但是丝毫没有引起中心同外围之

---

① 威廉·沃德鲁夫：《西方人的影响》，纽约，1966，第150页；由哈里·马克道夫引自《帝国主义时代》，《美国的国际政策》，墨西哥，1969，第67页。

② 哈里·马克道夫：《帝国主义时代》，第71页。

③ 哈里·马克道夫：《帝国主义时代》，第223页。

④ 同上第73页以后以及克里斯托弗：《跨大西洋投资》，"美国资本在欧洲工业中的比重表"，大西洋研究所，巴黎，1966。

间传统关系的决定性的变化。

1. 普遍和谐的意识形态：利率、储蓄和投资

边际效用论者认为，利息是资本的报酬，所以在正常情况下，资本应当投在报酬最高的地方。但是困难在于，投资不是由储户决定，而是由企业主决定。可是，边际效用论恰恰割裂了企业和资本这两种职能。是什么决定着企业主的态度呢？是利润。当利润率低的时候，即便利息率高——甚至越是如此——企业主也不会扩大他们的生产。资本无处投资，仍然是游资。相反，当利润率高的时候，企业主渴望投资。他可以付给储户以高额利息。在边际效用论看来，显然存在一种按照利润调整利息和按照利息调整利润的双重机制。当利息高、利润率低的时候，储户便停止储蓄，因为他们不能用他们的储蓄来投资（错误或许就出在这里）。实际需求受到刺激，消费的增加使投资效益得到恢复。

但是新古典派理论难道没有把储蓄动机和投资动机混为一谈吗？储蓄就是资本收入的必要使用，因为它是为收入的占有者确保未来收入的唯一手段。如果这种储蓄无处投资，它便积累起来并且处于游资状态以等待投资：它绝没有被消费掉。在这一点上，凯恩斯倒是消除了一种误解。他区分了储蓄动机和投资动机，并且把"灵活偏好"，也就是即便没有报酬也要储蓄的愿望纳入到一般的理论之中。可惜的是，在凯恩斯的著作中，对这些储蓄动机的分析仍然是同追求收入是为了消费这种新古典观念联系在一起的。然而，虽然某些收入完全被用于消费（工资、地租和食利者的利息）或者既用于消费也有一部分用于储备——储蓄，另一些收入——利润——除了相对稳定的一部分被用于消费之外，实质上被用于以投资为目的的储蓄。如果无论何种收入归根到底都被用于消费，那么我们就无法理解为什么巨额收入的占有者贪得无厌，而且不遗余力地寻求进一步增加收入。他们之所以这样做，并不是出于"可鄙的吝啬"，而

是因为，如果他们不这样做——如果他们不在他们的行业中投资——他们就要被竞争者挤垮并且失去他们现在的收入。

另外，新古典派理论告诉我们，倘若投资十分有利可图，那么利息率很快就会升高，因为投资者需要得到储蓄。他们为了得到储蓄，准备支付高额利息，这反过来刺激储蓄。在这里，古典理论所推论的是长期的情况——它忘记了在短期内对利息做出反应的是信贷。但是，从长期来看，储蓄似乎仅仅取决于总收入中工资和利润之间的分配。这就说明，从长期来看，尽管按人口平均的收入持续增加，但是国民储蓄率具有稳定性。

所以古典理论认为，利润和利息在所有机制中的作用是对称的。它们二者的水平或者一起提高，或者一起降低。凯恩斯通过重新证明投资的动因作用和引擎作用，破除了这种对称性。凯恩斯在这样做的同时，与英国古典派的看法恢复了一致。英国古典派反对把企业主和资本家相区别，因为他们认为，有意义的储蓄就是企业主——资本家以投资为目的的储蓄，而不是社会各阶级的储备——储蓄。因此，利息是支付给自己没有能力投资的小储户的一种预先规定好的报酬，以便使他们愿意借出其储备的资金。这种利息取决于利润率，而不起主动作用。这是李嘉图的观点。后来，马克思也采纳了这种观点。马克思发现，资本主义时代的储蓄具有与以往时代迥然不同的方式。从前的储蓄基本上取决于一种意愿，或者是为了满足未来的需要，或者是为了满足积累财富以便取得政治权力的需要；现在的储蓄则已变得取决于货币利益对它的诱惑。储蓄的意义变了：过去它是一个不变的因素，现在它变成一个取决于投资的变化因素；不过它并不是机械地取决于投资——因而把未投资的部分也花费掉——而是能动地取决于投资，因为，储蓄是为了投资，但是人们不可能总是投资，在这种情况下，人们便勉强地把钱储存起来。

凯恩斯没有原封不动地照抄这种古典理论。他通过在一般均衡中导入"灵活偏好"，重新证明了马克思主义的命题，即储蓄与投资之间的均等是后来才实现的，但有时是通过危机和国民收入的缩减而实现的。

李嘉图派拒不赞同萨伊对企业主和资本家的形式主义的区分，因为他们认为资本是"支配要素"。在三个"要素"——资本、劳动、土地——的作用方面，不存在人为的对称性。土地所有权是一种封建残余，而作为一切价值源泉的劳动却是从属性的，因为资本的拥有者总能雇到劳动力。相反，没有资本的人却不能投资，因为"人们只把钱借给富人"。储蓄首先应当是投资者的事。投资者只能辅助性地求助于小储户以便补充其储蓄。

所以，任何资本运动理论均应建立在对利润率变化的分析基础之上，因为决定投资的正是利润而不是利息。此外，新古典派理论既忽视对利润的研究，也忽视对利息的百年来变化的研究，而通过这一研究，资本的运动才可以得到说明。如果满足于说资本流向报酬最高的地方，在要素相对最稀缺的地方报酬最高，因而"欠发达"国家的报酬最高，那么说这种话的人是十分浅薄的，因为资本的报酬水平并不仅仅取决于资本的供给，而是取决于资本的供求关系。纳克斯已经证明，按照边际效用论的逻辑，由于"贫穷的恶性循环"，资本的报酬在不发达国家中不应当是高的。当然人们可以指责纳克斯的论断过于笼统；资本的报酬并非在经济"欠发达"国家的所有部门中都高，但是它在某些部门中，特别是在那些与当地手工业发生竞争或者与富人阶级的花费有关（第三产业）的内部领域中可以是高的。不过即便在这些经济区域中，也不是利率很高，而是利润很高。至于利息，它恰恰在与资本无关的前资本主义乡村经济领域中很高。

在资本主义已经存在的英国，重要的古典作家们可以理解，企业主和资本家同是一人。在资本主义仅仅是作为一种理想的模式而存在，而实际上农民和国家依然起着强大作用的社会形态的法国，人们当时所抱定的理论不是资本主义生产方式的资本积累的理论，而仍旧是原始积累的理论。在商业资本主义时代，重要的不是工业家，因为工业家尚不存在，而是积累金钱资本——出现资本主义生产方式的必要因素之一——的商人。在一个尚不可能把金钱投资于生产的时代，商人把金钱派何用场呢？他把钱借出去，资本家是一个放款者而不是一个生产者（一个企业主）。在法国这个乡村的和官僚主义的国家里，储蓄是为了放款而不是为了投资。萨伊在他的理论中反映了法国的这种落后的现实。这种理论必然走向普遍和谐的意识形态。因为，如果生产过程被掩盖了，消失了，就不再可能对生产的客观条件做出客观的分析和思索，而只能承认放款者和借款者主观地对等满足他们的"储蓄欲"和"消费欲"这种重复的协调。这种均衡没有历史，它是静止的。当时，这种认识方式颇为适用，以致必须采用之。一般均衡理论——普遍和谐的意识形态的扩大化保证了它的成功。凯恩斯后来也停留在瓦尔拉斯划定的这种范围之内，只不过使瓦尔拉斯的范围稍许复杂了一些而已——他为之补充了一个"方程式"——但是显然没有摒弃其基本根据。

2. 李嘉图动态和收益递减

英国古典派认为，发达国家输出资本的趋向是自然的。关心着制度的前途的李嘉图认为，可以从制度的动态中揭示出一条导致资本主义进入"静止状态"的利润率下降规律。李嘉图认为，资本主义的内部动态具有双重根据：一定数量土地的收益递减论和马尔萨斯的人口论。生活水平的任何改善都会导致人口的增长。人口数量增多了，就必须——当工资减少到生活费水平的时候——在原有基础上增加工资总额。收益递减律告诉我们，除了支付地租以外，工资总额趋于耗尽全部产值。地主是技术进步的唯一受益者。利润部分的绝对量和相对量都会减少。到了一定的时候，会发生利润率为零的情况。这时，一切投资刺激都已消失；资本主义进入了"静止时代"。这种论点同它的两个前提一样，都没有说服力。一个前提——人口规律——是不能接受的社会学模式化，另一个前提——收益递减论——是对历史发展的最明显特征即技术进步的全盘否定。不过，这种论点却比新古典理论更能够成为一种增长的内部动态理论。

3. 后凯恩斯派和"成熟"经济中的储蓄过量

哈罗德是在凯恩斯以后第一个试图运用凯恩斯的货币理论来分析长期动态的经济学家。他把在利息率固定不变条件下保持资本系数（全国的资本与国民收入的比率）稳定的技术进步称为"中性的"技术进步。在这种条件下，技术进步不改变分配。因而哈罗德批判了用劳动对资本的替代弹性来确定中性技术进步的希克斯和皮古。[①] 因而哈罗德的这种假说等于提出了有机构成稳定不变和剩余价值率也固定不变这样两个假设。倘若技术进步是持续不断的并且始终是中性的，它就会不断地提高国民收入。要实现均衡的增长，储蓄的增加就必须不快于收入，也就是说储蓄的边际倾向必须稳定不变。然而当收入增加时，边际储蓄倾向会增大。要使增长保持均衡，利息率就必须持续不断地降低。哈罗德补充说，在其他条件相同的情况下，人口增长要求储蓄也增长。因而，动态的均衡要求利息率持续不断地降低具有双重原因。然而，利息率恰恰不能降低并且变成负数，因为它既是现实的又是货币的，而且由于后一个理由，它不能下降到"灵活偏好"所要求的水平以下。于是，增长被滞阻了：

---

① 哈罗德：《走向动态经济》，第22、23页；希克斯：《价值与资本》（译本），巴黎，1956；《工资理论》，纽约，1948；皮古：《福利经济》，伦敦，1952。

经济处在新投资为零的"发展过剩"状态之中。储蓄逃离这种"发达过剩"的国家。

所以，哈罗德的动态是以利息——储蓄和人口——储蓄的双重关系的论断为根据的。利息真的会对储蓄产生影响吗？我们已经对此表明了态度，并且断言，凯恩斯否定新古典派这一论点的做法是正确的。但是凯恩斯认为，储蓄仅仅受总收入的分配不平等的支配，而我们的看法殊不相同：储蓄同占支配地位的收入的性质有关。在资本主义生产方式下，利润具有用于以投资为目的的储蓄的职能（无论投资"可能"与否）。此外，哈罗德在对均衡增长的条件的分析中回避了"i"对投资的影响这一重大问题。假设利息率确实降低了，因而增长得以协调，那么这种降低对于技术选择难道没有影响吗？在这种情况下，资本系数将发生变化。我们认为，利息的影响实际上比边际效用论所认为的要弱得多。他作为一位自称是瓦尔拉斯派的著者，不能在他的模式中忽视边际效用论在这方面的关键性看法。此外，哈罗德在对人口与储蓄的关系的分析中只限于断言，如果人口增长，被储蓄的收入部分也应当增加，因为未来的需要将会增大。其实，一切事实表明，如果人口增长了，市场上劳动供给的增加将使工资水平降低；尽管为了确保子女的生活水平不变，储蓄的需要增加了，但是大部分居民的储蓄能力下降了。不过，在这一点上，哈罗德的分析却得出一个正确的结果，因为我们已经看到，工资以外的收入具有用于储蓄和投资的本质，它们的增加量与工资的减少量相同，致使储蓄率增加。不过，储蓄增加的原因并不是需要越来越得到满足，而是收入的分配越来越不平等。人们可以十分严厉地指责哈罗德仅仅限于根据中性技术进步的假设来研究协调增长的条件（按照边际效用论的观点）。然而，技术进步是，或者至少在一个世纪的时期内曾经是"耗用资本"，必须从这个事实出发去建立增长理论。

J. 鲁滨逊①曾经试图完善哈罗德的后凯恩斯派的分析。她受到马克思的启发，摒弃了维持资本系数稳定不变这个哈罗德为中性技术进步所下的定义。她为中性技术进步所下的定义是资本有机构成稳定不变。分析后一部分与哈罗德没有根本差别。J. 鲁滨逊通过某些假设研究了不断积累的条件。这些假设是：利息固定不变、进步是中性的、纯收入中工资与利润之间的分配稳定不变（总的来看，后两个假设相当于马克思的两个假设：有机构成和剩余价值率稳定不变；或者等于哈罗德对中性技术进步的定义）。按照这些假设，只有把纯收入中一个固定不变的部分用作储蓄，积累才能够不断进行。因而，出于与哈罗德同样的基本理由，即必须有一种稳定不变的和不增加的储蓄（利息率固定不变），十分发达的国家的储蓄才会趋于过量。

与哈罗德模式相比，鲁滨逊模式的唯一优点是能够单独研究剩余价值率一旦发生变化后的影响。收入中的工资与利润之间的分配与在经济内部起作用的垄断力有关，特别是同与除劳动力之外别无任何生存手段的工人阶级相对立的资本所有权的垄断力有关。鲁滨逊注意到，这种垄断的加强决定了对利润更为有利的分配，因而有利于储蓄。这是经济十分发达的国家储蓄过量的又一个原因。

因此，后凯恩斯派声称重新发现了"总危机"、"成熟"经济的"发展过剩"状态和"静止"状态的理论。从发展的某一水平开始，储蓄的可能性变得大于（受消费规模支配的）投资需要。这是一种消费不足的一般理论，我们要对它加以分析。

储蓄可能性之所以增加，一方面是因为平均收入增加，另一方面是因为收入分配中的不平等程度提高。这种不平等程度是根据帕

---

① J. 鲁滨逊在"i 比率"和其他文章中对技术进步的经济评论；《发明分类》，《经济研究杂志》，1937～1938 年；《一般理论的一般化》（"i 比率"……）；《不完全竞争理论》，伦敦，1932。

累托分配方程中的系数 a 来测定的：$\log n = \log A - a \log X$，其中 n 代表超过 X 值的收入数量。然而在 1830 ~ 1930 年的一个世纪中，这个系数 a 在所有的西方工业大国中都大大提高了。[①] 这种不平等程度的提高首先起因于手工业的毁灭，手工业的毁灭剥夺了很大一部分人口的企业收入（企业收入集中到了数量少于手工业者的企业主手中）；其次则是由于后来企业的集中。

至于新的投资需求，它始终是稳定的，甚至有减少的趋势，因为当代的科学技术革命表现为资本系数的下降。[②] 正因为如此，这场当代革命的初期（20 世纪 30 年代）发生了前所未有的最猛烈的经济危机。

无论如何，在一个世纪的过程中，技术进步并不是中性的，而是耗用资本。所以，消费的稳定的增加要求投资的增加，投资的增加可以补偿越来越多的储蓄。虽然从这一时代开始便出现了资本过剩的趋势，但这种趋势主要是在利润率下降后发生的。（凯恩斯不是曾经悲叹资本的边际效率趋于下降吗？）

4. 马克思主义的分析：利润率下降趋势规律

马克思认为技术进步是"耗用资本"，也就是说它提高资本的有机构成（不变资本与可变资本的比率）。至少在当代科学技术革命以前的积累时代中这是毫无疑问的。在短期内，确实可以用一些"节约资本"的方法来获得人均产值的增长。合理化就是通过提高机器和劳动力的使用率而不靠增加新投资来提高人均产值的这样一种方法。但是长此以往，这种合理化会暴露它的天然局限性。因此，只能求助于更现代化的技术、使用更多的机器，按照庞巴维克的观点"延长生产周期"。

---

① 柯林·克拉克：《经济发展的条件》，伦敦，1940，第 426 页。

② 柯林·克拉克：《经济发展的条件》，伦敦，1940，第 60 ~ 70 页和 497 页；库兹涅茨：《1869 年以来的国民产值》表 4，第 10 页。

后一种观点受到奈特的激烈批判。奈特强调，这种生产周期没有意义①，应当把它看作"零或者是无穷大"。从某种意义上来看，他是完全有道理的：汽车是用钢铁制造的，昨天的钢铁是用前天的煤和矿物制造的，煤是用更早期的钢铁制造的机器生产的，等等，从而一直回溯到社会的起源。其实，这种测定"生产的时间量"的方式出自于庞巴维克证明资本生产率的尝试。奈特指出，庞巴维克的数列的各项之和演示了生产过程的时间，要穷尽（而不是无限地延长）这个数列，那么随着对过去的回溯，数量应当是越来越小，也就是说，必须承认庞巴维克所希望证明的一种利息（时间生产率）的存在。奈特由此得出结论说，这种利息的存在只能在未来贬值的心理基础上得到证明。

因此，与其测定这种时间，倒不如直接测定生产资本的密集程度。如何测定呢？在这里，人们向我们提供了两种方法：一种是从分配方面测定，它证明了投资和投资所导致的全部被分配收入之间的联系。这就是资本系数。另一种是从生产方面测定，它证明了在企业主为完成某种生产而必须花费的开支中用于购置原料和机器的开支与用于购买劳动力的开支之间的比率。这种比率就是马克思的资本有机构成。

用这两种比率测定不会得出同样的结果。第一个原因是，尽管某行业的投资与该行业国民收入的比率保持稳定不变，但是工资与利润的比率的单独变化会改变原料和机器购置开支与劳动力购买开支之间的比率。第二个原因是，资本系数所导入的是企业主的垫付资本，而有机构成所测定的是被使用（投入使用的）资本的两个部分的比率。在这两个量之间，资本周转速度在起作用。

虽然我们不应当把马克思的有机构成和哈罗德的资本系数混为

---

① 奈特：《资本、时间和利息率》，《大英百科全书》，1946。

一谈，但是这两个比率的提高反映了技术进步，而技术进步能够在自然资源不变的条件下用同样数量的直接和间接劳动获得更高的总产值。一方面因为当有机构成提高的时候，周转速度下降；另一方面因为工资除以利润之商（或剩余价值率）相对保持稳定。资本周转速度同有机构成有关并不是巧合。实际上，这种速度同固定资本与流动资本的比率有关。固定资本是不变资本的一部分。越是重工业，这种比率就越高，资本周转速度就越慢，这是在信贷的一般条件保持不变下的情形。短期信贷能够使企业主用同样数量的垫付资本把更多的资本投入使用（用透支和贴现期票的办法弥补流动资本开支），从而加快资本周转速度。至于剩余价值率（工资除以利润之商），它至少在长期内是相当稳定的。在短期内，利润比工资表现出更大的弹性。①

在这些条件下，技术进步必然导致利润率下降。人们之所以批判这个利润率下降规律，② 是因为有机构成的提高反映了生产率的进步，它能够使剩余价值率提高，而剩余价值率的提高却会对利润率产生与上述规律相反的影响。某些马克思主义者认为，应当证明利润率下降趋势比这种反趋势更强，因为在生产生活资料的工业中生产率提高得更为迅猛，剩余价值率虽有提高，却比有机构成提高得慢；或者因为在其他工业中这种生产率提高幅度更大，而上述比率的变化都没有这样大。③

趋势规律并不是一种"经验证明在短期内是虚假的"而"经验证明在长期内是真实的"规律。严格地说，这种提法是毫无意义的。

---

① C. 克拉克：《经济发展的条件》，伦敦，1940，第408、412和414页；鲍利：《1860年以来联合王国的工资和收入》，剑桥，1937。

② J. 鲁滨逊：《马克思经济学随笔》，第五章；P. 斯威齐：《资本主义发展理论》，第六章。

③ J. 贝纳尔：《马克思主义的资本论》，第308～309页。

这条规律本身包含着两种相反运动。真实的情况是这样的：有机构成的提高和剩余价值率的提高同步进行，因为引起有机构成（技术进步）提高的同样的力量也促使剩余价值率提高。事实上，技术进步不断地造成劳动力的过剩——被这种进步"解放出来"的劳动力。这种过剩对劳动市场形成压力并且能够使剩余价值率升高。

剩余价值率在发达国家趋于稳定的原因不在于此。在这一点上，我们又一次遇到了使工资的提高成为可能的那种变革。我们知道，在 19 世纪末，利润率在老牌的中心急剧下降。寻求能够确保更高利润率的新市场势在必行：大规模的资本输出出现了。这个新市场自然而然地出现在正在形成的新中心，在那里可以大规模地使用最现代化的技术。这里，我们所讲的是现代地区工业所具有的典型长处。在这些地区，尽管工资高——有时，甚至往往一开始就高于老牌的中心——但是生产率也非常之高，以至于这里的利润率也有所增高。[①] 但是同时，在资本主义体系的外围国家，恰恰由于相反的原因——因为那里的剩余价值率更高（在生产率相等条件下工资更低）——利润率更高。

随着商品和资本被深深地卷入世界市场，利润率的平均化具有向世界规模扩大的趋向。因此，发达国家与"欠发达"国家之间（能够测定的）利润率的差别虽然是明显的，但是不足以补偿在交换条件恶化的机制作用下、由于剩余价值差别而从外围流入中心的大量价值转移。[②]

资本输出没有取代商品输出，反而刺激了商品输出，这并没有任何奥秘可言。资本的转移是一种购买力的转移，它会刺激需求特别是进口需求的增加。尽管从趋势上看，这种需求的增加应当是建

---

① 埃马纽埃尔正确地指出，这是美国（由于"边界"的原因）和白人自治领的典型情况，见《不平等交换》，巴黎，1969，第 160 页以后。

② A. 埃马纽埃尔：《不平等交换》，巴黎，1969。

立在进口需求增加的基础上，但是并不一定建立在这个基础上，也不是自动地建立在这个基础上。① 当然，资本输出以及由此导致的资本货物输出之间的具体联系也揭开了这个"问题"的一部分奥秘。流行的经济学就是在这个范围内摇摆，并且往往在一种神秘的自动调节（其"理论"源于普遍和谐的意识形态）和一个虚假的问题（这里指的是如果给"比较利益"一个不相称的位置——一种"根本"的位置，资本运动就应当取代而不是刺激商品运动）之间摇摆。

在外围和正在形成的新中心之间，资本输出（资本流入和利润的流出）是根本不同的，这种动态也没有更多的奥秘可言。流行经济学之所以认为外围从年轻的借款者过渡到老牌的借款者，而正在形成的新中心从借款者阶段过渡到放款者的原因依然神秘莫测，那是因为这种"理论"不了解中心和外围的概念，不知道社会经济形态和生产方式的概念的区别，把各种形态简化为"各式各样的具体事物"并且把美国资本在欧洲的投资与外国资本在"第三世界"的投资混为一谈。②

当代有一些新的趋向。事实上，垄断不仅要求利润的再分配有利于垄断者。直到最近，才有人分析生产能力与消费能力之间的矛盾（资本主义基本矛盾的一成不变的反映）在当代的"巨型企业"经济阶段中据以表现的条件：要实现潜在的垄断超额利润，就必须增加"剩余"（"剩余"的概念比剩余价值的概念更为广泛，包括非生产性收入和国家的收入）③。巴兰和斯威齐在继续这一分析的同时，研究了这种增加的剩余的吸收方式。"努力销售"——垄断者之间的竞争不再以价格方式进行——是该体系的内在规律：挥霍"销售成本"与垄断相配合，使垄断利润得以实现，同时降低了垄断利润率。

---

① 这个问题是论述国际收支的第五章的题目。

② 这个外国投资动态的问题将在第二章中予以论述。

③ P. 巴兰和 P. 斯威齐：《垄断资本》，纽约，1966；以下引自这本著作。

美国政府的民用和军事开支占国内产值的百分比从 19 世纪初的 7%
递增到 1929 年的 10%、1939 年的 19%、1957 年的 25% 和 1963 年
的 29%，构成了利润实现问题的另一个固有趋势。实现的剩余（剩
余价值、挥霍部分和国家吸收的剩余）——这是唯一能够被测定的——
占国内产值的百分比从 1929 年的 47% 增加到 1963 年的 56%。但是，
并非全部潜在的剩余都能够实现；生产能力长期使用不足，失业者
和愈益扩大的军事工业部门所占用的劳动力加在一起，构成一个很
高——或许是越来越高——的劳动力百分数。这种长期的就业不足
降低了垄断者的实际利润率，决定了技术进步的特殊形式和条件。
最终导致征服能够确保更高利润率的外部市场。巴兰和斯威齐所列
举的例子说明了被输出的垄断资本的超额利润之大，"新泽西美孚石
油公司 2/3 的资产都在北美洲，而这一地区却只提供 1/3 的利润"。[①]
从利润的这一差距中无疑可以看出，资本主义的中心归根结底是巨
大的资本输入者，因为正如巴兰和斯威齐正确地强调的那样，回流
的利润大大超过输出的资本；所以，资本输出并不是吸收剩余问题
的解决办法，却反而恶化了解决问题的条件。尽管如此，对于巨型
公司来说这种输出——从该公司的微观经济的角度来看——却是解
决用超额利润投资盈利问题的办法。

当代的科学技术革命进一步加剧了资本主义体系的基本矛盾，
因为它的基本表现在于提高投资的效率，也就是降低资本系数，从
而使更多未被消耗的利润过剩。它强化了资本输出的固有趋势，而
且可能在很大程度上说明了北美洲的输出资本最近流往欧洲的原因。

后凯恩斯派的"成熟"理论试图说明一种真实的现象：在垄断
时代实现剩余价值的困难。然而，它却在不可能成为原因的货币机
制中寻找这种现象的原因。证明利润率下降趋势规律如何在垄断时

---

① 巴兰和斯威齐：《垄断资本》，纽约，1966，第 178 页。

代被一些吸收剩余的新形式（挥霍和政府开支）所克服，可能是保尔·巴兰对经济学的最大贡献。为此，巴兰创造了一个符合问题——新问题，因为它反映了当代资本主义基本矛盾恶化这个新现象——要求的科学的新概念——剩余的概念；他还同 P. 斯威齐一起证明了，潜在的剩余在当代趋于超过实际剩余。[①]

我们同巴兰和斯威齐一样确信，无论是对外贸易还是资本输出，都不真正是克服实现剩余价值的困难的办法。[②] 因为就资本主义的整个中心地区而言，贸易是平衡的；而输出资本会产生趋于超过它的回流。因此，超额剩余是以其他方式被吸收的：经济挥霍和公共开支。垄断者之间相互竞争的经济规律本身就会导致这种必然的挥霍（以"垄断竞争"的形式：挥霍销售费等）。国家也积极地参加吸收超额剩余。在这方面，某些能够使国际收支出现盈余的当代国际关系形式——国外军事开支和政府"援助"——也成为吸收剩余的手段。

因此，对外贸易同以前一样地满足着资本主义体系的要求，但是满足的能力却是以前的 10 倍。特别是它能够在不平等交换条件下通过进口外围的农产品来降低劳动力的成本。这种不平等交换之所以可能进行，是因为垄断资本主义通过一些机制确保中心的工资持续增长（这些机制与垄断者之间的竞争形式有关），而外围形态的性质能够维持低水平的劳动报酬。对外贸易还能够通过这样的不平等交换机制降低原料成本。因而，竞争资本主义所使用过的"超经济"手段被一些"经济"手段取而代之：这也是经济意识形态化——经济主义——的根源之一。同时，通过垄断者来输出资本的可能性为把中心所需要的生产强加给外围提供了 10 倍的手段。争夺原料市场

---

① 保尔·巴兰：《增长的政治经济学》；P. 巴兰和 P. 斯威齐：《垄断资本》。

② 巴兰和斯威齐：《帝国主义理论评论》，《经济动态与分析问题》，《为迈克尔·卡拉斯基所作的短论》，牛津，1963。

的斗争对于分析垄断者的经济政策，进而分析国家的一般性政策是至关重要的。于是人们可以理解，直到 1920 年还是矿产品纯出口国的美国为什么变成了这些产品的进口大国，甚至矿产品的纯进口量均占它的消费量的 14%（1961 年）：占铁矿产量的 43%、石油产量的 31%、铜产量的 18%、铝矾土产量的 638% 以及钴和锌的产量的 130%~140%（1966 年）。[1]

资本输出虽然由于上述原因不能吸收剩余，但是具有提高利润率的功能，因为资本的剩余价值率比在资本输出国要高。然而，这种至关重要的转移却被世界规模的利润率平均化所掩盖，这种平均化是不平等交换的实质。

重要的是，切勿把中心资本主义国家之间的（尤其是美国与欧洲之间的）贸易和资本输出的职能和机制同它们与外围之间的这些关系的职能混为一谈，因为无论是产品交换的性质、外国投资的方向，还是利润回流的动态都是不一样的。

就贸易交换而言，[2] 发达的非共产党国家主要依靠制成品的交换（1960~1965 年，年平均出口额为 971 亿美元，其中制成品占 680 亿美元），而在"欠发达"国家的出口总额中，农业、矿物和石油产品分别占 84 亿美元、68 亿美元和 91 亿美元（制成品仅占 48 亿美元）。发达国家之间的交换比它们同"欠发达"国家的交换增长快。这一趋势是当代的特点。1950~1965 年，世界贸易额从 535 亿美元增加到 1563 亿美元（年增长率为 7.4%），发达国家之间贸易的增长率为 9.4%，而"欠发达"国家对发达国家的出口额增长率为 5.2%（如果不把石油生产国计算在内，则为 4.2%）。[3]

---

① 哈里·马克道夫：《帝国主义时代》，第 56~58 页。

② 哈里·马克道夫：《帝国主义时代》，第 116 页。

③ 哈尔·B. 拉里：《来自欠发达国家的制成品》，纽约，1968，转引自哈里·马克道夫：《帝国主义时代》，第 185 页。

不仅外国投资的方向因接受投资的国家是否发达而根本不同，而且利润回流的动态也是如此。从美国流向欧洲和加拿大的资本流量（1950～1965 年为 149 亿美元）超过了利润的回流量（114 亿美元），从外围回流的利润（256 亿美元）却超过了资本输出量（90 亿美元）。①

美国同其他中心国家与地区（欧洲和日本）之间的发展的不均等在第二次世界大战期间急剧扩大。这种发展的不均等对美国同欧洲之间的关系自 1945 年起具有极大的重要性，这种重要性是这一时期的繁荣的源泉，它把同外围的关系降低到次要的地位。因此，世界体系的中心发生了变革：美国同其他国家之间建立了一种基本的等级关系，而在此之前，该体系中的列强相对处在均势状态。② 把美国资本在其他中心国家的投资与一般外国资本在外围的投资相比较，它们所担负的职能是不一样的。在中心国家，寻求原料是次要的。投资的基本动机与其说是寻求低水平的工资，倒不如说是为了保护特许权和优惠市场，特别是保护技术优势。在这一点上还应当知道，欧洲的低工资能够使设在那里的美国公司依靠技术优势来实现高额利润。与马克道夫的看法相反，这种动机在美国对欧洲输出资本的时候是次要的，但是在向外围的进口替代工业输出资本的时候则可以是一个基本的动机。

上述情况使技术越来越带有国际性。技术的国际性的提高和当代的科学技术革命构成了当代的第二个特征。

从这一切可以看出，对外关系对中心来说是至关重要的；不仅

---

① 哈里·马克道夫：《帝国主义时代》，第 228 页。

② 从各国占世界制成品贸易的比重来看，美国这种优势地位并不明显：1899～1967 年，美国的比重仅从 11.7% 上升到 20.6%，英国的比重从 33.2% 下降到 11.9%，德国的比重从 22.4% 下降到 19.7%，法国的比重从 14.4% 下降到 8.5%，日本的比重从 1.5% 上升到 9.9%（哈里·马克道夫：《帝国主义时代》，第 66 页），但在资本的回流中，美国的优势是明显的。

中心与外围之间的一般关系至关重要，而且美国与其他中心国家之间的关系尤为重要。我们同马克道夫一样认为，如果因为美国的出口额仅相当于国内生产总值的 5%，资本输出仅相当于国内投资的10% 就认为对外关系对美国不重要，那是一个根本性的错误。因为，"对于国家来说是次要的事对于一家大公司来说就可能不是次要的了"。[①] 1950～1964 年，美国的出口额从 100 亿美元增加到 250 亿美元，而设在外国的美国公司的销售额从 440 亿美元增加到 1430 亿美元。这些公司的产值相当于"第三世界"出口额与这些销售额之和，相当于美国物质消费资料产值的 2/5。在这期间（从 1950～1964年），这些销售额增长了 2.7 倍，而本国市场上的销售额却只增长了1.3 倍。这些投资的利润从 1950 年的 21 亿美元增加到 1965 年的 78亿美元，而在国内的公司的利润仅仅从 21.7 亿美元增加到 36.1 亿美元。1957～1967 年，分公司的投资增加了 2 倍，而在国内公司的投资仅增加了 0.4 倍。[②]

在研究某些当代国际关系现象的时候，应当紧密联系国家吸收剩余这种论点。政府对外"援助"就属于这个范围。1945～1967年，美国发放了 1170 多亿美元的政府援助，其中，发达国家，特别是欧洲国家接受了 457 亿美元的美国政府援助，其中以赠款为主（334 亿美元），而且几乎都是在 1945～1957 年（马歇尔计划）；同美国有军事联系的受援国及地区（土耳其、希腊、伊朗、中国台湾、菲律宾、越南）接受了 369 亿美元（其中有 320 亿美元的赠款），其他"欠发达"国家接受了 346 亿美元（其中仅有 144 亿美元的赠款）。这种援助吸收了美国钢铁出口的 30%、海上货运营业额的40%。由于外国购买美国的军用品，美国某些行业的出口（某些产

---

① 这是罗伯特·恩格尔的说法，见《石油政策》，纽约，1967。
② 哈里·马克道夫：《帝国主义时代》，第 69～70 页和第 205～212 页。

品的出口大量地受到这方面的资助）相当于产值的 20% ~ 90%。①

第二次世界大战以后出现的对"欠发达"国家的政府援助具有多种功能。除了"经济学家们"不会佯装不知的政治意义之外，这种政府援助能够使私人资本流动与利润回流之间的矛盾得到克服，也就是说它具有维持现状的基本功能，这种现状把不平等的专业化强加给外围。西方发达国家对"欠发达"国家的净财政援助总额从 1960 年的 81 亿美元增加到 1967 年的 113 亿美元（其中有 70 亿美元的政府援助），东方国家的援助总额为 4 亿美元。西方发达国家的援助大约占其国民收入的 1%。政府财政援助约占这些援助的 50%，技术援助占 12%（主要是对教育的援助，特别是对法语非洲国家的援助），私人投资占 25%，出口贷款占 10%。在政府援助中，贷款部分不断增多，而赠款比例却不断减少：贷款部分从 1961 年的 23% 增加到 1967 年的 41%，食品援助增加了 20% ~ 25%。1967 年，美国占对外援助总额的 42% 左右，法国占 10%，德国占 8.5%，英国占 6.5%。

这种"援助"的结果无论如何是微不足道的。1960 ~ 1967 年，发展中国家的增长率仅仅是 5%，即人均增长率是 2.4%，低于发达国家的增长率。人均食品产量停滞不前，甚至可能减少，成年文盲人数没有变化，甚至有所增加——7 亿 ~ 8 亿人。发达世界与外围之间的差距在各个方面都扩大了。无论如何，造成这种状况的原因不是"努力不够"，而是这些"援助"的方向及其维持现状的基本功能。尽管在政府援助中"赠款成分"是大量的——贷款条件比西方资本市场的贷款条件优惠——但是"欠发达"国家的外债从 1956 年的 97 亿美元增加到 1967 年的 415 亿美元（发达国家的外债从 142 亿美元增加到 166 亿美元），而且这笔债务的还本付息额占出口额的

---

① 哈里·马克道夫：《帝国主义时代》，第 216 ~ 217 页。

比率从 1956 年的 3% 提高到 1967 年的 10%。私人投资——半数的私人投资与石油生产有关——的方向是与中心的发展要求相适应的。鉴于外围支付"超级价格"（尤其是法郎区内的"超级价格"和用美国政府对美国剩余农产品的援助支付的"超级价格"），很大一部分政府援助带有军事性和政治性。爱德华·梅森认为，西方对"欠发达"国家的援助至多有 1/3 有助于发展——我们称为（没有发展的）增长。[①]

对外援助没有使外围发展的功能，而只有维持其"欠发达"状态的功能，它也减少不了中心的过量剩余，因为它所造成的利润回流——特别是如果把隐蔽的价值转移回流也计算在内——远远超过了它自己。然而，对于那些真正从中受益的经济部门和大公司来说，它的这种功能是至关重要的。

（三）国际贸易和资本输出的职能

如果把我们所得到的结果概括一下，那么我们首先要说，比较利益说无法说明世界贸易的结构和动态，它的地位是十分有限的和非常次要的。

世界贸易扩大的基本原因在于资本主义扩大市场的固有趋势。无论在竞争时代还是在垄断时代，这种趋势都不是产生于什么吸收剩余的需要。列宁正是这样说的：[②]

　　　　为什么外部市场的存在对于一个资本主义国家是必不可少

---

① 所有这些数字均引自 1968 年的研究：《经济合作与发展组织发展援助》，巴黎，1969；关于公共债务，见国际复兴和开发银行《中长期公共外债》中"1956～1966 年预计未清偿总额、交易和支付"，华盛顿，1967；爱德华·梅森：《外国援助与对外政策》，纽约，1964，主要见第 14 页。

② C. 帕鲁瓦引自《俄国资本主义的发展》，见《开放经济的增长问题》，第124 页。

的呢？决不是因为产值一般不能在资本主义体系内部实现。这样的论断仅仅是一种无稽之谈。外部市场的存在是必然的，因为资本主义生产从根本上包含着无限扩张的趋势。

诚然，资本主义发展在初期可能受到农业市场狭小的阻碍。亚当·斯密早已指出过这一点，C. 帕鲁瓦也向我们强调了这一点，亨利·德尼和保罗·贝罗克后来强调外部市场对于起步的这种作用也是对的。[1]

在出现垄断之后发生的变化也没有造成吸收剩余的新问题。因为资本输出并不是由于这种所谓的需要引起的，而是由追求更高利润率的动机引起的。马克思已经肯定了这一点：[2]

> 输出资本不是由于绝对不能用资本在国内牟利，而是由于可以用资本在国外按更高的利润率牟利。

利润率下降趋势规律仍然是体系的基本矛盾的基本表现，因而也是长期表现。它并不像 C. 帕鲁瓦在解释巴兰的剩余理论时所认为可以肯定的那样，[3] 在垄断时代变成了"非基本"表现，我们不赞成帕鲁瓦的这种解释。相反，我们认为潜在的剩余的出现是利润率

---

[1] H. 德尼：《先决市场在西欧和美国的经济增长中的作用》，《应用经济科学研究所手册》P 集第 5 期，1961；保罗·贝罗克：《工业革命与欠发达》，高等教育出版公司，1963。

[2] C. 帕鲁瓦引自《资本论》第三卷，第三篇，第十五章，见《开放经济的增长问题》，第 183 页。

[3] C. 帕鲁瓦：《开放经济的增长问题》，巴黎，1969，第 20、219、227、228页；C. 帕鲁瓦还承认，这一点正是（他的）创见的不足之处，因为（他没有加以）任何理论证明（第 219 页）；剩余的出现（利润率下降趋势的结果）和剩余的吸收（按照巴兰和斯威齐所分析的形式）之间的矛盾显然是辩证的，因此，它必然不断地被克服。

下降趋势的表现。剩余必然会被吸收，而且正如巴兰和斯威齐所指出的那样，不是被对外贸易或者资本输出所吸收（它们会引起利润回流），而是被一些内部的方式所吸收：政府开支和挥霍。另外，它也被一些国际关系的新形式所吸收：国外军事开支、政府援助。

因此，同利润率下降趋势做斗争的贸易职能是长期的，并非为竞争时期所特有。[①] 相反，垄断使资本输出成为可能，它强化了这种贸易职能的效力。恰恰是在这一方面，列宁天才地把他的全部分析都建立在这一重要现象上：垄断的出现。基于这一思想，我们已经指出，中心与外围之间的不平等交换也正是产生于垄断在中心的出现。因为，垄断在中心的出现使中心与外围之间的工资差距在生产率相等条件下愈益扩大。这说明，尽管"欠发达"国家输出生产率高的现代企业的产品，交换仍然可以是不平等的。在外围，原始积累造成了过剩劳动力的增加，这些增加的过剩劳动力的组成对于理解不平等交换现象也是至关重要的。

必须在这个总范围内重新研究中心与外围之间的交换所特有的形式和职能。中心对外围的支配说明了为什么外围会按照中心的积累的要求，以改变国际专业化形式的方式进行调整。另外，外围资本主义在前资本主义社会的解体过程中发展，促进、加快了中心的积累。罗莎·卢森堡强调这一事实是对的，但是她错误地把它说成是实现剩余的绝对需要。

（四）国际关系的"垄断性"和垄断者在世界贸易中的地位

1. 国际交换是"垄断"性的吗？

大学的流行经济理论总是对基本事实佯装不知，自以为是地"任意"选择假设。因此，在法国除了弗朗索瓦·贝胡以外，流行经

---

① C. 帕鲁瓦：《开放经济的增长问题》，巴黎，1969，第20页。

济学并不了解在世界贸易和资本输出中占据关键地位的巨型公司的存在。它充其量把国家看作垄断者，而不研究垄断者的国际战略。因而，它提出了一些真实的问题；但是它由于"遗忘"了小型竞争公司与民族国家之间的"中间者"——垄断者，因而也提出了大量虚假的问题。所以，我们将会看到，那种把国际关系想象成国家之间的垄断关系的流行理论的局限性确实是很大的。在经济学著作中，长期被看作竞争性的国际关系越来越被解释为垄断性的国际关系。然而，对于这种论断的意义还远没有达成完全一致的看法。这方面的极端派认为，国际关系不是各国的公司之间的关系，而直接是国家之间的关系。他们把这些民族实体的行为与在市场上相互角逐的垄断者的行为混为一谈。另一些持比较温和观点的人则强调垄断者的因素，认为他们不受国家或者集体的任何制约，因而赋予国际关系一种非竞争的性质。

19 世纪的理论基本上是微观经济的理论。如同在其他领域中一样，对国际关系的分析只考虑个人（买者和卖者）之间的关系。然而，重商主义的经验驳斥了这种观点：自由贸易是较晚才取得胜利的，在这之前，国际关系一直密切地从属于政府的政策。合法地垄断了欧洲与海外国家之间贸易的特许公司的历史清楚地证明，19 世纪的观点是十分狭隘的。此外，海关政策强化了这种垄断。英国本身就不是一个一贯的自由贸易国家。

正因为如此，人们才越来越想在商人与商人的个别关系之外看到国际关系中出现的垄断者之间的关系。① 同一个国家的买者或卖者之间的竞争虽然继续存在，但仅仅存在于集体的贸易政策和海关政策所划定的范围之内。而在这些集体之间，斗争的形式与市场分析

---

① O. 达劳罗：《国际贸易和垄断竞争》，《国际经济》，1949 年 11 月；费尔纳：《少数人之间的竞争》，纽约，1949。

所研究的那种统称为一个垄断者内部的伙伴之间的斗争形式类似。

现代的作者们在把经济政策重新列为对外贸易机制的同时，只不过是与 19 世纪上半叶的古典经济学家不谋而合罢了，而后者的思想早已被过分地简单化了。例如在斯图尔特·穆勒的著作中，讨论了关于设立关税对贸易条件的影响的种种饶有趣味的假设。[①] 显然，英国的古典经济学家们是从微观经济和竞争的角度来考察国际关系的，可以说他们只是做了第一阶段的工作。在第二阶段，他们把这些关系看作集团与集团之间的关系，换言之，竞争在斗争中的"集团"内部继续存在。这是十分接近于那个时代的现实的一种现实主义的构想。但是同时，古典经济学家们也基于对"天然利益"的信仰而维护了自由贸易。正因为如此，新古典派的简单化才有了可能：他们只看到国际关系中的个人关系。

自 1890 年起，贸易战的重新恢复，两次世界大战之间德国试图把东南欧国家的对外贸易全部同德国联系在一起以便真正造成一种殖民地式的互补关系，并且使这些国家"专门"供应粮食、肉类和铝矾土这样一种政策，使对国家的垄断行为的研究重新受到重视。[②]

对关税政策的分析使国际关系具有垄断性的观点再度流行起来。研究这些问题的著者们同意比较利益说的假设。[③] 他们认为，当一个国家设立关税的时候，如果其他国家效仿是不会有任何好处的。事实上，新设立的关税会改变建立关税体系的国家的相对价格的分布。其他国家通过对这个国家实行自由贸易并且把这个国家的内部价格体系（包括关税）视为一个已知条件，将继续使它们自己获得最大的满足。然而，我们却看到了其他国家争相效仿革新者的事实。比

---

① J. 瓦伊纳：《国际贸易理论研究》，伦敦，1937，第 556 页。

② 希尔施曼：《民族实力与对外贸易结构》。

③ 西托夫斯基：《对关税理论的再思考》，《经济研究杂志》，1942；斯托普勒和萨缪尔森：《保护和实际工资》，《经济研究杂志》，1941。

较利益说无法解释这些国家也来建立保护主义体系的好处。不过他
们认为这种好处的原因有两个。一方面，关税存在的理由是垄断，
垄断会改善贸易条件。因为，即便按照比较利益说的观点，交换比
率中的不确定部分也是很大的，而垄断能够使参加交换的一方在不
确定部分中处在对它最有利的位置。另一个原因更多的是同李斯特
的理论有关。革新国通过自我保护，为在本国开办某些工业提供了
可能性。这样做可以创造一种未来的利益。因此，其他国家也应当
同样去做。自由贸易的支持者们进行了反击，他们断言，在参加交
换的对方提高关税之后也采取同样行动的国家的这种反应是基于一
种错误的估计。一方面它固然会改善其贸易条件，但是另一方面，
它却会改善资源的最佳分布。陶西格和埃奇沃斯竭力强调这种方案
弊大于利，但是没有加以证明。① 其实，这是一个虚假的问题，因为
"资源的最佳分布"理论是建立在"禀赋资源"理论基础之上的，
而从动态观点来看，后者是毫无意义的。

当代的计量经济学流派在把国家看作世界贸易的单位的同时，
打算"测定"国际关系的垄断特性。我们已经看到，"欠发达"国
家一般仅仅从 1 个、2 个或 3 个主要供应国那里取得供应。这些供应
国的数量少于发达国家之间关系中的供应国数量这一简单的事实，
"欠发达"国家不能自动地从能够提供最低价格的供应国（绝对最有
效的发达国家）那里取得供应这一简单的事实证明了这种交换的垄
断性。人们是这样测定和比较发达国家和"欠发达"国家的出口和
进口的"密集程度"的：发达国家向"欠发达"国家出口的密集程
度高于这些国家向其他发达国家出口的密集程度。② 在这种条件下，
交换双方的实力是不相等的。"欠发达"国家对发达国家产品需求的

---

① 埃奇沃斯：《政治经济学书信文件集》，1925。
② 布朗：《实用经济》，第 215 页。

僵硬程度高于发达国家对"欠发达"国家产品需求的僵硬程度。

弹性对比分析就国际关系的性质和各方实力不平等的程度这个问题提供了一些饶有趣味的情况。

进口价格弹性（按不变价格计算的进口额的变差除以进口的相对价格的变差所得的商，即进口价格与当地价格的比率）一般是低的。但是对十分发达的国家（美国是典型）而言，这种弹性似乎更高一些。对于西欧的原料购买国而言，这种弹性是低的。这意味着，无论价格高低，这些国家都购买原料。相反，就制成品而言，价格对发达国家的购买具有更为显著的影响，而对"欠发达"国家的购买的影响却比较微小。

出口价格的弹性也是低的（按不变价格计算的出口额的变差除以出口的相对价格的变差所得的商，即某一国家的出口价格与其他国家的同类出口价格的比率）。对于"欠发达"国家而言，这种弹性更低一些。这意味着，与其他国家相比，"欠发达"国家更是无论价格高低都要出口。

"欠发达"国家的进口收入弹性显然高于发达国家的进口收入弹性（按不变价格计算的进口额变差除以国民收入的变差所得的商）。因此，"欠发达"国家比发达国家在更大程度上需要从外国进口，以便满足其愈益增长的需求。而世界收入的增长对发达国家的出口比对"欠发达"国家的出口更为有利。"欠发达"国家对发达国家的依赖显然比后者对前者的依赖更为严重。

对出口之间的替代弹性的研究更为有趣。两个国家的全部出口的替代弹性说明，每一个国家都有它自己的顾客和独特的生产方。无论就两个结构相近的发达国家之间的竞争而言，还是就两个农业国之间的竞争而言，国际关系都不是竞争性的。在世界市场上，两个同种类商品之间的替代弹性（"欠发达"国家的原料和农产品容易是同种类的，而发达国家的制成品却难得是同种类的）已经较高。

就个别市场上两个同种类产品之间的替代弹性而言，它始终是高的，而农产品和矿产品的替代弹性更高。[1]

国际关系不是竞争性的，而是在不同程度上具有垄断性。把"欠发达"国家的产品投放到富国的市场，这种竞争比把制成品投放到"欠发达"国家市场这种竞争更为激烈。我们将会注意到由于经济支配关系中增加了政治支配的内容，这种竞争越来越减弱。正因为如此，英国当年才不那么担心日本同它在印度的竞争而比较担心日本同它在中国的竞争。因此，在"欠发达"国家与发达国家之间的双方垄断关系中毫无疑问地存在一种相当大的实力不平等。因此，如果说国际交换更多地属于双边的垄断的理论而不属于竞争理论，那么我们可以由此得出结论说，人们应当看到，弱国（"欠发达"国家）向强国转移价值。

这种不平等首先产生于"欠发达"国家的出口专业化。银行和货币的一体化往往与"欠发达"配合在一起，促使"欠发达"国家从它们的主要顾客那里购买产品。其次是由于资本输出和商品输出之间的紧密联系。在一个国家的资本输出与它的商品输出之间存在着一种强有力的联系。艾弗森进行了更加深入的分析，他研究了对某个个别行业的资本输出同该行业的商品输出之间的联系。[2] 结论很说明问题。菲斯在他的著作中以同样的方式列举了含有购买放款国设备条款的大量国际贷款合同的例子。当代的国际援助普遍采用了这种做法。

当代占支配地位的流派正是在国际关系的垄断特征这一基础上分析了百年来的贸易条件变化。因为，如果说这种垄断特征在1880年以后才通过穷国贸易条件的恶化表现出来，那么完全可以说，早

---

① 关于这些弹性比较的举例，见萨米尔·阿明论文第133页以后；常：《国际价格理论概述》，伦敦，1937，第42、50、70、72、74页。

② 艾弗森：《国际资本运动理论面面观》，伦敦，1936，第80、90页。

在这一时间之前，就通过工业国与农业国之间技术进步程度不同所造成的贸易条件改善不充分而表现出来了。因此，1880 年以后这种垄断特征仅仅是受到了强化。①

我们并不否认，这种看法比从微观经济的狭窄角度进行片面分析而得出的看法高明一些。但是必须承认，这种看法对于理解先进国家与"欠发达"国家之间的关系只起次要的作用。首先，国家被想象成实力不均等的相互对垒的垄断者。但是，虽然从理论上说，独立国家之间的关系是这样，宗主国与殖民地之间的关系却并非如此。在这些国家中，贸易和关税立法与其说是用来在殖民地同宗主国的关系中加强殖民地的实力的，倒不如说是用来在宗主国同第三方的关系中加强宗主国的实力的。其次，国际关系的垄断观必须以买方和卖方的经济独立为条件。它设想，在一个法国买方与一个德国卖方之间的关系中，每一方都有不同的利益，每一方都受到本国的议价权的保护。但是，它没有想到，当卖方和买方在地理上相距遥远，而在经济上已经密切联系的时候，这种——不再是某一种——议价将会变成怎样。然而，发达国家同"欠发达"国家之间的关系就是属于这样一种关系。因为，经济发达国家占据了支配地位并且按照自身的需要来"调整"殖民地的结构，在这种背景下，专业化机制造成了两种经济之间的互补关系。

从外部来分析双边垄断关系或者垄断关系，仍然是一种天真幼稚的分析。只有走出"博弈论"的范围，对社会形态以及这些社会形态——占支配地位的中心资本主义社会形态和处于被支配地位的外围资本主义形态——中各种统治阶级的政治关系做出分析，才有可能脱掉这种幼稚性。此外，用带有表面性质的（事物的表象）交换关系分析不可能揭示贸易条件的恶化。我们已经看到，中心剥削

① 布鲁顿：《生产率、贸易收支和贸易条件》，《国际经济》，1955 年 8 月。

外围的机制属于生产关系方面。

因此，与其局限于描述不平等现象，用经济方法测定其表面症状（弹性），倒不如分析垄断者在世界贸易中的地位更为有益。

2. 垄断者和"欠发达"国家的贸易

今天，"欠发达"国家所出口的大部分重要原料都控制在垄断者的手中。或者是几家公司直接占有有关的生产资源（石油、矿物、利弗和联合果品公司的种植园产品等），或者是分散在各个生产国中的生产（花生、棉花……）集中在几个实力很强的外国进口商手中或者集中在当地批发贸易商手中，而当地批发贸易一般也很集中。总之，几个垄断者支配了发达国家与"欠发达"国家之间的关系。这就是大部分"殖民地"经济的观察家所持的论点。[1]

能不能提出反对意见说，由于垄断往往是双边的，因此就没有任何理由说两方之中的哪一方从中获得更多的利润呢？人们会说，沙特阿拉伯的石油是一家大公司（阿美石油公司）生产的，而欧洲的消费者们却是分散的和比较弱小的，因而垄断最终使价值转移从先进国家流向沙特阿拉伯。还可以找到其他类似的例子。但是，这显然是一种错觉，因为归根结底，在欧洲、美国和在欧洲海外进行活动的是同一些垄断者。一方面通过投资银行和控股公司，另一方面通过子公司渠道和董事会内部的交流渠道，两者相互渗透。因此，正像埃奇沃斯指出的那样，价值转移不会从显然比较弱小的垄断者流向比较强大的垄断者，因为这个问题是没有意义的。价值转移是以另外的方式进行的，因为两个垄断者都不是独立的。

---

[1]　这方面的著作虽然都是描述性的，但是数量庞大，见萨米尔·阿明论文书目第149、150页。又见以下几本综合性著作。H. 皮里：《托拉斯的战略》，"我知道什么丛书"，1966；D. 迪朗：《国际石油政治》，"我知道什么丛书"，1962；杰弗里·欧文：《美国工业的实力》，门槛出版社，1968；迈克尔·坦泽：《国际石油公司的政治经济学和欠发达国家》，波士顿。M. 比耶在论地区间大联合的著作中，着力进行了战略分析。

应当记住 J. 鲁滨逊的现实主义的说法。他认为，一个垄断者所实现的利润量是与该垄断者在他所雇用的工资收入者面前所具有的相对实力相一致的。在工人阶级难以捍卫自身利益的"欠发达"国家中，这种实力无疑更大一些。在"欠发达"国家，利润总额——在其他条件相同情况下——更高一些。这种利润流向哪里呢？是留在当地资助当地的发展呢，还是流回国去呢？倘若是后一种情况，那么利润的回流无须正式通过利润再输出的方式，而可以采用一种低价政策把利润掩盖起来，使垄断者设在殖民地的子公司不去实现可能实现的全部利润，而让设在欧洲和美国的母公司就地实现更大的利润。正因为如此，"欠发达"国家的税收政策和汇率控制在避免价值转移方面是无能为力的。① 多重汇率政策从技术方面来看是十分巧妙的，但是众所周知，它在这个问题上遭到了失败。这或许证明了这种悲观的论点。②

价值转移可以进行到什么程度呢？我们没有任何理由来事先回答这个问题，因为，政治考虑可以影响公司的态度。但是可以说，大体上，它可能一直进行到产品价格仅仅抵得上最低的当地生产劳务价格（工资和地租），也就是说仅仅能保证工资收入者的生活必需品消费，仅仅能保证当地占有者阶级的最低限度的奢侈品消费以便使他们不至于以国有化来威胁外国垄断者的时候为止。利息不是当地劳务的报酬，因为当地市场一般不向外国公司提供资本，外国公司靠银行贷款取得资本，而银行贷款来源于欧洲小储户的存款。除了工资以外，地租似乎是唯一的当地"生产性劳务"。这些国家的占

---

① 比耶：《采掘工业中的地区间大联合及其计划》，《应用经济科学研究所手册》，F 集；贝胡：《英伊石油公司与统治的效果》，《应用经济》，1952；《支配经济理论概念》，《应用经济》，1948。

② 联合国组织：《1948 年拉丁美洲经济调查》，关于智利一章；沃尔夫拉姆·冯·布格：《各国的差别汇率政策》，日内瓦，1953；施莱辛格：《多重汇率和经济发展》，普林斯顿，1952。

有者阶级的心理是可以理解的。国有化蕴含的只是危险。国有化除了可能造成政治困难之外，并不会把"欠发达"国家从求助于——通过外国银行这种必不可少的中间人——外国技术人员和外国资本这种必然性之中解放出来，而为了求助，可能要"支付高昂的代价"。领导阶级所取得的红利有可能减少：一方面他们把利润据为己有，但另一方面他们却必须支付高额利息或许还要支付高额的工资。只要外国公司付给他们大笔的地租，这样的联盟就对双方有利。这种地租或者直接缴付给土地所有者，或者由当地国家按"租让地使用费"或者"利润分成"的方式统一收取。

这不是理论的分析。宗主国与"欠发达"国家之间的政治关系史充满了这一类的"谈判"。例如，在加丹加的矿业国有化的时候，① 比利时总公司的著名的"自我批评"的主题就是软弱无力的国有化。只要"欠发达"国家还留在世界市场之中，它就是软弱无力的。

所以，在"均衡"方面，当地积累的可能性等于零，因为能够从生产中产生的全部剩余都被转移，落入垄断者的利润的欲壑。无疑这些剩余中的一部分可能以外国资本的形式流回"欠发达"国家。但是，这部分剩余只有在有希望得到新的利润的时候才会来到"欠发达"国家，然而第一次价值转移之后当地市场的萎缩却不利于造成这种可能性。

另外，人们曾经试图说明，垄断在"欠发达"国家交换条件的恶化机制中起了一种更全面的作用。正因为如此，许多著者认为，垄断现象比人们所见到的还要经常，不仅"欠发达"国家的出口受几个垄断巨头的控制（或者在生产方面，或者在收购方面），而且，这些国家的进口虽然由多种多样的一系列制成品构成，但也更多地受

---

① 经济社会问题研究所：《每月通讯》1967 年第 1 期，金沙萨大学。

制于垄断机制而较少地受制于竞争机制。这种现象的原因在于"欠发达"国家的市场不完整。完全的竞争需要大量的条件,我们知道,就确保完全竞争的存在而言,大量的销售商是必要的条件,但不是充分条件。基于这种看法,人们已经指出,海外国家中的分配组织在许多地方获得了垄断利润。我们也看到了对本地消费者进行"垄断性剥削"的可能性。不给小商业发放银行信贷助长了这些趋势。

所有这些理论都与张伯伦的垄断竞争理论有联系。它们也同分析"经济空间"的研究有联系。经济空间,人们可以从多方面为它下定义,但是主要可以认为它是已经最大限度地实现市场均衡的地理区域。① 按照这种观点,经济"欠发达"国家中货币流通的相对稀缺、运输困难和购买者难以从一个当地销售商(往往也是高利贷者)的桎梏中"解放出来",都有助于把全国市场分解为大量的小型当地市场,即当地销售商们的"势力范围"。在这些区域范围内,销售商们享有真正的垄断,然而,这种垄断却时刻受到威胁。正因为如此,他们处在了一种既非竞争亦非垄断,而是垄断性竞争的状况之中。我们并不否认这些研究的意义,但是我们认为,与前面的研究相比,这些研究所涉及的是一个十分次要的方面。

张伯伦在广告和高度发达国家市场上的产品分化基础上建立的垄断性竞争理论后来被推广到"欠发达"国家的市场。② 可是,正当它被如此推广的时候,事实却比理论发展得更为迅速——这是一种常见的现象。这种理论更适合于解释竞争时代殖民地的外国销售商的利润,而不适合于解释目前所出现的现象。在垄断巨头控制着"欠发达"国家基本产品的购买,又在欧洲和美洲控制着制造业生产(其一部分产品行销海外)的今天,殖民地贸易公司的垄断就显得次要了。

---

① 多勃罗沃尔斯基:《经济领土理论》,《应用经济学》,1950;贝胡:《经济空间》,《应用经济》,1950。

② 张伯伦:《垄断竞争理论》,1932。

总之，国际市场被认为是表现支配作用的市场。[①] 这些支配作用同开展贸易的传统、同强制，或者同一些经济性更强的原因——各国之间的需求弹性或者供给弹性的差别、销售市场或者购买市场的容量，或者这些市场的行情状况——密切相关，它们提高了市场供求的价格弹性的总和。

然而，最重要的问题在于，所有这些垄断因素都起着同样的作用：有利于先进的生产国，不利于"欠发达"国家。垄断能够使价值由穷国向占支配地位的国家转移，它促使穷国的工资停滞。垄断者使这种局面一成不变。一系列不利于积累的恶性循环出现了。低工资妨碍现代技术产生效益，妨碍劳动力素质的提高，阻碍当地资产阶级的产生。大学中的研究把重点放在发达国家与"欠发达"国家之间关系问题的一些方面，但是这些毕竟是次要的方面；如果忘记了主要的问题（由生产关系和相互对垒的社会形态方面的问题），便有可能被引入毫无意义的细枝末节中去。这些细枝末节倒是适宜于"计算"，而且是"计量经济学家"的乐趣所在，但是这并不会给它们增添什么科学性。相反，经济主义的罪孽——人们到处可以发现——使他们无法透过表面现象抓住主要问题：对世界资本主义体系的中心和外围之间关系的分析属于对原始积累的分析的范围；不仅要在资本主义的史前史中探索对原始积累的分析，而且也要在资本主义的当代史中探索这种分析。

结论综述

第一，在资本主义生产方式的分析范围内，不可能认识发达国

---

① 贝耶：《专业化原理》，1953~1954 年博士课讲义。

家与"欠发达"国家之间的关系。事实上，这个问题属于对各种社会形态之间关系的研究范围，更具体地说，就是属于对资本主义体系的中心的社会形态与资本主义体系的外围的社会形态之间的关系的研究范围。分析这些关系就是研究世界规模的积累的实质。它展示了原始积累机制的当代形式：不平等交换，也就是具有不相等价值的产品的交换，更具体地说就是具有马克思主义所说的生产价格不相等的产品交换，因为中心（自从垄断出现以来）和外围（前资本主义经济提供了劳动力的后备军）的社会形态造成了——在生产率相等的条件下——劳动报酬的差异。把对这些关系的分析局限在资本主义生产方式的范围之内这种做法包含着一种"经济主义"的根本性错误。

第二，李嘉图的比较利益说——"经济主义的"国际交换理论的依据——恰恰是局限在资本主义生产方式的范围之内。李嘉图的全世界工资水平普遍一致的隐蔽假说体现了对分析范围的这种选择。结果，交换条件——它只能在一个不确定的小范围的狭窄限度之内变动——似乎成为一个次要的问题，在任何情况下交换都对所有伙伴有益。主观主义的经济学由于抛弃了劳动价值论，到处陷于辩解和同语反复：既然存在着交换，它就是有益的。

第三，世界资本主义体系的中心和外围之间的交换的马克思主义理论并不是马克思建立的，19 世纪的工业革命完成时期的特殊情况导致马克思错误地估计了殖民地现象的前景。随着垄断、帝国主义和与之俱来的变化（扩大再生产的动态的变化和工资的动态的变化，"工人贵族"现象，等等）的出现，世界规模的积累理论才显出它的意义。

第四，历史证明，外围国家（已经变成"欠发达"国家）通过所谓国际专业化，并没有从加入世界市场中得到好处。如果说在 1880 年左右，交换条件的变化还算正常，也就是说这种变化与生产率的进步对比的变化相对应——中心和外围的劳动报酬都减少了。那么以后，交换条件的恶化体现了这些报酬的差距的扩大：从外围流向中心价值转移越来越多。那些借助"需求行为"一类的次要现象来掩盖这种主要现象的企图充满了无法令人接受的矛盾。

第五，国际专业化的形式是相互衔接和多种多样的。属于资本主义史前史的形式（掠夺财宝、奴隶贸易等）被殖民地经济的"古典"形式（贸易经济和矿业开发）所替代，后来又出现了新古典形式（在外围建立轻工业企业，它们依附于中心的重工业）。在当代的技术和科学革命的环境中，一些尚处于萌芽状态的新的不平等的国际专业化形式正在形成，中心掌握着建立在高级技术劳动基础上的产业（原子技术、自动化、电子技术、空间技术）。

第六，按照中心的要求征服和开发外围是资本主义固有的扩大市场和输出资本的趋势的结果。这些趋势说明了表象——世界贸易的结构。在这个问题上，热衷于辩解的流行理论也是自相矛盾的（资本运动理论与商品贸易理论相对立）。马克思主义的理论只有冲破狭窄的资本主义生产方式的分析范围，才能说明这种历史性的变动（列宁同罗莎·卢森堡之间以外部市场为主题的对话含混不清，原因就在于此）。

第七，"经济主义"的理论夸夸其谈地分析各种现象。它强调国际关系的"垄断"性，对于垄断在这些关系中的地位和作用提出了一些有趣的见解；但是它由于没有提出世界资本主义体系的中心和外围的社会形态的性质问题，因而没有认识到当代原始积累机制这个主要问题。

第八，分析原始积累的当代机制对于理解中心资本主义社会内部的团结（特别是无产阶级与资产阶级之间的团结，它是社会民主的根源）的基础和对于理解外围形态的内部矛盾的性质（生产率的不平等和报酬的不平等），是至关重要的。

第九，对世界规模的积累的分析表明，这种积累总是对中心有利：不是发达国家向"欠发达"国家提供"资本"，而是相反。这就说明了后者的"滞阻"，说明了"欠发达"的发展。由此可见，外围国家只有走出世界市场，发展才有可能。

第二章
外围资本主义的形成

第一节　向外围资本主义的过渡：前资本主义的
　　　　生产方式及其形成

在本章的第一节，我们将首先研究前资本主义形态向外围资本主义形态过渡进程中带有明显特征的那些经济机制，而把对外围资本主义自身发展机制的探讨留待下一节进行研究。当然，在外围资本主义实际形成过程中，这两类现象从时间上看在很大程度上是相互交叉的；然而，从逻辑和教学的观点考虑，有必要将它们分开来叙述。

流行的经济理论偶尔也对"过渡性经济"问题加以研究，尽管它常常轻率地将这一责任推给"社会学家们"。人们都知道，围绕这些问题的研究课题不外乎"由自给自足经济向市场经济的过渡问题""自给自足经济的货币化或商品化"。这类研究工作的成果并不总是毫无意义的，但是它们几乎无时不受到割裂"经济学"和"社会学"①

---

① 这一方面的经济人类学研究成果经常是出色的（例如 C. 梅拉苏和 E. 泰雷的著作），而经济学家们的产品是令人失望的，作为分析贫乏的例子可参见联合国的报告《热带非洲市场经济的发展》，纽约，1954。

这两个领域的"学科"概念的束缚。然而，政治经济学批判——《资本论》的副标题——宣告了这种支离破碎的"经济学"的终结和唯一可行的一门新科学的诞生，也就是社会形成和社会运动科学。

前面提及的那些研究课题使用的术语本身就已经表明了该研究途径既浮于表面又不切实际。首先，问题的实质并不是"自给自足经济"（就是说没有商品交换）向"市场经济"（这意味着简单商品经济，或意味着所有的"市场经济"均相类似）的过渡，而是非资本主义的经济形态（但并不一定是非商品经济）向资本主义的经济形态的过渡。"资本化"一词——尽管它不那么优雅——却要比"商品化"或"货币化"等用语更为恰当。其次，这种过渡不同于欧洲、北美及日本等的过渡，更确切地说就是构成世界资本主义体系中心的那些彻头彻尾的资本主义国家的过渡，后者显示了资本主义诞生时的特征。这是一种朝着该体系外围结构的过渡，因此问题就在于要弄清楚不同的原因及不同的方面。正是这一系列无法让人接受的简单化做法——流行经济"科学"对此已经习以为常——导致产生了充斥于当代文献的"二元论""欠发达"等错误概念。只有前资本主义社会形态向外围资本主义社会形态过渡这个概念才是唯一科学的概念。

分析向中心资本主义过渡的机制不是本书所要研究的课题。但是，在这里有必要再一次提及一点，即流行的政治经济学宣称，解释由封建社会向资本主义过渡的问题不属于其研究范畴，因而要由"历史学家们"来阐明那些问题。同样由于学科限制，历史学家们也只能做收集资料的工作，而无力提供问题的确切答案。另外，马克思的著作作为一门社会科学，其建设还没有真正紧跟上对这门科学的基础理论所下的定义。在这里，马克思主义的蜕化导致了一种机械的"文明阶段"理论（原始共产主义、奴隶制、封建主义、资本主义、社会主义、共产主义）的出现，它与折中主义的历史学一样不怎么科学。该"理论"源于生产方式概念和社会形态概念之间的混淆，与此相伴随的是缺乏对各种决策机构（经济的、政治的、意识形态的等）之间的有机联系进行分析，然而正是这些决策机构代表了各种不同生产方式的特征及它们之间在社会历史形态中组合多变的特征。它最终通过经济形态把此种阶段划分确立为教条，并且在不同的生产方式里都给它冠以同一内容。① 尽管如此，封建主义向资本主义过渡（应为欧洲封建形态向中心资本主义的过渡）的理论——这一理论由于马克思的贡献而大大发展了——仍然为外围资本主义过渡的理论提供了两类引人注目的成果②。

向中心资本主义过渡理论的第一类成果是关于资本主义发展的必要条件，基本有两个：无产阶级化和货币资本的积累。虽说在东方所有的商品社会里，无论是古代社会还是封建社会，都同样存在货币资本的积累，然而这种积累从未带来资本主义关系的发展，其原因是缺少自由的后备劳动力。这一无产阶级化的进程——实际上是一部分农村居民被排斥在村社之外——从欧洲的情况来看，是由于封建关系的解体。上述两种条件的结合具有根本作用。也正是缺少这种结合，所以无法谈论"古代资本主义"或"东方资本主义"。

这个理论的第二类成果是关于资本主义积累的动力。资本主义生产方式有变为排他性的趋势，换句话说就是要摧毁其他一切生产方式。这一特点是资本主义生产方式所独有的，并且这种资本主义生产方式必须以国内市场的建立和扩大为基础，而国内市场又恰恰是通过先前各种生产方式的彻底解体而形成的。

在涉及向外围资本主义形态过渡的理论之前，有必要重提这些

---

① 关于对这一观点的批评，请参见尼科·普朗扎《政权与社会阶级》，巴黎，1968。

② 请参见斯威齐、莫里斯·多布、罗德尼·希尔顿、克里斯托弗·希尔以及高桥的《封建主义向资本主义的过渡》，伦敦，1968。

重要的成果。在前资本主义形态的基础上确立了一系列新的关系，后者又导致了外围资本主义形态的出现。而前资本主义形态则是由多种相对有限的生产方式的结构性组合体构成的：原始公社的生产方式——埃马纽埃尔·泰雷已经证实了其多样性①，奴隶制生产方式和封建生产方式（这两类生产方式比较特殊），简单商品生产方式（它常常与其他生产方式混杂），贡赋生产方式。处于"纯粹状态"的每一种生产方式都具有其独特的基本特征。

一切原始公社的生产方式均具下列特点。第一，劳动的组织形式部分以个人为基础（"小家庭"），部分以集体为基础（"大家庭"、"氏族"或"村庄"）。由于作为基本劳动资料的土地归氏族集体所有，所以其成员可以根据明确的规定（小块土地的使用权分配给家庭）自由加以使用。第二，不存在商品交换。第三，与此相应，集体内部也严格依据亲属组织关系，按规定进行产品的分配。

奴隶制生产方式将劳动者——奴隶——作为主要的生产资料。但是，这种奴隶劳动的产品能够进入该共同体独有的非商品流通体系（族长奴隶制度），或者进入商品流通网（如希腊—罗马奴隶体制）。

在封建生产方式阶段——土地在该阶段重又成为基本生产资料——社会由两个阶级组成，即地主阶级（其土地所有权是不可剥夺的）和佃农（农奴阶级），这是其一；地主是通过土地所有权而不是根据商品关系来攫取剩余，此其二；在构成社会基本细胞的"领地"内部不存在商品交换，此其三。这种生产关系并不像有人对马克思主义做极端简单化理解时所认为的那样，是在奴隶制生产方式解体后自然而然地产生的。相反，它却很可能是原始生产方式发展的最常见的、正常的、直接的结果。

------

① 埃马纽埃尔·泰雷：《马克思主义与原始社会》，巴黎，1969。

所谓"亚细亚生产方式"是同封建生产方式非常近似的①，我们更偏向于称它为贡赋生产方式。这种生产方式的特征是社会由两个基本阶级组成：组织在大家庭中的农民阶级和领导阶级。后者垄断了社会的政治组织职能并向村社征收（非商品的）贡赋。封建领主掌握土地的绝对所有权，而在贡赋生产方式下，土地所有权却是归村社所有。倘若封建领主基于某种原因要摆脱一部分佃农，"解放"农奴，也就是说让他们无产阶级化，其结局便是封建生产方式——只有在西欧、中欧和日本才存在过这种完整的生产方式——时刻处于解体的威胁之下。其实，也正是由于在人口压力和远途贸易（实物地租转化为货币地租是其必然结果）的推动下出现了封建生产方式解体并以此为开端，才形成了城市无产阶级，这是资本主义生产方式出现的条件。相反，在贡赋生产方式下，村社内的农民由于具有获得和使用土地的基本权利，所以使该生产方式的解体成为不可能。但是，发达的贡赋生产方式几乎一直具有向封建化过渡的趋势（中国、埃及、印度便是如此），也就是说领导阶级在剥夺土地绝对所有权的过程中取代了村社（虽然这种形式的封建主义带有与欧洲或日本封建主义不同的次要特征）。

处于纯粹状态的简单商品生产方式的特征是小自由生产者的平等和他们之间形成的商品交换关系。从来没有任何一种社会建立在这种简单商品生产方式占统治地位的基础之上，它纯粹是一种想象（这指的是社会内部而非外部的商品关系）。但是，有一种非常普遍的现象，尤其是在奴隶制生产方式、贡赋生产方式或封建生产方式占统治地位的社会形态里，存在一个受简单商品关系支配的领域，例如手工业生产领域，特别当它充分地从农业生产部门分离出来的

---

① 我们请读者参阅关于这一问题大讨论之后的一系列重要文章，它们发表在近年的《思想》杂志上，1969年由马克思主义调查研究中心出版了汇编。

时候（都市化社会就是这种情况）。

在上述这些生产方式当中，从来没有任何一种在"纯粹状态"下存在过。原因是，一方面历史上的社会是综合了这些生产方式的形态（例如，村社、家族奴隶制以及相邻村社家长之间的简单商品关系的结合）；另一方面，它们又组织起了当地社会与其他社会之间的关系（这表现为远途贸易关系的存在）。当然，远途贸易并不构成一种生产方式。但是，社会是建立在支配其与一种或多种生产方式关系的特殊组合的基础之上的，因此远途贸易的发展程度赋予各种社会形态以独特的形象。

欧洲以外的前资本主义社会之间没有区别，它们是由同样的成分组合而成的社会形态，尽管这种组合有别于封建时代的欧洲的组合。亚洲和非洲极其多样的社会形态被人们粗暴地简化为"亚细亚生产方式"，而我们则偏向于称它们为"东方和非洲的社会形态"。其特征是：第一，村社生产方式或贡赋生产方式占统治地位（程度不同地向封建生产方式演变）；第二，简单商品关系在有限的范围内存在；第三，远途贸易关系的存在。如果封建生产方式不存在，或处于极微小的萌芽状态，同时也没有出现内部简单商品关系，那么这种社会形态就是"非洲型"[①] 的社会形态，它仅仅处于发展缓慢的村社生产方式或贡赋生产方式与远途贸易的组合阶段。

资本主义生产方式由外部对上述社会形态的入侵是向外围资本主义形态过渡问题的实质之所在。

出于教学的需要，对外部入侵的机制和入侵结果的分析将按以下方式进行，即每一部分的论述都围绕某种具体的机制展开。因此，我们将做下列区分：第一，简单货币流通形成的机制，这种机制在

---

① 参见卡特琳·科克里·维德罗维奇《非洲生产方式的研究》，《思想》，1969年4月号。非洲人口密度小可能在很大程度上是其停留在贡赋生产方式演变的早期阶段的原因。（参见 E. 博斯鲁普前引书）。

被入侵的前资本主义形态中不存在（商品关系的产生）；第二，建立在对外贸易基础上的资本主义形态的机制（殖民地贸易）；第三，起源于外国资本投资的资本主义形态的机制。上述这些机制无疑在历史上曾同时并存，并且共同决定了特殊外围资本主义形态的结构。

一 商品关系的产生：自给自足经济向商品经济的过渡

很明显，"货币化"和自给自足经济的"商品化"是前资本主义经济过渡到外围资本主义经济的前提条件。当然在这个领域并不存在不受到资本主义生产方式渗透的"货币化"机制。然而，为了使分析更为清晰，我们设想以前资本主义非商品经济作为例证。

此种类型的经济事实上也曾经存在过，这就是热带非洲的前资本主义非商品经济。它与世界市场的融合是由于形成了第一批"初级"货币收入。首先，资本主义欧洲第一次向那里的农民购买收获物。其次，在非洲投资的欧洲企业家也是第一次向新工人发放货币工资。这其中便出现了产生于外部投资的第二类初级货币收入。这类初级收入引发了持续不断的次级货币收入浪潮的到来。

采用衡量初级货币收入和次级货币收入之间关系的方式，我们可以确定一个倍数，用它来评估自给自足经济向市场经济过渡的速度[1]。

自给自足经济内部的货币流通可以通过多种渠道得到扩展：初级货币收入的分配引发了对当地农产品的需求，促使当地农业生产者转化成为商人；欧洲种植园主和当地最强大的地主与变成商品生产者的小农之间的竞争把后者改造成为农业工人，并将他们纳入了

----

[1] 联合国组织：《热带非洲市场经济的发展》，纽约，1954；《热带非洲货币经济的作用与结构》，纽约，1955。

交换领域，这种现象大大地缩小了以自我消费为目的的食品生产的范围。

单凭这些"经济"机制往往还不足以实现过渡，因为"传统"的社会结构抵制商品交换的扩大。例如，村社的生命力（全体村民仍然有权使用土地）使简单的竞争机制失效，而后者在封建主义向（欧洲）中心资本主义经济的过渡进程中发挥了决定性的作用[1]。因此，根据通常的说法就是，政权——这里指的是殖民政权——不遗余力地推行"原始经济的货币化"。这实际上就是地地道道的暴力手段，也就是原始积累手段。强制交纳现金捐税是其中最常见和最温和的一种手段。但是不应忘记在热带非洲的痛苦记忆中的那些"被强制种植的作物"，又称"指挥官的耕地"（强迫种植出口作物）。最极端的做法是干脆剥夺农民的土地所有权：建立"保留地"的政策就是其中的一种办法，非洲农民在"保留地"不足的条件下被迫到矿山、工厂或欧洲人的种植园去出卖劳动力。这种政策在南非、罗得西亚和肯尼亚发挥了决定性的作用[2]。

不管怎么说，农民或矿山和种植园的工人取得的货币收入总是要以下列方式花掉的：捐税、储蓄、购买进口商品或当地商品。最后一种支出方式引出了次级货币收入。土著农产品市场渐渐出现了。市场的逐渐形成使得轻工业的建立成为可能。因此用全部国民货币收入除以"初级货币收入"，我们便可以"计算"出"货币化倍数值"。表 2 - 1 所表示的就是热带非洲 1950 年以前这个"倍数"的值[3]。

---

① 参见萨米尔·阿明《黑非洲资本主义的发展》，巴黎，人与社会出版社，1968。

② G. 阿里吉：《历史上的劳动力供应：对罗得西亚农民无产阶级化的研究》，《意识形态与发展》，关于非洲政治经济学的论文，达罗斯萨拉姆，1970。

③ 联合国组织：《热带非洲市场经济的发展》，第 29、33 页。

表 2 – 1　1950 年以前热带非洲的货币化倍数值

单位：百万美元

	来自农产品销售的收入	当地农业出口收入	工　资	全部货币收　入	初级货币收　入	倍　数
法属东非洲	16	13	20	36	33	1.1
法属西非洲	186	88	25	211	113	1.9
比属刚果	75	30	94	169	124	1.4
黄金海岸	170	102	22	192	124	1.5
肯尼亚	12	5	33	45	38	1.2
尼日利亚	345	135	33	378	168	2.3
乌干达	51	43	11	62	54	1.1
北罗得西亚	1	—	20	21	20	1.1
南罗得西亚	6	—	22	28	22	1.3
坦噶尼喀	34	11	33	67	44	1.5

　　要看到，这里所说的倍数是用来衡量货币流通的发展速度的，衡量的依据是外国投资和商品交换。因为，计算后得到的倍数既考虑到了实行对外商品交换后所分配的初级货币收入（来自农产品出口的收入），也考虑到了由于外国资本的进入而分配的初级货币收入（移民劳动力的工资收入，实际上这些劳动力中间的大多数人受雇于外国人经营的矿山或种植园）。

　　就欧洲模式而言，向中心资本主义的过渡是因为采用了生产率更高的技术，它要求对农业和手工业各自的职能加以区分，从而扩大了货币交换。该机制在起步时进展非常缓慢①。而向外围资本主义过渡的起点则完全不同，它处于对外贸易和外国资本进入的基础之上。原始经济的"货币化"速度是相当快的，或者说，假若没有进口造成的"流失"，至少可以如此。确实有很大的一部分初级货币收

---

　　①　因此，也就为农业革命作了准备。参见 P. 贝罗赫《工业革命与欠发达》，经济社会发展研究学会，1965。

入用在了进口方面①。19 世纪的欧洲农民要花掉他从城市工人那里赚来的钱，在没有其他选择的情况下，就必须求助于当地的轻工业。因为只有轻工业能够向他提供过去手工业出售给他的那些物品。我们这里谈到的本地农民希望用他获得的货币收入购买制成品，然而，当地却没有这类商品的供应。这就是在"欠发达"国家出现很强的边际进口倾向的原因之一：任何货币收入的增加基本上都变成了对外国产品的需求。

进口造成的流失由于农业商品化的收益被地主攫取而经常变得更为严重，这指的是地主已经存在的那些地方，或者是阶级分化到足以形成一个举足轻重的地主阶级的地方。地主把给予农民的报酬维持在先前的水平，这样构成地租的那部分剩余增加了。这种剩余用来满足"奢侈"制成品的进口需求。

现在让我们再来研究一下当外国资本进入时分配的那些初级货币收入。外国企业的很大一部分开支直接使用在外国市场：这其中有用于购置生产资料的开支和用于再出口的利润支付。引起我们注意的只是在当地支付的工资。这里也一样，当新工人需要进口制成品时，其工资的一部分也要流到国外。但是，另外一部分工资则用于对本地产品的需求（特别是食品的需求）。这部分货币在后来外围体系的"货币化"过程中发挥了非常积极的作用。

人们经常进行一些统计以衡量流失的数量，而这一数量历来是庞大的。以国际铝制造业公司在几内亚开发铝土矿为例，仅有全部投资支出的 12% 和铝出口总值的 25% 留在了国内②。在阿尔及利亚境内的撒哈拉沙漠开发石油的事例中，投资引起的地方性开支不超过全部投资支出的 44%。而且还应指出，地方开支的一半最后还是

---

① 联合国组织：前引书第 24 ~ 25 页。

② 萨米尔·阿明：《非洲发展的三种经验：马里、几内亚和加纳》，巴黎大学出版社，1965，第 155 ~ 158 页。

用于支付进口。地方开支在日常石油出口值中所占比重则更低，只占 22%[1]。

在大型矿山或石油开发的例子中，由于上述原因，最终留在当地的"初级货币"支出的主要部分是国家以租金形式或税收形式（直接或间接税）得到的收入。虽然依靠国家的力量——倘若政治力量关系允许，国家力量趋于不断增强——提取的收入无可争议地加速了经济的"货币化"，但是它对积累产生的作用则不那么明显。因为一切都取决于政府支出的性质：是生产性的还是非生产性的。所以，由于支出的性质不同，它们对于资本形成所产生的效果也不同。应当指出，国家负担基础设施的支出费用既增加了投资效益，同时又有利于（尽管是间接的）资本主义的发展。与此相反，某些非生产性的行政开支提高了总的消费水平，从而也就限制了可供积累用的收入的数量。但这是我们在后面要谈到的另一类现象了。

"货币化"是资本主义结构产生的必不可少的一个先决条件。简单商品经济的产生不可避免地要导致一部分人的破产和另一部分人的致富，即导致本地资本的形成。这是一条绝对规律。

是否因此就可以认为这些必然形成的资本将能够实现投资并将简单货币结构改造成为资本主义结构呢？假使是这样的话，那么，尽管起点不同，归宿将与中心是相同的。但实际上不会如此。首先，因为以这种方式形成的本地资本将遇到外国工业的竞争。这将导致它们向以出口为方向的生产部门及第三产业部门投资（尤其因为需求结构的特殊状况，原有土地结构不仅没有发生变革，相反地，由于对外贸易的发展而强化了）。其次，因为竞争使投资转向了轻工业部门。换言之，以这种方式形成的本地资本主义不是占统治地位的外国资本主义的竞争者，而是后者的补充。正是由于没有过细地关

---

[1]　萨米尔·阿明：《马格里布经济》第一卷，巴黎，1966，第 198~203 页。

注这些问题，所以马克思才提出——在他的一些极简短的著作中——殖民化有可能赋予印度以资本主义经济（暗指"完成阶段"的资本主义）。简单商品经济改造为资本主义经济这一绝对规律只有放在对资本主义生产方式进行分析的范围内才会有其意义，因此，对不同社会形态这个课题的研究还大有余地。

现在是对这个问题加以分析的时候了。马克思关于欧洲以外其他社会的著作很少，仅有 435 页[1]。这对马克思来说是太少了，特别是这些著作中的大部分是发表在《纽约每日论坛》上论述当时发生的问题——英国军队中的印度士兵造反、太平天国起义、鸦片贸易——的文章，而且往往从英国国内政策的角度来观察这些问题。马克思只是附带地研究亚洲社会的问题和亚洲社会在殖民化影响下正在发生的变革问题。在这方面，我们发现涉及的有三类问题。

马克思曾经探讨过前殖民地时期的"亚细亚"社会性质，特别是在《大纲》一书中的那个著名章节里他提出了"亚细亚生产方式"这个概念。他强调了村社——在那里不存在土地的私人所有制——对资本主义发展构成的障碍[2]。这表现了——在一些简短的段落中——天才的直觉（特别是考虑到那个时代对欧洲以外社会的认识上的局限性）。

在关于殖民化带给这些社会，尤其是带给印度社会的变化方面，马克思一方面对殖民政策毫不留情，但另一方面也指出殖民化将导致东方走向全面的资本主义发展。的确，他也指出过殖民政策对这种发展是加以反对的；在摧毁了殖民地的手工业以后，殖民政策禁止在那里发展工业[3]。但这并不妨碍他认为，任何力量都不可能长时

---

[1]　施罗莫·阿维奈尔：《马克思论殖民主义与现代化》，安科尔出版社，纽约，1969。后面的材料引证也来自这部很全面的文集。

[2]　前引《马克思论殖民主义与现代化》文集，第38、43、93、450 和451 页。

[3]　前引《马克思论殖民主义与现代化》文集，第86、89 和99 页。

期阻止资本主义按照欧洲的模式在当地得到发展。《不列颠在印度统治的未来结果》一文对这一点的论述最清楚不过：在英国贵族和商业资本对印度实行掠夺之后，随之而来的便是宗主国工业资产阶级在印度实行工业化；铁路将促进内向工业的发展①。马克思对此确信无疑，以至于担心（完全资本主义阶段的）资产阶级的东方会成为阻碍欧洲社会主义革命胜利的基本力量。

> 在（欧洲）大陆上，革命已经迫在眉睫，并且将立刻显示出社会主义的特点。如果人们看到在远比欧洲大得多的土地上资产阶级社会的运动一直处于上升的态势，那么，发生在世界这一角落的这场革命不是注定要被粉碎吗？②

产生这个"错误"的原因是：以商业资本主义政策为特征的时代（马克思的时代）刚刚结束，资本主义就要进入马克思并不了解的帝国主义阶段（垄断时代）。然而，垄断要阻止正在形成的本地资本主义同它进行竞争：外围的资本主义发展将停留在以外国市场为基础的外向型上；从那个时候起，它就不可能导致资本主义生产方式在外围的全面发展。由于身处这个"空白"时代——而且是短暂的时代，马克思只是研究了正在接近尾声的、有利于中心的、重商主义型的原始积累机制，并且因此认为这种机制属于资本的史前史范畴。再说，他自己也曾讲过这样的话，例如他曾说明《资本论》关于原始积累的那一章探讨的就是上面那个问题③。从那时起，在马克思的著作中，不平等交换就局限在这种史前的形式上，而不平等

---

① 前引《马克思论殖民主义与现代化》文集，第 132 页及后面的一些页数。

② 前引《马克思论殖民主义与现代化》文集，第 464 页（1858 年 10 月 8 日致恩格斯的信）。

③ 前引《马克思论殖民主义与现代化》文集，第 468～470 页。

交换的后来的形式——即当代的形式——正像我们指出的那样则是垄断的产物①。

由于马克思所具有的深邃政治辨别力，他仍然隐约看到了另外一种可能的结局：东方社会不是被资产阶级化，而是被无产阶级化，从而有利于中心，也有利于中心的无产阶级最终成为革命的基本力量。他说这些话时的语气今天听起来毛泽东主义者的味道很足。他说"为使在同一工业部门中150万英国工人在10年中保持三年的繁荣，将有数百万东印度公司的工人注定要丧生"②。

让那些研究马克思的专家们——我们则不是——去翻印那些被认为是神圣的文章，而我们还是要回到对外围资本主义经济过渡的分析上来。

向商品经济过渡本身——从封建主义过渡到中心资本主义——曾经是欧洲历史上的一种进步。更准确地说，这种"货币化"是农业劳动生产率得到改善的结果。但不能肯定在殖民地条件下也会出现同样的结果。表面上看，"农业的商品化"是"富足"的表现。新出现的进口能力便是这种富足的证明。通过出口农产品获得的外国制成品与农民过去在原始经济条件下用食品从手工业者那里换得的产品是不对等的。土著农民自发地模仿外国大种植园主调整生产方向这一事实充分说明生产出口产品比生产食品收益更大。所以东南亚地区 1909~1940 年大型橡胶种植园的面积只增长了 9 倍，而小型种植园（主要由当地人经营）在同一时期增长了 56 倍③。的确，当地农民也可能会因为新的货币需要（例如为了纳税）而对经营方向做这样的调整，即使这种调整并不给他们带来收益。但实际上对各种产品的价格比较表明，出口农业往往要比食品农业能够获取更

---

① 参见本书的前面一章。
② 前引《马克思论殖民主义与现代化》文集，第 35、50、87、94 和 137 页。
③ 联合国组织：《亚洲—欧洲贸易研究》，第 66 页。

多的盈利。试以埃及为例，如果我们把埃及传统的粮食作物每公顷的人均产量与出口作物（棉花）每公顷的人均产量做个对比，就会看到上述情况①。

　　然而，如果我们更仔细地对事物加以分析，常常会发现伴随人均产量增加的是人均付出劳动量的增加。这一情况在热带非洲的农业中表现最为明显。在那里，尤其是在森林地区，出口作物的生产往往是——几乎一直是——对传统生计作物的补充，而不是取代它。于是以某种年度劳动量为基础的文明开始向以更大劳动量为基础的文明过渡。这一过渡常常是艰苦的、困难的，有时还会被拒绝。因此便出现了使用诸如强迫种植某种作物等"超经济"方法的情况。②这种情况在埃及同样很明显，由于种植棉花而使劳动量的投入大大增加。例如，每费丹棉花需要 41 个成人劳动日外加 87 个童工劳动日；每费丹小麦需要 27 个成人劳动日外加4个童工劳动日；每费丹玉米需要 25 个成人劳动日外加 10 个童工劳动日；每费丹水稻需要 35 个成人劳动日外加 40 个童工劳动日③。因此，新的生产方向需要使用更多的劳动力，部分地抵消了土地危机——我们将在后面分析它的机制。此外，出口作物——埃及的棉花就是一例——常常要求投入相对数量更多的资本，它们需要得到报酬。新的农业生产方向对每公顷土地投入资本需求量的增加有利于土地所有权的集中：只有大地主才有能力出资改种出口作物以替代食品作物。土地的集中有着极其重要的作用，它强化了大地主攫取"商品化"的全部利益的这种机制。埃及的例子就是这方面的证明：在这个国家，地租率

　　① 请参考我们对这一课题的研究，萨米尔·阿明：博士论文，巴黎，1957，第 161~163 页。
　　② 参见埃斯特·博斯鲁普《农业发展的条件》，伦敦，1965；亨利·罗兰：《技术与尼日利亚农村社会的经济基础》，法国国家科学研究中心，1966。
　　③ 穆罕默德·胡斯尼·赛义德的估计数，《当代埃及》，1962。

非常高，而且随着农业"商品化"的水平越来越高，由 1914 年占农业产值的 35% 提高到 1950 年的 50%[①]。大地主所有制——在这种所有制存在的地方或最容易形成的地方——为自给自足农业向商品化农业的过渡提供了便利，并在很大程度上攫取了这一过渡的好处[②]。

二 以对外贸易为基础的资本主义的形成（殖民地贸易）[③]

我们在这里要研究的是完成阶段的资本主义的生产方式（发达国家）对简单商品经济入侵的方式，以便把这个问题和"商品化"问题——其实这两个问题经常是相伴随出现的——加以区分，"商品化"问题也就是我们所说的向简单商品经济的过渡问题。

在欧洲资本主义发展的最初阶段，出现了当地资本的投资和建立了向市场提供产品的工厂，在此之前，这些产品是由手工业供应的；而在那些当时尚未成为经济"欠发达"的国家里进入了外国的工业产品。人们在这里看到的是一种截然不同的资本主义发展进程。因为破产的手工业者并没有被当地工业的发展所吸收。就欧洲情况而言，新出现的工业从大批破产的手工业者中招收劳动力。在殖民地，总需求则由于制成品的引入而陡然下降了。破产的手工业者陷入失业的境地。如果这些破产的手工业者在换取进口商品的初级出口产品生产部门时得以被雇用，那么总需求可能维持不变。然而，

① 参见萨米尔·阿明前引书；哈桑·里亚德：《纳赛尔时期的埃及》，巴黎，1964，第 138 页及其后的内容。

② 参见联合国组织《热带非洲市场经济的发展》，第 51 页；《土地改革的进展》，第 56 ~ 62 页；还可参见萨米尔·阿明《科特迪瓦资本主义的发展》，第三章；M. 古特曼：《古巴的社会主义农业》，第一章，巴黎，1967。

③ 关于殖民地贸易的著作为数甚多。要得到全部参考书目，请参见拉古尔·加耶《贸易史》（六卷本），巴黎，1950；弗雷德里克·莫罗：《欧洲的发展：1600 ~ 1870 年》，1964；《现代帝国主义在非洲的历史和政治》，斯坦福大学出版，1969；还可参见萨米尔·阿明前引论文，第 190 页。

事实并非如此。根本原因在于手工业者的破产把当地农业的传统销售出路堵死了，农民把过去用来换取当地手工业产品的粮食作物改种为欧洲贸易需要的经济作物。因此，无须增加生产，出口便可以支付突然出现的进口，而增加生产将势必要对已被排斥在生产领域之外的手工业者重新加以雇用。

因此，这一体系通过将手工业排除出生产领域重新达到平衡。这是一个十分重要的现象，它既引出了所谓的"人口问题"——老实说，这个问题最初提得就不恰当，因为它提得抽象，也就是说对手工业者被排斥在生产领域之外这一基本事实装作熟视无睹——又导致了后来某些寄生型活动的发展。

及至另一个阶段，外围国家建立了进口替代工业，由于这些工业所求助的现代技术的"资本密集"程度太高，所以无法吸收由于资本主义生产方式的入侵而产生的失业人口①。

大量的乡村手工业者"回乡务农"是一种地地道道的经济倒退。这种现象之所以不易被认识，正是因为在一般情况下乡村手工业者都拥有一小块土地，他们在失业后被迫以此为生。除回乡务农之外，手工业者后来又在第三产业部门找到了部分谋生出路。应当提到的是，前资本主义社会并没有因建立在它与资本主义世界之间的等级化关系而被彻底改造。当地的统治阶级未经触动并继续存在，特别在农村更是如此。这些阶级不仅存在，而且它们还经常由于与外部建立了新关系而发财致富。如向外国提供它们急需的农业原料的食利大地主。那些破产的手工业者偶尔可以利用这类阶级的消费重新找到一个职业并取得收入。这是一种特殊类型的第三产业。

后面我们还将有机会研究"欠发达"国家普遍出现的第三产业，

---

① 因为竞争和"国际专业化"使外围趋向于发展轻工业，而不是趋向于发展轻技术。请参见本书后面的有关论述。

尤其是商业异常发展的原因。此处涉及的只是某种第三产业的发展，也就是从发财致富，并且挥霍钱财的大地主那里获取收入的某些职业。流行的经济理论几乎从来就把这种"寄生"现象归咎于被草率地认定为不合理的前资本主义社会固有的所谓特点，其实这些现象是由于资本主义生产方式的外来入侵造成的。

可惜的是，对于"欠发达"国家的旧的手工业者的破产及其重新被雇用这一极为例外的特点不可能得到详细的分析，因为人们不掌握这些国家 1800～1880 年的居民分布统计资料，这个阶段正是资本主义世界与前资本主义世界之间商业交换的发展时期。人们掌握的只是 1880～1950 年的某些统计资料，这是一个在引进外资基础上实行本地工业化的时期。人们希望揭示的现象部分地被工业发展的现象所掩盖了。尽管如此，在上述第二个时期内，对外贸易引起的手工业破产的进程及这一社会阶层重新被雇用的特殊方式仍然继续着。

印度和埃及的手工业破产已经成为历史。当人们要对这两个社会的"欠发达"的形成加以研究的时候，总是怀着兴趣从中寻求参考①。

"土地承受的压力"的增加——这在当前的"第三世界"非常普遍——在很大程度上同样是外部资本主义入侵导致的倒退机制的结果。因为在每公顷土地上的农民数量的增加本身就意味着农业技术的严重倒退。农业进步的一般运动实际上就是每公顷土地的资本投入量增加，因此也就是每公顷土地人力投入的减少。每公顷耕作土地上农业人口的增加在"欠发达"国家是十分普遍的现象；在资本主义工业国，人们到处可见的则是相反的现象，同时人们在这里还看到每个农业劳动者的资本消费的增加②。

---

① 关于印度，参见帕姆·杜德《今日印度》，伦敦，1940；安斯蒂：《印度的经济发展》。关于埃及，参见哈桑·里亚德前引书；查理·伊萨维：《1800～1914 年的中东经济史》，芝加哥大学出版社，1966。

② 科林·克拉克：《经济发展的条件》，伦敦，1940，第 346、350 和 353 页。

请把发达国家的这种演变同埃及人均"收获"面积的演变做一比较：埃及由1882年人均占有0.9费丹土地下降到1947年人均占有0.48费丹[①]。在这一时期，埃及的农业人口比例明显有所下降，但是不足以抗衡农村过剩人口的增加趋势。如果将这种现象归咎于"欠发达"国家自身固有的"人口规律"，那就是忘记了英国、欧洲大陆（法国除外）、美国和日本的工业发展曾经伴随着人口异乎寻常的急剧增长。

在资本主义经济中，工业发展导致了一个世纪工业人口比例的上升。只是在20世纪，这一比例才呈下降趋势，而同时出现了第三产业人口比例增长较快的现象，我们将在后面对该现象加以解释。例如美国，工业和建筑业雇用的劳动人口比例由1820年的12%增长到1920年的31%，只是1925～1930年，该比例才有所下降。这与"欠发达"国家的情况毫无共同之处。例如，印度的第二产业人口比例由1891年的15%下降到1931年的10%，尽管在此期间制造业的生产指数由53.5增长到了174.8（1913年的指数为100）[②]。换言之，欧洲模式的资本主义工业雇用的工人人数超过了由它造成破产的手工业者的人数。它在处于分化中的农业及增长的人口中间招收新工人。而在殖民地模式中，工业雇用的人数低于由它造成的破产手工业者的人数。其中外国工业的竞争所造成的后果是明显的。

即使在离我们更近的一个时期（1920～1960年），情况亦是如此。这就是外国竞争已经有了充分时间迫使大批手工业破产，同时以外国资本为基础的工业开始明显加速发展的时期。大部分"欠发达"国家的第二产业的人口比例在1920～1930年和1950～1960年下降了——虽然它们的工业化还处于初级阶段——而此时第三产业

[①] 《埃及经济概要》，全国统计与经济研究所，第52页。1费丹＝0.42公顷。

[②] 国际联盟：《工业化与对外贸易》，第156页。

的人口比例已经在增长①。

与农业的"商品化"相伴随而出现的城市就业不足问题使农村社会经济结构中出现了独特的扭曲现象。在这方面,埃及的情况尤为引人注目。我们知道,从19世纪末至1952年的土地改革,大地主(占有50费丹土地以上)的人数(12000个左右)及他们所拥有的土地面积(大约为200万费丹)基本没有发生变化,而小地主的人数在有规律地增加(他们平均拥有的土地面积以同样的速度在减少)。但是我们清楚地知道,无论在富有家庭还是在贫穷家庭,人口的增长速度是一样的。原因是,虽然富有家庭的出生率相对较低,但是它们的儿童死亡率则更低。此外,根据伊斯兰法规,死者的财产是在他所有的孩子之间进行分配的。我们可以用下面的分析来解释这种"反常现象"。①假设某个地区的已耕地面积在某个时期由等同的四份构成,一户大地主占有其中的两份,而10户农民占有另外的两份。②地主在他的有生之年又买下了第三份土地。③地主死了以后,他的三份土地由他的两个儿子分得。④其中的一个儿子决定卖掉他分得的土地而进城谋生。他把自己三分之一的土地(即半份)卖给其兄,另外的三分之二(即一份)卖给农民。一代人以后的情形是这样的:其中的一个儿子在其父死后成为唯一的大地主,他拥有两份土地,而农民的人数却翻了一番(我们假设农民的人口增长率与大地主的人口增长率相等)。最终出现的形势与埃及统计部门揭示的情况完全相符。这一分析反映了"欠发达"农村的演变所固有的独特扭曲的两个引人注意的方面。

第一方面,土地所有权的集中并不总是反映土地的集中(埃及的情况就是如此)。事实上,我们刚才提到的大地主在世的时候买下了农民的一份土地,当他死了之后,他的一个儿子又把这份土地重

---

① 联合国组织:《欠发达国家工业化的方法与问题》,第123页。

新卖给了那些卖地的农民。因此，土地的集中是通过种植方法的集约化（植棉经济的发展）完成的。地主的富足反映了由于资本使用的增加而出现的地价上涨（以及与此并行的地租的上涨）。然而，如果说农业已经全部完成了变革，已经变成了完全的资本主义农业，那也未免言过其实。"封建"农业的特征是领主将自己所拥有的土地分散给农奴耕种，而后者交纳实物地租。资本主义农业的特征是佃农（或大地主人）借助资本（机器、肥料等）和雇用领取工资的劳动力耕种大片土地，从土地上获得收入。埃及的情况是，大地主把他的土地分成小块出租给交纳货币地租（这是最常见的）的更小的佃农，佃农和地主各提供一部分资本。我们在这里看到的是介乎上述两种农业制度之间的一种情况。这是十分自然的，因为资本主义经济不是一夜之间出现的。这种过渡体制是唯一可行的经济体制。由于地主收入的地租越来越多，他们逐渐开始储蓄和投资并成为农业资本家。然而，城市就业不足带来的"土地上的过剩人口"阻碍了农业现代化的实现，因为这个过剩人口导致转向使用"集约耕作"方法（仅支付给他们极低的工资，而且还经常减少），后者使农村的贫困条件延续了下来。在这一方面，请读者参阅哈桑·里亚德的著作，他对埃及农业的演变做出了严谨的分析①。

第二方面，与小农数量的增加（他们拥有的平均耕地面积减少了）相比较，大地主无论是数量上还是占有的耕地面积都保持了稳定。人们常常错误地把这种情况与农村所有权的集中混为一谈，其实它反映的完全是另一种现象：财富向城市转移（与此同时，某些大地主也离开了乡村）的速度要比农民流向城市中心的速度更快。

下面让我们来估算一下这种转移的速度。埃及的总人口由 1887 年

① 哈桑·里亚德：《纳赛尔时期的埃及》，第 138 页以后的内容。同时还可参考古巴革命前的资本主义农业情况，见米歇尔·古特曼《古巴的社会主义农业》，第一章，巴黎，1967。

的 970 万增加到了 1953 年的 2194 万，增长了 126%。1896 年大地主人数为 11875 个，到 1953 年本应发展到 25000 个左右。这近 12000 个大地主 1896 年占有 219.1 万费丹土地，如果根据伊斯兰法规，在没有发生转移运动的情况下，到 1953 年本应减少为大约 100 万费丹。然而事实上这个数字仍然保持在 200 万费丹左右。这就是说，在这一时期内，大约有 100 万费丹土地被上述近 12000 个大地主购去，平均每年约 2 万费丹。

财富由农村向城市转移的速度是不容忽视的，它超过了农民流入城市的速度。这一情况正好表明农村中旧的生产方式没有被摧毁，也使得非常稠密的农村人口得以继续生存。那么，为什么会出现资本向城市的转移呢？资本向城市的流动并非是对工业化投资，而更多的是向由于农业商品化而出现的贸易活动投资。从那时以来，农业的商品化已经纳入了世界市场的轨道。这里，又遇到了我们谈及的"第三产业的发展过剩"问题。这种资本转移本身并未开创城市的现代工业，反而使农业现代化的速度放慢了。

这种局面带来的结果仅仅是农村失业人口的普遍增加（因为持续增长的人口不能在工业部门寻找就业出路）和城市失业人口的普遍增加（由于实际上不存在工业，商业和个体服务业只能重新雇用部分破产的手工业者）。因此，这是一种倒退的平衡，其特点是农村和城市保持大量的、不断增加的失业人口，其根源是外来资本主义入侵造成的过渡生产方式。

有人研究了一些国家中出现的这种大规模的失业现象，认为它并不是"人口规律"，而是外围资本主义发展的规律造成的。在哈桑·里亚德的著作中谈到了埃及的情况，它的农村失业人口比例直到 1914 年还是无足轻重的，然而 1947 年便增加到了 15%，1960 年又增加到了 35%；而它的城市就业人口占城市全部人口的比例由 1914 年的 32%（成年男性居民）下降到 1960 年的 22%。科特迪瓦的这一比例与埃及相同①。

手工业的破产和其中很少一部分人才能找到新职业，由此引起的失业大军的不断增加使工资水平下降了。在正常情况下，劳动需求随积累而增长，工人在解体中的前资本主义社会受到雇用。在劳动力的供应增长与需求增长之间保持着某种平衡。在"欠发达"国家，由于没有与社会解体并行的积累，因此劳动供求之间的不平衡加剧了。

随之而来的劳动收入的减少本身并不对工业化构成障碍。工业化的真正障碍是外国资本的统治地位和进口商品的竞争能力。但是，收入的减少是形成下面这一基本现象的原因：不平等交换，换言之就是交换价值（更确切地说就是马克思主义意义上的生产价格）之间不断增长的不平等。正像我们看到的，这是关系到当代原始积累的主要机制的问题。

在流行的经济著述中，有人常常认为工资的低水平阻碍了本地工业的创建。这种局面造成的国内市场狭窄使投资不能产生效益。这就是那种"贫困的恶性循环"理论。我们认为这种分析是根本错误的。资本主义的发展完全不需要生活水平的持续提高。国内市场并不仅仅由消费资料构成，甚至主要不是由消费资料构成。生产资料在国内市场上起着很大作用。而低工资正意味着高利润，因此企业家们有可能储蓄和投资，换句话说就是建立市场。另外，尽管最初工资水平很低，欧洲仍然实现了工业化。我们甚至认为这种低工资有助于欧洲的工业化，日本的情况亦是如此。

有鉴于此，工资的低水平不可能阻碍资本的投资。在商品化导致本地资本形成的条件下，本地资本在当地投资是完全可能的。可

---

① 哈桑·里亚德：《纳赛尔时期的埃及》，第144、165页；萨米尔·阿明：《马格里布经济》第一卷，巴黎，1966，第180页；《科特迪瓦的资本主义发展》，巴黎，1967，第39页。

是，更为强大的外国工业的竞争造成了本地资本投资无利可图。这正是增长受阻的最终原因。

然而，即便在本地资本投资的条件下，工资的低水平也将对技术的选择产生影响。为了表达得更清楚，应当说低工资有利于人力的密集型使用以代替机器。相对多地使用人力是加速了还是延缓了积累呢？这将取决于被考察的经济发展到了哪一个阶段。显而易见，对"超发达"的经济来说，低消费的趋势（相对而言）对投资构成了重大压力，使它无利可图，总而言之使用人力而不使用机器可以促使最终消费以比较快的速度发展，因而对积累是有利的。但是，对年轻的经济来说，那里还没有出现低消费的趋势，技术的"劳动耗用"特点表现为较大的总消费，换言之，表现为较微弱的储蓄。这就是说，在"超发达"经济中，实现利润的困难，或者说销售产品的困难对积累的形成是一个严重障碍。在这种情况下，最终消费的增长导致了多种现象的出现，也就是说这种消费的增长通过恢复投资的利润为积累创造了条件（把储蓄变成投资）。而对年轻的经济来说，上述困难并不构成影响发展的重大障碍。在这里，所有的储蓄都成为投资。因此，任何消费的增长都相应地减少了储蓄，从而也就减少了投资。但是应该指出，这种现象只有在那种年轻的资本主义经济中（那里的"储蓄"是"有创造性的储蓄"），或者说在工业得以发展的制度下才会成为现实。在我们所论述的外围资本主义制度下，破产了的手工业者未被再雇用，原因是工业还没有建立起来。为使这些廉价的劳动力吸引外国资本还需要等待很长时间。

因此，就目前来看，手工业的破产加剧了土地危机。大批人口回乡务农引起了真正的经济倒退。这无助于农业的更为商品化，相反会迫使农民拿出更多的产品用于自我消费，向市场出售更少的产品。正是应当在回乡务农的现象中来寻找这种特殊形势的原因——其特征表现为：一方面，农业劳动生产率即使不是负增长，至少也是零增长；另一方面，则表现为人们所说的"隐性失业"。

确有一部分破产的手工业者没有回乡务农，而是在城市的某些第三产业中找到了职业。但是，要弄清的问题是，就对积累产生的效果而言，这种重新就业与欧洲前手工业者在新建工厂中的重新就业是否相似；这种劳动力被重新雇用的方式是否表现为资本主义范畴的扩大以及是何种类型的资本主义范畴的扩大。研究国民核算的经济学家毫不犹豫地把上述两种现象看作一回事，通过衡量它们已经增长了的国民收入，确认同属一种社会"富足"现象。如果亚当·斯密、李嘉图和马克思仍然在世的话，他们会毫不迟疑地从根本上对这两种现象加以区分的。19世纪上半叶的经典作家认为，只有当实现了更多的利润以后，社会才会富足。因为利润的本质就是储蓄和再投资，所以它保证了以后的增长。衡量资本主义社会富足的唯一严格尺度是社会在生产中积累的"有创造性的储蓄"的数量。亚当·斯密正是在这个基础上把生产性支出（与资本进行交换的那种支出）与非生产性支出（与收入进行交换的那种支出）区别开来。这位苏格兰经济学家①认为，雇用工人将会使人变富；而雇用仆役将会使人变穷。可惜，他的这一精辟论断却被边际效用学派和国民核算人员置之脑后。企业家用其资本雇用劳动力并通过这一活动获取利润。他将这部分利润储存起来，尔后用于投资，以这种方式保持了经济增长。而地主用其地租雇用仆役，这可能会使一部分将陷入乞讨境地的人获得生存条件，然而他这种挥霍资金的做法却根本无益于以后的增长和社会的真正富足。

显而易见，同一种现象，由于经济的发展水平不同，可以对增长产生不同的作用（这里指的是那种投资效益不足的经济）。这样的非生产性支出有利于消费和投资效益的恢复，从而也就为储蓄向投

---

①　指亚当·斯密。——译者注

资的转变，或者说为积累提供了有利条件。同样是这些非生产性支出，对那些年轻的经济来说，它们以损害储蓄而不是损害强制性储蓄的方式提高了消费的份额，它们不利于积累。

通过对外贸易形成的资本主义的流通从一开始就被外国竞争所阻塞。所以这并不是什么"二元论"，即一个资本主义部门和另一个前资本主义部门的并存。这种并存是作为一种特殊现象存在的。请看毛里塔尼亚这个例子，在这个国家里，矿业和封建型的牧业并存。但是，这类（特殊的）缺少互相渗透的并存是另外一种机制的结果：外国资本在与对外贸易有联系的部门投资。我们在后面将研究这个机制。这里要说的是，与外国的贸易接触改变了本地经济。它已经不完全是前资本主义经济了。但它还不是资本主义经济。它是一种过渡型的经济。然而这种经济构成了一个整体，尽管它具有自己的特点，但是已完全被"纳入了体系"。

正是在这种过渡的和独特的经济之上才会并存一个"外国"的部门，两者之间的交流相当少。这是因为不久以后便会有大量的外国资本与贸易重叠。

三　以外国资本投资为基础的资本主义的形成

大约自1880年开始，欧洲资本以及后来的北美资本的"海外"投资规模发展迅速，成为发达国家和"欠发达"国家之间经济关系中的一个主要方面。列宁把外国资本的投资看作一个基本特征，并将"帝国主义"同资本主义列强输出资本的时代联系在一起。我们已经了解了为什么这种高度概括是持之有据的，因为，不平等交换与垄断发展所引起的变化密切相关，而这正是我们所关心的。

虽然资本投资没有取代贸易，但是为了表达得更清楚，有必要对以外国资本投资为基础的外围的资本主义发展机制专门加以研究。

研究采取的方式是把这种机制和简单商品贸易引起的发展机制区别开来。让我们来确定一下我们要研究的范围。假设现有两个国家的经济，它们之间互相发生联系，一个是资本主义经济，另一个是前资本主义经济。

我们假设这种联系表现为前一个国家向后一个国家输出资本的运动，还假设除资本转移引起的商品运动外不再有其他的商品运动。换言之，假设我们这里所指的前资本主义经济中的手工业不是因为对外贸易（外国工业的竞争），而是由于外国资本在当地建立的工业的竞争而解体的。在这种理论设想条件下，我们将看到资本主义的发展表现出其完成的形态。

我们的假设当然是不现实的。实际上，一个世纪的商品贸易已经使前资本主义国家的手工业遭到了破产。因此，第一批外国资本没有投资到适应当地市场需求的当地生产部门，而是投资到了以外国市场为对象的那些部门。然而，我们上面提出的假设对于更清楚地解释问题具有很大意义。假设在纯粹贸易关系的条件下，由于手工业的被排斥而出现了总需求的急剧收缩；又假设在这种关系仅表现为资本转移的条件下，总需求会大大增加。两者之间的鲜明对比具有引人注目的意义。

事实上，如果说外国资本建立的工业在与当地手工业的竞争中是获胜者，那么它们同时也以在解体的前资本主义行业中雇用劳动力的方式在当地进行了收入的分配。无疑，当地劳动力得到的工资会低于手工业者过去的收入。据此，人们便可以认为，在当地建立外国企业将与进口制成品的结局是一样的（也就是说，它通过需求的收缩阻碍了资本主义流通生长的机制）。此外，利润的回流和为外国资本建立企业而进口机器给支付平衡带来了困难。但是对此可以不必多虑，因为支付平衡本来就是假设的。

实际上，上述说法是错误的，因为在前资本主义经济的运行过程中通过进口方式引进外国制成品的做法降低了总需求的水平，原因是它将一部分居民拒之生产领域之外。如果手工业者被无情地排斥在生产领域之外，那是因为当地经济能够在不增加生产总量的情况下支付制成品的进口：从那以后，农民把过去卖给手工业者同胞的产品卖给外国。既然手工业者变成了工人，这里的情况就大不一样了，因为在当地所有居民都受到雇用的条件下，平衡得以重新确立。因此，这一模式接近中心工业化的模式。在尤其重要的这一点上，它与以对外贸易为基础的资本主义发展模式是不同的。

正因为如此，尽管外国企业在当地分配的收入总额可以低于手工业者从前取得的收入总额，即低于利润出口的总和，总需求仍然有所增长。原因有两个，一是出口的利润形成了一种新的需求，外国人在"欠发达"国家购买更多的进口物品；二是由于使用了提高生产率的机器，新建工业的产量比从前手工业的产量更高。必须支付这些机器设备的进口费用，资本的引进使其成为可能。至于利润的再出口，它之所以变得可能是因为农业在朝着商品化的方向发展。这一活动最终表现为总收入的增加、前手工业者的收入向新工人和外国企业家的手里转移。地主的收入也有可能增加。在当地建立外国企业的形式下引进资本主义根本不会造成市场收缩，尽管这种引进导致了部分居民的贫困。因此，货币交换总量不会因外国企业的建立而缩减，这同进口制成品的情况不一样。

另外，历史已经证明，资本主义以引进外资的形式，用 20 世纪的 50 年时间在"欠发达"国家发展的规模要比资本主义以殖民地贸易形式在整个 19 世纪的发展规模还要大。

正像我们在下面的分析中将要看到的，这是一种纯属假设的模式，对此有两点重要看法需要指出来。第一点看法，我们会问，为什么我们坚持要指明大量外国资本的流入没有降低反而增加了总需求。在资本主义生产方式下，由于资本主义体系所固有的竞争，企业家被迫进行"储蓄"和投资。外国资本也不能逃避这个绝对必需的进程。现代化和扩大再生产本身就是资本主义发展的现象。因此，即使被首批资本造成的手工业的破产降低了总需求的水平，资本主义的发展仍然会实现。换言之，这种假设可以证明此种模式与中心资本主义发展的模式是完全相似的。资本来自外国这一特征绝不会产生任何作用，除非是外国资本摧毁了手工业并建立起以国内市场为方向的工业。这一点有必要加以重申，而问题的症结恰恰就在于此。

因为，如果说上述模式是一种假设的模式，那是由于资本输出没有取代商品贸易，而是增加了商品贸易。这是我们要提出的第二点看法。进口商品的竞争继续存在，它迫使外国资本不在以国内市场为方向的工业部门投资，而是在以国外市场为方向的工业部门投资。所以，这种假设的模式仅仅有助于排除一个虚构的问题，即资本的国家属性问题。这就要求人们提出真正的问题，即外围新建工业所必然具有的补充特征而不是竞争特征这一问题。

外国资本的进入加快了本地资本形成的进程。但是，本地资本不能形成投资，一般地讲，原因是商品贸易在外国资本进入的同时继续存在；刚刚形成的微弱的本地资本（数量很少）不可能与中心的先进工业进行竞争。还要指出，外国资本的涌入加剧了危机。年轻的本地资本同样不可能与比它更强大的外国资本所创建的企业进行竞争。然而，这并不意味着本地资本将永远无所作为。下面我们将谈到，这些资本是如何投向某些无人问津的部门的。这种投资方向的实现将依据今后的资本积累速度，也将决定外围资本主义的特征。

在本地资本不可能完全自由投资这一现象中，已经存在着使资本主义的发展变得混乱的因素，即使是在外国资本前来摧毁本地手工业这样一种假设情况下亦是如此。这一因素增加了中心的先进工业与外围的弱小工业、更强大的外国资本与由它引发的较弱小的民族资本之间的矛盾。

因此，在现实的模式中，外国资本是在商品贸易关系建立之后才进入的。然而，商品贸易关系一方面早已摧毁了手工业，另一方面也使一种独特的经济得以建立，在这一经济中原有的土地结构有可能由于农业的商品化而得到加强。在这种形势下，外国资本前来建立面向国内市场的本地工业的可能性被排除了。所以，外国资本更乐意到那些生产出口产品的领域去投资。至于账户差额的重新平衡机制的问题，我们将在后面加以研究。

由于地租的地位得到了加强，许多第三产业活动有可能获得较高的盈利。它们也会吸引外国投资。在上述两个部门，某些本地资本可以跻身进去并占据强大的外国资本让给它们的那些次要的位置。

由于外国资本的进入而出现的发展，尽管它与假设模式中描述的那种发展方向不同，却仍然同后者一样保留了基本上是外国的发展的特征。这是由于必须不断"扩大"外国资本造成的，无论这些外国资本在哪些部门投资。由于它的外国的特征，行将发展起来的资本主义部门将从此越来越游离于本地经济之外，而且也越来越成为占统治地位的经济的一个分支。最露骨的"二元论"——两个部门的重叠——将有可能出现。

但是，仍然会出现资本的持续积累，基本原因是一样的，即技术进步是体制的内部要求。无疑，在这一方面正像我们前面谈到的那样，国际贸易的发展总需求随后就下降了。然而，外国资本的进入，无论它投资在哪里，都比投资之前使总需求增加了。在这里也像在其他地方一样，投资开创了自己的销售市场。可是，虽然如同在其他地方一样，积累也在这里出现了，但发展速度还是放慢了。第一个原因是由于贸易交往以及手工业者在农业或第三产业以特殊的方式被重新雇用而失去了发展潜力。这一情况在外国资本到来之时已经形成，它对后来的发展构成了一种强大的阻力。第二个原因是我们后面将谈到的外国资本投资的特殊方向。第三个原因是强大的外国资本限制了新诞生的本地资本进行投资的可能性。

此外，历史也证实了我们的分析①。如果说中心的工业化速度在1820~1900年进展相对快得多——与此相反，在外围则毫无进展，印度和埃及则出现了明显的衰退——而自1900年以来，外围借助外国资本的投资开始了自己的工业化。外围的某些国家在某些时期内的工业化速度超过了中心的工业化速度。

例如，如果我们考察一下1896~1937年这个时期的印度的工业发展，就会发现它的速度高于发达资本主义国家的工业发展速度。因此印度的制造业生产在全世界制造业生产中所占比例由1.1%提高到1.4%，而且印度的这个成就是在苏联工业（其指数在此期间由49提高到774.3，1913年的指数为100）和日本工业（其指数由28提高到528.9，1913年的指数同样为100）以惊人的速度发展情况下取得的。它的工业发展速度高于人口的增长速度，而且除日本外，印度的人口增长比任何资本主义国家的人口增长都快。这一情况表明，在印度出现的是真正意义上的发展，而不是与人口数量的增加相并行的简单的工业产值的增加②。印度的工业生产在此期间的年平均增长速度为4%。这样一种平均增长率，"欠发达"国家在现代是很容易实现的。大部分"欠发达"国家1920~1960年的工业生产总

---

① 关于外围工业化的历史，请参阅下列参考书。萨米尔·阿明的论文，前引，第191页；A. 博内：《中东的国家和经济》；查理·伊萨维：《中世纪的埃及》及前引书；A. 尤因：《非洲的工业》，牛津，1968；施皮格尔：《巴西经济：分散的工业化和长期通货膨胀》；J. L. 拉克鲁瓦：《刚果的工业化》，巴黎，穆东出版社，1966；威思：《拉丁美洲的工业》，纽约，1949；达斯：《印度的工业企业》，伦敦，1938；迪瓦塔和特里维迪：《印度的工业资本》，孟买，1947；冯：《中国的工业资本》，天津，1936；国际联盟：《工业化与对外贸易》，日内瓦，1945。

② 国际联盟：《工业化与对外贸易》，第14、19和156页。

值的年平均增长率保持在 6%～10%，工业纯产值（扣除折旧后的纯增加值）的年平均增长率为 5%～8%[1]。此外，收入的增长速度低于生产总值的增长速度这个事实也表明这是一种越来越多地使用机器和原料的资本主义类型的发展（而不是手工业型的发展）。事实是十分明显的，因为动力的使用增加了，工业企业（确定其为工业企业的标准是雇用的工人超过一定数量或使用的动力超过最低限度）的数量和产业工人的数量从绝对意义和相对意义上来说也同样有所增加。此处要指出的是，明显超过人口增长的工业人口绝对数量的增长与我们前面已经提到的第二产业就业人口比例的停滞甚至减少并不发生矛盾。事实上，第二产业人口包括资本主义部门的工人和手工业者。后者数量的减少要比前者数量的增加得多。手工业者的失业人数也增加得快。在这样的条件下，1900 年以来"欠发达"国家的制造业生产指数保持了和所有工业国家同样的增长幅度就不会令人吃惊了[2]。1900～1940 年，"第三世界"的工业增长速度稍高于发达世界，后者不包括工业增长速度更快的俄国（后来的苏联）和日本。在整个第二次世界大战期间，从那时以来直到 1950 年，情况都是如此。正如人们知道的，这期间只有美国由于独有的战时繁荣条件才保持了更高的工业增长速度。1950 年以来，人们看到"第三世界"工业化的速度明显放慢（外围资本主义特有的"冻结"类型显示了这一点），而中心的工业化却在加速，尤其是西欧。西欧在"追赶"美国的同时为资本主义的深化提供了一条新的出路。

因此，外围的现代（20 世纪）工业发展是不可忽视的。它的速度几乎和资本主义国家工业发展的速度不相上下。如果把 20 世纪的发展速度与 19 世纪的发展速度加以比较，将是很有意义的。遗憾的

---

[1] 联合国组织：《方法与问题》，第 157～160 页、第 177 页。

[2] 请参见萨米尔·阿明前引论文第 180 页以后他对该问题的论述；贾塔尔和贝里：《印度经济的成分》，剑桥，1949；科林·克拉克：《经济发展的条件》。

是，欧洲和北美以外的统计资料几乎没有。然而，"欠发达"国家19世纪的工业化速度低于20世纪似乎是很显然的。而在整个19世纪，中心的工业化发展速度（在以低速发展为特征的"起飞"时期之后）几乎一直高于1913～1945年的发展速度。

某些经济学家正是以这些数字为基础尝试提出了资本主义数理逻辑式发展的假设。在第一个阶段，发展速度是缓慢的，但是缓慢地增长着；在资本主义充分发展的第二阶段（例如19世纪的欧洲），发展速度高速增长；在第三个阶段，发展速度开始放慢，最后变得相当缓慢：资本主义经济"成熟"了。比利时经济学家迪普里埃[①]坚持的这个理论在20年前似乎已得到了确认。与此同时，有人对"第三世界"的发展做出了同样的假设，即它也是数理逻辑式的，但是是一个被延误了的发展。"欠发达"经济较之其他国家的经济大约延误了3/4个世纪。在整个19世纪，它们的工业化速度极其缓慢，但到了20世纪速度加快了，并变得较快。"第三世界"经济的数理逻辑式增长的另一个特点是：它明显地比资本主义经济的数理逻辑式增长要慢，因为时至今日它们的发展速度才仅仅稍高于成熟经济的发展速度。欧洲国家的工业增长速度年平均为6%，而"第三世界"国家则很少为3%～5%。

这种分析实际上是肤浅的，并且存在两方面的错误。一方面，它本身刚一提出便被事实否定了：自1950年以来，中心资本主义又经历了新的很高速度的增长。数理逻辑式的增长理论的机械主义分析仅仅浮于表面，而没有正视复杂的现实。另一方面，"第三世界"国家的增长速度和中心国家的增长速度没有任何类似之处。"第三世界"国家的"起飞阶段"（19世纪）同欧洲国家工业化初期经历的那种"缓慢"增长阶段并不相似，恰恰相反，它往往是一个衰退时

---

① 迪普里埃：《普遍的经济运动》，卢万，1947。

期。尔后，便在外围出现了一个比中心混乱得多的时期。这一时期的特点是，各个外围国家先后经历了一个短暂的高增长阶段，随之而来的是长时期的停滞。外围的历史不是一部大体上有规律的增长史——数理逻辑式的或指数式的增长，而是一部"瞬间即逝的奇迹"史，紧接着出现的则是反映外围资本主义发展特有矛盾的"停滞"。我们在下面将根据这些观点进行分析。

四 "欠发达"的类型学

看来，在最初就纳入了世界商品和资本市场的前资本主义经济条件下，资本产生的机制是极其复杂的，它比在封闭的国内市场假设条件下资本主义产生于简单商品流通的机制要更为复杂。实际情况较之我们所表述过的三种类型还要复杂，因为我们在前面分别分析过的三种情况之间还存在着相互作用的问题。这就是说，前资本主义的实际形态既不完全是前货币形态，也不是划一的简单商品形态。一方面是非商业部门的加速货币化，另一方面是手工业遭受外国商品进口的摧毁。此外，在外国资本进入的时代，还经常有某些手工业部门继续存在。在这种情况下，根据我们称之为纯粹的假设模式，某些外国资本以创立向当地市场销售产品的工业的方式（尤其是纺织工业）促进了手工业的彻底解体。

上述机制作用的最终结果在不同的国家和地区常常表现出极大的差别。实际上，这种结果取决于下面三个因素。

第一个是前资本主义形态在纳入国际一体化时候的结构。在非洲，占统治地位的原始制度常常是仅以附带方式经历了货币的使用。在其他地方，占统治地位的则是发达的封建制度。到处可见程度不同的旧制度的残余和较为先进的结构的因素。

第二个是国际联系的经济形式。在欧洲资本流入以前，某些国家已经与其保持了长期的贸易关系：在这一方面，拉丁美洲、中东和印度的例子最为突出（在手工业解体方面尤为明显）。另一部分国家仅仅到了 19 世纪中叶才将贸易对外"开放"（中国、印度尼西亚等国）。还有一些国家是在资本的国际转移出现之时被纳入了欧洲的贸易体系，例如 1880～1910 年被征服的非洲。

第三个是与一体化相伴随的政治形式，其作用亦不能低估。除自发的经济机制以外，国家政权也朝着符合其政治目的的方向改造本地的经济结构。不应忘记，现今的大多数"欠发达"国家在 19 世纪还是殖民地。拉丁美洲和中国是例外，尽管它们也没有处于欧洲政治活动的范围之外。在这个国家出现的是移民殖民化（阿尔及利亚）；在那个国家则进口其他殖民地的劳动者（马来西亚）；移民运动几乎遍及世界（非洲的印度人和阿拉伯人、远东的中国人等）。有时还会发生这种情况，即期望本国工业化的国家以前已建立的工业被有组织地破坏。1882～1890 年的埃及便是这样一个例子，一个世纪的努力（从穆罕默德·阿里时期至伊斯梅尔·帕夏时期）被彻底毁掉了[①]。

上述三种因素综合作用的结果产生了多种多样的"欠发达"的实际模式，从而导致很多经济学家否认"欠发达"现象的统一性，认为只存在"欠发达"的经济而不存在"欠发达"，就如同医生只承认存在病人而不承认存在疾病。然而，疾病的现实依然是存在的。"欠发达"现象的统一性并不表现在各种"因素"相互作用的"表面"之上，而是表现在当今"第三世界"所有国家共有的资本主义发展的外围特点上。所以，意在创立"欠发达"类型学的做法是在做表面文章，即便它能提供几点令人感兴趣的表述性内容。

---

① 查理·伊萨维：《1800 年以来的埃及：不平衡发展的研究》，《经济史杂志》，1961 年 3 月号。

　　从类型学的观点来看，人们可以明显地区分几大类"欠发达"形态。中美洲是一种类型，其经济的"货币化"程度很高，完全转向了单一农产品的商品生产（安的列斯群岛的糖和中美洲大陆国家的水果）。在某些南美洲国家，由于"并存"着比较封闭的农业①和仅限于采矿业（铜、石油等）的外国资本的生产活动，而两者之间缺乏互相渗透，所以这些国家经济的"货币化"程度相当低。根据外国资本在采矿业的发展水平（委内瑞拉和智利的采矿业十分先进），显然，本地的农业结构已程度不同地退居到次要地位。在非洲，土著原始农业经济或多或少地被商品化了（以两种方式：种植园和土著小商品生产），有时还有发达的矿业活动与该结构同时并存（如罗得西亚和比属刚果）。在阿拉伯和东方世界，与半封建和商品化（商品化程度在北非、叙利亚、伊拉克和土耳其较高，在埃及很高，而在伊朗和沙特阿拉伯则很低）结构的农业经济并存着已经得到发展，并有细微分工的资本主义生产活动（矿业和制造业）。其中一部分是外国的，一部分是本国的。在巴西和智利也有与此相近似的经济结构。南亚和东亚的模式也相当接近这种结构，只是有更为鲜明的封建土地结构的特征（因此商品化的程度比较低）。

　　"欠发达"类型的多样化导致了对"欠发达"体系的统一性的否认，而我们则认为这种统一性是具有深刻意义的。类型的多样化引导经济学家们不是在形成"欠发达"的机制中去寻找"欠发达"的标准，而是到其他方面，特别是到征兆领域去寻找，毫无疑问贫困是其中最普遍的一个征兆了。这种立场是我们要断然摒弃的。因此，我们不主张徒劳无益地进行无休止的类型学研究，而是更倾向于对外围资本主义发展的矛盾、对"欠发达"的发展继续加以分析。

---

　　① 当拉丁美洲丧失了它在重商主义时代承担的主要外围作用的时候，农业是完全"封闭"的（向自身收缩）。A. 弗兰克指出了这种衰退（见前引书）。

第二节　外围资本主义的发展："欠发达"的发展

资本主义生产方式拥有三种手段以限制利润率的下降趋势，它们构成了该生产方式积累动力的三种深远趋势。对第一种手段，马克思在《资本论》一书中用了很大篇幅加以分析，这就是剩余价值率的提高。也就是在资本主义体系的中心，资本主义剥削条件的加剧。这仅意味着相对贫困化，而不是像有的图解式的简单化说法所认为的那种绝对贫困化。特别引起我们关注的是第二种手段，即资本主义生产方式向新地区的扩展。那里的剩余价值率更高，因此可以通过不平等交换在那里提取超额利润，或者说是通过原始积累的方式而不是自身扩大再生产的方式来提取超额利润。第三种手段是扩大浪费的形式："销售成本"、军事开支或"奢侈性"消费。这样可以使由于利润率不足而无法实现再投资的利润得以被支出。马克思只是初步观察到了第三种手段，因为它仅仅是在当代才被大规模地使用。

在上述三种手段中，只有资本主义地域的扩展应当引起我们的注意。需要弄清楚的是，这种地域的扩展是中心资本为了解决自身的问题而进行的活动。地域的扩展能够使中心资本的利润率得到提高，这也是它存在的理由。正因为中心资本主义保持了扩展的主动性，所以中心—外围的关系始终不对等，所以才有了（确切地说是形成了）外围。

向外围资本主义的过渡已经揭示了由中心的主动作用的起因所反映的这种不对等。外围资本主义发展的进程将在最广义的中心的"竞争"范围内继续发展下去。而中心的竞争正是造成外围的特殊性的、补充性的和受人统治的结构的原因。也正是这种广义的竞争决定了与中心资本主义发展相比，外围资本主义发展过程中存在三种扭曲：第一，有利于出口活动的决定性扭曲，这类出口活动吸收了来自中心的资本当中最具推动力的那一部分；第二，有利于第三产业活动的扭曲，这种扭曲既反映了外围资本主义的特殊矛盾，又反映了外围形态的独特结构；第三，在工业部门的选择方面，有利于"轻工业"部门，附带地有利于"轻型技术"的扭曲。

这三方面的扭曲说明，外围是在不对等条件下被纳入世界市场的。用经济学家的术语来说，这意味着倍数机制由外围向中心转移（此类机制使中心的积累成为一个累积过程）。这种转移的后果便是"欠发达"经济的明显脱节、二元化……以致最终出现增长的停滞。

一 不平等的国际专业化与外围资本主义发展方向的扭曲

（一）有利于出口活动的扭曲

1. 统计资料①

出口活动在中心资本向外围投资中的优势地位并非一开始就很明显。如果人们以最近 20 年北美私人直接投资为例来观察问题，无

---

① 有关外国资本投资流动情况（总量、历史演变、部门分布、形式、报酬率等）的几部主要著作应当在此加以引证。特别是前一章已经引过的一些著作。还可参看萨米尔·阿明前引论文第 196～208 页，或是从输出资本的发达国家的观点考察，或是从接受输出资本的国家的观点考察的特殊发展的结果都在该论文中重新被引用了，其中特别是印度、巴西、拉丁美洲、埃及以及几个非洲国家的发展结果。关于这些国家，也可参考论文所列的书目。联合国和经济合作与发展组织自 1945 年以来提供了定期的、全面的资料。有关当代资本运动的参考书数量很大，请参见联合国组织《欠发达国家工业化的问题和方法》《1946～1952 年私人资本的发展趋势》《1945～1954 年中东的经济发展》《拉丁美洲的外国资本》；请参见经济合作与发展组织《资本国际流动的年度报告》，特别是 1968 年对发展援助和发展援助委员会成员国的努力及政策所做的分析。此外，关于美国最新投资的综合性分析，请参见哈里·马克道夫《帝国主义时代》，1968。还可参阅皮埃尔·雅莱《1970 年的帝国主义》，巴黎，1969；克里斯托弗·莱顿《欧洲与美国的投资》，巴黎，1968。

疑会看到石油和矿业的开发吸收了这些投资总额的 1/2 以上。但是，人们还是能够轻而易举地找到与此相反的统计资料。在英国的对外投资中，仅有 1/3 投入到直接出口活动上（矿业和种植园），而公共服务、铁路、商业和金融等加在一起所占去的部分则大得多。在法国的对外投资中，第三产业活动所占的比例就更大了。追溯历史，人们会看到，19 世纪时大部分外国资本是投资在政府信贷、公共服务业、商业、铁路和银行等部门，只有一小部分投资在矿业和种植园。在近期，投资到以国内市场为销售对象的制造业的资本份额有所增加，尽管它们仍然停留在相对次要的位置（占全部对外投资的 10% ~20%）。

然而，如果在分析事物时态度不那么机械的话，看一看和矿业开采及种植园一起得到大部分来自中心的资本的究竟是哪些部门（一般情况下是第三产业部门），人们会发现它们与出口经济有着非常密切的关系，并且是后者必不可少的补充。大部分运输部门（铁路、港口等）、商业部门及银行均属这类情况，它们吸引了外国资本。人们明显注意到的一个事实是，以国内市场为对象的工业部门并没有吸引外国资本：投向这些部门的外国资本只占外国投入"欠发达"国家资本总额的 15%。相反，外国资本对中心资本主义国家的投资则是另外一种完全不同的结构。原因是，"年轻"的中心资本主义国家——而不是外围国家——吸收了来自"老牌"中心资本主义国家的绝大部分资本。在向殖民地和半殖民地大规模投资 30 年以后的 1913 年，投向外围（亚洲、非洲和拉丁美洲）的外国资本在外国投资总额中所占份额刚刚超过 40%（440 亿美元中的 190 亿美元），加拿大、俄国、奥地利—匈牙利和美国从"老牌"国家如英国、法国和德国获得了更多的投资。"年轻"的中心资本主义国家吸收的外资份额从那时起又有增加，到现在已超过 60%。美国已从债务国变成了债权国，正如人们知道的，西欧从那以后接受了来自大西洋彼岸的大量资本①。不过，这些资本的2/3以上投向了以国内市场为销售渠道的制造业，尤其是投向了最现代化的工业。其余部分投向了第三产业活动，与"欠发达"国家的第三产业不同，它们不是出口活动的附属品，而是与国内市场相联系的活动。

因此，在外围的外国投资中出现有利于出口活动的扭曲是可以理解的，也是用不着讨论的。用这种观点，可将外围资本主义国家分为两种类型。在第一类国家——特别是产油国、产矿国和某些种植园经济国家——大部分外国资本直接投向了出口部门，其余的投向了与这些出口相联系的第三产业活动。在第二类国家，主要的出口活动是当地农业，外国资本只是少量地出现在附属性的第三产业部门。这种形势导致外国资本进入"欠发达"国家的程度极不相等。在出口活动被外国资本直接控制的情况下，外国资本的数量大大高于出口活动仅限于当地农业情况下的外国资本数量。因此，外国资本国有化以前的古巴（种植园经济）、比属刚果（金）、赞比亚或智利（采矿经济）人均吸收的外资比巴西、印度尼西亚、尼日利亚、印度或埃及多出5～30倍。产油国（委内瑞拉、利比亚和科威特等国）吸收的外资按比例来说则还要多。

一般情况下，在第二种类型的外围国家，有很大一部分当地资本被投入到出口活动之中。然而要统计这些投资是相当困难的，并且投资总额经常被低估，或者甚至被"遗忘"②。因为这类投资常常是用来改善土地的分散型投资。以埃及为例，1882～1914年农业——主要的出口部门——的投资占国民总投资的30%，1914～1937年占

---

① 参见克里斯托弗·莱顿前引书中关于欧洲吸收当代美国资本的作用部分。

② 有关这方面的参考书很贫乏，不过可参阅下列有关著作。萨米尔·阿明：《马格里布经济》第一卷，巴黎，1966，第96页及以后部分；《科特迪瓦的资本主义发展》，巴黎，第304页；哈桑·里亚德：《纳赛尔时期的埃及》，巴黎，1964，第166页及以后部分。

12%，1937～1947 年占 14%，1947～1960 年占 4%，1960 年以后由于建设高坝，投资有所增加。这些主要由国家（占到近 80%）提供、少数由当地私人储蓄提供的投资（用于灌溉基础设施）对增长起了决定性的作用，至少在第一次世界大战前是这样。第一次世界大战后，进口替代型的轻工业的发展取而代之成为发展的动力。1882 年农业吸收了 58% 的民族资本，1914 年为 48%，直到 1960 年仍为 21%。法属北非的殖民地农业也是一种出口型的农业，尽管它在总投资中所占比重呈下降趋势，但仍然占有很大的份额：1880～1955 年的阿尔及利亚由 50% 降到 20%；1910～1955 年的突尼斯由45% 降到 22%；1920～1955 年的摩洛哥由 26% 降到 13%。在北非生活的欧洲人为这些投资提供了资本。即使在农业开发投资相对较少——就基本设施投资而言——的热带非洲，当地资本仍然在这一领域做出了自己的贡献。例如科特迪瓦，它的出口农业在 1950～1965 年吸收了货币投资的 17%，这还不包括开荒活动一类的"传统投资"在内。

本地资本主义在许多第二类国家中得到加强导致了第三产业活动的发展，有时甚至导致本地资本的投资、以当地为销售市场的工业的发展。这种情况尤其发生在拉丁美洲的"富国"（巴西、阿根廷、智利、墨西哥……），中东国家（埃及）或亚洲国家（印度、巴基斯坦）。其结果是，在这些国家出现的有利于出口活动的扭曲较为轻微。

在历史上，直到第二次世界大战以前，尤其是在第一次世界大战以前，来自老牌欧洲的很大一部分资本在海外投向了公共债务①。1843 年，几乎只有英国对外输出资本，它拥有的拉丁美洲国家的公共债券达 1.2 亿英镑，是英国在海外 24 家最大的矿业公司投资总额的 20 倍。1880 年，英国拥有的英属殖民地、拉丁美洲及东方国家

---

① 请参见联合国组织《1914～1946 年的公共债务》，纽约，1948；《公共财政调查》；《拉丁美洲的外国资本》；皇家国际事务学院《国际投资问题》等书中有关埃及和其他几个国家的债务情况。至于近期的情况，可参考世界银行的年度发展报告。

（奥斯曼帝国、埃及等）的公共债券增加到了6.2亿英镑，此外还拥有2亿英镑的美国债券。据说，法国储户——其实是左右市场的那些法国商业银行——十分偏爱外国公共债券，特别是俄国的公共债券。第二次世界大战前夕，殖民地和半殖民地国家向欧洲和北美大的国际金融市场举借的公共债务占这些国家公共债务总额的40%～100%，占外国投资额的15%～70%。

这些借贷资金的用途极其广泛，其中很大一部分用于维持日常行政开支，另一部分用于基础设施的投资。但是，我们可以说，发行这些公共债券的资金从来也没有用在发展工业上。因为那时的国家坚信自由放任的信条，不关心工业的发展。另外，我们可以肯定，在很大程度上是正在形成中的外围被纳入世界市场这一事实才导致了基础设施公共开支，甚至行政开支的大幅度增加。

第二次世界大战以后，外国私人投资，特别是发达国家向"欠发达"国家的公共借贷（被人们称之为"援助"）的方向发生了新的转变。公共"援助"的绝对数额和相对数额都大大地增加了，无论是在殖民领地内部（特别是法兰西联邦内的非洲和北美领地）或那些在政治上、经济上与前宗主国关系密切的非殖民化了的国家，还是在那些冷战之风肆虐的地区（中东、东南亚）情况都是这样[1]。在许多国家，这种"援助"逐渐成为引进外国资本的唯一方式。然而，这种援助的用途，尽管国与国之间的情况不同，却趋向于对工业投资的增加，其中包括那些以国内为市场的工业。苏联的政策在这方面起了很重要的作用[2]。正是在那些最明显摆脱西方观点的国家里，这种趋势最为显著（例如埃及）。但是，这一政策导致西方国家

---

① 参见经济合作与发展组织的报告，前引。关于"接受"援助的国家的情况，可参见已很常见的众多的国民核算出版物。

② 参见 R. 雅康楚克《东欧国家对非洲的经济援助和工业渗透》，经济与社会研究所，金沙萨。

逐步修正它们的援助对象。例如，尽管法语非洲国家把援助的绝大部分用于基础设施，但欧洲共同市场则考虑将其今后提供的援助更多地用在工业上。然而，国际复兴开发银行以最明确的方式提出的理论仍然认为投资应当改善国际收支状况，比方说使债务还本付息得到保证。近年来，俄国也是朝这个方向去做的。所有这一切都使得有利于外国市场的扭曲在国际专业化的范围内出现了新的规模。也就是，在这一范围内，外围国家可以被允许从事某些过去遭拒绝的工业活动。

外国私人资本——还有公共援助，甚至本地资本的投资，尽管它们的程度更低一些——有利于出口活动或与出口活动相关的扭曲在很大程度上以其结构性特征加剧了世界市场的一体化（"欠发达"国家主要和发达国家发生贸易关系；而发达国家主要和其他发达国家发生贸易关系）。这些贸易形式我们在前面已经做了描述和分析。可是，投资的方向不是形成这种演变的唯一原因，因为农业从粮食生产向出口生产的过渡——即使在没有投资，或至少没有明显的投资情况下——与上述的演变是同一方向的。

2. 国内市场与国外市场①

如何解释这种有利于出口活动的扭曲呢？根据对事实的观察而

---

① 关于这一问题的辩论曾导致一系列理论著作的产生，它们已被认为是经典的和基本的理论著作。请参见萨米尔·阿明前引论文所附的参考书目，自286页起。此外，还可参考下列著作：布鲁顿：《增长模式与欠发达国家》，《政治经济学杂志》，1952；布坎南：《国际贸易与国内福利》，纽约，1946；《争取高收入的计划性工业化》，《经济杂志》，1956年12月；比耶：《国际投资与国内结构之间的关系》，博士生讲义，1950～1951；《国际稳定与国民经济：对金德尔伯格教授报告的几点看法》，罗马代表大会，1956年9月；约翰逊：《国际经济中的均衡增长》，《经济与政治杂志》，加拿大，1953年11月；卡恩：《发展计划的投资标准》，《经济季刊》，1951年2月；金德尔伯格：《外国投资计划的制订》，《美国经济评论》，1943年3月；联合国组织：《发展项目的确定及其经济评估》，1951年11月B4号文件；波拉克：《利用外资援助从事建设的国家所面临的问题》，《经济季刊》，1943年2月；索尔特：《外国投资》，普林斯顿，1951；辛格：《投资国家和借贷国家之间的利润分配》，《美国经济评论》，1950年5月。

立刻做出的回答是，出口活动可以提供更多的利润。但人们还应知道，由于与此相比较的另一个方面的情况远未搞清（以国内为市场的活动），所以要验证这个事实并非总是轻而易举。人们观察到的仅仅是已经存在的那些活动的利润率。对其他活动来说，算数的只有人们从计划卷宗里才能找到的假设利润率（恰恰是因为利润率不足，这些计划才被搁置）。

但是，人们应当超越这些"显而易见"的表象。为什么会出现利润上的差别呢？在这个问题上，流行的理论满足于做出匆忙的和平庸的断言：国外市场业已存在，而国内市场还有待于建立。然而这个断言在理论上是错误的。实际上，投资从来就不拥有已经存在的销售市场，因为产品销售市场的总量不可能在某一确定的时间内大于生产本身的总量。投资为自身创造了销售市场，但是销售市场不可能先于投资活动存在。此外，当投资转向为外国市场从事生产的时候，其销售市场最终并不是吸收出口补充部分的外国市场，而恰恰是吸收进口补充部分的扩大了的国内市场。而进口补充部分正是通过这种新的出口用现金支付的。

在中心资本主义国家，资本向一切生产部门投资。企业在扩大，用以出口的产品所占的份额日益增大；国民产值中对外贸易的份额增加，而市场则由国内扩大到了全世界①。外围国家主要是建立其产品全部供出口的企业，这在中心国家是罕见的。在中心出现的是"局部"专业化——意思是说，商品生产部分地是为了供应国内市场，部分地是为了出口——而在外围出现的则是"绝对"的专业化。在中心资本主义经济与世界市场一体化的进程中，贸易伙伴之间有一种对等的关系，它们的经济互为渗透，目的是在某一进程尚未完

---

① 在发达国家的关系中，这一机制与两个地区归并为一个国民经济整体的机制相类似。请参见 J. 拉巴斯《资本和地区》，巴黎，1955。

成而即将完成之后实现单一的市场、单一的一体化经济。在中心与外围的关系中，不存在类似的对等：中心发挥主动作用，而外围只是"开放"它的市场而已。

　　然而，在中心与外围最初新建立的接触中，如果实际工资（或实际劳动报酬）明显相同，具有较高生产率的中心能够实现出口；而外围在任何领域都不具有竞争力，所有产品的实际成本都要高于中心，因而无法出口任何产品。只有中心不生产的当地产品或初级矿产品（在运输费用不太高的条件下）是例外，因为仅在这类部门，"自然优势"才有其意义。从历史角度来看，国际贸易正是在这种形式下开始的：首先是通过当地产品；其次，当大陆间运输费用降到足够低的水平之时，则是通过初级矿产品。这种国际贸易需要外国资本以空前的规模进行投资。

　　此后，外国商品的打入，导致了手工业的破产，使外围出现了劳动供求之间的不平衡，因而降低外围的劳动报酬的条件才得以生成。尽管外围的生产率较低，但中心和外围之间形成的日益扩大的实际工资差别从某个时候起开始使某些为出口，甚或为国内市场而生产的工业，尤其是轻工业恢复了利润。在这种情况下便出现了新的投资动机，使外国资本的投资成为可能。当这些资本创办的企业的生产率与中心国家的企业的生产率相近似的时候，较低的工资便能实现较高的利润率。

　　但是，外国资本还有一个它所偏爱的投资动机，即它更愿意把资本投入到那些直接为出口而从事生产的工业，而不愿把资本投入到那些与进口竞争的工业。因为只有当中心自己的工业集中程度很高的时候，劳动报酬之间出现差别的条件才变得充分。在这样的条件下，恰恰是同一些垄断企业既向落后的国家出口商品，又在那里进行资本投资。它们力图通过自己在中心和外围的全部活动最大限度地实现利润，这就导致它们更偏爱在外围从事出口活动。至于正在形成的民族资本，由于它们的规模不大——也就是它们的集中程度不够——而不敢于和外国垄断资本竞争。因此，在可能的条件下，它们选择在那些不具竞争性而具有补充性的部门进行投资，尤其是在中间贸易、服务业等部门。在有余地的情况下，它们也在出口农业部门投资。

在这里，应该明确的是，在那些因融入世界市场而出现的从属性产业中以及在面向出口的农业生产中，本地资本的衰弱对当地前资本主义形态解体所起的作用，并不比融入世界市场的作用更大。无论在什么地方，本地资本无疑都会带来利润，而这种利润总要进行积累。但是，它将永远停留在对那些伴随世界市场一体化而形成的部门起补充作用的部门。在民族资本对此无能为力的情况下，外国资本将直接取而代之，正像非洲的奴隶贸易那样。换言之，在中心，以扩大国内市场为基础的资本主义生产方式趋向于使自身周围的前资本主义形态完全解体，趋向于成为唯一的生产方式。在外围，资本主义生产方式的扩展是外部推动的结果。这种资本主义只能在"国际专业化"允许的条件下才能得到发展，而外围在"国际专业化"进程中则处于被动的地位，它本身没有变为唯一的生产方式的趋势。

此外，出口农业对本地资本所具有的吸引力造成了特殊的结果。出口农业的发展无疑可以带来地主的富足，从而使新的"奢侈"进口产品（至少是相对而言）得以在本地市场流通。但更为突出的是，这种富足把城市经济中形成的新资本引向购买土地。通过中间贸易途径销售从中心进口的制成品并向中心出售本地产品而致富的商人，不把他们的利润投资到因外国竞争而无利可图的工业上，却用来购买土地，这对他们的"储蓄"来说是一种可以谋利的行当。然而，土地所有权获得的收入——地租——是一种垄断收入，是地主们的集体收入。它并不像利润那样必然成为投资所必需的"储蓄"。由于缺乏投资，利润将在具有竞争力的现代化企业的竞争下丧失其来源。相反，地租却可以完全用于消费。土地对资本产生的吸引力限制了积累的速度。正是从这种意义上来说，人们有理由认为"土地对储蓄来说是一个无底洞"。

一般情况下，人们对这种说法赋予不同的意义，认为购置土地对经济本身是一种损失，就如同储存黄金一样。实际情况并非如此，因为购置土地仅仅是财富由买主转让给了卖主。但是，出卖土地的"受益者"一般都消费土地的产品。土地需求形成的压力使土地价格大大提高，以至于地租率不再高于平均利润率。与此同时，该机制反映的土地所有权的集中既带来了农业人口的相对"过剩"，农业技术的现代化使这一"过剩"更加严重，而且也导致了地租的提高。在众多的例子中，埃及和印度是该机制令人瞩目的范例。

从长远的观点来看，这种有利于出口活动的扭曲构成了依附性和有限"发展"受阻——至少是相对而言——的基本原因。这是因为中心对来自外围的初级产品（农业的或矿业的）的需求在最佳的情况下，也无非就是能跟上中心的一般平均增长速度。这自然是指一般情况而言，而不是针对中心发展的各个时期孤立地就每一种初级产品来说的①。此外，外围国家必须至少用同样的速度以不断增长的出口来支付不断增长的进口，其原因是我们后面将要谈到的利润回流的作用。

因而中心的增长速度制约着外围的增长速度。在外围不断积累的资本此时出现了"过剩"的趋势——这是一种反常现象。这种资

---

① 有关初级产品需求的回顾和展望性的著作也是不计其数。可供参考的至少有以下几本。斯泰德尔：《美洲资本主义的繁荣与萧条》，牛津，1952；联合国组织：《欧洲经济的增长与停滞》，1954；国际联盟：《农业危机》，1931；联合国关于世界贸易的报告，其中特别是日内瓦大会的报告（联合国贸易和发展理事会，1967年）；佩利报告以及联合国粮食和农业组织的出版物和报告等。

本的"过剩"助长了贸易条件的恶化——外围向中心的价值转移有消除这种"过剩"的趋势。当地的"储蓄"从外围流失……或者对外围形成了更大的压力,并且寻求在以国内市场为销路的活动中投资。但是,要做到这一点,必须摆脱(至少是部分地摆脱)国际一体化的控制:例如,建立保护性的关税壁垒、进口设备,而为了支付设备的进口,就要控制汇兑及外资流入等。民族资本的发展与外国资本的统治欲望之间的矛盾加剧了。

外围的增长——作为中心增长的补充——趋向于丧失本身相对的规律性并变得不稳定。"第三世界"先是成了"奇迹"(高速增长)的舞台,随后便是"停滞"和"起飞的失败"。"第三世界"的历史在自身的地理图上留下了这种结构性依附的明显印记。某个地区在某个时期出现了"繁荣",是因为中心在该时期对它的出口产品感兴趣;当中心的兴趣转向另外一种产品的时候,该地区就会无可挽回地衰落下去。

诚然,这种"停滞"一方面具有相对性,而另一方面从"理论"上来说也不是"不可克服的"。换言之,所谓的贫困"恶性循环"是不存在的,它不能阻止与优先发展出口产业的方针决裂,不能阻止真正的自我中心型发展。如果中心对外围的这种或那种产品的需求的减少导致了外围这一地区出现了"储蓄过剩"(相对的),这种可供使用的资本大量的和有组织的投资活动将会以扩大国内市场的方式来建立自己的市场。但是,这将要求与盈利规则决裂,正如同在近期内需要马上用本地产品替代到目前为止一直需要进口的产品一样。从"长远"的观点来看,"欠发达"国家独立自主的工业化将会给发达的中心的制成品开放新的销售市场,这是毫无疑义的。然而这种可能性只能停留在理论上,因为通过这种以扩大国内市场为目的的大规模的和有组织的投资来实现的"解冻",在眼下会给"欠发达"国家的产品供应者带来损失。

经济学家们希望坚持对"盈利"原则的尊重，正如同他们不同意拒绝外国资本的投资要求那样。然而，如果面向国内市场的本地投资不能增加出口总量（或减少进口总量）以用来支付出口利润所必需的总额，那么对外国资本来说，本地投资将加剧对外的不平衡。由于以大量引进外国资本为基础的经济的改造会导致——通过加速使该经济"货币化"——直接或间接引发的第二次进口高潮，对外平衡的需要将严重地限制通过引进外资而进行内向发展的可能性。对那些持此类观点的经济学家来说，"贫困的恶性循环"是一个现实。这正是波拉克和布坎南所说的"欠发达国家引进资本带来的通货膨胀效应"①。

这里，我们不同意对"通货膨胀"一词的滥用。因为这个词在这里仅指需求的增加。可是，这种新的需求完全适应了由于外国投资引起的供给的增长。因而，这种投资不会有任何"通货膨胀效应"，也没有外部平衡失调的问题。因为补充需求在很大程度上——直接地或间接地——转向了进口；而可输出的这种新的供给不足以支付由于外国资本利润的出口而增加的进口。

如果说解决问题的办法像布坎南、波拉克及曼德尔鲍姆所指出的那样②，在于选择出口导向的投资，这无异于又回到了出发点。因为"停滞"确实是由下面这个事实导致的结果，即中心输出资本的能力要大于它进口这些资本创造的产品的能力。其他一些经济学家，例如卡恩③，则用另外一种方式回避困难：他们认为向国内市场投资不会总是导致前面提到的那些作者所说的"通货膨胀效应"。例如，

---

① 布坎南：《国际贸易与国内福利》，纽约，1946；《争取高收入的计划性工业化》，《经济杂志》，1956 年 12 月。

② 曼德尔鲍姆：《落后地区的工业化》，牛津，1947；波拉克：《利用外资援助从事建设的国家所面临的问题》，《经济季刊》，1943 年 2 月。

③ 卡恩：《发展计划的投资标准》，《经济季刊》，1951 年 2 月。

农业工具的改善可使得用于自我消费的农产品的产量提高。可是，即便是同意这种说法，那么人们将如何偿还用来进口农业工具的那些外国贷款呢？和卡恩一样，对国际复兴开发银行拒绝向那些不能通过出口获得"偿还"能力的项目提供贷款的政策提出批评的说法还认为，在国内进行投资将会给对外支付造成无法克服的困难，这等于回避外国资本提出的苛刻要求这样一个问题，无论如何也是没有根据的。

本地资本的投资肯定能够更容易实现以自我为中心的发展方向的设想，因为它不会面对利润汇出的问题。无论是民族私人资本——凡是在那些民族私人资本集中程度足以能够考虑创建与进口产品竞争的工业的国家——还是民族公共资本（由于民族私人资本不足）都确有上述这种明显的趋势。然而，需要指出的是，这种"解决办法"只有当人们考虑要与世界市场决裂的情况下才有可能实现。如果不是这样，民族资本将被补充性的第三产业部门所吸收。

（二）有利于第三产业活动的扭曲

对"欠发达"国家的产品及就业劳动力的部门分配结构加以研究，立刻就会让人看到一种有利于第三产业的"服务业"的非常严重的扭曲。有人为解释这种现象已经提出了各种理论，我们要在下面指出它们的不足。产生这些理论的不足的原因是对中心资本主义形态、外围资本主义形态以及世界资本主义体系的基本要领的无知。

1. 生产性活动和非生产性活动的概念

把全部经济活动划分为三种产业（第一产业、第二产业和第三产业）在学术著作中已经相当普遍，但是人们并不总是采用同样的分类标准。人们往往局限于词的泛义所赋予的直觉范围：第一产业的生产包括了"直接"向"大自然"获取"经济财富"的全部活动；第二产业的生产包括一切"加工活动"；至于第三产业的生产，它基本上是一个由私人或公共"服务业"组成的大杂烩。这种直觉的区分结果也部分地符合根据生产"三要素"各自发挥的作用而规定的划分标准的结果，即"大自然"、资本（时间）和劳动。根据后一种观点，在第一产业的生产中，土地——和土地所有制——发挥着重要的作用；在第二产业的生产中，资本的大量使用发挥着重要的作用；第三产业则包括了劳动仍然占有主要地位的活动。

三种类型产业的分类实际上是人为的。第一产业活动难道比被称为"加工活动"的第二产业向大自然"获取"的更多吗？重农主义者曾坚信这一点。人们原认为，李嘉图对亚当·斯密的权威性回答已然彻底消除了这方面的错觉①。不过，在第一产业和第二产业的区分之中不乏有价值的东西存在。这就是，土地的确是私人占有的目标。因此，李嘉图理所当然地没有把产生地租的原因归结为大自然（土地带来的"服务"），而是归结为土地私有制②。马克思比他更前进了一步，他分析了剩余价值的转化规律，认为它是由利润和地租两个部分组成的③。

边际效用学派主张，不应混淆"土地的服务"和土地所有制，在清除了私人土地所有制的社会主义制度下，仍然还需向土地"支付"它提供的"服务"费用。如果他们想以此来说明，在做计划的时候，应当考虑到土地有不同的用途以及土地对于这些用途而言有多种多样的适用性，那么这是完全正确的。

然而，由于社会条件本身就是如此，"土地"允许其主人以地租的形式获取报酬。由于人类任何活动都需要一个固定的地方，所以任何形式的这类活动不可避免地向土地的主人交纳地租。但是，地租在农业领域具有十分重要的地位，而在制造业中，它的地位则是微小的。

---

① 李嘉图：《政治经济学和赋税原理》第一卷，科斯泰出版社，1934，第57页。
② 李嘉图前引书第46页，"土地的占有及由此引起的地租的出现"。
③ 马克思：《资本论》第三卷。

它在采矿业和林业中的地位介乎于前两者之间。向地表土地的主人支付的租金每况愈下，这甚至使地主不能利用其身份阻止地下矿产的开发。可是地租在矿山和林业开发中的地位仍然很重要。甚至在农业中，资本也占据着越来越重要的位置。但是，矿业活动比农业活动更加显示了资本主义生产的特征。因此，把林业活动与农业一起归入第一产业，把矿业和加工业一起归入第二产业则显得较为合理。

然而，当人们详细分析第三产业部门的内容时，三种产业分类法的人为特征就显得更为突出了。在这个产业中，人们看到同时并存着差距甚远的各种活动：提供"服务"的手工业（例如作为手工业者的理发师）、多少有些机关化的自由职业活动（小学教师、"自由开业"的医生、国营医院的护士、律师及法官，他们都有同样的经济作用）以及贸易和金融（银行）"服务业"的资本主义生产，甚至那些类似手工业和自由职业活动向社会提供的服务性资本主义生产（理发厅或律师事务所）。无论从社会观点来看（主要收入）还是从技术观点来看（工资在制成品价值中所占的份额），劳动的主要特征对所有这些活动都是不一致的。在银行和商业活动中占统治地位的是资本，尽管这一要素基本上不以"机器"的形式出现，而是以货币储备或商品库存的形式出现。

在此类条件下，重新恢复被马克思的分析而深化了的古典传统再一次表明，它并不像边际效用论所声称的那么原始和无用。我们知道，李嘉图在亚当·斯密之后把人类劳动划分为生产性劳动和非生产性劳动。生产性活动领域在消费地点向社会提供物质产品。这一领域本身可再分为两个部门，即土地所有制至少曾经在历史上发挥了决定作用的第一产业部门（农业）和资本发挥了历史作用的第二产业部门（真正的工业、矿业及运输业）。在第二产业中重视运输的作用表明，不应用庸俗的意义理解"物质"一词。生产性和物质性活动意味着向大自然获取某种东西。纯粹的物质是以原料的形式向大自然取得的，然后经过加工和运输才能用于消费。

相反，非生产性活动不向大自然获取任何东西。然而这并不说明它是无用的。对于保证生产本身的运转来说它是必要的。它可使人类向大自然更多地获取。大部分"经济学家"认为这一区分的特征仅是停留在口头上。而实际上，这一区分对我们所关心的发达与"欠发达"这一主题是必不可少的。古典作家和马克思采用的根本方法具有深刻的社会学意义。它符合无可争辩的事实：为了向大自然获取某种数量的财富，人类要组成社会（当然不是像鲁滨逊漂流在岛上那样），并且应当花费部分时间来完成社会任务，而不是从事直接生产。根据这种社会组织的形式，相当数量的潜在生产力要用于"非生产性"活动。这样的区分对于发展问题来说具有重大的实际意义。假设一个由 1000 人组成的社会在某个地区生活并掌握着从他们的祖先的劳动中继承下来的物质，其中 990 人制造 300 套衣服、建造 100 套住房和生产 1000 份食品，而另外 10 人则把他们的时间用来组织这一生产活动。再假设同样是这个社会，只有 500 人投入制造 150 件衣服、建造 50 套住房和生产 500 份食品的活动中，而另外 500 人则把他们的努力和时间用来组织社会。这样，一部分人的活动的"寄生性"特点就暴露无遗了。这一特点被现代国民收入的计算人员掩盖了起来，因为当代统计学家会毫不犹豫地宣称：上述假设的两个社会的"财富"是完全相等的！实际上，总收入的严密计算应当力求在国民收入中说明向大自然获取财富的那部分收入和为组织这一生产而付出的社会力量的那部分收入。这将便于对不同制度下的经济效益加以比较。

生产性活动与非生产性活动的区分是"经济学"和"社会学"构成了两种不同的"科学"造成的。但这两种科学都是不健全的，因为只能有一种社会科学，正如马克思在《政治经济学批判》中阐明的那样。设立这种界限产生了一个问题，那就是如何确定这两种

"科学"各自的领域。于是，经济学将负责研究财富的创造和分配问题（也就是生产性劳动，就"财富的生产性"意义来说，"财富"在某些生产方式中变成了"价值"，例如商品生产方式）；而社会学则负责研究社会活动的组织问题，也就是除上述意义上的生产性活动之外的活动（政治组织）。存在于两个领域之间的明显的关系表明这种区分的人为特点和"经济学"的狭隘特点。

此外，这一区分还可使一国与另一国之间的所谓"人均收入"的比较确定在它的真正的领域内。说美国人比非洲人富30倍，是因为前者人均收入3000美元，而后者为100美元，这是荒谬的。这就把随着生产力的改善而出现的浪费现象撇开了：如果运输的机械化可在10分钟内跑完马车需要60分钟才能跑完的路程，但同时，生产组织的社会化导致了不必要的城市集中，迫使劳动者在去劳动地点的路上损失了更多的时间，这样，社会并没有因为机械化而"致富"（正像"收入"的计算显示的那样）①。如果说因此而使"福利"水平得到了提高，那就更加荒谬了。资本主义的发展充斥了这类浪费形式，它们表现了有利于资本主义的生产率差别。生产率差别作为唯一的客观标准，应该是通过对不同地方获得等量产品所需的必要劳动量进行比较之后直接得出的。

因为资本主义的发展并不把边际效用主义作为基础的公认原则——最大限度地"满足"作为自己的根本法则，而是把最大限度地获取利润当作根本法则。对资本主义来说，生产性劳动就是创造利润的劳动。

另外，对这一区分的兴趣是如此之明显，以至于边际效用学派无论怎样向古典学派提出批评，但当代经济学家仍然使用这样的术语：生产性投资和非生产性投资。在了解了这些词汇所包含的意义

---

① 刘易斯·芒福德：《技术与文明》，巴黎，1965。

的情况下使用它们与在没有自觉地确定其内容的情况下使用它们相比较，前者不是更好吗？

非生产性活动包括两种形式：公共形式和私人形式。以保证公共行政服务为目的的政府活动不是一件新事物。的确，国家除了公共行政服务之外，越来越多地承担起纯粹的生产性职能：运输、能源生产等。至于私人非生产性活动，它在历史上曾具有各式各样的形态。在亚当·斯密时代，它基本上是"手工业"形式：理发师、艺人等，他们向公众直接出售自己的服务；而用人则向某个个人出售他们的服务。亚当·斯密十分逻辑地从中得出了结论，雇用仆人的开支是非生产性的，而向被雇佣的工人支付工资则是生产性的开支。今天，此类活动部分地仍以过去的形式继续存在着，另一部分已经转移到了公共部门：过去属于私人的教育已在很大程度上变成了公共事业。但是，最深刻的变化无疑是大部分非生产性活动由小商品手工业生产方式过渡到了资本主义生产方式。艺人剧团和个体理发师让位给了演出公司和理发企业。演出公司的老板付给艺术家一份工资，而让观众从他的收入中取出一部分来为所得到的服务付出代价。对演出公司的老板来说，演出活动是生产利润的活动。这类利润并非一定重新投资到同一行业，它们可以转移到生产部门。因此，非生产性活动对发展的作用问题由于这一新情况而发生了重大的变化。再者，非生产性活动的这种资本主义形态早在19世纪初就已经在商业和银行存在，但它今天的规模要比那时大得多了。

2. 外围资本主义形成过程中有利于非生产性活动的扭曲①

无论是以市场价格还是以要素价格为依据的国内生产总值的部

① 参见国民收入统计，主要是联合国的综合性文献（国民收入统计，H系列）；科林·克拉克、库兹涅茨及富拉斯蒂埃等人关于各国的专著及综合性研究文章；还可参见萨米尔·阿明前引论文，第226页及参考书目，该论文中引用了上述综合性研究成果。

门分配统计已然揭示了发达国家与"欠发达"国家之间的质的差别。按科林·克拉克所下定义的第三产业提供了西欧资本主义国家国内生产总值的40%、北美的50%；而在"欠发达"国家，它所占的比重在30%～60%。在那些"最不发达的国家"，也就是与世界市场一体化程度最低的国家（非洲内陆国家、阿富汗等国），该比重在30%左右（很少比这再低）；在那些与世界市场一体化程度高的国家，要占到50%以上（而且经常大大超过这个比例）。另外，发达国家国内生产总值中第二产业所占的比重接近第三产业；而在所有"欠发达"国家，它的比重要低得多。就业人口的部门分配从质量上来说，也与上述情况相同。在发达国家，就业人口在第二产业和第三产业几乎是均等的，只不过随着人均产值的不断提高，第三产业就业人口的增加是一种趋势；而在"欠发达"国家，第三产业占用劳动力的比例要大大高于第二产业。因而，便出现了一种反常现象：从第三产业在经济中所占地位来看，"欠发达"国家显得更接近美国而不是西欧，甚至超过了美国！

如果人们现在来研究一下这些比例在中心和外围形态中的历史比较演变，就会发现一种极不寻常的推动力[1]。

在发达国家，就业人口从一个部门向另一个部门的转移运动不是线性的。以美国为例，自1820年到1890年前后，就业人口由农业部门（该部门在全部就业人口中所占比重从72%下降为不足50%）向其他两个产业部门的转移基本上是以固定和均衡的比例进行的。至20世纪，农业人口衰退的速度加快，然而，特别是1920年以后，第三产业部门越来越多地从农业人口的转移中受益。每个产业部门在国民产值中所占比重的变化几乎是同步的，只是到了20

---

① 萨米尔·阿明前引论文，第228～235页；科林·克拉克：《经济发展的条件》；库兹涅茨：《美国的国民收入》等。

世纪，第三产业在国民产值中所占比重的增长同这一部门的劳动力增长一样，两者的速度都超过了第二产业部门。这反映了一个事实，即当代第三产业技术进步的速度快于第二产业。

如果人们再来对发达国家每个产业部门的人均产值增长速度加以认真地比较研究，就会发现下面两种情况：第一，一般地说，工业（包括运输业）的进步比农业的进步要快得多和明显得多；第二，一般情况下，第三产业（不包括运输业）的进步反而不如工业的进步快，只有当代的美国是个例外，它那里的第三产业发展得更快。

在这种条件下，农业人口向其他部门的转移不可能仅仅是由于进步速度不同。因为在农业就业人口比重不下降的情况下，工业产值比重的增长是可能的。事实上，人口的转移是由于下列两种规律的综合作用产生的。第一，农业的进步——尽管它还常比工业进步缓慢——一直要求使用越来越多的资本（这不是农业所独有的现象），但也要求在可耕地单位面积上使用更少的直接劳动。鉴于农业进步的速度相对较为迟缓，所以这种进步必然从绝对数字上要解放部分劳动力，从相对数字上来说，更是自不待言了。第二，当人均收入增加时，对制成品需求的增长要快于对农产品需求的增长。

那么，技术进步的比较是否同样能解释非农业人口在第二产业和第三产业之间分布的演变过程呢？从表面上看是可以的，因为第二产业的技术进步一般地讲表现得更为明显。因而，如果不断增长的需求应当在制成品和服务业两者当中平均分配，第三产业就要比第二产业的就业人口增加得快。如果"服务业的需求"增长快于工业产品的需求增长，那么情况无疑更是如此了。

如果对发达国家的这种浮光掠影的分析仅仅停留在对进步的比较速度和需求的比较演变的研究上，那么，这种"令人满意"就要大打折扣。而科林·克拉克和富拉斯蒂埃做的正是这种分析。我们之所以说令人满意要"大打折扣"，是因为还有两项工作尚待完成。

第一，需要解释为什么转移运动不是线性的，而是出现了自 19 世纪末开始、1920～1930 年变得明显，特别是从 1950 年起加速的断裂：19 世纪的转移几乎是均衡地由第一产业向第二产业和第三产业进行；而在我们这个时代，转移越来越偏向第三产业。第二，需要验证对"服务业"的需求在相对地不断增长这一假设。而这里所指的"服务业"表现为一个内容繁杂的结合体。人们设想，增加的收入更多地转向对消遣性"服务业"、旅游或教育等需求方面，而不是对某些制成品的需求上（但不是所有的制成品，同样也有对"奢侈品"的需求，如别墅、游艇或裘皮大衣）。然而，在商品运输和贸易方面，没有"最终需求"：有的只是生产费用。可是这些费用的弹性较小。一个工业化程度较低的商品社会需要让一定比例的人口来完成商品流通的组织职能。同样还是这个社会，但是由于新工业技术的应用而变得富裕起来，那么它就可以用同样数量的劳动力使更多的商品得到流通。这一规律和某些服务业相对增长的需求的结合作用导致了整个 19 世纪第二产业和第三产业之间劳动人口分布的相对稳定。自 20 世纪末开始，在当代加速的这种稳定的中断尚待加以解释。流行的理论回避这个问题，而巴兰和斯威齐在对垄断资本主义的剩余吸收产生的动力进行全面分析中提出了他们的见解[1]。

另外，就演变的实际情况来看，"欠发达"国家与发达国家是不对称的。城市化和农村人口比例的下降无疑是"第三世界"一个非常普遍的现象。如果说在 19 世纪中叶的拉丁美洲、阿拉伯东方和亚洲以及在 20 世纪初期的非洲，非农业人口的比例极其微小（也就是百分之几），而在我们这个时代情况则不同了。在整个"第三世界"，城市人口超过了总人口的 35%；在相当数量的国家里甚至超过了50%；只有很少与现代世界发生联系的那些非常"贫穷"的国家里

---

① P. 巴兰和 P. 斯威齐：《垄断资本》，巴黎，1968。

才低于20%。① 不过，与总人口的增长速度相比，这些国家的城市化速度仍然要比发达国家低。在发达国家，百年以来的城市人口增长率为3%，即是总人口平均增长率的三倍。这种形势导致的结果是，农村人口的绝对数字在很长时期内保持了稳定，只是在近代才真正开始减少。"第三世界"国家的城市化速度大体上同它们的人口增长速度一样，在很长时期内是非常缓慢的；尔后——从近来开始，一般是指第二次世界大战以后，只有个别国家是在20世纪初至1940年这一阶段——增长速度急剧加快，就三个大陆加在一块儿来算，每年约7%；但是在这一时期，总的人口增长速度由1%增长到3%，因此，百多年来农村人口的绝对数字是不断增加的，而且有继续增加的趋势。然而，在发达国家，被农业吸收的就业人口呈负增长（农业人口相对和绝对减少），而其他活动吸收的就业人口增长率呈正数，而且很高。在"欠发达"国家，上述两种增长率都是正数，只是第二个增长率是第一个增长率的2~3倍。这一特殊现象反映了"第三世界"农业危机的加剧，这在发达国家没有出现。

此外，伴随"第三世界"城市化而来的是失业的相对和绝对增加，这类情况在西方只是出现在较短的时期内，各国情况不同，一般是在1820~1870年（1930年代的大萧条时期不在其内）。例如在埃及，城市被雇用人口的比例从1914年的32%下降到1960年的22%。1955年马格里布的失业者占伊斯兰城市劳动力的15%~20%，科特迪瓦1965年的失业率在18%~20%，而其他西非国家的比例还要高②。

另外，"第三世界"的非农业人口劳动力更多地转向了第三产业而不是第二产业，并且这种现象从现代城市化进程开始就产生了，

---

① 联合国组织：《人口年鉴》。

② 哈桑·里亚德：前引书，第158页；萨米尔·阿明：《马格里布经济》第一卷，第143页及其后内容；《科特迪瓦的资本主义发展》，第39页。

它与"第三世界"同资本主义体系一体化密切相连。即使回溯到1914年，工业就业人口的增长与总人口的增长相比也是缓慢的，根据不同国家和时期的情况来看，工业就业人口占总人口的比例只有1%～18%，在绝大多数国家中仅有1%～5%。总体来看，这一比例低于第二产业人口在全部就业人口中可占的比例。因此，即便是在所谓的工业化"初创阶段"，第二产业人口也呈下降趋势。1914～1958年的埃及，非农业就业人口的比例由34%逐渐下降为25%，而第三产业的就业人口却由66%增至75%。马格里布在1955年时，城市劳动力的45%分布在工业、手工业和建筑业，而55%则分布在商业、运输业、服务业和行政部门。科特迪瓦在1965年时，第二产业仅雇用了非农业劳动力的33%。[①]

因此，我们有理由认为，有关三种产业各部分演变的"线性和普遍"的理论只能是肤浅的和错误的。原因是：第一，发达国家的演变不是线性的；第二，"欠发达"国家的演变与前者是不同的，不论是在什么情况下，也不论以什么方式，都不能把这些"欠发达"国家和那些被认为是先于它们而发展的发达国家等同起来。

3. 经济发展与非生产性活动

对此，要提出下面三个问题：经济发展是否表现为第三产业活动以更快的速度发展？当代中心资本主义结构中的第三产业的更快发展是符合这类规律的吗？为什么在外围资本主义结构中，第三产业一开始就发展较快？

要明确一点，生产性或非生产性活动的概念是与一定的生产方式相关联的，这里指的是资本主义生产方式。这关系到是生产或不生产剩余价值（利润）的活动，其作用是实现积累，也就是说用来

---

① 哈桑·里亚德：前引书，第158页；萨米尔·阿明：《马格里布经济》第一卷，第143页及其后内容；《科特迪瓦的资本主义发展》，第153页及其后内容。

扩大资本主义生产方式的活动范围。把这一很明确的问题与别的问题加以混淆的任何企图都是出自反历史的、唯心主义的观念，而这对我们来说是格格不入的。具体来说，就是把这种或那种活动置于它们所处的生产方式之外来考察其是否有"效用"这样的问题。因此，我们并不试图弄清楚建造金字塔或中世纪的教堂是否会对人类产生"效用"，也不想知道在未来的理想社会中，劳动时间是否会逐渐缩短而用于非劳动的活动，因为消遣、教育、体育等这一类活动不带有劳动的强制性特征。

在资本主义结构内部，或者说在以资本主义生产方式为基础的结构内部，一种明显的互相依赖的关系存在于生产性活动与至少是部分非生产性活动之间，如教育、卫生及集体公共服务业等。对这一方面问题的研究虽然处于刚刚开始的阶段，但它将扩展传统"经济学"过于狭窄的（经济主义的）视野，将经济学最终纳入独一无二的科学中去，即纳入真正从总体上对社会进行研究的科学中去。

科林·克拉克、费希尔和富拉斯蒂埃的论点恰恰是用传统的、"经济主义"的观点试图回答第一个问题，因此没有多大意义。它不过是一个简单而又普通的命题：第三产业部门既然包括了最大量的"奢侈"性活动，因此，它的较快的发展应当被解释为是社会富足的结果。这种说法是含糊不清的，"将更多的生产力用于第三产业活动"又意味着什么？如果这指的是就业劳动力向第三产业的转移——这正是科林·克拉克和费希尔所阐明的——那么，这种论点在很大程度上是一种同语反复。原因在于，人们把生产划分为三个产业部门作为开端，把直接劳动占有比较重要地位的活动归纳在第三产业部门，尔后，人们又发现这个部门使用相对而言越来越多的劳动力。既然进步表现为使用更多的资本，而且人们又把直接劳动——资本比例高于平均水平的那类活动——纳入了第三产业，这样看来，前面的情况的出现便是不言而喻的了。

如果所指的是每个产业部门在产值中所占的比重，那么上述论点就是错误的了。因为被商品经济所覆盖的活动领域——产值计算的对象——本身是随着资本主义的发展而扩大的。鲍尔和亚米①对科林·克拉克和费希尔提出了批评，强调指出了在时间和空间内对产值进行比较的危险，他们是有道理的。资本主义的发展导致了从前的"家庭"活动，或者说非商品活动的商品化。当一名家庭妇女不再洗衣、做饭而求助于洗衣店或餐馆的商业服务时，国民产值和第三产业的产值就会由于家庭活动进入经济活动（以劳动为基础）的范围而得到提高。在这样的条件下，第三产业产值比重的提高并不一定表示"财富的增加"，而在很大程度上只反映了经济领域的扩大。

此外，社会的"富足"意味着什么？平均富足又意味着什么？在这一方面，特里安蒂斯②的意见非常正确，他指出，两个平均收入相同的社会，由于分配方式不同，因而人们观察到的是收入在三个产业部门之间分布不均。我们还要提醒的是，对第一产业部门的产品（进口食品）或第二产业部门的产品（别墅、游艇等）也存在"奢侈性"开支的可能性。

对于发达国家的第三产业近期以更快的速度发展的问题，科林·克拉克的理论全然缄口不谈。原因是，除了对相距遥远的社会（例如现今的欧洲与 1850 年的欧洲，美国与印度等）中不同"活动"之间的分配进行比较的意义展开任何论战之外，有一个明显的事实摆在人们面前：当代中心资本主义结构中，第三产业呈现高速增长的趋势。

首先，民用和军事公共支出——特别是军事支出——的增长速度高于经济的物质基础的增长速度。美国的政府支出在国民生产总值中

---

① 鲍尔和亚米：《经济发展与职业的分配》，《经济杂志》，1951 年 12 月。

② 特里安蒂斯：《经济发展，职业的重新分布和贸易条件》，《经济杂志》，1953 年 9 月。

所占比重由 1903 年的 7.4% 增长到了 1961 年的 28.8%；军事支出在政府支出中的比例则由 1929 年的 7.1% 增长到了 1957 年的 40%。其次，当代中心资本主义的"销售费用"（广告及其他形式的经济浪费）的快速增长。美国这一方面的支出自 1930 年以来大约占国民生产总值的 10%，其总额由 1929 年的 106 亿美元（为国民生产总值的 11.3%）增加至 1963 年的 551 亿美元（为国民生产总值的 13.4%）[①]。

这一情况同样也可以通过投资比例的独特变化得到证实。1880 ~ 1920 年，美国的私人工业吸收了全国投资的 40%，建筑业吸收了 22%，公共服务和公共参与吸收了 36%；而 1920 ~ 1965 年，上述三种投资比例则分别为 15%、18% 和 66%[②]。确实，工业投资比重如此剧烈下降不仅反映了有利于"公共第三产业"日渐扩大的扭曲，同时也反映了生产技术领域里的重大变化，它使工业的"资本耗费"大大低于传统的工业化模式。后面我们还将讨论这个问题。

总而言之，要对当代资本主义这一深刻趋势做出唯一有说服力的解释，必须探讨其演变的内部动力以及实现剩余价值的条件。只有在剩余价值以投资的形式或"浪费"的形式全部被耗尽的条件下，资本主义体制才可能运转。如果利润率下降的趋势是如此严重，以至于投资前景失去了吸引力，那么，资本家唯有力求制止利润率的下降或者"浪费"掉剩余价值。为达到制止利润率下降的目的，他们或想方设法在国内（中心）提高利润率，或在其他地方（外围）寻找投资场所来保证更高的利润率。中心的剩余价值率的提高取决于第二种方法。但是，剩余价值率的提高——无论是在中心还是在外围——加剧了收入分配的不平等，并且剥夺了投资的出路：社会"储蓄"能力与新资本有利可图的投资可能性之间的矛盾加剧了，因

① 巴兰和斯威齐：《垄断资本》，第 138、143 和 336 ~ 340 页。
② 见库兹涅茨前引书。

为新资本的出路是日常消费，而日常消费的增长速度要低于积累的增长速度。因此剩下的唯一办法就是"浪费"剩余价值。

与垄断的出现相联系的竞争条件的改变，必然导致浪费。"销售费用"——张伯伦在20世纪30年代曾首次对此加以强调——既反映了竞争（垄断之间）的尖锐性，同时也为解决问题提供了"办法"。国家之间的竞争本身加剧了，而由此造成的军事化也就成了一种有益的"浪费"，后者自1914年以来改变了在此之前资本主义所持的反对"军事浪费"的基本态度。构成第三种浪费的原因是凯恩斯所说的国家干预，尽管其中的某些干预是以"有益的"民用开支的形式（教育、社会服务）出现的，但并不全都是这样（基础设施的"效益性"等问题）。正像巴兰和斯威齐指出的那样，这种被浪费掉的"剩余"的绝对和相对总额必须增加。即便人们在这里看到了利润率下降趋势的规律和剩余增加的规律——巴兰和斯威齐提出的——之间的矛盾，但我们认为，人们没有能力掌握这一矛盾必然被不断克服的进程。

科林·克拉克的论点还远未说明当代中心资本主义结构中第三产业快速增长的实际原因，克拉克的论点从根本上说仍然属于卫道士的意识形态范畴。

至于说到"欠发达"国家，无论是科林·克拉克的卫道士论点还是巴兰和斯威齐的马克思主义的分析——他们的分析对中心资本主义结构是适用的——都不可能使问题得到解答。

外围的情况也像中心结构那样，第三产业是由各种不同成分组合而成的。

在外围形态中从一开始非行政第三产业活动——商业及商业性和准商业性服务（家庭仆役、自由职业等）——快速发展不容置疑，尽管由于缺少足够的统计资料而难以确定其规模。埃及1914~1960年[1]，包

---

[1] 哈桑·里亚德：前引书，第149页及其后内容。

括建筑业和公共工程在内的工业生产仅以年平均 3.4% 的速度增长（如果不包括建筑业和公共工程，则增长速度还要低）。尽管现代加工工业的起步基础几乎等于零，在此期间，其商业的年平均增长速度为 3.5%，运输为 2.6%，其他服务业为 2.2%，行政支出为 4.7%。阿尔及利亚的非行政第三产业在国内生产总值中的比重由 1880 年的 40% 增长到 1955 年的 42%；突尼斯则由 1910 年的 47% 下降为 1955 年的 43%；摩洛哥由 1920 年的 35% 增长到 1955 年的 36%[①]。科特迪瓦 1950~1965 年尽管新兴工业以非常快的速度发展（不包括建筑业在内，年平均增长 18%），但是非行政的第三产业年增长率仍然保持很高（10%）。这一增长率高于农业的增长率（7.2%），甚至比农业、工业和建筑业在内的总的增长率（8.6%）还要高。这样的例子不胜枚举[②]。

这种扭曲的最终原因存在于前资本主义社会被纳入国际资本主义市场的条件之中。与国际资本市场的一体化确实导致了向上述同一方向发展的三种结果。

第一，向外围提供进口产品的、占统治地位的中心国家的工业的竞争阻止了由于本地经济的"货币化"而形成的资本向工业的投资，并把这些资本引导到与出口经济相联系，特别是与贸易相联系的补充性活动方面。本地资本没有其他的出路。因此人们看到，在与世界市场一体化程度很深的外围国家里，贸易部门的发展相对来说就显得特别畸形了。与世界市场一体化的程度——这可以通过出口在产值中所占的地位来加以衡量——和贸易在产值中的份额之间有着极密切的关系[③]。当然，这种第三产业与反映社会"富足"的

---

① 萨米尔·阿明：《马格里布经济》，第 84~85 页。
② 萨米尔·阿明：《科特迪瓦的资本主义发展》，第 28 页及其后页数中的内容。
③ 这一现象在非洲表现得尤为突出。例如塞内加尔这个与世界市场一体化程度很深的国家，它的第三产业占国内值的 50%，其中仅贸易就占到 30%。

所谓转向"奢侈品"活动的需求结构毫不相关。

第二，生产率很低的某些第三产业活动（零售小商品，尤其是流动商贩、各种服务性活动等的畸形发展）掩盖了失业现象。互不相通的微型市场上的"竞争不足"只不过是该问题很次要的一个方面，而霍尔顿和尼科尔森却用它来解释上述现象。鲍尔和亚米及罗滕伯格①颇有道理地指出，资本的相对短缺——或更确切地说是劳动的相对充足——为"劳动耗费"的活动，尤其是第三产业活动的发展提供了便利条件；如同"自我就业"一样，这类部门不需要任何投资，而得到的收入也极其微薄，低于雇主能支付的最低工资。这种推理也完全可以适用于处于资本主义初期阶段的欧洲；然而那里没有发现任何类似当前"欠发达"国家所共有的畸形发展现象。这是因为，在"欠发达"国家，劳动力的相对充足——表示大量失业的"中性"词——和发达国家相比不能同日而语。恰恰是由于外国工业的竞争，造成了手工业部门的毁灭及农业资本主义的发展，但工业化并没有伴随而来，这就是上述"充足"的原因。在这方面，同样没有任何一点能表明这类半失业的活动具有"奢侈"特征。

第三，地租地位的加强是由于外围结构进入国际一体化所产生的独有特征，它导致收入的支出朝着特定的方向发展，表现为有利于第三产业某些活动的扭曲。在中心资本主义结构中，土地所有制逐渐丧失了在经济和社会中的统治地位而让位于资本，与此相联系的地租的地位也逐渐下降。在外围则正相反，在日益发展的专业化范围内，对外贸易的增长加强了地租的统治地位。专业化最初是建立在外围对外出口本地农产品的基础之上的。只要提供最初就存在的，或者是作为生产的"商品化"的结果出现的土地所有权的不平等分配这样一个条件，地租的统治地位就势必得到加强。此外，由

---

① 罗滕伯格：《论经济发展与职业再分配》，《经济统计杂志》，1953 年 5 月号。

于在这里占统治地位的是外国资本，利润——被输出了——不出现在当地的收入分配之中。在"高收入"中，未来的趋势是"非资本主义"性质的收入——地租——的地位将得到加强，而不是体现严格意义上的资本主义生产方式特征的收入——资本的利润——的地位得到加强。收入分配的一般性统计对做出这类根本性的区分无甚补益。但是，为数很少的几部著作中的统计资料可以使我们做到这一点。例如在埃及，大地主（拥有 20 费丹以上的土地）的地租收入在农业收入中的比重由 1914 年的 31%（国民收入的 18%）增长到 1960 年的 40%（国民收入的 14%）[1]。地租这种明显的增长在中东似乎是一种共同现象[2]。在科特迪瓦，大种植园主的收入由 1950 年的 23 亿非洲法郎（占科特迪瓦种植园主总收入的 29%）增加到了 1965 年的 76 亿非洲法郎（占种植园主总收入的 37%）[3]。然而，地租并不像资本利润那样必然成为"储蓄"，以便进行迫于竞争而必需的现代化投资，因为地租是一种垄断收入。因而它可以全部用作支出，实际上大部分情况也正是如此。所以这种支出又是一种"奢侈性"的支出。在物质产品方面，支出主要用于购买进口产品；在本地需求方面，支出主要用于不能进口的服务业：家庭仆役、消遣性服务……这就是"发展"（极为特殊的发展）导致"奢侈性"需求快速增长的唯一真正领域。

地主统治阶级的收入相对畸形发展的另一种表现是大量储存现金，这是资本主义体系中的前资本主义社会储蓄的现代方式。这种现金储蓄维持着众所周知的投机性投资网络，此类网络在大土地所有制的国家里尤其明显（拉丁美洲、中东、印度）：购置土地（因而

---

① 哈桑·里亚德：前引书，第 163 页。

② 萨米尔·阿明：前引论文，第 242 页及其后页数的内容。还可参看多琳·沃里纳：《中东的土地与贫困》。

③ 萨米尔·阿明：《科特迪瓦的资本主义发展》，第 293 页。

引起土地所有权的更大集中）、建设不动产（由城市化所引起的）以及输出储蓄。因而，1937～1952 年的埃及，地租占了全国私人储蓄的一半（另一半由企业的利润构成）：这些储蓄全部投资或投放到了不动产、金钱贮藏（黄金或银行账户）和土地购置方面去了①。

从积累的速度和结构来看，第三产业活动的畸形发展带来的消极作用很大。因为在大量这类活动中，支出不是真正的投资，即不是用来购买可产生利润的生产劳动力，而仅仅是一种资金投放（所有权的转移）或日常支出（收入的转移）。这类转移提高了总消费的水平，而无助于剩余价值的形成，后者的基本职能是用来进行积累。凯恩斯的分析——该分析设想任何补充收入都将部分地用于消费、部分地用于储蓄——在不同类型收入的功能性用途方面掩盖了上述的根本区别，因而也可以把任何形式的支出——甚至非生产性的支出——看作"感应投资"。

至于"欠发达"国家行政活动的畸形发展，这已经成为关于"欠发达"的老生常谈了。如果不愿让我们的分析停留在一般的描述上，就应当对有关的一系列问题做出解答。首先，就整体来说，中心和外围的公共支出的增长及经济物质基础的增长之间的比较速度是什么样的？有利于行政活动的扭曲趋势是外围的一种深远的旧趋势（在殖民时代这一趋势是明显的），还是新趋势（同源于"非殖民化"政治结构有关）②？在当代，这种扭曲在外围是否比在中心更为显著？其次，就整体来说，公共支出的资金是如何提供的？特别是，与中心比较而言，外围公共支出的资金来源（本地税收、本地贷款和外部贷款、通货膨胀）的动力是什么？就部门情况来看，重要的是分析中心和外围公共支出的比较结构（生产性支出和非生产

---

① 萨米尔·阿明：前引论文中的统计资料。
② 我们在下面还要再谈到这一根本问题。

性支出）以及资金来源的比较结构（最终由哪些类别的收入来支付这种支出？）。

在埃及①，我们看到行政服务部门的增长率（1914～1960年，平均增长率4.7%）曾大大高于经济生产基础的增长率（年均1.8%）。在这些支出之外，还要加上大量的投资，其中特别是对灌溉基础设施的投资（尤其是1882～1914年）。总的看来，世界市场的要求（棉花的灌溉耕作的发展）和普及教育是这种演变的主要原因。为所有这些公共支出提供资金是在完全没有实行通货膨胀，也没有接受"外援"的条件下完成的。通货膨胀和"外援"是近期（从1957年开始）在以关税和间接税为基础的倒退和僵化的税收结构中出现的。税收压力逐渐由很低的水平（1914年为7%）增大到很高的水平上（1960年为30%）。

在马格里布②，人们看到，无论是行政的还是装备的公共支出都是逐步增加的。阿尔及利亚这两方面的支出在国内生产总值中所占的比例分别由1880年的12%和4%提高到1955年的18%和9%；突尼斯由1910年的11%和3%提高到1955年的17%和8%；摩洛哥由1920年的10%和3%提高到1955年的12%和5%。在第二次世界大战之前，公共支出完全由本地财政提供资金的上述三国到1955年时外部资金已经分别占它们各自本国收入的40%、35%和40%。

科特迪瓦的日常行政支出由1950年占国内生产总值的12%上升到了1965年的16%，同期的装备公共支出由9%下降为7.5%，外部净资金在全部公共支出中的比例由31%降为18%③。中非关税与经济同盟全体成员国〔喀麦隆、中非共和国、刚果（布）、加蓬和乍

---

① 哈桑·里亚德：《纳赛尔时期的埃及》，前引书，第138页及其后内容，第166页及其后内容。

② 萨米尔·阿明：《马格里布经济》第一卷，第91、94页。

③ 萨米尔·阿明：《科特迪瓦的资本主义发展》，第306页。

得]1960～1968 年人均产值的年平均增长率为 1.9%，而同期全部公共支出（包括行政和装备支出）在国内生产总值中所占比重由 15% 增加到 20%，财政赤字由占总支出的 5% 上升至 6%。上面我们已指出这些国家向宗主国的价值转移是怎样成为这种消极演变——它是"国际专业化"带来的不可避免的结果[①]——的主要原因的。类似的现象几乎是目前所有非洲国家都具有的特征。

（三） 有利于轻型活动和技术的扭曲

发达国家和"欠发达"国家所使用的技术，尤其是它们的那些经济最发达的部门，是不相同的。人们注意到在"欠发达"国家里有一种明显的扭曲，而且这种扭曲较少地有利于"轻型"技术的使用，更多地有利于轻型经济部门[②]。

从"资本的密集程度"观点来看，初级投资的特定方向决定着一定的剩余增长速度，而后者也以同样方式对以后引起的增长速度发生着作用。问题是需要弄清楚在"欠发达"国家经济与国际经济一体化的特定条件下，如果让投资自由放任，它本身是否会朝着有利于实现最高速度积累的方向发展。这一问题包括三个方面。第一是总投资率问题。由什么机制来决定国民收入在消费和投资之间的分配？在"欠发达"的条件下，该机制是否能确定一种特别有利于投资的分配？人们是否可以先验地确定国民收入中"合理地"用于

---

① 萨米尔·阿明和卡特琳·科克里·维德罗维奇：《从法属刚果到中非关税与经济同盟：1880～1968 年》，巴黎，1969。

② 参见萨米尔·阿明：前引博士论文，第 274 页及其后的内容。我曾为此对埃及和美国的工业结构进行比较。我曾指出，这一历史运动的特征在中心的表现是第一部门的生产增长快于第二部门的增长；而在外围，这一趋势由于增长更快的生产资料进口而受阻。还可参看张《农业与现代化》，剑桥，1949；国际联盟《工业化与对外贸易》；联合国组织《欠发达国家工业化的方法与问题》；国际联盟《国际货币的经验》，日内瓦，1944；联合国组织《热带非洲货币经济的作用与结构》。

投资的份额？换言之，对于一个希望加快资本形成速度的社会来说，消费紧缩到何种程度才是"合适"的？第二是投资的选择问题。从资本密集程度的观点出发，决定向这种工业而不是向那种工业投资、决定使用这种技术而不是另外一种技术的是哪些机制？在"欠发达"经济范围内运转的这些机制对发展速度产生哪些作用？人们是否可以先验地——也就是说，脱离市场——来确定"有效"投资的先后次序？第三是用工业的资本密集程度的观点来看国际专业化的问题。哪些机制决定了一个国家的生产优先朝资本密集程度低的工业发展，或相反，在该国纳入国际市场的情况下朝重工业方面发展？国际专业化特定条件下的这些机制运动的结果，在"欠发达"国家是否有利于使发展获得最高速度？安排投资的努力在多大程度上需要依靠国内经济，又在多大程度上需要求助于国际贸易？

（四）　边际效用学派和马克思主义学派关于投资的理论

1. 边际效用理论，利率在发展方向和发展速度方面的作用

边际效用学说认为，利率，而且只有利率才能决定投资的方向（从理论角度）。该学说还认为，只有金融市场上自由规定的利率才能合理地引导投资方向和确定适应个人偏好的增长速度（从说教角度）[①]。

正因为如此，在边际效用学派的观点看来，利率调节着资本的供求关系。然而，使用资本更密集的生产方法延长了生产过程，并且要求消费者做出牺牲，而消费者历来宁愿选择当前的消费而不是将来的同等消费。金融市场由于借助利率而能够根据未来的贬值率调节消费和投资之间的收入分配。金融市场还决定适应个人偏好的一般发展速度。

---

①　马塞：《投资实践和投资哲学》，《应用经济学》第 3 期，1952；普拉代尔：《投资的最佳状态》，《政治经济学杂志》第 3 期，1953。

此外，利率除决定"储蓄形成"的一般速度外，还决定各生产部门之间的最佳投资分配及生产技术的最佳选择。也正是由利率来保证，人们在追加投资带来的生产率增长仍低于其他部门的情况下，不再进行任何投资。事实上，利率不仅是衡量当前消费偏好的尺度，而且也是衡量资本要素边际价值生产率的尺度。这里说的是用资本价值计算的生产率，至于说资本要素的物质生产率，当利率为零时，它将达到顶点。因为根据博姆·巴沃克的说法，生产周期的延长，也就是使用"资本耗费"更高的技术（更"重型"的技术）则在物质上永远是有利的。所以某些经济学家主张取消利息以实现最高的实际生产率[1]。实际上，这一"要素"价值生产率不是出于任何其他方面，而正是出于个人历来对当前消费的偏好。资本只是凝结在设备上的劳动和在该设备制造出来之后在生产中使用的劳动而已。博姆·巴沃克和费希尔试图在独立于当前消费偏好基础之上制定利率的努力遭到了失败[2]。

正统理论断言，为加速发展而求助于"强制性储蓄"既是有害的，又是不可能的，因为这与消费者偏爱当前的消费是对立的。因此，任何希望通过保持低利率以达到促进投资和加速发展的货币政策都将因消费者最终厌烦储蓄而宣告无效。同样，当通货膨胀超出了个人储蓄"愿望"能够接受的范围时，任何强制性的公共投资政策都会因此而归于失败。

换言之，自由确定投资的方向会使人们"最大限度"地得到满足。所有"计划"都必须正视这一深刻的现实。从企业家的观点看，公共投资应当被引导到最能盈利的那些生产部门。考虑到资本的利息，在几种可行的技术当中，应当选择能在自由市场上最大限度获

---

① 阿莱：《经济与利息》，巴黎，1947；哈罗德：《争取蓬勃发展的经济》（第129页及其后内容）。这两位作者重复了普鲁东的乌托邦说法。
② 库尔坦：《关于利息的理论》，博士学位课程，1949～1950。

取利润的那一种。阿莱曾竭尽全力来证实，"最佳社会效益"要求根据效益来决定资本的投资方向。然而，就如同对数学定理的论证一样，该理论陷入了恶性循环之中。显然，个人的"满足"基本上是由他们的收入决定的，而他们的收入一方面取决于投资的方向和积累的一般速度；另一方面又取决于一种完全脱离金融市场条件的现象：使雇用工人和雇主处于对抗地位并决定着实际工资水平的契约力量。诺加罗①曾十分明确地指出了整个边际效用经济学说的根本缺陷，该学说认为只有需求才构成价值的基础。

因此，与先进国家相比，"欠发达"国家选择的仍将是那些资本耗费更少的部门和技术，在先进国家，相对来说资本要素不那么缺乏，劳动力不那么充足，因而能得到较高的报酬。绝大多数经济学家主张选择那些资本耗费最低的生产部门②。正是因为从资本密集程度的观点来看，农业本身基本上就是一种资本耗费低的活动，许多经济学家坚持给农业发展以优先地位；还因为由于追加资本的使用而带来的边际产量在密集程度低的投资中更高些，因此应当优先选择密集程度低的而不是高的投资。波拉克为此举了印度的例子：在

---

①　诺加罗：《经济理论的逻辑价值》，第 8 章。

②　关于部门和技术选择的讨论曾引起一大批学术著作的出版（萨米尔·阿明论文中的参考书目，第 291 页），其中可参见奥布里：《计划性的工业化》，《社会学研究》，1949 年 6 月号；巴洛格：《对争取高收入的计划性工业化的评论》，《经济杂志》，1947 年 6 月；贝尔肖：《争取高收入的工业化之我见》，《经济杂志》，1947 年 9 月；世界银行：《经济发展中工业和农业的平衡》；布坎南：《国际投资与国内福利》，纽约，1946；《争取高收入的计划性工业化》，《经济杂志》，1946 年 12 月；切纳里：《投资标准的应用》，《经济杂志》，1953 年 2 月；达塔：《工业化经济学》，加尔各答，1952；弗兰克尔：《农业国的工业化与新的国际劳动分工的可能》，《经济杂志》，1943 年 6～9 月；卡恩：《发展规划中的投资标准》，《经济季刊》，1951 年 2 月；联合国组织：《欠发达国家经济发展的措施》，纽约，1951；波拉克：《利用外国贷款进行建设的国家的支付平衡问题》，《经济季刊》，1943 年 2 月；森：《技术的选择》，牛津，1965；斯特鲁米林：《资本投资项目中的时间因素》，《国际经济论文集》，第一集。

这个国家，以平均每个工人投资 300 卢比建成的车间，每个工人的产值可达 200 卢比；而以人均 1200 卢比（是前面那个车间的 4 倍）投资建成的车间，每个工人的产值仅为 650 卢比（仅为前一个车间的 3.2 倍）。

边际效用学说中与多数派持不同意见的反对派是由卡恩领导的，他指责对手混淆了投资的边际生产率和社会边际生产率，即忽略了资本密集的投资可以在其他部门获得的储蓄。例如，倘若这一投资把其他生产部门必需的工人争夺了过去，或它用机器取代了较为昂贵的劳动力，而后者又无处寻找一个更合适的职业，那么，其社会边际生产率就可能是负数。与此相反，对企业家来说盈利不多的资本密集投资，它的社会边际生产率可能会达到很高的水平，如果由于它开发了完全没有被利用的自然资源而使生产得到很大提高。

另外，由于国际贸易对双方都非常有利，因此"欠发达"国家完全有理由专门从事它们最具有天赋的那些生产，也就是相对最充裕的要素，因而也就是最廉价的要素（这里指劳动）得到最密集使用的那些生产。上面所述几乎是正式的和普遍的观点。

2. 马克思主义对边际效用学派的投资理论的批判

像局限于普遍平衡理论所做出的一切分析一样，边际效用学派的投资理论也把自己关闭在一种恶性循环之内。毫无疑问，个人对当前消费的偏爱程度取决于他的收入水平。然而，收入分配的总体状况本身——至少是部分地——则取决于利率及由利率决定的投资方向。因此，丝毫看不出利率决定着国民收入在消费与投资之间适合个人偏好的分配。或者，更确切地说，它确定的国民收入分配基本是一种保守的分配。因为它将根据未来贬值水平保证今后投资的某种方向，而未来的贬值自身是由过去投资的方向导致的收入分配决定的。因此，这里面没有任何合理成分可言。

在这样的条件下，引导人们将事物的现状看作最佳状态的这一理论，无法向"欠发达"国家提供加速发展的政策，对此人们不会感到惊异。

利率在确定投资总额和资本的投资方向方面果真具有决定性的作用吗？据我们看来，这个问题的答案绝对是否定的。首先，利率的变化很大——在目前是由货币条件决定的——因而在这种货币利率和博姆·巴沃克及魏克赛尔所说的"自然"利率之间一直存在着差距。如果人们接受边际效用学派的主要论点，即利率决定总投资及投资方向，那就正是上述差距将在实际上决定投资总额及其方向。可是，资本一旦投入，它就保持下来了。其次，事实清楚地表明，即使从表面来看也不是利率在投资方面起推动作用，起这种作用的是边际效用学派根本不承认其存在的利润。按照边际效用学派的静止方法，经济发展被人们作为一个瞬间来研究。在这一瞬间，被视为全部现存生产资料的资本总量是已知的。这时唯一的问题是知道如何最有效地使用这一资本。但是，从动态的角度出发，问题完全不在这里。所谓生产资料是继承下来的储备物的假设应当放弃，而以事实来代替假设。事实是国家拥有已经探明的某些自然资源，此外还有继承下来的设备以及劳动力。社会的唯一财富，除了自然之外，最终就是人和他的智能（技术知识）。需要回答的问题只有一个，那就是如何使用劳动力，它在多大比例上应当用于国家的设备，在多大比例上用于最终生产。

在资本主义生产方式的范围内，这种分配是由实际工资水平（剩余价值率）决定的，而不是由个人对当前消费的偏好决定的。

那么，博姆·巴沃克是运用什么方法来证明生产在这两大部门之间的分配是适应了"个人的时间偏好"呢？博姆·巴沃克遵循了这样一个原则，即更大量地使用"资本货物"总是可以使产量增加，但同时又要求延长"生产周期"。这个原则后来受到怀疑并且引起了无休止的论战。似乎今天这一讨论应当被认为是结束了。卡尔多①很明确地指出，生产周期的时间长短仅仅是衡量生产的"资本密集程度"的一种方法而已。要研究两种方法之间的分界点是很难的，因为博姆的生产周期概念非常独特。而从这种意义上来说，衡量该周期的长短几乎是不可能的，原因是生产支出和生产收入不间断地互相交错。"生产进程的长度"是一种蹩脚的表达方式，而马克思主义关于资本的有机构成的说法与之相比则明确得多。在这种条件下，博姆·巴沃克的看法与马克思的记述并无不同之处，即资本载量最多的技术同时也是生产率最高的技术。但是，博姆·巴沃克后面的推断显得就不那么贴切了。既然生产周期越长，其生产率就越高，那么"中间"产品的生产似乎应该无限地发展下去了。自然，人类的知识在一定的时候是有限的；因此存在着一种"最长的时间即最大的产量"的方法。人们要永远使用它。其实根本不是那样。为什么呢？因为博姆·巴沃克依据未来的贬值规律说，尽管生产的物质总量可以在延长生产周期的条件下无限增加，生产的价值量越来越大，但相距也越来越远，它先是增长，而后是下降。所以，这里有一个最佳生产周期的问题。为此，难道不应该先验地假设，当人们延长生产周期的时候，未来的贬值率比物质生产率更高吗？如果情况不是这样，那么生产周期越长，生产的产量就越高（尽管有未来的贬值在起作用）。博姆·巴沃克为了从这个困境中脱身，于是又提出了另一个见解：这个周期不能无限地延长，因为制造生产资料的劳动者所必需的生活资料应当先生产出来。可是这个见解意味着什么呢？博姆·巴沃克把全体人口分成两大类：一类从事消费品的生产，另一类从事国内的设备生产。博姆·巴沃克提出的通情达理的新见解最终意味着，人们不能把从事最终产品生产的那一部分人口

---

① 卡尔多：《资本集中与贸易周期》，经济出版社，1939。

压缩到少于保证全体人口最低"生存"条件的那一部分人口。故而，发展速度根本不是由未来的贬值率决定的，而是由实际工资水平决定的。

当一个企业的工资增加时将会出现什么情况呢？企业主的成本增加了。于是他试图将成本重新降到最低的水平，以便保证其资本的正常收入，采取的是引进"资本耗费"更高的，也就是生产率更高的生产方式。这是出现在微观经济领域的情况。那么，使用更现代化的技术将在宏观经济方面产生什么样的影响呢？一方面，使用相对更多的机器可使在劳动总量减少的情况下保持原来的最终产品的产量（过去和现在都是如此）。因而，更大量地使用机器会导致失业。通过这种办法甚至可以给实际工资的增长规定一种限度。另一方面，更大量地使用机器还反映在就业人口的分布更有利于生产资料的生产。虽然最终产品生产部门的就业人口比例下降了，但是其产品总量仍然在增加。增加了的最终产品的需求（由于实际工资的增加）可以得到满足。这就是马克思做出的分析。

库尔坦和鲁滨逊[①]认为，劳动报酬以同样的方式对生产资料的价值和消费品的价值发生作用，工资率并不决定资本密集型还是非资本密集型技术的选择。这种推理没有考虑到企业家为应付工资的变化而具有的行为动力。

因而，陷入自相矛盾之中的博姆·巴沃克又重新回到马克思关于积累速度与测定工人和资本家力量对比的剩余价值率相联系的见解上来。实际工资越低，从事消费品生产的那部分人口的数量就会越少，因而从事设备生产的那部分人口的数量就会越多。但与此同时，实际工资越低，使用的技术也就越原始，获得一定产品总量所

---

① 库尔坦：《关于利息的理论》，前引书；J. 鲁滨逊：《马克思经济学随笔》；《通论的普遍化》。

必需的全部劳动力（直接的和间接的）的数量就会越大。

关于不同部门之间的资本分配，马克思分析了竞争决定投资方向的机制。这是剩余价值转化成为利润、价值转化成为生产价格的问题。在各种工业资本有机构成互不相同的世界上，由等量资本产生的剩余价值量在不同的生产部门之间是不一样的（如果假定剩余价值率在各处都一样）。因此，资本将流向那些利润率最初就较高的最轻型的工业。它们将造成价格下降，使价格低于价值，并将价格固定在"生产价格"的水平上，以此保证所有资本都获得等量的报酬。通过研究最终决定利润率的条件，马克思发现利润率与剩余价值率成正比，而与资本的有机构成及资本的周转期成反比[1]。在马克思的思想中，资本周转的平均速度不是别的，只是资本诸要素周转期的加权平均数。周转期只是一定长度的时间，在此期间资本诸要素固定在生产中，决定周转期的是商品的制造期限和流通期限。技术进步一般通过全部投入资本的周转期的延长表现出来。这里人们又看到了博姆·巴沃克的见解，他是从极为有效地描述现实状况的定义出发而提出这一见解的。

鲁滨逊在对不完全竞争的研究过程中把上述边际效用学派放弃的问题重又提了出来，并予以重视。而边际效用学派对利润的分析则很少关心。鲁滨逊把由契约双方相对垄断力量的状况决定的实际工资水平联系起来。他以这种方法在"剩余价值率"和全部生产的划分之间，在资本货物的制造和最终产品的生产之间，重新建立起

---

[1] 贝纳尔：《马克思主义关于资本的概念》，巴黎，1951，第131页。在这部著作中，人们又看到利润下降的趋势（利润率和有机构成之间的联系）。关于这一方面，还可参阅前面已经列出的参考书目。利润率和有机构成之间的联系在某些著作中作为主要研究对象，其中主要可看罗斯塔斯：《英国、德国和美国的工业生产、生产率及分配》，《经济杂志》，1943年4月；费尔纳：《动力经济学中的资本输出率》，（《货币、贸易和经济增长》，为纪念威廉斯而作，纽约，1951）；曼德尔鲍姆：《落后地区的工业化》，前引书，第95、99页。

了联系。边际效用学说由于把注意力全部集中到利息上而忽略了像
实际工资这样的基本数据，致使经济理论远离了社会现实。

（五）从社会观点看投资的生产率

人们已经看到，对社会来说唯一需要解决的问题是劳动力在设
备的制造和最终产品的生产之间如何进行分配的问题，就是需要保
证这种分配可使最终产品的生产根据所希望的速度获得最大成果。
自然资源、继承下来的过去的产品储备有利于这种生产，但社会对
这类资源无所作为，涉及的仅是更有效地利用这些财富以便获得所
期望的结果。然而，对投资运用以社会合理性为基础的经济管理方
法所产生的结果不同于以孤立的企业家追求眼前利润的机制导致的
那种结果。

1. 资本主义生产方式中"头脑精明的企业家"所持的态度

关于机器可能取代劳动力，在资本主义生产方式条件下，企业
家要对购买机器的附加支出和由此节约下来的工资进行比较。实际
上他不对机器的总价格和工资进行比较。比较的条件，一方面是把
"时间价格"考虑在内的现实的机器价值，另一方面是在生产过程中
要支付的工资的现实价值（以现行利率预期的）。但为了表达得更清
楚，第二个问题将在本书后面单独加以研究。这里我们把利率撇开
不谈。换言之，我们假设没有利率，假设它不出现。

然而，如果人们站在社会的立场上看问题，就必须用另外的说
法进行论证。机器本身也是被生产出来的。对社会来说，唯一合理
的标准似乎是机器在一件产品的生产中的使用可以实现的总的劳动
节约。显然，要衡量总的劳动节约，必须考虑到这种方法所需的
"自然财富"的相对耗费和在两种情况下为生产一件确定产品所必需
的时间。这两个问题留待后面加以分析。

总而言之，两种计算方法得出的结果是不同的，因为企业家个

人的计算考虑的是用净收入时工资和利润进行分配，而这种分配取决于现有社会力量的相对实力。力量关系中出现的某个变化会使过去一直不赚钱的某些投资变为盈利。可是，这样的变化不会使上述两种方法为生产一定量的产品所需求的总劳动量（直接的和间接的）发生任何变化，而在两种情况下生产该产品所需要的自然财富的相对耗费和必要时间都已考虑在内。

因此，即使不存在利率，根据生产技术的个体比较生产率计算结果采用投资方式，与根据投资的社会生产率计算结果而采用的投资方式相比，肯定是不一样的。正如卡恩指出的那样，关于通过引进机器解放劳动力以使社会能加以使用这一问题，没有受到边际效用学派经济学家们的重视。

2. 时间在社会组织生产过程中的作用

毫无疑义，从社会观点出发的合理计算不能忽视"时间因素"。但是，通过利率对这一因素的重要性加以衡量，而利率的波动最终取决于完全次要的货币条件，利率的平均水平又与所有权的分配所确定的力量对比这样一种同样不那么"合理"的因素联系在一起，难道人们可以认为这是一种"合理的衡量方法吗"？

"时间的价值"应当决定发展的一般速度，换言之，决定生产力在"中间"产品的生产和"最终"产品的生产之间的分配。如果人们不想让个人对"未来的贬值"做出估价，因为这一贬值的水平取决于总生产的水平和总收入的分配，而且如果人们正希望改变这种局面的话，那么解决办法只有一个：由集体对发展的速度做出估价。在"欠发达"国家，未来贬值率的"自然"水平使增长的加速成为不可能。多布①曾清楚地说明积累率应当如何由集体决定。那种主张"欠发达"国家应把投资限定在资本密集程度低的范围内的教条，是

① 多布：《论欠发达国家投资的资本密集程度》，《应用经济学》，1954。

建立在从过去继承下来的生产资料储备的假定基础之上的。可是，劳动力在生产资料的生产中的使用正是为了增加这个储备。在一个劳动力充裕的国家中，把很大一部分劳动力用于从事生产资料的生产是完全有利的，因为这种活动可使消费品的平均产量更高。如果人们希望从"资本匮乏"的恶性循环中摆脱出来，就必须要达到一种更快的生产增长速度。而要实现这一点，只有一种办法：把现在可以解脱出来的剩余劳动力用于从事设备的生产，后者将为今后生产水平的大幅度提高做出贡献。一种投资较之另一种投资的"节约率"，或者说由于选择这种而不是那种形式的投资所获得的全部劳动（直接的和间接的）节约和这种选择所必需的投资量之间的关系构成了一种标准，它可以使人们不必通过利率和有变形作用的个人盈利的中介而重视"时间"因素[1]。由一种而非另一种变换形式的投资促成的直接和间接的劳动的全部节约之间的比较，既表现在整个经济领域，同时又表现在一定的时期内。此外，计划化可以考虑其他的时间因素，例如将来设备的报废，建设周期的长短以及生产资料的相对流动性，等等。在企业家根据利率进行的简单计算中，所有上述因素是不包括在内的。它们构成了人们所说的经济风险。低估了他选择的设备的报废速度的企业家，今后肯定会为他的错误付出代价，但是社会却最终要承担过去的投资失误造成的损失。

这一节约率在重型投资中常常更高一些，因而重型投资受欢迎。但应当指出，这样的情况并非是自动形成的。多布正确地提出了下面这种论点，即较短的生产周期有时通过在更短的期限内（因而也就更频繁）把剩余资金重新投资而获得生产的新增长。不过，应当注意的是，工资越低，短周期就相对更为有利，正是因为工资低，重新投资的利润常常才越大。所以，"欠发达"国家的某些非常轻型

---

① 贝特兰：《计划化的理论与实践》，巴黎，1951，第151页及其后内容。

的投资——尤其是在农业部门（建设土质堤坝、使用肥料等）——可以对社会产生非常大的效益。但是，在一般情况下，即使在上述这些国家，重型投资不应被舍弃，而相反应当保留。原因是，尽管消费的不足使立刻增加消费变得诱人，但是相对薄弱的设备储备的一定增长对生产率产生的作用也是极其重要的。当边际效用学派将分析的重点放到投资的眼前作用之时，多布却揭示了投资的累积效应。当人们接触发展的问题时——这种发展是集体的自觉要求——多布的观点是不可或缺的。它可以使两种投资得到比较，但不是以投资的短暂作用来进行比较，而是着眼于投资在人类知识状况所允许的那样长的时期以后产生的结果来进行比较。

3. 分析的前景：近期利益和远期利益

在生产技术的选择方面，流行理论几乎像以往一样求助于边际效用学派的分析方法，图 2 - 1 表示的就是这种分析方法。P 表示的一定产量可以通过劳动要素（横轴上的 L 表示其数量）和资本要素（由纵轴上的 K 表示）的不同组合而无区别地获得。如果没有大规模的储蓄，每种技术由通过原点的直线表示，其斜率因技术属于"重型"（"劳动节约"和"资本密集"）而更大。如果要素的报酬（工资率用"w"表示，包括折旧在内的资本利息用"i"表示）已知，并用虚线表示（其斜率因资本相对充裕和不太昂贵而更大），那么人们将可以在各种可能的技术当中选择一种，它和根据相对报酬加权的已知生产要素储备一起可使近期产量达到最高水平。

表现每种生产技术特点的"资本密集程度"是通过 K/L 关系来衡量的，而资本的生产率是通过 P/K 关系、劳动的生产率是通过 P/L 关系来衡量的。这些关系——用物质数量表示——各自代表着每个就业必要的投资（以千数计算的固定价值货币单位）、每百万货币单位投资的产量（以固定价格计算）及每个工人一年的产量。此外，这三种关系是由下面这种形式的关系联系在一起的：

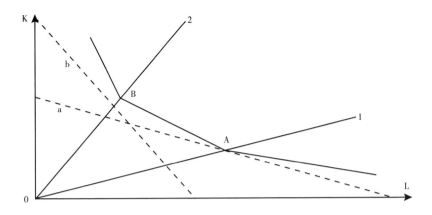

图 2 - 1　边际效用方法下的生产技术选择

形势 a（"欠发达"国家）w = 3；i = 25%　　　形势 b（发达国家）w = 5；i = 15%
轻型技术（1）：L = 50；K = 1000　　重型技术（2）：L = 40；K = 1200
单位产品的生产费用：P = Lw + Ki
a1　P = 400　　a2　P = 420　　b1　P = 400　　b2　P = 380
未区分形势：w = 4；i = 20%　　P1 = 400　　P2 = 400

$$\frac{K}{L} = \frac{P}{L} : \frac{P}{K} \tag{2.1}$$

以资本密集程度 K/L 更高为特征的一种先进技术的采用，伴随着劳动生产率 P/L 的提高。在这种条件下可能会出现两种情况。

第一种情况：劳动生产率的改善比例低于资本密集程度增长的比例。在这种情况下，资本的生产率下降。根据图 2 - 1 表示的传统假设：如果人们可以使用较少的劳动来生产物质产品单位 P，那就必须使用更多的资本。

第二种情况：劳动生产率的改善比例大于资本密集程度增长的比例。在这种情况下，资本的生产率也明显得到改善。这表明，对原点而言，人们不是像图 2 - 1 表示的那样在一个凸多边形上由 A 向 B 移动，而是像图 2 - 2 中表示的那样，人们由 A 向 C 移向原点。

唯一经过理论研究的、被人们称之为"有效"技术选择的 A 技术和 B 技术之间的选择是由报酬 w 和 i 决定的。相反，A 和 C 之间

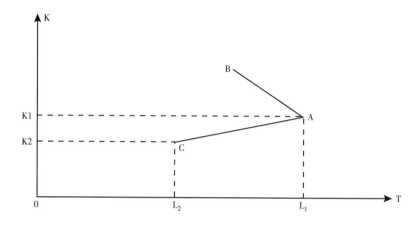

图 2-2 劳动生产率与资本密集程度的比例

的选择不取决于这些报酬，A 技术被称之为"无效"技术。技术进步通过上面两种选择形式中的一种得到表现。

在一个受到"结构性失业"严重打击的"欠发达"国家，换言之，在一个资本成为增长的"限制性因素"而可供使用的劳动量又是无限的国家里，应当采取什么政策呢？

很明显，较为"轻型"的，但根据上面确定的意义来说又是"无效"的技术应当像以往一样被排除掉。在"有效"技术当中，人们常常选择那种最大限度节约短缺要素，因此最大限度获取资本生产率 P/K 的技术。这就等于是在所有可能的"有效"技术（处于凸多边形上的）当中选择最"轻型"的技术（即把 K/L 减少到最低程度的技术）。对工资来说，没有任何参考价格的选择系统地导致了此类偏向，因为在费用方程 P = Lw + Ki 中，Lw 要素被取消，在资本利率 i 已知的情况下，最大限度地减少 P 等于最大限度地增加 P/K。

即使在可供使用的劳动要素数量确实是无限的假设情况下，这种推论方式也是大可讨论的。因为，在各种"有效"技术当中，较轻型的技术可以根据要素的实际报酬率得到一种"剩余"，用来进行投资的这一"剩余"决定着今后的增长。然而，根据无参考价格规定工资的计算取消了这种抉择，原因在于它忽略了以下事实：在现实中，分配了工资用于消费，从而降低了国家利用剩余进行投资的能力。

在下面的例子中，由于使用"重型"技术（2）可以获得相当数量的剩余，因而即使是在"欠发达"国家，它也是可取的：

轻型技术（1）　　L＝50　　K＝1000

重型技术（2）　　L＝40　　K＝1200

要素报酬率：w＝16　　i＝20%

生产费用：

使用轻型技术（1）P＝1000

使用重型技术（2）P＝880（剩余 S＝120）

因此，如果不引用"剩余"这一概念，仅用增长加速的观点来主张进行合理选择是不可能的。

第一个标准是，更重型的技术仍将是可取的——即使是在受"结构性失业"打击的"欠发达"国家——只要伴随该技术的劳动生产率的改善能够使投入的附加资本得到足够的报酬。在上面的例子中，只要剩余 S 高于投入附加资本的20%（K＝1000），选择更重型的技术就是有利的。

但是，还应当进一步分析。如果剩余 S 是增长的资金源泉，就应该选择先进的技术，只要重新被投资的这一剩余可使得增长率与计划的增长率至少相等。

前面描述过的边际效用学派进行分析的静止方法对建立在剩余概念上的有活力的分析来说，不是一种很有效的工具。因为这一方法只告诉我们如何用已知要素储备获得最大的近期产量。它并不把这种或那种选择带来的增长动力告诉我们。所以我们要采取另一种方式来对后一个问题加以研究。

在图 2 – 3 中，用负纵轴表示生产资料的生产部门 I 中的就业 E I，用横轴表示消费品生产部门 II 中的就业 E II，用正纵轴表示消费品生产量 P①。

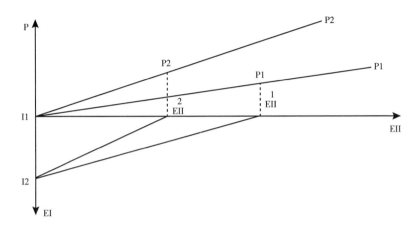

图 2 – 3   不同部门就业情况与消费品生产量

来自过去的，最初可供使用的剩余可使在 I 年度、在 I 部门雇用数量为 O II 的工人，假设这个部门的生产技术是不变的（在后面可去掉这一假设）。部门 II 中的就业 OE II 取决于该部门所选择技术的资本密集程度：密集程度越低，就业将越多。产量 P 既取决于就业 E II，又取决于部门 II 的劳动生产率。人们给就业 E II 的每一个等级配置一条直线 P，衡量生产率的直线 P 的斜率由于技术较为重型而更大。

依靠就业 E II 的各种等级及与它们相关的技术而取得的消费品生产水平由 P 点来表示，这些点位于图 2 – 4 中的曲线上。图 2 – 5 中的直线 W 代表部门 II 支付的工资总量，它与就业 E II 成正比，直线

---

①   其后的资料引自 A. K. 森：《技术的选择》，牛津，巴兹尔·布莱克韦尔出版社，1962。还可参见莱宾斯坦：《经济衰退与经济增长》，纽约，1957。

W 的斜率 w 衡量工资率。

曲线 P 表示 Pm 的最大值，而在这条曲线与活动于 W 的一条平行线之间的切点 Pm 的情况则说明线段 Pm Wm 是最大值。

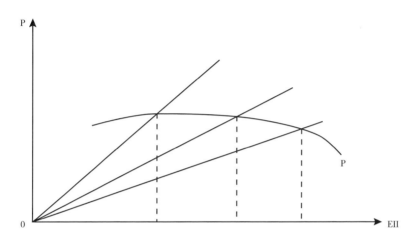

图 2-4　EⅡ部门就业的等级及相关技术与消费品生产量的关系

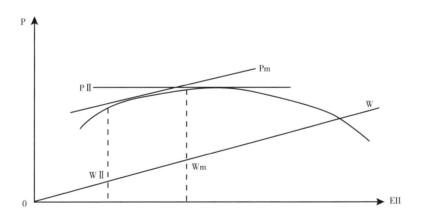

图 2-5　EⅡ部门工资支付量与消费品生产量的关系

倘若经济政策的目标是最大限度地增加近期产量，人们将选择与 Pm 点相符的技术。但这一目标如果是最大限度地提高增长率，人们必然要选择一种与 PM 点相符的、较为轻型的技术。

在图 2 - 3 中，最大值的附加剩余 PM、WM 被移至负纵轴的时间 2 上，它可使时间 2 在部门 I 雇用比 OI 更多的工人数 OI2。

工资率越低，PM 点就越接近 Pm 点。但是，只有当以不存在工资的参考价格为基础的计算作为假设条件时，这两点才能交汇。在这种情况下，W 将与横轴交汇。

竞争促使企业家们选择能获得最大量剩余的技术。所以，在经济生活当中，在现代企业界，"欠发达"国家的技术选择可能与工业化国家没有什么不同。在大多数情况下，之所以有不同的选择，更多的是由于规模上的原因（与市场规模相联系的），而不是工资水平的原因。无论如何，这些选择几乎一直——这是可庆幸的——与建立在不存在工资的参考价格基础上的计算所左右的那种选择相去甚远。这就使得"技术选择"问题在很大程度上变成一个虚假的问题，正像边际效用学派常常表现的那样。真正的问题是部门（轻型部门或重型部门）的选择而不是技术的选择。

不过，确实存在这样一个问题，即"欠发达"国家的低水平工资容易对技术选择产生消极作用。怠工、反对革新是企业内部实际存在的阻力。提高工资的刺激作用可以促使企业从麻木状态中解脱出来。经验表明，这种刺激常常是促使做出更为有效的选择的最佳办法，因为这种选择带来的好处（只要工资的增加不把全部剩余 S 完全用掉，而未分配的那部分剩余用来投资）是由工人和国家共同分享。

剩余 S 可以全部用来进行投资或者全部或部分地用于消费。或作为企业家的利润被企业家消费掉，或被提高了工资的工人消费掉，甚或在产品价格由于竞争而下降的情况下被消费者消费掉。

如果人们考虑将工资"w"的增长率作为发展的最终目的，那么将会想方设法保证剩余 S 和工资 w 的同步增长。鉴于工资 w 越是增长得快，可供投资的剩余 S 增长速度则越慢；而就业 E 的增长又依赖于再投资的剩余 S 的增长，这样，人们将可以确定一种能选择组合 S 和 w 的增长率的最佳社会功能，这将使分配的工资总量 W 不是在一个时期之后，而是在例如 10 年或 15 年整这样一个期间达到最高限度。

先前的发展不只是停留在理论上的发展。经济史已经充分证明了这一发展的意义。众所周知，比其他国家较晚实现工业化的国家一旦优先发展现代化工业并求助于最现代化的技术时，它们便能获得生产率和就业的快速增长。也正是使用了最有效率的技术，即在大多数情况下资本密集程度最高的技术，它们才最大限度地节约了资本，最大限度地加速了生产率和就业最终同时仰仗的积累。

对某些优先发展资本密集程度低的工业——例如纺织工业——的国家经历的缓慢增长时期和另外某些做出相反选择的国家经历的快速增长时期进行的比较，在这一方面是有说服力的。自从人们努力对已经工业化的国家百年以来的增长进行系统的衡量以后，到目前为止关于这方面的著述已极为丰富。

应当补充的是，由轻型技术向重型技术的过渡往往与历史的进步运动相吻合，而与那种在某个时期几种可能性之间进行选择的假设并不一致。在实践当中，后一种类型的选择在某些众所周知的情况下是受到限制的：如水能和热能的选择问题、铁路和公路的选择问题等。加工工业——具有一定规模的——的可供选择的余地常常是极其狭窄的。

从历史的角度对各个时期不同工业化国家之间比较发展速度进行考察也同样适用于"欠发达"国家。如果说印度、埃及等一类国家的工业化只取得了缓慢的进展，这正是因为起步较晚的埃及优先发展了技术进步缓慢、资本密集程度相对较低的陈旧工业，其中特别是纺织业。第二次世界大战后某些"第三世界"国家工业化的加速也与选择较为先进的资本密集型技术有关。在非洲，刚果（金）

是一个很有说服力的例证，它是本大陆工业化程度最高的国家。这个国家 1950～1958 年工资的提高鼓励企业家选择了较为先进的技术，促进了生产率的显著提高，后者又加速了工业的增长[1]。

所以，在选择生产技术时应避免眼光短浅地重视就业问题。不过，某些极为现代化的技术难于立即付诸使用，因为它们需要具有素质很高的劳动力，而人们又并不具备。因此要优先培训此类劳动力。我们可以用热带非洲的农业现代化问题的例子来对此加以说明。在这一领域，人们常常面临两种选择：一种是用畜耕代替锄耕的"小型现代化"，另一种是立即使用拖拉机的全面现代化。在农业条件允许的那些地方，人们可以考虑第二种方法是否是最好的方法，而且可以考虑是否培养 1000 名拖拉机手和技术员比培养 10 万个会照料牲畜的"现代"农民更合算些。我们非常清楚，在采用最现代化的方法方面，困难来自社会方面的障碍。如果使用不那么十分先进的技术，那么，这些障碍就更易于克服吗？这是足以令人怀疑的。不过讨论这些问题将使我们离题太远。

存在大量失业人口的"欠发达"国家的最大限度就业的考虑只适用于这样一些部门，即那些使用劳动力最为密集的技术，同时也是实际上最节约资金的技术的部门——对此我们曾下过定义——换言之，在那些部门中，机械化虽能节约劳动力，但不能足够提高生产率。这类情况是存在的，尤其是在某些装卸劳动部门。工业化国家之所以在这类部门选择了机械化程度较高的技术，并不是因为这些技术的经济效益更高，而仅仅是因为劳动力绝对缺乏或由于这类工作不要求任何技术而受到轻视，以致造成了相对缺乏。在"欠发达"国家，人们在上述部门选用机械化程度较低的技术，是因为使

---

[1]　关于这一点，请参见 J. L. 拉克鲁瓦很有说服力的著作《刚果的工业化》，穆东出版社，1966。

用的都是非技术劳动力。

根据以往的发展经验，我们得出一个重要的经济政策方面的结论：对于"欠发达"经济的现代化部门，没有理由做出与已经工业化的国家不同的选择；应当选择最有效的技术，也就是以实际的要素报酬率来衡量的、能实现最大剩余的技术。实际上，与现代化部门加速积累伴随而来的是工资的自发增长；而在生产率相对停滞的传统部门，即使工资在增长，也只是较为缓慢的增长。在这种条件下，现代化部门和传统部门之间的平均收入极不平等，而且这种不平等还会在发展过程中趋于严重，这是毫不奇怪的。

尽管"自发"运动在朝着劳动报酬越来越不平等的分配方向发展，但人们还是可以设想——甚至应当这样设想——在漫长的过渡时期中，一种真正的发展政策是不能容忍这种日益加剧的不平等的。因为它将破坏民族团结这一发展的根本条件。因此，国家应当对价格和工资实行计划以保证民族团结：这里再强调一次，"市场"是和进行深刻的社会变革的政治需要背道而驰的。为此，应当使本地价格体系脱离世界价格体系。然而必须知道，此时的计划化——对要发展的部门进行选择——不能再以保留的价格体系作为基础，因为这一体系的合理性是在其他方面（考虑到团结不同生产率的部门工人的政治需要）。为了经济估算，必须有一个参考价格体系，以便通过选择促使现代化部门的发展。随着"传统"部门的收缩，从政治团结的观点来看合理的价格体系与从经济选择的观点来看合理的价格体系将逐渐接近。

4. 自然资源在投资选择中的作用

在投资节约率的估算方面，要考虑自然资源的利用。这个问题的一个主要方面就是"本地化"和使用一块"土地"的多种可能性问题。贝特兰在谈到这个问题时，从社会角度用下面一段话概括了合理的方法，"人们将依据劳动单位（直接的或间接的）的总量，对全部可耕地进行分类，并以一定的技术水平将劳动单位总量使用在可耕地上面，以获得一定数量的不同产品；考虑到对土地的不同使用会产生的综合作用，人们将决定每一单位土地的用途，以发挥其最佳作用"①。

在资本主义经济条件下，地租能促使做出上述选择。但是，对社会来说能产生最佳效果吗？一块土地的各种可能的用途将置身于竞争之中，这种竞争无可争议地将根据社会需求来决定它的使用。然而，土地所有制的垄断导致的绝对地租，在这一方面可发挥的作用与利润在决定最有利的技术使用方面的作用是一样的。因此，上面粗略做出的社会估算达到的结果常常不同于市场竞争所导致的结果。在竞争中，总的来看像地主的相对实力和佃农的相对实力都不那么"合理"的因素也在发挥作用。这种情况在那些被称之为"人口过剩"的"欠发达"国家是很明显的。在这些国家中，由于农民人口众多，地主就有可能强行提高地租率。显而易见，如果地租率下降的话，那么收入的分配将会被打乱，由此就会影响社会对不同产品的需求。土地使用的总的局面也将出现变化。

整个本地化问题包括市场机制不予重视的某些方面（例如劳动力与工作地点的距离问题），原因是人的交通费用在企业家个人的盈利估算中是不计在内的。

自然资源的利用这一更为广泛的问题同样包括个人计算时不予重视的各个方面。矿业资源的枯竭便是一例。这个问题有时变得如此之尖锐，以至于只有在国家监督下生产者之间达成的强制性协议才能制止竞争给社会带来的严重弊端。投资的"节约率"在确定对社会最为有利的技术方面能够较容易重视这些重要的因素。

今天，谁都不否认——个别落伍的自由派除外——在投资的个

---

① 贝特兰：《计划化的理论与实践》，前引书，第286页。

人生产率和投资的社会生产率之间隔着一条有时是很宽的鸿沟。还需要知道的是，如果在拒绝放弃边际效用分析的正统思想范围内去考虑这一现实，那么现代化努力的价值究竟有多大。

5. 关于集体利益

许多经济学家目前正试图创立一种关于投资的社会生产率的理论。也就是要找到衡量投资所带来满足程度的办法。

坚定地站在集体的角度，而不再站在企业家个人的角度，但仍旧采用边际效用学派的观点来创立一种投资理论的思想已经过时了。皮古①从 1912 年开始就开创了这一新潮流。

首先要弄清楚第一个问题，即把当前的消费压缩到何种程度才对集体"有利"，以加快资本形成的速度，这样将保证今后的消费不断增加。当"鲁滨逊漂流在岛上"的时候，最佳积累率的问题是容易得到解决的。鲁滨逊直接用满足单位进行估算。如果他决定要造一部机器，一方面他要考虑他用于生产机器的物品的效用，另一方面他还要考虑他的机器将来可以生产出的物品的效用。牺牲是暂时的，好处是长久的。但是，像任何凡人一样，鲁滨逊也"贬低未来"，这将使无限的，但不断下降的未来效用系列能够以某种积累率达到与被牺牲的、当前有限的效用系列相等。但对集体来说，情况就不同了，因为当人们改变积累速度的时候，同时也就改变了收入分配的总格局。这样，在活动中既有失又有得的就不是同一批人了。这里，人们又遇到了一切主观价值论最根本的困难：如何对一部分人获得的满足和另一部分人失去的满足加以比较。困难由于下面这一事实而变得更为严重，即如果人们从集体的观点出发，就应该对一代人失去的满足和其他几代人获得的满足进行比较。

---

① 皮古：《财富与福利》，1912；《福利经济学》，1920。《应用经济学》杂志关于集体利益的专号。

投资理论要解决的第二个问题是在资本密集程度不同的几种生产技术之中加以选择的问题。这个问题与确定积累的一般速度问题是在同等情况下出现的。从个人生产率的观点来看，最轻型的投资在大多数情况下是可取的。但是，如果人们考虑的不是企业家的近期利益，而是设想以 10 年为期的社会利益，那么重型投资则常常显得更为可取。这种投资的可取性可以达到何种程度呢？以前有人曾试图确定一种合理的投资理论。然而，福利经济学家在这一方面遇到了和前人一样的困难：选择这种而不是另一种技术的做法，除了可以改变积累的一般速度，并由此而改变了未来的总收入及其分配的面貌以外，它还对当前收入分配的总的情况产生影响。在这一方面也需要对不同的个人所得到的满足，以至于下几代将得到的满足加以比较。

问题的第三个方面——从民族工业的资本密集程度的观点来考察国际专业化的问题——又重新回到了在福利经济学范围内加以革新的比较利益论上面。普雷维什认为，从集体利益的观点来看最好的解决办法是把投资用于创建一种复杂的国内经济体系，而不是将发展引入越来越加剧的国际专业化当中去。然而，由于不可能对效用加以衡量和对不同两人之间的满足加以比较，因此，在比较利益论这个纯粹的主观理论范围内，也就不可能对创建一种复杂的国内经济体系所能带来的利益加以衡量。

总而言之，必须承认，上述这些有关集体利益的理论没有为我们提供克服由于它们的主观价值观念造成的根本困难的任何实际办法。所以，作为当前思想理论界最主要的一个流派的这些理论家们大概并没有对实践家们产生多大影响。曼德尔鲍姆①有关这一问题的著作非常引人注目，该作者完全从客观实际出发，创立了一个五年

① 曼德尔鲍姆：《落后地区的工业化》，牛津，1947。

发展模式，即根据自然资源的状况以及可能需要的各种设备的制造期，按不同经济任务分配劳动力。这一模式的创立没有受到任何集体利益思想的影响。

除上述这些基本的和不可克服的理论困难之外，主张集体利益的理论家们在理论和学说两者之间还存在着模糊不清的认识。即便假设福利经济学分析方法遇到的困难已经解决，那么也应看到经济学家们可能提出的建议仅限于学说领域。既然已经观察到了这种投资方向尽管其个人投资生产率是较低的，但它可以使"社会满足达到最高水平"；而另外一种投资方向从集体角度来看不能产生最佳效果，但其近期盈利率却很高，在这种情况下人们能采取什么办法迫使企业家们做违背自己利益的事呢？

（六）国际专业化与外围对轻型工业和轻型技术进行投资的方向

1. 以国内市场为基础的资本主义的发展：轻工业部门和重工业部门之间必要的互相补充

对一种关闭型的经济来说，某种水平的国民收入以及与此伴随的对这一收入的分配，导致一定的需求趋势的出现，并且相应地要求适应这一需求的特殊生产方向。

欧洲建立的首批工业曾经使用相对轻型的技术，因为它更有利可图。但是，一种工业（例如纺织业）的发展必然导致其他部门（例如机器制造业）产量的增加。这些部门里最有利可图的技术可能是更为重型的技术。马克思曾经对利润的调整机制加以研究，他十分关注这一问题。轻工业部门的原始利润较之其他部门更高。资本大批涌来，而且产品的价格固定在"生产价格"的水平上，这就保证了所有资本都能获得等量报酬。另外，如果处于这种价格水平上的生产总量超出了社会需求，市场价格的水平会低于"生产价格"的水平。一旦该生产部门的利润率变得低于其他部门的平均利润率，那么资本就会从这里流走。当生产方向既能适应社会需求，又能保证所有资本获得等量报酬的情况下，最终平衡才能确立。因此是否可以说，资本偏向于投入轻工业的趋势受到了补充性工业发展的限制，这种后来会必然出现的补充性工业甚至可能是重型的。

应当注意的是，这个定义完全不同于把轻工业和消费品制造、把重工业和生产资料生产等同起来的定义。人们完全可以设想煤炭生产每个资本单位使用的劳动力要多于塑料制品的生产使用的劳动力。在一般情况下，最"重型"的工业在生产资本货物的部门更常见，这就容易产生某些令人遗憾的混淆现象。不过，在两种现象之间是有着深刻的联系的：无论在哪个工业部门，如果一种更现代化的技术得到应用，那么生产资料的生产增长都会大于消费品的生产增长。技术的"重型化"（进步）与生产力从最终生产向中间生产的移动是同步进行的。还应指出，在企业占有劳动力的规模和资本密集程度之间也存在着一种关系。在"轻工业"部门，企业更容易上马，它需要较少的资本。因此，小型企业在这个部门比在"重工业"部门更容易建立。

相反，在国际一体化条件下，由于资本主义在外贸范围内发展，国内市场的扩大在资本主义发展过程中仅能够发挥次要作用，补充性的、更重型工业的产品可以通过进口得到。优先对轻工业投资的趋势由于国际专业化而在一些国家得到了加强；相反的，在另外一些国家，重工业生产的份额以更快的速度扩大。

2. 国际专业化与重型工业和技术在外围的有限发展

比较利益学说主张"欠发达"国家专门发展轻工业。这些国家没有必要在本地直接为自己生产补充性的重工业产品。这类商品可以通过进口获得。每个国家应当专门发展对自己最有利的部门，之所以最有利，是因为它拥有适合于这类商品生产的相对便宜的生产要素。资本主义高度发展的国家生产大量需要资本的产品，人口过剩的国家生产大量需要劳动的产品。

显而易见，"欠发达"国家的这种专业化将符合表面的利益，因为贸易会明显地带来好处。然而，这仅是一种表面现象，因为专业化的条件要求劳动较为充裕的"欠发达"国家在同样的生产率水平上以低于发达国家的价格支付这些劳动。这种趋势决定了一种更缓慢的增长速度。因此，企业家的近期利益与从更宽广的角度看到的社会利益发生了冲突。比较利益学说不具备宽广的视野。

其实，正是为了企业家的近期利益才尽可能在轻型的工业进行投资，至多进口一些为改善市场平衡所必需的重工业产品。有人警告穷国的计划制定者们，模仿发达国家最先进的技术是危险的。有人建议采用那些"资本耗费"较少的落后技术。的确，人们完全意识到，如果说这类技术在穷国对企业家更为有利，这恰恰是由于工资低。然而，人们却执意站在企业的个别立场上，并且先验地把企业的利益和集体的利益等同起来。从全局观点出发，个人的估算没有任何意义：某种超轻型的投资要求一种非常重型的补充投资，与某种较重型的工业相伴随出现的是其他较轻型工业的发展。只有社会生产率才是唯一重要的。

正是这种求助于对外贸易的可能性混淆了个人利益与社会利益。如果较轻型的投资的确对企业更为有利，那它对社会也同样有利，因为没有任何必要在本国生产更重型的补充商品。只要进口这些商品，并通过出口轻工业产品来加以支付就行了。实行这种专业化，社会在近期是获益的，但从长远来说，它将受损。

轻型投资与补充性的重工业产品的进口之间有着极深的联系，所以一切优先发展轻工业的发展政策必然要预见到国际一体化。到了这个时候，就将优先考虑对外支付平衡问题了。因为，如果"欠发达"国家投身轻工业的发展在近期是有利的，那它们还必须能够支付补充性的重型产品的进口。可是"欠发达"国家的出口并非取决于它们自己，而是取决于发达国家的形势。因而需要考虑投资对国际支付产生的影响，国际收支应当保持平衡以使投资能够消除对国民收入的影响。

然而作为结论，有必要再次指出，这种劳动分工（中心发展重工业、外围发展轻工业）只与国际专业化的一个阶段相联系，确切地说就是当前这个阶段。但是，如果将来最现代化的工业不再像今天以其"重型化"作为特点，而是以更重视发挥技术劳动作用[1]的"劳动有机构成"[2]为其特点，那么一种新的、建立在这种新现象之上的不平等劳动分工将迫使旧的，即此处分析的劳动分工退回到它自己应有的（历史）位置上去。

二 国际专业化与倍数机制的转移

（一）倍数和加速理论及此理论在不平等的国际专业化条件下的意义

现代经济已经使大多数经济现象的倍数特点更为突出了。人们轻易就能区分其"初级"效应和"二级"效应，前者在被视为发动机的变革在已知经济条件中介入之后便马上开始了它的进程；后者则在理论上的无限周期中把它们的效果消耗掉。实际上，"一般均衡"的传统思想也曾经在口头上做过类似的区分。独立于"技术"或"兴趣"这两个边际效用学说体系自变量之外的变化所发挥的全部直接作用，构成了这一变革的"初级效应"。这一效应是起"原因"作用的变革带来的真正的结果。假定整个体系最初是平衡的，那么后来则由于初级效应变得不平衡了。于是，"调节"机制开始发

---

① 这是埃马纽埃尔的贴切用词（见《不平等贸易》一书）。
② R. 里奇塔：《处在十字路口的文明》，昂特罗波斯出版社，1969。

挥作用。这时自身已变成原因的初级效应决定着"平衡力量"进入角色，后者可使整个体系或者找到一种新的平衡，或者回到过去的平衡上去。现代理论放弃了竭力求得"平衡力量"的尝试。于是人们仅限于对总体系过去的变化——分阶段地——加以描述。在第一阶段结束的时候，人们面前出现的必然是某种处于不平衡状态的体系。这个不平衡在第二阶段导致另一个不平衡，如此周而复始地继续下去。人们不再认为该体系会趋向任何一种平衡。人们确信经济科学的唯一使命就是揭示一系列的不间断因果关系。这一因果关系使两类力量发生作用，第一类力量趋向于让最初不平衡的体系重新恢复平衡；第二类力量相反，趋向于引发新的不平衡。这些机制过去的次序排列和某些变量对其他变量变化的反应速度就足以决定整个体系的实际演变。这种分析经济体系的方法明显地接受了经验主义的影响。

魏克赛尔曾首先为"积累"机制提供了范例。在这个范例中，各种经济力量的介入最终加剧了最初的不平衡。"螺旋性通货膨胀"理论也与此类似。

但是，在有些情况下，经济机制的连续进展导致了新的平衡。在起点和终点的不同总量价值之间，人们可以通过简单的数学方法展示一些"倍数"，它们可对形势的演变做出"归纳"。其中之一便是投资的"倍数效应"，它反映了"初次投资"引发一系列随之而来的投资这一事实。初次投资因而可以被视为今后的发展极，它使积累机制运转起来：倍数测定"独立"投资和由其带来的收入增长之间的关系，而加速则测定消费原因的增长和投资引起的增长之间的关系。

这种倍数现象进展的总的情况如何呢？在一定的时候进行了一次新的、独立的投资，这意味着一些生产力从"最终"生产移向了"中间"生产。在"最终"生产部门实现了新投资，事实上要求在

"中间"生产部门进行补充投资。如果使用的技术没有改变,两种投资通过人口的增长并根据能体现该经济特征的比例获得劳动力资源。那么出现的只是产值的简单增长,人均收入没有发生变化。如果采用了新技术,中间生产部门的补充投资按比例比过去固定了更多的劳动力。这是唯一令人感兴趣的一种情况,因为它反映了真正的进步,也就是人均收入增长了。如果人均实际消费停留在原来的水平,"储蓄"便增加了。那么这个"储蓄"的命运如何呢?我们假定它被用作"投资",就是说它成为主人手里可以转移生产力的资金,换言之,在第二阶段提高社会人均生产水平。如果消费永远保持不变,这一进程可无限持续下去。在这个范围内,人们可以说"独立"投资已经使"二级"投资的无限系列成为可能。它的倍数效应是无限的。这等于是说,人类的第一次投资使社会今后的一切进步都变得可能,这是一种无能的招供:提出了一个没有意义的问题。

重要的是分两个阶段对该机制的进展进行分析:在第一个阶段,人们研究这个机制,通过它,新投资才能提高收入水平("倍数");在第二个阶段,人们研究的是另外一种机制,通过它,收入的增加使得储蓄成为投资("加速器")。这时,发展作为一个无限的进程出现了,在这一进程中,倍数效应和加速器效应无穷无尽地连在了一起。

1. 倍数的反常现象

倍数是测定独立投资和由这一投资决定的收入增长之间关系的数。凯恩斯在确定经济活动的水平方面给予倍数以首要的战略地位。

2. 凯恩斯的倍数

凯恩斯关心的是需求行为而不是供给行为。需求总是创造供给,而供给不总是创造它自身的需求:这就是《通论》的假设。因此,如果假定总收入 R 无论由于任何原因以数量 $\triangle R$ 增长,那么这一补充收入的一部分变成了支出,另一部分变成了储蓄。如果消费的平

均倾向 p 是稳定的，消费的增长就是 $p\triangle R$。这个新的需求为自己创造了供给，所以收入因 $p\triangle R$ 而增长。在第二个阶段，收入的这种 $p\triangle R$ 增长本身引起了消费 $p_2\triangle R$ 的二级增长。在第三阶段，然后在第四阶段都是如此，以此类推。最终，经过阶段的无限系列之后，收入以下面的数量增长：

$$\triangle R - p\triangle R + p_2\triangle R + p_3\triangle R + \cdots\cdots = \frac{I}{I-p}\triangle R \qquad (2.2)$$

其中数量 $k = \dfrac{I}{I-p}$ 测定倍数的价值。

收入的任何增长这种倍数效应理论，正像人们看到的那样，完全是概括性的[①]。在收入的最初增长来自一种独立投资的情况下，凯恩斯自己对这种理论有特殊的应用。因为凯恩斯认为，总收入与消费和投资的总额是相等的。在这种情况下，系数 "k" 测定收入的被引发变化量与独立投资的引发变化量之间的关系。另外，应当指出，在凯恩斯看来，前面谈到的 "阶段" 是短暂的，因为需求很快为自身创造供给，以至于倍数在相对有限的时间内几乎耗尽了所有的效应。另外还要说明，凯恩斯在这一分析中对储蓄的那部分收入的命运不予重视。人们将看到，如果这部分储蓄用来进行投资，那么倍数将完全失去其意义。应假定这部分储蓄被储存了起来。

如果人们重新对凯恩斯的分析加以详细的观察，便会发现它不适用于 "欠发达" 国家的原因。凯恩斯看到独立增长的收入一部分用于开支，另一部分用于投资。其后他就断言用于开支的那部分补充收入创造了供给。我们要注意，只有当需求通过生产中介创造自身供给的时候才会出现上述情况。被凯恩斯忽视了的这一中介是关键。在一个没有自由生产力的国家，补充需求将随着价格上涨而消

---

　　① 古德温对倍数理论进行了概括，参见《新经济学》，第 26 章（倍数），纽约，1948。还可参见哈伯勒《繁荣与萧条》，第 13 章。

失。由于"欠发达"国家的供给缺乏弹性，因而会导致同样的结果。

正是对关键性的中介的这种忽略才使凯恩斯断言需求会自动为自身创造供给，也正是这种简单化的做法使他在倍数分析中忽视储蓄的命运。如果我们在凯恩斯以"支出"分析为基础的推理范围内再引进"生产"的观点，有关倍数的很大一部分理论将陷于崩溃。当需求能为自身创造供给的时候，也正是生产能够实现实际增长的时候。但生产的实际增长需要企业家进行投资。为使供给增加以适应需求的增长，引发补充收入的那部分储蓄应当至少部分地用于投资。

"欠发达"国家的经验是不是否定了上述看法而证实了凯恩斯的观点了呢？埃及的棉花生产能够在不增加新投资的条件下通过使用更密集的劳动力而得到提高。我们要指出，无论是埃及还是其他地方，需求都通过生产中介来创造自身的供给（生产能够增长是由于失业后备军的存在）。我们还要指出，在埃及创造自身供给的需求是外国需求（它使农业改变了原来的生产方向）而不是"新的"当地需求（"初次需求"）。当地增加的恰恰不是对这种产品的需求，而是对食品和制成品的需求。还需补充的是，与表面现象相反，仅仅更密集的使用劳动力这一项就要求企业家（在这里是大地主）补充资本投资，因为资本要用来购买生产设备、种子等，而且还要用于支付工资。把"资本"和"生产设备"等同看待的流行概念导致了混乱。按照马克思的概念，企业家为购买劳动力而付出的资金要纳入资本范畴（可变资本），只有这样才能避免流行理论的错误。最后特别要指出，埃及是一个非常特殊的模式。人们在这里看到的是农业向新的方向转变。换言之，由一种生产代替另一种生产。然而，这一模式并不是最具普遍意义的模式。最具普遍意义的模式是，新的需求必须对某一种产品进行补充生产而同时又不减少另一种生产。为了在一费丹土地上获得更多的棉花，或为了拿出更多费丹的土地种植棉花而不减少其他作物的产量（也就是为了在每费丹土地上获得更多的小麦等），只有一个办法：增加资本的使用，增加每费丹土地资本使用的密集程度。于是人们又回到了我们的具有普遍意义的论点上了，即通过生产中介创造自身供给的需求必须进行新的投资。

那么，"储蓄"的那部分收入的命运又如何呢？如果这部分收入全部用来进行投资以使供给适应需求，那就又重新回到了"传统"的情况：一部分收入用于购买消费品，其余的用来购置生产资料，这些生产资料恰恰是用来生产那些需求的消费品的。倍数不再有意义。它的价值是无限的。这意味着需求并不构成生产的上限，而是供给发挥这一作用。只有当一部分储蓄被作为现金储存起来，另一部分储蓄用于投资以使需求能创造供给的时候，倍数才具有有限的价值。只有在这种情况下，人们才可以说生产受需求的限制，倍数具有一种有限价值。①。

在一部分储蓄作为储存的假设中，人们知道收入的增长永远有倍数效应。但是，这种储存来自这样一个事实：新的需求为了创造供给只要求一部分储蓄用于投资。在这种情况下，把全部储蓄用于投资是无利可图的。于是在储存理论和生产要求的分析之间架起了一座桥梁，而不必通过资本的边际效用这一心理因素的中介，它是凯恩斯理论中的最大弱点；也不必通过利率和偏好现金的中介，正是它们迫使凯恩斯接受了货币数量主义。收入的第一次增长既可以

---

① 关于这个问题，参见奥斯卡·兰格：《倍数理论》，《经济评论》，1943；诺加罗：《经济理论的符合逻辑的价值》，第17章；斯托普勒：《关于倍数的评论》，《国际经济》，1950年8月号；贝特兰：《马克思和凯恩斯学说中的国民收入、储蓄和投资》，《政治经济学杂志》，1948年，第2期；《就业理论的新观点》，《高等研究》，巴黎，1952；克莱因：《有效需求与就业理论》，《政治经济学杂志》，1947；姆斯季斯拉斯基：《有关投资效率的几个问题》，《社会主义纪事报》1949年第4期；楚鲁：《论再生产计划》（《资本主义发展的理论》一书中的章节）；斯威齐：《资本主义发展的理论》，伦敦，1949；斯特鲁米林：《资本投资项目中的时间因素》，《国际经济论文集》，第一集。

来自生产性投资（也就是那种能使社会使用的消费品总量得到实际增长的真正投资），也可以来自一种"虚假的投资"，即国家付给失业者钱是为了让他们挖洞后再填平。甚至正是这第二种形式的收入增长具有最大的倍数效应，因为它完全体现为没有储蓄增长的消费增长。当然，国家通过发行货币进行无抵偿分配可以轻而易举地取得同样的结果。而且，由于人们在这一整个推理中假设价格是稳定的，这仅仅表明实际工资水平的提高扩大了需求并为储蓄的有利可图的使用提供了可能，而储蓄要用来维持必要的投资以使生产适应更高的需求水平。

凯恩斯的非常特殊的观点来自这样一个事实，即他在分析收入的产生时把支出置于中心位置。但是，如果支出对经济的运转来说是必要的，那么它对保证收入的产生来说是远远不够的，还需要有实际生产来伴随支出，只有实际生产才构成实际收入的对等物。只有在实际投资使实际生产得到增长的情况下，需求才能创造供给。这个实际投资恰恰要利用储蓄，而凯恩斯在倍数分析中则忽视了储蓄的命运。然而，如果这种适应补充需求的实际生产的增长只要求将储蓄的一部分用于投资，那么倍数的分析就又变得有效了，人们只要用消费和投资倾向来代替消费倾向，或者说用储存倾向代替储蓄倾向。

在这种情况下，倍数分析对"欠发达"国家来说是有效的吗？正是在这些国家，大部分储蓄都被储存起来了。尽管提这个问题看起来是奇怪的，但对这个问题的回答仍是否定的。让我们来看一看这些国家的储存原因和形式。

凯恩斯认为，人们储存一部分收入的原因是由于对现金的偏好，这种偏好通过利率渠道表现出来。但实际上，前资本主义经济条件下的储存根本不是因为对现金的偏好，而是最富有的阶层，即地主并非得把一部分收入用于投资才能保证今后的收入这一结构性的现实才导致了储存。因此，这些人的消费一经得到保证，他们就把储蓄保存起来而不进行投资。这种通过"实际价值"（黄金和土地）的积累形式实现的储存越来越采用了储存当地货币的形式。如果储存导致了大批黄金的积累，这种储存就应被视为奢侈性消费，因为必须通过实际出口才能生产或购买黄金。如果储存者购买土地，则不能把储存视为一个"丧失需求的无底洞"。因为先是储存，后来又用于购买土地的那些钱转移到了另外一些人的手中。需求转移了，转到了其他人手中，它没有消失。但是，土地的吸引力长此以往会增加"欠发达"国家分配的不平等。这些农业国的基本财富——土地——的拥有将越来越集中。所有权的集中会对变成佃农或农业工人的农民的劳动报酬水平产生影响，由此也会对消费品的最终需求产生影响。最后，如果储存的形式变成了纸币或无形货币的积累，那么还需要知道货币量是否会自动适应经济的需要，以至于这种储存对就业产生的作用被取消，但保留了它对储存者发挥的职能：潜在购买力的积累和储存者社会权力的加强。

在"欠发达"国家，储存并不构成一种限制需求的"流失"。当它等同奢侈性消费的时候，才会有碍于发展。因此它有助于降低必须努力投资和储蓄的程度。然而，只有实际投资能够提高社会的生产率水平。

不过我们要指出，在储存以积累纸币的形式出现的情况下，它可能会打乱需求的正常运转，因而对发展产生有害的影响。如果"欠发达"国家的中央银行无力使货币量适应"经济需要"，那么通过储存吸收大量货币将会限制可供经济体系使用的货币总量，从而与发达国家一样，使储存带来同样的结果。介绍这些情况，是为了说明数量主义观点的局限性。事实上，外国银行不正是为了满足该体系的实际需要而自动地发行更多的货币吗？在这一方面，货币也不能对更严重的不平衡负责。此外，即使在发达国家，储存也不是有害的，因为它从体系中抽出了一部分货币。储存并不是偏好现金的动机所"要求"的，而是由于实际原因被强加给该体系的，从这个意义上讲，难道储存不是"强制性"的吗？

与某种生产的产量随之而来的是收入在工资和利润之间的某种分配。工资用来支付消费品；利润的一部分被支出了，另一部分先是成了储蓄，而后被重新投资，或者在投资无利可图的情况下被储存起来。只有当在支出的工资和储蓄的利润之间的分配之上建立的比例与生产当中已存在的消费品价值和为制造这些消费品所必需的设备价值之间的比例相同时，把任何储蓄用来进行投资才是有利可图的。然而，消费品价值和为生产消费品而必需的生产设备价值之间的比例是与使用技术水平相联系的。当人类的知识发展到一定水平时，一定的技术可以使物质生产达到最高水平。由于竞争的原因，企业家必须采用这样的技术。实际上，工资降低导致采用更落后的技术但是有一个人们不能超越的最低限度（无论工资情况如何）。至于工资对利润的比例，它不是与决定着实际工资水平的力量对比，即企业家和雇佣劳动者之间的力量对比相联系着的吗？如果假设在发展过程中，实际总工资是稳定的，而技术进步使总产量得到了提高，利润的份额也相应得到了提高，那么人们不久就会看到不平衡的出现。从更为一般的情况来看，只要利润与工资的比例的进展快于生产设备价值与消费品价值之间比例的进展，不平衡立即就会发生。当技术进步要求使用更密集的资本时，生产设备价值与消费品价值之间的比例本身会随着这一步而提高。如果情况确是这样，那么就会出现"需求不足"和强制储存。倍数分析又有了它的意义：这个倍数的价值是有限的。

如果我们现在回过头来再研究那些"欠发达"国家，在这些国家，储蓄的收入以实际价值的形式储存起来，也就是被消费掉了，凯恩斯所说的储存倾向没有了，而倍数变得无限了。如果在这些国家的经济中，工资与利润比例的演变并不比生产设备价值与消费品价值比例的演变快，地方货币形式的储存不会产生任何有害的影响，因为货币体系自动向流通领域投入被储存者抽出的那笔货币数额。在这种情况下，倍数仍是无限的。这就意味着生产不再被需求不足所限制。因此，供给变成了生产的上限，只有实际投资才能使供给增长。

正是在下面这种意义上，实际投资才产生"倍数效应"：在这些国家，生产设备很少被利用，对这些设备稍加密集使用便会使生产相对地得到较大提高，而且如果工资是稳定的，那么储蓄也会相对有较大的提高。因此这种投资可以导致二次大投资。在这方面，人们与凯恩斯的分析相去甚远。后者如同一切学院式的经济学一样，把自己限于流通领域，回避对生产关系的分析，这就无以提出真正的问题。

3. 利润的输出和倍数效应在外围的消失[1]

无论是在"欠发达"国家还是在其他国家，新的投资构成了一种补充需求。新的需求在第二阶段决定了由于新的投资而获得的补充生产。这样，储蓄至少部分地找到了有利可图的安排。如果从第一次投资的收入增长中得到的储蓄大于为获得生产的补充部分而进行的投资，而生产的补充部分应当成为花费掉的那部分补充收入的补偿物，那么从第一次收入分配中得到的全部储蓄就不可能在第二阶段作为有利可图的投资被投入。第一阶段之后，第一次投资引发了第二次投资。但是，这时储蓄的一部分已经过剩并被储存起来。在第二阶段，第二次投资又导致了收入的分配。与这一收入的部分支出平行的补充消费的满足，要求把从同一补充收入中获得的一部

---

[1] 奥克亚尔：《凯恩斯理论与欠发达国家》，《电力开发联盟季度公报》，比利时，1953；拉奥：《投资收入与欠发达经济的倍数》，《印度经济评论》，1952 年 2 月；《全面就业与经济发展》，《印度经济评论》，1952 年 8 月。

分储蓄用来进行投资。在第二阶段之后，第二次投资又引发了第三次投资。新的储蓄的一部分又一次被储存起来。这样，很快就又趋于平衡了。这里的倍数价值是有限的。倍数的这种模式在"欠发达"条件下能够有效吗？

一般说来，在"欠发达"的资本主义发展条件下，全部储蓄都可以用于投资（这里撇开周期不谈）。在这类国家，应当把全部储蓄用来进行投资以适应需求的增长。这些国家不仅倍数价值是高的，消费倾向（从完整的意义上看，就是最终产品的消费倾向再加上储存实际价值和为生产最终产品而进行投资的倾向）是强烈的，而且倍数的这种价值是绝对无限的，原因是不存在强制储存。实际上，如果外围的工资较低，采用的先进技术和发达国家类似，那么就不可能再实现社会消费能力和生产能力之间的总平衡：利润——在这些国家利润是高的——因为没有销售市场就不可能被用于再投资。这是外围的一个特殊矛盾，它再一次不许可人们把外围与初期的中心资本主义混为一谈。

但是应当看到，只有当投资是"生产性"的，并能够提高社会平均生产率时，它才能使实际总收入增加。如果相信把用于"无效"劳动（挖坑又填坑）的生产力提取一部分出来就能使平均生产力已经很低的"欠发达"国家得到"发展"，这是一种违反常识的看法。对这个实际倍数的分析也可以得出一种结论，即只有使从第一次投资中获取的利润在当地进行再投资，才能使这样的投资产生有限的或无限的倍数效应。然而"欠发达"国家的情况并非如此，这些国家的这种利润被重新输出了。这就是最终使任何生产性投资的实际倍数效应被抵消的唯一原因。根本不是"储存"削弱"欠发达"国家投资的倍数效应，而是利润的再输出取消了这一效应。

显而易见，对测定凯恩斯倍数的"系数 k"加以"计算"一直是可能的。在"欠发达"国家，收入水平低，因而凯恩斯的消费倾向接近统一，测定凯恩斯倍数的系数 k 的价值高。于是，人们便产生了一种印象：独立投资最终决定着总收入的大量增长，这就会对发展做出有效的贡献。在这第一个阶段的补充收入中获得的储蓄，将在以后形成投资。凯恩斯倍数将再一次加强这一投资的有益作用。在一半是凯恩斯的、一半是现实的基础上，人们为"欠发达"国家创立了许多种发展模式。这些发展模式部分地受了凯恩斯学说的影响，部分地立足于现实之上。假设凯恩斯倍数的价值为 k，人们以此推断，独立投资 $\triangle I_1$ 在第一阶段（这一阶段包括了凯恩斯倍数耗尽其效应所必需的短暂阶段的无限总和）带来了收入 $\triangle R_1 = k \triangle I_1$ 的第一次增加，倘若补充收入 $\triangle R_1$ 完全作为储蓄以备在第二阶段投资。在这个新的阶段中，这一补充收入发挥了独立投资 $\triangle I_2 = \triangle R_1 = k \triangle I_1$ 的作用，后者也带来收入 $\triangle R_2 = k \triangle I_2 = k^2 \triangle I_1$ 的增加。正如人们看到的，增长遵循的是 k 的几何级数。尽管凯恩斯对倍数的分析颇有声望，但是这些模式并没有受到欢迎。一方面，人们认为，如果说凯恩斯的倍数理论在所有情况下（某种消费倾向是一直存在的，因而系数 k 的某种价值也是一直存在的）都是有效的，那么凯恩斯主张通过通货膨胀政策的支出（全面的赤字政策和优惠信贷）以增加总需求的"药方"在"欠发达"国家是行不通的。因为总供给和中间供给缺乏弹性，因而阻碍了生产适应需求，以至于人为创造的购买力随着价格的无效上涨消失了。另一方面，鉴于"欠发达"经济的结构情况，并且如果万一新的需求 $\triangle I$ 能够创造供给（第一次生产性投资的假设），那么补充收入 $\triangle R = k \triangle I$ 将不会为了投资被储蓄，而是为了其余的进口被部分地储存和支出了。换言之，进口和储存构成了内外资金的流失，从而阻碍了增长呈几何级数。这就说明了独立进口外国资本没有在"欠发达"国家引起倍数机制，它也没有成为发展极。第一批外国投资很可能会在很大程度上提高总收入的水平（原因是倍数有较高的价值），但是所有收入的增加都以储存和进口形式"被浪费"了。归根结底，不应认为凯恩斯的倍数没有发挥作用（它由于第一批外国投资在很大程度上实现了收入的增长而发挥了作用），但是这一倍数效应所产生的益处没有被"欠发达"经济所利用。在国民收入第一次增长之后并没有出现当地储蓄的形成，也没有出现几何级数的增长。既然从收入的增长中获益的本地人没有实现有能力取代外国资本的当地制造性储蓄，今后的发展只能依赖新的外国资本的输入。

正如人们看到的，这种流行的分析找错了对象。它没有深入了解发达国家的储存和"欠发达"国家的储存的本质。其实，如果凯恩斯的分析对"欠发达"国家是无效的，正是因为这些国家的经济并不像凯恩斯分析的那些国家的经济那样缺乏需求。因此不应该断定凯恩斯的倍数分析是永远有效的，而应当认为"欠发达"国家的经济由于进口倾向和储存而没有获得投资的倍数效应的益处。首先，只有当人们用储存倾向代替储蓄倾向的时候，凯恩斯的分析本身才有效（在发达国家）。是储存而不是储蓄构成了"流失"，它使倍数具有有限价值并保持了其意义。其次，即使人们对问题的看法做这种纠正，凯恩斯的分析在"欠发达"范围内也是无效的，原因是在这些国家的经济中，储存并不构成一种能够把需求降低到供给水平之下的"流失"。在这些国家，储存类似于一种奢侈性消费。

然而尽管如此，无论在"欠发达"国家还是在发达国家，真正的投资都会导致收入的增长。在这个意义上，投资本来会具有倍数效应。在微弱发展的条件下，这种效应将必然是无限的。曼德尔鲍姆以倍数的"实际"概念为基础创立了一种发展模式。在第一个五年计划期间，外国资本的投资导致了国民产值的实际增长。从这一投资中获取的利润在第二个五年计划中被重新投资，实现了几何级数的增长。这位作家提出，借来的外国资本由国家集中使用，后者转付给外国的不是从新的生产中提取的全部利润，而只是合同利息。曼德尔鲍姆从这一现实主义的立场上抓住了问题的本质方面——生产，他唯一关心的几乎就是发展的根本问题：根据已知的自然资源和所希望的发展速度，在不同的生产部门之间对劳动力进行分配。人们看到，第一次外国投资在这种模式中产生了倍数效应，因为从这次投资中获取的利润成了当地的再输出。实际上，正是利润的再输出，也只有这种再输出——而不是储存——抵消了外国投资的倍数效应。这是因为，一方面利润基本上是用于投资——因此也正是从第一次投资中获取的利润为第二次投资提供了资金——而第一次投资过程中分配的其他收入用于了支出（或用于购买本地产品或用于购买外国产品）；另一方面，因为"欠发达"国家没有受到生产能力和消费能力之间的不平衡的损害，这种不平衡使增加消费倾向成了第二次可能的投资能够获利的必要条件。

4. 加速器的作用①

加速器测定被认为是原因要素的消费增长与由它引发的投资增长之间的关系。在一个阶段中，倍数耗尽了它的效应，无论它是有限的或无限的，这一阶段本身可以分成无限多的很短的阶段：在这些阶段的第一阶段，投入了资本的企业主要在新使用的生产要素中进行收入分配。新分配的收入中的一部分被消费掉了，另一部分被储蓄起来。在紧接着的下个阶段中，被支出的收入创造了供给。在前一个阶段分离出来的储蓄全部或部分地变成了投资，以便使新的需求能创造供给。如果仅用一部分储蓄进行投资便足够使新的需求创造供给，那么倍数价值就是有限的。反之，如果全部储蓄用于投资是必需的，那么凯恩斯的倍数就失去了其本身的意义。倍数就变

---

① 参见 J. 马夏尔：《价格机制》，巴黎，1951，第 72～82 页；阿夫塔里昂：《生产过剩的周期性危机》，第 11 篇，第 3 章，第 1 节，巴黎，1913，第 371～373 页；马克思：《资本论》，第 20 章（固定资本的替代）。

成了无限的。但是无论如何，在倍数的有限或无限进程中，消费的持续增长总是导致新的储蓄用于投资，也正是通过这种办法，需求才为自身创造供给。

确切地说，正是在这个时候，加速器通过消费（需求）的一定增长引出的投资规模的扩大来发挥自身的影响。现代生产技术确实要求预先建设和制造损耗速度很慢的厂房和机器。因此，很容易想象，消费品需求的变化决定着耐用设备需求的更大变化。

阿夫塔里昂在他的《生产过剩的周期性危机》一书中曾表达了这一观点，而在他之前，马克思在《资本论》的第二卷中已对这一观点进行了重点阐述，其后哈罗德又把它纳入了他所设计的经济周期模式中。

显然，如果消费的增长只要求与它严格成比例的补充投资，那么这种机制则将趋于把投资规模扩大到超出可能的范围。它加强了第一次投资的倍数效应。在周期期间，它有助于维持繁荣，但同时在某一时期内掩盖了消费倾向的下降在各个阶段中造成的影响。

我们要顺便指出，当人们无论在任何一个国家测量某一个时期的投资和这一时期的收入增长以对倍数做出估计，那人们实际上是在测量倍数——加速器双重效应。用一种归纳统计方法把两种效应分割开来实际上是不可能的。

最终产品需求的增长决定着中间产品需求超比例的增长。但是这种派生需求向何处发展呢？在这方面有必要区分两种情况：一种情况是，决定着需求第一次增长的外国投资使出口得到增长；另一种情况是，这一外国投资向当地市场倾销其产品。

在第一种假设情况下，账户差额通过外国投资本身的作用保持了平衡。外国资本 C 的投入决定了同等量生产设备的进口。因这一新的生产而分配的收入也用在了进口产品的需求上（工资 W）或被输出（包括折旧在内的利润 P），这种情况以同样的方式对账户差额发生影响。在账户差额的亏损栏上应加上数量 $C+W+P$。但是，外国投资本身可使商品生产达到总值 $C+W+P$。如果这些商品被出口，那么平衡就可保持，因为人们要在账户差额的盈额栏上增加这个数额 $C+W+P$。

不过在这个假设中，加速器运转的地点转移到了国外。生产设备导致的进口由于用来生产这些生产设备的中间产品的需求而引发了加速器在国外的运转。由于本地收入的分配（尤其是工资）而导致的进口的情况是相同的：目的在于增加这种补充生产的中间产品需求在国外出现了。因此，由于外国独立投资导致了当地分配的收入用在了进口支出上，也由于它导致了为出口而进行商品生产，所以在加速器机制未产生作用的情况下，对外平衡就得到了恢复。在这里，加速器若能发挥作用，必须是在当地分配的一部分收入产生当地需求的条件下。当地生产应当增加：中间产品需求的增长快于最终产品需求的增长。

毫无疑问，在后一种情况下，由于国际专业化和"穷国"选择了"轻型工业"，所以生产设备是必须进口的，这些进口本身超出了当地需求增长的比例。这就给对外平衡造成了一个问题。但是我们在这里对此不必加以考虑。例如，人们假设通过农业出口的增长而建立了平衡。

在第二种假设的情况下，外国投资使账户差额的亏额加重（由于生产设备 C、最终产品 W 导致的进口和利润 P 的再输出），只在账户差额的盈额栏增加了数量有限的外汇 C。这里假设平衡的重新建立是由于农产品出口增长（农业的商品化的增长）的速度比这种商品化导致的进口增长速度快。严重的边际进口倾向在这里反映了补充需求基本上是对外国市场的需求这一事实。正因为如此，加速作用由"欠发达"国家转移到了作为供方的发达国家。但是，如果发达国家也从"欠发达"国家进口与其出口值相等的产品，"欠发达"国家的生产水平会由于其新增加的出口而得到提高。实际上，加速的特有机制在这种情况下不会运转。新的外国需求（与外国出口的数量相等）决定了本地生产的等量增长。但是这种生产一般来讲都是农业生产，它只要求很少的投资。对外支付的平衡是以此为条件的。然而，加速机制的特点就是要导致大于需求增长比例的新投资，就是要导致最终能够生产多于需求产品的投资。这种机制与现代生产技术及密切使用耐久设备相联系。在前一种假设中，情况也会如此，因为，外国投资所产生的工资影响了国内需求；因为，它决定了国际收支出现赤字（为满足当地需求的增长，设备的进口造成了赤字）。这种赤字要靠农产品出口来弥合。

因此，每当国内分配的收入用在了进口需求上，加速器运转的地点就转移到了国外。这个地点和边际进口倾向之间的联系是极其密切的。事实上，国际专业化导致的结果是，"欠发达"国家的补充收入用于进口需求远远超过了发达国家。这一事实使边际进口倾向成为"欠发达"国家的一个基本特征。从整体上看，外围从中心进口产品的倾向显然是强的；而中心从外围进口产品的倾向是弱的，因为人们没有把中心内部的贸易（发达国家之间的贸易）包括在内，后者占据了世界贸易的最大部分①。

"欠发达"国家从事使用少量资本（尤其在农业生产中）的"轻型"生产的这种专业化带来了这样一个后果，即（当本地分配的第一次收入用于国内需求的时候）这种新需求的加速效用减弱了。

三 垄断与国际专业化

对外国投资历来是大公司的活动（石油公司、矿业公司等）。当

---

① 奈瑟：《进口倾向和倍数的本质》，《国际经济》，1949 年 8 月。参见张《支付差额的周期运动》，第 37 页的统计数字。

然，有时输出的资本也来自公共储蓄。在这种情况下，银行和金融集中了这一储蓄，人们应当把它们视为真正的投资者。因此，只是大约从 1880 年起，对"欠发达"国家的资本输出的规模才真正得以扩大，并使它具有实际的重要性。正是在这个时期形成了第一批"大型国际单位"，即矿业输出公司。1815～1880 年，在外国长期投资方面几乎只有英国对欧洲和美国的资本输出这样的例子及几项大的政府借款。这个时期的资本主义发展基本上是依靠小企业主使用自己的资金实现的。英国的贷款——它在欧洲和美国 1840～1860 年发展铁路网的时期曾出现过引人注目的发展——是由当时大金融公司提供的。政府借款（尤其是东欧、拉丁美洲、土耳其、中国和埃及的政府借款）也是欧洲的大金融公司（首先是英国、法国，其次是德国、奥地利和意大利的金融公司）提供的资金。

（一）流行理论关于垄断超额利润的根源和动力的分析

关于一般平衡的边际理论的创立开始于 1870 年，并以完全竞争的假设作为出发点。根据这一理论，就在现实已经开始不再与这一假设相符之时，垄断仍然是一种例外。只是到了 1932 年，J. 鲁滨逊才在边际效用学说范围内提出了垄断问题（在《不完全竞争经济学》一书中），开始研究经济垄断程度的提高给国民收入的分配和储蓄形成的速度带来的后果。属于正统方法的这一分析实际上不能不受到边际效用学说微观经济分析方法的限制。可能正是由于这个原因，卡莱茨基后来执意从宏观经济的角度深入对总收入的分配机制加以研究。卡莱茨基的主要著述都是第一次世界大战前不久分散发表在杂志上的文章，1952 年由作者本人汇集并加以补充成书出版（书名为《论经济动力》）。这两部书成为非马克思主义关于垄断对储蓄形成的影响理论的主要著作。研究收入的分配，就是分析决定这一收入在工资和利润之间进行分配的规律。这是鲁滨逊和卡莱茨基的目的。要达到这一目的，绝对需要与边际效用学说决裂，后者连阐述利润存在的能力都不具备。因为在马歇尔看来，处于平衡状态的利润是不存在的，或者至少是包括在成本曲线中的。如果把一种"正常利润"包括在成本曲线中，那就需要解释什么是"正常利润"，它来自何处并且是如何演变的。而边际效用学说对这样至关重要的一点却保持了缄默。应当承认，新古典经济学派曾力图确定这一"正常利润"的根据之所在。他们自信在"组织"要素的供求关系中找到了这一原因，从而勾勒了关于四个要素的完全对称的理论。但人们应当摒弃这个理论，因为从根本上说是个人创造了自己的需求①，所以企业家并不符合这一定义。鲁滨逊试图重新创立一种关于利润的总的理论。她通过经济中存在的垄断力量，特别是通过面对着除自身劳动力之外没有任何生存手段的工人阶级的资本所有制垄断来解释这种报酬水平。应该对该理论提出的批评是，它最终把利润率平均水平归结为主观的力量对比。力量对比的变化导致利润率水平的变化。但是，最初它就是——如同凯恩斯所说的利息率——这样，"因为它不是其他东西"②（它是"常规"现象）。

1. 鲁滨逊的边际效用分析

作者在她的著作的最后一章③中把分散在前面各章中的研究成果进行了归纳。鲁滨逊的出发点是假设一种处于完全竞争平衡状态的充分就业经济。她假设同一部门的所有生产者突然在一个卡特尔内组织起来。这种经济的完全卡特尔化将给储蓄形成的条件带来什么变化呢？

人们可以认为，这一行动将导致全面的收缩，原因是每个卡特尔都将自己置于其产品的总需求曲线的最佳点上，决定减少产量以

---

① 戈登：《企业、利润和现代公司》，《经济学调查》，1936。
② 贝特兰：《当代就业理论》，第100页及其后页数中的内容。
③ 第27章：垄断世界。

实现最高额利润。只有当人们在竞争环境中考察一个孤立的垄断行为时，这一分析才是正确的。实际上，如果所有企业同时组成卡特尔，那就会有一些工人失业。工资水平的下降一直要持续到充分就业重新得到保证。边际效用学说推理的这种修正不完全可靠。尽管重新保证了充分就业的水平，尽管总收入保持了卡特尔化之前的水平（等于全部生产），这一收入在工资（下降了的）和利润（提高了的）之间的不平均分配还是要影响最终产品的需求。每种商品的总需求下降了。因此，经济体系的所有已知条件都改变了。当人们研究经济活动的所有部门的总生产时，目的在于假设一定需求曲线的这种方法本身——严格地讲，只有当人们研究一个孤立的企业或一个生产部门的表现时，这种方法才会有效——就失去了意义。

　　直接用宏观经济词汇来进行推理，经济的全面卡特尔化将导致什么结果呢？由于垄断而出现了生产全面收缩，更紧密团结的企业主面对雇佣工人所具有的更强大的力量降低了工资水平。由于需求也下降了，一种就业不足的平衡可以很容易地长久持续下去。这种平衡对企业主更为有利，因为利润提高了。此外，在完全竞争条件下，情况也是一样的。在这种条件下同样是收入在工资和利润间的分配决定了就业水平。人们认为，在凯恩斯之后，可以一劳永逸地抛弃只把工资看作是企业主的一种代价的荒谬推论，这种边际效用学说的推论忘记了工资所具有的收入内容。因此，在完全竞争条件下就业不足同样是可能的。很显然，就业水平基本上取决于实际工资水平。实际工资水平越低，消费品的销售量就越小。假如人们继续以同样的生产技术生产供销售的消费品所必需的设备，生产部门雇用的劳动力总量本身也将下降。为使充分就业在实际工资水平下降的情况下得到保证，必须要让消费品生产解放出来的劳动力生产更多的设备。但是这些补充生产资料只能用来生产无法销售的剩余消费品。然而低工资导致企业主宁可使用更原始的技术。更原始的技术意味着人们使用较多的劳动和较少的资本从事生产。尽管更多的劳动力用在了最终产品的生产上，但是用于生产生产资料的劳动力还是减少了。同时，不利于中间产品生产的劳动力分配使最终产品的产量下降了。为了生产同等量的最终产品，使用更原始的技术要求更多的总量劳动力：直接的和间接的。所以对失业来讲，工资的下降并不像用凯恩斯的思想方法看问题的人想象得那么严重。这种思想方法是不全面的，它忽视了工资变化导致的技术变化，而只把工资看作是一种收入。实际工资的下降无疑会使需求缩减，但同时又使人求助于"资本耗费"较低的生产技术。如果说工资的下降并不一定加剧失业，这正是因为随之而来的是一种真正的经济衰退。无论如何，失业水平很可能会因为工资水平低而更高。事实上存在着一个界限，超出这个界限，作为企业主个人，使用更原始的方法对他无利可获。在这个界限之内，尽管使用最落后的方法可以减轻利息压力，但是使用较先进的方法其好处还是占了上风。

所以，突然出现的卡特尔化完全能够导致失业的增加。然而，鲁滨逊却假设，在竞争条件下使其充分就业的那些力量在假定经济完全卡特尔化的条件下仍然会使其充分就业。不过，这种垄断化却要改变总收入的分配和生产的方向。

它通过两条渠道改变收入的分配：一方面，商品需求曲线的弹性允许处于垄断地位的生产者"剥削"消费者；另一方面，生产要素供给曲线的弹性允许处于垄断地位的企业主"剥削"这些生产要素。

作者在推理的第一阶段只重视第一种现象。鲁滨逊采纳了勒纳关于商品需求弹性的定义，她认为可以通过需求曲线的斜率（e）对这种弹性加以衡量。作者通过 $\dfrac{e}{e-I}$ 表明垄断提高了竞争价格。要素报酬率，也就是实际工资、实际利息和实际利润是以 $\dfrac{e-I}{e}$ 的比例下降的。

随后作者开始考虑通过这条曲线的斜率 E 衡量的要素供给弹性，她指出了垄断剥削要素的第二个原因。事实上，正是由于一切事物都是平等的，所以要素报酬率通过经济按 $\dfrac{E}{E+I}$ 比例的垄断而下降。

总之，生产要素收入（工资、利润、利息）以 $\dfrac{e-I}{e} \times \dfrac{E}{E+I}$ 的比例下降。生产要素所失去的那部分由企业主得到了。后者现在获得了总额等于 $R/I - \left(\dfrac{e-I}{e} \times \dfrac{E}{E+I}\right)$ 的"超额利润"，其中 R 代表卡特尔化之前的收入总额。而在竞争条件下，"超额利润"总额为零。

作者从这个分析中得出两点结论：第一，国民收入的再分配有利于企业主；第二，生产方向改变了。其实，如果假设一种活动与另一种活动的商品总需求弹性不同，一个部门与另一个部门的要素供给弹性也不同，那么显然卡特尔化将改变生产方向。人们将生产更多的需求弹性较小的产品和生产更少的需求弹性较大的商品。相应的，劳动供给弹性很大的那些部门将发展起来，而劳动供给弹性较小的那些部门将趋于破产。鲁滨逊最后的结论是，垄断程度的提高加剧了分配的不平等，因此有利于国民收入中储蓄的相对增长，从而有利于投资速度的加快和总收入的增长。

对最后一点，有必要提出几点异议。首先，垄断程度的提高仅在大大低于鲁滨逊的分析得出的比例上使储蓄额增加，事实上鲁滨逊假设生产要素全部被企业主得到了。但是，我们看到当分配的变化有利于利润时，使用的生产技术趋向于变得更原始。所以国民收入下降了，企业主并不能获取生产要素丧失的全部东西。生产力的充分发展受到了阻碍。虽然利润率提高了，但总收入仍有所下降。其次，不能肯定这种国民收入分配的变化加快了发展速度，除非全部储蓄都用于再投资才会出现这种情况。但是在发展达到某种水平时，情况可以不再是这样，储蓄额趋向高于投资额的"成熟"经济便是一例。一部分储蓄被储存起来，因为把全部储蓄都用于投资无利可图。生产能力较之消费能力来说已经太大了。在这种条件下，由于经济垄断程度的提高减少了用于消费的收入，增加了用于储蓄的收入，因而也就加剧了困难。更多的储蓄被储存起来了。于是，依仗于投资的发展速度不是加快了而是被阻碍了。因此，垄断化可以导致失业和总生产水平的更大下降。

巴兰和斯威齐以此说明，在垄断资本主义条件下，实际剩余低于潜在剩余[①]。他们在这方面再一次确切地对问题做出了正确的回答。

2. 卡莱茨基的宏观经济分析

卡莱茨基从勒纳的垄断程度定义出发认为：通过价格 p 本身得出的价格 p 与边际成本 m 之间的差商为 $\mu = \dfrac{p-m}{p}$。对整个经济来说，垄断的平均程度通过商 $\mu = \dfrac{\Sigma xp\mu}{\Sigma xp}$ 加以衡量，x 为一种售出产品的数量，p 是它的价格，μ 是生产它的企业的垄断程度。数量 $T = \Sigma xp$ 起着十分重要的作用。卡莱茨基称它为"aggregate turnover"（总营业额）。随后作者证明，平均垄断程度 μ 也可以由比率 $\dfrac{E+O}{T}$ 来衡量，其中 E 代表总利润，O 代表包括利息在内的固定资本总折旧。即使不分析论证的细节就可以凭直觉证实比率 $\dfrac{E+O}{T}$ 完全能够测定经济的垄断程度。$E+O$ 实际上是企业主得到的毛份额。企业主得到的份额越大，比率 $\dfrac{E+O}{T}$ 也就越高。

卡莱茨基还认为国民收入 A 是由工资 W、利润 E 以及把利息计

① 巴兰和斯威齐：《垄断资本》，巴黎，1968。

算在内的折旧 O 组成的。这样平均垄断程度 $\dfrac{E+O}{T}$ 可以通过比率 $\mu = \dfrac{A-W}{T}$ 表示。人们很容易得到的结果是：

$$\frac{W}{A} = \frac{I}{I + \mu \dfrac{T}{W}} \tag{2.3}$$

从这种关系得出的结论是，在平均垄断程度 μ 提高的情况下，工资的相对份额下降。平均垄断程度不仅直接对商 $\dfrac{W}{A}$ 产生影响，而且它的变化也会对比率 $\dfrac{A}{W}$ 产生影响，由于总工资是固定的，这一变化表现为价格的上涨。因此比率 $\dfrac{T}{W}$ 提高了。$\dfrac{W}{A}$ 由于 μ 的提高和 $\dfrac{T}{W}$ 的提高而下降了。

此外，$\dfrac{T}{W}$ 独立变化也可以发生。相对工资而言的原料价格的上涨表现为一般价格水平不那么猛烈的提高，因为这一水平与原料和工资的总体是成比例的。为使实际工资保持稳定，提高名义工资是必要的，但这种提高较之原料的名义价格的上涨要低。换言之，在原料相对价格上涨的情况下，比率 $\dfrac{T}{W}$ 的价值提高了。

在这个基础上，卡莱茨基认为可以找到为什么国民收入中的劳动份额能够在发达国家的历史上引人注目地保持稳定的原因：垄断程度的逐渐提高通过不利于原料的贸易条件的变化得到补偿。

人们可以批评卡莱茨基使用了累积总产值 T，而这个量并无多大意义。实际上它取决于经济一体化的程度。假设过去独立的两个互相补充的企业合并了，那么数量 T 就要下降。原因是第一个企业不再向第二个企业出售它过去曾向它出售的半成品。不过，持续的经济垄断化部分地表现为这种纵向一体化形式的扩大。在这种情况下，μ 提高了，而 T 却下降了；商 $\dfrac{W}{A}$ 的价值因而可以保持不变。所以，企业通过需求曲线的弹性来衡量垄断程度是一种危险的做法。

垄断程度和总产值在原料价格、使用的设备价值与工资额、分配的利润额两方面之间的分配对独立于其中任何一方的利润率产生影响。为什么总收入的分配会影响利润率呢？这可以说是显而易见的，而且从下面这一方程中演算出来：总产值＝原料和机器的价值＋工资＋利润。从事生产的企业主必须拥有足够的资本以便向前两个量投资。他把他的利润添加到这两个量的总额内。因此，即使工资/利润比率保持稳定，工资/总产值比率也会由于技术进步而下降。另外，利润/总产值比率会由于同样的原因而下降，这一比率就是利润率。技术进步实际上表现为更大量地使用原料和机器而不是使用人。技术进步还表现在工人有可能加工更多的原料。它含有处于萌芽状态的一种可能性——如果利润/工资比率，换言之，净收入分配保持稳定——利润率下降的可能性。

这些原料的相对价格的下降确实可以补偿对它们的更密集使用。在这种条件下，尽管工资/总产值比率也不发生变化，利润率就不会变。总之，卡莱茨基在指出原料的相对价格下降的同时也指出了马克思本人早已纳入他的分析范围的逆反趋势。

根据卡莱茨基本人提供的数字[①]，这种逆反趋势刚好补偿了原料和机器的更密集的使用，以至于利润率保持了稳定，工资在总产值中的比例也保持了稳定，这里涉及的是 1929～1941 年这段时期的情况。

如果人们对更长的时期加以考察，例如 1850～1960 年的一个世纪，还会产生同样情况吗？在这方面，重要的是要区别工资（或利

---

① 卡莱茨基：《国民收入的分配》（关于经济通货膨胀理论的论文，1939），第 199～200 页和 216 页（收入分配理论读物）；《经济动力理论》，第 20～26 页。

润）在总产值中的份额和这些收入在净产值中的份额。关于与剩余价值率相吻合的第二个比率，对统计数字的研究（尤其是库兹涅茨、鲍利和克拉克的研究）断定它是稳定的。至于另一比率，也就是工资（或利润）与总产值的比率，它的演变和净产值/总产值比率的演变相关。然而，这种比率似乎是有规律地下降，而且下降很多。马克思关于利润率下降趋势的规律似乎完全会出现在一个世纪长的时期内。"趋势"（净产值/总产值比率的下降）要比"逆反趋势"（工资/利润比率的下降）更为强烈。

另外，净收入与折旧之间的收入分配（与马克思关于可变资本、剩余价值与不变资本之间的分配相类似）这一要素的作用应当和垄断程度（通过工资/利润比率加以衡量，也就是通过利润在净收入中的相对份额加以衡量）的作用区别开来。

在卡莱茨基的最后一部著作中，他又在一个复杂的方程式中列出了唯一的一个公式。卡莱茨基把衡量从一种工业中获得的利润与生产总成本比率的系数用 k 表示（作者认为是这个系数衡量垄断的程度），把衡量原料支出、贬值与工资支出之间比率的系数用 j 表示（和资本的"有机构成"正好相反），他说明，当这两个系数中的任何一个价值提高时，总产值（工资、利润、原料成本及贬值的总和）中的工资相对份额下降。这个公式是否为马克思的分析增加了什么内容呢？似乎不是，因为衡量垄断程度的系数 k 只不过是利润自身而已。如果以一切事物都是平等的为条件，说什么当利润的份额提高时，工资份额就下降，读者得不到什么新东西，这个道理太普通了！卡莱茨基后来又指出，垄断程度在一个长时期内有提高的趋势。也许是如此，但需要用另外的方法确定垄断程度并避免把这一概念和它所谓的利润率提高的结果混淆。至于中间产品价值和最终产品价值之间的比率演变，他认为要了解它是困难的。如果这一比率的价值保持稳定（制造中间产品和制造最终产品的工业的技术进步速度同样快），那么在每个工人所使用的原料和机器的数量增加的情况下（这是技术进步的一般规律），这个系数 j 就是下降的。人们又一次回到利润率下降趋势的规律上来。但是，在一个真正统一的复合体中把"垄断力量"因素和资本的"有机构成"因素集中起来是不可能的，它们只不过是一种简单的并列。换言之，资本有机构成的提高对利润率产生的影响可以被垄断程度的提高抵消，因为这种变化被认为是净收入中利润份额的增加，也就是利润／工资比率价值的提高。

（二）经济垄断程度的概念[①]

无论是卡莱茨基的分析还是鲁滨逊的分析都没能真正解决问题，可能原因在于他们把垄断程度看作成本本身造成的价格与成本之间的差，这样就很明显，垄断程度的提高会导致利润率的增加。在这两位作者看来，实际上利润率无非就是垄断程度本身。

1. 流行理论：以需求曲线作为出发点的经济垄断程度的"总"概念

一种产品的需求曲线斜率是所有关注垄断现象的过去和现代的理论家的出发点。当许多企业为生产一种商品而进行竞争时，这个斜率没有任何作用。每个企业以它的边际成本来出售其产品，无论是单个的企业还是所有企业都得不到利润。但当一个部门的所有企业联合起来的时候，这个斜率就重新产生了效力。它使新的垄断从消费者身上获取超额利润，或仅获取利润，因为在竞争条件下这一

---

① 乔·贝恩：《垄断程度的测定》，《经济学季刊》，1943；卡莱茨基：《垄断的程度》，《经济杂志》，1942；勒纳：《垄断的概念和垄断权力的测定》，《经济研究杂志》，1934；摩根：《销售中的垄断措施》，《经济季刊》，1946；洛特希德：《垄断的程度》，《经济学季刊》，1942；斯威齐：《关于垄断的定义》，《经济季刊》，1937；塔克·鲁弗斯：《垄断的程度》，《经济季刊》，1940；怀特曼：《论垄断程度的概念》，《经济杂志》，1941。

收入被视为零。需求曲线的斜度测定垄断可以从消费者身上获取利润的能力。

当人们试图把视线从生产某种确定商品的卡特尔化的部门转到总体经济上的时候，问题的实际困难就暴露了。这时总需求曲线不仅取决于需要的相对强度，而且主要取决于消费者的收入，这些消费者从总体范围来看就是雇佣劳动者自己。企业主和"社会其他人"之间的关系这时不再表现为生产者与消费者的关系，而基本上是企业主和雇佣劳动者的关系。

但是两个更基本的原因必然会否定这种垄断程度的测定方法。第一个原因是，根据这种观点，在全面竞争的假设中利润完全消失了，因而在竞争条件下人们无法研究利润的动力。第二个原因是，垄断并不是源于弹性较大的产品的性质。钱伯林一直坚持这种观点，他的垄断性竞争的理论是不太现实的。因为垄断的根源不是产品具有较大的"不可替代"性，而是在于"进入"这一产品生产领域所必需的资本总量。

经济垄断程度的"总"概念认为任何体制都具有某种潜在的垄断程度。事实上，对任何一种商品来说，无论它是由独家企业还是由许多公司生产的，总需求的曲线一直是存在的。无论经济处于完全竞争的状态还是处于完全垄断的状态，它都不会使这一曲线发生任何变化。可以说卡特尔化只是表明了内部垄断的程度，并使之更加有效。鲁滨逊和卡莱茨基的分析方法最多（在理论上）可以衡量一种经济的垄断程度，而这必须是一种生产完全掌握在垄断者手中的经济。该方法不可能研究集中的实际演变过程。它可以对完全垄断化的两种经济加以比较，而不可以对同一经济的两个发展阶段进行比较。然而，实质性问题恰恰就是经济垄断化的不断加剧，而"需求曲线"的方法回避了垄断的实质性问题。

2. 马克思主义理论：经济垄断程度的现实主义概念

决定一种商品生产的或是竞争或是垄断，这是自列宁以来的一个基本思想。"介乎两者之间的情况"的存在不应当使人对竞争和垄断之间的根本不同的本质产生错觉。一部分类法无论采取的是哪种标准，其中永远存在一些中间情况。这里提出的问题是，一个企业在什么情况下可以被认为是一种"垄断"。是当它控制了生产的50%以上，还是更低一些，比如10%或20%的时候呢？或者相反，需要控制生产的绝对多数，例如75%？这要视情况而定。在一个地方，一个企业生产了25%的产量，可它与数千个小企业处于争斗的状态，就可能会出现垄断。两个或几个垄断企业可以在一场斗争中拼个你死我活。但是这种斗争无论从方法上还是从目的上都根本有别于微型企业的竞争。在最后一种形式的竞争中，技术优势是取胜的唯一办法。这导致了不停顿的、有规律的进步。在垄断企业之间的斗争中，出现了其他因素：广告、倾销、求助于银行贷款和海关立法以及公开或隐蔽的补贴（优惠铁路运输价格）。这些现象表明了形形色色的斗争手段的新规模。在这种情况下，有一点是决定性的，这就是斗争仅限于在几个彼此十分了解情况的对手之间进行。它不会使互不相识的企业主进行一场"光明正大"的斗争。所谓的中间情况（垄断性的竞争）说到底是不那么现实的。它的活动范围仅限于"化妆品"之类的几种最终产品的销售。要想知道一个部门是否已经垄断化，最重要的是首先要知道这个部门的生产是否主要由公开或暗中达成协议的几个大公司所控制。这个协议本身也会受到几个对手的挑战。有时在这些对手之间会发生激烈的斗争。这类斗争关系到对手之间的利润分配，而与这一组对手对第三者的态度无关。在斗争中，对顾客采取的态度（降低价格）可以成为制服对方的一种手段。但是，根据力量对比重新分配利润的协议一经实现，对第三者的态度又变得一致了。垄断在国民产值中所占的份额是衡量经济垄断程度的唯一现实的、基本的标准①，它与需求弹性没有任何关系。

（三）马克思主义关于垄断超额利润的动力和当代中心积累的理论

1. "企业主与生产要素"之间的关系的意义

在一次著名的论战中，鲁滨逊认为劳动受到剥削是在它的报酬低于它的边际产品价值的时候②。以这种边际效用说的定义为基础，人们确认，垄断化使劳动有可能受到剥削，另外也同样使时间要素（资本）和自然要素（土地）有可能受到剥削。

钱伯林对此进行了反驳，他认为企业主并不关心这一边际产品的价值，而是关心实际收入——企业主的收入中每个要素边际单位所增加的那部分。很显然，根据这种观点，永远不会有剥削。不过，上述两种立场之所以出现了距离，根本原因在于它们提出定义的角度不同。毫无疑问，垄断可以——如果商品的售价不发生变化——从一切生产要素中提取"超额利润"。鲁滨逊完全证实了这一点。如果说钱伯林怀疑这种说法的准确性，正是因为他否认存在一种符合传统理论关于纯粹垄断模式的现实，并且他创立了一种垄断性竞争模式取而代之。在这个模式中，如在完全竞争制度下那样，销售价

---

① 这个基本标准还是不够的。银行拨给的贷款的分配加强了垄断程度。关于这一点请参阅德国 1933 年的调查报告：《为银行和经济服务性机构准备的资料》。人们还通过劳动力集中程度来衡量垄断化的程度。关于这种垄断化程度的估计，请参见巴雷：《日本的资本主义演变》第一卷；贝特兰：《纳粹统治下的德国经济》，巴黎，1946，第 61 页和 66 页；切纳里：《卡特尔、联合企业和托拉斯》，1944；莱德勒：《美国工业管理的集中》，1950；林奇：《经济权力的集中》，纽约，1946；关于对"欠发达"国家这一程度的估计，参见格里特利：《埃及现代工业的结构》，《现代埃及》，1947。

② 皮古：《福利经济学》，第 549 页；鲁滨逊：《不完全竞争理论》，第 283 页及其后页数的内容；钱伯林：《垄断性竞争的理论》，第 196 页及其后页数的内容。

格与生产成本相等（把"正常"利润考虑在内），尽管它还不能与最低生产成本相等（由于需求曲线的倾斜）。由于人们在这方面批评了钱伯林模式的非现实主义的特点，因而应当看到经济垄断程度的提高不是需求曲线"上升"的结果（相反，它们被假设为稳定的），而是传统竞争模式向传统垄断模式过渡的结果。

在这里需要提出两点意见。首先必须弄清楚的是，从劳动要素中抽取的补充收入的用途与企业主从其他两个要素中获得的补充收入的用途大不相同。

"利息"实际上的功能性用途是什么呢？这些"利息"从生产者或者付给那些出借积蓄的食利者获得，对后者来说这些积蓄构成了直接后备储蓄（购买债券、认购公债）或间接后备储蓄（把上述款项存放在银行或储蓄所，这些机构再把这些现款借给生产性经济），或者付给银行作为发放贷款（创造货币）的服务费。如果说第一类付出的利息很像是被食利者用在了最终消费方面，那么第二类利息实际上则成了银行家的利润来源。这种利润本身也作为储蓄和投资投入银行自身活动或投入工业活动（股份参与）。

"对时间要素的剥削"——把利息率保持在时间贬值率的水平以下——只能在它压缩食利者的收入的条件下才会降低消费而促进储蓄。至于其他方面，这种剥削看来是企业家用于储蓄的收入向银行家的转移。因为银行家自己参与了由他们提供贷款的那些企业的活动，所以这种转移就更多的是一种虚构的转移。此外，在这种情况下，企业家为提供贷款服务而付出的利息份额与使用食利者的积蓄而付出的利息份额相比有所增长。事实上，银行家已不只是在自己一家银行的范围内寻求利润，因为他的利息已经分散在银行和工业企业中了，这就导致他对这一工业企业更加宽宏大量。他向其提供充足的贷款。这就是 20 世纪价格持续上涨的一个基本原因。货币的"生产"不再是"无弹性"的了。货币几乎越来越被有货币需求的人随心所欲地加以创造（当然这个人要强大到足够创造货币的程度）。食利者的收入向企业家方面的转移则更多的是通过货币贬值的手段而不是通过利息率微不足道的变化手段。

对"自然要素"的剥削表现得更为一致。这一要素的报酬最终取决于地主的垄断。工业所有制的集中使得企业家和地主之间的关系由单一垄断阶段（众多希望获得土地使用权的企业家和单独的一个地主处于对立）过渡到了一种双边垄断阶段。毫无疑问，这种演变削弱了土地垄断的力量，尽管后者只是在农业领域发挥着真正重要的作用，也正是在这个领域，企业家的作用还远未达到在工业领域中那样的集中程度。因而在这一方面，总的看来大概不会出现太多的变化。历史上发生的变化尽管不太大，但它们仍然有利于储蓄（利润）并限制了消费（地租）。

与此相反，劳动要素和企业家之间的关系却具有非同寻常的意义。事实上，劳动收入在国民收入中占有很大的比例（30%～50%）。这方面的转移无论对储蓄形成的速度（与利润份额相联系）还是对这种储蓄成为投资的速度（与消费可能和储蓄可能之间的协调程度相联系）都会产生很大影响。

鲁滨逊关于对劳动要素的"剥削"，若用最简单的说法加以表示，意味着工业集中程度的提高使企业家对付雇佣劳动者的力量得到了加强。这是非常明显的。在竞争体制下，工资对企业家来说是一个参考数据。他不可能企望长期用低于他的竞争对手通常支付的工资比率来支付其工资。这绝不表示雇佣工人阶层和企业家阶层一样在契约中处于同样强大的地位。但是，在垄断条件下，企业家能够以双重身份来讨论工资问题：既作为一般的企业家（这一身份由于企业家有了对付工人要求的更大可能而得到了加强），又作为他所垄断的那个生产部门的唯一企业家。

因而，永远用于消费的实际工资的份额由于垄断程度的提高而被压缩了，而垄断程度的提高会增加用来进行储蓄的利润的份额。所以，卡莱茨基在把经济垄断程度和平均利润率加以比较之后——这一点我们已经谈到——非常合乎逻辑地做出了这样的论断，即强大的工人工会的建立并不提高经济的垄断程度，而恰恰相反，是使其降低了①。原因是这一工人垄断与雇主垄断进行竞争，并且避免了实际工资的下降，阻止了平均利润率的上升。

但是，劳动报酬的水平主要取决于工人的力量，而仅仅附带地取决于雇主方面的垄断程度。因而雇主方面的变化在决定实际工资，从而决定实际利润的时候起不了决定性的作用。

2. 生产者与消费者之间的关系的意义

鲁滨逊在这方面所持的观点具有很大的独特性。作者根据一个部门的产品需求曲线的倾斜来确定该部门的垄断；认为一种纯粹竞争性的经济向一种完全垄断性的经济（也就是说在这种经济中，一个部门只有唯一的一个企业）的过渡既不改变被假设为永远充足的要素使用量，也不改变在推理的第一阶段被假设为不变的报酬率。作者据此推断，这种变化从根本上决定着生产方向的改变，生产脱离了需求弹性很大的那些部门，而更多地转向需求弹性不那么大的那些部门。生产方向的这种变化不会改变仍旧停留在竞争的"正常"水平上的利润率。事实上，利润率的改变只能通过生产要素的实际报酬的变化才能实现，因为这个变化可使企业家通过对要素的剥削获取超额利润。

另外，这个看法实际上是不准确的。因为生产方向的改变使产品总量发生了变化。既然要素的实际报酬保持不变，利润率就会发生变化。这里人们没有考虑这一变化。

用鲁滨逊的观点来进行分析实际上不太有效。事实上，如果放弃完全卡特尔化的经济和完全竞争的经济处于对立状态这样一种不现实

---

① 卡莱茨基：《经济动力理论》，前引书，第17页。

的假设，而认为只存在一种包括某些垄断化了的部门和某些非垄断化的部门的现实经济，那么整个问题就是全部利润（没有发生变化的利润）如何在各部门之间进行分配的问题了。实际上，各生产部门之间的利润分配的任何变化同样决定了生产转向那些最有利可图的部门。这样，总产值发生了变化，总利润也随之发生了变化。然而，如果不考虑这种次要的变化，而只看到垄断的形成对假设为不变的利润分配产生的主要影响，那么企业家与消费者之间的关系看来就像是企业家们之间的关系的一种表面形式了。垄断超额利润的最主要根源是利润的再分配，而不是净收入在利润和工资之间的分配。这一分配由于经济垄断程度的提高而明显地发生了变化，经济垄断程度提高的定义就是垄断化生产份额的扩大和竞争性生产份额的缩小。

价格机制告诉我们，在竞争条件下价格经过了一段时间后（供给适应消费所需的时间）便固定在生产成本的水平上。这个机制还告诉我们，在垄断制度下情况则完全不同。那么我们来设想一半部门是竞争的，另一半是垄断的这么一种经济。我们再来设想一种有规律性的技术进步平等地分布在各个部门，另外我们假设有一种稳定的货币条件。竞争迫使竞争部门的企业有规律地降低它们的价格。尽管其他一切条件都是平等的，它们的利润水平是不变的。竞争的不存在却可使垄断企业不降低它们的价格，虽然它们的成本下降了。它们的利润水平在其他情况相等的条件下提高了。垄断企业最终为自己攫取了由于技术进步带来的补充收入。

经济由竞争阶段向垄断阶段的过渡显然使货币条件出现了混乱。我们看到，远非稳定的货币条件已变得不稳定了；由于货币的可兑换性被取消，垄断者可以随心所欲地创造货币（只要银行系统乐意），因此出现了货币价值不断下降的趋势①。所有的价格都应当提

---

① 参见本书第三章。

高，但是较之竞争部门来说，垄断部门的价格提高得更快、幅度更大。同样，在周期的萧条阶段，所有价格都下跌了，但是垄断产品价格的下跌相对要少一些[①]。

利润由竞争部门向垄断部门的转移可以达到何种程度呢？在这个阶段，似乎可采用需求曲线来进行分析。价格的扭曲降低了竞争部门的企业的利润率。某些边际生产者被淘汰了。即使假设这些部门的主要投资是自供资金，它们的发展速度比垄断部门还是要低。不过，一定水平的总收入决定了对不同商品需求的一定趋向，不管这些商品是否由垄断企业生产。因此在出现需求大于供给的时候，价格就可以提高。所以，利润率的下降不能超过一定的限度。一种产品是十分"必要"（也就是说它的需求曲线接近于水平线）还是完全可以被"代替"（换句话说就是它的需求弹性很大），决定了利润率的下降将很快停止或相反更加持久。衡量产品相对必要程度的需求弹性是垄断并吞全部利润的唯一障碍。客观上不可逾越的这一障碍使竞争部门向垄断部门的利润转移停留在一定的水平上。

如果我们现在对垄断方面加以观察，就会发现，由于这些垄断的产生而引起的价格的相对上涨——以及可能出现的利润相对提高——在各部门的程度是不均衡的，那么，利润由一个垄断部门向另一个垄断部门转移的规律是什么呢？

3. 超额利润在垄断之间的分配

在这一方面需求弹性同样可以发挥作用。例如，钢的垄断能够把钢的相对价格提高到天然橡胶的垄断所不及的程度，因为在当代文明中钢是不可替代的，天然橡胶的不可替代性则要差一些（由于合成橡胶的竞争）。被垄断所控制的不同生产部门之间的利润分配要

---

① 参见费特在《垄断的假面具》一书中第 197 页所举的例子：1929～1933 年，水泥的价格只下降了 5.6%，小麦的价格却下降了 54.6%，棉花的价格也下降了 54.3%。

受到需求弹性的干预。

但另外两种因素也介入了垄断之间超额利润的分配。第一个因素，一般情况下在一个生产部门中不会只有一个垄断。这一部门集体实现的超额利润的分配是在各对手之间依照某些规律进行的。即使一个部门的生产从表面看是掌握在一个公司手中，产品的需求弹性也不是决定本部门利润率的唯一因素。虽然需求曲线允许钢的绝对垄断（只有一家公司）比橡胶垄断能够获得更多的利润，但是肯定存在着一条界线，在界线以外，利润率对新资本仍将具有不可抗拒的吸引力。另一个金融集团依仗自己银行体系的支持，最终将跻身这一生产领域，而斗争将迫使"过分有利"的钢价下降。这里我们涉及的是介入垄断之间的超额利润分配的第二个因素：各个"金融集团"之间的力量对比。

一般来说，垄断之间的关系的本质就是前面在双重垄断模型中已经分析的关系。现实的力量对比决定了利润分配的方式。但必须指出，只有当两个独立的垄断在经济战场上进行较量的时候才会按这种方式分配利润。例如当铁矿垄断和钢垄断发生冲突时，如果这两个垄断尽管从法律角度来看具有一定独立性，而实际上在经济方面没有互相融合（情况经常是这样），这种情况就会出现。不过，大多数情况就是这样。互相渗透是通过银行、董事会里的席位的交换、参与等渠道实现的。在这种情况下，铁矿石的"价格"似乎完全是一种人为的价格，并且由其他的因素所决定：税收的、心理的等。在这种情况下，应当受到重视的是两个企业的总利润。

如果人们把经济中的全部垄断化的活动视为受某些"金融—工业集团"控制的活动，一个集团控制着某个部门，另一个集团控制着另一个部门，这两个集团有时在有限的领域被迫进行合作，有时则在正在被瓜分的部门进行殊死的搏斗，那么人们将倾向于如下的解决方式：每个集团取得一份总的利润，利润率与该集团的实力是相适应的，而衡量这一实力的标准首先是它拥有的资本数量，其次是各种因素，如国家或公众舆论对它所持的态度等。

　　把垄断之间的斗争仅仅看成竞争的一种变革，这是一种偏向。事实上，斗争的方式已经发生了翻天覆地的变化。19 世纪的微型企业试图把生产成本降到最低点，以便用市场价格销售它们的产品。垄断同样在继续追求利润，但为达到这一目的而采取的办法更新了。小企业家计算的是边际效益。大型企业不再把市场作为参考数据。投资服务的目的是改进公司的寡头垄断地位（举例来说：比尔斯公司为了避免新的竞争而向巴西输出资本，在那里购买一块含金的土地）。它可以把加强一体化作为目的（例如联合果品公司创建了一支船队）①。其结果是，当各个垄断的计划变得水火不相容的时候，它们之间便发生了冲突。比耶在一项研究大型国际单位行为的文章中对垄断投资的本质进行了分析：它们首先是一种支配性投资，目的是为了独自占有潜在资源的支配权，此外它们还是勘探性投资和开发性投资。比耶先生根据对毛收入的估价（对全部预期成本的估价）为垄断设计了开发计划，他得出的结论是，预计的需求越是增长，金融市场的利息越低，生产要求投入的最初投资越多，开发计划的期限就会越长。在这种条件下，各个垄断无疑要在采取的总体战略方面发生冲突。在对法国石油公司和国际石油公司所属的近东开发公司的冲突进行了详细的描述之后，比耶得出的结论是，由于不利条件而被迫实行短期计划的垄断（法国石油公司就属于这种情况，这个半国营公司所依靠的资本市场较之美国资本市场要弱小得多，它既不具有像美国那样广阔的发展前景，在世界上又没有其他业务）趋向采取一种低价多产的竞争战略。因此，争取最大利润的斗争向

---

　　① 这两个例子引自比耶先生讲授的有关大型国际单位的博士课程（课程名称：国际专业化，1953～1954）。

内部发展以使其计划得到执行。如果卡特尔协定发生破裂，斗争将以更公开的形式出现。无论如何，妥协——它从来就是一种暂时的休战——将根据每个垄断所具有的实力按比例分给它一份利润。而在经济领域里，实力首先是各垄断所拥有的资本总额。

（四）外国垄断与资本主义体系外围的积累

经济垄断程度的提高总体来看将改善"储蓄"能力。一方面，在减少工资份额的前提下利润份额确实是提高了。另一方面，利润更加不平等的分配决定了这种收入更多地用于储蓄。但是，在"欠发达"的特殊情况下，这种说法需要有所保留。不应忘记，外国企业已经在"欠发达"国家的经济中形成了自己的垄断部门，它们的利润由于缺少再投资而输出到国外是一种正常现象。

更为严重的情况是，不可能用税收或准税收的手段从这类企业中抽取一部分利润以便为公共储蓄的形成提供资金，尽管后者有助于"欠发达"经济的协调发展①。一般都属于强大金融集团的这些外国企业完全可以通过向宗主国子公司廉价销售的政策把它们的实际利润掩盖起来。现代学术界经常指出，跨国公司的重心并不在"欠发达"国家。我们可以拿智利的矿业公司作为说明问题的例子。由于这个国家实行了一种多重兑换率制度，外国公司没有把销售铜获得的美元汇回国内，而是用这些钱来进口设备。它们把这些美元用在了国外。因此智利汇兑制度的目的没有实现。

一般情况下，一种原料的加工是在与提供这种原料的公司已经一体化的那些企业中进行的，这种原料的"价格"纯粹变成了一种约定价格。例如，在牙买加、几内亚或其他国家控制铝矾土生产的

---

① 关于这方面的情况，请参阅前引施莱辛格、沃尔弗冈·冯·布尔克以及联合国的有关著作，《拉丁美洲经济评述》，1948。

那些集团同样也控制着它们的加工：在喀麦隆加工成氧化铝，在加拿大或加纳加工成纯铝。集团确定铝矾土或氧化铝的"价格"高低的依据是它把利润投放到外围还是中心。铜的情形也是如此，正如加丹加铜矿国有化之后比利时矿业总公司提供的一份重要文件说明的那样①。

下面有必要对在这种利润重新分配条件下的储蓄—投资内容加以分析。

垄断实现的利润用于垄断部门的再投资。因为其他部门的利润率较低。在垄断部门实现的利润的一部分显然是用来摧毁竞争部门的。垄断向这个部门投资并在竞争中击败了小型企业。然而，这类活动从来是垄断有效地利用储蓄资金的一种次要手段。其实，在小企业被摧毁以后，垄断经济的新部门的利润率能充分得到提高吗？新的垄断只能在一定的时间内保持独家占领一个部门的特权。但是只要"进入"这一部门的必要资本总额变得不足时，新的小型竞争性企业就会立即出现在这个部门，并迫使垄断与它们分享利润。零售商业在这方面是一个明显的例子。某些集团建立了一些有多家分店的商场。由于经营活动组织得更为合理和有可能大宗批发进货，因此使它们降低了价格并使小商人破产。可是在此之后，利润率只要一提高，新的小商人又会借助价格的提高重新开始营业。尽管这些小商店不具备同样的有利条件以充实库存，它们必须制定与垄断同样的价格，但是它们仍能实现利润。它们的资本利润率相比拥有多家分店的大型商业机构要低，但它们还是迫使后者与它们分享商业利润。因此，在那些易于进入生产的活动中，小企业显示了顽强的生命力。因此，这类易于"进入"的部门对垄断资本来说不如那些禁止别人而只允许垄断存在的部门更具有吸引力。

---

① 经济社会问题研究所（金沙萨洛瓦尼大学）：《每月通信》1967 年第 1 期。

　　既然这个部门的储蓄和投资更为重要，因此也就出现了日趋严重的扭曲：发展越来越不平衡。在"欠发达"国家，使外国垄断和本国小企业处于隔离状态的鸿沟比其他国家还要深——原因是多种多样的，如利润的输出、本地工业特别落后、税收和海关政策等——扭曲将更为明显。一方面是极快的发展，另一方面是极慢的发展，这就是众所周知的"欠发达"经济的特征。"二元经济"明显地加剧了，外围经济的补充性特点表现了出来。

　　然而，垄断并不是自动地把全部利润再投资到本部门。首先，消费与储蓄之间的收入重新分配变得不利于前者（特别是由于食利者的破产，在"欠发达"国家则是由于商人、自由职业者等阶层的"小储蓄"所获报酬微薄，这一"小储蓄"曾经对中心国家的资本形成起了不可忽视的作用），这一情况加深了消费能力和生产能力之间已有的鸿沟。在这种条件下，储蓄不能全部用来进行投资，而是部分地被输出了。

　　利润率的不平等以及由此引起的各部门发展的扭曲不能不改变以后的发展条件。即便假定发展落后的竞争部门能够——正是由于这种落后——把实现的全部利润进行有利可图的再投资（也就是说再投资的利润率水平低于垄断的利润率水平），希望把利润在本部门再投资的垄断不可能有能力做到这一点，原因是它们的利润输出使这一投资失去了赢利性。事实上，经济作为一个严密的整体要求遵守一定的比例。一些部门的落后最终要阻碍另一些部门的发展。对"欠发达"国家来说，当地竞争部门的落后肯定不会对外国垄断部门的发展产生大的影响，因为后者是直接为国外市场服务的。但是，发达国家的竞争部门本身的落后则阻碍这些国家的垄断部门以及它们设在"欠发达"国家的子公司的发展。石油工业的发展速度和采矿业的增长速度都会由于此类原因而放慢。

　　另外，当垄断进行投资的时候，它们是否一直采用最先进的技术？人们知道竞争迫使企业家们这样做。人们也常常指出固定资本对现代化的进展速度所具有的重要性。在竞争模式中，革新者让别人为其支付现代化的成本。在垄断条件下情况就不同了。某些垄断在新技术使用方面所采取的马尔萨斯式的政策是人所共知的（购买发明专利后把它"葬送"掉等做法）。垄断利润的投资趋向于丧失一切规律性，以大波浪的形式突然出现，而在很长的时期内这些利润作为现金被保存起来。一种新的发现、一个新的销售市场很突然地使投资变得有利可图。垄断投资的这一突发的和不规律的特征由于下面这个事实而变得更为严重：投资并不总是取决于对眼前赢利性的考虑，而且也取决于对"经济战略"的考虑。

　　大型企业投资的越来越不规则的特点给"欠发达"国家带来了一系列后果。实际上，宗主国的大型垄断者在它们将利润进行投资的间歇阶段拥有巨额现金。这些钱维持着一个资源永远充裕的货币市场。这也是发达国家利息率长期偏低的原因之一。这一利息率下降到很低的程度，而货币的不断贬值阻止它的下降。正是因为发达国家的利息率很低，所以那些等待时机的现金更愿意在国内外经济领域维持投机渠道。在这些投机活动中，向国外暂时投放资金的活动具有重要地位。与直接投资不同，证券投资为投机活动提供了方便条件。因此，在一定的时期内，人们受益于以这种形式出现的较高的资本报酬。而后，当人们需要现金以便在本部门投资的时候，他就卖掉这些参股证券。倘若向暂时拥有现金的垄断出售股票的股票发行者是本国人，这一活动不表现为任何对外支付运动。如果相反他本人居住在国外，那么这一活动则对此项支付产生影响。现金资本暂时投资的这类投机活动打破了对外平衡。确实，所有这类活动只有在占支配地位的发达国家和阿根廷这种经济相对有所发展的被统治国家的关系中才有可能实现，因为后一类国家拥有一个有价证券市场。所以人们看到，美国的现金是通过在这些国家的企业中实行参与制来进行短期证券投资的。在发达国家与传统类型的"欠发达"国家的关系中，上述方法很难行得通。一方面，这些国家的大部分外国企业隶属于一些大型垄断，这类大型垄断由于担心可能的竞争者通过购买足够数量的股票"渗入"其企业里来，所以不向市场提供它们的股票。另一方面，这些企业的全部资本通常是外国人认购的股票。由此可知，其他垄断通过对这些企业暂时参与而进行的现金投资，如果这种投资是可能的（在这些企业的一部分资本是由小股东和同意出售股票的投机者认购的情况下，这种可能是存在的），通常不会对这些企业所在的"欠发达"国家的结算平衡产生不规则的影响。因此，占统治地位的发达国家对"欠发达"国家的投资越来越趋于采取垄断直接投资的方式，这与19世纪的证券投资形成了对照①。况且19世纪的证券投资在当时还是一种稳定的长期投资，今天它日益成为一种现金短期投资的手段。于是在"欠发达"国家出现了某种劳动分工：一方面，垄断进行生产性直接投资，使用的资金大部分是自有资金；另一方面，某些银行专门从事证券的投机活动，这些证券正是上述大型生产性垄断主要为发达国家的公众发放的。对那些比较发达的被统治国家的经济来说，这类活动实际上表现为短期的资本国际运动（因为当地居民认购大型外国垄断的债券），并且在货币一体化不完善的条件下对这些国家的结算平衡产生影响。

因此，世界经济不断加剧的垄断化在资本国际运动领域表现为两种对立趋势同时得到了加强：直接投资的趋势（垄断的生产性投资的正常形式）和证券投资的趋势（垄断的投机性现金投资的正常形式）②。

---

① 联合国组织：《1945～1952年私人资本的国际趋势》。
② B. 迪克罗：《美国的对外投资与国际平衡》，《经济学杂志》，1954年3月。

四 "欠发达"的"结构性"特征

流行的"欠发达"理论，即使摆脱了"欠发达"等同于"贫穷"这一不科学的平庸说法的束缚，最多也只能对现代"第三世界"所固有的"经济"特点加以概述，并认为这些特点构成了"欠发达"的"结构性"特征①。不过，这仅仅是问题的表象，即人们看到的问题的外貌。而且这也仅仅是"经济的"表象，因为"经济"领域与社会和政治的组织领域被人为地分隔开来。"欠发达"的产生是一个历史总进程（而不仅仅是一个"经济"进程）——它与资本主义扩展的历史交织在一起，构成了包括一个中心和一个外围的结构性世界体系——它解释了这些表面的特点。这些特点有三个：第一，部门之间生产率的不平等；第二，部门之间的脱节；第三，外国经济的统治。

（一）价格结构与部门间生产率的不平等

如果人们把生产（增加值）和就业劳动力按部门"划分"，并且把发达国家与"欠发达"国家的部门人均产值加以比较，就会吃惊地看到中心国家的部门人均产值相对接近人均国民产值，而在外围国家这两者之间则有很大差距。下面的表2-2很清楚地说明了这一非常普遍的事实②。

---

① 参见马赛尔·吕德洛夫：《"第三世界"的政治经济学》，巴黎，居雅斯出版社，1968；阿尔贝蒂尼：《欠发达的机制》，巴黎，工人出版社，1966；伊夫·拉科斯特：《欠发达的地理学》，巴黎，法国大学出版社，1965。

② 阿尼巴尔·平托：《拉丁美洲的经济结构、生产率和工资》，经济发展中的工资问题讨论会，埃伦，丹麦，1967年10月23~27日，表1A、表3A和表2。

表 2 - 2　拉丁美洲就业人口部门人均产值分配（1960 年）

	现代部门	中间部门	原始部门	各部门综合
农　业	260	60	18	47
非农业活动	410	107	17	150
采掘工业	1060	99	16	521
制造工业	480	172	—	271
手工业	110	34	13	29
建筑业	208	68	22	87
主要服务业	352	140	30	165
商业与金融业	720	183	31	213
其他服务业	428	80	31	96
行政部门	485	238	—	211
全　部	338	98	18	100

　　例如拉丁美洲 1960 年就业人口人均产值的分配情况如表 2 - 2 所示（人均国民产值指数为 100）。"欠发达"的其他地区，如亚洲、非洲的情况相似。

　　与此相反，英国和美国各部门间的人均产值分配相对平等，其中特别是英国，见表 2 - 3。

表 2 - 3　美国、英国就业人口部门人均产值分配（1960 年）

	美　国	英　国		美　国	英　国
农　业	47	93	主要服务业	147	128
采掘工业	133	90	其他服务业	90	98
制造工业	125	97	全　部	100	100
建筑业	120	99			

　　拉丁美洲农业部门的生产率和其他部门的生产率的比例为 1 : 3，英国的这一比例几乎相等，美国这一比例为 1 : 2。就所有部门综合来看，差别最大的比例，拉丁美洲为 1 : 11（农业和采掘工业之间的比例）；而英国仅为 1 : 1.4，美国仅为 1 : 3。

美国的不平等大于英国的不平等看来似乎是个奇怪现象。然而我们知道这一情况反映了一个人所共知的事实：美国南方某些地区农业相对落后。

苏联存在着同样的情况，农业部门和非农业部门生产率分布的比例大约为 1:2，可能达到 1:3①。这一较大的比例差别反映了苏联农业的相对落后，它在最近 50 年内没有取得同工业一样快的发展。

必须指出，只有在上述国家和地区的"部门脱节"程度差不多相同的情况下，这种比较才有意义。因为美国最现代化的企业和最落后的企业之间的人均产值判别显然是极大的。由于表中所选用的部门本身代表的是本部门的平均数，因此在其他条件相等的条件下，脱节的程度越高，差别也就越大。

这种现象的意义何在呢？首先如何来看待它的性质呢？我们提出了"部门间生产率不平等"这一概念，对此需要加以解释。其实，严格来说人们只能对生产同一产品的两个企业或两个部门的生产率加以比较：如果生产单位产量的同一产品投入的劳动总量（直接的和间接的）在这个企业较低，那么人们将认为它的生产率高于另一个企业。正如埃马纽埃尔指出的，人们只能说一个部门和另一个部门之间的"盈利"差别。不过，我们仍坚持我们提出的概念：在一定的价格结构内，如果劳动或资本，或这两个"生产要素"在一个部门不能得到和另一个部门同样比率的报酬，在这种条件下我们说前一个部门的生产率低于后一个部门。显然，只有在一定的价格结构内这种说法才有意义。因为这种价格结构可能是这样的，即所有部门的劳动和资本的报酬率相等。此外，这也是资本主义生产方式深刻的实际趋势，该生产方式的特征表现在"要素"的"流动性"

---

① 如果考虑到农业人口占总人口的 35%，而农业收入占国民收入的 20%，那么这一比例就是 1:2；如果农业收入只能占国民收入的 15%，那么该比例就是 1:3。

上，即存在着一个劳动和资本市场。但是，适应中心的劳动和与资本同等报酬的这种价格结构如果被转移到外围，而外围的技术条件（亦即生产率）的分布又与中心不同，那么其结果将是"要素"在各不同的部门不会得到同等的报酬。此外，对生产率直接进行比较有时是可能的，如果被比较的产品即使不是同样的，至少在使用价值和生产技术方面也是"可比的"。例如，如果一公担小麦——中心的产品——要求一定总量的劳动（直接的和间接的），而一公担小米——外围的可比产品，无论是它的使用价值（具有产生同等卡路里潜力的粮食）还是为生产它所可能使用的技术都是可比的——要求更多的总量劳动，这恰恰是外围的生产技术落后所致。在这种情况下，人们可以谈论生产率的差别。与此相反，在技术相类似的纺织工业中，中心和外围的生产率将是一样的。当然，对其他产品来说，生产率的直接比较是不可能的：例如只有在外围才生产的咖啡就不能用来与任何中心的产品相比较。尽管人们可以设想，假若中心也生产咖啡，那么这里使用的类似技术可能会是更为"资本密集"型的，生产率可能也就更高。

然而，中心的价格结构确确实实地转移到了外围。因为外围和中心一样属于同一个世界体系；并且还存在着一个世界市场。这个市场当然还不是"完整"的，它也没有涉及一切产品（某些产品是不能运输的，例如服务、建筑、电力等）。一种产品和另一种产品的运输费用也是不同的，另外一些地区性的原因也造成了相对不等的价格（例如税收）。尽管如此，世界市场仍然是一个现实，而且由于这个现实，中心的相对价格的基本结构必然要转移到外围。

没有任何理由要求中心资本主义经济各个不同的部门的人均产值相同。因为这一产值由两种成分组成：劳动报酬和资本报酬。要使人均产值相等，必须具备下面五个条件：第一，每个就业人口提供的劳动量（例如一年）相等；第二，劳动的有机构成（按埃马纽埃尔提出的贴切的说法）——不同技术水平的劳动比例——相同；第三，劳动的报酬率（同等技术水平的劳动）相同；第四，人均资本投入量（资本的有机构成）相等；第五，资本的报酬率相等。

资本主义生产方式的一个很重要的趋势就是朝着具备这些条件的方向发展。

第一，劳动时间的划一与雇佣劳动的发展是平行的。在与资本主义经济条件下的劳动时间有着重大差别的那些部门，例如农业部门，劳动时间的差别并不是"自然"因素（"季节性失业"）造成的，而是因为资本主义生产方式在那里还没有完全建立起来。因为处于完成阶段的资本主义农业所雇用的工人（即使是季节工人）是遵守劳动时间的一般标准的。因为"经济科学"（更确切地说是经济主义）是资本主义生产方式的产物，还因为它是一种"残缺不全的社会科学"，所以它把劳动时间以外的"可支配"时间与"失业"等同看待。阿里吉以非洲为例正确地指出，在传统村社中，没有用于直接"生产性"劳动的时间并未白白"浪费"，而是用在了现行生产方式的基本社会需求方面[1]。

第二，迄今为止的资本主义重大趋势是使劳动划一，使劳动种类最简单化和最不需要技术。工业革命和机械化取代了过去手工业者的技术劳动，采取的方式是特点鲜明的大量使用简单劳动（伴随机器的使用）和少量使用技术劳动（一般情况下比过去手工业者的劳动技术要求更高）的结合，即生产的组织工作（技术组织工作和商业组织工作）。从这一观点来看，简单劳动的数量优势使不同生产部门接近了；而进步——前资本主义形式向资本主义生产方式的过渡——一直伴随着这种类型的演变。不过应当指出，将来的基本劳动形式是与自动化相联系的，而将赋予劳动这种形式的超现代化趋

---

[1]　阿里吉：《从历史角度看劳动力的供应》，前引文章。

势与上述演变趋势完全是反方向的。当然这只是就将来而言。

第三，简单雇用劳动的报酬的划一是资本主义生产方式的一条基本规律，它反映了劳动市场的实际存在。

第四，在资本主义经济的所有部门中，都有一种密集使用资本的趋势，它构成了生产率增长的方式。当然，一个部门和另一个部门的资本有机构成是不同的，而且对资本有机构成的分解程度越高，它的差别幅度也就越大，新兴的具有推动作用的工业（19世纪初是纺织工业，后来是钢铁工业、化学工业、电子工业等）的资本有机构成的程度最高。有机构成的这种分布解释了发达国家人均部门产值的不平等分配。如果剩余价值率为100%——如果工资约为国民产值的一半，这符合当代发达世界的实际大约数——并且如果有机构成的最大差别（根据本分析中包括的分解程度）为2:8（相比较而言即1:4），根据轻型部门和重型部门的相对重要性，整个经济的平均利润率为15%~20%，那么每个劳动者所实现的增加值将在1.5~2.5这种有限的比例内变化，也就是说最大的变化幅度将保持在1~1.7，这是符合实际情况的。与此相反，在这一幅度为1~10的"欠发达"国家，如果剩余价值率大约为200%，利润率大约为30%，再如果外围的"轻型"部门集中了大约85%的劳动力，而在中心则只有50%，那么有机构成的差别将为1:35。下面的表2-4和表2-5简要"概括"了这两种对比的情况。

表2-4　中心资本有机构成在轻、重型部门的比较

中 心	不变资本	可变资本	剩余价值	利 润	增加值	人均产值*
第一部门	20	10	10	5	15	1.5
第二部门	80	10	10	15	25	2.5
全 部	100	20	20	20	40	2.0

　　*对一个国家与另一个国家的人均产值进行比较，应当考虑到如下两点：①剩余价值率的差别，此处外围的数字应被1.5除；②资本有机构成很低的外围第一部门的劳动生产率较低。

表 2 - 5　外围资本有机构成在轻、重型部门的比较

外　　围	不变资本	可变资本	剩余价值	利　　润	增加值	人均产值
第一部门	10	60	120	23	83	1.4
第二部门	340	10	20	117	127	12.7
全　　部	350	70	140	140	210	3.0

只有在资本主义生产方式没有像中心那样占领一切生产部门的情况下，外围的资本有机构成才有可能保持相对来说如此大的差距。

第五，比简单劳动报酬划一的倾向更为严重的利润率划一的趋势肯定是资本主义生产方式的一条基本规律。此处需要明确指出的是，垄断化肯定会导致利润分配的两种水平：停留在竞争阶段的小企业部门的水平和享有较高利润率的大企业（垄断）的水平。

因此，资本主义生产方式所特有的任何倾向性规律都不会在外围充分发挥作用，这就导致了人均产值分配中的巨大差距。由于资本主义生产方式并未趋向于变得独一无二，一个部门与另一个部门之间的劳动时间有很大差别，特别是农业部门——尽管农业已经纳入了世界资本主义贸易之中，但它的生产方式仍然是前资本主义的——与城镇资本主义经济部门之间。这一现象被很不准确地称为"隐性失业"。只有在某些情况下，如资本主义生产方式在农业部门已经确立，而且已经具备了这样的条件，即农业雇佣劳动力的就业程度低于雇佣劳动时间的一般标准（例如埃及的情况就是这样），这种现象才会切实存在。此外，在城镇的某些部门，劳动时间同样大大低于雇佣劳动的一般标准。城市人口失业导致的自我就业型的"寄生性"活动（小商业、个体服务业等）就属于这一类情况。这类活动不是前资本主义的历史"遗迹"，恰恰相反，它们是外围资本主义发展所固有的矛盾造成的新式现象，这些矛盾表现为城市失业人口的绝对和相对增长。

劳动条件的划一无论在外围还是中心都趋于使简单劳动报酬

划一，然而由于劳动市场并未扩展到全体劳动者，因此劳动报酬的划一涉及的仅是确立了资本主义生产方式的那些活动。这里需要说明的是，某些大型企业的垄断特点（特别是外国大型企业）允许工资差别的存在，这纯粹是由于这些企业的政治战略造成的。以此为基础的劳动报酬差别所依据的是技术水平，因为外围的技术劳动力相对稀缺，所以报酬差别有时（甚至经常）比中心更为显著。

还因为资本主义生产方式没有扩展到外围的所有部门，所以外围的资本有机构成的差别程度就更大一些。除此之外，在外围还存在着几种不同水平的平均利润率，至少存在着外国垄断资本和民族依附资本两种平均利润率。

外围收入的社会分配结构是上述这些主要条件及另外一些次要现象综合形成的结果，这些次要现象主要有：第一，农村地区和城镇地区各自的就业水平，它在企业和地主的工资及收入之间的收入分配方面发挥着决定性的作用；第二，资本和企业所有权的布局结构，它基本上决定着城镇地区的企业的收入分配；第三，土地所有权和经营的布局结构，它基本上决定着农村地区的工资收入分配；第四，根据技术水平和不同集团的工会及政治组织状况而产生的劳动供给布局，它在很大程度上决定着工资分配的结构。

不过，就以上这些观点来看，"欠发达"国家的情况多种多样，比起高度工业化国家来说要复杂得多。其结果是，由于所有这些力量导致的收入分配结构展现为一种完整的系列：其中包括了极不平等的结构和平等程度较高的结构；当用帕累托系数 a[①] 衡量的分配不

---

① 在经验公式 $N = \dfrac{A}{Xa}$ 中，N 代表收入高于 X 的人口的比例，A 代表规模参数，a 衡量收入分配的集中程度。

平等程度偶尔接近工业化国家的不平等程度时，分配结构就出现了质的差别。正是后面这个特点在给"欠发达"国家造成了一些特殊的政治问题方面更甚于不平等程度本身。

在工资分配上，"欠发达"国家的不平等也比中心要大得多。

第一，在体力劳动者这一组别内，技术劳动者的工资与非技术劳动者的工资的比例在 1960 年实际是如表 2－6 中那样分类的①。

表 2－6　1960 年技术劳动者的工资与非技术劳动者的工资的比例

欧洲——工业化国家		亚　　洲	
意 大 利	108	巴基斯坦	159
荷　　兰	118	印　　度	168
英　　国	118	非　　洲	
西　　德	127	尼日利亚	157
瑞　　士	130	突 尼 斯	179
法　　国	139	科特迪瓦	197
拉丁美洲		阿尔及利亚	201
阿 根 廷	132	坦桑尼亚	211
秘　　鲁	171	加　　纳	240
哥伦比亚	181	塞内加尔	253
巴　　西	184	刚果（金）	268
委内瑞拉	186	刚果（布）	287
智　　利	209		
墨 西 哥	212		

其他一些统计数字也证实了这种状况。1961 年，法国低级粗工和三级专业工人之间的基本最低小时报酬（根据集体公约的规定）比例为 1∶1.5，而塞内加尔和科特迪瓦同期这一比例为 1∶3②。

① 埃利奥特·伯格：《欠发达国家的工资结构》，埃伦讨论会，表 1。
② 埃利奥特·伯格，前引文件，表 2。

此外，历史运动证实了这种趋势，即不平等在随着发展而降低，例如在拉丁美洲，热带非洲的情况至少也是这样①。

第二，在"欠发达"国家，体力劳动者和"白领"阶层之间的不平等有时大一些，有时小一些。一个汽车修理厂的机械工的平均收入与一个职员或速记打字员的平均收入的比例在英国接近一致，在美国接近 1.5；而这一比值在阿根廷和墨西哥为 1.8，在秘鲁为 0.5，在智利根据季节不同为 0.5～1.4②。如果说众多的新闻报道趋向于认为"白领"阶层既享有较高的社会地位又赚取较高的工资，那么当教育为社会提供了更多的低级"白领"阶层，而经济体制又不能吸收的时候（印度、埃及和许多其他国家都是这种情况），工资的形势是相反的。

第三，最后，人们经常正确地注意到，在一个企业和另一个企业之间，或在一个企业集团（例如外国大企业）和另一个企业集团（民族小企业）之间，付给同等技术水平的劳动者的工资存在着很大的不平等。而"欠发达"国家的这种不平等要比发达国家更大。在"欠发达"国家，工资水平和企业盈利之间的密切联系可以用工会运动的弱小和分散加以解释。取决于上述全部因素的收入、工资及其他方面的分配在过去绝少成为统计注意的对象。我们系统地对四个非洲国家（阿尔及利亚、突尼斯、摩洛哥和科特迪瓦）的情况重新加以统计并从哈桑·里亚德的著作中引用埃及的事例。在发挥上述解释性因素的作用的同时，这种分析将能够使我们对各种不平等做出回答。这将引导我们对某些匆匆忙忙提出的"时髦"的观点进行再分析，其中特别是那种认为"第三世界"的领取工资者在整体上是"享有特权"的观点。

---

① 埃利奥特·伯格，前引文件，表 3 和表 4。
② 埃利奥特·伯格，前引文件，表 5。

1. 埃及的情况

城市人"平均"收入高出农村地区人平均收入 4 倍以上[①]。但是，如果我们不受这一不严谨数字的约束，便会发现，这类不平等的原因是生产率的差别和就业率的差别，并且它们也不是系统地有利于所谓整体上"享有特权"的领取工资者。

（1）大量失业（占理论上的潜在劳动力的 2/3）涉及占农村人口 80%，而只占城市人口 56% 的人民群众。把这种不同的就业率计算在内，城市人民群众的"年充分劳动"收入仅比农村人民群众高 2.5 倍。

（2）如果农村的"人均"收入只是城市的 1/4，除了农村的就业率和平均劳动生产率更低（从资本的使用观点来看，采用的是更轻型的技术）的原因之外，还因为农村的中间阶层的数量相对较少：这个阶层只占农村居民的 15%，而占城市居民的 40%，再就是因为农村特权阶层（占人口的 4% ~ 5%）的人均收入低于城市的 1/4。这些差别还反映了这样一个事实，即更先进的城市经济使用的劳动力中间包括相对更多的技术劳动者：固定工人、职员、中高级干部、自由职业者和企业家。

（3）农村劳动者中间的领取工资者完全不属于特权阶层，相反他们是埃及最贫困的阶层（理论上年度充分就业的人均收入为 11 埃镑），构成了 A 地区 1 组中的群众（参见下面的表 2-7）。城市中的非技术领取工资者（B 地区的第 11、12、13 类）的人均年收入也高不了多少，只有 26 埃镑。考虑到价格水平上的差别，由于农村收入被估计过低（因存在自给自足等因素）和城市生存所必需的某些支出项目在农村并不存在（交通开支和昂贵的住房租金，哪怕是简陋的住房，等等），因此城市人民群众的生活水平比农村人民群众的生活水平也高不了许多。

---

① 哈桑·里亚德：《纳赛尔时期的埃及》，第 41 页（1960 年的数字）。

表2-7　埃及农村和城市人口分布状况和人均年收入

类　别	全部人口(人)	人均年收入(埃镑)
A 农村地区		
1. 人民群众		
10. 无地农民	14000000	3.5
11. 拥有不足 1 费丹土地的农民	1075000	6.1
2. 中间阶层(拥有 1~5 费丹土地的农民)	2850000	26.8
3. 特权阶层		
31. 拥有 5~20 费丹土地的经营者	875000	87.4
32. 拥有 20 费丹以上土地的经营者	150000	773.3
全部人口和平均收入	18950000	17.1
B 城市地区		
1. 人民群众		
10. 无职业者(已统计的)	2983000	0
11. 仆役	934000	21.4
12. 无产阶级的最下层	186000	26.8
13. 传统的领取工资者	400000	40
2. 无产阶级	790000	60.8
3. 小资产阶级		
30. 低级职员	1117000	105.6
31. 传统企业家	736000	127.7
32. 中级干部	614000	133.5
4. 资产阶级	240000	845.8
全部人口和平均收入	8000000	73.4

（4）因此"特权阶层"仅限于城市的技术劳动者，其中的75%左右是领取工资者（B 地区第 3 组的第 30 类和第 32 类的一部分，B 地区的第 31 类是由独立劳动者和企业家组成）。这一组领取工资者的人均收入比城市非技术劳动者的人均收入高 3 倍。造成这一等级差的主要原因是技术水平的差别。不过，因为下层的绝对生活水平低，而且非技术劳动者阶层的严重就业不足又加剧了这种贫困状况，所以比工业化国家严重得多的收入差别在埃及将具有一种特殊的社会政治意义。

（5）在城市"资产阶级"（B 地区的第 4 组）中，除国家和经济部门的高级干部之外，领取工资者占据着越来越大的比重。实际上，国有化的一个结果是把大量的最高收入者由企业收入一类转到了领取工资者一类。

1960 年城市工资等级的情况如表 2–8[1] 所示。

表 2–8　城市年平均工资

单位：埃镑

	非技术劳动力	技术工人	下级职员	中级干部	高级干部
国家部门					
国家行政	—	120	230	350	1350
运输和电信	—	125	230	350	1550
苏伊士运河管理	—	180	—	530	2300
现代企业					
工业、运输	60	145		290	1330
商业、服务业	—	—	113	360	1200
传统企业	—	90	—	—	—
仆役	50	—	—	—	—

即使把管理苏伊士运河的劳动者排除在外，他们在 1960 年时仍很明显的工资优势今天似乎已不复存在，埃及城市居民报酬上的差距仍然要比工业化国家更为显著。

在 20 世纪当中，农村和城市之间的"平均"收入差距扩大了，这一差距的比率由 1914 年的 3.8 增加到了 1960 年的 4.3。不过，人们仍然看到下面两种情况。

（1）农村"平均"收入的逐渐下降完全是由于就业水平的逐渐下降造成的，无地贫苦阶层的比例由 1914 年的 40％ 增加到了 1960 年的 80％[2]（见表 2–9）。

---

①　哈桑·里亚德：前引书，第 46～60 页。
②　哈桑·里亚德：前引书，第 148 页。

表 2 - 9　农村人均收入

单位：埃镑　（1960 年价格）

	1914 年	1958 年
无地和贫苦农民	6.7	3.8
中间阶层	20	27
特权阶层		
5 ~ 20 费丹土地的拥有者	98	87
20 费丹以上土地的拥有者	465	789
平均	28	19

（2）由于就业不足的加剧，城市"平均"收入的稳定掩盖了日益扩大的不平衡，以至于生产率的收益被就业的下降抵消了[1]（见表 2 - 10）。

表 2 - 10　埃及城市平均收入与就业人口比例 1914 年与 1960 年比较

	1914 年	1960 年
城市平均收入(埃镑,1960 年价格)	80	78
被雇用的劳动力人数(人)	728000	1930000
就业人口在全部城市人口中的比例(%)	32	22

1914 ~ 1960 年，非农业生产活动的产值每年增长 2.9%，而就业每年仅增长 2%。工业部门的生产率进步很明显，手工业（该部门拥有的劳动者总数由 15 万人减少到 6 万人）让位于大工业，后者雇用的人数由 2 万人增加到 28 万人。相形之下，商业和服务业的生产率进步则缓慢得多（见表 2 - 11）。

因此，长期以来农业生产率呈停滞状态，相反城市经济的生产率却在提高，其中尤其是现代工业，这就导致了在传统部门和现代

---

[1]　哈桑·里亚德：前引书，第 158 ~ 160 页。

表 2-11 1914~1960 年年平均增长率

单位：%

部　　门	人数增长	产值增长	部　　门	人数增长	产值增长
工业、手工业	1.4	3.5	行　　政	4.5	4.7
商　　业	3.3	3.5	服 务 业	1.5	1.2
运　　输	2.3	2.6	总　　计	2.0	2.9

部门雇用的劳动者的平均收入差距的扩大；全体城市居民和农村居民之间平均收入的差距是不断加大的生产率差距以及就业率的不同变化导致的综合性后果。

2. 马格里布的情况

1955 年，马格里布从整体上看，农业人均收入和非农业人均收入的比例为 1∶2.1。然而仅就穆斯林来说，这一比例只有 1∶1.3[①]。与埃及相比，马格里布的收入差距要小得多。这无疑是由于下面的两种原因造成的：第一，马格里布农村人口的就业不足不像埃及那样严重；第二，马格里布拥有生产率很高的现代农业（"殖民土地"）（见表 2-12）。

在马格里布的农村，收入分配的不平等现象不十分严重。因为马格里布的领取工资者几乎全部被生产率很高的部门（欧洲移民的土地）所雇用，所以他们不像在埃及那样成为农村社会的贱民。长期农业工人的平均工资比占农村人口 30% 的最贫穷农民的收入高 50% 左右。不过，人数为长期农业工人 5 倍的非长期农业工人的工资或者低于最贫穷的农民的收入，或者与他们的收入不相上下。既要考虑到这个事实，还要考虑到另外一个事实，即雇用这些工人的现代农业部门的生产率要高于传统农业部门的生产率，在这种情况下，马格里布的农业工人并不应该被认为是享受"特权"的阶层（见表 2-13）。

---

① 萨米尔·阿明：《马格里布经济》第一卷，第 130 页及其后页数。

表 2-12 1955 年马格里布农村与城市人均收入状况

农 村	
农业收入	5030 亿(旧法郎)
穆斯林农业收入	3730 亿(旧法郎)
农村就业人口	2485000 人
人均收入(总体)	200000(旧法郎)
人均收入(穆斯林)	150000(旧法郎)
城 市	
非农业收入(穆斯林)	29400 亿(旧法郎)
非农业收入(欧洲移民)	60200 亿(旧法郎)
穆斯林就业人口	1270000 人
失业者	195000~365000 人
欧洲移民就业人口	580000 人
人均收入(欧洲移民)	1040000(旧法郎)
人均收入(穆斯林不包括失业者)	230000(旧法郎)
总体人均收入(不包括失业者)	495000(旧法郎)
总体人均收入(包括失业者)	420000(旧法郎)

表 2-13 1955 年的农业收入

	阿尔及利亚		突尼斯		摩洛哥	
	人 数 (千人)	人均收入 (千旧法郎)	人 数 (千人)	人均收入 (千旧法郎)	人 数 (千人)	人均收入 (千旧法郎)
长期农业工人	100	100	25	120	415	70
季节农业工人	500	50	110	65	—	—
穆斯林贫穷农民	210	60	80	90	100	110
穆斯林中等农民	210	200	105	150	450	200
穆斯林富裕农民	50	560	45	450	85	900
穆斯林农业整体	1070	110	365	140	1050	190

资料来源:萨米尔·阿明:前引书,第 130 页及其后页数的内容。

就城市穆斯林来说,马格里布的收入和工资等级差别与埃及相比不那么突出:在阿尔及利亚和突尼斯,从低等级的"工人"(技术工人和非技术工人)到高等级的"高级干部和领导人"之间一共只有 8 级,在摩洛哥有 13 级,而在埃及则分为 22 级(见表 2-14)。

表 2 - 14　1955 年城市穆斯林收入

	阿尔及利亚		突尼斯		摩洛哥	
	人　数 （千人）	人均收入 （千旧法郎）	人　数 （千人）	人均收入 （千旧法郎）	人　数 （千人）	人均收入 （千旧法郎）
失业者	150 ~ 230	—	25 ~ 55	—	20 ~ 80	—
工　人	225	150	118	160	300	150
职　员	90	270	35	300	106	250
手工业者、中级 干部	135	270	53	300	183	270
高级干部、企业 领导人	7	1250	2	1250	11	2000
穆斯林整体	460	230	210	210	600	240
非穆斯林整体	305	950	80	950	195	1200

资料来源：萨米尔·阿明：前引书，第130页及其后页数的内容。

但是，高等级的穆斯林人数与埃及相比要少，因为欧洲人占据了高等级职务和企业领导人的职务，在技术水平相当的情况下，他们享受较高的收入[1]（见表 2 - 15）。

表 2 - 15　穆斯林与非穆斯林人均收入状况

	人　数（人）		人均收入（千旧法郎）	
	穆斯林	非穆斯林	穆 斯 林	非穆斯林
工　人	650000	150000	150	400
职　员	230000	150000	270	530
中级干部	370000	220000	280	1200
高级干部	20000	60000	1700	3200
全　部	1270000	580000	230	1040

把非穆斯林居民包括在内，收入等级差共 14 级，如果只拿低等级中的穆斯林工人和高等级中的非穆斯林相比，等级差有 20 级。

---

① 萨米尔·阿明：同前引书，第181、185 页。

因此，在殖民地时期的伊斯兰社会内部，人们不大可能把领取工资者视为特权阶层。

马格里布殖民社会在其整个历史发展时期仅仅经历了质量上微小的变化：穆斯林居民的人均收入处于停滞状态。表现为现代农业部门和现代城市部门扩展的现代化进步使移民殖民化日益加强，后者几乎独自享受了生产率进步的好处（见表2-16）。

表2-16 平均收入的变化

单位：千旧法郎 （1955年价格）

	阿尔及利亚		突 尼 斯		摩 洛 哥	
	1880年	1955年	1910年	1955年	1920年	1955年
农村穆斯林	22	22	17	23	27	32
城市穆斯林	30	30	28	35	35	42
城市非穆斯林	200	320	200	320	200	320

资料来源：萨米尔·阿明：前引书，第2卷，第157页及其后页数的内容。

1955～1965年，独立使形势发生了变化。非穆斯林的出走使一小部分土著人得到了好处。公职人员的数量增加了8.5倍，而生产部门的就业同期仅增加了30%。尽管干部和公职人员的报酬低于殖民地时期非穆斯林同类人员的报酬，但还是出现了一个与技术水平和经济状况均不相适应的"特权阶层"。正是这种意义上的"特权阶层"才使有些人匆忙地和肤浅地认为，"领取工资者"从整体上说是一些特权人物。

同样我们也指出了农业部门出现的更大的收入差距，这是因为，在传统农业部门的收入保持不变的情况下，一小部分特权人物从殖民者那里接收了土地①，这些人是：阿尔及利亚自管委员会的长期工人、突尼斯在某些情况下与法国人合作过的小地主、突尼斯的某些

---

① 萨米尔·阿明：前引书，第二卷。

不在农村的"资本家"兼地主、摩洛哥的不在农村的"资本家"兼地主及大庄园主。在阿尔及利亚，确切地说，农业部门的长期领取工资者变成了"特权人物"（见表2-17）。

表2-17　城市穆斯林的就业状况与人均收入

	城市穆斯林就业（千人）		人均收入（千旧法郎）
	1955 年	1965 年	1965 年
工　　人	640	770	250
职　　工	170	290	330
手工业者等	330	480	430
干　　部	60	100	650
行政部门	70	660	450
全　　部	1300	2300	390
失 业 者	600	600	—

资料来源：萨米尔·阿明：前引书，第2卷，第157页及其后页数的内容。

根据马格里布的情况，我们可以得出下面的结论。第一，一般说来收入的差别，尤其是工资的差别在很大程度上产生于生产率和技术水平的差异。第二，不公正待遇的主要原因（不是以生产率为基础，而是以民族血统为基础的不公正待遇）消失了。第三，就整体来说，领取工资的劳动者不是特权人物。在农村，他们中的绝大多数是非固定工人，因而后者属于社会最贫穷的阶层；在城市经济中，他们也不是特权人物，可能由于工会组织更为有效以及失业较少，所以等级差别较之许多"欠发达"国家，特别是比起埃及来要低一些。第四，作为一个组别，领取工资者的"特权"的出现主要是由于成倍增加的行政职位，在阿尔及利亚部分地是由于长期工人从集体管理殖民者的土地中获得了好处。在这些特殊情况下产生的特权显然有其特殊的政治意义，但是它不会扩大到全体领取工资者。

3. 科特迪瓦的情况

从科特迪瓦的情况来看，城市和农村人均收入分配的不平等现象更为严重,尽管这个差距已从 1950 年的 1:9 逐渐降低到 1965 年的1:7.5[1](见表 2 – 18)。

表 2 – 18　科特迪瓦经济状况

	1950 年	1965 年
人口(人)		
农村人口	2010000	3230000
城市人口	160000	650000
产值(亿法郎,1965 年价格)		
农业产值	335	778
其他部门产值	244	1179
人均产值(法郎,1965 年价格)		
农村人均产值	16500	24000
城市人均产值	150000	180000

由于占城市就业绝大多数的是领取工资者,因而人们便会得出"领取工资者"是特权人物的简单化的结论。

在农业经济中,虽然 12 万名粗工的工资(每年 2 万法郎)比他们家乡的自给自足经济中的货币收入高出许多,但与雇佣他们的种植园经营者的货币收入相比则远不是"过分的"。这些种植园主很明显地从自给自足经济地区所代表的保留地那里获得好处,并且独占了由自给自足经济向种植园经济过渡中生产率带来的绝大部分利益。

领取工资者之间的不平等和种植园主之间的不平等的程度相同,在 1950 年就已经成了种植园地区的一个特征。15 年来这方面并没有发生质的变化,不过在此期间种植园地区扩大了 2.9 倍[2](见表 2 – 19)。

---

① 萨米尔·阿明:《科特迪瓦的资本主义发展》,附表,第 285 页及其后页数。
② 前引书,第 89 ~ 92 页。

表 2-19 1965 年种植园地区的收入 *

	种植园数目（千）	男性劳动力		总收入（亿法郎）	工资（亿法郎）	每个种植园的收入（法郎）
		家庭※※※（千）	壮工(千)			
"本地"小种植园主	40	100	—	48	—	120000
"本地"中种植园主	40	150	40	92	8	210000
"本地"大种植园主	20	110※※※	80	92	16	380000
"外来"种植园主※	110	190	—	93	—	85000
全　　部	210	550	120	325	24	143000

※非种植园地区出身的非洲人
※※种植园主家庭及其附属家庭
※※※不包括种植园主家庭
*萨米尔·阿明：前引书，第 292 页～293 页。

1965 年，城市经济为非洲人提供了 16.4 万个就业机会（还要加上未统计在内的 2 万家庭辅助工作），为欧洲人和黎巴嫩人提供了 12500 个就业机会。上述全部就业人员中的 14.2 万人是领取工资者。非洲就业人员的收入分配如表 2-20 所示[①]。

表 2-20 非洲就业人员的收入分配

	就业人口	平均收入（法郎）
非手工业经济部门		
粗　工	23000	150000
工　人	36400	240000
职　员	17000	280000
干　部	600	1800000
手工业经济部门	47000	280000
佣　人	9000	150000
公职人员	31000	550000
合　　计	164000	330000

①　前引书，第 155～178 页。

工资等级——从粗工到高级干部共 12 级——与马格里布的工资等级十分相似，但收入等级要比埃及收入等级的不平等程度低得多，因为科特迪瓦非洲居民除工资以外的其他城市收入微不足道。这种情况说明该国不存在本地私人资产阶级[①]。

非洲居民以外的其他居民的收入显然更为重要，如果将其包括在内，不平等程度将会加大（见表 2 - 21）。

表 2 - 21　1965 年非非洲人的城市就业 *

	人　　数	平均收入（法郎）
企业领导人和独立的城市职业者	2100	7700000
领取工资者		
公职人员	2500	1600000
经济部门人员	7400	1850000
全　　部	12000	2800000

＊前引书，第 155 ~ 178 页。

另外，相当一部分非农业收入在科特迪瓦没有进入分配领域。把占非农业收入 20% 的这部分收入排除在外也会在表面上降低不平等。

把农村和城市价格水平的差别因素及农民自给自足资源的因素考虑在内，从整体上看，领取工资的非洲人根本不是"特权人物"。科特迪瓦和其他国家一样，报酬的差别在很大程度上反映了生产率的差别。然而，企业的收入几乎全部为外国人所得，而且其中很大一部分是在科特迪瓦以外的地方进行分配，这个事实使科特迪瓦的公职干部中产生了相对的特权。这个事实对于解释人们的社会政治态度是很有意义的。

———————————

[①]　参见萨米尔·阿明：前引书，第 175 ~ 178 页，关于这种收入的论述。

人们在几乎整个非洲都能看到的这种分配结构与科特迪瓦1950年的分配结构没有质的差别。分配结构的比例和关系没有得到改造，这一方面出现的变化只是城市经济的扩大①。

通过对上述各种情况的观察，我们可以得出如下结论。

第一，在"欠发达"国家的最贫困阶层，尤其是农民阶层，有时会出现"平均工资"和"平均收入"之间的很大差距，这是在资本主义体系内两种属于不同时期的经济体制并存的必然恶果，这种经济体制的生产率水平是无法相比的。人们绝不能因此匆匆得出"领取工资者是特权人物"的结论，更不能认为经济政策的一个目标就是要降低工资水平。因为更高的生产率水平不仅可以使工资得到改善，而且在很大程度上提出了这种要求。马克思主义的"劳动力价值"概念阐明了这种联系。所以，当收入差别太大的时候，对生活水平加以比较是不可靠的，更不用说对满足的程度、福利和幸福的水平进行比较了，这种比较往往使经济学家偏离科学的领域。不仅仅是价格水平决定了"欠发达"国家城市地区与农村地区的差别。例如某些热带非洲国家方便的采摘经济为农村提供了食物，而这类食物以很高的价格在城市出售；城市中价格昂贵的住房，即使那些狭窄和不卫生的"棚户区"住房亦是如此；在国民统计中往往被忽略的采摘和狩猎产品等。而且这种差别还决定于被改造了的生活方式，它对城市居民提出了新的要求：交通、需要付款的娱乐活动……另外，在城市和农村的差别方面还应当把劳动强度也考虑在内。人们常常忘记传统农民的收入相当于每年100个工作日，而城市领取工资者的收入相当于300个工作日。对问题的所有这些因素加以重视常常能够排除差距有时高达1∶10的账面收入比较的悲剧性特征。

---

① 前引书，第298~299页。不过，从工人阶级的实际工资、行政官员的实际工资及农民的收入的比较方面来看，整个非洲1960~1968年出现了重大的变化（见本书后面的内容）。

　　第二，"特权领取工资者"的问题不在这类过分概括性的比较之中，而是在其他方面。总体来看，"欠发达"国家的工资等级比工业化国家的工资等级的差距更加明显。在现代种植园经济或城市经济中，相对数量更多的全部非技术领取工资者，尤其是农业工人和城市粗工，构成了国内最贫困的社会阶层。正是与这批人相比，特别是在城市失业以及无地农民的就业不足达到令人担忧程度的那些地方，与全部就业不足的非技术人员相比，技术劳动者——工人和职员——的工资才使人觉得他们享有"特权"。这类特权即使可以用生产率的措辞加以证实，它们仍然决定了这些人所持的特殊的社会政治态度。各类公职人员的情况也是如此，尤其是当这类人员数量过多，而寻求职业的"城市小圈子"的社会政治压力决定着此类人员的招聘的时候，人们的感觉是一致的。此外，如果不存在民族资本主义企业的收入，这类"特权"便具有某种意义。

　　第三，收入的差距是在不断扩大还是越来越小？众所周知的一种观点[①]认为，在"欠发达"国家劳动者的平均收入与技术水平最高阶层的平均收入之间的差距将会扩大，因为前者的平均收入只能随着国民产值的增长（这一增长是缓慢的）而增长；而发达国家同类人员的收入所起的参考作用对后者的收入产生了很大影响。以这种方式阐述问题的观点是无可指摘了，但是上述影响所及只限于那些有能力出国谋生（"人才外流"）的最有技术的阶层。我们的直觉以及我们拥有的可对长期运动做出判断的某些材料都使我们相信，差距从一开始就很大，可能和今天的差距相同，尤其是在殖民化时期形成了一个现代部门和一个传统部门的那些国家。两个部门之间的阻隔使劳动供给在新的现代部门呈不足状态。随着农村向城市移民现象的出现，现代部门大批非技术人员的收入差距在逐渐缩小，

---

　　① 达德利·西尔斯尤其持这种观点。

而技术水平最高的那些人之间的收入差距反倒扩大了。

第四，在"欠发达"国家，工资的政治作用不同于发达国家。在发达国家，占就业人口60%～90%的绝大多数劳动者都是领取工资者。这种情况使"平均工资"在很长时间内不太可能发生与人均国民产值差别过大的演变。再者，从整体上看，工业化国家的工人阶级通过工会组织而团结的较为紧密——由于种族和民族差异（例如美国的黑人和白人，法国和其他国家的本民族和外来民族）的原因而导致的团结分裂或团结受到削弱的情况除外。对一切经济部门的劳动者来说，工资增长率的趋势是均匀地固定在生产率的平均增长率附近，而不是固定在工业每个部门生产率差别很大的增长率附近。在这种条件下，工资政策构成了国家收入分配政策的一个最基本的方面。与发达国家相比，"欠发达"国家的形势有着很大的区别。在这些国家，领取工资者仅占就业人口的一小部分——占1%（例如尼日尔）到20%［刚果（金）］，或占30%～40%（如埃及等国），此外，这些国家由于工会落后和农村与城市之间的差距很大，因此团结也较松散。

在这种情况下，"欠发达"国家工资的长期演变与国民产值的长期演变之间没有明显的关系。在某些国家人们发现很低的或中等的国民产值增长（0.2%～3%）却伴随着实际工资很高的增长（牙买加和哥伦比亚的年增长在6%以上，锡兰4.5%，赞比亚、罗得西亚、尼日利亚和坦桑尼亚都在8%以上）；或与此相反，人们看到的是很低的实际工资增长，甚至负增长，即使是在人均产值增长相对较高的情况下（这一方面的例子有中国台湾、缅甸、韩国、印度、菲律宾等）①。使用简单解释问题的方法会忽略这类现象，因为在工

---

① A. D. 史密斯：《发展中国家的工资趋势概述》，埃伦讨论会，表3，表6及表9。

资运动和工业化速度之间，或者在利润运动和后者之间没有联系哪怕是微弱的联系。人们知道在有些国家［刚果（金）、波多黎各等］，工资的持续提高促使企业做出了更为有效的选择，这样既实现了更高的利润又加快了工业化的步伐①。人们看到，为了应付长期通货膨胀，各国采取了各种可能的做法：延期对工资进行调整、实际工资的持续增加或逐渐下降。当然，实际工资的提高或下降这类有弹性的做法之所以可能实施，那完全是因为工资问题没有构成收入分配的主要内容，而收入分配问题只能通过当今"第三世界"发展阶段的总理论才会得到答案。这一理论的创立也只能针对初期的经济结构、自然资源以及开发资源的类型相仿的国家集团（中美洲国家集团、安第斯国家集团、拉丁美洲国家集团、非洲国家集团、阿拉伯国家集团、东南亚国家集团等）而言，并且它应当把实际现象（增长的部门分布结构、国际收支的瓶颈状态……）和与这些现象相联系的货币现象（长期通货膨胀……）纳入一个体系②。

第五，"欠发达"国家各个不同类别的劳动者之间存在的重大的绝对和相对报酬水平差距，尤其是农村地区和城市地区之间、技术劳动者和非技术劳动者之间、某些大企业雇用的劳动者和其他企业雇用的劳动者之间的报酬差距，尽管这些差距完全可以用严格的经济理由加以解释（生产率的差别等），但是它们仍然是建设一个协调一致的民族的障碍。因此，人们便设想一种经济发展政策来系统地抵制经济的"自然法则"，以便降低差距并保持民族团结。当然，这种政策只能在下述条件下才可得到确认，即特权阶层报酬的降低不应使其他收入阶层因此而得益，特别是本国或外国私人企业的收入，

---

① J. L. 拉克鲁瓦：《刚果的工业化》，穆东出版社，1966；劳埃德·G. 雷诺和彼得·格雷戈里：《波多黎各的工资、生产率和工业化》，1964。

② 关于这种理论，请参看达德利·西尔斯、保罗·普雷维什的著作（与贸易条件恶化问题有关）以及 A. D. 史密斯的著作（前引埃伦讨论会）等。

而是确实使集体受益；并且受到这种政策冲击的阶层对此怀有一种建立在政治信念基础之上的清醒责任感。

把民族团结作为发展的基本目标的这样一种平均主义政策从政治上看是完全合理的。但是，要清醒地认识到，这意味着实行一种与实际市场价格体系差别很大的价格体系。事实上，"欠发达"国家的实际价格体系在很大程度上是由发达国家的价格体系、国际竞争和产品替代的结果决定的。因而这一体系适应生产率相对均匀的分布。鉴于"欠发达"国家生产率的分布更为分散，劳动和资本划一的报酬将产生一种完全不同的价格体系。如果是在民族团结合理性的名义下来试图建立这样一种价格体系，那么就应清醒地意识到，从经济估算和需要发展的经济部门的选择等观点来看，这一体系就是不合理的。在这种情况下，就应该采取各自都具合理性的两种价格体系：一种实际价格体系，目的在于"砍掉"报酬的不平等和保证民族团结；另一种参考价格体系，目的是保证合理的经济估算。显然，随着经济的发展，生产率的不平等将会降低，两种价格体系将会接近。

外国资本、当地工商业资产阶级、领取工资的"特权"阶层以及行政官员之间的政治关系的本质最终决定了社会收入分配演变的主要方面。如果本地工商业资产阶级不存在——非洲常常是这种情况，那么享受特权的领取工资者阶层和行政官员一起可以成为外来统治的主要传导中介[1]。但是，情况也不总是这样。例如 1960～1968 年的刚果（金），由于工人阶级和农民的收入条件恶化，行政官员占有了收入分配中的大部分[2]。我们在下面还要重新讨论这个根本问题[3]。

---

[1] G. 阿里吉：在蒙特利尔非洲研究代表大会上做的学术报告，1969 年 10 月。

[2] F. 贝齐：《刚果（金）的社会经济形势》，文化与发展丛书，第 1 卷，第 3 册，卢万。

[3] 参见本章第 3 节。

（二）"欠发达"经济的"脱节"：好景不长的奇迹与被毁灭的地区

"欠发达"经济的"脱节"或"非结构化"已经成为流行学术著作的老生常谈。最近20年以来大量出现的工业部门间的形势图表阐述了这种现象。如果用流行的行话来说，只有当互相接近的工业部门间形势图表建立在同一"聚合"水平上的时候，发达经济与"欠发达"经济之间进行结构性的比较才有意义。通过比较，便会无可争议地暴露出结构方面的质的差别。人们由此可做出这样的归纳："欠发达"国家的工业部门间形势图表是一片"空白"，或者"技术系数"是无足轻重的。聚合水平如果都是15个部门的时候，西方发达经济中的"投入"总额（对等投入不包括在内）是增加值（国内生产总值或本地最终消费：资本形成和私人及公共消费）的2倍以上，而"中等的""欠发达"国家（人均产值在100～200美元的这类国家）的"投入"总额仅不足增加值的一半①。如果发达国家和"欠发达"国家的进口（或出口）各占其国内生产总值的约20%，那么上述情况就意味着在这种聚合水平上，发达国家的对外贸易额占全部对内对外贸易额的6%（用20与320相比）；而"欠发达"国家的这一比例则为12%（用20与170相比），请见表2－22。

表2－22　发达国家与不发达国家投入与增加值的比例

部　门	1	2	…	15	全部中间消费	本地最终消费	出　口
1	0	"	"	"	"	"	"
2	"	0	"	"	"	"	"
…	"	"	"	"	"	"	"
15	"	"	"	0	"	"	"

---

① 法国和非洲国家工业部门间形势图表的对比情况。

部　门	1	2	…	15	全部中间消费	本地最终消费	出　口
发达国家							
全部投入	"	"	"	"	200	100	20
增加值	"	"	"	"	100		
进　口	"	"	"	"	20		
"欠发达"国家							
全部投入	"	"	"	"	50	100	20
增加值	"	"	"	"	100		
进　口	"	"	"	"	20		

　　如果不把内部和外部的最终贸易计算在内，即用于本地和外国最终产品的收入支出（消费和投资），并且如果认为最终产品大约占进口的一半，那么发达国家的"中间"对外贸易占全部中间贸易流量（内部的和外部的）的5%（用10与210相比），这一比例在"欠发达"国家为16%（用10与60相比）。分解水平越高，差距表现的越大。在60个部门的水平上，差距为3%和15%。此外，虽然上述这些百分比从总体上都是较低的，但是，在主要的加工工业部门是较高的（该部门的差距为10%和60%），在几个基本的大企业，这些百分比更高。

　　这意味着，发达经济是一个一体化的整体，其特点是内部贸易流量很大，与此相比，组成这一整体的微量成分的外部贸易流量总的来看是微不足道的。相反，"欠发达"经济却是由这些微量成分构成的，它们相对来说是并行的、非一体化的，这些微量成分的对外贸易流量相对更强大，而内部贸易流量却小得多。于是人们称这种经济为"脱节的""非结构化"的经济；甚至还说发达经济是"自我中心型"的经济，而"欠发达"国家的经济是"外向型"的经济。

　　这一现象的原因是明显的，我们对外向型的发展机制在前面已充分地进行了分析，在此不再加以重复。

不过，这种脱节导致的后果是严重的。在以自我为中心的结构性经济中，出现在经济机构任何一个中心的进步都会通过许多聚合机制扩展到经济整体中去[①]。当代的分析重视初级需求增长的"带动作用"：下游直接带动作用（对直接消费产品的工业的带动作用）和上游直接带动作用（对直接为需求增长了的部门提供产品的工业的带动作用）以及间接带动作用（对作为前者的消费者和供应者的工业产生的作用）；直接的或间接的"次级"带动作用（通过收入分配的渠道）。过去的分析重点放在了其他的扩散渠道上：由于技术进步导致的价格的下降，与此相伴随的相对价格结构、需求以及实际收入的变化，利润的可能提高及投资分配的改变。如果经济是外向型的，所有这些作用都是有限的，它们在很大程度上转移到了国外。例如，石油工业实现的进步不会对科威特的"经济"产生任何作用，因为游牧既不向石油部门提供任何产品，也不向其购买任何产品。但是在西方，这种进步会在所有消费石油的工业中扩散开来。

在这个意义上，人们甚至不应当谈论什么"欠发达"的民族经济，而是把"民族的"这个形容词保留给那些以自我为中心的发达经济，只有它们才构成一种名副其实的结构性的民族经济空间，在这一空间内，技术进步从那些可被视作发展极的工业向外扩散。"欠发达"经济是由并行的一些部门和企业构成的，这些部门和企业之间的联系并不密切，可是它们却分别与重心处于资本主义中心国家的一些集团形成了密切的一体化。从民族一词的经济意义来理解，的确不存在民族，也不存在一体化的国内市场。此外，根据其地理规模和出口的多样性，"欠发达"经济可表现为由几种互相独立的

---

① 提醒人们对这些根本问题加以研究的无疑是弗朗索瓦·佩鲁。还可参见艾尔弗雷德·赫尔希曼：《经济发展战略》，工人出版社，1965。

"微量成分"构成（巴西或印度类型等），或由一种"微量成分"构成（塞内加尔，这个国家的经济完全是围绕着花生组织的，还有其他一些国家）。

这就使"欠发达"世界的虚假的经济空间——非一体化的空间——可以被打破，并被"分解"为微型空间而不会产生很大的危险；但对发达的一体化经济空间来说这是不可能的，这样做必然会导致几乎不可忍受的衰退。在"第三世界"，"民族"团结的脆弱常常表现为这种情况，它也是造成"微型民族主义"的根源：以出口经济为主的地区不"需要"国家的其他地区，后者更多的是一种负担；前者则可以考虑使自己成为一个小型独立地区，正像人们在拉丁美洲和非洲看到的那样①。

这种脱节造成的影响明显地贯穿于"第三世界"的历史地理学之中。对中心资本主义的发展发挥过相对重要作用的一种出口产品所涉及的地区都经历过快速增长的"辉煌"时期，即"繁荣"时期。但是，由于围绕这一产品的生产没有形成任何以自我为中心的一体化整体，所以只要该产品丧失了它对中心能够产生的利益（即使是相对的），这一地区马上就会陷入衰落：其经济停滞，甚至倒退。巴西的东北部在 17 世纪就曾是一个这样的"繁荣"地区，一个真正的"经济奇迹"的舞台。但是好景不长，糖业经济一经失去了原有的重要性，这个地区先是陷入了停滞状态，后来变成了像今天这样的饥馑地区。即使在小小的塞内加尔，塞内加尔河地区在贩卖树胶时期也曾是一个"繁荣"地区。树胶被合成制品替代之后，这一地区变成了输出廉价劳动力的地方，这是本地区居民的唯一出路。

---

① 因此，非洲的"富国"（例如科特迪瓦）曾积极从事使前殖民地组织解体的活动（这里指的是法属西非）。在各国内部，日渐增长的地区不平等（参见本书中所引的科特迪瓦的例子）比"部族"冲突更容易解释民族团结的薄弱。拉丁美洲的情况是相同的（见 A. G. 弗兰克的著作），印度的情况似乎也差不多。

我们还可以举出许多这样的例子。就算是洛林省的铁矿枯竭了，这会给该地区的转产制造一个难题，但是可以肯定这个地区能够克服困难。因为在铁矿的基础上建立起了一个一体化的工业基础设施，此外铁矿石还可以进口。但是，假设是毛里塔尼亚的铁矿遇到了同样的情况，那么这个国家只好回到沙漠中去谋生。不过，在此期间建立了以矿业繁荣时代为基础的城市基础设施，它已经没有了存在的必要。过去当出现这类矛盾的时候，往往采取鲁莽的解决方式，即把居民被迫出走或被迫陷入饥饿的这个地区完全放弃（如巴西的东北部）。而今天，这类激烈形式的"调整"可以被"外援"掩盖起来，是政治觉悟使这种"外援"变成了必要的。最后，"欠发达"经济的脱节还表现为独特的不协调：就业人口和产值（特别是在"第二产业"部门内）部门分布的不协调及投资部门分布的不协调。

作为一个例子，我们对表 2 - 23 中所表示的第二产业部门的比重加以比较。

表 2 - 23　第二产业部门比重比较

单位：%

	塞内加尔 1960 年	马格里布 1955 年	现在的发达国家※
矿　业	5	17	5～10
手工业、小工业	7	19	5～10
大工业中的			
轻工业	55	30	30～40
基础工业	0	4	30～40
电力、能源	5	6	2～4
建筑、工程	28	24	12～15

※此处发达国家为西欧、东欧、北美、日本。

除"欠发达"国家一国与另一国的矿业生产地位有很大差别外，我们还注意到下面几点：第一，外围各国普遍没有基础工业；第二，建筑业具有相对更为重要的地位（与投资结构相联系）；第三，电力生产的性质不同，在"欠发达"国家，低压电占全部电力生产的50%（以价值计算占80%），而在发达国家则只占20%（以价值计算占50%）。

如表2-24所示，投资分布方面的情况也和上述情况相同。

表2-24 投资分布状况比较

单位：%

	马格里布 1955 年	西非 1965 年	现在的发达国家
农 业	17	7	7
矿业、能源、石油	10	7	7
工 业	11	7	35
运输、商业、服务业	12	14	21
住 房	20	25	15
基础设施	30	40	15
全 部	100	100	100

从表2-24我们可以看到，外围的非直接生产性投资占据着主导地位，而工业投资的份额很小。

（三）中心对外围的经济统治

此处也一样，统治一词已被当代学术著作作为常用词加以使用。这种统治表现在经济及其他各个领域（尤其在政治和意识形态领域）。在经济方面，它表现在贸易结构和增长的投资结构上。

中心在贸易方面建立的统治根本不是流行学术著作所断言的那种事实造成的结果，即外围的出口由"初级产品"构成。某些国家曾经是，而且在很大程度上仍然是"初级产品"出口国（加拿大、澳大利亚等）——正如同"初级产品"在很多发达国家的出口中占有重要地位（小麦、木材、煤炭等）一样——可它们从来就不是

"欠发达"国家。这种统治的形成是由于外围经济仅仅是"初级产品"的生产者，或者说这种初级产品的生产没有被纳入以自我为中心的工业结构之中。总体来看，这就导致了外围主要和中心进行贸易，与此相反，中心经济的贸易主要是在它们自己之间进行。这种结构差别本身具有一种从根本上就不平等的力量对比，它表现为劳动报酬的不同变化——这是外围形态结构和中心垄断发展所允许的——和贸易条件的恶化。但是，在资本主义发展过程中，这种结构在朝着不利于外围的方向演变。19 世纪，与外围的贸易在中心的全部贸易中占有比今天大得多的比重。在工业革命以前，这种贸易甚至是欧洲海上贸易的主要部分，并且正像人们知道的那样，它在原始积累过程中起了决定性的作用。即使在产业革命之后，它仍然继续发挥着主要作用。

　　18 世纪末，在英国和荷兰之后居世界第三位的法国对外贸易额中的进口和出口分别为 5.5 亿金法郎和 6 亿金法郎，其中的 2.2 亿金法郎是与外围（美洲和东方的殖民地）进行的直接贸易，奴隶出口不包括在内；而法国从英国和荷兰进口中的很大一部分是这两个国家再出口的异国产品（总额大约为 1.6 亿金法郎）。因此，与外围进行的直接和间接贸易占了法国对外贸易的一半以上。法国 1850 年的对外贸易额比 1780 年的水平（1825 年又回到这一水平）翻了一番：进口为 11 亿金法郎，出口为 12 亿金法郎。与欧洲以外地区的贸易在进口和出口中分别占到 45%，即使把美国排除在外，也还占到 25%。此外，殖民地产品一直占英国进口的很大一部分。另外，我们可以看到法国与其西方工业邻国（英国、西德、比利时）的贸易比它与欧洲其他不太发达的国家（俄国、奥地利、匈牙利、西班牙和意大利）的贸易高不许多。我们可以说，法国对外贸易的 35%～40% 是与外围进行的。1870 年战争以后，这一比例的变化仍然不大，与欧洲和美国之外的外围的贸易占法国全部贸易的 25%（贸易中的进口和出口额分别为 45 亿法郎）。直到 1914 年的大战之前，比例仍然在朝着有利于外围的方向演变：在 77 亿法郎进口总额中，有 30% 以上来自包括法属殖民地在内的三大洲；而只有 25% 的出口（出口总额为 58 亿法郎）是输往这些国家的。但是，与先进的资本主义欧洲和美国的贸易却变得比与落后的东欧和地中海欧洲的贸易更为重要：前者是后者 6.5 倍。尽管石油进口有了非常大的增加，但是近年来与外围的贸易还是下降到只占法国贸易总额的不到 25%，从此以后法国的对外贸易主要是与欧洲（特别是共同市场国家）和美国进行。

英国的贸易在其演变过程中具有比法国更明显的同样特点。至少到 1850 年以前，外围吸收英国制成品（尤其是棉布）的份额是很大的。在世界范围内，发达国家之间的贸易在世界贸易中所占份额以同样的方式由 1928 年的 46% 增加到 1965 年的 62%，而外围与中心的贸易份额相应地由 22% 下降至 17%[1]。

换言之，资本主义的发展使中心内部的贸易流量得到了加强，与此相反，它只是使外围的外部贸易流量得到了加强。上面分析的"欠发达"的发展，即外围"欠发达"的结构性特征的加强才是造成统治的原因，而不在于交换产品的"性质"。因为交换产品自身也处在演变过程之中。在最初阶段，贸易主要是异国农产品和日常消费制成品（纺织品、五金制品等）的交换：简单贩运经济时期就是这种情况。当一种替代进口的工业由于内部市场的扩大而变成可能的时候（农业的"商品化"和矿业生产的发展导致了市场的扩大），人们就过渡到发展了的贩运经济阶段，这时的交换是初级产品与消费品和替代进口轻工业所必需的生产资料（能源、原料、半制成品和设备）之间的交换。在以后的阶段，"欠发达"国家可能会成为消

---

[1] 国际联盟：《世界贸易网》，1928；还可参见本书第一章。

费制成品出口国，或者是由"最先进"的"欠发达"国家向"最落后"的"欠发达"国家出口（这已是很常见的现象：塞内加尔对西非的出口，肯尼亚对东非的出口，埃及对苏丹的出口等）①，或者甚至是由"欠发达"国家向发达的中心国家出口（这是某些国际组织主张实行的政策：让"欠发达"国家发展纺织工业等部门）。有人甚至为未来设计一种新的"国际专业化"，"欠发达"国家在这种专业化格局中将提供作为国际贸易对象的传统工业产品的绝大部分（使用简单劳动的"传统"工业所提供的消费品和设备，其中包括冶金、化学等"重工业"产品），而中心将拥有对使用技术劳动的工业提供的产品（自动化、原子、太空等工业）的垄断权。在这类情况下，尽管"第三世界"不再是单一的"初级产品"出口国，但是贸易仍然是不平等的，中心的统治机制依然如故。

中心的统治还表现在投资结构中。中心资本主义是民族资本主义，因此提供投资的资金来自国内；在外围，大部分投资来自外国资本，至少生产性投资部分是这样。因为正像我们看到的，外围的投资结构与中心的投资结构不同：外围的基础设施投资相对来说占据着更为重要的地位。不过为这类投资提供资金的一直或几乎一直是国家政权，近年来，"第三世界"中最穷的法语非洲国家是个例外，它们的基础设施投资是由地方当局提供资金。这一方面的"外国"投资份额可能会显得"中等"或"很低"，但是它在增长方面仍然是决定性的。

不过需要指出的是，如果生产性投资是由外国资本提供的，那么它们或迟或早必然会导致利润向相反方向流动，这如同增长受阻的情况一样。这时，"外国援助"（官方的无偿或半无偿援助）就变成了"国际专业化"体系运转的一个必要条件。这种"援助"的作

---

① 参见萨米尔·阿明：《非洲国家之间的贸易》，《非洲月刊》，1967 年 12 月。

用就是把指导发展的责任转让给了资金提供者。它明显地使经济统治机制和政治统治机制得到了加强。

人们对利润输出运动所知甚少。许多"欠发达"国家的国际收支平衡表混乱不堪，有时甚至是随心所欲的（许多非洲国家都是这种情况）。"官方"发表的利润输出数字表明"欠发达"国家在这一方面存在着很大的差距：输出的利润在国内生产总值中所占比例为2%～25%，在出口值中所占比例为8%～70%[①]。当然，即使对那些利润输出较多的国家——如某些产油国或产矿国（赞比亚是最突出的例子）——来说，这也是绝对庞大的比例。这种负担在殖民地开发进程中的演变不会让人产生任何怀疑，尽管这方面的学术研究工作做得也很少。从发达国家的国际收支平衡方面入手更容易了解这一运动。英国来自国外的收入由1880～1884年占国民收入的4%增加到1910～1913年的10%，到30年代仍保持了这一比例；法国同期由2.5%增加到5%；美国1915～1934年的国外收入的增长约为同期国民收入增长的2.3倍[②]。1950～1965年，美国对外投资收入的增长为国内投资收入增长的2.3倍，对外投资收入在美国公司全部利润中所占比重由8.8%提高到17.8%[③]。

但是，这些收集到的数字由于多种原因而明显被低估了，正像

---

① 国际货币基金组织：《对外收支平衡年鉴》。从总的范围来看，40个"欠发达"国家的收支平衡表提供的利润输出总额大约在60亿美元（E. 吕亚斯：《经济学——第三种科学》，《阵线》，1969年10月）。

② 参见联合国组织：《欠发达国家的国民收入及其分配》。还可参看该组织的其他文献，例如《国民收入与支出》。参见芬奇：《欠发达国家的投资业务》（国际货币基金组织，工作人员论文集，1951年4月）。联合国组织：《热带非洲市场经济的作用与结构》，第23页。关于印度，参阅前引安斯蒂著作中佩什、拉奥、伯拉、谢努瓦等人的估计（1911年、1928年、1929年和1939年），第498页。关于拉丁美洲，参阅前引温克勒的著作（第284～285页）；皇家国际事务学会：《国际投资问题》，第223页，霍布森和费斯认为应参考该书的第19、123页；C. 克拉克：《英国1932年的国民收入》，《经济学杂志》，1933年6月；斯坦普和鲍勒的估计。

③ 哈里·马克道夫：《帝国主义时代》，第212页。

它们只能部分地说明外国资本在外围的决定性作用那样。事实上，收支平衡表的统计在最佳情况下也只包括实际输出的利润。因而，必须衡量外国资本的全部毛利润，其中包括在当地再投资的部分，对后者进行两次统计是符合逻辑的：一次是作为输出的利润，另一次作为引进的新资本。这是因为，很大一部分国内支出实际上是外国资本在就地获取和支出的利润，在欧洲移民聚居的殖民地尤其如此（罗得西亚、肯尼亚、北非等）。

以埃及为例，1945～1952 年的外国资本利润占资本报酬总额的 20%～30%，其中输出的利润占资本报酬总额的 15%①。外国资本利润的输出使埃及 1882～1914 年的增长率由每年的 3.7%（如果这些利润进行再投资后可实现的潜在增长率）下降至 1.7%（实际增长率）；1914～1950 年由 3% 或 4% 下降到 1.4%②。科特迪瓦的私人资金转移由 1950 年的 73 亿非洲法郎增至 1965 年的 252 亿非洲法郎，大大超过了公共援助和私人资本的流入规模，同期后两者的总额由 46 亿非洲法郎增加到 154 亿③非洲法郎。就中非关税与经济同盟全体成员国总体来说〔喀麦隆、中非共和国、刚果（布）、加蓬、乍得〕，1960～1968 年平均每年利润输出为 442 亿非洲法郎，而公共援助和外围投资流入不足 344 亿④非洲法郎。输出的毛利润在科特迪瓦和中非关税与经济同盟各成员国的国内生产总值中分别占 13%。

此外，哈里·马克道夫强调指出，人们所占有的资料还不足以充分认识这一现象的意义，这是不无道理的。美国企业在国外的利润积累是如此之雄厚，致使这些企业在 20 年内成了世界第三大经济势力。最后要指出的是，所能掌握的一切资料只能说明以"市场价

---

① 据我们自己的统计，见萨米尔·阿明前引论文中的统计。

② 哈桑·里亚德前引书，第 186 页。

③ 萨米尔·阿明：《科特迪瓦的资本主义发展》，第 307 页。

④ 萨米尔·阿明和 C. 科克里·维德罗维奇前引书。

格"计算的资金流动数量。然而这些资金流动中已经包含了大量的隐蔽价值转移。无论如何，外国投资必然会导致资金流动平衡的逆转——利润的回流最终必是要超过资本的流入——这是理论和历史都已证明了的。

这个问题在理论上已经引起了众多的讨论[①]。普雷维什毫不犹豫地断定，为使"欠发达"国家得到"发展"的一切国际投资计划都在投资的利息支付方面遇到了不可克服的障碍。多马在论述这个问题时从获取这些收入的国家的观点出发，认为资金回流的数量可以一直低于新的资本输出数量：是的，但是利润必须系统地就地进行再投资，也就是说这些利润再投资的生产销售市场（外部的）必须以极快的速度扩大，这一点是要明确无误的。萨伦特和波拉克则强调从提供资本的中心国家引进的第二次进口促进效应（他们认为这是"通货膨胀效应"）。任何人都不能先验地证明盈利原则足以解释这个问题：认为最能盈利的本地货币投资就是能够直接或间接足够支付外国资本报酬的外币剩余的投资，无异于相信自发调节机制，我们后面将看到这些机制来源于普遍谐调的思想。

历史证明了外国投资在年轻的资本主义国家（发展中的新的中

[①] 联合国组织：《拉丁美洲的发展及其问题》，第42页（普雷维什）；贝尔肖：《亚洲的经济发展》，《国际经济》，1952年11月；萨伦特：《第四点计划中的资本输出产生的国内影响》，《美国经济评论》，1950年5月；欣肖：《外国投资与美国的就业》，《美国经济评论》，1950年5月；多马：《外国投资对收支平衡的影响》，《美国经济评论》，1950年12月；波拉克：《利用外国资本援助进行重新建设的国家收支平衡问题》，《经济季刊》，1943年2月；迪克罗在《美国的对外投资及国际平衡》一文中对论战进行了总结，《经济学杂志》，1954年3月；关于利润系统再投资的影响，请参见巴洛格：《战后对外投资政策的理论问题》，《政治经济杂志》，1945年3月，牛津；米尔斯：《外国私人投资与经济发展：委内瑞拉、沙特阿拉伯和波多黎各》，《泛美经济问题》，1953年夏；辛格：《投资国与借贷国之间的利益分配》，《美国经济评论》，1950年5月；袁立武：《国际资本投资与贫穷国家的发展》，《经济杂志》，1946年3月；参见萨米尔·阿明：前引论文，第325页及其后页数中关于这次论战的简要回顾。

心形态，如 19 世纪的美国、日本、德国、俄国，晚些时候的加拿大、澳大利亚、南非）和在外围国家所产生的动力是完全不同的。

走上独立发展道路的年轻资本主义国家，即以自我为中心进行发展并在很大程度上能够产生自身发展动力的那些国家，曾经获得了数额很大的外国资本。这种外资的流入在这些国家只起了一种补充作用，从数量上看是次要的而且是逐渐减少的。例如在美国，外国资本在国民资产中所占份额由 1790 年的 10% 逐渐减少到 1850～1870 年的 5% 和 1920 年的 1%，直至后来完全消失。瑞典、加拿大、德国、日本和澳大利亚的情形也是这样。在这些国家，投资（外国投资和本地投资）从整体上带来了快速增长，因为这是一种以自我为中心的增长（也就是既没有出现倍数效应的转移，也没有导致进口倾向的增长）。在这种条件下，利润外流的问题便成了一个次要的问题。这些国家由借款国变成了贷款国，它们像前宗主国（英国、法国以及后来的德国）一样向外输出资金[①]。

但是，外围国家的情况不是这样。它们从来也没有成为资本输出国，而是由年轻的借款国（资本的流入量高于利润的流出量）变成了年老的借款国（利润的流出量高于资本的流入量）。形势发生逆转的时期肯定是不同的。早在 19 世纪末，这种情况就在最老的外围国家出现了，如阿根廷。一般来说，拉丁美洲和亚洲的前殖民地国家（印度和印度尼西亚）变成"年老"的借款国是几十年，甚至半个世纪以前的事了，而热带非洲发生这一转变只是最近的事。外国

---

① 彭特兰：《资本在 1875 年以前的加拿大经济发展中的作用》，《加拿大经济杂志》，1950 年 10 月；克里奥纳·刘易斯：《外国投资中的美国股本》；库兹涅茨：《资本形成中的国际差别》，《应用经济学》，1953；艾弗森：《国际资本运动理论面面观》，伦敦，1936，第 344 页（根据怀特《法国的国际账户：1880～1913 年》一书的材料，剑桥，1933），第 370、382 页（根据瓦伊纳《加拿大的国际债务平衡：1900～1913 年》一书的材料）及第 441 页（根据格雷厄姆《货币贬值条件下的国际贸易：1862～1879 年的美国》一书的材料）。

资本感兴趣的新资源的开发，例如第二次世界大战后的中东石油，可使一次新的投资浪潮暂时再次出现，同时也使年轻的借款国再次产生①。但它们永远也不会摆脱这种困境：年轻的借款国—年老的借款国。

私人资本平衡方面如果是上述情况，那么官方资金流入的情况也是同样的。虽然官方资金流入的条件被认为是特别优惠的（比重很大的赠款、优惠利率的贷款等），但是官方债务的偿还在 1965～1967 年仍然耗费了非洲新流入官方资金的 73%、东亚的 52%、南亚和中东的 40%、拉丁美洲的 87%。根据世界银行的统计，如果新贷款的数额在 10 年中仍维持在目前的水平上，那么 1977 年各地区的上述比例将分别是 121%、134%、97% 和 130%。从整体来看，"第三世界"将在官方资金流入方面也成为"老的借款国"②。

根据外围的历史经验，我们可以得出这样的结论，即随着"欠发达"的发展的深化，外围的收支平衡也在日趋恶化。这一方面是由于外围从年轻的借款国变成了年老的借款国，另一方面是由于在不平等的国际专业化范围内经济的日益商品化导致了越来越强劲的间接的第二次进口浪潮③。

资金流入平衡的逆转是可以推迟发生的，条件是外围资本的利润能够系统地在本地进行再投资。殖民地开发的繁荣时期便属于这种情况。但是在这种情况下，国民财富渐渐地受到外国资本越来越

①　参见萨米尔·阿明前引论文，第 328～338 页；艾弗森前引书第 427 页，来自威廉斯：《不可兑换性货币条件下的阿根廷国际贸易：1880～1900 年》一书的资料，剑桥，1920；布洛克·莱内：《法郎区》，巴黎，1956，第 92～146 页；瓦利克：《出口经济的货币问题》剑桥，1950，第 330～332 页；施皮格尔：《巴西：分散的工业化和长期的通货膨胀》，第 120 页；联合国组织：《1945～1954 年的中东经济发展》，第 72～77 页；国际联盟：《世界贸易网》。

②　皮尔逊报告：《发展中的伙伴》，普雷格出版社，纽约，1969。

③　参见我们对收支平衡问题的研究（本书第 5 章）。

强有力的控制：这意味着外国人攫取了开发"利润"中越来越大的部分。除这一基本机制外，还有外国资本主义部门日益增长的竞争力量。在某些情况下，外国资本主义部门把在国际市场一体化第一阶段形成的本地资本从自己的领地内驱逐出去。塞内加尔就是这方面的一个例子，这个国家的本地资产阶级曾经是19世纪贩运经济发展的主导力量，后来1900～1940年遭到了破产①。国民财富向外国人手中的逐渐转移可以达到很高的比例，例如非洲国家15%～80%的货币国内生产总值来自外国部门②。科特迪瓦1965年的外国收入占该国非农业产值的47%和国内生产总值的32%③。马格里布1955年的上述两种比例分别为70%和57%④。

当然，阻止以几何级数增长的外国利润达到用简单的数学计算就能发现的天文数字的力量是存在的。也正是这些力量阻止了外国资本收入额在一国经济内占据国民收入愈来愈大的份额。所有这些情况——除货币"意外事故"（通货膨胀）或政治"意外事故"（国有化）之外——都是利润率下降造成的。因为，如果资本报酬是稳定的，那么资本的积累将会导致国民收入中利润份额的增长。此外，世界范围内的利润率调整以及与此相关的外围向中心的价值转移掩盖了外国资本在外围的实际产值中所占的愈来愈大的比例，因为国民核算并不反映"隐蔽的"资金转移流量。

无论如何，在繁荣的"欠发达"国家模式中——至少罗得西亚或南非——少数人控制国民财富已经发展到了顶点。该制度本身就具有爆炸性。

---

① 萨米尔·阿明：《塞内加尔的工商界》，巴黎，1969。
② 联合国组织：《欠发达国家的国民收入及其分配》，第14页和19页；H. 杜朗：《试论非洲的形势》；还可参见萨米尔·阿明：前引论文，第322～323页。
③ 萨米尔·阿明：《科特迪瓦的资本主义发展》，第299页。
④ 萨米尔·阿明：《马格里布经济》第1卷，第181～185页。

五 过渡受到阻碍

历史经验表明，"欠发达"的发展不像中心资本主义的发展那样是有规律的和累积性的。正相反，它是断断续续的，先是出现极快的增长阶段（"经济奇迹"阶段），而后便是突然的停滞阶段，即"起飞受挫"阶段。这种"停滞"表现为双重危机，即对外收支危机和公共财政危机。这种双重危机是"第三世界"历史上的一种长期现象。我们在这里对此做一理论概括。

假设一个外围国家的经济年增长率为7%。如果资本系数为3（较低的估计），投资将达到国内生产总值的20%。再假定这些投资的一半是由报酬率为15%（同样是较低的估计）的外国资本提供的。10年之后，累积的外国资本将占到国内生产总值的75%，20年之后将占到125%；而利润外流在10年和20年之后将分别占国内生产总值的11%和19%。如果进口的增长速度与产值的增长速度一样，那么出口必须以快得多的年均12%的速度增长才能保持对外收支的平衡。下面的表2-25分析了这种增长动力的成分。

表 2 - 25　外围经济增长动力的构成与变化

	第 1 年	第 10 年	第 20 年
经济的总平衡			
国内生产总值	100	200	400
+ 进口额	25	50	100
− 出口额	15	53	135
= 可使用资金	110	197	365
私人和公共消费	90	157	285
+ 年度投资	20	40	80
（其中的外国投资）	(10)	(20)	(40)
（累积的外国资本）	(0)	(150)	(500)

	第 1 年	第 10 年	第 20 年
收支平衡			
出口额	15	53	135
+外资流入	10	20	40
=全部	25	73	175
进口额	25	50	100
+利润的流出	0	23	75

另外，经济平衡还要求消费的增长低于生产的增长：这里应为 6%。这意味着生产率发展所带来的收益的越来越大的一部分不应当再以可供使用的收入形式进行分配（如果一般的"自发"储蓄倾向没有进展或进展很小，情况正是如此）。

再者，如果税收压力达到了最高点并且是稳定的（占分配收入的22%，与消费相近），考虑到公共投资的资金需要（另一半投资），那么，公共财政的平衡就要求经常性的公共消费以更低的速度增长（仅为每年4%~5%），也就是说经常性公共支出在国内生产总值中的比重越来越小，下面的表2-26说明了这一点。

表 2-26　经常性公共支出在国内生产总值中的比重变化情况

	第 1 年	第 10 年	第 20 年
国内生产总值	100	200	400
国民消费	90	157	285
公共收入	20	35	64
公共支出			
经常性支出	10	15	24
投资	10	20	40

显而易见，不会出现这种情况。

如果某个国家的这种或那种产品的出口在一定的时期内可以以很高的速度增长，那么整个外围的出口——对中心的出口——不可能比中心的需求增长更快。换言之，外围的出口增长速度近似于中心的增长速度，在国际专业化的基础上消除历史差距是不可能的。然而还有更为严重的问题：在这个基础上，外围的进口不得不以比国内生产总值更快的速度增长。这已是被确认了的历史趋势。这种现象很容易得到解释。首先有两个基本原因。第一，对一个外围国家来说，国际专业化意味着生产种类的相对缩减（如果这个国家完全实行了专业化，那它就会只生产一种产品：用来出口的产品。这是极端的情况），而表现为增长的收入的增加却意味着需求种类的扩大。只有在它越来越多地进口这些缺少的产品的情况下，才能实现平衡。第二，作为国际专业化特点的脱节还意味着中间产品的进口以更快的速度增加。除此之外，还有资本形成和公共支出所需的、种类众多的直接和间接进口。

另外，经常性支出必然比收入增长更快。这种要求同样出自许多原因。国际专业化所要求的基础设施公共投资中包括不可避免的循环性行政支出，这些支出的增长速度和累计投资一样，即比产值的增长速度更快。为保证增加必不可少的社会服务部门（教育、卫生，甚至没有把传统的行政需求考虑在内），可供使用的剩余相对来说不能被过分压缩；正相反，自发趋势是要提高这些支出的份额。而且税收压力也会受到限制，因为很大一部分生产率收益已经不能被用来进行分配。

因此，公共财政和对外收支的双重危机是不可避免的，增长也会必然受阻。这种动力机制除非是在下述条件下才能运转，即起步时的国际一体化水平较低，对中心有利的一种"财富"突然被开发（带来了出口的大幅度增长），由此而导致的"繁荣"吸引了大量外国资本的流入，起初较低的税收压力能够逐渐得到提高。在这种情况下，必然会产生很高的增长率：这就是"奇迹"。但是它有一个极限，无论"人均收入"达到什么水平，起飞都会遭到失败。所以人们认为，直到目前为止任何"欠发达"国家都没有"起飞"，无论是人均收入 200 美元的国家，还是人均收入超过 1000 美元或达到 2000 美元的国家！在外围实现以自我为中心和自身产生动力的发展是不可能的，可是在中心一开始出现的就是这种类型的发展，哪怕人均收入水平很低。建立在随着收入的增加而逐步取消"外国援助"基础上的"发展计划"模式是荒谬的，这是由于"理论"对于分析建立在"国际专业化"基础上的动力的矛盾表现得无能为力，因为这一"理论"仅局限于提出某些不切实际的主张（"储蓄倾向""进口倾向"等）和不熟练地使用某些简单的分析工具（工业部门间的图表等）。可悲的是，实行此类荒谬的"计划化"的事例仍然层出不穷[①]！

在一系列关于非洲国家的著作中，我们已经提供了关于增长停滞机制方面的一些具体的和有数字根据的例子[②]。

第三节　外围资本主义的社会形态

当资本主义生产方式建立在国内市场的扩展基础上的时候，伴随其排他性的发展趋势而来的是中心社会结构变得接近《资本论》中所指出的那种完整模式，这一模式的特点是社会阶级分化为两个基本的阶级：资产阶级和无产阶级。以旧的生产方式为基础形成的社会阶级（地主、手工业者、商人等）或消失或演变（例如变成了农业资产阶级）。随着社会体系逐渐简化成为"白领阶层"和"蓝

---

① 我们还是不要排列名单，否则这将是一份过长的名单，因为几乎必须把所有的非洲计划化"工作"都包括在内。

② 萨米尔·阿明：《马格里布经济》，特别是该书的结论部分；《科特迪瓦的资本主义发展》（结论）；萨米尔·阿明和 C. 科克里·维德罗维奇：《从法属刚果到中非关税与经济同盟》。还可参见我们为世界百科全书撰写的关于加纳、几内亚和马里的文章。

领阶层"、干部和非技术劳动者、本国劳动者和外国劳动者等，它必然会导致新的分化。但是这主要是在资产阶级——无产阶级这一基本划分范围内的重新分化，原因是所有发展中的新的社会阶层都是由资本主义企业的领取工资者构成的。因此新的分化不是发生在经济领域——从经济观点来看新阶层的地位是同样的（即自身劳动力的出卖者）——而是发生在政治和意识形态领域。此外，企业的集中（垄断）改变了资产阶级的表现形式。但是，建立在所有权（被分散了的）和控制权（用加尔布雷思创造的新词来说，就是"技术专家体制"将拥有控制权）之间的所谓二分式只不过是一种欺人之谈。因为"技术专家"是根据资本的逻辑和利益来采取决断的，而资本拥有的控制权日益集中，它只是意味着社会化从客观上看是成熟了。然而，资本主义生产方式中的社会结构的形成是由经济自身运动的直接影响造成的这一事实，导致了经济领域的意识形态化，即导致了作为意识形态而出现的经济主义。于是产生了这样一种幻想，认为经济是一种超越社会的力量，而社会对它是无力加以控制的。这就是产生现代异化的根源（与在意识形态领域产生的前资本主义社会的异化形成了对照，那时意识形态的表现形式变成了宗教）。这也是经济企图占领一切社会科学领域的原因。

与此相反，如果资本主义生产方式像我们已经指出的那样，是舶来品，即建立在外国市场的基础之上，那么它不会形成排他趋势，而仅仅有变成居主要地位的趋势。由此可见，外围形态没有发生两极分化的趋势。与社会形态愈来愈一致性相对抗的是外围形态的持久的多样性。多样性并不意味着并列（"二元论"）。因为正如前资本主义生产方式在这里被纳入了一个体系，被占统治地位的资本的固有目的所控制（农民在旧的生产方式范围内从事生产，但是从今以后，他生产的是向中心出口的产品），新的社会结构同样地构成了一个结构性的和等级化了的整体，它被殖民社会的"强大的缺席者"

统治着：在宗主国占统治地位的资产阶级。由此显然可知，就像外围经济体系，由于和中心的关系是最基本的关系，因而仅通过自身是不能得到解释一样，外围的社会结构同样是一种残缺不全的结构，只有当人们把它作为世界社会结构的一个部分，放到它应有的位置上的时候，它才能被理解。

外围形态的形式因而可以是多种多样的。实际上，这是由遭受侵略的前资本主义形态及外来侵略的形式的性质决定的。

在我们看来，受到侵略的前资本主义形态属于两种基本类型：一种是东方和非洲形态，另一种是美洲形态。

关于第一种形态，我们曾经说过它们一方面是各种生产方式的结构性组合，以贡赋方式为主，或者是早熟的贡赋方式（以生命力很强的村社作为基础），或者是经过演变的贡赋方式（在这种情况下是朝着封建生产方式转变），简单商品生产方式和奴隶生产方式则服务于这种主要的生产方式；它们另一方面是与其他形态发生远途贸易关系的结构性组合。我们也指出过，"非洲"类型属于简单早熟的类型，"亚洲和阿拉伯"类型属于经过演变的类型。与之相比，被我们称为美洲形态的则大不相同。新大陆被欧洲人发现的时候并非空无一人。但是在中心的资本主义生产方式最终确立之前，外来移民迅速集聚到了这里（工业革命之前）。土著居民或被驱逐、屠杀（北美、安的列斯群岛、阿根廷、巴西），或完全屈从于欧洲重商主义资本的要求（安第斯国家）。重商主义资本——资本的前身——在美洲形成了一些附属资本。它在那里开设了贵金属开发企业（以银的开发为主）和某些当地产品的生产企业（糖，然后是棉花等）。对这种开发实行垄断的欧洲重商主义资本家因此而积累了货币资本的主要部分，这种积累是后来资本的全面发展所必需的。这种附属性的开发可以有多种形式："假封建形式"（拉丁美洲的骑士团）或"假奴隶形式"（矿业开发）或奴隶形式（巴西、安第斯国家以及英国在北美洲的南部殖民地的种植园）。它们同样是服务于新兴的欧洲资本主义。此外，它们还为市场而生产，这就不能将它们和真正的封建生产方式或奴隶生产方式混同起来。另外，这些附属性的开发本身还发展了附属于它们自己的生产企业：负责为它们的劳动力提供食品和为它们的开发提供设备。这些附属性企业有时具有"封建"的外表，尤其那些拉丁美洲的大牧场。但是由于它们是在为资本主义市场而从事生产，因此它们绝不会真正成为封建生产方式的企业。它们在大多数情况下属于简单小商品生产方式的范围，这种简单小商品生产方式是由欧洲移民，特别是北美洲的英国移民在自由土地上和自由城市中建立的：农场主和手工业者在这里同样是为附属于重商主义资本的种植园地区而从事生产。

侵略的方式同样是多种多样的。美洲、亚洲、阿拉伯东方和非洲没有受到同一种方式的改造，因为它们没有在同一阶段被纳入中心的资本主义发展，因而也就没有在发展中发挥同样的作用。

一 美洲和东方的外围形态

美洲在重商主义时期发挥了主要作用。拉丁美洲在这一时期形成了直到今天仍然保持的最终基本结构。它的基本结构是建立在大庄园农业资本主义之上的。地位下降了的农民（贫农和从前的奴隶）为其提供了劳动力。当宗主国的垄断有所放松的时候，在原来的结构上又出现了本地买办商业资产阶级。与此同时，形成了一个以当时的欧洲为样板的小型城市社会（手工业者、小商人、职员、仆役等）。

19世纪初期的独立使政权转移到了地主和克里奥尔人买办资产阶级手中。这种结构持续下来并在整个19世纪中得到了加强，与此并行的是，本大陆和新宗主国——英国的贸易也得到了加强。英国在大陆上建立了自己的进出口商业网络和银行网络，并且能够通过为国家公债提供资金而获得额外的利润。20 世纪石油和矿业资本（大多数是北美的资本）地位的确立以及后来进口替代工业的建立导致出现了人数有限的无产阶级。因为土地危机表现为贫农的更加贫困以及农村和城市失业人口的增加，所以无产阶级中的上层越发显得是"特权阶层"了。有时，地主和买办商人形成的寡头势力一开始就与外国资本联合对新型轻工业或对与日益扩大的城市化相关的盈利高的活动（不动产投资、"第三产业"等）进行投资（在农业和商业中收集到的资本）。这种社会形态有两个特点。第一，它的寡头政治的特点。新"资产阶级"（城市的）与大地主阶级和买办商人阶级同属一个阶级，它们是由同一类家族构成的。第二，它的步占统治地位的外国资本之后尘而发展的特点。

亚洲和阿拉伯世界的这一起点要迟得多。只是到了 19 世纪的后半叶，以前的"封建"阶级才演变成了为世界市场而从事生产的资本主义大地主。另外，此类形态的发展是很不平衡的，并且只涉及了这一广袤大陆的一部分，有时是很小的一部分。埃及这方面的情况最为突出，几千个大地主使埃及变成了为兰开夏郡（英国）生产棉花的农场。在许多地区，农村村社的生命力能够在很长时期内与农业资本主义相抗衡。印度的这种抗衡力量较差，因为英国当局把土地所有权交给了地主，用武力破坏了村社；中国和波斯及奥斯曼等许多东方地区躲过了直接殖民化，因而抗衡力量更强；而埃及的资本主义大庄园的发展则是一个极特殊的例外。只是进入当代时期，往往是第二次世界大战以后，小型农业资本主义——富裕农民（俄国式的富农）——才崭露头角，尤其是当土地改革取消或限制了大地主以后。农业资本主义发展的迟缓和具有局限性的特点或者是城市社会结构以及从旧阶级演化而来的新的统治阶级的思想和文化所特有的现象，或者是殖民化形式所特有的现象，这些现象多少限制了买办商业部门的扩展，从而使或者是欧洲企业，或者是外国资产阶级（例如地中海东岸国家的资产阶级）从中受益。后来的情况像拉丁美洲一样，外国资本创建的零星工业使本地寡头势力参与了新的活动。这种形态的结构趋于更加接近拉丁美洲的结构：现代形式的外国资本渗透力愈强大，落后便会愈快地得到弥补①。

二 非洲的外围形态

最后一个被纳入世界体系的非洲也即将弥补这种落后。三个世纪以来，非洲是美洲的一个附属品，其作用是向后者提供奴隶劳动力。即使在殖民化以前，遍及整个大陆的猎取黑人活动就已经改造了从前的形态。它强有力地促进了重叠在村社之上的军事王国形态的形成。它在与贩卖黑人商业有直接关系的某些沿海地区引进了一种新的奴隶生产方式②。之后，非洲在 19 世纪末被征服，但在 1914～1918 年大战之前很少被开发，即使在两次大战之间也并未得到大力开发，因为在世界范围内这是一个资本主义相对停滞的时期。它遭受的是一种直接的、粗暴的和简单的殖民化。这种殖民化未能使在这个大陆的居民中间形成类似另外两个大陆的农业大资本家和买办商人。但是，自从第二次世界大战结束后，非洲在以更快的速度弥补这种落后。认为非洲是"欠发达"世界最落后、最无生气的部分

① 参见哈桑·里亚德《纳赛尔时期的埃及》，巴黎，1966；查尔斯·伊萨维：《中东 1800～1914 年的经济史》，芝加哥大学出版社，1966。

② 沃尔特·罗德尼：《大西洋奴隶贸易条件下北部几内亚海岸的非洲奴隶制及其他形式的社会压迫》，《非洲史学刊》，第 3 期，1966。该文指出，奴隶在沿海居民家中的储存，导致在这些居民中形成了新形式的奴隶剥削。卡特琳娜·科克里·维德罗维奇：《从黑人贩卖到达荷美的油棕开发：19 世纪的情况》，讨论会学术报告（弗里敦，1969）。K. 羽伍克·戴克：《1830～1885 年尼日尔河三角洲的贸易与政治》，牛津，1956。

的思想无疑是一种最错误的偏见：这可能是种族主义的遗迹。正相反，非洲可能是"第三世界"在最近半个世纪经历了最深刻变革的地区，并且目前继续在以极快的速度转变着。这种转变从社会生活的部门和地区来看是不平衡的，并充满了矛盾。正像我们已经指出的那样，这是因为，非洲殖民化的对象是最原始、表面上最不适应占统治地位的资本主义经济新条件的社会。这些社会中的大部分都还没有超越原始村社阶段，而且由于国家形式出现得太晚，因而这种村社的衰落很慢，国家机器对它的统治也难有进展。非洲与东方的大国或拉丁美洲具有现代形态的国家没有任何可比之处。在这种条件下，领导阶层——部落酋长——从经济上、政治上、文化上都缺乏转变成为纳入新的社会经济关系整体的本国农业买办资产阶级的能力。

在东方世界和拉丁美洲，新的民族资产阶级形成的基础一般来说是大地主和公职人员的上层，或许还有商人。往往和政治权力混为一体的大地主通过适应出口农业的方式使自身得到加强并转变成为资产阶级类型的地主。非洲则缺少这类大地主。那里的出口农业往往是欧洲大种植园从事的活动，就像前比属刚果和前法属赤道非洲那样。在其他地区，组成村社的成百万小农从事的是贩运经济。保持这种村社关系必然会使与农业商品化相伴随的不可避免的分化进程放慢。不过，在某些条件下，正是在这种小农经济中最容易产生农村资产阶级。与此相反，在某种情况下，贩运经济促进了一些社会组织的形成，由于没有更合适的词语，我们概括地把它们称为半封建的社会组织。特别是在伊斯兰草原地区、塞内加尔、尼日利亚和苏丹，形成的不是资产阶级类型的大地主，而是神权政治下的等级制酋长，他们对被迫交纳租税的村社实行政治统治。

在城市文明高度发展的东方大国，与前资本主义时期的欧洲商人相类似的商人往往在殖民化之前就已存在，他们借助于自己的技术知识、文化和财富,有能力适应形势并转变成为现代资产阶级。非洲则完全不是这种情况。由于没有经历过大的城市文明,这里的传统商人更像是阿拉伯大型商业在草地的延伸。穿越撒哈拉沙漠与需要森林产品的阿拉伯—柏伯尔世界发生的这种接触使迪乌拉、索宁克和豪萨[①]商人出现了。在东苏丹和印度洋沿岸,阿拉伯商人直接发挥了这些作用。与几内亚湾的欧洲商行或东海岸的阿拉伯商业机构进行奴隶贸易的往往是一些新的阶层,在大多数情况下这是一些与传统社会无关的混血种"人贩子"[②]。在这种条件下,殖民征服后建立起来的城市中的新的商业职能,甚至最低等的商业职能或者直接保留给了殖民公司,或者保留给了外国侨民:黎巴嫩人、希腊人和印度人。

另外,非洲由于没有东方那样稳固的政治上层建筑,也必然推迟了资产阶级的出现。事实上,东方和拉丁美洲的现代民族资产阶级往往正是在本民族行政干部基础上形成的。而非洲的行政部门或现代企业里的这类干部,甚至级别相当低的干部都是由外国殖民当局直接提供的。在移民殖民化使"地位低下的白人"能够行使这些职能而不利于造就当地现代杰出人物的那些地方——如肯尼亚或罗得西亚——上述情况就愈加严重了。

与殖民公约同时出现的直接殖民化和不存在大城市的事实同样使东方或拉丁美洲类型的、由殖民资本建立的轻工业迟迟不能出现。这种落后本身阻碍了可供使用的技术干部的培养,影响了民族资产阶级形成。这一领域的主要例外除南非外就是肯尼亚和罗得西亚,也就是少数欧洲人仅仅为自己建立了轻工业的那些移民殖民地,这

---

① 西非草原地区商人的部族名称。

② 对从事奴隶贩运的商人的称呼。参见 O. 戴克前引书;《中非的历史状况》,兰杰出版社,伦敦,1968;《东非史》,R. 奥利弗和 G. 马特维出版社,牛津,1963。还可参见 1969 年 12 月弗里敦科学讨论会的学术报告。

是非洲的一个特点。所以比属刚果是一个真正的例外，这是由刚果盆地的国际地位决定的，它禁止比利时人享有殖民公约的特权①。非洲原始农村结构的不利条件——大土地所有制不存在——在当代则变成了有利条件。因为，当东方和拉丁美洲的牢固的半封建结构往往仍对资本主义的发展构成一个重大障碍的时候，由现代种植园主组成的农村资产阶级在非洲的许多地区迅速形成了。当然这种进步并没有遍及整个非洲，因为除了穆斯林聚居的草原地区在农业商品化的影响下朝着半封建型转变以外，还有很多地区由于没有发生变革而处于停滞状态。

对农村资产阶级为自己的发展开辟了道路的那些地区进行比较研究使我们做出了这种假设，即必须具备四个条件才能实现这一点。

第一个条件似乎是等级分明的传统社会的存在，这就使传统酋长中的某些阶层拥有足够的社会权力来占有大片氏族的土地。加纳、尼日利亚南部、科特迪瓦和乌干达的传统酋长就是以这种方式建立了自己的种植园经济。在等级制度不严格的班图人地区几乎不存在这种种植园经济。但是我们也注意到，演变更快的、过分森严的半封建等级制度，例如伊斯兰化的草原地区，并没有促进农村资产阶级的发展。

第二个条件是要有中等的人口密度，大约为每平方公里 10～30 人。再低的人口密度会使原始的土地私人占有变得无效、潜在雇佣劳动力供应不足。

此外，在可能使用本部族以外的劳动力情况下，例如科特迪瓦使用的上沃尔特人，无产阶级化的机制就变得很易于运行了。在第二个阶段，最初的种植园主家庭中的子弟和附属人员也能够被无产

---

① 参见 J. L. 拉克鲁瓦《刚果的工业化》，巴黎，1967。

阶级化①。像卢旺达和喀麦隆巴米累克高原那样过高的人口密度会使氏族酋长在占有足够的土地方面遇到困难。

第三个条件是具备价值高的作物，这种作物从开发的第一阶段起就能使每人在每公顷土地上获得足够的剩余产品。这一阶段的特征是机械化程度低，因而仍然处于粗放型的，农业生产率也就很低。乌干达的棉花或塞雷勒地区②的花生就属于上述这类作物。一般情况下像粮食作物这种产值太低的产品不可能产生如其他地方的咖啡或可可所能产生的效益。

第四个条件要求政权顺应这种类型的自发发展。为私人占有土地提供的便利、劳动的自由、个体农业信贷在农村资产阶级形成过程中在各地都发挥了很大作用。在这一方面，法国殖民地1950年废除强制劳动是很有特色的。劳动自由这一典型的资产阶级要求使科特迪瓦种植园主得以引导数量很大的外国移民为他们的利益而工作，从规模上来说是强制招收劳动者所不能比拟的。此外直到那时为止，强制招收来的劳动者都是分配给法国种植园主的。劳动自由还使农村地区组织起了政治运动，使受强制劳动之害的农民和种植园主站到了一起。与此相反，在比利时"农民集中区"实行的宗法主义无疑起的是消极作用并在下刚果等某些地区抑制了资产阶级的发展愿望。独立以后，也就是这种政策彻底崩溃以后，资产阶级才为自己开辟了发展道路③，这不是值得注意的吗？当然，我们也应该指出，对下刚果来说，另一个条件——雇佣本部族以外的劳动力的可能性——仅是在1960年以后由于安哥拉难民的到来才实现的。南非、

---

① 参见拙作《科特迪瓦的资本主义发展》，巴黎，1967。

② 塞内加尔的一个地区，与沃洛夫地区不同，该地区保持了等级制度不那么严格的社会组织形态。

③ 1960～1966年，下刚果的商品粮食增长了四倍。应当指出，资本主义大规模的发展进程不是以出口作物为基础，而是由于金沙萨的需求刺激建立在粮食作物的基础上，这还是第一次。

罗得西亚和赞比亚实行的种族隔离政策和"捍卫非洲传统"的政策显然也构成了农村资产阶级发展的障碍。

农村的干部配备、生产鼓动和合作发展等方面的政策是否也同样对农村资产阶级的形成构成了障碍呢？这些政策在各处的实施都依据较为天真的宗法主义准则。而这些准则可能是出于希望整个农村公平地、持续而平衡地发展的乌托邦式的愿望。在种植园体制有可能得到发展的那些地方，这类政策没有构成发展的障碍；然而在其他地方，它们也没有促使发生明显的质的变革。

事实上，还有广大的地区仍置身于这一运动之外，因为导致发生变革的条件还不具备，这就是非洲"还没有起步"或"不能起步"的那些地区①。这些地区在没有发生结构变革的情况下能够通过自给自足的传统经济的简单扩展来应付人口增长的压力，从这个意义来说，这也是"没有出现问题"的非洲农业地区。非洲这部分地区被纳入殖民版图这一情况使出口作物得到了很有限的发展，而且对于赋税是必不可少的，这些出口作物往往是由殖民当局强迫种植的。有时，由于出口作物与出口作物可以换取的制成品之间的贸易条件恶化，或者仅仅由于强迫种植这类作物的行政力量被削弱，我们就会看到人们放弃种植这类作物而改种生存所必需的粮食作物。认为这种做法就是倒退的观点未免过于肤浅，因为合理性在农民一边而不是在强迫种植非经济作物的殖民当局一边。一种寄生性城市经济的发展以及由此引起的通货膨胀往往是贸易条件恶化的起因，刚果（金）棉花经济的衰退便是这方面的一个突出的例子。在其他国家也有类似的现象：例如马里和几内亚。

对这些情况加以比较研究可以引起人们的许多思考，特别是对家庭结构和宗教意识形态的思考（万物有灵论、引进的基督教和非

---

① 此处引用的是艾伯特·迈斯特的说法。

洲本地的基督教等），其中有一些更容易适应新发展的需要。

在已经取得进步的那些地区，发生了极为彻底和速度极快的变革。种植园主阶层中的许多人摆脱了传统的束缚，进行精细的经济统计，采取了欧化的生活方式和消费方式。这些地区的农业有时实现了异乎寻常的增长速度：有些地区在10年或20年当中保持了7%的年增长率①。无疑，非洲这类农村地区在最近30年中经历的变革与东方世界农村整体上的相对墨守成规形成了鲜明的对照。非洲这些地区更接近拉丁美洲的某些地区。

在这种情况下，谈论非洲农业的"平均增长率"其实是没有意义的。在东方，平均增长率确实反映了整体上比较划一的农业缓慢发展；在非洲，它们却掩盖了已经过渡到资本主义生产方式的某些地区的异乎寻常的进步。国际组织根据无意义的平均增长率把非洲排在名单的末尾，这是一种浮于表面的和骗人的结论②。

不过，在非洲某些农村出现的这种资本主义生产方式仍然带有局限性。土地所有制的各处都构成了一种保护性的垄断。该体制在地理上扩大的可能性减轻了集约化的需要，这种集约化自身也要求进行土地投资和发展本地工业，以便向它提供机器和化肥。当外国市场需求的可能性开始达到饱和的时候，建立在商品化的粮食农业基础上的后来的发展也要求一种难度更大的集约化。

在东方国家，城市资产阶级一般情况下比农村资产阶级出现得更早，在东方国家的农村中占统治地位的半封建型关系阻碍了农村资产阶级的发展。与此相反，年代久远的城市文明为旧式商人向现

①　参见前引拙作中关于科特迪瓦情况的有关部分。还可参见谢雷谢夫斯基《加纳经济的结构性变化：1891～1911年》，伦敦，1965。该书介绍了黄金海岸1890～1914年经历的同类"奇迹"的情况。

②　这种浮于表面的结论并不缺少实例，只要偶然翻阅一下有关机构的报告，马上就会找到。亚洲某些国家（印度、巴基斯坦、泰国）的"绿色革命"在某些地区所显示的富农化速度也是极快的。

代资产阶级的快速转变提供了方便，中国的马克思主义者冠之以传统的"买办"称谓，即介乎占统治地位的资本主义世界和边远农村之间的中间人。与大地主和高层行政当局联合的这个商业资产阶级后来往往和外国资本合作来创办工业。构成民族资产阶级基本核心的正是这些社会的上层，而不是农村资产阶级和"第三等级"，后者主要是由东方大城市里为数众多的手工业者和神职人员组成。至于"第三等级"中的各阶层，特别是手工业者，外国或本地工业的竞争使他们变成了无产阶级或把他们排挤到了无可挽回的衰退之中。东方大城市中大量的就业不足大多是这种现象造成的。

民族资产阶级形成的这种模式与欧洲和当代非洲的模式均不相同。旧制度下的欧洲资产者阶层在新的工业资产阶级形成过程中并不是经常发挥主要作用。他们往往倒是通过购买土地而被"封建化"了，而新的农村资产阶级和手工业者为 19 世纪的企业界提供了主要的杰出人物。在东方，农村资产阶级极其弱小，甚至不存在，手工业不可能具备进行工业竞争的条件，从一开始就必然使民族资产阶级的数量高度集中①。土地所有制的集中（印度和埃及可能是最好的例子），城市财富通过购买土地而不断地向农村转移，加剧了财富的集中和大土地所有制与新的城市资产阶级的融合。

在非洲，由于城市化的历史很短（殖民时期）和大土地所有制不存在，因此城市资产阶级的形成在更长的时期内受到了阻碍。

因为不具备足够的财政力量，或可能也是因为他们僵化的传统文化，像西非地区那样的传统商人很少能够实现自身的现代化和跻身现代商业网。因而，他们的发展受到了局限，他们的活动经常被限制在传统贸易领域之内（可乐果②、干鱼等）。他们的某些活动，

---

① 典型的事例是埃及。参见哈桑·里亚德《纳赛尔时期的埃及》，巴黎，1964。
② 含有兴奋剂，大型传统贸易的对象。

特别是盐和金属的贸易活动已经消失了。然而，在某些部门由于贸易量的剧增，有些人发了财。在这方面值得一提的是尼日尔河湾一带、尼日利亚和苏丹的牲畜商人以及马里、乍得和贝宁湾的干鱼商人。这些商人中的一部分人有时甚至尝试着从事纺织品和五金制品的贸易。一般来说，他们在这类贸易中只能占据很有限的位置。但是并不缺乏创业精神，索宁克人和豪萨人被钻石交易所吸引而向遥远的刚果移民便是证明。不过他们的人数很少、资金有限、技术知识贫乏。

我们知道，在先于殖民征服的几个世纪中，沿海一带建立起了贩运机构。这些机构中的商业资产阶级在西海岸由欧洲籍人组成，在东海岸由阿拉伯人组成。这个很快变成了由混血种人组成的资产阶级原本可以成为民族商业资产阶级的前身。这些人追随殖民征服者，但是他们没有作为贩运商人定居在内地市镇和农业商品化的地区中心。因为他们的过迟的发展在20世纪初被殖民贸易的大型垄断突然地打断了。在这一方面作为很有特色的例子，可以举出圣路易人和戈雷人①19世纪末在波尔多和马赛商业竞争的打击下遭到破产的事例。他们的后代全部转向了公共职业。

农村内部贸易关系的发展也必然会产生小商人资产阶级。在这一方面，大型贸易垄断势力也要禁止他们超越小商业的界限和发展成为批发商业和进出口商业。一个特殊的领域似乎还是保留给了本地商业资产阶级：本地粮食产品的贸易。直到今天这种贸易多是零散地由妇女从事的。不过在有些地方，这种贸易似乎仍有集中的趋势。

所有这些负有资产阶级使命的阶层也由于不存在富有的土地贵

---

① 塞内加尔圣路易和戈雷市的商人。圣路易和戈雷是欧洲商业机构在西非海岸最早建立的一批商业点。

族而受到了限制，他们本来可以和后者实行联合来加速自己的积累。非洲市场的狭窄同样是一个消极因素。为数有限的"中转站"① 上的大型贸易商行和移民小商人（希腊人、黎巴嫩人和印度人）足以满足商业的需求。

只是在完全特殊的和最近的情况下，也就是独立后，在欧洲商业撤离或国家为本国商人的利益而积极进行干预的情况下，本国商人才得以跻身批发和进出口贸易市场。在这一方面，我们认为刚果（金）的例子是十分有说服力的：进口许可证的发放和通货膨胀使这个国家一个新的富有的商业资产阶级得到了发展。它在几年之中达到了异乎寻常的成熟水平。刚果商人组织起了一个强大的职业协会（贸易职业协会），他们今天在全国批发和进出口贸易营业额中的份额可能占到了 20%，这在非洲是独一无二的。令人感兴趣的是，这个资产阶级出身低微，既无财产又无传统的社会地位，然而却接受了现代教育：他们最初是一些职员、小学教员、护士等。

非洲的工业化运动与东方和拉丁美洲的工业化模式也有着显著的区别，非洲的工业化相比之下要晚得多。殖民公约和市场狭小无疑是发展迟缓的原因。只是从第二次世界大战开始后，这一运动才逐渐兴起。非洲某些重要地区的工业化有时是以非常快的速度发展的，这使它们弥补了与东方的差距。这些地区包括：塞内加尔、加纳、尼日利亚南部、科特迪瓦、刚果（金）、刚果（布）、肯尼亚、罗得西亚和喀麦隆。但无论在哪个国家，即使是独立以后，工业化几乎都无一例外地由外国资本包揽。由于现代工业，即使是轻工业，需要很多资金，因此当地民族资本不可能参与工业化运动，它不具备东方大土地所有制那样的积累源泉。这种情况导致的结果是几乎不存在非洲小工业。普遍被作为小工业加以统计的那些部门实际上

---

① 大型贸易商行所在的内地市镇。

属于积累能力很差的城市手工业（面包房、木工作坊等）。它们与欧洲企业相比差距很大。

由于同样的原因，非洲农村资产阶级不像欧洲农村资产阶级那样有能力建立自己的现代工业。他们既缺乏财政能力又缺乏技术能力。他们的后代逃离农村去谋求公职。但是城市与农村之间的资本交换是存在的。已经成为官员的亲属把他们家庭中仍继续在种植园工作的成员的钱投到不需要大量资本的部门：公路运输业、出租汽车业、服务业、建筑业。反之，有一些官员则购置种植园或种植蔬菜的土地。数量有限的城市私人财富限制了这类资金转移的规模。

因此，从农村资产阶级和城市资产阶级各自具有的地位以及这两个阶级之间保持的关系这一基本方面来看，非洲资本主义发展的模式与东方和拉丁美洲的模式是不同的。东方的资本主义先由城市兴起然后艰难地扩展到农村，而非洲的这一进程更普遍地表现为相反方向。在非洲，农村资本主义更有深入发展的机会，它较为平均地分散为数万个种植园主。与此相反，东方和拉丁美洲共有的、非常集中的，而且往往与大土地所有制形成联盟的城市大资产阶级在非洲是不存在的。

"第三世界"共同面临的国家资本主义发展的新趋势的根源可能是在于外国资本所占有的统治地位，以及作为其对立面的民族城市资产阶级的弱小。而非洲的这种趋势更加明显。

外国资本主义在城市中的发展确实使"第三世界"出现了一些残缺不全的民族社会，即使不存在那些与外国资本密切相关的社会阶级和社会阶层。非洲的这种特征由于城市化较晚和外国资本地位更强大而更加明显。

非洲的城市中很少有过去的社会遗迹，比如东方城市中的手工业者和小商人。这里的民族就业人口几乎是由清一色的官员和职员构成。由于工业出现得较晚，因此工人阶级的数量也就更少。构成广大人民群众的除公共部门和外国私人部门中领取工资者的下层外，还有很大一批往往是很年轻的来自农村的失业者。

在这种条件下，在由官员和职员组成的城市小资产阶级以及由小企业主和种植园主组成的资产阶级存在的那些地方，民族运动是由他们领导的。一般情况下，农村的传统上层人物站到了殖民当局方面。这些人认为殖民当局是受到城市现代文化威胁的传统文化的保证。极个别的除外，城市资产阶级都被小资产阶级领导的民族主义运动湮没了。

独立使新的国家官僚在民族社会中的特殊地位得到了急剧的加强。这是因为，农村资产阶级在其存在的那些地方是分散的，而且仅保留了有限的影响；还因为官僚承袭了国家的威信，这是一种欧洲社会中所没有的传统威信。掌权的经验使这一威信得到了强化，尽管从表面上看绝对掌权的是殖民当局；另外，也是因为产生官僚的小资产阶级垄断了现代教育和技术知识。

在这种条件下，新官僚有成为社会主要动力的趋势。这个社会阶层与种植园主和城市小企业主资产阶级以及外国资本之间的关系构成了政治权力与经济职责关系问题的主要方面。

问题在于这种条件下的民族资本主义发展最可能采取哪种形式：私人资本主义形式或国家资本主义形式。对非洲国家近期演变的比较分析可使我们提出这样的假设，即根据殖民化末期发展阶段的不同，这两种形式不同程度地混合在一起。

殖民地范围内的资本主义发展，是建立在自给自足农业向出口农业的转变以及矿业生产的基础上。在这种条件下，决定殖民地资本主义增长速度的是发达国家对来自殖民地的产品需求的增长速度。在后一个阶段，农业商品化及与此相关的城市发展创造的国内市场使几乎全部由殖民资本投资的轻工业建立起来。我们已经指出，在这种狭窄基础上建立的资本主义发展机制被限制在一定的水平上。能够证明这种分析的例子为数不少。许多非洲国家——例如塞内加尔、加纳、尼日利亚南部和刚果（金）——在 10 ~ 15 年前就已经达到了这种水平。新的跃进既要求为新建城市提供商品粮食的农业提高生产率，又要求建立一个基础工业体系，其产品销路不再是直接消费，而是工业化本身。

在某种情况下，外国资本在独立之时还没有完全排除这种类型发展的可能性，新的当地政府必然会把从殖民时期继承下来的经济结构原封不动地加以保留。

但是，在更多的情况下，外国资本完全排除了这种发展的可能性，因此，新政府逐渐把目光转向了外国部门，这对它来说是建立经济基础，迅速扩大发展的可能性的唯一办法。它趋于由传统的行政官僚转变为国家资产阶级。

在第一种情况中，与外国部门发展相并行，民族资本可以在中小型企业中获得一定的地位。国家有时为促进这种类型的发展做出了努力。但人们可以指出，这种地位必定是有限的。与此相反，以限制外国部门为前提的民族资本主义的发展却能提供更多的可能并能采取多种形式以利于私人或国家民族资本的壮大。外国人所拥有的种植园向城市社会富裕阶层的转让、对外国新建工业实行股份参与是第一种发展类型进程中采取的方式，刚果（金）在这方面提供了最值得研究的例子。对外国大型企业实行国有化，比如上加丹加联合矿业公司，则是第二种发展类型的做法。

但是，无论是哪种情况，国家都是实施这一进程的必要工具，仅仅依靠经济力量是不可能的。本地的种植园主和商人资产阶级没有足够的资金去"赎买"外国资本的投资。为此，它需要国家资金的支持。我们认为，正是向着国家资本主义的这种逐渐转移构成了人们称之为"非洲社会主义"的基本内容。

某些情况促使正在发生的转变更为激进，即朝着所谓社会主义的组织形式（从这类形式受苏联国家干预模式影响的意义上来说）演变；另一些情况则促使演变朝向所谓的自由形式发展（从它们接受西方的经济组织模式这个意义上说）。民族运动的历史和城市人民群众，或至少是小资产阶级的下层，有时还有农村群众（在肯尼亚、刚果、喀麦隆、苏丹和尼日利亚，他们曾有能力发动大规模的起义）在这一运动中发挥的作用都在演变中有它们的一席之地。当先进的殖民地型的发展已经长时期受到阻碍的时候，而且由于这种原因使问题变得更为尖锐的时候，独立后人民群众施加的压力可以导致对私人资产阶级采取更为严厉的态度，这种形势当时在加纳已经开始出现。还有一种反常现象，例如在马里或几内亚这样的国家由于殖民发展造成的落后，因而不存在这种私人资产阶级，在这样的情况下，政府在国家生活中的特殊分量可以加强国家干预的趋势。与此相反，当前的一种"殖民地模式"的发展进程，如科特迪瓦、比夫拉或喀麦隆，可以加强"自由化"的趋势并改变私人资产阶级和政府之间的关系。但是在一般情况下，国家资产阶级在非洲从来也没有排除私人资产阶级，而仅仅是把它吸收过来或者与它融合。更为特殊的情况是农村种植园主资产阶级一直保持着作为发动机的经济作用和重要的政治地位。

资产阶级——最广义上的——在非洲当前政治生活中所占据的地位是具有决定性的。在这方面很有特点的是，正在打破殖民化遗留的人为边界使非洲地图出现混乱的大规模部族运动产生了极为不同的结局，原因是这些运动涉及的部族情况不同，有的部族曾被资本主义的发展所改造，与此相反，有的部族完全置身于现代化运动之外。民族资产阶级赋予部族运动以稳定性、目标的一致性和明确的纲领，在目前条件下，这是农民造反所没有能力达到的。在这方面很有说服力的例子是以当地资产阶级为核心组织的比夫拉分裂与缺乏资产阶级杰出人物的南部苏丹的农民造反之间的比较。在刚果①，资本主义发展影响最深的部族，巴刚果人和巴卢巴人很快把他们的省组成了民族国家并置身于农民的大规模反抗运动之外，后者只是涉及了资产阶级不存在的那些地区：东方省、北方省和魁卢省。在埃塞俄比亚②，厄立特里亚省围绕该省资产阶级组织的反对派保持着团结一致，这是加拉农民和索马里牧民反对派所望尘莫及的。

民族资产阶级比较顺利地继承了外国资本开创的事业：种植园和轻工业经济的发展。在一定时期内，通过逐步接收外国企业，民族资产阶级的力量甚至有可能扩大。如果想发展得更快，就需要克服不能保证粮食农业快速发展和创建大型经济空间的这种严重缺陷，而这两者又是今后发展的必不可少的条件。

的确，有些事例表明，出口农业中实行的变革在商品化的粮食农业中也是可能的（科特迪瓦的塞努福地区和下刚果的情况在这一变革领域是最有说服力的），尽管由于许多尚待分析的原因，这种变革似乎更为困难。因此，当代的自发运动在朝这个方向发展，但速度不够快，原因是城市化的加速和它所引起的经济失调。更快的发展可能需要农村群众的积极参与。如何实现这种参与仍是没有把握的事，尽管对农民的反抗进行系统的分析可以在这方面得到宝贵的资料。但是，人们可以确信，无论是传统型的宗法平均主义政策，如传统的个体农民地位，还是现代型的这种政策，如农村的鼓动和合作，都很少有可能在将来实现比过去更好的结果。

此外，在要求大型空间方面，我们不应忘记民族资产阶级是在当前这种人为造成的小国范围内产生的，他们要摆脱这种国家的局限是很困难的。与维持这种微型民族没有直接利益关系的社会力量

---

① 关于这一点，请参见 B. 弗尔海根关于刚果造反情况的杰出著作。

② 前意属厄立特里亚曾经历了埃塞俄比亚帝国其他地区没有经历过的资本主义发展。

必将会得到发展。

经济上的不平等关系构成了国际政治上的等级差别。渊源各不相同的资产阶级能够共处、各自在相对独立的领域活动的时代已一去不复返了。问题的国际化将可能把初出茅庐的资产阶级限制在世界范围最强大力量的附属地位上。只要"欠发达"国家停留在原有的水平上，即始终是没有基础工业的初级产品出口国，那么至少情况仍是如此。

当然，从下面这种意义上来说，非洲的资本主义发展仍然处于萌芽状态，即过去的遗迹——特别是某些结构的残余（例如部族团结）——还常常掩盖着新的结构（根据资本主义体系内的地位所决定的阶级或集团的团结）。

资产阶级的数量偏低（这是很普遍的）以及它们所拥有的收入不高更加使人增强了上述感觉。这些新的资产阶级进入资本主义统一的、有组织的、等级化的世界较晚，这就使前景更加捉摸不定。在非洲的资产阶级还没有实现建设民族资产阶级国家的情况下，它们已经被迫面对另外性质的许多问题：农村结构的解体、与工业化不足相伴随的城市化、经济增长的过低速度与教育进步的速度之间日益扩大的差距、文化方面的创伤。这些问题反映的不是资本主义发展所固有的一般困难，而是外围资本主义发展所特有的困难。

三　外围形态的一般特征

尽管外围形态在最初是各不相同的，但是它们是趋向于形成基本相似的一种模式。这并不奇怪，这仅仅反映了资本主义在世界范围内日益增长的统一力量，它把地区的特殊性抛进了历史博物馆，把外围和中心各作为一方安置在一个等级化的唯一世界结构中。出口农业的发展导致在外围各国产生了农业资本主义；美洲和东方的农业资本主义的大庄园形式日益受到富裕农民上升力量的威胁，以至于农业资本主义的"富农"形式趋向普遍化并且规模越来越大。世界市场的一体化趋向于在各国引起买办资产阶级的形成。甚至像在非洲这些地方，老的殖民重商主义资本直接承担起这种职能，它的地位已经受到第一代民族资产阶级的威胁，后者正是要求这种职能。外国资本的重心由老的殖民资本向大型工业和矿业国际公司的转移，趋向于认可商业的"国有化"，在中心实行统治的机制中这种商业已变得无足轻重①。中心在外围的那些使它感兴趣的部门中，依照现代技术要求的规模建立了一些矿业开发和工业加工企业，它以这种方式制止民族工业资本主义的发展和竞争。因此，当地资本主义发展的总趋势是国家资本主义。

欧洲移民殖民化本身在很大程度上也是外围逐渐形成的一部分。人们看到它在拉丁美洲的最初职能就是建立这种外围结构，后来成为"第三世界"的其他地区的民族社会也都趋向于形成这种结构。例如在马格里布或肯尼亚，由"低等白人"实行的殖民化承担了和外围的农业及商业资本主义的同样职能。只是在北美、澳大利亚和新西兰这类极端特殊情况下以及在具有特殊性的情况下（南非、罗得西亚和以色列），移民殖民化才导致了建立新的中心形态的结局。

新英格兰在这一体系中承担的职能从一开始就是特殊的。这是一种建立在小型商品生产基础之上的社会模式（历史上少见的），它先是部分地取代了英国，成了南方奴隶制殖民地和安的列斯群岛这一外围的新的中心。从宗主国的重商主义资本垄断中解放出来之后，它变成了一个完整的中心，今天又成为世界的宗主国。这是简单商品生产方式必然导致完整的资本主义（以自我为中心的资本主义）

---

① G. 阿里吉非常正确地强调了这一点（在蒙特利尔非洲问题研究代表大会上所做的学术报告，1969 年 10 月）。

的最鲜明的例子，这种生产方式比其他生产方式遇到的障碍越少它所带来的资本主义发展就会越迅速。与这种形态有些相类似的是白人居住的大洋洲形态，它也是建立在小型商品生产的基础上。但是它在很长时期内停留在以农业为主的生产上，像北美的情况那样，是向欧洲而不是向外围出口其产品。由于这种原因，它在向工业阶段过渡过程中遇到了更多的困难。但是在这种情况下，没有受到前资本主义生产方式阻碍的简单商品生产方式的活力表明了它有能力跨越发展阶段。我们可以把白人统治下的南非也归入这种形态之列，它最初是英国这个中心的简单农业商品附属国。在这个阶段，白人社会是脱离黑人世界的，它不是对黑人实行剥削，而是像过去对付美洲印第安人那样驱逐他们。依靠未受阻碍的简单商品经济的自身活力，南非白人社会过渡到了工业阶段，它在周围为自己获得了潜在的外围。我们认为，这正是产生南非令人震惊的征服者帝国主义的原因，它已经并吞了罗得西亚，并且毫不掩饰它企图使半个非洲大陆都成为其外围的勃勃野心。以色列以较小的规模，在中东重新制造出这样的现象①。

一切外围形态都具有下面三个共同的基本特征：第一，在民族部门中，农业和商业资本主义占据优势地位；第二，本地资产阶级是在占优势的外国资本之后形成的；第三，独具一格的官僚政治的发展是当代外围本身所固有的。

（一）农业和商业资本主义的优势地位

农业资本主义的优势地位是"欠发达"社会给人印象最深、最明显的传统特征。大地主，不是封建主而是"种植园主"（他们为出

---

① M. 多布：《关于资本主义发展的研究》，巴黎，1969，第31页。多布在该书中提醒人们注意，欧洲的这个过渡阶段把封建时期与工业革命分离开来。这个时期的特点是简单商品生产方式得到了极大的发展。

口而进行生产），代表了"欠发达"世界占优势地位的阶级的形象。

这种优势地位表现为三种形式中的一种形式，对这三种形式的形成过程我们已经做了分析。最完整的形式无疑是拉丁美洲的大庄园形式，古巴则是这种形式中的一个最完整的例子，因为这种形式最初就具有这种职能，没有经过内部演变或前资本主义形态的变革。在普遍使用雇佣劳动之前，即使这种大庄园的形式在很长时期内曾使用奴隶劳动（奴隶或贫苦农民），但它还是再一次证明了这一点，即当资本缺少劳动力的时候，它将毫不犹豫地使用政治手段以获得这种劳动力[①]。离我们更近的美洲的奴隶劳动和贫民劳动、种植园的强制劳动（例如，科特迪瓦直到 1950 年一直在实行）或者把非洲农民限制在数量不足的"保留地"（南非、罗得西亚、肯尼亚）都属于这类政治手段。

当资本主义的大庄园是由于前资本主义形态的改造而形成的时候，它会遇到内部社会力量的抵抗。由于村社构成了前资本主义形态的基础，因此这种抵抗也就更为强烈。在理想的情况下，这种抵抗力量被完全征服，又恢复了完整模式（例如埃及）。但是在大多数情况下，实现不了这种程度的演变。其结果往往是形成了农业资本主义形态，它们的基本职能决定了它们与世界市场的一体化，但是仍然带有封建色彩。塞内加尔穆里德地区和尼日利亚北方苏丹国的花生经济体系及苏丹的经济体系明显地属于这种不完整的变革进程。新的领导阶级直接占有的只是一部分土地，经常是很少的一部分。它们继续受益于产生它们的贡赋制度。在大多数情况下，例如在上述非洲国家，由于农民社会已经纳入了一种行会体系（穆里德、提贾纳、安萨尔、阿什卡），因此它们以新的宗教职务的名义来征收贡品。这种新的宗教势力

---

① M. 多布在《关于资本主义发展的研究》一书中准确地强调了这一事实，即资本主义不是"自由放任"的同义语，每当出现劳动力短缺的时候，资本主义为了获得和使用劳动力总是要求助于国家干涉。

产生的背景不是内部固有的动力，而是比过去征收更多贡品的需要。游离于世界市场之外的这个当地领导阶级仅仅能够征收到很少的实物贡品以满足它自己、它的顾客和它的机器的消费需要。进入世界市场以后，它就可以出售这些贡品并采取"欧洲式"的消费模式。它的胃口变得无限大，但是它如果想获得更多的贡品，则必须要有一种新的力量（这里是指宗教力量）来迫使农民接受这个现实。

与此相反，在那些由于原始的前资本主义形态没有发生足够的演变，因而这条道路被堵死的地方，则是农业资本主义的最有活力和最现代化的形式直接为自己开辟道路。非洲土著种植园地区的农业资本主义形态就是这种情况。在这些地区，正是富农直接变成了新形态的中心人物；而在其他地方，必须等到已经纳入世界市场的大庄园体制的内部矛盾得到进一步发展之后，强制进行的土地改革才会促进富农化（例如埃及、印度、墨西哥等国家）。在这一方面，要"排除政治因素"和把这一运动的意义限制在严格的经济范畴也是荒谬的。令人感兴趣的是，即使在那些由纳入世界市场的前资本主义形态向富农资本主义形态转变的条件很不充分的地方，这一运动仍然是朝着上述方向发展。于是出现了像尼日尔草原地区那样零散的微型农业资本主义的贫困形式①。在非洲普遍存在的、通过合作社或租赁形式实现的现代生产资料（牵引设备）的集中反映了向资本主义转变势力的强大，尽管其范围有限②。

农业资本主义的优势地位导致了土地危机，这也是"第三世界"的一个普遍现象。由于人口的自然增长在工业化中寻求不到正常的

---

① 亨利·罗兰对这种情况进行了分析，参见亨利·罗兰《北部热带非洲农业技术的动力》，国家科学研究中心，1967。还可参见罗兰在蒙特利尔代表大会上做的学术报告（1969 年 10 月）。

② 德尔巴尔：《塞内加尔的社会活力》，应用经济学研究所，达喀尔，油印本，1965。

出路，因此加剧了对土地的压力。此外，农业资本主义形式从生产中排斥了过剩的农业劳动力。在前资本主义制度下，无论劳动力过剩从理论上是如何严重，所有居民都有获得土地的权利。随着资本主义形式的发展，他们丧失了这种权利。无地农民比例的增长，他们中间越来越多的人被排斥在生产之外，失业的出现都是这一进程的结果。与此同时，不平等交换机制使农村居民陷入了贫困，尽管他们的劳动生产率提高了。这正是农村人口外流及其速度加快的深刻原因，尽管城市提供就业能力不足。

与此相伴随的商业资本主义的优势地位是这个问题的第二个方面。买办商业的形成必然具有多种形式，其中主要的有两种。出身于土地寡头的城市新兴资产阶级可以担当这个职能：拉丁美洲和许多东方国家大多属于这种情况。但是，这个职能也可以直接由外国资本来完成：非洲属于这种情况。在这种情况下，当地商业资产阶级形成的可能性极小。我们很清楚地看到，在这里，当地资产阶级的发展取决于殖民政策。后者为殖民资本同意让当地资产阶级发展的领域划定了明确的界线。

（二）当地资本主义的发展受到外国资本的限制：当地资本主义的依附特征

判断外国资本对民族企业控制得是否有效的根据是，这些企业在对外贸易开放体系中所处的地位以及这些贸易体系是否被外国资本所统治。对外围民族资本主义发展的某些历史经验所进行的分析使我们对这类统治机制的本质有了明确的认识，例如我们曾经研究过的塞内加尔1820年至今的民族贸易兴衰史[1]。只有当人们明辨用

---

[1] 萨米尔·阿明：《塞内加尔的实业界》，巴黎，1969；《塞内加尔的商业资产阶级》，《人类与社会》1969年第2期；《法国对塞内加尔商业资产阶级实行的殖民政策：1920~1960年》，国际非洲协会讨论会，1969。

以分析积累的基本概念之后，这个历史才会有意义，这就是扩大再生产的概念和原始积累的概念。当利润——投资资本的收入——为了扩大生产能力也被用于储蓄和投资的时候，就会有扩大再生产。与此相反，在资本的史前史阶段，第一次形成资本的收入不可能产生于早先资本的投资利润，而是来源于非资本主义部门的开发，这就是原始积累。在发达国家与"欠发达"国家的关系中，人们发现了某些原始积累机制类型的机制（当然是现代机制），这些机制为占统治地位的外国资本效劳，因此也就限制了外围当地资本发展的可能性。这时，政治就成为必需的了。塞内加尔从1820年至今的情况就是一个很能说明问题的例证。

因此，在中心与外围的关系中，永远不应忘记最根本的这一点：为宗主国资本的利益服务的原始积累机制。世界市场的一体化决定了价格的基本结构，它反映了出口产品价格与国内价格之间关系的特征。这种结构导致了由外围向宗主国的系统的价值转移。既然涉及的是不平等交换，这里表现的就不是正常的扩大再生产机制，而是原始积累机制。原始积累不仅在历史上先于生产的扩大，而且它也存在于当代并且构成了世界体系中的中心和外围一切关系的特征。

不过，在这些关系中仍然存在民族资本主义活动。因此，人们也发现了为民族资产阶级利益服务的扩大再生产机制，这个民族资产阶级出现在外围与世界市场一体化的运动过程中。塞内加尔的树胶贩运商人及后来的花生贩运商人正像今天的进口商一样都属于这种情况。但在这个运动过程中，中心的资本占据了统治地位：民族资产阶级能够进行积累的范围完全是由中心资产阶级和外围资产阶级之间的等级关系确定的。仅仅随自发经济规律而变化的这个范围日趋变得微不足道，因为相对价格的改变把这一范围内的民族资产阶级的利润转给了中心的资产阶级。这些机制说明了塞内加尔的资产阶级为什么会在1900～1930年破产，也解释了为什么纳入世界市场的现代部门（例如运输业）没有取得重大进展。决定着中心和外围各自社会形态特点的中心资产阶级与外围资产阶级之间的经济以外的关系（政治关系）或者缓和或者加剧了积累能力由外围向中心转移的趋势。其他的事例（非洲共有的），例如林业经营者，都会使人们得出同样的结论①。

有利于民族资产阶级发展的原始积累机制或正常的扩大再生产机制仅仅是一种很次要的现象，而民族资产阶级能够从事活动的仅是间接依赖国外市场的那些部门，相反它们却主要依赖国内市场的扩大。在这里，快速积累的可能性更大，很少受到外国资本的控制。例如，塞内加尔的肉类批发商就属于这种情况。在本地资本与本地经济中的非资本主义部门保持关系的情况下，这就是一些原始积累的机制；如果不是这种情况，这就属于正常的扩大再生产机制。

G. 阿里吉使用了"游民资产阶级"一词来称呼这个微型资产阶级，步外国资本后尘形成的这个资产阶级只能在占统治地位的中心资本制定的政策所规定的狭小范围内得到发展②。这种悲惨形式的民族资本主义在非洲很常见，这个资产阶级主要是由传统经商的部族构成的（迪乌拉人、豪萨人、巴米雷克人、巴卢巴人和巴刚果人等），或者在某些国家是由妇女（"集市女商人"）构成的。尽管这是一个境况悲惨，并且受到占统治地位的资本的严格限制的资产阶级，但是它仍旧可以是"繁荣的"并且在普遍贫困的条件下成为当地一股具有决定作用的社会力量。尼日利亚南部出现的就是这种形势，那里的这类"非洲企业"常常被视为发展民族私人企业政策的成功样板。

---

① 参见萨米尔·阿明和卡特琳娜·科克里·维德罗维奇《从法属刚果到中非关税和经济同盟》。

② 非洲研究代表大会上的学术报告，蒙特利尔，1969年10月。

　　显而易见，在殖民经济依附的主要形式处于贸易关系领域的那些地方、在外国资本的基本形式仍是老的殖民重商主义资本的那些地方，即使这种有限的、悲惨的民族资本主义也不会有获得自身发展的可能。特别是在法属殖民地，由于宗主国自身资本主义的活力不足，使波尔多和马赛的重商主义资本，这一早年垄断公司和贩运奴隶的残余被赋予了极特殊的地位。当然，在当代，占统治地位的外国资本的重心——即使在法属殖民地——由贸易公司转移到了大型国际矿业或工业企业①，这个部门很快就丧失了其重要作用并交由本地资本经营。政治独立带来的政治关系的变革在这一方面也施加了决定性影响。由于民族资产阶级与国家机器保持的多种关系——家庭关系、行贿受贿等——为其形成提供了方便，因此它得到了更充分的发展。从地方政权集中的最突出例子来看，正是上层官僚——他们本身就与土地寡头合并成了一体——或公开直接地，或间接地形成了新买办资产阶级。他们不仅能够取代殖民贸易的职能，而且甚至能够与现代部门的外国资本实行联合（矿业、工业和银行业）②。

　　即使是在最有利的形势下，与世界市场实行一体化的机制本身——无论是经济机制（不平等交换、投资结构的依附性、收支平衡的脆弱性等），还是意识形态和政治机制——无论如何也不允许民族资产阶级越过"独立自主的愿望"这个界线③。

---

①　这里指的是重要的工业，而不是贸易活动的简单延伸。后者常常是一些替代进口型的轻工业，而且又往往受到殖民贸易公司本身的控制。

②　类似这种情况的有摩洛哥（阿卜杜勒·阿齐兹·贝拉尔在 1969 年 10 月蒙特利尔非洲研究代表大会上所做的学术报告）和刚果（金）（由于加丹加矿业公司的国有化）。

③　贝拉尔学术报告中所援用的说法。还可参见萨米尔·阿明《欠发达与国际市场》，《政治》，1969 年 9 月。

（三）当代民族官僚发展的趋势

在当代世界的一切社会生活领域中（国家机关和企业、政治生活和工会生活等），至少是在中心资本主义形态的这类领域中，官僚机器的发展已经司空见惯，过去的这类机构无论是从范围还是从效率来说都无法与之相比。某些人（例如伯纳姆和加尔布雷思）认为这是由于"技术"的需求造成的，他们还认为这种现象反映了政权由议会民主政治向专家政治的转移。用以证明这种说法的是当前俄国和东欧正在发生的变化以及"制度的一致性"，尽管生产资料所有制在各国有所不同，有的是国家所有，有的是私人所有[①]。移到外围的这个社会经济理论集团势必会把外围的官僚现象与作为当代中心特点的这种现象混同起来。"第三世界"加速发展的要求只会加强外围的这种当代总趋势。

然而，尽管这种理论从表面上满足了事实的检验——不过也仅是表面上的，但是它经不起分析。此外，在这方面它导致了中心和外围的混淆，也就是无法弄清楚它们在同一个世界体系中的特殊职能以及它们各自运转的实际机制。

我们认为，资本主义生产方式在中心引起了社会阶级的两极分化，即资产阶级和无产阶级的两极分化（事实就是如此，尽管无产阶级中越来越多的一部分人——各类干部，虽然他们也是领取工资者——抛弃了他们的无产阶级属性）。我们还认为，在执掌政权和管理经济方面，资产阶级不可能自己直接承担其地位要求的领导和执行职能。社会愈进步，上述机制就愈复杂，这种现象也就愈严重。这就说明了为什么会形成承担这些职能的社会集团：高级行政部门、

---

① R. 阿隆：《阶级斗争》，思想出版社，1967；J. 伯纳姆：《组织者的时代》；加尔布雷思：《新兴工业国家》和《富足的时代》。

警察和军队、大型公司的专家机构以及职业政客集团等。其中的某些集团已经丧失了它们的传统职能，例如职业政客集团——在议会民主范围内——是为当时还处于分散和竞争状态的资本的各种利益充当谈判者的角色；而在垄断阶段，它们丧失了此类职能，转而为大型企业和国家的专家统治服务①。仅仅是在发生严重危机的时期——例如纳粹主义产生的时期——资产阶级才失去了对这类集团的控制，后者此时作为一种独立的社会力量出现，至少是在一定时期内。我们认为，东方国家的专家统治机器的加强以及它们对"民主"（局限于官僚体制下的民主）的要求反映了普遍朝着新形式的国家资本主义演变的趋势，其基本特征是恢复市场机制和必然与此同时出现的意识形态（经济主义）。寻找这种演变的根源（尤其是根据俄国的历史）和讨论这种演变是否"不可避免"（换言之，"文化大革命"以后的中国的前途问题）是非常重要的研究课题，但不是我们在这里要加以分析的。

因为，把这类分析原封不动地应用于外围其实是不可能的。我们认为，应当把对外围的官僚发展的分析置于它的特有的领域之内，即外围资本主义形态的范围内。

正如人们看到的，中心资本在东方和拉丁美洲的统治导致形成了包括当地领导阶级（大地主和买办资产阶级）在内的社会形态，正是这个领导阶级掌握了当地的政权。从历史上看，这个阶级是在世界体系范围内掌握政权的，换言之，是为中心和它自己的利益执政。此外，也正是由于掌握了政权，它自身才得以发展起来。在外围的某些地区，特别是在非洲，情况并不如此。以马格里布为例，直接殖民化和"下层白人"的移居严格限制了与东方同类型的阶级的形

---

① 西方议会制度因此而衰落。例如，埃德加·富尔对法国这方面的情况进行了分析。

成。在非洲，特别简单粗暴的、普遍的直接殖民化使广大区域的当地居民在很长时期内处于未分化的状态，传统的等级制度在很大程度上失去了意义，而一切新的经济职能都是由外国人直接承担的。

在这种条件下实现的政治独立和形成的民族国家，新官僚和社会结构之间的衔接有着不同的形式和不同的意义，并且为它们之间的各种关系的演变开辟了前景。在外围形态很成熟的那些地方，与社会结构相比较而言，民族官僚表面上处于和中心的民族官僚类似的地位。这只能是一种表面现象，因为该体系不能构成一个真正的民族整体，换言之，一个协调一致的和自给自足的整体。由于外围经济只能是一种中心经济的附属品，因此外围社会是一个残缺不全的社会：这个社会的强大缺席者就是宗主国的资产阶级，其资本却发挥着基本的统治作用。由于当地资产阶级发展的较为缓慢和不平衡，因而民族官僚所占有的地位也就显得更为重要。另外一种特殊的矛盾也会因此而得到发展。原因是，或者国家在本体系范围内发挥职能，即至多有助于外围当地资产阶级的发展；或者国家坚持要通过民族工业的发展把民族从中心的统治下解放出来，这种民族工业只能是国营工业，而且国家可能要与产生它自己的社会形态发生冲突。在外围形态还不太成熟的地方，这种冲突还没有出现，当地官僚几乎独占了舞台。

如果不对结构的整体进行分析，某些重要现象就不能得到解释，例如"第三世界"被称为"特权"的阶级和阶层。我们知道有人会说，甚至重复说，与农村群众相比，"领取工资者"（一般说来）是"特权者"。在经历了演变的形态中，这种说法并不真实，在有产阶级面前，他们的"特权"显得很可怜。尽管外围特有的矛盾会产生越来越多的农村和城市失业人口，给予一切有技术的、哪怕是技术水平很低的领取工资者一种失业者所无法比的工资水平，而且他们的就业是相对稳定的。但是，仍然有一些再分配体系——有人贬低它们，但它们最终是社会对其所面临的形势做出的必要回答（因而它们不是"历史的残余",而是对资本主义的外围发展造成的问题的答复)——避开了国民核算。另外,失业的压力也反映在领取工资者自身的组织上,并且正像人们看到的那样解释了不平等交换,即这些领取工资者从同样的生产率所获得的报酬要低于在中心所能获得的报酬。

在没有发生大的演变的形态中,"特权"更为明显。尤其在非洲,殖民化在独立前的一个阶段被迫赞同报酬上的某些差别。直接的、简单的和粗暴的殖民化变得越来越令人不能容忍。城市化和工业的建立要求提高与欧洲消费模式有着直接联系的城市领取工资者的报酬。缓慢解体的农村传统社会关系的稳固性也限制了劳动力的流动。社会秩序要求对城市的劳动报酬加以修改。外国资本的重心由老的重商主义资本向生产率很高的大型单位的资本转移使这种修改成为可能(而且代价不高)①。非洲工业化程度最高的比属刚果的例子在这方面很有说服力。1950～1958年,这个国家的工业实际工资翻了一番。顺便要提及的是,工资的增长没有阻碍新工业的发展,反而促进了工业的现代化和扩展②。此时,这里的领取工资者阶层相对变成了"特权者"。殖民活动想以此获得廉价的成功:由于没有一个外围依附性的当地资产阶级可以利用,它只想对技术水平较低的社会阶层做出让步,希望避免要求更高的精英的出现。因此产生了当前的这种社会结构,独立国家后来承袭的正是这种结构③。

---

① 在这一点上,G. 阿里吉的看法曾引起我们的注意(蒙特利尔代表大会上的学术报告,1969年10月)。

② 参见 J. L. 拉克鲁瓦《刚果的工业化》,穆东出版社,1966。

③ 参见有关这类变化的政治和社会影响的重要著作:G. 阿里吉和 J. 索尔:《撒哈拉以南非洲的民族主义与革命》,《社会主义纪事报》,1969;G. 阿里吉:《国际行会、工人贵族与热带非洲的经济发展》(行会与黄金战争,伦敦,1970);G. 阿里吉和 J. 索尔:《社会主义与热带非洲的经济发展》(现代非洲研究刊物,1968)以及 G. 阿里吉关于罗得西亚的著作(前引)。

但是，这类小特权的规模和分布在独立后发生了变化。这方面，刚果（金）的例子仍然是很有意义和很有说服力的。刚果 1960～1968 年的通货膨胀导致了刚果收入分配的巨大变化，而外国资本的收入未受到触动。为刚果官僚机器的形成（以及各级官僚的同时形成，今天这些官僚的上层构成了刚果社会最有"特权"的阶层）提供资金来源的是：第一，为出口而从事生产的农民的实际收入的急剧下降（对他们来说，国内贸易条件的恶化要比国外贸易条件的恶化更为严重）；第二，工商业领取工资者的实际工资同样急剧下降，工资倒退到了 1950 年的水平上。经济社会问题研究所的经济学家小组指出了这种变化具有的倒退特征：新的收入分配中进口内容的增加和它的更大的消费特点，这种收入分配包含的公共财政和收支平衡方面的长期的、潜在的和结构性的双重危机，这种收入分配意味着对外依附的加剧①。

我们曾经指出，法郎区国家的演变在没有出现通货膨胀的情况下，其他一些国家（例如加纳）在通货膨胀不太严重的情况下，也都出现了类似的现象。这种机制的内容是这样的：工资和向生产者收购农产品价格的冻结，为平衡公共财政而增加间接税的提取导致了国内物价的上涨及农民和领取工资者收入的下降。在那些甚至没有足够的出口工农业基础的国家中，新官僚追求的这种类型的变革实际上不可能在国内获取收入，因而也就导致了日益严重的对外依附和难以克服的长期通货膨胀（如马里），这些国家的形势是最险恶的。各国农民对他们的地位的这种恶化所做出的反应是撤离市场、

---

① 参见 F. 贝齐《刚果（金）的经济社会形势》，《文化与发展》第 3 期，1969。《独立、通货膨胀、发展：1960～1965 年的刚果经济》，集体著作，金沙萨经济社会问题研究所，穆东出版社，1968。贝尔纳·吕埃兰特：《刚果 1960～1968 年的通货膨胀》，穆东出版社即将出版，该书对这一进程进行了明确的阐述。顺便说一句，吕埃兰特证实国际货币基金组织的干涉（为了建立扎伊尔）导致了这种衰退。经济社会问题研究所：《每月通讯》第 1 期（关于加丹加矿业联合公司），1967。

退回到自给自足的经济上去，这是他们唯一可以保护自己的合理的经济措施。此举的结果是缩小了国家赖以获取收入的基础①。因而，G. 阿里吉和 J. 索尔所做分析的政治和社会意义有可能由于这类现实的演变而很快过时。

但是我们应当把研究更深入一步。人们看到，当今"第三世界"各国都有一种朝着同一方向发展的政治、社会变革趋势：在大地主和买办资产阶级掌握当地政权的那些国家里，这些政权被推翻，官僚（文官或军人，由于军队是最有组织的集团，甚至有时是唯一有组织的集团，因此它往往成为新政权的媒介）出面直接掌握政权，公共经济部门创立和发展。在那些没有旧政权可推翻的国家，也会因为国内持续不断的运动而发生类似的变革。外围形态所固有的矛盾解释了这种现象。由于工业化的水平低和不存在外国资产阶级，因此，"小资产阶级"型的阶层（官员、职员、残存的手工业者、小商人、中农等）在当地具有很重要的作用。教育制度的发展和不断增加的失业给这一体系带来了深刻的危机。为克服这一危机而加速工业化的要求本身导致了公共部门的发展，盈利法则（它决定着外国资本的流入）和当地私人资本能力不足降低了工业化的必要速度。国家官僚力量的不断加强导致普遍实行国家资本主义，但是程度有所不同。这就是说或者对外国资本实行国有化［例如埃及，国有化程度较低的刚果（金）和赞比亚］；或者不实行国有化；或者国家资本主义多少允许当地私人部门存在，并与它实行联合（例如突尼斯）。然而，即使是在那些实行最激进国有化政策的国家（如埃及），国家资本主义也容许（甚至鼓励）私人资本主义在农村的发展（土

---

① 参见萨米尔·阿明和科克里·维德罗维奇《从法属刚果到中非关税和经济同盟》；萨米尔·阿明：《非洲三国的经验：马里、加纳和几内亚》，法国大学出版社，1965，即将出版的关于加纳、几内亚和马里的文章（大百科全书 1969~1970 年）。

改之后的富农化即在此列），虽然它试图用合作社体制对其加以控制的方法来组织这种发展。如果说这种国家资本主义并不使世界市场一体化陷入困境，而仅仅是利用次要的，并且正趋于缓解的矛盾（东方市场与西方市场的对立），那么它必定像从前的"私人"资本主义一样，从根本上说是停留在外围的国家资本主义，而且仅仅反映了外围资本主义发展的新道路、中心和外围之间的国际专业化由过去的形式向未来的形式的转化。有人往往不加分析地把这类演变和欧洲以外社会的所谓年深日久、根深蒂固的倾向（"亚洲的专制主义"）联系起来，但是正相反，它们表现了"第三世界"在外围的特殊条件下被纳入了现代世界的变革进程。

结论综述

第一，经济理论偶尔也注意"自给自足经济向货币经济过渡"的问题。但是，由于概念的残缺不全，以致无法对前资本主义的各种形态做出准确的分析，因此流行理论仍旧是一种内容十分贫乏的理论。不过，向外围资本主义过渡的模式根本不同于向中心资本主义过渡的模式。事实上，资本主义生产方式从外部对外围形态的贸易入侵肯定会导致决定性的倒退，例如手工业破产之后，并没有当地的工业生产取而代之。当代"第三世界"的土地危机在很大程度上是这种倒退的恶果，而不是所谓"人口决定论"所产生的结果。外国资本随后进行的投资并没有使这种倒退得到纠正，原因是外国资本在外围建立的工业是外向型的。马克思对外围资本主义过渡所持有的问题几乎完全没有注意，因而导致他在"殖民地问题"上的错误观点。

第二，不平等的国际专业化在外围的发展方向方面表现为三种扭曲。具有决定性的向出口活动的扭曲（外向）并非像平庸的分析所认为的那样是由于"国内市场需求不足"造成的（"贫困的恶性循环"），而是由于中心的生产率在一切领域占有优势造成的。这就把外围限制在只能起一种补充性的产品供应者的地位之内，对这些产品来说自然优势具有一定的意义（异国农产品及矿产品）。由于这种扭曲，当外围的工资水平在生产率相等的情况下变得低于中心的工资水平时，外围以自我为中心的工业有限的发展变得可能，与此同时交换也变得不平等了。

第三，第一种主要的扭曲导致了第二种扭曲的出现：外围第三产业的畸形发展。在这一方面，流行经济学试图把中心和外围生产活动的部门分布的演变归纳为一种单一的模式，这实际上也是在回避真正的问题。无论在中心还是在外围，需求结构的变化或生产率的变化都不能使人意识到当代第三产业的畸形发展。中心的这种畸形发展反映了在发达的垄断阶段实现固有剩余价值的困难，外围的这种畸形发展则是由于最初外围发展本身的矛盾和局限性造成的：工业化不足、失业增加、地租地位的加强等。阻碍当代"第三世界"积累的非生产性活动的畸形发展——它尤其表现为行政支出的畸形发展——造成了"欠发达"国家公共财政近乎经常性的危机。

第四，不平等的国际专业化还导致了外围向轻型生产活动部门的扭曲。认为利息率在"技术选择"上具有决定作用的流行边际效用学说为大学的经济学提出了一系列不切实际的问题，这是一些来源于所谓发达国家偏重于选择轻型技术的问题。事实以及对投资机制进行的理论分析驳斥了流行理论的观点。外围固有的真正矛盾——优先发展轻型部门以及与此同时在这些部门使用现代生产技术——是由于外围发展的补充性特点决定的，它造成了一些特殊问题，即强迫外围实行与西方不同的发展政策。

第五，投资的倍数效应理论不能被机械地推广到外围。事实上凯恩斯的倍数对处于发达的垄断阶段的中心形势来说意义很有限，这一阶段中心形势的特点是在实现剩余方面发生了困难。在外围，无论是"现金贮存"还是进口都不会构成降低倍数作用的"流失"。其实是外国资本的利润输出取消了这种作用。此外，不平等的专业化和源于此的、已成为外围特点的强烈进口倾向促使倍数机制的效应由外围向中心转移，这类效应是和被称之为"加速"的现象联系在一起的。

第六，外国资本的利润量的日益增加——那些用于输出的利润——要求人们认真地研究垄断超额利润的根源和动力。在这方面，流行的边际效用学说认为垄断的根源不存在于生产关系之中，而是存在于需求曲线的形式之中，这又一次回避了真正的问题。这样一来，对外国垄断在"欠发达"国家采取的战略的分析就仅限于"具体研究"的范围，而不关心如何使理论向前发展。这种分析证明，只要主张外围与世界市场一体化的教条不被推翻，外围就不会具备对垄断采取经济行动的手段。

第七，表现"欠发达"的不是人均产值水平，而是一些特有的结构性特征。根据这一特征，就不应该将"欠发达"国家与处于前一个发展阶段的发达国家混同起来。这些结构性特征是：第一，在由中心输入到外围的价格体系中，生产率的分布极不平等，这种不平等来源于外围形态的特有本质并且在很大程度上决定了外围的收入分配结构；第二，外围根据中心的需要而进行的生产方向的调整造成了自身的脱节，它阻碍了发展极的技术进步产生的效益向经济整体的转移；第三，中心对外围的经济统治，这种统治通过国际专业化的形式（在世界贸易结构中，中心根据自身的需要对外围加以改造）和外围增长的投资结构的依附（外国资本积累的原动力）形式表现出来。

第八，随着外围的经济增长而更加深化的"欠发达"的特征——也可以直言不讳地称之为"欠发达"的发展——必然导致增长的停滞，即无论人均产值达到何种水平，外围也不可能实现自我为中心的、自己产生原动力的增长和发展。

第九，如果说资本主义生产方式在中心有成为唯一的生产方式的趋势，那么在外围则不是这种情况。这就使外围形态从根本上不同于中心形态。一方面，外围形态的形式取决于前资本主义形态最初的性质；另一方面，取决于它们与世界体系一体化的形式和时代。在这个领域中，我们要区分美洲形态、东方和亚洲形态、非洲形态。只有这种分析才能使人理解存在于外围形态和年轻的中心形态之间的根本区别。年轻的中心形态建立在简单商品生产方式占优势的基础上，正是由于这个原因，它具有向极其富有生气的完整资本主义生产方式演变的能力。无论外围形态在一开始有多么大的差别，它们却都趋于接近一种典型的模式，其特点是附属性的农业和商业资本（买办）占据优势。中心资本对整个体系的统治以及有利于中心资本发展并表现了这种统治的原始积累机制严格地限制了外围民族资本主义的发展，但最终限制其发展的是政治关系。外围民族社会"残缺不全"的特点（外国资产阶级是这个社会的"强大缺席者"）赋予当地官僚以明显特殊的地位和作用，这是中心的官僚和技术专家社会集团所不具备的。"欠发达"的发展所固有的矛盾和反映这类矛盾的"小资产阶级"阶层的上升解释了当代"第三世界"普遍向国家资本主义转化的趋势。外围资本主义发展的这条新道路不大可能是一条向社会主义过渡的道路，原因是与世界市场一体化非但没有受到否定，反而成了建立在不平等的国际专业化的新阶段基础上组合外围与中心新关系的未来形式。

第三章
外围的货币机制和世界货币体系

引　言

　　货币领域是流行经济学的一个十分薄弱的环节。因为，确切地说，主观价值论只能以同语反复的方式（货币的价值就是货币所能换取的商品价值）或者用掩饰另一种同语反复推论（声称货币的价值产生于货币的"流动性"，也就是产生于货币的货币性。这好像是说安眠药具有催眠术）的遁词——"流动资金"来回答问题。正因为如此，边际效用论和新边际效用论才必须求助于货币数量论。

　　人们往往幻想用货币来"控制"行情、价格、收支平衡等，这并不奇怪。当然，与此同时，那种"理论"总是避而不谈这些幻想的对立面——货币在积累机制中的真实作用，而是流于大量空洞无用的讨论和数量研究。

　　用"货币理论"来套"欠发达"国家的情况，便会得出奇怪的结果。人们激烈地抨击"欠发达"国家货币制度中所谓固有的"恶性货币机制"，而对这种制度的真正特点却只字不提。然而这些真正的特点却能够从货币角度反映一个领域的根本的依附性。

　　在第一部分，我们首先要回顾关于货币在积累机制中的作用的理论，然后试对"欠发达"国家的货币机制（对这些货币机制的不同制度：外汇本位制或者"独立的"本国货币）进行分析。我们将会看到，货币幻想是建立在怎样的错误理论基础之上的。

流行的理论完全忽视了基本事实——"银行一体化"。事实是，直到不久前的一个时期，外国银行的分行几乎包揽了"欠发达"国家银行信贷的全部职能。银行一体化是与货币一体化（外汇本位制，无限制地按照固定汇率自由汇兑）同时存在的。建立外汇本位制的方式多种多样，既有经济大国的纸币直接流通的方式（利比里亚、古巴和中美洲使用美元），也有委托某一发行银行发行某种当地货币并且实行按固定汇率自由汇兑的方式（1916～1947 年埃及的制度、法属殖民地制度和目前的法郎区制度），英国的货币委员会也是一种独具一格的制度（非洲、中美洲和东南亚的英属殖民地、葡属殖民地具有十分类似的制度）。在从前的时代，在这些国家中，统治国的商业银行——属于这些国家的中央银行——的货币银行一体化与中央银行统一发行的纸币的流通同时存在。而目前，这种一体化仅存在于参加高度集中化的货币区的法郎区非洲国家（前法属西非、前法属赤道非洲、多哥、喀麦隆、马达加斯加）、葡属殖民地、安的列斯群岛和一些中美洲国家。

在其他地区，这种一体化已经变得不完全了，或者一直就是不完全的。它的存在往往仅限于在那些保持着自己的"造币"权的"欠发达"独立国家领土上外国商业银行所开展的业务。在拉丁美洲的几乎每一个地方，当地国库发行的纸币（经平衡的或者不平衡的预算的渠道进入流通，有时是经票据贴现渠道进入流通，而票据贴现也由金库负责）是唯一的法定货币。在这些地区，汇率是浮动的，汇兑是无限制的和自由的；当然，对于担负主要银行职能的外国银行分行也不例外。

随着"第三世界"国家的独立，在亚洲、中东、北非和非洲英语国家、拉丁美洲涌现了一批按照货币主义的幻想来整顿现存的纸币制度，"控制"或"管理"信贷的中央银行。国营的或者私营的民族商业银行系统在不同程度上取代了外国大银行的分行。汇兑控制不同程度地建立起来。另外，浮动汇率制（在放弃金本位以后的初期曾经在国际关系、包括发达国家之间的关系中风行一时）被一种世界性的固定汇率（但是，当发生贬值的时候，应加以调整）制度取而代之；1945 年以来，国际货币基金组织就是这种制度的象征。

"欠发达"国家（不同程度地）退出货币和银行一体化是否深刻地改变了"欠发达"国家实际加入世界资本主义市场的机制呢？货币幻想使人这样地以为。但是，我们将看到，"欠发达"国家的中央银行的"行动手段"其实是十分有限的。对这些国家的货币机制和"通货膨胀类型"的分析证明，从根本上讲，货币（无论货币制度如何）依旧是交换关系的形式。因此，只要交换关系还建立在国际专业化基础上，也就是建立在参加世界市场的基础上，货币就仍然是促使世界体系的"欠发达"外围向发达的中心进行价值转移的有效工具：一种或者多种占支配地位的货币的价值的传播、中心的价格结构的传播就是这种转移的形式。我们在结束这一章的学习时将讲到遥远的历史——"欠发达"国家先加入世界贵金属市场，而后加入银行一体化的历史和当今的历史——国际清偿危机的历史，它们证明，货币幻想无法克服中心对外围实行实际统治的机制。

一 货币在积累机制中的作用

货币具有四种基本职能：测定价值的手段、实际流通手段、清偿支付的优先手段和价值储备手段。边际效用论强调货币的流通手段职能，认为其他职能都是由此派生出来的。凯恩斯的理论强调储存手段职能（因此得出"流动性偏好"），认为它是货币的特有职能。李斯特和诺加罗对各种职能一视同仁，欲做实证论和经验主义者。当代人（林德哈尔、米尔达尔、隆德贝格、哈罗德）认为这两个职能起着互为补充的作用，但这是一种次要的作用。以米尔顿·弗里德曼为代表的芝加哥学派则恢复了数量论。马克思在这个问题上（熊彼特在部分程度上）占据着一种十分特殊的地位。他是为真正地讨论货币在积累中（在产品的实现中）的作用开辟道路的唯一一个人。[1]

（一）古典思想

难以理解的是，被凯恩斯称为"经典"的经济思想同凯恩斯的思想一样，都认为，在经济发展的机制中，利率具有决定性作用，而银行制度只有微乎其微的作用。

受到凯恩斯激烈反对的著者们认为，储蓄和投资是经济中的实际因素。不过，除了可能造成失衡的实际原因之外，储蓄量和投资量据以表示的货币形式是造成失调的又一个新的原因。有一种实现经济均衡的"自然利率"。在达到这个比率的时候，根据"现在偏好"确定的储蓄供给量等于根据资本生产率确定的投资需求量。这就是储蓄的供给和投资的需求之间可能均衡的深刻的实际原因。

然而，除了这种分析是一种同语反复之外（因为费歇尔和庞巴

---

① 瓦伊纳：《国际贸易理论研究》，伦敦，1937；米尔顿·弗里德曼：《货币数量论研究》，芝加哥，1956；米赛斯：《货币理论与信贷》，纽约，1934；罗伯逊：《1947年剑桥经济手册：货币》；李斯特：《货币是什么》，威瑟斯译，李斯特序，巴黎，1920；诺加罗：《货币与货币体系》，1924，第1版；马克思：《政治经济学批判》和《资本论》第一卷；熊彼特：《经济发展的理论》，巴黎，1935；林德哈尔：《货币和资本的理论研究》，巴黎，1949；米尔达尔：《货币均衡》（译本），巴黎，1950；哈罗德：《经济随笔》，伦敦，1952；凯恩斯：《货币论》和《通论》；希克斯：《价值与资本》（译本），巴黎，1956。
对货币理论的完整介绍见J. 马夏尔和J. 勒凯荣：《货币流动》，巴黎，1966；P. 普劳：《利息率的确定》，巴黎，1962。这两部书还列有十分详尽的书目。

维克都没有在"现在偏好"以外的基础上证明资本主义生产率的存在，因而自然利率只不过是未来的贬值率），处在储蓄供求曲线交点上的"自然"利息的这种决定机制实际上毫无意义。凯恩斯已经十分正确地指出了这一点①：当资本需求发生变化时（革新要求增加投资量），收入便发生变化，因而储蓄供给也发生变化！人们在借助历史来解决问题（今天的资本供给取决于昨天的收入的分配和数量）的同时，回避了逻辑上的困难。

无论如何，早期的边际效用论者丝毫没有注意到货币条件。"不言而喻"，货币条件使货币的"市场利率"接近于"自然利率"。但是他们不清楚怎样"接近"。魏克赛尔证明了银行机制中的一些累积过程怎样使货币利率偏离自然利率，从而开创了一个新纪元。后来这种分析被米尔达尔、凯恩斯和卡赛尔所采用，被用于解释经济周期。②

既然如此，当这些程序不运行的时候，"货币均衡"状态（按照这种理解）即告实现。当由货币条件直接决定的利率等于"自然利率"的时候，银行系统起着微小的作用；然而它在技术方面却发挥着"把有意识的储蓄变为有意识的投资"的作用。罗伯逊对这种机制进行了长篇分析③：如果公众想要增加其储蓄量，就会放慢从银行账户取款的速度。如果银行扩大贷款，有意识的储蓄则变为有意识的投资。相反，如果银行不这样做，货币流通速度减慢，那么数量模式中的 MV 数量就会变小：价格下降，银行账户的实际储蓄额增加——有意识的储蓄没有被用于投资，而是遭到了浪费。但是实际

① 凯恩斯：《通论》，伦敦，第 178 ~ 185 页。

② 魏克赛尔：《利息与价格》，伦敦，1936；米尔达尔：《货币均衡》，巴黎，1950；凯恩斯：《货币论》；卡赛尔：《利息率，银行利率和价格的稳定》，《经济季刊》，1928。

③ 罗伯逊：《货币》，第 84 ~ 107 页。

上，银行总是把储蓄变为投资的，因为当它注意到顾客放慢了从账户取款的速度的时候，它便会认定，他们拥有"过多的货币"，也就是说，他们想要增加储蓄。

人们会问，这种使储蓄与投资相适应的调整机制与凯恩斯的机制有多大程度的差别。实际上，这是两个根本不同的问题。凯恩斯分析了由于流动性偏好大大超过资本的边际效率而造成储蓄和投资的失调，换言之，也就是由于生产能力超过消费能力以致投资效益（投资的"边际效率"）过低而造成的失调；而罗伯逊研究的是银行用来把储蓄转变为投资的那些技术性机制。不言而喻，银行可能达不到目的，但不是由于技术上的能力不够，而是由于其他深刻的原因。假设情况是，储户从账户取款减少，但由于投资没有效益，他们也拒绝接受贷款。这就意味着经济活动的减少，因为从前一次销售中得到的货币没有被重新投入生产中去，没有被用来资助新的生产。因此，罗伯逊的一部分推论是不正确的：尽管速度 V 下降，因而数量 MV 减少，但是价格不降低，原因很简单，因为产量也减少了。甚至，这种产量的减少正体现为 V 的下降！当然，这并非意味着销售不畅的压力以后不会驱使企业主降低价格，但是这种以后的下降是"第二性的"，它不取决于货币压力。

这种以后的下降能否恢复以前的经济活动水平？"古典派"认为，只有降低实际工资才能恢复投资效益。凯恩斯否认这种观点，因为对于企业主来说，工资无疑是一种成本，但对于工人来说，它是一种收入。皮古强调，价格和名义工资共同下降可以提高以前储存的储蓄的实际价值，从而恢复这种效益[①]。但是，虽然这些钱被储存起来，但不是有意识的储存。因为，生产能力与消费能力之间的

---

① 唐·帕廷金：《价格弹性与充分就业》，艾尔岛，1948；考廷：《利息》（讲义），巴黎，1949～1950。

差距使新的投资没有效益。只要这种差距还存在（如果价格和名义工资下降，而实际工资没有增加，则完全可以预见，这种差距仍将是真实的），无论被储存的钱的实际价值增加与否，投资仍然没有效益，因为企业主只向前看，不向后看。但这是另一个问题。

所以，银行系统发挥着重要的技术性作用，但是，它通过改变利率的方法，丝毫没有起到调整储蓄和投资这样一种基本经济作用（瑞典学派认为它起到了这种作用）。若要起到这种作用，利率必须真正地支配储蓄量和投资量。然而，情况并非如此。储蓄主要取决于产业收入的绝对和相对的数量；而投资对"i"的变化反映很微弱，它主要取决于生产能力和消费能力之间的一致程度。

（二）凯恩斯和当代的思想

在凯恩斯的学说中，也有这种过分强调利率作用而又认为银行系统只起被动作用的反常现象。储蓄与投资之间的失衡最终被归因于流动性偏好妨碍了利率下降到最低水平。凯恩斯明确地提出了这种机制的运转公式，回答了"古典派"的批评[1]。利率是根据银行的货币供给量（因为"利息是货币的，而不是其他任何东西"，这是凯恩斯的原话），由流动性偏好的状态决定的。另外，一些均衡力决定着相对价格，从而使各种资本的边际效率等于这个比率。从这时起，"i"和资本效率之间的差距不复存在，结果，纯投资也不复存在。这符合于瑞典学派的均衡状态，即当货币利率等于自然利率的时候，利润为零（罗伯逊的"零度纯储蓄"状态）。但是显然，这种均衡很可能是一种就业不足的均衡。它之所以势必如此，其原因是（无论货币量多少）利率不能（由于流动性偏好）下降到某种最低水平。因而，银行系统完全是无能为力的；希克斯全面地说明了

---

① 凯恩斯：《利息率理论》；里德：《收入分配理论》，第418页。

这种无能为力的状况①。

因此，许多凯恩斯派指责通货膨胀政策，说这种政策超过某一临界点之后（当利率达到其最低水平的时候），即便在不充分就业情况下，也只能造成通货膨胀。

所有分析都是建立在流动性偏好概念之上的，也就是建立在储存倾向概念之上的。但是，在资本主义生产方式中是否真的存在这种倾向呢？为了弄清这个问题，应当要弄清什么是"流动资金需求"。一方面，它是为日常生产筹措资金的货币需要。企业主准备投入多少必要的资金以确保其日常生产呢？显然，要到利率使他的利润下降到零的时候为止。在这个问题上，李嘉图的分析也比边际效用论的分析更为现实。另一方面，它是储存货币的需要。但是，在一个资本主义社会中，不存在（由于一些根本性的原因）储存倾向。企业主一旦建立了必要的储蓄—储备，就不愿意储存了。他希望为投资而储蓄。他只有在迫不得已的时候才储存，因为只要投资有利可图，他就要扩大他的企业。问题并不在于为什么利率不能降低到一个最低的水平，而在于为什么资本的边际效率会降低到如此程度。然而，在这个问题上，凯恩斯的解释却极为含混。②

万一某个企业主心血来潮地储存，他是否会因此而缩减活动货币的数量呢？决不会的，因为银行懂得，由于储蓄—储备的数量增加了，它们可以不冒风险地提高原本较低的信贷——储备比率。如果增加一定数量的信贷，那么储存对就业的有害影响就会自动消失（上面已经提到，罗伯逊完全证明了这一点）。如果有一天，这个企业主决定变储存为投资，银行就会相应地减少它们给予工业的信贷。

可是，凯恩斯学说的令人失望之处在于，银行系统不仅在超过

① 希克斯：《凯恩斯先生与古典著作》，计量经济出版社，1937。
② 凯恩斯：《通论》，第135～164页。

某一临界点的时候无能为力，而且始终都是无能为力的。人们可以认为，由于货币供给要适应流动资金需要，因此货币起着一种被动作用。凯恩斯认为，这种供给是不易改变的。这种不易改变性与变动的需求之间的矛盾决定着利率的日常变化。毫无疑问，利率的某些变化是由于货币数量适应需求造成的。但是，这样一些困难是暂时的，它们无法说明利率的长期平均水平[1]，"凯恩斯说货币需求适应于可供使用的货币供给，实际上不如说是货币数量适应于对货币的需求"。货币的"被动"观（按照这种理解，而不是按照萨伊的理解）是与数量论相对立的。但是，凯恩斯学说中货币供给的不易改变性和货币供给对需求的非自动适应性使该派重新陷入了数量论之中。

因此，银行系统在积累机制中不起根本性作用。不过，它所起的作用也是不容忽视的。我们马上就会看到，这种作用远远不仅仅是货币数量对数量论模式中"PT"乘积（价格总水平乘以包括支付习惯在内的经济活动水平）的自动适应。

（三）银行系统的"被动"作用

第一个问题是，"MV"是怎样适应"PT"的。总储蓄并不是一个匀质的整体，必须区别创造性储蓄和储备性储蓄，前者由企业主为以后扩大生产而留出的货币量构成的，后者要么由消费者为了未来的制成消费品开支而留出的货币量构成，要么由企业主为了给一切必要的生产性开支筹资金以确保企业的目前生产及其正常销售而留出的货币量构成。其实，后者的货币量（在称呼这部分货币量的时候，我们保留流动资金这个术语；而在流行的经济学著作中，这

---

① 罗伯逊：《凯恩斯先生与利息率》，《货币论随笔》，1940；H. 德尼：《货币》，巴黎，1951。

一术语系指货币储蓄的以上两个部分）实际上难以同以投资为目的的创造性储蓄相区别。企业主用储蓄的钱支付工资，购置原料和机器，从而得以确保日常的生产和扩大企业。但是，把两种储蓄混为一谈并不能否认，经常性开支是从总收入中支付的，而创造性开支是从扣除最后消费部分以后的纯收入中支付的。货币市场与金融市场之间经常性的相互渗透无法否定这种区分的合理有效性。的确，存在着一种经济机制运行的最低限度的必要货币量，也就是仅仅为在时间上分配开支和收入而必需的最低限度的货币量。这种货币量是一种特殊类型的流动资金量。把在建立货币储备以待重新投资时具有补充作用的所有流动资金同"总储蓄"混为一谈是行不通的。①

　　这种流动资金量就是货币的第一社会需要。银行系统（通过短期信贷）按照这种需要来调整流通的货币量。商业银行按照企业主的需求向他们透支短期信贷，也就是把银行券和代表货币投入经济循环之中。这些信贷仅仅用于资助经济的日常运行，也就是在时间上分配企业主的资金收入和支出。

　　于是，全部问题在于，这种社会需求是不是预先规定好的，也就是说，假设支付习惯是稳定的（在短期内这是真实的，但在长期内，银行技术的改善恰恰加快了货币流通的速度，因为对这种手段的需要日益增加），国民收入的规模是不是预先规定好的。换言之，经济活动水平和价格水平是不是预先规定好的。如果银行确实能够通过货币的投入或者回收来改变这些水平，那么银行系统按照需要调整货币量就没有意义了。

　　这里的问题仍然是，经济活动水平和价格水平是否从根本上取决于货币数量；或者说，它们是否归根结底取决于其他的经济因素。

---

　　① 格鲁森在《经济均衡总论大纲》（巴黎，1949）中归根结底把储蓄和货币量混为一谈，在这一点上，他受到考廷的正确批判（见上引讲义）。

问题并不是否认信贷优惠（例如降低贴现率）能影响未来的经济活动水平（例如，资金负担能力的提高会促进库存的形成），并且由此影响到必要的货币量。

凯恩斯十分反常地不愿看到这一点。他认为货币供给是不易改变的，是一个"独立的因素"。瓦伯顿指出[1]，"i"影响经济活动水平，并且由此影响货币需求。在周期里，银行家们面对这种增长的需求，往往仅乐于增加短期信贷量，而不是提高利率；货币供给几乎是自动地按照需求自行调整。

但是，是不是说利息率决定经济活动水平呢（因而，货币量是关键的变量）？凯恩斯正是这样认为的：利息与资本边际效率之间的差额决定着投资量，并且由此决定经济活动量。但是，如果认真思考一下，这种分析就显得不够充分了。因为，资本边际效率是由什么决定的呢？凯恩斯没有回答这个问题。事实上，这种效率就是投资效益，它同社会的生产能力和消费能力之间的一致程度直接有关。如果生产能力超过了消费能力，投资效益马上就会变化为零，以至于无论利率水平高低，都会发生经济活动的收缩。

与投资效益变化的幅度相比，利率变化的幅度太小了，因而不能成为决定性的因素。自从近代的理论家们接受这种真知灼见开始，他们便向前迈进了一大步[2]。很早以前，李斯特就激烈批评过经济学家缺少这种真知灼见。降低贴现率和公开市场只能刺激某种增长，而这种增长的开始是由于其他一些原因。在萧条时期，人为地投入流通的货币将流回银行，只剩下证券交易活动[3]。

因此，当繁荣结束，消费能力开始危险地落后于生产能力的时

---

[1]　瓦伯顿：《当代经济波动理论》；里德：《货币理论》，第284页。

[2]　哈罗德：《走向动态经济》，第119页。

[3]　李斯特：《有关信贷和货币的学说史》，巴黎，1938，第215～218页和第404～421页。

候，降低"i"不可避免危机。降低利率能够使企业主承受滞销商品库存增加的压力，但是却丝毫不能促使这些库存销售出去。它是与真正的经济力量的深刻变动背道而驰的。它能够延缓危机，但是它不但丝毫不能避免危机，而且靠信贷维持的人为繁荣时期越长，萧条就越深刻。因此我们认为，利息率的变化在周期中起不到主导作用。因此，"零特里办法"仍然是建立在过高估计货币的作用和过低估计实际经济力量作用基础上的一种幻想。此外，近代的周期和商情理论以及20世纪40年代的"长期萧条和超发展"理论都仅仅致力于分析消费能力和生产能力之间周期性的、暂时性的或者持久性的不一致可能产生的"实际"困难。

所以，从根本上说，经济活动水平取决于货币量以外的因素。价格水平是否也取决于货币量以外的因素呢？

数量论机械地把货币的价值同它的数量联系在一起。虽然这种费歇尔模式如今已经被抛弃，但是数量论的痕迹并未因此从理论中全部根除。有人甚至通过证明数量论同主观价值论的联系来拯救数量论。因此，米塞斯断言[1]，"M"增加意味着某些收入的增加；由于收入增加时个人的货币边际效用下降，因此价格上涨。这种推论是否很站得住脚呢？当"M"普遍增加的时候，生产增长了，因为增加的货币通过一些具体的渠道进入经济之中。需求增加了，与此相对应，供给也增加了。另外，即便在生产不增长的情况下，增加的货币为什么不会扩大库存呢？为什么增加的货币自动地完全地流入市场呢？

显然，经济理论踏上了一条新路：研究货币的"满足流动性需要"的职能。发现"流动性"是希克斯的功绩[2]。1935年，他在分

---

[1]　米塞斯：《货币理论与信贷》。

[2]　希克斯：《简化货币论的建议》，经济出版社，1935；坎南：《货币单位供求结构理论的应用》，《经济学杂志》，1921。

析《货币论》的时候，阐明了该著作所包含的三种货币理论：储蓄和投资理论、魏克赛尔派的自然利率理论和流动性和利润之间的边际选择理论（流动性有一种由投资的成本和风险决定的价格）。然而，早在这以前，人们在研究货币供求的同时已经大大接近了流动性理论。所以 1921 年坎南在研究货币"需求"由何构成的时候，就否定了货币需求是为了支付交易的观点，并且仅仅保留了货币需求是为了储存的观点，因为这种职能是货币的特别效用（其实，另一个"效用"——可流通效用同样也是特别的效用！），在这方面，埃利斯试图把费歇尔从失败中挽救出来①。他认为，无论利率处在哪一种水平，都有一种储存货币和活动货币之间的货币分配与之相对应，这种货币分配按照 $MV = PT$（M 指"活动"货币的数量）的公式来决定价格的水平。埃利斯在这里无非想说明，从根本上说，凯恩斯主义并不是反对数量论的。

流动性分析是否彻底驳倒了数量论呢？这是值得怀疑的。在凯恩斯的模式中，在货币供给和利率已知条件下，流动性偏好程度决定着将被储存的那一部分货币（差额便是"活动"货币部分）。由于利率决定着投资量（因为资本的边际效率是一个不取决于货币量的独立变量），并且由此决定国民收入量。因此，人们已经知道了经济体系的全部因素；但是价格总水平除外，按照数量公式，它应当由实际国民收入与活动货币数量之间的比率决定。所以，是不是可以说，凯恩斯是第二个层次的数量论者。因此，当流动性偏好的效应不再出现时，人们便重新陷入纯粹的数量论之中。货币供应量是一个已知因素，其他因素都与它相适应（在凯恩斯的学说中，货币数量同时决定着国民收入水平和价格水平，而不是仅仅像"古典派"所认为的那样只决定价格水平），它本身却不是货币需求的从变量，

① 埃利斯：《流通速度论的一些根据》，《经济季刊》，1938。

也就是说不取决于收入水平和价格。这种观点使凯恩斯的理论体系同古典理论体系结合在一起。莫迪格里安尼用一个总体模式完成了这种结合①，引起了诺加罗对"数学"方法和对数量论的指摘②。事实上，反数量论立场与一般均衡理论是不相容的。因为，在理论体系中必须有一个变量！以米尔顿·弗里德曼为代表的芝加哥学派就是这样地回到了数量论一边③。该学派一旦接受数量论的大前提，便把一切研究都引上一条经验主义道路，因而注定只能看到表面现象：研究货币数量与体系的各种变量之间的直接关系（"长期收入"），对"储蓄欲"进行心理学分析和研究所有其他虚假问题（因为这些问题提得不恰当）。

所以，虽然数量论的形式被摈弃了，而确定货币价值的问题全然没有得到解决。在这种条件下，可以区别两种情况：可以兑换黄金的货币的情况和不可兑换的货币的情况。

在第一种情况中，黄金的生产成本肯定在决定价格总水平的机制中起着决定性作用。马乔林在对百年来价格变动的研究中用下面的话指出了这一点："当发现了生产成本较低的金矿的时候，商品价格上涨是一种必然现象。用分析的方法来看，产生这种现象的原因是由于黄金被选择为价值尺度。"④

魏克赛尔在19世纪末研究开发澳大利亚的新金矿造成价格上涨的时候，曾经做出过同样的论断。⑤假设这种成本下降，那么这一经济活动部门利润的增加便会引来资本。这种资本流入不会像通常那样造成商品价格的下降，因为银行系统按照固定价格购买黄金。利

---

①　莫迪格里安尼：《流动性偏好与利息和货币论》，经济出版社，1944。

②　诺加罗：《政治经济学方法论》，第196～245页。

③　米尔顿·弗里德曼：《货币数量论研究》。

④　马乔林：《货币、价格和生产》，巴黎，1941，第129页。

⑤　魏克赛尔：《利息与价格》，伦敦，1936，第33页。

润继续异乎寻常地增加，构成一笔增加的收入；这笔收入涌进没有增加供给的消费资料市场和生产资料市场，引发了价格的全面上涨。只有到了价格总水平使黄金生产成本恢复"正常"，也就是说使企业主只得到一个"正常"的利润幅度的时候，这种运动才会停止。于是，黄金生产就稳定在这个水平上。这种分析并不是一种抽象的理论。它符合佩什对南非在富矿被开发后发生全面价格上涨的描述。[1]

罗伯逊[2]认为，黄金成本的变化只能引起其价值的极其微小的变化，因为黄金产量只相当于贵金属储备的2%，因而黄金的价值等于边际生产成本，但是它并不取决于边际生产成本。事实上，正是因为罗伯逊认为黄金的价值产生于它的数量（来自于黄金储备和新增加的产量之和所构成的黄金总供给），所以他才能提出这种异议。

相反，如果货币是不可兑换的，黄金价值的障碍就不存在了。在此之前，信贷的扩大不能"超过"需要，因为企业主并不需要超过需要的信贷。货币数量的增加只能采取无实际等价物的购买力分配形式（例如在战时印发纸币）。价格上涨（产生于收入与生产的失衡而不是产生于货币数量）迫使货币失去可兑换性。当银行系统不再按固定价格购买黄金的时候，信贷的扩大或者购买力的发行便可以在（后面还要研究的）某些结构条件下不受限制，因为它们把黄金的价格卷进了全面涨价的运动之中。因此，货币供给对需求的基本的依从性似乎是消除了。[3] 它仅仅是似乎消除了，因为，虽然价格的全面上涨可能发生，但是仅仅在特殊的条件下才会发生。这一点，我们在下面将谈到。无论如何，"价格的正常水平"是不复存在了。因此，希克斯和朗格认为，[4] 在这种制度下，货币供求之间的差距可

---

① 佩什：《黄金供应量变化的原因》，经济出版社，1938。

② 罗伯逊：《货币》，第82~84页。

③ H. 德尼：《货币》。

④ 希克斯：《价值与资本》；朗格：《价格弹性与均衡》，布鲁明顿，1944。

以引发一场价格的全面变动。

朗格在分析"货币效应"时认为，如果一种生产过剩的商品的价格下降，如果预测的弹性大于 1（也就是说公众预测以后会降价），如果银行系统保持"货币实际供给的稳定"，那么，所有的商品都将生产过剩：将出现普遍的降价。银行的态度加快了这种现象的出现。但问题是，为什么公众有时预测到普遍的生产过剩，有时又预测不到，其原因是什么。可能是经验告诉他们，在一些情况下，由于一些实际的原因，存在着普遍的生产过剩；而在另一些情况下，又不发生普遍的生产过剩。

总而言之，我们看到，银行系统的作用是按照这种第一位的需要来调整货币量；而这种第一位的需要本身又取决于经济活动的水平和价格水平。不言而喻，在货币不可兑换的制度下，银行系统可以同企业主共同发起一场普遍的价格变动：企业主要求得到的贷款在数量上超过了目前经济活动和价格水平的"需要"，而银行则提供这些贷款（如果中央银行自动地再贴现这些贷款），根据各银行发行的代表货币数量印制银行卷，则这些银行没有风险。我们之所以说"可以"而不说"应当"是因为普遍的价格变动可能由其他原因造成，而不是取决于银行系统，银行系统的态度仅仅使货币数量适应于价格水平的变化。

（四）银行系统的"主动"作用

后一种情况正好说明，银行系统的作用比在此之前人们看到的更为强大。它并不局限于使货币供给量适应于数量公式中的"PT"乘积。它在积累机制中发挥着更为主动的作用。

资本主义的积累之所以要求货币数量增加，不仅是因为国民生产总值增加，而且也是因为，为了使储蓄能够转变为投资，必须经常不断地在国民生产总值增加之前就把新的货币投入经济循环之中。

新的投资（在进行新的投资的时候）还没有销售市场，因为在一定阶段，已有的销售市场容量不能大于这一阶段的产量。但是，它将通过扩大生产而迅速开创新的销售市场。不过，为了投资，企业主需要占有货币。所以，应当要有一个销售市场，使该企业主得以销售一部分产品，并把这部分产品的价值用于扩大生产，以便"实现"他的货币储蓄，他的追加资本。问题似乎无法解决，因为企业主无法找到一个这样的销售市场，因为当企业主想要销售产品的时候，已有的销售市场容量却不能大于当时的产量，而企业主又必须在今天就找到一个与明天的产量相等的销售市场。其实，只要以某种方式让企业主在今天得到与用于积累的价值（明天将创造销售市场）相等的货币增加量，问题就解决了。

正如我们所看到的那样，这涉及 R. 卢森堡在《资本的积累》中所提出的问题。与她的论点相反，按照马克思本人的观点，唯一的问题并不是销售市场问题（投资创造的销售市场），而是首先增加货币数量的问题。

这个新增加的货币数量要么通过黄金生产，要么通过银行系统流入企业主的手中。一个世纪以前，马克思已经分析过这种增加的黄金的渗透渠道。[①] 这一点我们就不再讲了。我们只是强调，新黄金的生产能够导致一种特殊的销售：黄金生产者用他们的黄金利润向其他企业主购买产品，以便用于他们的消费或者扩大他们的工业。于是，企业主们可以售出他们的"过剩产品"（其中凝结着他们的实际储蓄），并且以货币的形式实现扩大其工业的价值。他们可以用这笔钱购置生产资料和招募工人。销售市场的潜力是有的，但是需要一种能够使企业主在今天就取得货币形式的市场利润的特殊货币机制，而这个市场是用货币手段投资开创的。

---

① 马克思：《资本论》，第二卷，第21章（积累与扩大再生产）。

今天，银行就是通过信贷渠道凭空创造着货币的增加量。熊彼特完全证明了，这种供企业主支配的货币如何造成生产的扩大。[1] 当然，银行家声称没有这样大的能力。它们声称，银行核查它们所资助的企业的账目，以便使这些企业不要把发放给它们的短期投资投入长期使用。[2] 确实如此，但是问题并不因此而改变，因为扩大生产需要长期投资（购置机器）和增加短期投资（购置原料，支付增加的工资）。企业主利用后一种需要来借钱，在经济现实中（无账可查）这些钱却被用来扩大生产。在新投资开创了它的销售市场之后，企业主便可以偿还银行的贷款和利息。于是，国民收入增加，按照本节研究中的第一种理解，"货币需要"也增加。

按照这种理解，银行系统所提供的这种服务虽然不是"被动的"，但也不是"根本性的"。只有当投资开创了它的市场之后，贷款才能得到偿还。一些深刻的实际原因可以使事情不是这样，在这种情况下，发行货币就无法解决市场缺乏和增加生产的问题。

不过，尽管对一般均衡而言，银行系统的这种双重作用可能是"次要的"，但是对促进积累而言，它是决定性的。如果货币量不能持续地适应流动资金的需要，任何积累都是不可能的。如果没有储蓄的集中，不调动储蓄储备并且不用它们进行投资，这种发展就会大大地受到阻碍。问题是，在经济"欠发达"的国家中，银行系统是否正确地履行着这两种相辅相成的任务。

二　外围的货币发行和信贷机制

在当前有关"欠发达"国家的著作中，人们越来越多地断言它

---

① 熊彼特：《经济发展的理论》。

② 费罗尼埃：《银行业务》，巴黎，1954，第150～170页。

们的货币和银行制度是有缺陷的。在这些国家中，货币发行并不是根据数量模式中的第二项（"PT"）这一事先确定的"需要"，而是自动地取决于对外收支（为了更加明白起见，在本书的下文中简化为贸易收支）。因此，繁荣时期的货币发行过多和过剩造成了当地的通货膨胀，而萧条时期的货币发行过少（在收支逆差的情况下）推迟了复苏的到来。

我们完全不同意这种根据数量主义观点得出的论断。我们不同意所谓"恶性"货币机制扩大波动的说法。我们将要证明，既然收支紊乱真的会自动造成货币发行的变化，那么商业银行的信贷政策可以，甚至应该在这些变化超过"货币需要"所规定的限度的时候冲销这些变化。

因而，我们将要证明，货币制度在"欠发达"国家中同在发达国家中一样地发挥着它的作用，它使货币流通适应于当地的需求，它是"被动的"（按照以上确定的含义，这是"主动的"：在可能情况下，它使资本积累得以进行）。外汇本位制的货币制度和"被支配的"本国货币制度都完全具有这种基本职能。

（一）外汇本位：货币发行的表面机制

1. 英国的货币委员会①

外汇本位制是大量存在的，但这种机制的实质到处都一样：这种机制允许当地货币和占支配地位的外汇按照固定汇率无限额地相互兑换。当地货币不再是一种有别于占支配地位的外汇的货币。实际上，这种外汇是以改头换面的形式在经济"欠发达"国家中流通。

为了说清楚这一点，让我们选择英国的"货币委员会"为例。

---

① 联合非洲货币有限公司："西非货币委员会"，《统计与经济评论》，1951 年 9 月；其他货币委员会的创建日期是：东非 1919 年，塞浦路斯 1928 年，毛里求斯、塞舌尔、安的列斯群岛 1930 年，罗得西亚、马来西亚 1938 年，中非 1950 年。

这是一个拥有准备金（英镑），并且负责按固定汇率无限额进行汇兑的公营机构。这些准备金被货币委员会以短期英镑债券（英国的国库券）的形式投资。[①] 投资的收入连同 0.5% ~ 1% 的微薄的兑换手续费（这种手续费同市场上的兑换率毫无类似之处）归于殖民地政府。个人（或者银行）在需要当地货币的时候，便在伦敦缴付英镑，委员会当即付给当地纸币。准备金（委员会的资产）增加，负债（当地流通的货币）也增加。所以，资产和负债这两个项目相应地变化。[②] 如果说这两项不是严格地相等，那是因为构成准备金的国库券的价值在市场上是浮动的。

无疑，第一个货币委员会开始工作之日，正是 19 世纪末英国政府决定停止打制银卢比，在伦敦按照固定汇率无限额地用英镑和卢比相互兑换之时。

在英属西非殖民地中，自从被征服以来（1886 年）就流通着根据存放在伦敦的英镑而在当地打造的合法银币。殖民地政府白银进口的增加（从 1885 年的 550 磅增加到了 1910 年的 1259450 磅）反映了货币对当地经济的渗透。[③] 1912 年创设的货币委员会除了决定用纸而不再"用白银"印刷英镑银行券之外，没有使状况发生任何改观。此后，这种制度扩大到其他殖民地。

对于当地国家的经济来说，设立这种制度的代价往往是沉重的，货币委员会占有了当地开采的黄金，这些黄金被移送到伦敦（例如伊拉克、巴基斯坦和外约旦）。后来埃及的情况也变成这样。埃及的国民银行自从 1898 年起就发行 50% 以黄金担保、其余部分以英国国

---

① 统计资料见于纽因和罗恩：《英属非洲殖民地的货币与银行》，第 51 页（西非）、64 页和 71 页（其他非洲殖民地），伦敦，1953；I. 格里夫斯：《殖民地的货币状况》，第 16、17、18 页（马来西亚和英属安的列斯群岛）。

② 上引纽因和罗恩著作第 50 页统计资料，1923 ~ 1950 年，资产相当于负债的 97.2% ~ 109.4%。

③ 上引纽因和罗恩著作第 27 页。

库券担保的纸币，并且起着货币委员会的作用（按固定汇率无限额汇兑）。后来它的习惯做法是，只在埃及保留法定的黄金准备金，而把超过（即便是暂时地超过）这一数额的黄金输出国外。1961年，600万黄金准备金被转移到伦敦，从此以后，货币发行便由英国国库券担保，埃及的货币失去了可兑换性。在这里，创立这种制度的代价是十分沉重的。因为本可以用这批黄金建立一种自主的货币制度。第二次世界大战之后，当埃及决定创立这种制度的时候，不得不为建立本国货币的黄金准备金而付出代价，而英国当然拒绝采取相反的行动，也就是把以前用于兑换黄金的国库券重新兑换成黄金。在没有黄金储备的国家中（非洲殖民地），情况也是一样。货币委员会一开始拥有一笔由殖民地支付的准备金。当然，这笔准备金当时少于当地流通的货币。它不断地增多，殖民地每年都把它的一部分收入缴付给准备金基金组织，以便建立一笔相当于100%的流通货币的准备金①。按照这种理解，货币流通事实上等于是100%的黄金流通，也就是说，在全部流通货币都有准备金担保之时，流通货币所代表的是实际价值——出口（如果货币委员会决定使准备金大于货币流通量，那么这样的过程可以重复进行）。当货币委员会满足于相互汇兑，而不单方面增加储备金的时候，情况就不是这样了。

2. 外国货币的流通：古巴的例子

我们在以上的论述中之所以选择了英国货币委员会的制度为例，是因为在这种制度下，银行职能按固定汇率无限额汇兑的职能属于两种不同的机制。这样做会使问题更加清楚。在实际中，可能不存在汇兑机制，而占支配地位的货币在殖民地就是法定货币（1925年以前的马达加斯加、流通美元的古巴、利比里亚等）。相反，商业银

①　因此，东非1919～1942年逐渐建立了它的准备金，该准备金在1925年仅相当于流通货币的43.6%（1930年相当于27.9%），但最后在1943年这一比率达到86%（上引纽因和罗恩著作第59页）。

行却可能被委托承办汇兑业务（1916～1947 年的埃及、法兰西联邦），甚至可以享有发行货币的特权。[①]

在古巴，美元是法定货币。除了这种基本货币以外，当时还流通着由国库发行的比索。比索也是法定货币，可以无限额地自由兑换成美元，但是汇率不是严格固定的。比索通过平衡的预算（国家用比索向其债权人还本付息）的渠道进入经济之中。因此，通过控制发行，汇率总是在 1 左右。比索作为辅助性货币（美元是对内和对外的资本主义交换中的基本货币），具有比美元定值略低的倾向。但是当国内对辅助性质货币需要十分紧迫的时候，也曾发生过比索的币值高于美元的情况。[②]

3. 法属殖民地的货币制度[③]

在法属殖民地，法国早就把在当地发行货币的特权授予一些兼有发行银行和商业银行职能的特殊的私营银行：旧殖民地 1848 年，阿尔及利亚 1951 年（阿尔及利亚银行，1885 年易名为阿尔及利亚和突尼斯银行），印度支那 1875 年（印度支那银行），法属西非 1901 年（1848 年设立的前塞内加尔银行易名为法属西非银行），唯一例外的是马达加斯加，法兰西银行的纸币在那里一直流通到 1925 年。

最初，这是一些模仿宗主国银行的一些名副其实的小银行：这些银行拥有黄金准备金，并且负责再贴现商业银行汇票。但是不久，

---

① 《殖民地的货币制度》，《银行家》，1948 年 7 月～1949 年 2 月；克劳森：《英属殖民地的货币制度》，《经济杂志》，1944 年 4 月；马尔加尼：《战后印度货币制度》，《印度经济杂志》，1946 年 1 月；米克赛尔：《中东的财政问题》，《政治经济学杂志》，1945 年 6 月；米伦菲尔德：《荷属西印度：财政与经济概览》，《银行家》，1943 年 12 月；香农：《英镑汇兑本位》，《国际货币基金组织专家报告》，1951 年 4 月；香农：《现代殖民地的英镑汇兑本位》，《国际货币基金组织专家报告》，1952 年 4 月；维内利：《洪都拉斯的货币和汇兑制度》，《国际货币基金组织专家报告》，1952 年 4 月。

② 瓦利克：《出口经济的货币问题》，剑桥，1950，主要见第 38、76 和 330 页。

③ 布洛克·莱内：《法郎区》，巴黎，1956。

在资金几乎不受限制的大型商业银行的殖民地分行（在没有汇兑控制的情况下，尽管殖民地货币具有独立的汇率，它们可以从宗主国取得资金）与黄金准备金有限的发行银行之间便出现了实力的不平衡。当然，这种不平衡并没有导致这些发行银行的破产。在繁荣时期，发行银行由于黄金准备金不足而拒绝再贴现，而商业银行可以通过从宗主国输入资金而不需要再贴现。这些资金的输入对当地的货币需求造成压力，使当地的货币需求上升到黄金输入点。于是，黄金流入殖民地，银行的黄金准备金增加。放弃金本位已经使这种机制失去了作用。从此以后，发行银行的准备金是由法郎储备金构成的。"拥有足够的法郎储备量以便确保汇兑，这种新观念渐渐取代了旧的储备观念。"① 因为，对于那些作为独立机构而不是作为法国银行分号、拥有有限数量法郎的发行银行来说，确实存在一种危险。这些银行不得不按照固定汇率无限额地把宗主国的法郎兑换成殖民地法郎，如果完全独立的商业银行的政策过分具有膨胀性，则这些银行的准备金可能出现不足。所以，我们在这里所看到的，不如说是一件法国银行制度的仿制品。

的确，如果银行没有足够的法郎，国库会负责贴现这一债券。这就使银行变成从属于国库的半公营机构，直至它们被国有化为止（1946 年的阿尔及利亚银行，1944 年为法属赤道非洲和旧殖民地开办的法国海外中央金库取代了旧的私营银行，1955 年法属西非发行局取代了法属西非银行的地位）。这些失去商业职能的发行局成为法兰西银行和国库的共同分号。独立以后，（西非、赤道非洲、喀麦隆、马达加斯加各国的）中央银行取代这些发行局，没有使上述经济机制发生任何改变。

这种制度的运行完全与货币委员会的制度的运行相同，只是当

---

① 布洛克·莱内：《法郎区》，巴黎，1956，第 70 页。

商业银行需要流动资金的时候，它既可以从巴黎的总行输入这些资金，也可以向当地的发行银行再贴现。因而，当地发行银行的"信贷控制"完全是幻想，因为如果它拒绝再贴现，商业银行总是可以去找总行！所以总而言之，无论在宗主国还是在殖民地以及海外附属国，只有法兰西银行控制着商业银行的信贷发行。

4. 埃及的货币制度[①]

在英国征服时期，埃及存在着自由轧制金币的情况。在这个国家中，同时流通着土耳其的、法国的和英国的金币。英国人制定的第一个措施是1885年的英镑贬值（规定1英镑等于97.5埃及皮阿斯特，而按纯金含量而论，它价值98.4埃及皮阿斯特）。这样一来，英镑金币就把其他货币挤出流通之外。埃及货币的本位又不再是黄金，而是金英镑。从此以后，这个年年输入黄金以便资助棉花收获，然后再把棉花出口的国家便倒向了英国银行一边。

1898年，创立了拥有货币发行权的埃及国民银行，发行货币的准备金50%为黄金，其余为英镑证券。1914年规定银行券合法强制流通，此外，该银行还获准根据它在伦敦的，而不再是在开罗的黄金准备金（仍为50%）的增加量发行货币。国民银行根据货币发行的需要，在伦敦购进或售出黄金。埃及货币早已不再是独立的货币。银行券不能在埃及兑换黄金，但是可以兑换英镑：国民银行按照固定汇率无限额地用英镑向伦敦兑换埃镑。这些英镑是国民银行通过在伦敦抛售黄金而取得的。当1961年英国政府拒绝向国民银行出售黄金而后者改为购买英镑的时候，埃及便被置于英镑本位的支配之下。所以，国民银行既担负着发行货币的职能，又担负着商业银行的职能和货币委员会的职能。

埃及的外国商业银行丝毫不受国民银行的控制。当它们在埃及

---

① F. 穆尔西：《货币经济》，开罗，1952，第184和185页。

缺少银行券的时候，只需通过国民银行向伦敦支付英镑，即可得到银行券。

1939 年在埃及和英镑区以外国家之间建立的汇兑控制（在英镑区内可自由汇兑）加强了英镑的地位。从这时起，埃及面临着两个新的问题：积累起来的英镑资产的解冻问题和用这些资产兑换其他外汇的问题。当 1945 年埃及加入国际货币基金组织的时候，它仍然是英镑区的成员国。但是它已取得自由确定其汇率的权利、不追随英国货币贬值的权利。埃及明显地朝着货币独立的方向发展。

5. "恶性"货币机制的论点

这种论点全部概括在以下三个命题之中。[①]

（1）在外汇本位制国家中，流通的货币量取决于对外收支状况。实际上，如果这个国家不储存价值相等的占支配地位的外汇，就不会发行任何银行券。所以，对外收支的差额严格地决定着银行券的发行。人们可能会问：这种收支包括哪些项目？我们将会看到，这个问题的答案完全推翻了所谓的收支决定发行之说。然而，该理论的拥护者们却坚持这种模糊的论断。他们补充说，在"欠发达"国家中由于支票的使用不普遍，发行的银行券是流动资金的主要部分。按照这种思想，无论如何在短时期内，信用货币（纸币）和代表货币（存款）之间的比例只能是固定的（它取决于缓慢变化的支付习惯）；结果，为缓和纸币的短缺而突然发展支票使用的情况不会发生；归根结底，货币流动资金的总量取决于对外收支状况。

---

① 见布朗：《热带属国的经济问题》，伦敦，1948；埃克斯特：《关于在锡兰开办一个中央银行的报告》，锡兰政府，1948；弗兰克尔：《1929～1932 年南非的情况》，《经济学杂志》，1933 年 3 月；申赛：《泰国的货币、银行和汇兑制度》，《国际货币基金组织专家报告》，1950 年 9 月；瓦利克：《欠发达国家和国际货币机制》，《货币、贸易和经济增长——为纪念威廉斯而作》，纽约，1951；瓦利克：《出口经济的货币问题》，剑桥，1950，第 40～45 页；A. 夏贝尔，《经济结构与货币理论》（以下的统计资料全部引自该书），巴黎，1956。

（2）货币的过多或者不足影响价格的总水平。即便不用机械的数量论观点，人们也会断定，价格受到这种压力。

（3）然而，在繁荣时期，收支是顺差的，货币的流入加剧价格的上涨；在萧条时期，相反的机制发生影响。

有些事实乍一看似乎可以充分证明这种看法。亚历山大·夏贝尔以全部货币资金的80%（这一部分是以黄金和外汇净资产来衡量的）均来自外部的萨尔瓦多为例指出，当出口增加的时候，货币量也增加（1940～1945年便是如此），而当出口减少的时候（1945～1947年），货币量也减少。国内货币数量的变动抵消不了外来货币数量的变动。这是一种普遍现象。古巴、埃及和伊拉克的例子都证明确实如此。在这些外汇本位制国家中，所有的流通货币（纸币）只能在对外收支影响下变化；而且我们看到，当地货币（存款）的变化抵消不了外来货币的变化，因为货币流动资金的数量（以上两项之和）与货币流通量相应地变化，不但每年都有变化，而且在1937～1951年整个一个时期都在变化。对于其他一些实行当地货币与外来货币混合流通的国家而言也是如此，但是这些国家没有参加外国的货币体系（这些国家的货币是独立的：如墨西哥、巴西、阿根廷、土耳其等国）。因此，在战争期间，这些国家积累了外汇资产，同时，它们的货币流通总量也膨胀起来。

然后，夏贝尔细致地研究了人均货币流通量指数与批发价格指数之间的关联系数和依赖系数。这项研究涉及1937～1953年的15个拉丁美洲国家、4个中东国家（伊朗、伊拉克、土耳其、埃及）和两个发达国家（美国和英国）。他发现，尽管有某些例外的情况（特别是1937～1941年的拉丁美洲国家、1946～1952年的土耳其），但是"欠发达"国家的关联系数显然大于那两个发达国家。此外，他还强调，就许多"欠发达"国家而言，在季节性的货币发行膨胀和随之而来（尽管变化幅度小得多）的价格变化之间每个月都有一种相互呼应的关系（萨尔瓦多、墨西哥、巴西）。同时，关联系数提高过程中的时间差，即货币流通量的变化先于价格的变化似乎证明，货币流通先于价格。而在美国，最大的关联系数却是从批发价格的变化先于货币流通变化的两个数列中得出的。另外，不能把价格变动归因于汇率的变动，汇率升高的百分率低于货币流通量或者价格提高的百分率（玻利维亚：汇率升高了 200%，价格和货币流通量提高了 1000%）。有时，汇率的影响甚至是一个稳定国内价格的因素，进口商品的涨价幅度低于本国产品，委内瑞拉的例子说明了这一点。最后他还补充说，在排除了 1937～1952 年的趋势之后，货币流通量和价格的周期性变化在"欠发达"国家中呈现显著的一致性；而在美国没有出现这样的周期性变化。

这种货币发行的"恶性机制"论点是根本错误的。在外汇本位制国家中货币流通取决于对外收支这一点是不真实的。

假设收支（贸易收支的简称）是顺差：某个当地进口商从外国取得一些外汇。他把这些外汇拿到货币委员会，后者兑给他当地纸币，他把这些纸币存入某一家（外国的）商业银行。由于这家银行的准备金增加了，它便可以向当地经济提供更多的信贷（流动性系数，也就是可动用的流动资产与活期或者短期的可索取性之间的比率提高了）。我们之所以说"可以"是因为，显然，银行可以提供信贷，但没有人需要信贷。反正，如果有人申请信贷，而银行也同意给予贷款，那么在流动性系数降低到先前的水平之前，货币流动资金的数量已经比贸易收支的顺差额有了更多的增加。

所以，流动资金的数量既取决于收支差额，也取决于经济需要，收支差额是一种不可超越的上限。在某个时候，在信贷货币的使用和代表货币的使用之间存在着一种固定的比率，这种比率决定了一种固定的流动性系数。即使当地生产者要求银行给予他们更多的贷款，银行也不能发放这些贷款。这正是这种推论的错误所在。

如果某个当地生产者要求银行贷款，并且希望从他的账户上透支一部分，其余部分为银行券，那么该银行只需通过它的总行向伦敦的货币委员会汇出英镑，随即得到银行券就解决了问题。只要该银行在伦敦不缺英镑，它就不可能缺少当地货币。

我们已经看到过这种机制运行的一些例子。[①] 1946～1951 年，南罗得西亚的对外收支是逆差。所以，一方面当地货币被汇往委员会以便兑换英镑，支付逆差。但是另一方面，银行（自己）把英镑兑换成罗得西亚银行券以便大规模地扩大银行在当地的信贷。于是，似乎是短期外国信贷的流入弥合了收支逆差。这种含混不清的话是听不得的，它使人认为，这些贷款的流入是由收支失衡引起的，而且二者必定相等。

然而，事情完全不是如此。最好是把实际的对外收支与银行资本运动的收支（包括银行本身的而不是顾客委托的英镑输入与输出[②]）明确地加以区别。实际对外收支是由以下部分组成的：收入项目为出口和用于长期投资的资本流入，支出项目为进口和外国投资的利润汇出。

实际对外收支的情况就是这样的。我们认为，由于收入效应（逆差是一种购买力的转移）这种收支有长期均衡的趋势。但是逆差不一定会自动消除，因为汇兑是按固定汇率无限额进行的。如果是独立的货币，那么除了受这种收入效应影响之外，还受一种汇率效应的影响（失衡导致贬值，而贬值则根据弹性大小对收支施加正方向或反方向的影响），这种汇率的效应，有时有助于短期的再均衡（之所以不是长期的再均衡，是因为从长期来看，贬值导致价格上

---

① 纽因和罗恩：《英属非洲殖民地的货币与银行》，伦敦，1953，第 169～176 页。
② 这种区分很少被使用，以下著作强调了它的重要性。I. 格里夫斯：《殖民地的英镑收支》，《经济杂志》，1950 年 9 月；怀特曼，《英镑区》，《国民银行拉沃罗季评》，1951；纽因：《非洲条件下的货币》，牛津，1968。

涨，而价格上涨使该效应化为乌有）。

至于说银行资本运动收支，它完全是独立的，不受实际对外收支的影响。因而，尽管实际对外收支自动地影响货币流通量，但是这种影响没有任何重要性，因为它可能被也可能不被银行资本的运动所冲销。银行资本的运动仅仅取决于经济对货币的需要，而不受任何其他因素限制。

这样，我们就说明了，当对外收支出现逆差的时候，货币流动资金的数量，甚至货币流通的数量仍然可以提高。I. 格里夫斯在研究了英属安的列斯群岛的经验之后断言，没有任何证据说明货币的输入和输出是由对外收支引起的。银行之所以把英镑兑换成当地货币，因为它需要这种货币以满足储户的需要；它之所以把当地货币兑换成英镑并不是因为它缺少外汇，而是因为它储备的当地货币超过了经济的需要。这样，我们就说明了，1912～1950 年，西非货币委员会为什么在向伦敦支付英镑之后发行了 11528 万镑，而它却只把 5580 万镑的非洲货币兑换成英镑。

数量论的解释是经不起批判的。一方面，正像我们所看到的那样，决定货币流通量的不是对外收支，而是经济的需要；另一方面，无论在哪里，不是货币流通量决定价格水平，而是恰恰相反。

有关 1920～1940 年埃及的数据（贸易收支、货币流通量和价格指数）说明[1]，根据理论模式，对外收支具有在繁荣时期好于萧条时期的趋向。在繁荣时期，出口的增长先是快于进口（1922～1924 年顺差增加），然后又慢于进口，以至收支差额从 1926 年起转为逆差。在萧条时期，变化的情况相反。我们没有掌握实际对外收支（长期资本流入、利润汇出和经济以外的固定成分：劳务、旅游、英国军

---

① 《埃及统计年鉴》和（就英国而言）《国联年鉴》，见萨米尔·阿明论文第 407 页。

队）的其他任何数据。这些因素可能加剧了运动（在繁荣时期，资本流入；在萧条时期停止流入）。

另外，在收支差额的变化和货币发行量的变化（当收支差额为顺差时，发行量增加；当收支差额为逆差时，发行量减少）之间存在着一种显而易见的一致性。尽管粗略计算的关联系数低，但是可以接受这样的设想，即在商品交换以外的实际对外收支因素的影响下，关联系数是高的。这些因素通过加剧收支差额的变化，使其达到货币流通量变化的规模（这里，货币流通量的变化小于贸易差额的变化）。

是否应当得出结论说，数量论的论点是正确的呢？决不是的。在埃及和在其他地方一样，繁荣表现为价格上涨。另外，繁荣改善了对外收支，但是这种收支并不是价格变动的原因。价格的变动是完全正常的。除此之外，不仅仅外部市场上棉花价格提高了，进口价格也相应提高了（这是埃及的供应国出现繁荣局面的后果），从而埃及的价格总水平趋于提高；但是，价格普遍地一致上涨和心理因素造成的占支配地位货币的价值波动自动传播（埃及的货币是英镑）加剧了总的变动。由于价格提高了，货币需要也增加了，货币流通量膨胀了。这两种变动的一致性确实存在，但显然是价格先发生变动。

然而，埃及的价格波动比英国更强烈也是事实。是否应当把这一事实归因于对外收支在贸易数量方面的恶性影响呢？绝不应当。棉花这种原料的价格比英国制成品的价格波动幅度更大，以上就是这个特殊情况的原因。另外，在 1922～1938 年，总的趋向是下降，但是这种下降在埃及比在英国更加明显。我们把这种现象归因于经济高度垄断化国家（英国）的价格对经济低度垄断化国家（埃及）的价格的一般反应。无论如何，这种加剧的倾向不能归因于对外收支，后者在整个这一时期中都是不平衡的。

最后再谈一下夏贝尔发现的所谓在 1937～1953 年大多数"欠发达"国家的货币流通量的变化先于价格的变化。这只不过是一种错觉。大体说来，这段时期是一个繁荣时期。然而，货币流通量的增加快于价格上涨的趋势并不难解释。一方面，实际国民收入增加了，按照不变价格计算的货币需求也随之而增加。另一方面，"欠发达"国家的"现代"货币（纸币和存款）的储存使经济体系的货币需要增加。另外，正如夏贝尔[1]自己用大量篇幅证明的那样，主要是货币流通速度随着发展而减慢。在这些条件下，货币数量比价格水平增长更快就是正常的了。如果在计算价格上涨和货币流通量的增加之间的关联的时候，把货币流通量的增长置于先行的位置，便会发现这两种现象之间具有更大的对应性，于是人们错以为货币流通量的增长是原因。我们还要补充一点，在战争期间，由于不可能进口，"欠发达"国家中的这种变动与硬通货的积累是同时进行的，因此完全造成这样一种错觉，即把对外收支、货币流通和价格机械地联系在一起。

总而言之，价格与货币流通相应变化的现象在"欠发达"国家比在发达国家更为明显。我们要把这种差别归因于这样的事实，即在"欠发达"国家中，货币发行的机制是自发运行的，因而货币流通量直接适应于需要量；而在发达国家中，中央银行实行的"信贷管理"，也就是国家进行的大量货币调节掩盖了货币流通量与需要量之间的关系。我们在下面还要讲到"欠发达"国家缺少信贷管理的含义和影响。

在外国货币流通的情况下（例如过去的古巴），货币现象没有什么不同。在对外收支、货币流动资金量和银行信贷量之间存在着一

---

[1] 夏贝尔：《经济结构与货币理论》，巴黎，1956，第 136～139 页；关于美国经济（1800～1945 年）又见瓦伯顿：《资金周转率的长期趋势》，《经济季刊》，1949年 2 月；汉森：《货币理论与税收政策》，牛津，1968。

种表面的关联。但是人们从这个例子中看到，1931～1936 年对外收支的好转并没有引起货币流通量的膨胀，后者仍然是同总的经济形势有关（银行信贷量也是这样）。这完全证明了实际对外收支的独立性和银行资本收支的独立性。另外，古巴的实际对外收支和银行收支的总的顺差使瓦利克认为，货币流通量是有实际根据的。

6. 货币流通的成本

许多经济学者把实际对外收支和银行资本收支与国际收支混为一谈，从而断言，外汇本位制属于一种 100% 的黄金流通制度。他们断言，从长期来看，使用支票的普及速度超不过对纸币的需要的增加。必须以实际的出口来"支付"外国纸币的必要流入。

一旦人们区别了两种收支，一旦人们承认趋于平衡的只是实际对外收支（由于收入的转移），外汇本位制成本过高之说便彻底破产了。

但是，如果殖民地的货币流通是靠当初向伦敦转移黄金或者是靠建立准备金（这些准备金从当地预算中扣除，归货币委员会拥有——这是对当地经济的名副其实的榨取）"买来的"，那么可以说，创建该制度的成本是极其高昂的。

另外，实际对外收支趋于平衡。如果这种收支达到平衡，并且殖民地输入一些货币以便满足它的流动资金的增加需要，则实际对外收支和银行收支的总和为顺差（顺差的数额等于输入的银行资金）。

人们于是得出这样的印象，即外汇本位制必须以出口大于进口为条件以便"支付"货币输入。

（二）"被支配"货币与货币幻想

可以从三个主要方面来严格批判外汇本位制。

第一，外汇本位制使占支配地位的货币的价值波动自动地传播。

其实，也谈不上什么传播，因为在这种制度下，流通的货币就是统治国的货币。我们将会看到这种传播的原因和结果以及"被支配货币"制度能否避免遭破坏。

第二，外汇本位制加强了发达国家统治下的经济区内部的一体化。[①] 首先因为，经济活动的自由（没有汇兑控制）有利于外国资本的渗透、利润的汇出和贸易交换，这是根本性的原因。其次因为，被统治国没有任何实施独立贸易政策的自由。它被剥夺了一切外汇资金，外汇资金都流入设在外国的基金组织，而它无权管理。葡萄牙正是依靠它的殖民地对美国的收支盈余才拥有一种坚挺货币。这些美元资金只对葡萄牙有利，而对它的殖民地无利可言。只要占支配地位的货币可以自由兑换成外国货币，这种制度尚可容忍。但是，有朝一日这种货币停止兑换，该制度就变得实在不可容忍了。埃及在战争期间积累了 4.15 亿英镑，不但不能兑换，而且还被冻结在伦敦。印度、缅甸和中东共计积累了 173200 万英镑，各个自治领地积累了 38400 万英镑，英镑区其他国家积累了 60700 万英镑！在殖民地历史的每一个阶段，都有这样一些领地供养着宗主国。战后，加纳、尼日利亚和马来西亚用存款在销售委员会中的储备金支持英镑顶住了美元的冲击。[②]

自从 1945 年起，法属殖民地的对外收支经常对所有的外汇都呈现逆差，诸如此类的情况确实存在。在这种情况下，是宗主国向殖民地提供必要的外汇。但是作为交换，殖民地必须在进口中给宗主国以优惠。由于汇兑控制的统一规定和禁止同外国谈判（这是一种

---

① 布洛克·莱内：《法郎区》，巴黎，1956，第 35、261、276、382 页；内弗：《英镑区的组织和英镑的国际作用》，《应用经济学》，1953；数字引自布洛克·莱内著作第 488~489 页和上引《应用经济学》，第 189 页。

② 鲍勃·菲奇和马利·奥本海默：《加纳，幻想的结束》，《每月评论》第 3 期，1966，第 36 页。

法律和经济的禁令——储备金不由殖民地管理），殖民地不得不提供这种优惠。

第三，外汇本位制妨碍着按照当地需要"管理信贷"。这是该制度最经常受到的批判，但却是最无力的批判。

正如我们已经看到的那样，把货币的发行机械地同对外收支状况联系在一起这种论断是绝对错误的。相反，我们将看到，"欠发达"国家在取得了真正的货币独立（汇兑自主权和汇兑控制）之后，很可能使这种论断变为正确，也就是使对外收支成为当地货币发行的唯一决定性因素！

事实上，在外汇本位制下，当地的货币发行同宗主国的货币发行都要受宗主国中央银行的控制。经济学者们不断夸大这种"信贷管理"的重要性。一般而言，指出货币流通量适应于需要量就是否认真正管理货币发行的可能性。然而，我们在下面将会看到，由于货币不可兑换和垄断的发展，通货膨胀式的货币发行（在中央银行同意之下）如何从可能变成现实。按照这种理解，"管理信贷"（停止或者批准这种发行）具有某种意义，尽管这是一种消极的意义（如果经济体系不许可，就不能发行，而只能违背生产者的意愿，停止发行）。争取在当地获得这种通货膨胀式的货币发行的可能性，或者更确切地说，从服从统治国的政策这种必然中解放出来就成为新理论的内容。

该理论深受国际组织的影响，它提出了三个主要原则，根据这三个原则，最近二十年来主要的改革已经完成：①扩大萌芽状态的货币市场和金融市场；②放弃外汇本位制，代之以一种避免汇率僵化的灵活体制；③创建拥有独立的黄金或外汇准备金的中央发行机构。

事实上，我们将会看到，这一切努力并没有导致管理信贷的自由（按照摆脱外国商业银行强权控制的意义理解），只不过导致了汇兑控制，甚至导致了银行国有化。不过在这种情况下，有关国家已经真正"脱离了国际货币一体化"。但是，即便在采取上述极端做法的情况下，新的制度仍然没有把当地经济从占支配地位的货币的价值波动的传播中解放出来。相反，新制度却给当地经济带来了大量的混乱。在没有汇兑控制的情况下，货币发行仍然独立于对外收支状况。但是，已经不再是固定不变的汇率引来了混乱：在对外收支失衡的情况下（指因经济原因引起的失衡：危机使流动资金过剩，造成资金外流），汇率下跌。假若控制汇兑，对外收支决定货币发行则会变成为事实！

这一切都使踏上货币独立之路的国家沿着这条道路越来越远。在第二次世界大战以前，外汇本位制盛行于非洲和亚洲两个"欠发达"的大陆（中国除外）和拉丁美洲的一部分地区（加勒比群岛）。战后，创建当地货币制度的运动始于亚洲。如今，整个亚洲、阿拉伯世界和非洲英语国家都不同程度地享有货币独立。只有法语非洲仍然属于典型的外汇本位制。在亚洲和中东，某些国家已经完成了这种运动。它们建立了拥有自主的黄金或者外汇准备金的中央银行。它们建立了汇兑控制。埃及是这些国家的典型范例。另一些国家完成得尚不彻底。它们采用了一种比较灵活的制度。有时，它们继续把外汇和黄金存入某个"外国的外汇基金"。与此同时，它们也创办了一些中央银行，决心自由地规定它们的汇率；而且，为了真正享有这种自由，它们决定至少把一部分外汇和黄金资产保留在国内（印度、巴基斯坦、锡兰等国）。至于说南美洲（同过去的中国一样），它从来没有经历过外汇本位制。它在整个 19 世纪期间，一直实行一种当地的纸币制度。在这一地区，货币独立的取得表现为中央银行独立地控制货币发行（也就是用一种不可兑换的信贷货币取代纸币），有时则表现为建立汇兑控制。

对旧的货币制度的简述使我们看到，即便在从前使用纸币的时候，仅外国银行的存在这一点，就可以使货币发行按照需要进行调整。

1. 19 世纪外围国家的纸币制度

外汇本位制是"欠发达"国家的典型制度，是经过长期的摸索才被采用的。确实，人们往往发明了制度，但却没有把它上升为理论。在很长的一段时期中，在安第列斯流通着一种不可兑换黄金，然而可以兑换宗主国票据的债券。汇率随着收支的状况而浮动，因为没有任何机构负责按照固定汇率无限额汇兑。①

一般而言，在整个 19 世纪，殖民地、东方和拉丁美洲国家往往使用金币或者银币（中国、日本、荷属印度、印度、波斯帝国、拉丁美洲，巴西除外）。外汇本位制是逐渐地被采用的：印度在 1898 年，菲律宾在 1903 年，海峡殖民地、暹罗、古巴、墨西哥在 1904 年。1899 年，阿根廷采用了一种直接的黄金汇兑本位制（不像 1898 年以后的印度那样以某个特定国家的金币为中介），"兑换银行"承担了黄金与当地货币的相互兑换工作。后来，巴西也建立了同样的制度。只有中国仍然使用它的银圆和银锭。至于拉丁美洲，它在整个 19 世纪一直是纸币盛行的地区，纸币与银币同时流通，银币币值因发行量的变化而浮动。很久以后，墨西哥才从汇率和银价浮动的状况过渡到外汇本位制。其他国家不愿这样做，直到 20 世纪，它们才通过创办现代的中央银行把自己的货币最后稳定下来（不可兑换的信贷货币）。拉丁美洲当时流通着由国库发行的纸币，它的经验值得探讨。

这种制度的内部缺点不言自明。在这种制度下，货币经预算渠道而不经银行信贷和商业信贷（汇票）渠道进入经济，可能会数量过多。当预算出现赤字的时候，便不按实际等价物凭空增加货币收

---

① 诺加罗：《货币与货币制度》，巴黎，1945，第 153 页。

入，于是价格上涨，对外汇率下跌。但是，在这里，我们假设预算是平衡的（美洲和中国的历史情况不是这样）。

只要对外收支失衡，就会导致汇率下跌。汇率下跌通过进口价格的渠道引起价格上涨。如果对外收支的失衡像没有汇兑控制的"欠发达"国家那样长期持续下去，那么就会出现贬值、涨价、再贬值的无限循环。

现在我们假设，实际对外收支和预算都是平衡的。货币流通量可能出现不足。我们已经讲过，货币仅仅通过国家开支的渠道进入流通。暂时缺少流动资金的商人求助于外国商业银行。外国商业银行为了满足该商人的要求而需要增加一定数量的该国法定的当地纸币。它们输入一些属于它们的资金，它们在汇兑市场上购买当地货币。这种交易逐渐使汇率升高，从而导致价格下降。在这种情况下，货币量按照需要的自行调整了，但代价是汇率和价格的持续混乱。这些国家的解决办法是，以信贷货币取代纸币，也就是创办一个享有货币发行权、能够满足该国增加的货币需要的中央银行。由于在这些国家中，该银行也同样遇到比它的实力更为强大的外国竞争者，因而必须采取汇兑控制。

这里所阐述的情况并不是凭空捏造的。拉丁美洲的历史（例如巴西）不折不扣地证实了这种模式。①

2. 被支配货币制度的现状

如今，在拉丁美洲先前的纸币制度基础上，在亚洲、中东和非洲英语国家先前的外汇本位制基础上，涌现出一批独立的货币制度。只有法语非洲还没有发生这样的变化。

自由规定汇率并不意味着汇率不再取决于准备金和对外收支状况。如果发行准备金仍然由外汇构成，则外国货币价值浮动的传播

---

① 施皮格尔：《巴西：分散的工业化和长期的通货膨胀》，第42页。

会继续进行。为了消除这种状况，必须以黄金来担保当地的货币发行。我们还将看到，发达的中心的价格变动归根结底总是扩大到外围。至于说对外收支，它通过汇率的渠道对自由的、官方的或者是非法的市场施加影响。只有控制汇兑才能使该国的对外收支平衡，从而维持其货币的坚挺。

尽管人们曾经对创办金融和货币市场以便调动民族资本和使中央银行得以用货币政策来"管理信贷"抱有许多幻想，但是至今结果十分令人失望。

创办中央银行无疑是新制度的关键①。那么就让我们来看一看，创办中央银行在多大程度上改变了货币发行对需求的适应。我们已经讲过，在外汇本位制下这种适应是充分的。从技术角度来看，货币发行与发达国家模式类同，中央银行的准备金必须相当于货币发行量的某一最低百分比（埃及、印度、巴基斯坦、印度尼西亚），或者是超过某一最高额发行的银行券必须全部受到担保（缅甸）。在有些国家，货币发行的规则十分宽松（锡兰、泰国、菲律宾）。准备金（黄金或者外汇）的性质对于理解经济上占支配地位的国家的货币价值是否自动地向经济"欠发达"国家传播具有很重大的意义。我们暂时只研究当地中央银行是否能够"管理信贷"的问题。为此，必须先后研究自由汇兑的情况和控制汇兑的情况。

① 《锡兰中央银行的试验》，《银行家》，1950 年 7 月；马克拉埃：《中央银行的试验：圣多明哥新银行的研究》，《银行家》，1948 年 10 月；米克赛尔：《中东的英镑区货币》，《中东杂志》，1948 年 4 月；纽因和罗恩：《英属非洲殖民地的货币和银行》，第 8 章；普伦普特里：《英国自治领地中央银行》，多伦多，1940；拉吉：《埃及的货币制度》，伦敦，1935；罗森贝格：《依附经济中的银行：新西兰和爱尔兰的比较》，《银行家》，1947 年 10 月；塞耶斯（出版者）：《英联邦的银行》，牛津，1952；森：《欠发达货币市场下的中央银行》，加尔各答，1952；特里芬：《拉丁美洲的货币发展》，《联邦研究公报》，1945 年 6 月。

（1）自由汇兑的情况

在这种情况下，中央银行对外国商业银行的政策没有影响。管理信贷必须以中央银行和商业银行的力量对比有利于中央银行为条件。然而，在"欠发达"国家中情况却不是这样。发行银行拥有有限的外汇准备金，它们所面对的却是拥有无限资金的美国和欧洲大银行的分行。尽管成立中央银行的法律规定，中央银行有权规定其他银行的准备金和负债百分比、有实行开放市场的自由等，但事实上，货币发行并不受中央银行的这种管理。[①]

因为，必须知道，"欠发达"国家的商业银行是不向发行银行再贴现的。虽然由于历史和技术上的原因在英国也有这种情况（各银行并非因此就不依赖于英格兰银行），但是在"欠发达"国家，原因有深刻的差别：在"欠发达"国家，商业银行之所以无求于中央银行的帮助，无非因为它们比它们的法定的当地上级更为富有！在必要时，外国银行便从它们的总行取得透支，并且按期偿债。这种财力上的差别除了使中央银行不可能管理发行之外，还具有一种令人遗憾的"高流动性偏好"副作用。由于属于当地国籍的银行不像它们的外国竞争者那样拥有中心的无担保贷款，因而他们不得不保留一笔储备金，而在发达国家中，这样做就大可不必了。古巴的历史说明，如果当地银行得不到发达国家的无担保贷款，但要在它们所拥有的储备金基础上同外国银行发放同样多的信贷，那么在危机的情况下，它们很快就会处于走向破产的境地。[②]

这种"高流动性偏好"表现为准备金的提高和负债总额中对中

---

① 在这里也应当避免把国外商业银行与外围的中央银行之间的关系同外国银行与中心的中央银行之间的关系混为一谈。美国在欧洲的银行网——按照金德尔伯格在《欧洲经济一体化和独一无二的长期资本金融中心的发展》（《世界经济档案》，1963）中所提出的说法，即"绝对仅有的真正的欧洲银行"——的扩大是一个属于另一种性质的问题。

② 瓦利克：《出口经济的货币问题》，剑桥，1950，第52～58页。

央银行的负债额增高。它十分不利于调动存入当地银行的当地储蓄。它发生在资本主义部门，也就是说恰好发生在没有任何理由发生高流动性偏好的经济部门。在经济"欠发达"国家特有的"分封式"储存发生的部门，储蓄的本质不是为了投资。在这种条件下，储存丝毫没有"通货紧缩"效果，而且，它不是凯恩斯提出的有害的流动性偏好，而是同奢侈品的消费更为接近。但是，在这里，我们必须面对一种真正的凯恩斯式的"高流动性偏好"。

由于同样的原因，如果中央银行改变商业银行的准备金和负债之间的百分比，那么商业银行丝毫不会被迫压缩信贷量：它们可以从宗主国输入必要的资金，以便提高准备金水平。另外，在几乎不存在国库券市场的国家里，开放市场是行不通的。

因此，在这种情况下，中央银行什么也管理不了，外国商业银行仍然是该国货币流向的主宰者。但是请注意，如同在外汇本位制度下一样，货币流动资金量仍然适应于当地需要量。

用这种观点来看，货币独立没有带来任何新的结果。相反，它却是造成严重混乱的根源。在这种新的制度下，汇率具有一种实在性。对外收支的失衡会导致它的下跌和价格的上涨。如同在 19 世纪拉丁美洲的制度下一样，这种失衡可以由银行的政策产生。假设中央银行为了限制信贷而拒绝再贴现，而外国商业银行决定不予服从，从其总行输入流动资金，那会发生什么情况呢？汇率突然受到剧烈的压迫而上升，从而引起价格上升。混乱状况有长期持续的可能。

中央银行同外国商业银行在对总政策发生分歧的时候，可能展开激烈的斗争。在这种斗争中，政府确实掌握着一种有效的压力手段：可以控制汇兑。汇兑控制可以使外国商业银行用以逃避中央银行信贷管理的所有办法都失去作用。这样一来，"欠发达国家就真正脱离了国际资本市场"。如何区别"为了自我投资"而流入的资本和银行为了向经济体系提供"发展所必需的"流动资金而输入的资本呢？瓦利克充分意识到了这种左右为难的困境。尽管从货币方面来看，控制汇兑是有利的，但他还是否定了汇兑控制，因为这种控制把国家孤立在国际资本市场之外。[1]

假如某个外汇管理局能够相当巧妙地发现外国银行输入流动资金的秘密，那么中央银行就可以"指挥"商业银行，迫使它们求助于它的帮助了。但是代价又如何呢？

（2）控制汇率和汇兑的情况

现在，中央银行可以指挥外国银行，禁止它们输入流动资金了。可是，这种利益是用十分沉重的代价换取的：第一，因为现在对外收支的波动直接影响着发行；第二，因为现在货币的黄金和外汇准备金是用实际出口来支付的；第三，因为现在商业银行不能再向经济提供帮助，用坚挺的外国货币来保证商业银行的贷款。

a. 信贷和对外收支的波动

国际收支的逆差（或者顺差）表现为外汇的流出（或者流入）。在"欠发达"国家，这些变动可以通过汇率的渠道决定价格总水平的波动。而这些波动又导致货币需要量的变化。但是，更为有害的是，构成当地的发行"准备金"的这些储备的变化迫使银行按照国际收支的变化来决定信贷量，而国际收支的状况毕竟不取决于"欠发达"国家，而是取决于发达国家的经济状况。

我们曾经见到过这样的论断，即在"欠发达"国家中周期性的波动因货币量的恶性变化而加剧。我们已经否定了这样一些数量论的论断。可是，尽管我们丝毫不同意这些数量论的模式，我们却必须承认，当地银行系统对国际收支状况的反应有可能加剧对外收支的困难状况。

国际收支的逆差会导致当地银行系统的外汇减少，如果外汇流

---

[1] 瓦利克：《出口经济的货币问题》，剑桥，1950，第256~259页。

失过多，银行可能（而不是"应当"）因此而缩减对整个经济和对出口的产业的信贷量。这些产业可能被迫缩减产量，从而加重对外收支的逆差。另外，对外收支的顺差并不会给当地经济带来任何好处。不仅仅银行可能面临着因生产者不需要增加信贷（主要由于出口量已经很可观，不可能再有增加）从而使入超的外汇失去作用，而且，在确实发放了信贷的情况下，发放信贷所引起的价格上涨趋势（此外还有其他一些后果，比如，由于该国在经过一年的顺利出口之后，资金宽裕，当地市场上需求过猛）妨碍了出口量的增加，甚至降低了出口量，这将使该国很快地失去在对外关系中的有利处境。

无论如何，这种货币依附引起当地发行机制的长期失衡：积累越来越不稳定，越来越依赖于对外收支的机遇。

b. 货币准备金的代价

还必须指出，就"欠发达"国家而言，要实现货币独立，就必须付出高昂的实际代价。构成当地货币准备金的外汇是从出口对进口的实际盈余中取得的，因为外汇管理局要平衡实际对外收支和银行收支的总收支，以便保持它对当地外汇的管理。所以，该制度相当于以黄金为货币流通准备金的制度。这种额外的代价、这些虚假的经济费用无疑会表现为储蓄量的相应收缩。确实，这种代价并不像它所表现的那样高昂：外汇仅仅是当地的发行准备金，而且只是一部分准备金。

然而，这种代价只有在货币独立的情况下才存在。而在以前的外汇本位制度下，情况并非如此。

这种情形并不是"欠发达"国家特有的。在发达国家中，货币流通有一部分也是由黄金和外汇担保的。这是生产体系的虚假费用。在这些国家，中央银行的政策也可能受到对外收支变化的制约。

然而，"欠发达"国家同发达国家有一种量的差别。"欠发达"国家的对外收支的周期性波动和对外交换对商情的敏感程度比工业国大得多，因而经济体系所付出的代价也大于工业国。

c. 银行的劳务价格

在这种条件下，是否因为外国银行系统向当地经济提供了劳务，因此当地经济才付出了这种代价呢？这实际上提出了一个严肃的问题，即银行系统使经济付出"实际代价"的问题。"经济体系的其余部分"为银行系统的服务，即用于维持经济正常运行的短期贷款支付利息，是一种收入转移，这种收入转移的起源应当到历史中去寻找。假如19世纪的企业主人人都拥有一笔最初的黄金储备，而这笔黄金储备又与"必要的流动资金"量相等，假如新增加的黄金产量与经济增长按同样速度递增，那么短期信贷就不会发展成今天这个样子了。然而，当时尽管黄金是唯一得到社会承认的货币，但是它的流通量越来越不充足。银行利用这种形势，以收取利息作为报偿，发行信贷货币：可兑换的纸币或者代表货币。于是，银行承担了兑换所包含的风险，因为企业主随时都可能来兑换金币。我们有理由断言，由于兑换的停止，这种风险已经消失了。的确，商业银行仍然面临着一种风险，因为信贷获得者随时可能来索取银行券。在中央银行不自动向商业银行提供信贷的情况下，后者便面临一种风险。但是，如果商业银行使其政策适合于中央银行的愿望，后者则保证向商业银行提供帮助，那么，商业银行就不再面临任何风险了。不过，即便在这种情况下，中央银行也要使经济为这些新增加的货币量付出代价。

利息不再是对承担风险的回报。中央银行变成了一个为经济提供支付手段的公营机构。利息不再是这种劳务的报酬，而是一种限制货币需求的合适手段（这或许就是凯恩斯为在这方面证明利息的作用而做出理论上的努力的原因）。此外，还存在着限制这种货币供

给的其他手段，① 信贷的数量和质量控制使这些手段大量增多。在有
计划的社会主义经济中，银行对企业的贷款严格限制在计划规定的
数量之内。由于企业没有相互贷款的权利，银行对货币发行的控制
比在西方更为有效。显然，由于计划规定了产量，企业的投入产出
的价格和分配均已给定，因此，"信贷"发放量是事先知道的。丝毫
不需要用利率来限制货币需求。在这里，不应当去讨论两种方式孰
优孰劣。不管怎样，银行贷款的借取者支付利息丝毫不会使经济变
穷。因为，尽管利息的支付影响着发展的速度和方针，但是利息从
一些人（企业主）手中的额外利润变成另一些人（银行家）手中的
额外利润。

　　在"欠发达"国家，情况截然不同，利息的支付反映了当地经
济的实际损失。让我们看一下 1957 年外国银行国有化以前埃及的例
子。银行每年都从棉花收成中扣除一部分价值，以便提供短期借款
服务，而发行当地纸币也可以提供这种服务。在 1914 年以前，银行
每年都输入大约 1000 万镑以便资助农业。银行担当的风险很小，这
种风险被当地经济中金币的流通所抵消。1914 年以后，仅埃及的外
国银行与其设在伦敦的总行之间的转账情况就可以反映出这种短期
资本流动。那时，对埃及经济而言，由于该国得到了外汇，而外汇
又是借款者的一种可靠的担保，因而有理由支付利息这种交易费。
但是如今，由于汇兑控制的建立，每年用于资助农业的是当地的存
款而不再是外国资本了。必要的补充（因为存款不够用）完全靠发
行"当地的"代表货币取得。可是，棉农因当地经济向其提供这种
服务而支付的利息却被输出国外，因为这些利息是依法享有外国国
籍的银行的利润。在这种情况下，这些银行虽然具有外国国籍，但

---

① 见《经济杂志》专刊：《信贷分配与管理》，1951；贝特兰：《计划化的理论
与实践问题》，巴黎，1951。

提供不了任何更多的担保。如果棉农无力偿还借款（例如在棉花滞销时的情况），则虽然埃及储户的储蓄已被贷出，他们却得不到任何更多的担保，除非处于资金拮据境地的银行是埃及银行，因为欧洲的汇兑控制可能禁止设在埃及的分行输入资本。更何况，棉花收获其实并不靠当地储蓄资助，而仅仅靠发行当地货币来资助；这样一来，当地储户便不承担任何风险了。如果棉花滞销，中央银行将通过增发货币来接济生产者。为通货膨胀行动付出代价的是整个经济体系。因此在这种情况下，外国银行没有带来任何更多的担保。这就足以证明银行国有化是有理由的。几年以后，出于同样的理由，坦桑尼亚也实行了银行国有化。

在这种条件下，人们是否应当认为创建独立的中央银行系统对"欠发达"国家具有消极作用呢？先前的制度，即外汇本位制充分地发挥了它的作用，它以低廉的价格提供了当地经济所需的全部流动资金。此外，该制度还为货币的稳定性、为使用一种世界性的坚挺货币、为对外收支可能出现的失衡提供了保证。取代它的制度为经济机制带来了大量的动乱因素，带来了汇率和价格的不稳定，而且代价高昂。这种制度必须以用实际价值担保货币发行为条件。另外，它使外国银行的担保化为泡影，从而使外国银行的服务徒劳无用，贷款利息增加。这一切代价都是为了得到梦寐以求的信贷控制！

不过，货币独立是一种必然。它是控制必要的对外关系的条件，以便保护当地工业（只靠海关关税有时是不够的——配额制度有时更为奏效）、控制和支配外国资本的流入、限制利润的汇出及监督和控制外国商业银行实行的政策等。至于说这种制度的缺陷，它们其实与"欠发达"有关，而与该制度本身无关。因为具体说来，对对外关系的有效控制之所以必要，是一些实际的原因，而不是一些货币的原因。所以，货币独立是实际发展政策的必要条件，但不是充分条件。

三　外围国家银行信贷的实际运行和金融市场的局限性

所以，指责"欠发达"国家的货币制度向经济忽而提供过多的货币，忽而提供过少的货币都是没有根据的。货币和银行机构——虽然那是外国的机构——向经济提供了经济所"需要"的货币。但是，外国商业银行的活动满足了谁的"需要"呢？

在"欠发达"国家中，银行并不是资助所有的经济活动部门，这是尽人皆知的事实。这里的问题并不是为什么在这些国家中银行系统不资助"发展"，因为银行的作用不是增加投资（除了已在银行系统积累机制中的"积极"作用那一节中研究过的第二种作用之外），问题是为什么商业银行不向所有生产部门提供正常运行所必需的流动资金。

当然，在这种讨论中，必须排除一些虚假的问题或者提得不恰当的问题。这样，就不难说明为什么大型商业银行对于手工业、小企业或者农业的"现代化"所提出的投资要求不予理睬。这些部门实际上需要一些特殊的、中期的和条件优惠的信贷，不是为了加快它们的资金周转——这是银行信贷的主要作用——而是为了在有可能的时候，也就是在当地的大型现代工业或进口商品的竞争没有迫使它们必然消亡的时候，得以实现现代化。同样，要求银行资助新企业也是没有正确根据的，因为那是创办企业的基金会的责任。还应当知道，这种把商业银行排除在该领域之外的分工方法是法国和英国历来的正统分工方法。在德国、意大利、美国、日本，银行对民族资本主义起到过这种作用。

实际上，银行对于已经实现的，也就是对于建立在外部市场扩大基础上的外围资本主义发挥着它们所应当发挥的作用。这种外围资本主义有时是外国的资本主义，有时是民族资本主义。的确，在某些情况下，银行系统似乎只为外国人的部门服务，但是在"欠发达"国家中，这并不是银行的一条绝对的行为准则。甚至不如说是一种例外，其原因在于占据支配地位的外国资本的总战略（经济的和政治的）。① 因此，非外围的民族资本主义（即建立在内部市场基础上的自主的资本主义）部门几乎总是遇到发展的困难，其主要原因就是遭到银行的这种"冷遇"，这种情况是具有典型性的。在这种情况下，相对能够得到顺利发展的部门是那些能够在初级经济中直接实现原始积累的部门。②

我们把在"欠发达"国家中只局限于向出口生产的经常性活动发放短期信贷的现象称为"惯性"。③

这种特殊的局限的原因在于，半资本主义的产业部门实际上不

---

① 例如，法郎区非洲国家的情况就是这样。塞内加尔的资产阶级——外围的——在殖民化初期曾经起到了重要的历史作用，后来又被这种殖民化所消灭；它的历史就是一个例证（见萨米尔·阿明：《塞内加尔的实业界》，巴黎，1969，第 11～29 页和第 172～179 页）。信贷分配中的"歧视"政策显然同这一历史有着密切的关系。

② 参见我们所研究过的塞内加尔肉类批发商同普通商贩和奴隶贩子对比的例子，萨米尔·阿明：同上书，第 97 页以后。

③ 这方面的事实很多，而且平淡无奇。参见我的上述著作第 97 页以后塞内加尔的情况。我们列举了大量的例子（萨米尔·阿明论文第 8 章第 429 页以后）：例如法属西非、阿尔及利亚、英属非洲殖民地、古巴、埃及、南亚等。关于对银行系统的描述和一些对银行业务的统计，参见巴斯特：《帝国银行》，伦敦，1929；穆兰扬：《印度的现代银行业》，孟买，1952；米罗：《海外领地的信贷管理》，巴黎，1954；纽因：《英联邦银行业中的殖民地银行》，牛津，1952；福尔泰：《埃及的银行》，巴黎，1938；联合国组织：《政府开办小型信贷银行与印度尼西亚的经验》，《亚洲及远东经济委员会经济公报》，1951，第 2 季度；罗恩：《尼日利亚当地银行的大发展》，《银行家》，1951 年 10 月；《尼日利亚的银行业》，《拉沃罗国民银行季评》，1952 年 7～9 月；《因地制宜的黄金海岸银行业》，《经济学杂志，非洲专号》，1952；塞耶斯（出版者），《英联邦的银行业》，牛津，1952；塔马尼亚：《中国的银行业和财政》，纽约，1952；布洛克·莱内：《法郎区》，巴黎，1956，第 242、241、234 页（关于法兰西联盟）；纽因和罗恩：《英属非洲殖民地的货币和银行业》，伦敦，1953，第 79、88 页（关于英属殖民地）；瓦利克：《出口经济的货币问题》，剑桥，1950，第 173 页（古巴）；伊萨维：《殖民地的货币状况》，第 217 页（埃及）；联合国组织：《东南亚和远东的民族资本的调动》；布克：《非洲的债务》，《非洲事务》，1949 年 4 月。

"需要"银行资助①。让我们看一看本地农业的例子。这个产业部门按照旧的方式运行。它拥有一定数量的流动资金，一般说来，这些流动资金足以适当地安排一年中的开支和收入。当农民感到缺乏流动资金的时候，并不是因为他的活动发展迅速，相反是因为他走上了破产的道路。于是，该农民求助于高利贷者。银行不愿意履行这种职能，因为这不是它所起的作用：它们不帮助濒临破产的农民。帮助小生产者抵抗大生产者的难以抗拒的竞争可以是农业信贷合作社的使命，但银行的作用并不是向受到破产威胁的企业贷款，而是向发展中的企业贷款。

本地手工业的情况也是这样。本地手工业过去不需要在外部资助下运行，它拥有自己的流动资金。当一个工匠需要钱时，这便是他的经济状况不佳、不能像往常一样销售其产品、在新工业排挤下走上破产道路的迹象。在这样的情况下，银行怎么会来挽救正在破产的工匠呢？银行要避免风险，它的作用是向那些以产业的持续发展证明其经济状况良好的生产者提供更多的流动资金。高利贷者加快了工匠的破产，以拍卖的方式清理工匠的财产，他比银行家更胜任于这种社会职能，而银行家却逃避了这样的麻烦。

正因为如此，在银行逃避责任的情况下，为了援助农业和手工业，为了削弱高利贷者的垄断，政府主动创办了一些合作组织。如果工匠们不实现其生产的现代化以便能够抵御工业的竞争，那么合作社也无法长期帮助他们。信贷合作社十分迅速地用长期和中期信贷资助这些产业的现代化。结果，信贷合作社通过支持最有活力的因素，从而促

---

① 　查尔默斯：《英属殖民地货币史》，伦敦，1893；克劳奇利：《外国资本在埃及的投资和政府债务》，伦敦，1936；科隆·托雷斯：《卡里贝恩的农业信贷》，《卡里贝恩经济评论》，1952 年 12 月；坦扎拉：《印度的农业信贷》，《太平洋事务》，1952 年 12 月；联合国粮农组织：《印度的农业信贷》，《太平洋事务》，1952 年 12 月；联合国粮农组织：《对小型农庄的农业信贷》；瓦利克：《出口经济的货币问题》，剑桥，1950，第 175 页。

进这些旧式产业的加速解体。此外，也存在着外国银行专门从事这种活动的特殊情况。我们可以举出道森银行在缅甸资助当地农业发展的例子，它加快了旧式农业的解体和新式农业的形成。但是，这种情况是十分罕见的。外国银行几乎总是只限于资助资本主义经济部门，而把分化当地自给自足经济的任务留给其他机构去完成。

"欠发达"国家的银行史与这些国家的外围资本主义形成史密切相关。当国际贸易大规模地开展起来的时候，欧洲的银行在这些国家创办了一些分行，以图为这种贸易经营提供方便。在历史上，大部分外国银行都是在殖民地的贸易公司所在地（一般是在港口）开办的，以便开展外汇交易。除了这些与出口密切相关的活动之外，同时还有一些金融机构向国家提供贷款。在埃及，开办银行是为了在欧洲大公司和埃及总督伊斯梅尔之间设置中间人。

银行非常关注对外贸易，这是一种十分普遍的现象。银行的业务范围由此逐渐扩大：它们渐渐地去资助同国际贸易有关的部门。在埃及，除了投资于棉花销售之外，它们还投资于窄轨铁路（用于棉花运输）。除了这些同对外贸易有关的活动之外，银行从来没有停止过资助某些公共事业，从而维持着一种十分古老的传统。它们协助当地政府创办了一些基本的公共事业，并且促进了发展对外交换所必需的基础设施的现代化。确实，这些行动在那个时代既是十分盈利的，也是同对外关系密切相关的：当时，取得这些公共事业的经营权的企业主是一些外国人。他们的垄断使他们得以从这种经营中得到优厚的利润，他们则通过银行把这些利润输往国外。

总而言之，银行系统的这种"惯性"是按照中心的需要来引导外围资本主义发展的强大手段。埃及的例子又一次证实了这种分析。每年在收获棉花的时候，货币量便大大膨胀。在收获小麦和玉米的时候，却丝毫看不到类似的现象。棉花的销售可以根据需要分几个月进行，银行系统随时准备出借待销期间所需的资金。这样一来，出口商便可以谋求征服新市场：棉花经济的增长享有很大的优惠。相反，小麦却必须按照传统的办法"迅速"销售。生产者想要扩大小麦的生产，但是如果他难以像以往那样迅速销售增产的小麦，银行系统是不会支援他的。他必须同"青黄不接"这个无法克服的困难搏斗。瓦利克认为，在古巴如果农民希望扩大水稻和玉米生产的话，情况就会是这样。他们已经通过塞内加尔的例子看到，可乐果的销售反映出类似的问题。[1]

银行的"惯性"的后果是"浪费"了该国的一部分或者是很大一部分储蓄。银行接受来自外国资本主义部门和该国其他产业的大量存款。这些存款不仅是流动资金，也是货币储蓄，甚至是全国的储存。银行不愿意把这些资金调动起来用于长期的发展——这样做是有可能的，但是没有赢利性——宁愿把这批储蓄输出国外，或者在当地用于国家开支。

正因为如此，人们往往看到——尤其是在殖民地时代——"欠发达"国家银行系统的流动性偏好处于高水平。我们已经为这一平淡无奇的事实列举了大量例子，这一事实反映出存款来源扩大与用这种存款在当地盈利的有限可能性之间的不平衡。[2] 当外围资本主义的发展强化了大庄园主土地资本主义，而大庄园主开始以现代方式大规模储蓄的时候，这种不平衡便特别地明显[3]。正是因为这种不平

---

① 萨米尔·阿明：《塞内加尔的实业界》，巴黎，1969，第91页以后。

② 参见萨米尔·阿明论文第435页以后：英属非洲殖民地、埃及、拉丁美洲和东南亚的例子。统计资料来源以下几处。纽因和罗恩：《英属非洲殖民地的货币和银行业》，伦敦，1953，第84、87、92页（英属非洲）；瓦利克：《出口经济的货币问题》，剑桥，1950，第187页（古巴）；伊萨维：《殖民地的货币状况》，第220页（埃及）；国际联盟：《商业银行备忘录1913~1929年》，第57页；贾亚瓦德纳：《一个经济欠发达国家的流动资金问题》，《锡兰经济》，1952年第2季度；纽因和罗恩：《英属非洲殖民地的货币和银行业》，伦敦，1953，第79页；福阿德·穆尔西：《货币经济》，第258页；萨米尔·阿明论文：《可储蓄收入的使用》。

③ 例如，埃及的情况就是这样，我们已经试对大地主收入的"储存"量——十分可观——进行过测定（同上萨米尔·阿明的论文）。

衡，许多"欠发达"国家的利率才低得异乎寻常。所以，以活期银行存款形式进行储蓄积累是银行系统的"高流动性偏好"造成的，而不是个人的流动性偏好造成的。由于银行对当地经济帮助很少（表现为银行系统的"高流动性偏好"），因而银行的利润很少，以至于不能用高利率政策吸引存款。银行不需要这些过多的存款。无论存款的期限有多长，银行一向只付给很低的利息（在埃及是0.5%~1.5%）。而储户也往往以活期存款的形式存放他们的储蓄。

可以想象，由于缺少一种能够把这些钱用于生产性开支的银行系统，"欠发达"国家的经济蒙受了多么大的损失。如果一边储蓄，一边把储蓄用于投资，那么就可以造成一种实际的生产能力，而生产能力也就不会像如今这样受到货币贬值的影响了。

此外，"欠发达"国家的信贷货币和代表货币因被储存而不断退出流通，这是一股强大的通货紧缩力量。"欠发达"国家的传统式的储存（积累黄金）与奢侈品的消费具有同样的效果。这种具有前资本主义性质的"现代"式储存却具有通货紧缩的效果。但是这并不是凯恩斯所说的那种通货紧缩效果，因为，这种储存不是投资效益不足造成的，所以它不是被迫的，而是完全有意识的。但是，这种储存是购买力的亏损，亏损的这部分购买力无法形成需求，因而使投资效益更加不稳定。

当然，如果银行把与这种储存相等的一笔额外信贷投入经济循环之中，那么这种储存可能对价格毫无影响。正如罗伯逊所指出的那样，这种情况的发生是正常的：当存款的流通速度减慢的时候，银行便知道，它们可以提高贷款水平了。它们创造一部分额外购买力，这部分额外购买力在需求市场上补偿了储户造成的购买力亏损。价格保持了稳定。这样一来，一些人的储蓄就可以资助另一些人的投资。严格的法律制度禁止商业银行同时发放短期和长期信贷。在欧洲，这种严格的制度是可以理解的，那里的商业银行存款一般不是储蓄存款。获取大量的利润的前景和这种做法的巨大安全性应当克服这种严格的制度。这并不是说应当把短期储蓄变成长期储蓄（像德国人冒险从事的那样），而仅仅应当把储蓄的所有者用来长期存放的储蓄用作生产性投资。建立这种严格的法律制度的原因应当到银行系统的实际因素中去寻找：由于外国的竞争，国家的工业化没有赢利性。此外，银行与该国的外国大企业关系密切，不愿意同这些外国大企业竞争。

在这样的条件下，这种形式的储蓄无疑具有通货紧缩的效果。假设这种效果被银行的一种积极政策所抵消，那么这种货币储蓄积累的社会意义何在呢？一定数量的潜在购买力在这个社会阶层中积累起来。这一阶层的每一个成员都可以随心所欲地使用这种潜力，而这种潜力则加强了这一阶层的权力。但是，所有的储蓄者并不会一拥而上把这些资金一下子全部用尽，因为这会造成银行系统缺少流动资金和破产。假设中央银行用大量再贴现的方式来保护商业银行，这种做法的最终结果将是普遍的价格上涨（在没有实际的相应供给的情况下，需求骤增），而普遍的价格上涨会使通货紧缩的效果化为乌有。

另外，整个外国人的部门很少需要当地的资金。"欠发达"国家的大多数工业企业都是极为强大的垄断组织子公司。这些垄断组织本身在宗主国拥有商业银行。它们的资金是用之不竭的：求助于公众，在公众中筹集大量借款，调动欧洲储户的储蓄。无疑，大型垄断组织只是把它们所能够获得的资金长期投资于它们的海外子公司。它们不喜欢求助于本系统以外的银行，因为这样做会在事业上引来一个新的强者，或许是一个对手。即便当这些外国企业需要短期资金的时候，它们也不求助于设在当地的银行。母公司利用自己的银行系统汇来资金。在必要的时候，母公司干脆发行必要数量的货币，以填补海外子公司的暂时亏损。因此，这些短期信贷的利息不会落到垄断组织的公司网以外的银行手中。

这样的行为不乏其例。① 例如，联合非洲公司没有向英属西非的银行借过一分钱，甚至连短期借款也没有借过。赞比亚的铜矿生产者和伊朗的英伊石油公司也有同样的做法。

如果说外国银行对在当地存放货币资金兴趣索然，那是因为它们总是可以（至少在没有汇兑控制的时候）把这些流动资金输往发达国家的金融市场。这种在集中化的促进下，把当地储蓄大量输往发达国家金融市场的现象不乏其例。在这方面，我们可以引用加拿大皇家银行向北美金融市场输出海地储户存款的例子。我们也可以引用古巴的例子。当然，我们不能说，如果这种储蓄不被输出，就会自动地在本国得到利用。继阿利埃尼对这一问题的研究之后，瓦利克认为，这种输出不具有独立的资本运动的性质，相反，它的性质是一种由对外收支和总的经济状况引起的被诱发的运动。我们并不这样看，我们断定，这种输出是决定对外收支的一种独立的力量。在繁荣时期，储蓄的积累在经济"欠发达"的国家中数量很大，因而银行拥有大量可输出的资金。在萧条时期，储存的减少使这些资金减少。总的经济状况与贸易收支差额之间的一致性给人的印象是，这是一种被诱发的运动。不仅把当地储蓄输出国外，甚至把临时性的流动资金也存放到国外的倾向到处都可以见到。②

在"欠发达"国家中，外国银行有一种双重的惯例：它们可以是"外汇银行"，或者是外国放款者与当地政府之间的中间人。在相

---

① I. 格里夫斯：《殖民地的货币状况》，第58页；纽因和罗恩：《英属非洲殖民地的货币和银行业》，伦敦，1953，第80、90、92页。

② 在我们的论文中（第445~446页）我们列举了一些例子。联合国组织：《海地调查报告》；瓦利克：《出口经济的货币问题》，剑桥，1950，第191~192页（古巴）；施皮格尔：《巴西：分散的工业化和长期的通货膨胀》，第151页（巴西）；黑兹尔伍德：《英镑收支和殖民地货币制度》，《经济杂志》，1952年12月；马尔斯：《尼日利亚的货币和银行体系与信贷市场》，见《尼日利亚的矿业、商业和金融业》，伦敦，1948；萨米尔·阿明论文：《可储蓄收入的使用》。

当长的一段时期里，业已沦为殖民地的"欠发达"国家不再需要这些中间者，而是外国银行直接在宗主国市场上发行债券。另外，银行用它们的流动资金购买宗主国的国库存券，也就是充当宗主国的债权人。我们可以引用法兰西联邦的例子①，或者埃及的例子②。但是，在当前大部分"欠发达"国家中十分突出的倾向是，把这些流动资金资产用于日常行政开支。③

在发达国家中，金融机构促使存放在这些机构中的储蓄储备转化为长期投资；而在"欠发达"国家，一切做法都有助于把储蓄的资金，甚至包括储户希望长期存放的资金用于资助短期经济活动（因为这些存放在银行中的储蓄被用于资助对外贸易活动），甚至用于资助国家开支。而许多国家开支都是非生产性开支，只能为国库券持有者们带来利息。在"欠发达"国家中，"转化"机制在做反方向运行。

所以，外国商业银行既没有总是起到向所有经济部门提供流动资金的银行的传统作用，更没有起到资助国家工业化的实业银行的作用。

而某些当地私人银行试图发挥这样的作用几乎总是遭到失败。第一次世界大战期间古巴的经验和尼日利亚最近的经验都很有典型意义，埃及的米斯尔银行的努力几乎可以说是一个例外。④

当代许多国家为创立一个货币和金融市场、为了由国家创办一批公营的或者半公营的金融机构——证券交易所、储蓄银行、抵押和工业银行⑤——而倾注的努力成效甚微。大家知道，印度、墨西哥

---

① 布洛克·莱内：《法郎区》，巴黎，1956，第216页。

② 伊萨维：《殖民地的货币状况》，第222～226页。

③ 参见我们在论文中所列举的亚洲的例子，这些例子引自联合国组织：《东南亚和远东的民族资本的调动》。

④ 瓦利克：《出口经济的货币问题》，剑桥，1950，第56页；纽因和罗恩：《英属非洲殖民地的货币和银行业》；伊萨维：《殖民地的货币状况》，伦敦，1953，第102～113页。

⑤ 纽因和罗恩：同上，第148、124页；伊萨维：同上，第216和221页；詹姆斯：《埃及的信贷管理》，《埃及状况》，1939；联合国组织：《东南亚和远东的民族资本的调动》，《中东经济发展》，1945～1954，第41页。

和智利的尝试结果都不尽如人意，在投机热潮中诞生的证券交易所使储户们遭到破产，从而挫伤了他们的积极性。在另一些国家，繁荣的证券交易所（例如在南罗得西亚）只不过是宗主国交易所的分号而已，在那里，外国公司的股票在外国人手中转来转去。这些失败的最终原因归于"欠发达"经济的实际状况。创办金融机构的确能够促进资本的调动和集中，但是，如果由于外国的竞争，当地工业难于建立，那么这些资金也得不到利用。

四　外围的货币紊乱和通货膨胀

对外汇本位制的批判不仅强调该制度不能按照当地需要实行"管理"，而且还说明，该制度有助于占支配地位的货币的价值波动自动传播。下面，我们就来研究一下，"货币独立"在多大程度上使"欠发达"国家摆脱了这种与经济上占支配地位的国家的联系。由于当代的发达国家处在一种持续通货膨胀的形势之中，[①] 因而这个论题具有重要意义。当然，除了这种"传播的通货膨胀"之外，还有由于内部原因引起的货币紊乱。

（一）占支配地位的货币的价值传播

1. 在外汇本位制度下的传播

毋庸置疑，"当产品自由交换，而货币量实际不变的时候，价格水平必然是到处一样的。如果不是这样，那么差别可以归因于货币变动所无法制约的结构性原因（例如运输、劳动力或者能源的成本）"[②]。

---

①　被称为"不能摆脱的"通货膨胀。参见 P. 比亚卡伯：《对通货膨胀的当代分析》，巴黎，1962；A. 比昂亚梅：《充分就业状态下的增长和货币》，巴黎，1964；见以上两部著作的完整的书目。

②　布洛克·莱内：《法郎区》，巴黎，1956，第 39 页。

　　法国和海外的法郎区国家的价格相应变化是说明占支配地位的货币的价值波动自动传播的良好的例证。同样，1914～1939 年，英国、埃及和印度的价格波动也是相应的，[①] 但是波动的幅度有时不尽相同。这就证实，存在着一些影响价格的独立的当地力量。我们已经指出过储存具有通货紧缩的力量，并且指出过在生产中缺少垄断者。这些原因使"欠发达"国家的价格下降幅度大（上涨幅度小）。正是这些当地的条件——供求失衡是这些条件的反映——与上述传播机制相配合，造成了第二次世界大战期间中东的特殊形式的通货膨胀。[②] 当时，英国向东方债权国设在伦敦的冻结账户付款。作为交换，这些债权国的中央银行不光是取得了发行同样数量的货币的权利，而且还得向英国人的当地债权人实际付款。价格上涨的原因是当地的购买力在数量上大于供给，因为，账户被冻结在伦敦，东方国家无法进口价值相等的货物。正是由于这种供求之间的失衡，而不是由于增发货币造成的所谓数量机制，价格上升了。在正常条件下，进口量本应当增加，可是它却大大地减少了。总之，这说明，当地的供给越没有弹性（伊拉克），当地的军事开支越大（埃及与苏丹相比），价格上涨就越是猛烈。叙利亚和黎巴嫩的军队开支所造成的供求失衡虽然不比其他国家更严重，但是这两个国家的价格狂涨证明，经济上占支配地位的国家的价格变化所造成的心理因素在起作用。

　　就英镑区国家而言，这种心理因素仅仅起着次要的作用，英国的价格在战争期间只上涨了 30%。在这些国家中，供求失衡（需求过大）具有关键性作用。

　　相反，在法属殖民地中，[③] 心理因素的作用却重要得多。叙利亚

---

　　①　参见萨米尔·阿明论文第 453 页。

　　②　Z. 纳斯尔：《试论通货膨胀概念》，巴黎，1949；联合国组织：《中东经济发展》，1954，第 20 页。

　　③　H. 鲁兰德：《试谈非洲商情》，1957，第 53～70 页。

和黎巴嫩的例子证明了这一点，供求失衡则加剧了价格的上涨（1938～1945年，法国的价格上涨了490%，而法属殖民地的价格上涨了600%）。在北非和撒哈拉沙漠以南非洲，人们也注意到，价格上涨是心理因素和实际因素（当地的供求失衡）二者配合作用的结果。1943年以后，法属殖民地的价格是同宗主国的价格相应变化的。

2. 在"被支配货币"制度下的传播

无须论证在实行外汇本位制的时候，占支配地位的货币的价值对被支配货币的价值的直接影响，因为这时当地货币是不存在的，它只不过是外汇本身而已。可是在按固定汇率无限额汇兑被取消的情况下，如果被支配货币是以外汇为担保的，那么这种单向的影响基本上没有变化：如果外汇总额减少，那么由于当地货币的"准备金"数额减少，这种货币很快就会失去其最初的价值，因为该货币在很大程度上是靠公众的信任来维持其价值的。

当地货币的贬值并不仅仅是因为进口价格上涨。人们完全可以设想，国内的价格上涨只局限在"国际"部门，而"国内"部门却不受影响。在发达国家之间的关系之中，当汇率受到调整的时候，一般会发生这种情况。从表面上看，这似乎是一种反常现象：在各个经济部门"互为依托"的发达国家，价格上涨可以只局限在一个部门之内；而在并存着两个互不相关的部门，没有形成统一的经济整体的"欠发达"国家，与国际市场相联系的资本主义部门的价格上涨会全部传播到表面上貌似独立的本地部门中去。

或许，我们应当通过分析各阶层对货币的反应来寻求出现这种现象的原因。一个阶层的反应是"中性的"：这些人只求名义收入适应于价格水平，他们是"跟"在价格变化后边走的。另一些人则相反，他们属于在经济上占据支配地位的阶层。他们总是在窥测未来，以便了解未来的货币价值如何。这些人与贫穷阶层不同，他们之所以储备货币，是为了未来的需要，他们考虑的是货币未来的价值；

由于这种价值在很大程度上取决于信用因素，因而他们严重地影响着这种价值的变化。让我们举一个"欠发达"国家的例子。在这个国家中，拥有大量收入的人往往是地主。他想花钱，而且他知道，他必须到国外去购买称心如意的奢侈品。对他来说，货币的价值就是外国货币的价值。相反，在一个发达国家中，拥有大量收入的人是企业主。他想投资，而且他知道，他会在当地花掉他的大部分生产性开支：购置机器、支付工资。在他看来，只有在国内市场的供应来源于对外贸易的情况下，外围的货币贬值才会引起当地的货币贬值。瓦利克列举了一个很能说明这种论点的例子。[①] 在古巴，以扩大比索发行量来"赶走"美元的一切尝试都遭到了失败，因为比索是在一些有限的区域内流通的。比索的发行量如果超过这些区域的需要量，那么不但赶不走美元，而且会造成比索的贬值。在对外关系的范围内，美元始终是供不应求。瓦利克贴切地提出了这样的看法，即在比索流通的地方，货币主要是一种流通手段；而在把货币普遍用作"价值储备"的地方是美元一统天下。两种货币平行流通的存在决定着两种货币内部的汇率变化。虽然比索在某些时候略微出现升值，但这并不是因为它的未来价值被认为大于美元的未来价值，而是因为一种次要的和实际的原因：缺少辅助货币和小面值美元。

康迪拉已在其《论一般贸易性质》中使用了一章的篇幅来研究领导阶级通过哪些机制以他们的爱好决定各种产品的价格和产量。后来，人们把这种作用过分地归于工人阶级的行为（"工资"膨胀）。弗拉曼特发现，在战后法国的通货膨胀恶性循环中，投资利润与价格有关。[②]

1949 年埃镑的贬值是说明这种依附性的极好例子。从 1947 年

---

① 瓦利克：《出口经济的货币问题》，剑桥，1950，第 87、88 页和 139～145 页。
② 弗拉曼特：《通货膨胀理论——试谈凯恩斯概念的应用》，巴黎，1952。

起，埃及已经脱离了英镑区。不过，当时埃及货币的准备金仍然主要由英镑构成，埃及不得不随着英镑一起贬值。这样做的目的是要避免埃及同占支配地位的国家英国之间关系恶化（按照英国货币计算，埃及出口价格上涨），但付出的代价是为埃及同其他国家的关系增加了困难。英镑收支在两国之间造成的经济联系也是一个原因，如果埃镑不贬值，英镑会丧失更多的价值。但是突出的原因是，英镑资产担保着埃及的货币。F. 穆尔西以"软英镑本位"这个恰当的说法形容了埃及在法律上有确定其汇率的自由，但在经济上却仍然不得不屈从于英镑的状况。如今，马格里布与法国的关系和许多英联邦国家与英国的关系就是处于这种状况。

货币独立并没有使"欠发达"国家摆脱占支配地位的货币的变化的影响。奇怪的是，占支配地位的货币的价值可以通过对外收支的渠道施加影响。假设"欠发达"国家所发行的独立货币75％由黄金担保（7500万单位），25％由外汇担保（2500万单位），那么在该国流通着1亿单位的货币。假设对外收支是平衡的。在经济上占支配地位的国家突然发生了价格上涨，该"欠发达"国家的出口随之增加，对外收支出现顺差，这一顺差是一笔外汇收入。人们会认为，当地货币将会逐渐升值。然而，恰恰相反，丝毫没有发生这种情况。实际上，这种形势引起了国民收入的增加，因而必须增发货币。增发的货币不再是由黄金担保，因为黄金储备并没有变化，而是外汇担保，因为外汇的储备增加了。增发货币以后在该国流通着2亿单位的货币，其中7500万单位由黄金担保，12500万单位由外汇担保。如果构成对外收支余额的那种货币发生贬值，那么在经济"欠发达"国家中就会出现一种引起国内涨价的心理因素。

外国货币价值的下跌导致当地货币的贬值。对外收支顺差不断被当地的货币贬值所抵销，它总是停留在近乎起点的状态。因为在此期间，世界资本主义体系的中心已经发生了新的一轮涨价。造成形势进一步恶化的因素是，当这一轮涨价在中心暂时平息的时候（稳定期），"欠发达"国家却突然失去了"有利地位"：出口减少，当地货币的价值下跌趋势开始出现（因为，虽然在对外收支盈余的情况下"欠发达"国家总是接受外汇，但是在对外收支逆差的情况下，外国却不会自动地接受当地货币）。然而就经济"欠发达"国家的条件而论，一次贬值不可能使对外收支恢复平衡。出口价格弹性高，而进口价格弹性低，由此可能产生不良后果。

这些情况并不是抽象地编造出来的。它们同 1925 年前后和 1948 年前后欧洲经济恢复相对稳定的时候亚洲、非洲和拉丁美洲国家遇到重大困难的情况是相吻合的。在一个短暂的时期里，"欠发达"国家一般都积累了一些债券，这些债券却一天比一天更不值钱；接着就是一个销售困难和这些国家被迫降低汇率的时期。

当外汇准备金和外国证券被黄金准备金和本国证券所取代之后，这种传播是否会消失呢？这时，占支配地位的国家的货币和被支配国家的货币两者之间完全分离了，"货币独立"已完全实现。[①] 这是一场代价高昂的行动，因为"欠发达"国家的对外收支对国际商情的强烈的敏感性和它们对对外贸易的严重依赖性使它们的黄金准备金比例不得不大大高于发达国家。只有黄金才是国际货币，而当地的国库券不具有这种职能。如果国库券准备金过多，就会失去穷国的最活跃的经济成分——出口商的信任。

总而言之，只要有可能，"欠发达"国家就会采取这种取得黄金准备金的方法。但是，它们不能总是这样做。对它们来说，这样做

---

① 辛格：《印度的货币本位》，《印度经济杂志》，1953 年 7 月；特里芬：《拉丁美洲的货币发展》，《联邦研究公报》，1945 年 6 月。

也往往似乎没有必要，用一部分黄金、一部分关键性外汇（美元和英镑），甚至是发达国家的坚挺外汇（马克、瑞士法郎等）构成的混合国际储备作为准备金可能同样有效。[①]

"欠发达"国家的货币机构的这种推论是有根据的。因为经验证明，即便准备金全部是黄金，使居支配地位的中心发达国家币值对外围"欠发达"国家币值具有决定权的支配机制也仍然存在。占支配地位的货币的贬值——当地领导阶级用这种贬值的货币购买他们所喜好的产品——迫使当地货币贬值。1967 年英镑贬值所引起的贬值又一次证明了这一点。

所以，在这方面，也应丢掉对货币的幻想。货币结构不是"欠发达"的主要问题。因此，无论这些结构怎样，外围的货币价值只能是中心的占支配地位的货币的价值。此外，不仅价格总水平的变动从中心传播到了外围，而且，正如我们在后面将要看到的那样，相对价格的基本结构也传播到了外围。

（二）当代世界体系中的"长期通货膨胀"及其对外围的传播

1. 通货膨胀的性质[②]

数量论会断言，只有货币量的增加才能决定价格的普遍上涨。尽管储量丰富的金矿的发现所引起的实际生产成本下降十分正确地说明了 19 世纪的大幅度价格变动，但是，对史实的草率研究似乎也

---

① 联合国组织：《中东经济发展》，第 17 页；艾弗森：《伊拉克的货币政策》，巴格达，1954；国际货币基金组织：《年度报告》（近年的）。

② 阿弗塔利翁：《货币、价格与汇率》，巴黎，1935；布雷夏尼·图罗尼：《通货膨胀的经济》，伦敦，1937；《当代货币问题》，《经济杂志》，1950；奥雅：《通货膨胀》；《社会集团行为在货币方面的后果》，《应用经济学》，1950；米海列夫斯基：《资助战争的通货膨胀制度》，《经济问题》，1952；布雷涅尔，《资本主义国家中的税务负担和通货膨胀》，《经济问题》，1953；比亚卡伯：《对通货膨胀的当代分析》，巴黎，1962 年和比昂亚梅：《充分就业状态下的增长和货币》，巴黎，1964 年两书书目。

可以证明数量论的正确。1914 年以后，阿弗塔利翁证明了汇率也可以决定价格的普遍变动。此后的研究全都强调，普遍涨价的原因在于，当货币的总需求扩大的时候，由于出现各种"瓶颈"现象，货币供给难以改变。

在战争时期、备战时期或者重建时期，当消费品生产受到限制（或者成本提高）而国家不根据实际等价物大量分配收入的时候，这种状况经常发生。另外，人们在吸取了 1944～1948 年的经验之后认定，在某些条件下，当竞争机制运转不正常的时候，仅社会集团在市场上为分配国民收入而展开的斗争就可以造成一种普遍涨价的氛围。所有的例子都说明，货币膨胀随着（而不是先于）价格上涨而发生。

在这种条件下，人们或许是想做出同数量论一刀两断的样子，但是忘记了过去曾引起经济学家们注意的一种情况：当货币发行量超过需要量的时候，就堵塞了流通渠道并且引起了价格的上涨。今天，经济学家们把波及面稍广的价格上涨都称作"通货膨胀"。我们并不认为这样一种措辞上的发明有多大的意义。价格上涨这个词是清楚的，而且可以表达诸如价格的不平衡上涨、普遍上涨或者部分上涨等概念的细微差别，而只使用通货膨胀一个术语则往往会掩盖这些细微差别。通货膨胀式的价格上涨后来被用于单指一种决定于"货币原因"的普遍价格上涨。通货膨胀指的是，因不按流动资金需要的比例发行货币而造成的流通渠道堵塞。通货膨胀可以导致涨价；但是如果投入经济循环之中的增发货币使经济活动更加活跃，那么经济体系的运行所需要的流动资金数量很快就会增加，因而通货膨胀也可以不导致涨价。然而，货币使经济活动更活跃这一事实并不意味着货币就是经济活动更加活跃的原因。经济活动更加活跃是繁荣时期的正常现象，而经济学家们却错误地使用上面已经批判过的术语，把"通货膨胀"同繁荣混为一谈。在这个术语之中，真正的通货膨胀（在这种情况下，经济活动没有更加活跃）与繁荣（在这种情况下，货币数量和经济活动水平相应提高）之间的基本差别消失得无影无踪。如果额外的货币是不流入市场而是被储存所吸收，通货膨胀是可以不导致价格的上涨的。

在这种条件下，人们可以发现，在货币可以兑换的时候，真正的通货膨胀不可能存在。虽然由于黄金生产的相对成本下降或者由于全部商品的实际生产成本上升，（例如在战争和物资匮乏的情况下）可能发生普遍的涨价，但是人们无法设想流通渠道的堵塞。银行系统是根据公众的需求发放信贷的。这些贷款或用于资助日常的生产，或用于新的投资。在后一种情况下，要么是这笔投资开创了它的市场，借款者可以向银行家偿还贷款（在这种情况下不存在价格的上涨，因为生产和收入分配按照同样的比例增长）；要么是它没有开创市场并且发生了危机。在银行不想停止兑换的情况下，它将不去资助那些超过一定限度的投资，因为它懂得，即便借款者可能愿意支付高额利息，但是由于生产和消费之间失衡的实际原因，超过一定比率的新投资不可能开创它自己的市场。因此，霍特里的持续通货膨胀论必须以放弃金本位为条件。

至于黄金，它也不会堵塞流通渠道。如果黄金增产的速度提高，这就意味着，要么以固定价格购买黄金的中央银行储备增加，而它的信贷不因此而增加；要么储存者把这批黄金买去满足他们的需要。无论怎样，黄金都是被销售黄金的生产者投入经济循环之中的，而国家只不过是调整它的发行和纸币发行而已。

所以，在这种情况下，无论在发达国家还是在"欠发达"国家都不存在通货膨胀问题。然而普遍的价格变动是存在的（特别是在周期过程中），这种价格变动的传播值得研究（但这是另外一个问题）。当兑换停止的时候，情况就不再是这样了。

2. 20 世纪价格上涨的普遍形势①

我们之所以研究通货膨胀和全面价格上涨从发达国家向"欠发达"国家传播的问题，那是因为历史证明发达国家对于决定世界规模的普遍形势具有首要作用。的确，在这样或者那样一些发达或"欠发达"的国家中存在着一些特殊的全面价格变动。这些由当地特殊原因引起的全面价格变动无疑对发生这种变动的国家的对外关系具有影响。但是除了这些特殊的问题之外，还存在着一个对所有"欠发达"国家来说具有普遍性的 20 世纪重大问题，即笼罩整个当代世界的持续涨价形势对这些国家的积累的影响问题。

在这种形势下，"经济体系只能凭借价格的上涨运行"。毫无疑问，这种形势的根源在所有的发达国家之中。

从根本上说，竞争条件的重大改变彻底改变了全面价格变动的速度。在 19 世纪，当竞争就是法律，而垄断还是一种十分罕见的现象的时候（垄断往往只局限于国家对公共事业的剩余的控制），企业主不能提高价格，因为这样一来，他会失去所有的客户。在这种情

---

① 康德拉捷夫：《经济生活中的长波》，《经济统计杂志》，1935；诺加罗：《货币与货币制度》，巴黎，1924；艾克曼：《就业周期的间断》，《北方杂志》，1948；《经济发展的结构限度》，《经济学家》，1949；马乔林：《货币、价格和生产》，巴黎，1941；莱斯居尔：《长期的价格上涨和下跌》，巴黎，1933；《垄断竞争理论》（译本），巴黎，1953；K. 尼比尔：《货币占有者拥有什么权利》，《美国经济评论》，1947 年 5 月；对于垄断的结构与持续不断的价格上涨之间存在的关系的研究作品有两部：伊斯梅尔·阿卜达拉赫：《货币与经济结构》，开罗，1952；维夫：《价格与货币的联系》，《政治经济学研究》，1934。价格上涨的体系的运行实例见巴雷：《日本的资本主义发展》第三卷，第 117 页以后。另外，关于垄断制度下的价格弹性的研究，参看巴克曼：《价格的弹性与硬性》，纽约，1940；伯恩斯：《工业管理与价格理论》，《政治经济学杂志》，1937；邓洛普：《价格弹性与垄断程度》，《经济季刊》，1936；霍尔和希契：《价格理论与商业行为》，《牛津经济报》，1939；汉弗雷：《固定价格的性质和意义，1890～1933 年》，《政治经济学杂志》，1937；鲁滨逊：《不完全竞争与供应价格的下降》，《经济杂志》，1932；《不完全竞争的经济》，伦敦，1942；华莱士：《垄断价格与衰退》，见《纪念陶西格》，纽约，1936；沃德：《塔克博士的固定价格理由》，《美国经济评论》，1938。

况下，银行不能发行"过多的信贷"，因为一方面，企业主们因不打算提高价格而不需要增加流动资金；另一方面，中央银行出于维持货币的可兑换性的考虑，阻止商业银行发放超过流动资金需要的贷款。所以，只有在十分特殊的战争情况下，当国家不根据实际等价物发行纸币购买力的时候才有可能停止兑换。

不仅如此，竞争在推广新技术的同时，引起了实际成本的下降，这种下降表现为一种长期价格下降趋势。这种十分明显的趋势受到由黄金生产成本突然下降引起的、通常持续时间较短的全面涨价的抵消。

如果研究美国、英国或者法国在 1800～1900 年的批发价格总曲线，我们丝毫看不出康德拉捷夫通过巧妙地运用统计方法得出的"长周期"。这并不意味着，由于某些时期经常发生战争，而且这种形势通常造成实际成本的上涨，因而实际成本上涨所造成的某种涨价趋势抵销了价格下降这个普遍的、持续了一个世纪的基本趋势；而在另一些时期，一种强大的革新浪潮加快了降价运动。我们应当用历史的方法而不是用笼统的数量论方法来说明 19 世纪的每个时期的涨价情况。

到了 20 世纪，条件变了：垄断组织支配了主要的生产部门。然而垄断组织并不一定降低价格。竞争在以其他的方式进行。[①] 在某些形势下，它们可以轻而易举地抬高价格。人们往往把 1914 年以后笼罩资本主义各国经济的涨价形势归咎于名义工资的僵固不变。实际上，工会如今之所以努力维护这种固定的工资水平，那是因为经验已经证明，价格的总水平再不会下降了。在 19 世纪，尽管工会反对，名义工资仍然经常下降。这是因为价格的下降往往促使雇主强行降低工资。各个社会集团为争取重新分配总收入而开展的斗争——无

---

① 参看保罗·巴兰和保罗·斯威齐：《垄断资本》。

论在 19 世纪还是在 20 世纪都存在着这种斗争——之所以采用争取提高货币收入的斗争形式，那是因为这一斗争是在一种全面涨价的形势下开展的，而这种形势比较有利于货币收入的提高。19 世纪还有其他一些更为有效的手段，特别是减少名义工资、通过税收或者关税政策改变相对价格。因此，应当把 19 世纪末发生的竞争条件的变化看作这方面的根本变化。

张伯伦批判了古典的价格机制说，并且建立了他认为更加现实的、介乎于竞争和垄断之间的价格决定模式：每一个生产者都享有某种"垄断"，因为他的产品标有一个厂名，每个生产者都拥有一批习惯于在他那里购货的顾客等，但是同时，他又受到同类替代产品的竞争。因而，虽然他的销售量也取决于价格，但是比起一个真正的垄断者来，取决的程度却微不足道。这种分析颇有些华而不实。在零售贸易方面，这可说是个真理。但是，虽然力士牌香皂可以被帕摩利夫牌香皂所替代，钢的情况却大不相同。我们想象不出在 20 世纪 70 年代钢会遇到什么替代产品的竞争。没有大量的资本，任何人都无法"参加"钢的生产，而只有依靠银行系统的支持，才能得到这些资本。这似乎就是垄断的根本原因。竞争被下放到那些无须从主宰一切的中间人——银行那里取得一定数量资本就能够"参加"生产的产业部门。

所以，在第一次世界大战以后，新的结构条件下的降价阻力使金本位不说不可能恢复，至少也是难以为继了。第一次困难浪潮就彻底冲垮了金本位制。

从此以后，价格上涨不再受任何阻碍。这种上涨是否因此就持续不断了呢？不是的。因为，如果企业主们想提高价格水平，他们必须请求银行增加向他们发放的贷款。由于兑换已经停止，中央银行可以同意也可以拒绝采取这种政策。按照这种狭义的理解，在 19 世纪尚不为人知的货币和信贷管理已经变成了现实。值得注意的是，这个词在自由竞争时代的学术思想中没有出现，而海克这样的最自由的近代经济学家认为，"中性货币"是难以实行一种货币政策的结果。正因为如此，尽管我们拥护这样的基本理论，即货币数量在经济中发挥被动作用，因为它是按照需要而调整的，但是我仍然可以说，"欠发达"国家的中央银行不可能"管理"信贷，也就是说，当外国商业银行向申请贷款的外国垄断组织所属企业提供贷款的时候，或者在缺乏严格的汇兑控制的情况下，"欠发达"国家的中央银行不可能拒绝实行这些企业所希望的政策。

但是如果中央银行实行一种符合企业主愿望的政策，价格上涨是否会持续不断呢？其实，我们应当问为什么垄断组织不愿意无限制地提高价格水平？为什么自1914年以来价格上涨并不是持续不断的？为什么在价格狂涨时期过后就会出现价格稳定时期（当然，价格狂涨不是由企业主行为引起的，而是由实际原因——生产成本提高，战争造成的货币收入分配与生产比例失调——引起的）？

M. 尼比尔对这种现象提出了一个十分透辟的解释，[1] "如果实际收入表明，使工业获得最高利润这一临界点有被超过的趋势，那么为了实现生产的收缩，就会发生价格的上涨；而生产的收缩历来是与垄断行为相配合的"。在19世纪，这些垄断行为不可能存在。当工人的实际收入处于某一个水平的时候，便可以保证某些产品按某种价格出售，以便实现最高利润。在19世纪，这种水平是不存在的：工资同价格一样，并不是竞争关系中的某一个企业主所能支配的因素。今天，情况不同了：垄断者试图对这两种过去的独立因素施加影响。在工人不同意把他们的实际收入下降到这一水平的情况下，"工资通货膨胀"就不可避免了。但是，价格上涨的责任在谁呢？在于不同意把工资调整到最合适于企业主的水平的工人，还是

---

[1] K. 尼比尔转引自 H. 德尼：《货币》。

在于拒绝按工人所能接受的工资水平调整利润的企业主呢？另外，20世纪处在战争的总环境之中，世界分裂成为一些孤立的经济和货币体系（金本位的放弃尤其造成了这种分裂的可能），这就在价格上涨的结构性原因以外又增添了一些历史的原因。不言而喻，垄断、与货币兑换有关的决策、世界大战的责任都在于大国，而不在于"欠发达"国家。因此，造成20世纪的涨价总形势的责任只在大国一方。

为了清楚起见，让我们补充一下。这种"持续通货膨胀的趋势"并没有被20世纪的长期"通货紧缩趋势"——储蓄与投资失衡，储蓄大于投资（也就是供求失衡），生产能力与消费能力之间失衡——所抵销。我们并不否认这种现实，它与"成熟"经济的"发达过剩"有关，是属于实际均衡方面的问题，而通货膨胀则是属于货币均衡方面的问题。"通货膨胀"一词的使用的扩大化在这方面也引起一些混淆，应当加以避免。

3. "涨价的传播"对外围积累的影响

因而，欧洲和美国的资本主义发展是在货币稳定和价格下降（价格的下降是发展造成的，发展表现为实际成本的持续下降）的形势下实现的。在发达国家，当代的外围资本主义发展是在涨价形势下进行的，而且是在外部传入的价格结构中进行的。从根本上说，这种价格结构并不是外围资本主义发展的内部条件造成的。

在当前的发达国家，这种持续不断的涨价对积累有利。它通过不断降低储存货币的价值来促进投资，而投资即便不是一种"赚钱"手段，至少也是一种不"亏本"的手段。

确实，储存也可以用于购买一些"实际"价值：黄金、首饰等。也就是说，生产这些价值必须付出生产力。在这种情况下，这种变得类似于奢侈品消费的储存虽然产生了制约发展速度的有害影响，但是对就业没有什么有害影响。

在没有"发展过剩"之苦恼的"欠发达"国家,"通货膨胀"(其实,如果这种"通货膨胀"不取决于经济机制的内部需要,而是从外部传入的,那么不管它是不是通货膨胀式的,也就是说不管它是不是由货币原因造成的,都应当称之为持续的涨价)有碍于积累机制。[①]

一方面,储蓄向它所造成的实际价值转化,从而提高了消费水平,降低了投资水平。另一方面,持续涨价能够使收入转移到经济实力最强的经济成分手中,其中首先是转移到外国大企业的手中。因此,涨价使弱小的民族经济的利润受到外国垄断组织的侵蚀,从而使这部分利润被输出国外。所以,它制约了当地储蓄的形成。因此,说通货膨胀能够减少借用外国资本的代价(利息是根据这些借款的名义价值计算的)从而有利于发展是不正确的,因为涨价只能减少为国家借款和债务支付的那部分利息,却不能减少数量大得多的那部分再输出利润。这种转移不是一种"理论的"机制。最近20年来,在大多数非洲国家中发生了某些产业部门(公路运输、木材出口、建筑业等)的非洲化,但是与那些整个生产过程均受外国资本控制的部门相比,这些产业的效益异乎寻常地下降了。价格的上升,即各个部门的不平均涨价大大促进了这种下降。[②]

---

① 伯恩斯坦和佩特尔:《通货膨胀与经济发展的关系》,《国际货币基金组织专家报告》,1952;布龙芬布雷纳:《经济发展的高代价》,《土地经济》,1953年5月;霍斯菲尔德:《拉丁美洲的通货膨胀》,《国际货币基金组织专家报告》,1950年9月;门德斯豪森:《第二次世界大战期间的海外经济发展模式及其意义》,《国际经济》,1951年8月;联合国组织:《目前的通货膨胀和通货紧缩潮流》,1947,Ⅱ,5;《1946～1948年的通货膨胀和通货紧缩潮流》,1949,Ⅱ,A1;《联合国调查组对智利的调查报告,1949～1950年》,1951,Ⅱ,B6;帕左斯:《经济发展与财政稳定》,《国际货币基金组织专家报告》,1953年10月;普雷斯特:《原料生产国的战时经济》,剑桥,1948;拉奥:《一个经济欠发达国家的财政赤字、资本形成和价格行为》,《印度经济评论》,1952年2月;国际联盟:《通货膨胀及其演变》;施皮格尔:《巴西:分散的工业化和长期的通货膨胀》,第45页。

② 参见我们的著作(萨米尔·阿明:《塞内加尔的实业界》,巴黎,1969),运输业的例子在第118页以后。

经济"欠发达"国家中的另一些实力强大的成分往往是地主。他们把从通货膨胀中取得的额外收入用于进口奢侈品。这一事实，已被拉丁美洲的例子多次验证，施皮格尔因此而断言，通货膨胀对加速积累的效果很小。

人们经常坚持说，"通货膨胀"促进了强迫储蓄而不利于自愿储蓄。只有当"通货膨胀"的发动者——国家把它所创造的购买力用于生产性投资的时候，这种说法才是正确的。但是这是一种特殊的情况，它只出现于"重建"时期，因为，通常在战争时期国家才求助于发行没有实际等价物的纸币，而且在这种情况下，增发的货币不是用作生产性投资，而是用来资助战争开支。因此，在最一般的情况下，我们只能说，价格上涨是收入再分配的一种形式。问题是在这种再分配中谁有所得，谁有所失，从而弄清储蓄倾向到底提高了没有。然而，我们刚才讲过，在经济"欠发达"的条件下，有所得的阶层大抵上是那些外国企业和地主。因此，归根结底，由于价格上涨，当地的储蓄是减少了。

不过，这一切都不是主要问题。在全面涨价中，发达国家和"欠发达"国家的工资—利润关系的反应十分不同。在前一种国家中，十分笼统地说，工资随着价格上涨，技术进步带来的生产率增益不断地重新分配。经验证明，工资的比例显然是长期不变的。① 相反，在"欠发达"国家中，由于一些深刻的结构性原因，工资难以随着价格上涨。首要的原因是前资本主义乡村社会的解体造成了劳动力供给过剩的压力。充其量，在生产率得到改善的情况下，实际工资能够保持不变。在"欠发达"国家，工资的状况也就是生产商品，特别是生产出口商品的农民的劳动收入的真实写照，最近15年来大量的具体事例证明了这一点。在生产率相等的情况下，劳动报

---

① 参见库兹涅茨等所著《收入与财富》对这一题目的重要研究。

酬变得越来越不平等了。交换条件的恶化说明外围的收入大量地转移到中心，这种转移才是现象的要害。[①] 这种转移加快了中心的积累，却制约了外围的积累。

（三）中心的价格结构向外围传播

在这里，我们涉及这个问题只是为了回顾。[②] 其实，严格地说，价格结构问题并不属于货币理论范围，尽管这种结构显然要以货币形式表现出来。

在资本主义生产方式中，确保供给适应需求的均衡价格就是马克思所说的生产价格。这些价格必须以各部门的劳动报酬相等（统一的劳动力市场）和资本的利润率相等（利润率平均化）为条件。由此可见，如果这部分利润被储蓄起来，以便用于所有部门的扩大再生产（简单地说就是，除资本家消费的部分以外，如果全部利润都被用于再投资的话），那么增长的结构——各部门之间的投资分配——就取决于价格结构。假如没有资本市场保证部门之间的资本流通，那么增长结构与随着这种增长而改变比例的需求结构之间的协调就没有任何保障。所以，资本流通是资本主义生产方式运行的必然法则。但是，这种流通遇到一个长期的障碍：资本的所有权。那些因需求的变化而需要获得更大增长的企业和部门担心——如果它们为了投资而必须过多地求助于外部资本的话——会失去对企业的控制。因而，它们要把一定的余量计算在价格之中，以便用这些钱来进行适当的自我投资。在竞争条件下，这种方案还是可行的。从增长的角度来看，合理的价格体系意味着——在不计资本家消费的情况下——这样一种价格结构，它使每个部门都能够按照需要来

---

① A. 埃马纽埃尔：《不平等交换》，巴黎，1969；又见我们对这一题目的研究，第1章。

② 见第2章。

资助本部门的增长，而无须求助于外来资本。这要么意味着，利润是有差别的；要么意味着，利润率相等，而资本是充分流通的。资本主义国家的实际价格体系既不是前一种情况，也不是后一种情况，而是介乎于两种情况之间；而且自我投资的比例十分不同，这种比例取决于包括该部门垄断化程度等因素在内的大量因素。所以，这种体系丝毫不是合理的，资本的私有权是一切合理性的实际障碍。除此以外，不平等的间接赋税造成了价格体系的扭曲。

生产率就是在这种价格体系中被衡量出来的。可以说，一个企业或者一个部门，如果它们获得的利润率更高（在劳动报酬相等的条件下），那么它们的生产率就高于其他的企业或者部门。如果该部门必须加快增长以便适应需求的变化，那么这就成为一种实际的趋势。

中心的价格结构向外围传播，其基本原因与说明占支配地位的货币的价值传播机制的原因相同，即与消费模式有关的心理机制、进口产品与当地替代产品的“竞争”等。

这种中心价格结构的传播造成了外围的部门之间的生产率水平不相等，这种不相等体现了现代化——资本主义生产方式的渗透——程度的不相等。生产率水平的不相等往往表现为利润率的不相等，但是也常常表现为劳动报酬的不相等，尤其是在那些不属于资本主义生产方式的部门（乡村生产往往如此）。如果外围迫切地要求实现增长，以便结束落后的历史（各部门之间的落后程度不同），那么这种价格结构是毫无合理之处的。这种增长的需要——增长的部门分布——与中心的增长需要是不相同的。因此，传入的价格体系具有双重的不合理性。

（四）“欠发达”国家的货币紊乱

我们把对当代“欠发达”国家的货币紊乱的系统分析归功于伊

利·勒贝尔。① 该作者具体指出，对货币紊乱的分析是一种短期的分析（从长期来看，始终是均衡状态）而且是在一种具体的结构背景（"欠发达"国家的结构背景）下进行的，这种结构背景的特点是当地生产对需求的反应弹性相对比较低、对外储备少和受到"无条件"外援的可能性小、可能采取的严格控制措施效力低，特别是在非洲（边界可以穿越，政府缺乏经验并且在政治上"受制约"等）。他区分了三种紊乱：前两种（公共和私人消费不按比例增长和同工业化有关的压力）起因于经济内部，并且可能给对外收支造成影响，而在第三种情况下，失衡起因于对外收支。

公共和私人消费的增加速度超过生产性经济的增长率要么表现为预算的亏空，要么表现为消费信贷或者用于弥合企业的结构性亏空的信贷不合比例地增加，这是由内部原因引起的失衡的最常见的现象。在这种情况下，必须实行贬值：贬值将会与提高赋税和因此降低需求产生同样的效果，但是这些效果的选择性较弱。

某些压力可以造成一种价格"螺旋上升"，但总的供给和需求并不因此而失去平衡。这里所说的是指预算平衡、信贷政策"适中"（发放的流动资金没有超过资金需求的增加量）、工资政策也"适中"（工资同生产率一样增加）并且不存在国际收支困难时候的情况。然而，加速工业化政策可以引起"通货膨胀压力"。如果消费资料（特别是食品）的生产发展慢于工业就业，就可能引起农产品的价格上涨，农产品价格的上涨引起工资的增加，然后引起所有价格的提高，报酬增加和收入短缺造成了公共财政的亏空；由于价格上涨限制了出口的可能性，因而给对外收支造成了压力，最后影响到货币领域。避免这种压力的办法几乎是没有的，加速发展必然伴随

---

① 伊利·勒贝尔 1966 年在非洲经济发展及规划研究所的授课讲义，油印材料。在这里，让我们十分仔细地学习一下这份系统的讲义。

有这样的压力。人们只能通过持续不懈的调解（调整国家的财政结构等）来减缓这些压力。显然，在这种情况下货币贬值必将加深困境。

即便可供使用的农产品跟得上工业就业的发展，如果新兴工业的生产成本高于它们所替代的进口产品价格，那么以"进口替代"为基础的工业化政策也会产生同样的效果。相反，在这种情况下，必须实行贬值，因为，贬值与保护新兴工业具有同样的效果。但是，如果想避免它导致国内价格的全面上涨，那么它就应当是有选择的贬值（多重汇率）。

分析对外收支所造成的失衡是基于一种最简单的，然而无疑也是最基本的情况：外部通货膨胀通过一种主导货币渗透进来。加入货币区的国家，甚至那些没有参加货币区，但主要采用双边贸易形式的国家会发生这种情况。在这些国家，僵硬的制度难以调整。在世界范围内，当以本国货币作为他国储备货币的那些国家的通货膨胀向世界其他地方蔓延的时候，就会发生类似的情况。

出口价格的下跌——即便它在引起对外收支失衡的时候没有对汇率发生可能的影响——会引起进口的必然收缩，而进口的收缩并不总与出口收入的收缩相一致；由此，出口价格的下跌还会引起各部门之间多种产品的供求失衡，结果引起像从前一样的"螺旋式"涨价。这里的主要问题在于，要同可能出现的投机活动做斗争，努力把关键性的供应维持在令人满意的水平上，然而这并不是总能做到的。

出口价格的上涨没有相应的反作用。相反却存在着内部价格同外部价格一致的趋势，而且，如盈余的收入遇到供给弹性低的障碍，则可能出现持续的"螺旋式"涨价。因此，虽然从理论上说，这种形势提供了加速积累的可能性，但是它往往使这种增加积累的潜力不能实现。

所以，"欠发达"国家的结构条件大大降低了它们"主宰"对外关系和实施发展政策的能力。伊利·勒贝尔对当代经验的分析结果同我们的结论是一致的。

需要补充的是，货币独立的取得包含着在对外收支失衡情况下汇率下降的危险。在"欠发达"条件下，汇率的下跌即使能够暂时恢复对外收支的平衡（由于价格弹性差，这种可能性甚小），也不能长期解决问题，因为它引起了价格上涨，而价格上涨会使一切暂时的效果都化为乌有。虽然对外收支的长期失衡有着实际的原因，但是在外汇本位制度下，经济"欠发达"国家有足够的时间使收入效应充分发挥其恢复收支平衡的作用，而在货币独立的情况之下，"欠发达"国家面临着无休止的贬值和价格上涨。

这种情况并不是臆想出来的。它切合于 19 世纪拉丁美洲的货币史，1840～1895 年巴西的例子证明了这一点。① 在这种情况下，我们顺便强调一下货币流通和出口总值的相应变化（1940 年以前）。这证明，货币是与出口活动密切相关的，而很少流通于其他经济活动之中。

因此，"欠发达"的历史就是"理论上的积累机会被错过"的历史。在第二次世界大战期间拉丁美洲和中东尽管积累了外汇和黄金，还是普遍发生了价格上涨，但这种价格上涨是由于供给不足才发生的：难以进口物资。在此之前，对外收支的长期失衡（贸易收支是顺差，但是，由于新的资本输入，利润的再输出造成了极为沉重的压力）使汇率下跌，从而导致价格按照我们的模式上涨。经常出现的预算亏空和通货膨胀式的纸币发行加剧了这种上涨。预算亏空的原因在于，现代行政管理需要的增长快于收入的增长（巴西的

① 施皮格尔：《巴西：分散的工业化和长期的通货膨胀》，第 43、49、65 页；萨米尔·阿明论文，第 460 页。

历史证明了这一点）。巴西的这种情况并不是绝无仅有的。在 1920～1938 年秘鲁和中国的经验中，虽然价格上涨十分猛烈，但是如果考虑到汇率的持续下跌，那么它们的价格上涨要比发达国家更为缓和（更确切地说，1930～1938 年，价格下降的幅度更大）。[①]

所以，如同在外汇本位制度下一样，在"独立的"货币制度下，也可能由于同样的原因而发生供求全面失衡。第二次世界大战期间的巴西是个典型例子：对外收支是顺差，价格却在上涨。汇率保持稳定，积累的外汇填补了逆差。但是，由于进口困难使供给减少，因而供求失衡引起了价格上涨。尽管积累的外汇贬值这样一种心理因素也是涨价的原因，但是涨价的主要原因是这种实际的供求失衡。值得强调的是，在这种形势下，汇率的稳定反映了一个重要的现实：在经济上占支配地位的国家能够用它们的外汇来填补它们对经济上受支配国家的逆差。之所以能够这样，因为穷国总是接受这种代表国际购买力的外国货币。这种可能性阻止了富国汇率的下跌。相反，穷国却必须用黄金来填补逆差（它们的货币不被接受），汇率下跌在这些国家中更为经常。

无论如何，在以上所研究的情况中（战争期间的拉丁美洲），不仅价格上涨发生在汇率没有下跌的情况下——尽管汇率的稳定起到一种稳定作用——而且占支配地位的国家的价格上涨（和由此导致的"欠发达"国家进口价格上涨）低于拉丁美洲当地的价格上涨。

战后，这种基本的机制继续存在。此外，有时还出现一种具有类似效应——价格上涨——的相反机制（国际收支困难造成国内的供求失衡）。[②] 此外，在货币独立之后，两个传统的原因也常引起涨

---

①　又见伊朗里亚尔的例子，1928 年价值 8.4 美分，1954 年价值 1.8 美分；墨西哥比索的例子：1 美元在 1823 年价值 0.964 比索，在 1870 年价值 0.954 比索，在 1900 年价值 2.062 比索，在 1939 年价值 5.181 比索。

②　在我们的论文中，这种经验经过了十分仔细的研究（第 459 页以后）。夏贝尔：《经济结构和货币理论》，巴黎，1956，第 152、220、221 页。

价：预算和中央银行的信贷政策所造成的通货膨胀。

在外汇本位制的时代，不可能存在预算亏空，中央银行（或货币委员会）并不向当地国家提供帮助。在 19 世纪的拉丁美洲，当发生预算亏空时，国库便通过发行纸币来填补亏空。这种纸币是法定货币。但在法属和英属殖民地，不可能这样做。当发生预算亏空时，就用宗主国国库的补贴来填补。这样一来，不仅在殖民地，而且在整个货币区都引起了通货膨胀。但由于殖民地的预算数额小，这种通货膨胀也只能是十分微弱的。随着货币独立的取得，这种求助于发行银行的办法成为通货膨胀的一个重要原因。[1] 另外，除了这个原因之外，还有一种新的可能性，即"管理信贷"的中央银行按照当前发达国家模式去资助通货膨胀式的信贷需求。[2]

对于当代某些"欠发达"国家通过发展双边协定的方式努力摆脱这种依附的做法不应抱有幻想。大部分这样的协定使"欠发达"国家与一部分发达国家——东欧国家——结成了一些新型的关系，而且这些协定仅仅反映出这些国家加入了世界市场而已。"欠发达"国家之间通过协定达成的贸易量仍然是微不足道的。在这里，这种依附也反映了不相称和实际上的不平等。只要实际问题没有得到解决，采用货币手段和调整对外贸易都不能避免，甚至无法减轻这种依附，不管怎样做，"欠发达"国家的货币都不能成为国际支付手段。[3]

---

[1] 例子很多。参见联合国组织：《中东经济发展，1945～1954 年》。非洲遇到了这种通货膨胀（马里、几内亚、加纳、埃及等）。

[2] 格罗夫：《银行系统在智利的通货膨胀中的作用》，《国际货币基金组织专家报告》，1951 年 9 月；施洛斯：《中央银行以外的银行业》，《银行家》，1948 年 4 月。我们已经研究过埃及的情况，见萨米尔·阿明：《1952～1967 年埃及经济发展资金结构的变化》，载《中东经济史研究》，伦敦东方与非洲学院，伦敦，1970。

[3] 许多国家都有这种经验，特别是埃及。参见联合国组织：《中东经济发展，1945～1954 年》。

　　在这种条件下，应当避免混淆某些国家在某些时期确曾实施过的"发展的通货膨胀"和"欠发达"国家所经历的"没有发展的通货膨胀"。

　　在"第三世界"中，通货膨胀的经验在第二次世界大战以前实际上只限于拉丁美洲，而在最近二十年，它却成为一种共同的现象。某些经验，特别是非洲的刚果（金）在 1960～1968 年的经验和亚洲的印度尼西亚的经验已经得到深入的研究。正如拉伊隆德十分明确地指出的那样，[①]刚果的通货膨胀是由于一个新的社会阶级——国家官僚——突然掌握了政权。这个阶级试图把一部分国民收入占为己有，但是它既不能真正地损伤外国资本（由于属于这种资本的一部分产业是外向型的——加丹加的采掘工业——或者，对于金沙萨的自我中心型工业企业而言，是因为外国企业相当强大，以至于有办法适应通货膨胀），也无法直接占取农民群众的收入（农民或者通过公开的造反，或者通过在出口生产部门中"消极"停工来予以抵制）。在美国和国际货币基金组织的援助下，刚果（金）在经历了八年的通货膨胀之后恢复了平衡。这种平衡的特点是，与 1960 年相比，刚果的相对价格和实际收入发生了十分显著的变化，这些变化反映出农民和小工资收入者（特别是工人阶级的实际工资减少了一半）的收入转移到新阶级的手中。这种"平衡"被拉伊隆德正确地称为"倒退"，因为它的内容更有利于（新特权阶层的）消费，因而它的基础公共财政平衡和国际收支平衡都十分脆弱。

　　目前"第三世界"的大部分通货膨胀都属于这种类型。例如苏加诺领导下的印度尼西亚的通货膨胀[②]、马里的通货膨胀[③]或者许多

---

　　①　B. 拉伊隆德：《欠发达国家刚果的通货膨胀：原因、传播机制以及通货膨胀压力和稳定化方案的实际效果，1960～1969 年》（论文），金沙萨，1969。

　　②　H. O. 施米特：《印度尼西亚的货币政策和社会冲突》，伯克利，1969。

　　③　萨米尔·阿明：《三个非洲国家的发展经验》，巴黎，1965。

拉丁美洲国家的通货膨胀就是这样①。在某些情况下，由于新官僚占据统治地位这一同样的社会原因，这种通货膨胀还会与一种信贷膨胀的过程同时存在，这种信贷膨胀过程与收效不大的混乱的工业化有关。②

这些特殊的调整过程是结构主义的通货膨胀论的根据。③ 但是必须知道，即便没有通货膨胀，也会得到同样的结果。在前法属非洲殖民地，货币制度不容发生任何预算性通货膨胀，但是以间接税为形式的税收的逐渐提高降低了农业生产者和城市工资收入者的实际收入，而有利于前面已经研究过的那些社会阶层。正如在刚果（金）或者其他地方一样，新的平衡也具有倒退性。在马里和加纳，前政权倒台后建立的政权在这方面并没有丝毫改变，这反映出他们也是一种依靠官僚阶层的政权。

1. 日本的经验④

为了实现工业化，日本确实利用过通货膨胀，特别是在 1877年、1894 年、1904 年和 1914 年。1868～1873 年，通货膨胀是由于预算引起的，预算的赤字部分被用于资助新兴工业。尽管日本的现代的中央银行是后来才成立的（1882 年才创办的日本银行，它从创立时开始，就是一家真正的中央银行），但是，1860～1880 年的日本并没有加入国际金融市场：很少求助于外国资本。所以 1868～1873

① 拉丁美洲的结构主义派已有研究。参见 D. 费利克斯：《结构失衡、社会冲突和通货膨胀》，《经济发展与文化改变》，1960 年 1 月；塞尔索·富尔塔多：《巴西的经济增长：从殖民地时代到现代的概述》，伯克利，1963；达德利·西尔斯：《通货膨胀理论和欠发达经济的增长》，《牛津经济报》，1962；D. 朗贝尔：《南美洲的通货膨胀》，巴黎，1959；A. 平托、A. 费勒、O. 森克尔等。

② 塞尔索·富尔塔多研究了巴西的这种情况。关于埃及通货膨胀的各方面原因又见萨米尔·阿明论文。

③ 又见 A. 尼古拉：《经济行为与社会结构》，巴黎，1960。

④ 巴雷：《日本资本主义的发展》，第 1 卷，第 17、23 页，第 3 卷，第 18、60页；艾伦：《当代日本经济简史》，伦敦，1963。

年的通货膨胀纯粹是"本国的"通货膨胀，因为它并不是从外国传入的，而且，当时外国正处在货币稳定的形势之中。1894～1904年和1914年的通货膨胀更是如此，在此期间，日本的资本主义得到了加强。对于在1870年前后转变为工业家的古老商业家族，国家采用无担保贷款的形式给予援助。这些贷款对市场造成了压力，引起了价格上涨，而且使农民群众的购买力转移到新资产阶级手中，而后者则用这种购买力来购置进口机器。1877～1894年货币量过大造成的流通渠道堵塞促进了日本的发展。在生产尚未产生实际储蓄之前，这种有意识的信贷膨胀使投资得以实现。货币发行的始终超前无疑引起继发的价格上涨，但重要的是，它能够提高经济活动的水平。国家为企业主创造的一部分购买力流入外部市场，因为当时必须大量进口机器。这些进口是用抛售本国的黄金和白银储备的方法来支付的。在日本，进口多于出口的情况是资本货币进口激增造成的。这种情况与"欠发达"国家受到本国经济机制以外的涨价传染时不同，不是在收入向富人阶级转移之后因奢侈品进口增加而产生的。所以，不是一般的外部需求增加了，而仅仅是资本货物的需求水平提高了。

因而，对外收支的困难是以国内通货膨胀的方式加快增长的结果，而不是价格上涨的原因。

2. "欠发达"国家的经验

这是不是说凡是"本国的"通货膨胀，也就是说凡不是在非自愿情况下经对外收支渠道传播进来的通货膨胀都有利于发展呢？

奥克亚尔根据土耳其的经验批判了凯恩斯的有步骤的预算赤字政策，这种政策主张，以这种方法创造的新需求能够促进"滞阻"的发展。1933～1940年，土耳其的发展靠既无赤字又无通货膨胀的预算提供资金：投资每年占国民收入的9%。从1940年开始，预算赤字造成通货膨胀。国民收入在1933～1940年不断增加，在1940～

1948 年有所减少，而投资每年只占国民收入的 4%。其实，这个例子并没有多少说服力，因为在战争时期难以利用预算赤字来发展生产：经常性公共开支在 1933～1940 年占 15%，而在 1943～1948 年占 22%。奥克亚尔倒是证明了凯恩斯的机制没有发生作用，因为并不是需求的缺乏阻碍了增长（否则，国家在战争期间的非生产性开支应当造成乘数效应从而促进发展）；但是他丝毫没有证明，并非一切有意识的通货膨胀都可以变成生产性投资（日本的情况），因为没有预算赤字，也可以进行国家投资。[①]

第二次世界大战期间"欠发达"国家的通货膨胀和价格上涨的模式与这些模式很不相同。在"欠发达"国家中，虽然涨价是由内部原因引起的，但是同国际收支密切相关。然而，涨价是在特殊的战争形势下发生的，因而它对积累的一部分消极影响未能实现。

在战争期间欧洲国家和美国如同在任何繁荣时期一样增加了需求，这些国家出口制成品的需要在这一时期受到削弱（这种可能性也减弱了），这导致海外国家改善了贸易条件，这种改善促进了当地的积累。另外，国际收支的改善反映了收入的剩余，很大一部分剩余收入并没有像正常时期那样被用于支付奢侈品的进口。这种剩余收入的一部分形成一种"被迫的"储蓄。外国竞争的消失和进口货物的突然短缺促进了当地工业的创办，这部分储蓄不久就被用于当地的投资。的确，也有一些相反的力量制约着这种发展，特别是农业生产率的下降（不可能进口肥料）和进口欧洲和美洲机器的困难。因此，也有一部分剩余收入流入当地的"奢侈品"市场（建造豪华别墅等），并且在该市场上引起价格上涨。另外，这种无节制的奢侈品消费促进了"牛奶厅"投资，"牛奶厅"充当了当地奢侈品开支

---

① 奥克亚尔：《凯恩斯理论与欠发达国家》，《应用经济学》，1950；又见门德斯豪森：《第二次世界大战期间的海外经济发展模式及其意义》，《国际经济》，1951 年 8 月。

的发展极。同盟国的一部分对外收支逆差是通过抛售黄金，特别是通过把外国投资转移到当地人手中——当然是从效益最低的投资开始转移——来填补的。因此，战争促进了当地的资本形成，尽管促进的方式只不过是这种所有权的转移，而这种所有权转移的后果只不过是以后实现的利润不再被输出国外而已。后来，欧洲的对外收支逆差要么用贬值的货币来填补，要么用发行"战争债券"（例如英镑债券）来填补，而"战争债券"也按照欧洲通货膨胀的速度贬值。这样一来，这种欧洲的通货膨胀便转播到当地，外国军队的开支加剧了当地的通货膨胀。

总而言之，虽然当地的条件对当地的发展极为有利，但是最后的效果仍然不显著。通货膨胀表现为投资总额高，而与此同时，战争意味着资本的巨大浪费（陈旧的设施并没有得到更换，特别是在铁路、公路、港口等方面），以致难以弄清投资净额究竟是否有所增加。总之，这种通货膨胀似乎是消极的。曾经发挥过积极作用的并不是通货膨胀本身，而是外国竞争的暂时消失。

以上几个例子清楚地说明，1914 年以来笼罩全球的普遍涨价气氛对于"欠发达"国家的积累是何等有害。即便在第二次世界大战的有利条件下，它们的发展也比在外部涨价传播的条件下受到的制约更大。而日本的例子说明，有控制的国内通货膨胀可以促进发展。所以，通货膨胀的例子清楚地说明，把本国范围内的发展机制同国际一体化范围内的发展机制混为一谈是危险的。同样的现象在这种情况下有助于加快资本积累，而在那种情况下反而制约了这种积累。

五　遥远的历史：外围加入世界贵金属市场

从前，某些在经济上处于前资本主义时期的地区对货币的使用一无所知（非洲的某些地区就是这样）或者还滞留在货币刚刚出现的阶段（使用贝壳、兽齿等）。欧洲的商人（往往是继阿拉伯或者印度商人之后）把金属货币传入这些地区。那些殖民公司的商人在向土著居民购买出口产品的同时，把玛丽—泰雷兹银圆或者墨西哥的皮阿斯特银圆传入经济体系之中。他们在向当地人销售进口产品的同时，又把这些货币从当地的流通中抽走。这就说明了，为什么在穷苦的欧洲移民定居的北美洲、安的列斯群岛金属货币"逗留"的时间通常十分短暂，必须定期发行纸制的货币符号来应付货币需要。但在当时，这是一个次要的问题。这些殖民地当时还处在贵金属的主要流通区之内，也就是说，当时的价格取决于商品生产成本和贵金属生产成本的比例。

因为，这种金属具有一种"内在价值"。当然，主观主义的价值观得出的论断是，货币的"有用性"来自它的货币用途，而黄金已经具有这种使用价值，因而黄金的"内在价值"是虚构的。如果按照这种逻辑推导下去，势必否认这种以黄金为基础的制度同以尽管具有某种价值（纸币代表一定的购买力）但没有"内在价值"的纸币为基础的制度有着根本的差别。我们当然应当区别这两种制度。金币是被黄金生产者带入经济循环之中的。对于这些企业主来说，黄金生产是一种有利可图的产业，而且，只要黄金的价格与其生产成本之间的差额能够产生与其他企业主从生产中得到的相等利润，新的黄金就会被带入经济循环。但是，黄金的开采包含着一种劳动和资本的实际成本，而纸币的生产不"耗费"分文。纸币进入循环的渠道与黄金经过的渠道十分不同：通过国家发行的渠道满足政府的需要，或者通过短期信贷的渠道。

人们错误地指责李嘉图发明了数量论。李嘉图认为，黄金是一种商品，它的价值是用凝聚在它的生产中的劳动量来衡量的。但是，由于必要的货币量取决于价格水平、经济活动水平和支付习惯，因而在经济循环中不同于这一数量的黄金数量的出现导致黄金价格发生高于或低于其价值的变化。就好像是某种商品的生产过剩或者生产不足决定它的价格围绕它的价值变化一样。马克思在批判李嘉图的时候指责他忘记了增加的黄金会被储蓄所吸收，在把货币总量同流通货币量混为一谈的同时为数量论开辟了道路。无论如何，最早的数量论产生于李嘉图之后，始于瓦尔拉斯。建立在主观价值论上的新经济理论导致了数量论。在认为黄金的有用性恰恰来自它的货币职能的同时，人们陷入了一种恶性循环；人们借助最早的数量论跳出了这种循环。无论如何，即便是边际主义的温和派也认为（例如诺加罗的观点），使用金币的货币制度与使用纸币的货币体系是十分不同的。如果说从短期来看，有用性直接决定着一种商品的价格，那么从长期来看，这种商品的产量将固定在某一水平，而按照有用性所决定的价格，企业主在生产成本以外只能得到"正常的利润"。黄金生产无疑包含着这样一种成本，而纸币生产不包含这样的成本。因而货币进入经济的机制没有任何相似之处。

在这种条件下，我们可以十分清楚地理解，当时在世界上的两个地区使用同一种金属货币，并不一定意味着这两个地区属于同一种"货币制度"。实际上，在世界上不同的地区，黄金的实际生产成本可能各不相同。因此，我们可以把那些显然实现了黄金生产成本统一的地区称作"货币区"。如果把那些一般经济条件相同——商品价格和生产要素的报酬价格——的地区确定为"经济区"的话①，那么我们就会看到，直到相对来说距今并不遥远的时期，"货币区"同"经济区"是相当吻合的。前资本主义的社会一般是一些封闭的实体——不仅是经济的也是政治的和社会的实体。由于没有发生移民运动（当然，征服引起的移民运动除外，这是另外一个问题）和

---

① J. 多布勒斯伯格：《经济领土理论》，《应用经济学》，1950；贝胡：《经济空间》，《应用经济学》，1950。

同外部的联系的相对稀少，结果世界分成了一些各不相同的经济和货币区。在欧洲，建立在国内基础上的资本主义发展也造成19世纪一些经济上各不相同地区并存的局面。尽管统一的"欧洲"黄金市场（其黄金储备存放在欧洲以外：先在美洲，后来在非洲和澳大利亚）已经存在了大约两个世纪。例如价格的总水平，它在所有欧洲国家从来都不是一样的。但是在那个时代，某些欧洲以外的国家对欧洲国家的依附已经造成了一些由宗主国和殖民地组成的新型经济区。在这些经济区里，某些条件，特别是货币条件已经一致化，而其他条件仍不相同。

后来资本输出的发展使这种新型的经济区更为重要、更有特点，也使它更清楚地暴露了它的局限性。

于是，我们开始看到，在这种条件下，"欠发达"国家"货币一体化"的早期形式可能意味着什么。当时，海外的前资本主义经济国家拥有自己的贵金属储备。它们加入国际市场并没有改变这种事实（当然，除非是在被征服的情况下遭到掠夺）。然而，两个孤立社会之间的接触引起了黄金价值的改变：要么是在发现了更易于开采的金矿之后欧洲国家的黄金价值下跌（这发生在16世纪，丝毫不需要用数量论来说明那个时代的普遍价格上涨），要么发生相反的情况。正是如此，价格较低廉的欧洲白银改变了某些一般性的条件，特别是在远东各国。

在分析国际交换的过程中，李嘉图假设金工资相等，而金价格的差别近乎实际成本的差别，由此得出金价格一致的结论。李嘉图之所以假设金工资相等，是因为他事先假设两个国家都充分加入了同一个黄金市场。这种假设不仅符合逻辑的需要，而且当两个独立的货币区发生接触的时候，情况确实如此，如16世纪的欧洲和美洲、18世纪的印度和英国等。

所以，存在着一种货币特有的现象：在两种经济类型的国家加入同一个更大的交换区后，货币价值便发生改变。这种现象与纯粹的经济现象同时存在：两个国家建立贸易关系之后，经济条件即发生改变。

印度是这种现象的一个明显例证[①]。在 19 世纪，银卢比这种货币逐渐失去价值。1850～1900 年，以英镑计算的卢比价值下降了35%。由此造成了一场价格上涨（1861 年的指数为90，1900 年的指数为116），这次价格上涨恰与英国的价格形成对照（在同期间，指数为135 和105）。大家知道，在19 世纪末期，英镑兑换本位制的发明制止了卢比的贬值：停止自由铸造卢比，英镑和卢比按固定汇率无限额相互兑换（卢比变成一种"根据白银数量印刷的英国银行券"）。

这次白银价格的下跌使印度蒙受了严重的损失。在 1880 年前后，该国政府不得不每年向英国转移大约1600 万英镑（公债付息、供养军队等）。它发行了一些汇票在伦敦出售，这些汇票同白银的销售形成了竞争。因而，这些汇票的价格在市场上与白银价格是一致的。印度政府每年都要损失这些汇票总值的大约25%，并且不得不设立新的税收以便补偿这种对英国的收入转移。另一个同样类型的消极影响是，由此造成了30 年的贸易条件恶化（1870～1898 年）。由于白银价格的下跌，每100 公斤印度小麦原来卖23.05 法郎，而在1886 年只卖19.22 法郎。所有流通白银的国家，也就是说，不仅是远东，还有拉丁美洲、波斯等地，都大受白银贬值之苦。

当然，实行单一银本位制或者双本位制的发达国家也因此吃到了苦头。但是德国、荷兰、斯堪的那维亚、奥匈帝国、俄国等国的例子说明，这些国家在19 世纪末顺利地过渡到了直接金本位制（德

---

① 奥斯特：《印度的经济发展》，第412 页；贾瑟和贝里：《印度的经济成分》，第129 页；O. 汉普特：《当代货币史》，巴黎，1886，第254 和261 页；又见该著作第236～237 页，爪哇白银贬值的影响。

国、荷兰、斯堪的那维亚）或者金兑换本位制（俄国：1894 年，奥地利：1891 年）。只有像西班牙这样最贫穷的国家不得不过渡到纸币制。相反，除了阿根廷以外，"欠发达"国家都没有成功地实现同样的过渡。除了拉丁美洲的"欠发达"国家保持了从 19 世纪初起就已经十分普遍的纸币制度以外，其他"欠发达"国家最后都过渡到了外汇本位制。

因此，了解金属货币价值的这些变化对正在形成的外围资本主义经济具有哪些影响，这是一个有意义的问题。研究这些影响，决不能像建立理论那样使用笼统的方式，而必须仔细地研究每一类国家的历史、各经济制度的性质、征服者所推行的政策。① 毋庸置疑，这种研究具有历史意义，但是这种历史意义不会维持长久，因为，"欠发达"国家的银行一体化很快就支配了它们的贸易一体化。于是，这种银行一体化遂成为货币一体化的主要形式。

六 当今的历史：国际清偿危机与"欠发达"国家

我们来重温一下伊利·勒贝尔在分析当前的国际清偿危机时所使用的非常清楚的原话。②

"最近 15 年以来，我们看到，国际流动资金——或者世界储备——的增加慢于国际交换量的增加。在这方面，我们引述一下《国际货币基金组织 1966 年年度报告》的话。"

---

① 例如，参见福瓦德·素丹：《埃及的货币》，1914；A. 阿瓦德：《埃及货币的变化和埃镑的前途》，1942。又见布洛尔斯和马可列奥：《利比亚的货币统一》，《国际货币基金组织专家报告》，1952 年 11 月；马尔霍特拉：《印度货币的历史与问题，1935～1949 年》；米克赛尔：《沙特阿拉伯的货币问题》，《中东杂志》，1947 年 1 月；扬：《沙特阿拉伯的货币和财政》，《中东杂志》，1953 年夏季。
② 伊利·勒贝尔：《国际流动资金与非洲货币政策的因素》，《非洲月刊》，1969 年 5 月。

　　"国际储备——在这里具体是指除苏联集团和中国内地以外所有国家的储备——在 1951 年底估计约达 480 亿美元，而在 1965 年底估计可达约 700 亿美元（见表 3 - 1）。世界储备在这一时期按照 2.6%的年率递增。但是由于国际交换按照大约 6%的年率递增，因此如果用相当于进口额的百分率表示，世界储备在此期间从 67%下降到 43%（见表 3 - 2）。"

表 3 - 1　世界储备额：1951 ~ 1965 年的增长情况

	年底储备额		1951 ~ 1965 年的增长	增长的年百分率（%）
	1951 年	1965 年		
	（10 亿美元）			
黄金	33.9	41.9	8.0	1.5
在国际货币基金组织的储备状况	1.7	5.4	3.7	8.6
货币	13.7	22.9	9.2	3.7
其中:美国债券①	4.2	14.8	10.6	9.4
英国债券②	8.2	6.7	- 1.5	- 0.14
其他	1.3	1.4	0.1	0.5
总　计③	49.3	70.2	20.9	2.6

　　①这些债券包括对中央银行和政府的短期流动负债、美国政府有价证券的官方国外资产，对于那些把美国政府长期非有价证券的官方国外资产也列入其储备的国家而言，也包括这一项。
　　②这些债券包括对外国中央货币管理局的负债，其中包括中央银行之间的相互援助。
　　③苏联集团国家和中华人民共和国除外。
　　资料来源：《1966 年国际货币基金组织年度报告》，此表引自勒贝尔文章。

表 3 - 2　按相当于进口额百分率表示的各国储备（1951 ~ 1965 年）

	1951 年	1960 年	1965 年
A. 发达国家十国集团（美国、英国、德国、比利时、加拿大、法国、意大利、日本、荷兰、瑞典）	73	60	43
其他发达国家	46	44	41
发达国家总计	68	57	43

	1951 年	1960 年	1965 年
B. "欠发达"国家			
主要石油出口国	60	49	64
原有储备高的国家	118	41	22
其他"欠发达"国家	41	44	42
"欠发达"国家总计	64	44	42
总　　计	67	55	43
除美国之外总计	39	44	39

资料来源：《1966 年国际货币基金组织年度报告》，此表引自勒贝尔文章。

"最近几年来，这种变动更加剧烈：在 1966 年和 1967 年，世界贸易额的增加分别是 10% 和 50% 左右，而世界储备额在此期间平均每年仅增加 1.5%（根据《1968 年国际货币基金组织年度报告》）。"

"乍一看，这样一种趋向可能令人担忧。但无论如何，人们都同意这样的说法，即没有任何理由断言目前的世界储备水平已告不足。人们可以认为，第二次世界大战结束后不久，国际贸易结构十分不平衡，而目前它已比那时平衡得多了，因而需要清偿的差额正在减少，清偿贸易差额需要的储备也在减少。特里芬教授曾经计算过，在 1913 年以黄金为主构成的货币储备只能抵偿世界进口额的 37%。[1] 如果把在国际货币基金组织中拥有的储备额也计入分子之中，则 1965 年的储备／进口比率仍然高于 1913 年（见表 3－2）。"

"此外，不应当仅仅研究国际资金储备，也应当研究它的流通速度。尽管对国内货币状况的这一方面已有一些十分深入的分析，但是问题的这个方面至今仍被忽视。[2]"

---

[1]　罗贝尔·特里芬：《黄金与美元危机》，法国大学出版社，1958。

[2]　参见最新研究成果和书目：《货币需求：国际比较》，J. O. 阿德肯尔拟，G. S. 多兰斯批准，国际货币基金组织研究统计局，1965；《试说明货币需求》，财政和经济事务部经济及金融研究处，巴黎，1965。

"最近几年出现了一些调整机制，它们也可以促使必要的储备的总水平下降。在这方面，我们引述一下上面提到过的《国际货币基金组织年度报告》中的话，'国际调整程序可能出现改善，这些改善并非不可能降低必要的储备的总水平与交换的比率，因而并非不可能在某一段时间内把储备需要的增长率维持在一个较低的水平。这个问题最近已成为经济合作与发展组织内部一系列会谈的话题，而国际货币基金组织利用它与成员国的关系，一遇机会就继续鼓励这种改善。双边外汇兑换协定（互换货币协议）的扩大和放宽可以提高对货币稳定的信心和防止发生投机浪潮'。但是，这种协定的增多不可超过一定限度，否则便会不适当地拖延必要的调整。在某种程度上，利用这样的协定来填补逆差能够同时减少储备的需要。但是，我们认为至关重要的意义在于，这样的机制主要是在——当然不是绝对的——工业化国家之间发挥作用。这一点，我们以后再讲。"

"所以，国际清偿制度的危机并不在于国际流动资金的世界性短缺，至少对工业化国家来说不是这样。"

"更主要的问题在于它的分布，特别是在于储备货币的分布，而首先又在于美元的分布。对于下列数字，人们并不生疏。1951年，美国的黄金储备额为243亿美元计算单位，而1965年，只有147亿美元。面对储备的减少，美国对世界其他国家的负债不断增加，从1951年的83亿美元增加到1965年的252亿美元。后一数字的构成如下，约148亿美元为欠外国政府的债务，其余约104亿美元为欠外国商业银行、个人和各种组织机构的债务。美国的这笔外债几乎全部即241亿美元是短期债务，长期债务只有11亿美元。而美国对外国的债权是122亿美元，其中77亿美元为短期，45亿美元为长期。表3-3概括地反映了美国的对外经济关系状况。"

表 3 - 3　美国对外经济关系状况

单位：10 亿美元

	1951 年		1965 年	
黄金储备	24.3		14.7	
对外债务	8.3		25.2	
其中短期债务		7.7		24.1
长期债务		0.6		1.1
对外债权	1.4		12.2	
其中短期债权		1.0		7.7
长期债权		0.4		4.5

"所以，国际危机主要在于这样一种矛盾，即美国的 147 亿美元黄金储备远不足以偿还它的对外债务，无论是偿还外债的总额——252 亿美元，还是仅仅偿还 241 亿美元的短期债务部分，还是偿还债务净额——全部债务净额为 130 亿美元，短期债务净额为 164 亿美元。"

"所以，我们从国际货币体系中看到了这样一种不正常的状况，即全世界都把大量的钱、主要是短期资金借给美国。这种由第二次世界大战以后美国经济的强有力地位造成的状况目前受到更加激烈的批评，因为这种强有力的地位虽然在经济方面继续得以保持，但是在金融和货币方面由于美国的黄金储备不足以偿付其债务而受到严重动摇，由此产生了危机。"

"至于美国的对外财政恶化并非产生于贸易收支或者商品和劳务总收支的逆差——二者皆为顺差——这一事实并不重要。实际上，这种恶化起源于资本的运动，其中包括公有资本的运动。重要的是，这些资本的一部分在世界货币体系中再一次地转移。如果像人们一般所承认的那样，美国在国外的私人投资每年带来 10% ~ 15% 的利润，而美国为偿还在国际货币体系中缔结的债务每年只付 3% ~ 4%，那么人们对于有利于美国而相应地不利于世界的其他国家的不正常的世界货币体系的这一个方面就有了清楚的认识。"

"虽然人们可以断定，对全世界而言似乎不存在国际资金短缺的问题，但是对'欠发达'国家而言却是另外一回事。"

关于非洲各国，E. 勒贝尔写到，"根据我们所掌握的 1960 年以后关于非洲 28 个国家的一系列可比统计资料[①]，我们发现，它们的对外储备从 1960 年的 29 亿美元计算单位减少到 1965 年的 22 亿美元计算单位。这里所指的是对外储备总额，也就是未减去短期债务之前的数额。这些总储备包括黄金、外汇和对国际货币基金组织的自动特别提款权（在国际货币基金组织中称作'储备状况'，就非洲国家而言，它等于在国际货币基金组织中的'黄金份额'，也就是说等于它们对该组织的黄金捐款额）"。

"然而，在最近 5 年这些国家的进口额已从 1960 年的 40 亿美元猛增到 1965 年的 59 亿美元。国际流动资金和进口额的相反变动使二者之间的比率从 1960 年的 72% 下降到 1965 年的 37%。"

就亚洲国家和地区而言，我们所掌握的 1948 年以后关于非产油国的统计资料表明，这些国家和地区的按上述方式确定的储备总额从 1948 年的 54 亿美元减少到 1951 年的 37 亿美元和 1966 年的 36 亿美元[②]；而这些国家和地区的进口额在这三个年度中分别从 44 亿美元增加到 51 亿美元和 95 亿美元。亚洲在战后曾经拥有为数可观的储备额，尤其是印度的英镑债券（印度和巴基斯坦共有 12 亿英镑以上），但是它的储备在 1948～1951 年突然减少（储备额同进口额的比率从 122% 下降到 73%），此后储备的减少虽然放慢了速度，但持续不断（在 1966 年，上述比率为 38%）。像印度和巴基斯坦这样的

---

① 阿尔及利亚、突尼斯、摩洛哥、利比亚、埃及、苏丹、13 个法郎区成员国、马里、加纳、尼日利亚、埃塞俄比亚、索马里、刚果（金）、3 个前英属东非国家。

② 缅甸、锡兰、韩国、印度、约旦、马来西亚、巴基斯坦、菲律宾、叙利亚、中国台湾、泰国和土耳其。我们是根据国际货币基金组织的数字进行计算的。

大国的储备仅能保证一个季度的进口。小国的储备状况较好，特别是泰国的储备额在 1948～1966 年增加了 7 亿美元。中东产油国的储备额激增：1951～1966 年，伊朗和伊拉克的储备额从 3 亿美元增加到 7 亿美元；科威特的储备额（货币委员会和政府的储备）在 1966 年达到 11 亿美元；而沙特阿拉伯的储备额（沙特阿拉伯货币局）达到 8 亿美元。

就拉丁美洲而言，根据我们对已掌握的关于 16 个国家的可比统计资料的计算[①]，它们的储备额与进口额的比率在 1948 年约在 50%（储备额为 25 亿美元，进口额为 50 亿美元），这一比率一直保持到 1953 年。在 1953 年，进口额达到 59 亿美元，储备额达到 28 亿美元，墨西哥几乎是唯一对储备额的增长做出贡献的国家。但是从 1953 年起，形势不断恶化。在 1962 年，储备额仅有 23 亿美元，而进口额为 79 亿美元（储备额与进口额的比率低于 30%）。确实，1962～1967 年形势发生了好转，因为，虽然进口额达到 95 亿美元，但储备额达 31 亿美元。实际上，形势的这一好转几乎完全是两种原因：众所周知的大产油国委内瑞拉的储备额增加（5 年之间增加了 2.54 亿美元）；尤其是阿根廷，由于实行通货紧缩政策，储备额猛增（从 1966 年的 1.32 亿美元增加到 1967 年的 6.25 亿美元）。除这两个国家以外，储备额与进口额的比率继续下降，从 1962 年的 30% 下降到 1967 年的 23%（储备额：16 亿美元；进口额：51 亿美元）。

用储备净额计算的结果同用储备总额计算近似。关于非洲，E. 勒贝尔写到，"同时研究一下非洲国家的对外储备净额是有意义的。我们用由黄金部分和这些国家对世界其他国家的短期债权（当持有某一外国的货币时，便对该国具有债权）构成的国际流动资金

---

① 阿根廷、玻利维亚、巴西、智利、哥伦比亚、哥斯达黎加、多米尼加共和国、厄瓜多尔、危地马拉、洪都拉斯、墨西哥、尼加拉瓜、秘鲁、萨尔瓦多、乌拉圭、委内瑞拉。

减去非洲国家的短期对外债务，便得出它们的储备净额。需要提醒的是，这里所指的不是长期债务，而是原则上随时都可以索取的短期债务。在有双边协定欠付差额（清算账户）存在的情况之下，短期对外债务应包括这一差额。这种差额在 1960 年约为 5 亿美元，而在 1965 年增加到 8 亿美元。因此，国外资产净额在 1960 年为 24（29 - 5）亿美元，而在 1965 年减少到 14（22 - 8）亿美元。对外储备净额与进口额的比率从 1960 年的 60% 降低到 1965 年的 23%"。亚洲和拉丁美洲的情况也是这样，储备净额占储备总额的大约 2/3。

E. 勒贝尔在进一步分析时写道："人们习惯于把有条件储备也计算在内。在某种意义上，有条件储备是供某一国家支配的国际流动资金，但是该国必须服从这些资金的提供国所规定的条件。这种类型的有条件国际资金有国际货币基金组织的提款权和供非洲国家使用的贷款额度等，在 1960 年为 2 亿美元，在 1965 年增加到 6 亿美元。这一数额的增加是非洲国家大批加入国际货币基金组织的结果。一些国家（加纳、马里、索马里、苏丹、突尼斯和阿拉伯联合共和国）出现的波动是这些国家使用国际货币基金组织发放的有条件贷款的结果。这些贷款之所以是有条件的，因为国际货币基金组织只有在受惠国采取恢复对外财政平衡的条件下才发放贷款。把这些有条件的流动资金同其他流动资金相加，并且仍然把它们同进口额相比，我们便得出比上述百分率更高的百分率，即 1960 年为 78%，1965 年为 47%。"

除了我们以上指出的有条件流动资金之外，还有其他的有条件流动资金。那些本国货币享受法国无限担保的法语国家（西非：西非国家中央银行，中非：喀麦隆和赤道非洲国家中央银行，马达加斯加）因这种担保而拥有与法国的财富数量相等的有条件储备，这种有条件储备是假定的和无法用数字表示的。无论如何，对于这一组非洲国家来说，由于它们同法国具有特殊的货币联系，它们的国际流动资金概念的含义与其他国家不同。甚至可以说，它们的几乎全部以法国法郎构成的实际对外储备都是有条件的。实际上，作为对这种担保的交换，法国可以放心，受惠国会实施某种信贷政策，从而使它们的发行局无须求助于法国因提供担保而保证给予的那些自动信贷优惠。需要提醒的是，在赤道非洲和马达加斯加的发行局中，按对等人数组成的董事会使法国代表可以在必要时阻止对外储备相对减少过猛。西非的发行局西非国家中央银行的董事会以非洲成员国为多数组成。法国的救助是照章施行的和经典式的：在对外储备相对减少的情况下提高贴现率和限制信贷上限。无论如何，如果非洲国家坚决要求变通执行这些规章，它们只有在法国董事同意之后才能这样做。

"所以，不能把这种在十分特定条件下给予的对外优惠计入非洲国家的对外储备中。但是，应当把由双边协定产生的有条件对外储备计算在内。这些储备之所以是有条件的，因为它往往只能用于在协定签字国内部购买商品和附带地购买一些劳务。此外，这些双边协定可以规定商品的名单，而商品名单往往包含一些限制条件。在规定可以实行或者事实上已经实行了三边补偿或多边补偿的情况下，按照我们在这里对'条件'一词的理解，这种对外储备的'条件'就会减低。无论如何，发达国家之间的双边外汇交换协定（互换货币协议）可以有助于填补'逆差'和在某种程度上减少'储备需要'，包括相互贷款在内的支付协定也起着相似的作用。"

"可惜，已经公布的有关这些协定的数字缺乏连续性、可比性和完整性。"

然而，E. 勒贝尔对非洲的双边支付协定进行了概括。这些协定大部分（特别是同阿拉伯联合共和国、马里、几内亚、加纳和摩洛哥有关的协定）是同东欧国家缔结的，但是也有一些是在非洲国家之间签订的。就大批亚洲国家（印度、阿拉伯国家等）和一些拉丁美洲国家（当然不包括古巴）缔结的双边协定而言，情况也是同样。

"带有支付优惠条件的双边协定无疑有助于使缔约国的对外贸易面向为数众多的贸易伙伴。然而，协定双方进口增加的大部分原因显然在于向非洲国家提供了双边长期援助。不过，（这里所引用的）数字只包括相互的贸易贷款，这符合于研究国际流动资金的需要。此外，许多双边的贸易和支付协定规定，某些在世界市场上极受'欢迎'的商品不在双边记账贸易之内。另外，即便以双边记账和贷款的方式进行交易，仍必须在交易结算的时候支付一部分可兑换外汇，这实际上是一种流行的做法。这后两项条款一般更有利于非洲国家。"

"其实，从研究双边支付制度的货币影响角度来看，我们最关心的统计资料是：①贸易伙伴之间相互提供的而且在某种程度上构成'有条件'国际流动资金的相互贷款的幅度；②双边账目的实际变动。由此可以发现这种制度有利于哪一方，并且回答是非洲国家通过双边机制借钱给世界其他国家（主要是发达国家）还是相反的问题，因为我们在这里所研究的是货币问题，基本的问题就在于，谁借钱给谁，借钱的条件如何和借钱的机制。"

这些看法适用于所有的"欠发达"国家，由此得出的一系列结论也同样适用于亚洲和拉丁美洲国家。

"双边支付协定机制逐渐使非洲以外的贸易伙伴，首先是发达国家不得不向非洲国家提供自动的贸易贷款。"

"这一切都证明，尽管国际流动资金同进口额的比率从 1960 年 72% 下降到 1965 年的 37%，但是很难说非洲国家是否存在一个对外储备问题。近年来，非洲的和对非洲的国际贸易结算方式发生了很大的变化。这些国家的国际贸易结构，特别是进口结构也发生了变化。严格说来，要判断一个国家，甚至是一个充分加入世界货币体系的国家的国际流动资金是否短缺，就必须把该非洲国家的国际流

动资金仅仅同该非洲国家必须用本国资金结算的进口额（主要是私
人和政府的消费品和中间产品）相比较。可是近年来，用外部资金
进口和支付的设备无疑已经大大增加。有必要详细地研究对外贸易
的统计资料和资金来源。还必须了解，官方的统计在多大程度上包
含了靠外部资助的设备进口。另外，必须把长期对外债务这样一种
恶化因素考虑在内，它是与外部资助相对应的。"①

"然而，我们可以从这一部分论述中提出下列结论。② 国际货币
体系因其性质而包含着这样的特点，即由于发达国家掌握着非洲国
家的大部分外汇储备，主要是英镑、法国法郎和美元等，因此非洲
国家不断地把资金借给发达国家。就我们在这里所关心的问题而言，
外部援助是不是这些储备的来源并不重要。在世界范围内，加入国
际货币体系的所有国家都通过这一体系借钱给列强——首先是美国，
而从非洲方面来看，整个非洲大陆都借钱给发达国家，首先是前殖
民主义大国。我们已经看到，这种借款的数额在 1960 年为 29 亿美
元计算单位，在 1965 年为 22 亿美元计算单位。"

"在国际货币体系范围内，由于非洲国家事实上是它的一部分，
因而对非洲国家而言存在着一个国际流动资金问题，因为对外储备
额对进口额的比率近年来发生了危险的下降。"

"非洲的情况与世界上发生的情况不同。在世界上，人们更多地
看到一种对储备货币的信任危机，用更带有政治色彩的话来说，就
是反对把一种本国——美国——发行的国际储备货币强加于人；而

---

① 非洲国家的长期政府外债估计在 1965 年底达 50 亿美元计算单位（参见《国
际复兴开发银行年度报告》，1965～1966 年）。这一数字不包括阿联（阿拉伯联合共
和国是中东国家），由于该国的外债在 1962 年底已达 9.68 亿美元（参见德拉格斯拉
夫及其同事：《经济增长与外债》，国际复兴开发银行，1964 年），因此至少应当补
充 10 亿美元。

② 引自伊利·勒贝尔文章：《国际流动资金与非洲货币政策的因素》，《非洲月
刊》，1969 年 5 月。

非洲的问题更多地表现在对外储备的数额方面，而不是在它的构成方面。在世界范围内，通过国际货币体系借用短期资金的国家（美国）出现了对外收支逆差；而在非洲，对外收支逆差出现在非洲一方，也就是出现在贷出国一方。

"为了继续说明非洲国家与发达世界之间关系的相似性——相似的程度可能不尽相同，可以说这个问题的性质与战后初期问题的性质相像。当时国际货币体系中的贷出国——全部发达世界——也就是对贷入国（首先是美国）有逆差的国家。

"尽管最近出现了对外储备明显下降的趋向，但是对外储备的总水平仍然保持着足够的高度，就整个非洲而言为37%。可是，由于这些储备在非洲国家之间分布十分不均等，因而它们之中的某些国家拥有'过剩储备'，并且专门通过国际货币体系把'过剩储备'出借给发达国家。利比亚、埃塞俄比亚的情况是这样，西非集团（西非国家中央银行）在某种程度上也是这样。还是从国际货币体系角度来看，其他国家，诸如阿拉伯联合共和国、加纳、突尼斯和马里却遇到了严重的困难，不能像非洲其他国家那样求助于现有的优惠，或者只能少量地求助于这种优惠。货币联盟（西非、赤道非洲）和非洲国家之间的支付协定建立了某种非洲的团结关系。

"通过双边支付协定网络相互提供贸易信贷的制度，从单纯货币角度来看，有利于非洲国家，它是我们唯一所关心的，因为这个制度会逐渐造成发达世界借钱给非洲的局面。这种制度尽管主要是双边的，但是可以在很大程度上通过票据交换所来实现多边化。"

结论综述

第一，货币理论是受到"经济学"偏爱的领域，但是由于它染上了严重的"经济"恶癖，因而只是研究虚假的问题。因为货币掩盖了基本的关系——生产关系（要对它进行科学的分析，就必须用100％的社会学来超越"经济学"），却突出了表面的关系——交换关系。正因为如此，过去的和当代的所有非马克思主义的货币理论归根结底都是建立在数量论这一虚假的前提之上的：凯恩斯的流动性分析和芝加哥新边际效应派的"精雕细琢"并没有使货币理论脱出这一根本虚假的范围。实际上，银行系统只起着按照需要调整货币量的"被动"作用。虽然它在积累机制中（在实现剩余价值的过程中）也起着一种"能动"作用，但是流行的货币理论没有想到这种作用。

第二，当货币理论被扩大应用到"欠发达"经济之后，该理论以为在"欠发达"经济中发现了一些特殊的"恶性货币机制"，它们使货币供应取决于对外收支的平衡，并且给"欠发达"国家的经济造成了一些特有的混乱。事实上，我们看到，外围的货币机制并非不同于中心的货币机制（不论表面上如何）；"外汇"本位制所起的作用并不比"被控制的本国货币"更坏。只要"欠发达"国家仍然属于世界市场这一点没有改变，创造本国货币不会使当地政府具有实际的管理能力；甚至于，控制汇率和汇兑既避免不了中心的占支配地位的货币价值的波动向外围传播，也避免不了中心的价格结构向外围传播。货币是一种基本的支配关系的表面形式，但它并不是造成这种关系的原因。

第三，所以，"货币问题"并不在这里，而在于外围的银行体系的实际运行之中。这种银行系统完全服务于外国的或者本国的、私人的或者国家的外围资本主义发展，也就是说它的存在是为了促进一种归根结底是建立在外部市场基础上的资本主义发展，这种资本主义发展才是"欠发达"的基本原则。流行的理论对这一真正的问题实际上并不感兴趣。

第四，世界货币体系是服务于世界规模的积累规律的一种手段。

它的职能是促使积累手段的集中化有利于体系的中心（发达国家）而不利于外围（"欠发达"国家）。这种情况从一开始就是如此，在商业资本主义和正在形成的外围加入世界贵金属市场的遥远时代是如此；在当代，正如从"第三世界"角度研究"国际清偿危机"所表明的那样，仍是如此。

第四章
外围在世界行情中的作用

引　言

　　积累的周期形式早已成为经济学研究的对象。但是长期以来，流行的经济学理论把市场规律作为它的信条，人们到货币、企业家的心理状态或生产的技术条件，也就是到所谓"外部"的或"独立"的变量中去寻找周期的原因。这样的观点必然是肤浅的。它不能深入地看到产生经济动力的机制本身。于是，就产生了一大堆不寻常的关于周期的所谓理论。当然，马尔萨斯、西蒙迪，特别是马克思的理论是很突出的例外。然而，市场规律的价值极少受怀疑。所以，马克思主义的分析始终未能得到理解，也未加以正确的解释，而且还在毫无认真研究的情况下就被边际效用论者否定了。

　　不过，魏克赛尔在19世纪的末叶对市场的教条进行了批判。魏克赛尔在研究了价格的普遍运动的原因，力求找到总供给和总需求得以不平衡的根源以及保证这两个不平衡总量得到调整的运转机制以后，批判了市场规律。米尔达尔从1930年起，凯恩斯早在1928年，尤其是在1938年继续进行了这种批判。从此以后，对周期的研究超越了"心理"和"货币"的一般水平，它开始更注重于深入研究将总收入的储蓄转入经济增长所要求的投资中去的机制。

当前，这种周期无疑已表现为储蓄和投资的不平衡，它无非是生产能力和社会消费能力更为广泛的不平衡的一种形式。与马克思的某些分析不谋而合的新周期理论是在第二次世界大战期间和以后建立起来的，也就是说恰恰是在积累机制失去其周期形式时建立的，这真是命运嘲弄的结果。资本主义国家经济的垄断化和国家的干预——正是有了当代资本主义垄断化这个特征才使国家干预有这个可能，甚至有这个必要——取消了从 1825～1940 年这一个世纪多来特有的、正常的周期形式。行情的波动代替了自发的周期。同时，由于国家的政策涉及货币和金融领域，行情理论与周期理论相比显得十分苍白。人们又产生了对货币的幻想，陷于"收入政策"的先验的实用主义。

受凯恩斯影响的 20 世纪 40 年代的关于"萧条""超发展""成熟"的论点与周期理论或行情理论如出一辙：它们着重分析储蓄和投资的失衡。

1929 年的危机是如此之强烈，致使所有纯货币理论、心理或技术理论——不论是周期的还是长期的——统统都遭到了破产。以后出现的增长理论将深入分析动力机制作为目标。生产、储蓄、投资正是通过这些机制，沿着上升的长曲线得到平衡的。第二次世界大战以后，西方资本主义的迅速发展使这些落后于时代的成熟理论被人们束之高阁。对当代增长动力平衡问题进行理论研究——它不仅仅要研究垄断和国家干预，也要研究深刻的科技革命，研究体现近 40 年来特点的政治关系的巨大变化——还仅仅是开始。

任何情况下的理论研究都要把对资本主义生产方式的研究作为框架。

对于与世界市场一体化的外围经济周期和行情的特殊形式的研究，在时间上要稍晚一些。所以，这一研究自然比较落后，其表述也往往很不深入。对"欠发达"国家"周期"和行情的分析还往往更接近于老的货币和心理学理论，而不是现代增长动力理论。

另外，随着人们批判数量论后在理论上做出的新努力以及对在抛弃通用金本位制后20世纪30年代货币混乱而产生的特殊形势做出的观察，有关国际货币机制的研究不断有所进展。鉴于对外经济关系于外围国家特别重要，所以，人们曾认为，研究这些国家的周期和行情只需把收支平衡的变化作为根据就可以了。在有些人看来——至少表面上如此——中心发达国家在这些变化中所起的决定性作用以及"欠发达"经济的被动作用就足以说明问题，完全不必对外围国家积累动力的内部机制再做特殊分析了。因此，人们把"欠发达"国家的周期看作通过支付运动从外部"传入"的。在这里，不管是不是"传入"的，究竟应该说是周期、行情还是供需的同步变化呢？

总之，所有这些问题在涉及外围时都忽略了事物的主要方面。因为有一个国际周期，也就是整个资本主义经济的周期，所以，外围国家在这一整体运动中，正如在世界范围的积累机制中一样，有它们自己的地位。

我们将首先研究资本主义生产方式中周期和行情的理论，然后再研究世界范围的周期和行情的理论以及在这个行情中外围和中心各自的作用。

一　资本主义生产方式中周期和行情的理论

资本主义并不是无起伏地沿着一条持续上升的直线发展的。相反，增长以总的上升的趋势呈现为一系列周期性起伏态势。一项投资有可能创造自身的市场说明了这一上升趋势。生产和消费或储蓄和投资在其总量之间相对失衡的规律性，反映了运动的曲折态势。

马克思和列宁在批评罗莎·卢森堡时曾先后指出，没有"外部"市场——没有资本主义生产方式以外的市场，一个资本主义国家的经济有可能获得持续增长。从第一阶段收入中抽出的储蓄完全可以进行投资从而在第二阶段开辟自身的市场，而不需要"扩大"就可以深化资本主义市场。从这个意义上讲，"市场规律"依然有其有效性。但这种有效性是相对而言的，因为资本主义的发展形式要求从时间上分解储蓄行为和投资行为。信贷以及由征服新的外部市场构成的短期利益，有利于实际的货币储蓄投资这一基本活动。在前一阶段中抽出的实际储蓄在投资之前即具有货币形式。19 世纪的黄金生产，当前的银行体系允许实现这一预先行动。

所谓"市场规律"的主要观点——储蓄的投资必须以货币形式实现而且能够通过金融市场自动实现——是完全错误的。投资可以开辟市场，但也可能无法开辟。周期理论的特点恰恰在于，它规定了投资不能开辟自身市场的条件。

货币给经济体制以不可置疑的灵活性。但它同时也可以通过使总供给和总需求的失衡造成经济体制的失调。货币通过从时间上将储蓄行为和投资行为分离而使危机可能出现。那么，货币是否要对此负最终责任呢？如果这样，就要解释为什么这种失衡是周期的而不是长期的，为什么失衡在一个时期内可以得到克服，为什么只有资本主义生产方式而不是简单生产才有这种周期现象。

既然积累是资本主义生产方式而不是前资本主义生产方式的特有现象，那么，周期问题就是一个资本主义的特殊问题了。所以，在普遍使用货币的前资本主义经济中，尽管"现金偏好"，更准确地说，积蓄偏好是储蓄的重要动机，但是，并没有经济周期和"内部"增长。实际上，在这些生产方式中，增长是缓慢的，它与人口的增加和技术的进步相联系。这种增长是在与资本主义完全不同的经济机制运行范围内实现的。在这些经济中，储蓄和投资不是分叉进行的，而是同体进行的。储蓄动机和投资动机始终融为一体。然而，对储蓄和投资进行分类，是资本主义生产方式所固有的现象。因此，任何前资本主义生产方式都不存在周期现象。

如果说，周期在资本主义生产方式中是货币周期，那它和其他经济现象相比，也并无特殊之处。因此，所有那些建立在信贷机制研究基础上的周期理论对这一问题的看法是很肤浅的。之所以这样说是因为货币在交换中并不起"积极"作用：市场要存在，但仅仅依靠货币是不可能建立市场的。货币所能做到的就是在时间中促进某种转移。所有现代的理论都是最终赞成这样的观点：周期是发展的一种特殊形式，储蓄和投资的长期失衡正是通过这一形式不断得到克服。这个观点正是马克思分析中的观点。

但是，周期是建立在某种更为普遍的长期趋势之上的。所以，仅仅对总供给和总需求长期失衡的分析是不够的，还需对储蓄和投资趋于平衡或失衡的长期倾向进行分析。在这一分析中，后凯恩斯的货币理论更为活跃。

（一）周期的"纯理论"：货币幻想①

卢弗塔拉称凯恩斯的分析是转移性的。在"总理论"中，投资量通过倍数决定国民收入水平。投资量本身取决于两个独立的变量：利率和资本的边际效益。收入对投资没有反应，或者更准确地说，投资仅仅和收入而不和收入增加成正比。其结果是，建立在国民收入水平上的平衡——在这个水平上，储蓄和投资是一致的——是稳定的平衡。

---

① 我们曾参考过的主要著作有以下几本。卢弗塔拉：《1947 年华盛顿会议的通报》，《经济计量》，1948 年 1 月号；莱斯居尔：《生产过剩的一般和特殊危机》，巴黎，1938；阿弗塔利翁：《生产过剩的周期性危机》，巴黎，1913；斯威齐：《资本主义发展的理论》，纽约，1949。

克莱恩把凯恩斯的"总理论"分析画成一系列相应的图表，其中最典型的显然是图4-1。

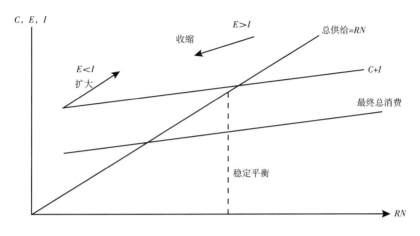

图4-1 凯恩斯的"总理论"分析

的确，"总理论"包含着周期理论的轮廓。随着资本边际效用急剧下降而来的是利率的上升，因为它会导致现金偏好的加强。投资也会急剧下降，同时受影响的便是总需求。国民收入紧缩，直至从这一收入中提出的储蓄不再超过减少的投资。但是，凯恩斯的这一分析没有从根本上发展周期理论，因为资本边际效用的突然下降仍然得不到解释。

于是，凯恩斯转而求助于人类心理学。它涉及的是无法对十分乐观的资本的未来效益进行预测。当然，在发展的第一阶段没有任何客观原因来降低这一效益的水平，那么预测总是会符合实际情况的。至多那些突发性的"历史"原因时而会导致心理危机，由此导致总收入的减少。但是，周期的规律性要求深入地从经济动力机制本身去挖掘原因，做出解释，而不是从"外部"现象上去进行说明。

这样，我们就可以把凯恩斯的这个思想同莱斯居尔和阿弗塔利翁的理论联系起来。繁荣时期生产的增长会使价格普遍下降（因为需要日益得到满足），而依据效益递减的规律，生产费用不断提高。当然，还需要解释生产和收入同时增长时价格怎么会下降。此外，还要将效益递减为什么会与工业发展相联系的技术进步同时出现的这一论点协调起来。繁荣时期生产能力的充分使用似乎可以使生产费用降下来。因此，依靠心理或技术的"外部"变量并不能给"总理论"中的分析以一种真正的"内部"动力态势。

卡尔多正是在放弃凯恩斯对储蓄和投资倾向的稳定价值的假设情况下，赋予了凯恩斯的分析一种真正的周期性意义。卡尔多的图解假设，国民收入水平无论是低（由于生产能力没有得到使用）还是高（在充分就业时期由于建设费用增长），投资的倾向总是弱的。反过来说，收入水平无论是高还是低，储蓄倾向总是强的。图4-2将周期做了清晰的描绘。

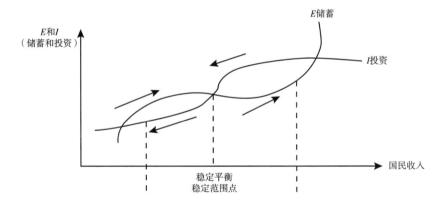

图4-2　卡尔多的周期分析

除了对总收入量少而储蓄倾向反而强的理由卡尔多没有说明以外（按常理讲，储蓄倾向是随着收入的增加而增强的），还需要解释的是建设费用增加怎么会成为发生逆转现象的原因。不能说这种建设除了需要劳动力以外还需要原料、机器、能源等，因为正是使用了劳动力以后才能生产发展所必需的其他物资。依靠"充分就业"

这个外部因素，可以解释发展速度不能无限增大的原因，但不能解释为什么在危机爆发，根本无法实现充分就业的历史情况下，现象还会发生逆转的原因。

卡莱茨基对凯恩斯的周期做了出色的描绘：首先是收入决定投资，其次轮到投资来决定收入。但随着总投资水平的提高，投资倾向的价值降低了。所以，周期是不可避免的。在这个问题上也应该用内部原因去解释投资倾向和总投资的关系日益松弛的原因。可惜，安吉尔借用了外部的心理原因来做解释：造成投资预测（投资倾向的形式）和投资的差距是因为前者的依据不是投资本身而是投资的速度。为什么会这样呢？

对于国民收入和投资等所有这些因素如何结合在一起曾做过迄今为止最出色的分析的作者，也许就是哈罗德了。他的描述看起来十分全面。经济增长中的不平衡来自实际储蓄（主要取决于实际收入水平）和期盼储蓄（主要取决于实际收入增长率）之间根本上的二律背反。

平衡的增长表现为 G 值的稳定，并要求在既往的投资与它所引起的国民收入增长之间保持稳定的比率。下列方程式说明，如果储蓄的平均倾向 s 不变，增长 G 只有当系数值 C 保持稳定时才能持久。该方程式为：

$$GC = \frac{\triangle Y}{Y} \frac{I}{\triangle Y} = \frac{I}{Y} = \frac{S}{Y} = s \qquad (4.1)$$

G 代表增长率，C 为资本系数（投资与可分配收入的比率），Y 是收入，$\triangle Y$ 是收入增长，I 是投资，S 是储蓄，s 是储蓄平均倾向。

可是系数 C 的值——用它来衡量倍数和加速现象的综合结果——不可能是固定的。因为被哈罗德称为"关系"的加速，要求新投资的比例大于最终需要的增加，同时也因为倍数使投资量的增加引起了国民收入更大幅度的增加。在哈罗德的《商业周期》中，他设计了一个具体的周期模型，使倍数和加速运动发挥作用：最初的投资产生了国民收入的增加，反转来，国民收入的增加又决定了二次投资（加速）。这种持续的高涨一直要延伸到倍数规模缩小至足以取消"关系"的加速行动。这正是繁荣时期所发生的情况。随着收入增加，消费倾向在削弱。因为在收入中，利润份额的增长速度大于工资份额的增长速度。

哈罗德是和马克思的观点最接近的经济学家。在《资本论》中找不到包括周期理论所有内容的章节，然而，马克思通过对今天称为"倍数"和"加速"现象的研究，阐明了周期的主要运动。在《资本论》第二卷的著名的、引起众多争论的第 21 章中，马克思指出，通过扩大和深化资本主义，投资是可能为自己建立市场的。在同一章里，马克思分析了人们是通过哪些机制将"储蓄倾向"和总收入联系起来的。随着收入的提高，主要用于储蓄和投资的那部分利润也相对地增加了。这种现象同哈罗德书中阐述的倍数递减是完全一致的。实际上，倍数无非是投资和与投资有联系的那一部分被分配和消费了的收入（即整个收入减去储蓄收入）之间的比率。当国民收入量增加时，利润的增长比工资更快，而由某一投资产生的支出规模则缩小了，所以，$\triangle Y/I$ 的比率减少了。

如果说马克思认为，这种倍数递减（在马克思的著作中，倍数递减表现为作为最终需求来源的支出收入与作为收入分配来源所提供的生产之间的失衡）从一开始起就不阻碍发展，那是因为他事先早已分析了以后人们所说的加速。

马克思在研究固定资本的替代时提出，最终需求的增加在某种条件下（在萧条末期恰恰具备这些条件）可以产生一种急促投资。这种投资反过来又可以通过它所引起的收入分配，激起固定资本投资的新的可能性。但马克思又立即提出相反的意见。他认为固定资本的替代现象——相当于加速——不是由于生产上的技术要求才出现的。这种要求就是必须制造一台能持久运行的机器以满足最终生产的增长，即使这种增长是暂时的。他把这一现象归诸资本主义生产方式的最基本的规律。需求的增加，即使是弱小的，是新市场的开辟造成的（如果需求和技术联系在一起则是国内市场，或者是国外市场），那么，到了萧条末期，对固定资本的投资从长远来看，也会恢复它的效益的。这时候，所有储蓄都会急促地参加投资。新生产会形成收入的分配，它使这种投资得到实际的盈利。

马克思认为，在计划经济中这些技术上的束缚将表现为产品储存量的变化。但在任何情况下，这些变化不会决定投资水平，因为投资已摆脱了对眼前经济效益的附依。

实际上，马克思的分析比上述介绍更为复杂。因为，它一方面是对"倍数—加速"二律背反的分析，同时又着重对工资周期波动的次要问题进行分析。此外，马克思的分析又和利润率呈下降趋势的理论联系在一起。在繁荣时期，失业人数下降，实际工资上升，这时人们就更多地使用机器。这两种机制及时延长了萧条和繁荣的过程。多布很重视《资本论》第一卷中所研究过的这一现象。我们认为这并不是马克思的思想。此外，利润率的下降趋势反映在周期的整个过程中。在繁荣初期，"逆倾向"胜过一般倾向。在这一阶段的末期，逆倾向已气势不盛：掩盖资本有机构成增长的效果的剩余价值率停止了它的增长，利润率一落千丈。虽然这条规律体现在周期的过程中，但它不是产生周期的根源。周期的根源在于倍数和加速的共同作用，也就是说，周期是消费能力——它不像生产能力那样增长（由于利润中储蓄部分的增长）——和指导投资的效益短期前景的共同作用造成的。通过加速，这种效益的短期前景推迟了倍数递减的有害效果。

与这种看法最接近的是莱昂·萨特、杜雷和斯威齐的马克思主义的观点。

　　哈罗德在他对周期的研究中之所以能够进行完全正确的描述，那是因为他在一个关键问题上摆脱了凯恩斯的分析。哈罗德不经过资本的边际效益和利率的双重媒介，直接把投资倾向和收入联系起来。这样，他就以生产能力（与先前生产中提出的储蓄相联系）和消费能力（与生产产生的分配相联系）之间的二律背反为其理论建设的唯一基础。他把利息完全撇在一边。他十分明智地断定，利息是不可能对投资产生重大影响的。同时他也把心理影响放在一边。他认为，心理现象是依附性的变量，而不是独立的变量。

　　希克斯同哈罗德一样，是在凯恩斯之后出现的，但他更为重视传统利率。他曾试图把哈罗德的分析——以联系投资倾向和总收入为基础，与凯恩斯的分析——以利息和资本的边际效益的二律背反为基础——联系起来。

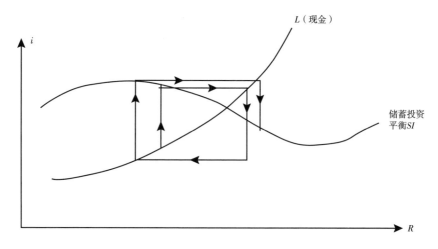

图 4 - 3　希克斯周期研究

　　当涉及周期的货币部分时，希克斯以凯恩斯的提法来进行论述：假设资本的边际效益始终保持稳定，那么利息的降低会导致投资的增长，由此引起收入的增长。然而，收入的增长会由于贸易的要求而扩大货币量。如果货币的供给固定不变，对现金的偏好也始终如一，这样，为了贸易而引起的对货币需求的增长将会导致利率的提高。通过 *L*（现金）和 *SI*（储蓄投资平衡）两条曲线表现出来的这些机制在时间上的发展，就形成了周期（见图 4 - 3）。

在这个问题上，人们不是又陷入霍特里的乌托邦中去了吗？在收入增长的同时，抛出足够的货币——考虑到稳定的现金偏好——可以满足不断增长的贸易货币的需要而不提高利率。除非资本效益彻底消失——对待这种现象只能像哈罗德和马克思那样，用生产能力和消费能力失衡来解释——否则繁荣将继续下去。

当然，希克斯是站在"凯恩斯假设"的角度说话的，也就是说，人们已经到了这样的地步，即不管抛出多少货币，利率已经维持到了一个不能再降低的水平上了。采取任何货币措施都已不能避免危机。也许人们会觉得这种分析不适用于一般情况下的周期现象：如19 世纪的周期，当时利率的平均水平高于今天的利率平均水平。人们也可以指责这种分析的"停滞性"。这种分析至多能解释长期的停滞现象，而不能解释周期。人们总可以回到资本的边际效益方面来，这样，对周期就可以做如下解释：它是由这个变量的独立运动所产生的——因为在整个过程中，利息始终以其相对稳定的方式停留在它的最低水平上。至此，人们又回到一开始就遇见的困难问题上去了：曲折的"心理"运动的根源是什么呢？

（二）"成熟"理论①和当代垄断资本主义剩余理论

在一个世纪中，周期是资本主义发展的必要形式。增长机制本身，储蓄积累过程本身——有时这种积累与投资能力相比太充分了——要求投资与储蓄之间存在周期性的不平衡。周期性发展的结

---

① 关于成熟理论，参阅本书第一章以及 P. 斯威齐和巴兰的著作《垄断资本》，巴黎，1967。

果本身就形成了增长。没有两种不同性质的现象——周期和长期倾向——之间的重叠。建立一个"纯"的周期模型——最终与发端的情况完全一致的模型——只是一种想法而已。运动的出发点——固定资本的仓促投资——离开了技术进步是无法确定的。

在没有开放外部市场的情况下，只要运用新技术就可以扩大市场。征服一个外部市场不解决世界范围内供需失衡问题，它只能部分地解决对这个市场开放的问题。所以是部分地，是因为迟早还要进口。因此，这种解决办法和贷款一样，只是一种应急办法，不是扩大市场的主要方式。

为了从世界角度来解释这一问题，只能依助于对运用新技术后产生的效果的分析。这种扩大市场的方式是绝对必要的，也是可能的。因为，在萧条时期，总的衰退推动了改进技术的强大运动。凡是改进了技术的企业都能收回失去的效益。新的方法普及了。由于技术的进步一般都通过更多的使用机器来体现，因此，在体制内部出现了新的需求。因建造新机器的要求而形成的急促投资使生产重新运转。随后出现的发展又与周期形式结合，至运动的结尾，国民收入高于开始时的水平。这样就出现了一些新的事物：某项新技术普及了，其结果是生产量的增加。资本主义市场正是通过这个方法不断扩大的。所以，周期必然出现在上升倾向的全过程之中。"停滞"的资本主义纯粹是一种幻想。脱离了周期的资本主义长期倾向是根本不现实的。这种倾向只是从统计和理论分析中得出来的一种有益的抽象而已。

然而，在储蓄和投资的周期性失衡机制之外，还存在一些促使这两个总量比较容易在长时期中调整的真实原因。从这个意义上说，长期倾向保持着独立的现实性。但这个现实性不是离开周期而存在的。在周期中，储蓄和投资的长期失衡表现为萧条期较长，繁荣期较短。相反，在萧条期短、繁荣期长的周期中，两者的平衡就较容易实现——其真实原因我们要在这里讲一下。

哪些是使储蓄和投资之间较容易实现平衡的真实原因呢？

在大危机以后的年代里，人们经常议论"长期萧条"、资本主义的"成熟期"、"发展过剩"。于是，凯恩斯发现了长期就业不足的可能性。实际上，成熟期的分析在凯恩斯的看法中，最终还是针对货币领域。我们已经批判过了作为凯恩斯思想基础的数量论。因此，我们不能接受那种认为增长受阻碍纯粹是货币原因的论点。但是，对于这样的论点我们可能会接受，即不管抛出多少货币，只要在一定的限度内，都不能降低利率。问题是要弄清楚为什么资本的边际效益可以降低，以致能同最低的利率相比较。凯恩斯认为，边际效益低是因为过去的投资过分地依靠对经济效益的预测，而这种预测长期以来一直是悲观的，这种看法难道不是在回避问题的要害吗？

在这种情况下是否应该承认在李嘉图和马克思之后，对资本主义前途的研究已经无可挽回地被放弃了呢？李嘉图曾经认为他可以根据与历史范围相联系的效益递减来预言"一个稳定的纪元"的到来。

一切关于稳定状态的想法是与马克思主义完全格格不入的。利润率下降趋势规律只是说明，生产能力与消费能力之间的矛盾必然会日益严重和深化。

一切总的平衡的最终原因始终是工资和利润之间的收入分配（由此产生的消费和储蓄之间的收入分配）与生产资料生产和消费资料生产之间的生产分配这两者的矛盾。一定量的最终生产必然需要一定量的中间生产。从某种特定的观点来看，后一个量就是为了生产想要的最终产品所需的投资量。哈罗德放弃了从货币角度对利率的分析，也放弃了从心理学角度对资本边际效益做出的分析。一方面他直接运用"资本系数"，用这个比率——生产资料生产与最终产品生产之间的比率——来衡量生产中资本的密集程度；另一方面他抓住消费和储蓄之间的总收入分配。这样，他就大大地接近了马克思的分析。

总供给和总需求之间长期失衡的相对倾向力对周期产生深刻的影响。周期的"纯理论"（关于倍数和加速的分析）与储蓄和投资之间长期失衡倾向的理论在这一点不谋而合，充分说明了上述影响所产生的后果。哈罗德的方程式反映了与收入成正比的实际储蓄同与收入增长成正比的期盼储蓄之间是相等的，即：

$$c(R_t - R_{t-1}) = sR_t \qquad (4.2)$$

在这一方程式中，R_t 是 t 时的收入，而 R_{t-1} 是 t_{t-1} 时的收入。方程式的第一部分是期盼储蓄，第二部分是实际储蓄，s 代表储蓄倾向，而 C 代表测定倍数—加速串联效应的系数。哈罗德的方程式可以用

$$C\frac{dR}{dt} = sR \qquad (4.3)$$

的不同方式来表示。它的积分量是

$$R = R_0 e^{\frac{s}{c}t} \qquad (4.4)$$

这就说明，收入是按几何级数增长的。鉴于实际储蓄和期盼储蓄（投资）这两个量周期性失衡倾向是被长期性失衡倾向所加剧的，这样，上述指数增长的理由就更加不充分了。

显然，实际情况就是这样的。在资本主义尚处于青春时期的 19 世纪，前资本主义经济解体后带来的巨大可能性，表现为一种有利于调整储蓄和投资比率的倾向。与 20 世纪 30 年代相比，那时的萧条还不深刻，持续的时间也短。

但是，就在"成熟"的理论预言"资本主义末日""长期萧条"的时候，就在一种以"资本主义总危机"为题目的，把马克思主义简单化的说法——与马克思主义格格不入的耸人听闻的论调——出

现的时候，西方资本主义的增长速度更加快了，而且增长的周期性态势消失了。

只有不断更新的马克思主义的分析才能解释这一变化。我们已经谈到了巴兰和斯威齐是如何用新的观点来分析"剩余增长规律"以及吸收这一剩余的形式的。此外，垄断资本主义的理论也说明了周期消失的原因。实际上，周期的产生就是因为资本主义已无力对投资进行"计划"。可是，在一定意义上，在一定范围内，垄断资本主义依靠国家的积极帮助可以进行计划。一旦资本主义逃脱了因加速而产生的不受控制的影响，就不再有周期，而只有一种连续不断的、受监视的行情了。国家和垄断的行动（前者为后者服务）缓解了波动。

人们可能会问，为什么只是到了第二次世界大战以后经典的周期才消失而让位于比较接近的、不规则的、振幅较小的行情上的变化，而在 19 世纪末叶，垄断已经建立了；为什么 20 世纪 30 年代的那次危机成为资本主义历史上最严重的危机，而那时垄断也已经建立，何况垄断资本主义比竞争资本主义能更好地对投资进行"计划"。我们认为，答案要到国际资本主义体制的运行中去寻找。的确，垄断对投资的"计划"可以实行到一定程度，但是，正如我们曾指出的，这要以货币制能够适应作为条件。它要求人们放弃黄金的可兑换性①以及货币机构——如同对国家的每一项经济政策那样——按这个方向采取行动。"协作经济"（西方的计划化）所反映的恰恰就是对这种新的可能性的认识。然而，如同所有认识一样，不仅这一认识落后于现实，而且它只是局限于一国范围之内。在垄断建立以后的很长时期内，国际资本主义体系始终受"自动机制"的影响。所以，在国际范围内，任何协调都是不可能的。1914 ～ 1918 年的战争以后，英国和法国为了在国际经济关系中恢复金本位

---

① 参阅本书第三章。

制做了很大努力，但它们在国内则彻底放弃了这种制度。这反映国内秩序和国际秩序是割裂的。国际的自动机制使得国内的任何政策都不可能得到协调。所以，我们认为，这些机制在很大程度上是使20世纪30年代危机格外严重的根源。垄断一方面可以允许在国内实行一种随着行情而变化的经济政策，但另一方面如果这种政策得不到实行的话，那么垄断也会使周期更为加剧。对此，凯恩斯十分清楚。第二次世界大战以后所坚持的对外控制，首次使各国执行了有效的经济政策。正是在那一时代，开始了"法国协调的计划化"。①以后的繁荣和共同市场，伴随繁荣而来的对外关系自由化，严重威胁这些政策的有效性。正因为如此，国际秩序问题再次提上了日程。可是，战后建立起来的、以国际货币基金组织为象征的"秩序"，不是什么国际秩序。因为，这种秩序是以对自动机制的信任为基础的。这种"信任"使美国这个最强国占了便宜。所以我们认为，实行什么世界经济政策几乎是不可能的。体制上的这个漏洞反映了一种新的、趋于成熟的矛盾，即对经济秩序的要求——仅仅依靠一个国家经济政策的优点是不可能建立这种秩序的，因为今后的资本主义具有庞大的世界规模——和机构及结构仍然具有的非国际性特点这两者之间的矛盾。如果这个矛盾不克服，就不能排斥产生极其严重的"突发性事故"的可能性。

二 世界体系中外围国家的行情："独立"或"传导"的行情

流行的经济理论不懂得社会形态概念：它把"欠发达"国家比作前期的发达国家。所以，从一开始起，流行的理论就简单地把为

---

① C. 格鲁森：《法国计划化的原因和希望》，巴黎，1968。

资本主义生产方式设计的、具有一般解释功能的模式运用到这些"年轻的资本主义国家"（"发展中国家"）中去。

把对行情和长期倾向的一般化看法运用到"欠发达"经济中会导致什么结果呢？如果将"欠发达"国家看作一些资本主义经济尚"年轻"的国家，那里的储蓄能力尚不足，则会得出结论说这些国家的危机没有发达国家严重。有一种观点认为，发达国家的特点是储蓄长期过量，由资本输出来抵销；而"欠发达"国家的特点是储蓄长期不足，从而使资本得以不断输入。这种观点是司空见惯的，然而它却毫无意义。

如果把"欠发达"国家的经济看作同 19 世纪欧洲国家一样的那种年轻的资本主义经济，那就会理所当然地得出这样的结论：国民收入应该高速增长，因而消费也会像哈罗德和斯威齐明确指出的那样，迅速地发展，以保证投资率不断提高。

的确，在整个"欠发达"国家中，波动没有像在发达国家中那么明显，至少在 20 世纪是这样。在这里，指的是实际总收入的波动而不是货币收入的波动。但不排斥在某些"欠发达"国家中，波动更为突出，这一点我们将在下面谈到。不过，这些国家的实际收入的增长呈缓慢而不是迅速的状况。从整体上来讲，要比发达国家缓慢。此外，在不同的发达国家中，行情波动的深度是相似的，然而在这方面，"欠发达"国家显得很不一致。人们发现，一个国家纳入国际市场的程度愈深，那么波动就愈加激烈。在这种情况下，"欠发达"国家的波动可以和"最发达"国家的波动同样激烈。这一事实完全否定了那种主张把建立在对资本主义国家经济研究基础上的模式照搬到"欠发达"国家中去的理论。

（一）周期和"欠发达"国家行情的一般性理论

周期和行情的一般性理论导致这样的结论：由于储蓄高于投资

的长期倾向本身就比较突出，所以波动才更加激烈。在年轻的发展中国家的资本主义经济中，周期的摇摆并不深刻。在经济成熟的国家中，摇摆就会逐渐深刻起来。事实似乎证实了这种假设的可靠性。

但是，当人们研究"欠发达"国家的情况时，最初的观察似乎又否定了以欧洲为模式建立起来的理论观点。事实上，在"欠发达"国家中，周期性摇摆的趋势比在发达国家还要深刻。早在19世纪，最先进的殖民地，亦即那些与国际市场一体化程度最深的殖民地，在萧条时期所受的影响要大于那些欧洲国家。20世纪30年代某些亚洲、非洲、拉丁美洲国家再次遇到的困难至少与资本主义国家所遇到的困难同样严重。然而，人们不会把困难的深度归咎于经济发达国家的"发展过剩"。

可是，人们试图从那些被认为普遍适用的理论原则①出发去说明"欠发达"国家经济波动的严重性。凯恩斯注意到，当消费倾向强烈时，倍数机制将充分发挥作用，以至于投资的轻微变化会使收入和就业产生强烈的波动。在经济"欠发达"国家中，储蓄相对微小，因此在正常情况下，正弦曲线的弧度比更具稳定性的发达国家还大，尽管后者就业的平均水平较低。

这种论点在凯恩斯之后的文献中是常见的，因为它似乎说明了一个事实。但这种论点受到了严厉的批评。凯恩斯的倍数机制没有普遍意义。凡是储蓄长期高于投资的经济都叫成熟经济。而倍数机制只有在这种经济中才有效用。因此，在成熟经济中，强制的积累金钱现象得不到恰当的货币政策的净化，从而使发展受到某种滞阻。只有在这种情况下，倍数价值的计算才有意义，通过它可以对"超发达国家"进行比较。那些成熟程度相对来说比较高，消费倾向最弱的国家显得更为稳定（因为倍数价值较低），而其活动水平为中等

---

① A. 巴雷尔：《经济理论和凯恩斯动力》，巴黎，1952，第86页。

偏下。萧条几乎是长期性的。但如储蓄量并没有长期高于投资量的倾向，凯恩斯的分析就失去它的效用。问题有质的区别。在这种情况下，计算倍数的价值没有任何意义，因为在一个周期的平均时值中，不管储蓄的水平如何，投资对于倍数价值来说总是一样的。市场规律在这个中等时值中恢复了它的效用：此刻已是供给限制了需求，而不是相反。所以，消费的平均倾向水平是不可能说明这些国家经济的相对稳定程度的。

此外，只要对事实进行更为细心的观察，就不会把凯恩斯的模式照搬到"欠发达"国家中去。实际上，同样是在欧洲，19 世纪时的消费倾向比今天更加强烈。可是，那时的萧条没有 1930 年那样严重。波动的严重程度不取决于储蓄值，也就是说，不取决于消费倾向的幅度，而取决于在盈利投资中储蓄所占的份额，而盈利投资本身又取决于利润的水平。

以后，由于人们反对把同一理论模式运用到发达和"欠发达"国家中去，所以使经济理论采取了新的态度。人们认为，在"欠发达"国家的经济中，不存在独立的周期。这些"二元"经济的特点是不同经济性质的两种成分重叠在一起。当地成分很不了解货币的用途，它是由需要经济构成的。这种经济与反映为将先前积累的储蓄进行投资的资本主义发展完全没有关系。它也根本不存在资本主义发展的周期形式。资本主义成分是由一系列互不关联的企业构成的，其中往往外国企业占多数。每个企业都直接同占统治地位的资本主义经济相联系。在这种特殊类型的利润经济中，波动不是通过发展的内部动力机制起作用而产生的，而是经外部需求的波动传导后形成的。这些国家资本主义企业发展的速度更多的是由占统治地位的国家的周期速度来决定，而不是由外国企业所在的那些国家积累的内部要求决定。事实上，"欠发达"国家的所谓二元论并不是由两个互不相干的经济成分简单地撮合而成的。二元论不是在一片外国土地上掌握几家企业的资本主义国家在地理上的扩张。往往存在一种独特的当地经济：外向型农业从外国的需求中得到自身的收入。同时，来自外国需求的收入又投放到出口市场和当地市场中去。通过这一途径，就可以出现内部的运动。这样，外国需求的周期就可以在"欠发达"国家中产生自己的周期，尽管它是一个非独立的、传导而成的周期。

（二）传导行情的理论

1. 哈勃勒以及通过收支平衡实现的周期货币传导

哈勃勒根据对现有的不同对手的货币体制①的区分，提出三个主张。

第一，如果发生联系的 A 国和 B 国都实行金本位制，那么从一国至另一国的波动传导则完全是对称的。这种传导通过扩大周期的影响面缓解发源国的波动强度。在繁荣时期，A 国的进口发展得比出口快，该国必须要面临黄金的流失，以缓和国内的通货膨胀倾向；而 B 国因为 A 国的黄金流失而激化了自身的通货膨胀。

第二，反之，如果 B 国采纳了外汇本位制，那么周期不再由被统治国扩大到统治国，而是由后者扩展至前者。在繁荣时期，货币受统治的国家用 A 国的外汇来支付外贸赤字。信贷量在这个统治国内不发生相似的影响，因为黄金——最终货币——的转移从未发生过。然而，在统治国经济中，黄金的流失并未影响繁荣的自然发展，但被统治国外汇的大量集中表现为在这个国家的经济中信贷量的真正的增加。

第三，如果两个国家都了解受独立引导的货币的用途，周期性波动就不会在它们中间发生传导。在两个相互关联的国家中，一国

---

① 哈勃勒：《繁荣和萧条》，国联，1939。

经济的飞速发展会引起收支不平衡——它不可能通过输出黄金或外汇而只能改变汇率来加以调整。这一调整是按照出口的可能性来减少过多的进口。这无疑是明显的货币论的分析。

在 19 世纪，殖民地和宗主国都使用同一种金属货币。然而，周期运动的传导方向似乎始终如一的，即从宗主国导向殖民地。发源国的波动强度并不总是比被统治国更大。大部分"欠发达"国家在 20 世纪采纳外汇本位制这一事实在哈勃勒看来，正好反映了在货币被统治的国家中近年来的经济振荡日益严重。

说实在话，国际联盟的报告的方法来自一种没有科学价值的机械数量论。根据这种分析，信贷量的波动是机械地与货币体制的最终储备（基金或外汇）联系在一起的。这一切似乎都说明货币流通量与最终货币储备量之间是一种僵硬的关系。可是，事实完全不是这样。这种关系本身也受周期振荡的影响。

2. 后凯恩斯主义者和外贸的倍数

尽管这种机械的观点一般地讲已经被人们舍弃，但是，把"欠发达"国家的经济周期看作一种独特的、真正的周期性现象（即使这种现象的根源在国外），看作由收支情况传导的外部现象的倾向始终是存在的。[①] 哈勃勒的论点是直接地而不是间接地通过货币数量论来表达的。有人认为，波动也不是通过由波动产生的黄金和外汇的流失来传导的，而是直接由商品运动来传导的。实际上，统治国家周期变动表现为现实的出口和进口运动。一些国家的繁荣使得它们的进口量超过出口量，这就直接促成了另外一些国家"通货膨胀"倾向——经济景况良好的特征——的发展。收支逆差只能依靠外国贷款来解决。任何黄金或外汇运动均无必要，也无须使汇率做出任

---

① 贝尔绍：《依附经济的稳定化》，《经济》，1939 年 4 月号；比耶：《经济波动的国际传导》，博士论文，1952～1953；C. 克拉克，J. 克劳福：《澳大利亚的国民收入》，伦敦，1938，第 93 页。

何变化。在这种情况下，数量论机制不发挥作用。

由于外贸倍数论给予了这种新观点以十分讲究的形式，因而它非常流行。C. 克拉克对澳大利亚周期的研究在这方面是很有特色的。外贸倍数论认为，外贸盈余（出超）起着与投资相同的作用：它启动了一个感应增长的过程。因此，繁荣时期发达国家的收支逆差（亦即"欠发达"国家的收支顺差）诱发"欠发达"国家的"附带"的增长现象。相反，在萧条时期，"欠发达"国家的收支逆差导致感应萧条。的确，在"欠发达"国家也有一个周期：一个被传导进来的周期。因为，发源于外国的周期才是真正的周期，而贸易收支所起的作用同到国外投资完全一样。

然而，外贸倍数论对"欠发达"国家是无效的。这和凯恩斯倍数论——外贸倍数论就是源出于此——不适用于"欠发达"情况是同样的道理。只有当储蓄在高度发达情况下形成充足的趋势时，贸易收支顺差才会产生有益的效果。所以，出超会产生一种能创造自身供给的、附带性的需求。若是在"欠发达"国家，这些理论就无效。贸易收支——不论是顺差还是逆差——不会带来"附带性的效果"。

此外，行情的状况对于贸易收支没有一个固定的效果。繁荣会使出口和进口同步增长。繁荣对收支的效果也是不同的，有时使其好转，有时则使其恶化。如果说，发达国家的国际收支（不是商品收支）在萧条时期有盈余的趋势，这是因为资本停止输出，尤其是在贸易收支好转以后。对于"欠发达"国家，情况也相同。正是这种资本停止输出，而不是贸易收支的恶化才使外贸出现亏损。因此，20 世纪收支随着行情时而亏损时而盈余的这种十分明显的交替变化，在 19 世纪资本运动尚未达到以后的规模时，就没有出现过。可是，即使在那个时代，也从来没有发生过由于欧洲收支出现了盈余（"反常"但又是正常的效果），欧洲的繁荣会引起海外的萧条；或相反，海外繁荣引起了欧洲的萧条。

3. "欠发达"国家自身不存在周期，也不存在由外部传导进来的周期

对于所有传导周期理论的最普遍的批评是：它们忽视了发达国家和"欠发达"国家之间在结构性质上的根本区别。当人们研究这个基本现实时，人们就会得到一个与哈勃勒和克拉克所设想的完全不同的模式。

"欠发达"国家的经济变动与真正的周期相去甚远。当发达国家行情看好时，"欠发达"国家的出口水平就提高了。在"欠发达"国家，这样的繁荣首先有利于收入，而收入主要由地租构成。事实上，资本主义类型的企业——假设全都是外国企业——的大部分利润都被汇出；同时，假设工资相当稳定，地主的地租的弹性行为使得上述收入可以吸收由农产品出口的高价格和高数量而产生的多余部分。从某种程度上说，小农也在利用这种繁荣（尽管利用的程度不如地主，因为小农必须以能够吸收一部分剩余收入的商人作为他们的中介）。地租造成的繁荣表现为奢侈品进口大量增加以及由小农作为买者的廉价制成品进口的显著增加。

如果情况相反，发达国家的行情不佳，则基础产品的销售量就会变少，销售情况也会变坏。整个经济将受影响，但比起地租来，相对固定的工资所受波动较少。至于利润，虽然其数量也有减少，但它们从本质上讲就是为输出的，所以与"欠发达"国家无关。可是，如出口发生严重困难，随之而来的必然还有地租，那么奢侈品和农用产品的进口很快就会遭到同样的命运。

所以，周期完全不是通过对外收支来传导的。既然出口、地租、进口都在朝着同样的方向变化，因此不管是在繁荣时期还是在萧条时期，对外收支总是平衡的。哈勃勒的分析至多对中心资本主义结构的国家之间的关系还有它的意义（然而这一点丝毫不能否定从另

外角度对这一理论进行根本性的批判，批判它的数量论货币形式主义），但是对结构完全不同的国家之间的关系，则毫无意义。

至少能否这样说，周期是直接通过贸易额的波动来传导的？说实在话，这是不可能的。外贸倍数分析的特点是它指出对外贸易额的"初步"波动（这种波动是由国外行情决定的，它是一个人们无法左右的独立因素）产生了内部的、"附带"性的波动。这一理论的特点是它分析了外贸周期对积累内部机制的影响。在这方面，情况是完全不相同的。正是在这个意义上，我们可以说，在"欠发达"国家的经济中不存在真正的周期。

在"欠发达"国家的经济中地租构成弹性收入这一事实只是表明，在这里倍数不起作用。出口值的增加提高了"欠发达"国家的购买力，这种购买力并不是大部分被消费，小部分被储蓄起来，而是完全被消费掉了。另外，增加的需求并没有导致感应投资。我们曾经说过，加速是在国外转移的。由增加的需求而产生的感应投资是在国外而不在"欠发达"国家本身发生的。所以，没有真正的周期，即使是"传导"的。只有总收入的曲线振动。

经济学文献十分强调"欠发达"国家经济中这种"行情不稳定性"的消极作用，我们认为这是错误的。关于不稳定性的消极作用的论点以下列三个方面为基础。

第一，本国总收入对国外行情的周期性依附说明，在统治经济中每出现一次萧条，不需通过经济的任何内部机制[①]，"欠发达"国家的储蓄能力就会急剧下降。这些国家出口量的变化并不能被出口价格发生逆向变化所抵销。如果说茶叶、咖啡、可可、食糖等食

---

① 鲍尔、佩什：《论最初生产收入波动的压缩》，《经济杂志》，1952 年 12 月号；贝尔绍：《依附经济的稳定化》，《经济统计》，1939 年 4 月号；罗韦：《市场和人》，剑桥，1936；舒曼：《南非充分就业问题面面观》，《南非经济杂志》，1948 年 6 月号。

品——它们的消费在发达国家是相对稳定的——的价格相对固定的话，工业用的初级产品——矿产品、纺织品、橡胶等——则不同了。它们的价格变化有加剧出口额波动的趋势。于是，萧条表现为"欠发达"国家经济损失严重。联合国有个专门委员会对这个问题进行了详细的研究。

对结论所做的归纳说明，基本产品出口价格年平均的单位价值波动幅度按不同产品大体上在5%～21%。波动幅度在三个和平时期持续不断地增大：1901～1913年，每年平均11%；1920～1939年，每年平均13%～15%；1946～1950年，每年平均18%。价格的周期性波动平均为27%。出口量的年平均波动为19%，从1945年起，增至24%。出口量周期性波动的平均幅度与价格的周期性波动的平均幅度相同。无论是年平均还是周期性的出口收入波动（因价格和出口量波动产生的双重效应）都是22%。这一幅度日趋增大：1901～1913年为19%，1920～1939年为21%，1946～1950年为30%。实际价值的变化（这些变化是通过英国制成品出口价格指数，将实际价值分解成名义价值而得到的）说明，它（1901～1950年为13.5%）与名义价值的变化（13.7%）是一致的。

第二，出口值的这些波动并不被资本相等的波动及资本的逆向运动所抵销。相反，后者使前者的波动更为加剧了。正是在萧条时期，外国资本的流入最少。所以，如果出口总值的波动被同等的进口波动（它和地租运动相联系）所抵消，资本运动的变化——它也被计算在贸易收支内——会不断地使外贸收支在各个不同方面失去平衡。的确，外国资本利润的汇出运动缓解了这种失衡。实际上，正是在繁荣时期，外国资本大量流入，而同时，流出的利润也最多。然而，资本运动波动幅度往往大于利润运动的波动幅度。此外，在正常情况下，进口波动的深度次于出口波动。因为积累下来的储备金减弱了富人阶级的消费振动强度，而储蓄形成的储备金保留了农民的消费振动强度。

"欠发达"国家外贸收支的这种方向不定的周期性失衡是否会使我们认为哈勃勒的论点是正确的呢？事实上这是决不会的。因为在这里，外贸收支运动不是周期传导的原因，相反，是结果。

然而，这种失衡——是被感应的，而不是施感应的——在"欠发达"国家会促进价格长期上涨趋势。在这种情况下，价格上涨将会对当地储蓄的形成产生不良影响。在繁荣时期，由外国用外汇支付的国际收支的盈余给信贷过度创造了方便条件。由于这些信贷不能对生产发生影响——生产更多的是取决于旨在实行长期实际投资的外资的流入，而不是取决于短期资本的流入——所以，它们将会鼓励投机性的流通，从而引起价格的人为上涨。的确，只有当投机对投机者有利可图时，银行才会予以支持。因此，并非所有通过外贸盈余而进入本国的短期外国资本都会重新进入经济流通领域的。这些资本中的相当一大部分"失去了生殖能力"。这种情况是通过最终货币储备与发放的信贷的比率的提高来表现的。相反，在萧条时期，外贸的逆差影响汇率。当然，如果"欠发达"国家在货币方面已经完全进入一体化，汇率就不会变化。实际上，这种汇率也不存在。外贸收支可以不定期的出现亏损，而并不要求任何机制去改变价格水平。可是，如果某一个"欠发达"国家的货币是独立的，那么货币贬值就不可避免了。贬值一般会使价格全面上升。不仅因为进口产品本身更贵了，同时也因为外国货币成为当地货币的保证。此外，贬值一般不能恢复外贸平衡，因为"欠发达"国家进出口的价格弹性太大，贬值的"恶性"效应比起纠正作用的"正常"效应更令人生畏。

第三，在这种情况下，任何反周期政策都是不可能的。[1] 因而，

---

[1] 高里亚：《外向经济的总预算政策》，《经济》，1950 年 11 月号；普雷维什：《拉丁美洲经济发展及其问题》，第 7 章。

波动传导对"欠发达"国家造成的后果更加严重。事实上，恰恰是作为最佳"动力"因素的投资行动才构成反周期政策的中心内容（在这里，我们并不想对这一政策的价值过早地做出判断）。在"欠发达"国家，"动力因素"是对外贸易。可是，出口不能得到调节，因为它们不取决于"欠发达"国家的情况而是取决于发达国家的情况。此外，人们也不可能对"大工程"政策造成的出口波动进行补偿。首先因为萧条并不能解放"欠发达"国家的许多生产力。人们不能轻易地将从事于旨在出口的基础产品生产的农业劳动力"转移"到工业活动中去。其次因为这样大的工程必须要求进口大量的设备。这样，国际收支可能会出现严重的逆差。在"欠发达"的条件下，这两条理由将会使任何反周期行动变得困难，甚至无效。普列维什把这一政策失败的原因归诸以下事实：大工程在分配收入时由于强烈的进口倾向可能会使外贸产生严重逆差，从而使出口局限在一个很低的水平上。

实际上，如果有可能使出口农业劳动力转移，那么在这方面任何困难就都不必担心了。当然，这不是地租，因为地租和奢侈品的进口有着明显的联系（它表现为强烈的进口倾向），地租压制收入的增长。工资和利润将首先增加，进口生产工具的需要在不断增长，这一点是很明显的。但是，一部分从出口农业中解放出来的劳动力恰恰可以在本地从事生产工具的生产。所以，在反周期的目标下，人们可以执行一项真正的、自觉而有计划的独立发展政策。

在部分依助于国外市场的情况下，周期可能向相反方向转移，即由发展中的"欠发达"国家向居统治地位的国家转移。"欠发达"国家的新活动表现为增加对发达国家生产的设备的需求。这样，就能在这些"欠发达"国家中普及繁荣。相反，纳入国际一体化范围内的发展不可能达到这一结果，也不可能扭转波动的传导方向。所以，在这种情况下，"欠发达"国家的工业化始终与发达国家的资本输出联系在一起。这样的工业化只能在国外繁荣时期实现。"欠发达"国家正是在它们能够销售自身的出口产品的时期才能进口物资设备。对生产工具的需求不可能构成"欠发达"国家的繁荣向发达国家转移的原因。

三 行情是世界现象：体系的中心和外围的各自作用

如果说，把周期和行情理论机械地搬到"欠发达"国家中去是有害的话，因为在这些国家中，行情不是一个独立的现象，那么，把行情看作一种被传导现象——在这种现象中，"欠发达"国家起着完全被动的作用——的特殊观点则是肤浅的。事实上，行情不是那些被认为处于孤立状态的发达国家的特有现象，而是一种与世界规模资本主义运转现象联系在一起的现象。因为"欠发达"国家是这个世界资本主义市场不可分割的一部分。所以，实际上只有一个真正的周期——世界周期。在这个周期中，"欠发达"国家发挥着积极作用，但它有别于发达国家的中心资本主义经济所起的作用。

（一）世界行情的简单回顾

对中心和外围在周期发展过程中，或者更一般地说，在行情变化过程中的作用的分析，应该从观察入手，即观察外贸和其他国际收支因素是如何回答行情波动的。尽管有关"欠发达"国家这方面的资料难以收集和介绍，我们力求对国际行情做一个历史的回顾，重点是中心和外围的关系。①

外贸的周期行为在19世纪和在1930年危机时期不相同，和第二次世界大战以后的"小波动"也不一样。

---

① 参阅萨米尔·阿明论文，第514～537页。

在 20 世纪 30 年代危机时期，外围的贸易波动比中心的更大。在第二次世界大战以后的时期里，情况也相同。1949～1950 年、1954 年、1958 年、1961 年的"小萧条"在"欠发达"国家的贸易中反映得比在发达国家更加突出。[①]

就全世界而言，制成品出口值从 1921～1929 年的 124 亿美元下降到 1931～1935 年的 51.3 亿美元，减少了 58%。以 1913 年的不变价格计算，下降不多，从 76.88 亿美元减为 55.91 亿美元，也就是说，出口量降低了 27%。至于这些产品的进口，它们的产值减少了 58%，产量也减少了 26%。而基础产品全部出口值减少了 58%（从 191.20 亿美元下降为 79.30 亿美元），出口量仅减少 5%（以 1913 年的价格计算从 134.47 亿吨减少到 127.67 亿吨）。

当人们把发达国家看作制成品出口国，而"欠发达"国家为基础产品出口国时，人们发现：在萧条时期，"欠发达"国家的交换条件严重恶化，它们的进口能力也下降；而发达国家由于它们主要同其他工业国家进行交换，因而它们的外贸收支相对稳定，进出口总值的变化方向和变化幅度也是一致的。如果说发达国家的贸易条件得以改善的话，这只能仰仗于这些国家和"欠发达"国家之间的交换，而不是依靠发达国家之间的关系。同样，如果说这些国家的贸易收支出现改善倾向的话，那是因为"欠发达"国家贸易收支出现了恶化——这种恶化是这些国家的出口减少甚于进口压缩造成的，而不是因为发达国家之间的交换。

"欠发达"国家出口的压缩甚于进口的原因是很容易找的，主要是在行情困难时期储蓄的下降。这种压缩同以相近幅度和同步压缩为特点的整个进出口运动相比仍然是次要的。

[①]　上述统计数字引自下列著述。国际联盟：《工业化与外贸》，第 187～188 页；联合国组织：《基础产品的贸易与经济发展》，第 11 页；国际联盟：《国际货币经验》，第 103 页。

因此，当发生了从繁荣向萧条过渡（或相反，由萧条向繁荣过渡）的时候，从总的来看，发达国家的贸易收支是在逐步改善，然而"欠发达"国家的贸易收支趋于恶化。此外，"欠发达"国家贸易收支变化的幅度一般也比发达国家的要大。

19 世纪的经验导致了相当不同的结果，至少比较一下美国、英国、法国和埃及在 1880~1914 年这一阶段中的四个周期的经验就可以看得出来。这一阶段包括 1886 年、1894 年、1901 年和 1908 年四次萧条①。

英国在四个周期中出口值的下降分别为 15%、17%、2% 和 12%，平均为 11%。英国的进口值下降率分别为 18%、5%、0% 和 8%，进口值的下降率似乎比较低，平均为 8%。出口量只有两次下降（一次为 6%，另一次为 8%），相反，上升却也有两次。同样，进口也只有两次下降，一次是 4%，另一次是 3%。至于交换条件，除了在整个时期持续好转以外，似乎在每次萧条时，它们也有好转。但是我们很难说这种好转是总倾向还是行情造成的结果。

法国的经验所得出的结果与英国酷似。出口总值先后减少 11%、19%、2% 和 9%，平均为 10%。而进口总值分别减少 17%、14.6% 和 9%，也就是说十分近似，只是略为少一点，平均为 9%。出口额减少三次：第一次是 3%，第二次是 13%，第三次是 3%，平均为 5%。进口额只减少了一次，8%。在这里，每逢危机，交换条件也都有所好转。这样的结果是十分令人信服的，因为在整个时期中，交换条件非常轻微地恶化了。

美国 1907~1908 年的经验也相同。出口值减少甚微，仅 1%，而进口值减少较多，为 16%。出口量增加了，而进口量减少 5%，

---

① 关于英国、法国和美国的统计数字（进口和出口值）引自《法国统计年鉴》和艾弗森的著作，第 355、365 和 421 页。埃及的数字（出口部）引自巴拉维，进口部分则根据《法国统计年鉴》和艾弗森的数字。

交换条件得到了改善。

由此，我们可以得出以下初步结论：①外贸值的变动相当少，与1929~1932年时期的变动不可相比；②变动少的原因一方面是由于价格的相对稳定，另一方面是因为交换量的变化少。往往甚至于在萧条时期，出口量还在增加，这样就使人产生一个想法，即通过在国外赢得的新市场，危机被部分地克服了。

如果我们现在来观察"欠发达"国家方面周期的发展过程，例如1880~1914年的埃及，我们将发现，我们在这里所观察到的现象是典型的：虽然出口价格的波动要比20世纪弱小，但与工业国家出口波动相比，强烈得多，33%、10%和20%，平均为21%；而英国的出口价格的波动为13%、12.5%和4%，平均10%。出口总值只减少一次（30%），而增加则达三次（6%、1%、1%）。这些都要归诸出口量显著的上升趋向。尽管交换条件发生了危机和恶化，出口量的上升趋向仍然十分强烈，致使进口量也上升了。

通过对上述经验的对照，我们可以做出以下初步结论：现在的模式与20世纪的模式有深刻的差异。实际上，人们产生了这样的印象：中心的每一次危机都通过对殖民地国外新市场的征服得到了局部克服。发达国家进口的同步下降使我们想到，这种下降不可能发生在发达国家的市场上。相反，危机时刻"欠发达"国家进口的增加说明，在萧条时期，前资本主义市场的进一步解体过程加速了。由于出口的发展是和进口的发展紧密相连的，因此，人们又看到"欠发达"国家的外贸上升趋向比发达国家还要迅猛。

涉及19世纪上半叶（1830~1880年）的有关资料是比较罕见的，而有关"欠发达"国家的资料则基本上不存在了。[1]

在1857年、1866年和1875年的三次危机中，英国出口总值分

---

① 统计是根据《法国统计年鉴》和《英国统计资料》提供的数字计算的。

别下降 5%、5% 和 9%，平均为 6%；而进口总值分别下降 12%、6% 和 0%，平均为 6%。这些数字低于 1880～1914 年的数字，其原因是由法国、德国、美国参与后引起的竞争。竞争夺走了英国在世界市场上的特殊地位。但是，出现了另外一个事实：从那时代起，贸易，尤其是对殖民地的出口比一般与外国的贸易更少受危机的影响。这个事实说明了殖民地国家在复苏机制中所起的作用。从国外的进口减少 11%，从殖民地的进口减少 16%；向国外的出口减少 8%，但向殖民地的出口增加了 6%。

研究法国 1825 年、1836 年、1847 年、1857 年、1866 年和 1875 年的危机很能说明问题。出口值在 1828～1830 年、1836～1837 年、1846～1848 年、1860～1861 年、1866～1868 年、1875～1878 年先后下降 11%、16%、19%、16%、12% 和 18%，平均下降 15%。

在那个时代，法国的收支周期现象比 19 世纪末更为严重。人们会注意到，法国当时还不掌握殖民地。也许还应该从这方面找到一个额外的证据，来证明"欠发达"国家对统治它们的国家的经济复苏机制是起作用的。

如果说贸易收支运动在其发展过程中有所变化，而且这种运动在 20 世纪同在 19 世纪有所区别的话，那么资本运动以及由此产生的利润回流运动使事物更加复杂化了。至于 20 世纪 30 年代的经验，用这样一种周期的形象来说明是不符合现实情况的[1]：在这样的周期中，"欠发达"国家的收支先盈后亏，而发达国家的收支是先亏后盈。

以英国为例，若是将 1925～1929 年和 1930～1934 年这两个时期进行比较，由于入超的减少、停止资本输出这两个因素比国外投资

---

[1] 常：《收支的周期运动》，关于英国、加拿大、智利和澳大利亚部分。联合国组织：《二次大战之间的国际资本运动》，第 26、46 页。

收入的减少更为重要，因此在萧条时期实际的主要运动的收支（贸易收支，长期的资本输出，利润的汇出）得到了改善。在这种情况下，紧接着的是一个黄金进口时期（1926～1929年的繁荣时期，其进口量低于出口量），其后则是黄金纯进口时期（1930～1934年，进口额达3.13亿美元）。其差额部分依靠短期资本运动来支付（400万～2100万美元），这个运动过去往往起干扰作用，但那时起了稳定作用。

同一时期的美国，尽管贸易收支出现了轻微的恶化，但仍然是盈余的。同时，由于停止输出长期资本，实际收支在萧条时期仍然得到了好转。在这种形势下，美国在萧条中接受黄金，在繁荣中输出黄金。此外，在这里，短期资本运动仿佛曾经起过干扰作用。

可在法国则相反。若仍以同样的时期做比较，收支在萧条阶段恶化了。在最初时期，头四个项目几乎是平衡的，差额仅6亿美元。到了第二个时期，赤字严重，达190亿美元。因此，出口黄金的目的就是为了弥补赤字。浮动资本运动的强大力量无论在最初阶段（早先已经出现的法国资本回流运动）还是在第二阶段（外国短期资本的大量涌入）足以持续增加黄金进口，这已人所皆知。

一般讲来，如果在萧条时期发达国家的贸易收支有所好转，同时根据传统模式，长期的资本输出停止的话，那么，整个收支应该可以得到改善，黄金和外汇也应该可以得到大量汇集，英国就是这种情况。如果贸易收支恶化，资本输出停止，那就要看两者相比之下，哪一方力量更强才能决定总收支是得到改善或趋于恶化。事实上，总收支几乎总是在改善的（正如前述美国、法国以及荷兰、瑞士和加拿大等国的例子）。在特殊情况下，如果在萧条时期仍坚持输出资本，则收支将会恶化，瑞典就是一例。总而言之，资本运动胜过商品运动。因此，如果说发达国家在萧条时期收支好转的话，那是因为它们停止了资本输出（一般现象），而不是因为贸易收支的改善（特殊现象）。

"欠发达"国家在萧条时期国际收支普遍恶化也主要是因为资本停止输入，而不是因为贸易收支的恶化。往往贸易收支虽然得到了改善，但是停止资本输入的影响大大超过贸易收支好转的作用，两次大战之间中国和智利的例子说明了这一点。当然，在资本停止输入的情况下，再加上日常收支恶化，形势就更为严峻了，如印度或古巴的例子。但有时，突然停止付息会对收支恶化起到更大的抵消作用（以古巴为例）。

当外国资本继续进入时，一般数量都不足以抵消日常收支恶化所造成的后果（试以 20 世纪 30 年代荷属东印度群岛和阿根廷为例）。因为资本涌入往往几乎同时就导致利润的迅速回流，特别是当这些资本所支持的是大规模的基础工程的时候。

由此可知，资本运动要对"欠发达"国家的收支恶化负主要责任。的确，这一运动受周期性波动极其深刻的影响。因此，收支恶化并非是"欠发达"国家的特殊现象。在作为"债务人"的发达国家中——它们接受外国资本——也有同样现象。不仅两次大战中的丹麦和澳大利亚的例子，而且像德国和日本那样真正的资本主义大国（它们不像丹麦、澳大利亚那样专门从事农业出口）的情况也都证实了上述分析。这两个国家作为暂时的债务人，尽管它们的贸易收支有极大的好转，也只得处于一个其收支趋于不平衡的国家的地位。

这样一来，在周期性萧条中，不是"欠发达"国家，而是债务国处于不利地位。的确，所有国家都是债务国。它们的境遇之所以会发生变化，不是由于进出口运动的失调，而是因为外国资本运动这一事实所带来的特点。在任何国家，出口和进口都是同步发展的。只需用购买力转移的理论就足以能解释了。加之，常常是混乱的、短期的资本运动使美国、法国、加拿大的形势更有利，而使瑞典、印度、荷属东印度群岛、德国和日本的形势则更为不利。只有在三个国家，资本运动才是"正常的"，它们是英国、丹麦和澳大利亚。

结果，在萧条时期，从总的来说，发达国家的收支得到了改善，而整个"欠发达"国家则日趋恶化。因而，1929～1932年，六大债权国的黄金和外汇储备增加了，而18个债务国的黄金和外汇储备减少了。同样，在英镑区，15个国家的中央银行的英镑储备受到了周期运动的明显影响。至于商业银行的储备，它们也形成同样的运动。这一点从设在伦敦的这些银行掌握的资金的发展可以看出来。然而，不能把收支的周期运动归诸商品运动。1929～1931年，这15个国家的商品运动得到了改善。责任唯一只能落在发达国家停止资本输出这一点上，对此，英镑区10个国家国际收支统计已予证明。

关于19世纪的经验，人们一点也不掌握详细的国际收支情况，而只知道盈余。人们研究了1880～1914年先后四次出现繁荣和萧条交替的8个时期的盈余变化情况。

人们发现，在一般情况下，法国在萧条时期黄金涌入的速度超过繁荣前后黄金涌入的速度。每次出现萧条，收支情况都较前更好。1930年以后就是如此。不同时期贸易收支的亏损如下：15亿法郎，8亿法郎，6亿法郎，5亿法郎，3亿法郎，3亿法郎，6亿法郎，15亿法郎。从这些数字中无法得出肯定的结论。从萧条过渡到繁荣，收支经过两次好转，一次恶化。这样，又恢复了20世纪的模式：在周期中不管贸易收支发生什么变化，强大的资本运动足以使收支在资本输出速度减慢以后出现的萧条时期始终处于良好状况。除了1901～1903年的危机和1910～1913年的繁荣时期之外，一般地讲，繁荣时期的出口量大于萧条时期的出口量。然而，我们还应看到，萧条时期资本输出仍在继续。的确，输出的速度往往减慢了，但它尚在继续。这一点说明，储蓄的输出，有时（1901～1903年）以更快的速度在进行着，它使危机得到了局部解决。总而言之，保持萧条时期资本照常流动使收支的整个波动变得相当弱小。

但英国的情况正好相反。在19世纪，它的对外收支每次遇到萧条都恶化了。至于它的日趋亏损的贸易收支——这一现象反映了一个愈来愈"成熟"的放债国的变化——则掩盖了周期现象。在这方面，资本运动也在很大程度上取决于活动的水平。不过，有两个例外：1897年从萧条向繁荣过渡时，资本流动减少；而当1908年再由繁荣向萧条过渡时，资本流动加剧了。同样，以当地储蓄来征服国外市场，可以帮助克服危机。因此，在英国，一般讲，尽管资本输出速度减低，但每当出现萧条就会发生收支恶化。这是因为贸易收支的恶化程度相当深刻，这一点我们已经讲过了（出口已平均减少11%，但进口为7%。至于法国，它的两个比率是：出口减少10%，进口减少9%）。造成上述情况的原因是英国在19世纪末所遇到的特殊困难，而这些困难的根源在于新的竞争者的出现。

所以，19世纪的模式和20世纪的模式是相当不同的。很难肯定在萧条时期发达国家的收支有所好转。再说，黄金运动本身并不构成测量收支变化的十分可靠的晴雨表。因为收支的结算在很大程度上是由短期资本运动来调节的。可惜，我们毫不掌握短期资本运动的统计资料。

关于"欠发达"国家的收支运动，我们没有什么统计资料。不过，这个时期的阿根廷的情况曾经有人研究过。每出现一次萧条，收支就恶化。原因似乎应归咎于1891年外国投资运动的中断，而不是贸易收支运动的变化。后者适应了资本运动，显得不是很规则。资本的流动在1883～1886年是弱小的（萧条期），1887～1891年得到了加强，到了1891～1896年则完全中止了，后来又略有恢复（资本的这一收支不完全反映现象，因为资本收支包含着利润的回流）。

关于19世纪"欠发达"国家的收支情况，没有其他可提供的研究材料。但我们可以依助于那些表现相似的债务国（加拿大、澳大利亚、美国）的研究材料，特别是因为它们都是基础产品的出口国，这样就有可能得出同样的结论。

能否试着把历史分析更深入一步，从而直接衡量一下收入波动的幅度？我们掌握主要国家 1875 ~ 1939 年逐年的制造业活动指数。①

19 世纪全世界收入波动率在 1874 年、1883 年、1892 年、1900 年、1907 年先后为 3%、4%、3%、0%、8%，平均为 4%。英国的平均波动率为 5%（先后为 3%，9%，5%，2%，6%）。19 世纪的这些数字和 20 世纪的数字根本不能相比，后者在 1920 年、1929 年和 1937 年危机时为 13%、30% 和 7%，平均为 17%。英国为 40%、12% 和 8%，平均为 20%。一般地讲，19 世纪萧条年代平均指数高于在这之前的繁荣年代的平均指数。资本主义发展的速度是快的。

这一系列的比较提供了以下的模式：在那些发达国家中，19 世纪工业生产周期的变化大约局限在 5% 之内。到了两次世界大战之间，其变化幅度明显地增长了。到了 1930 年，全世界为 30%。在"欠发达"国家，由于工业生产主要是为了出口（采掘），周期至少和发达国家一样深刻。当工业生产的目的是为了国内市场时，波动幅度就要取决于外贸在国家收入中所占的比重。如果外贸重要（如埃及），则源于出口的购买力的变化就会对内需产生影响。相反，如果外贸不重要（如印度），则出口的变化对数百万农民的需求只会产生很小的影响。因为农民主要面向手工业生产而不是制造业生产。

由于缺少统计资料，所以对这一领域的系统调查受到影响。然而，有些事实仍能证明我们的分析。首先，非农业人口中的失业增加。在发达国家和基础产品出口国中，非农业人口的变化程度是相同的。因为缺少"欠发达"国家的实例，我们可以依助于基础产品出口国的情况来说明问题，它们在这方面的表现与前者相近似。其

---

① 国际联盟：《工业化和对外贸易》，第 158 页。

次，总利润的变化也是相当典型的。

1929～1935年的法国总利润（指流动价值收入和工商企业收入的总和）从570亿法郎（占国民收入的23%）降为360亿法郎（占国民收入21%），下降率为37%。1929～1932年，德国工商企业收入及红利和利息的总和，由149亿法郎（占国民收入20%）下降为82亿法郎（占国民收入18%），下降率为45%。1929～1932年英国国民收入由43.84亿英镑下降为38.44亿英镑，下降了12%，而工资则从76.9%增至80.4%，略有上升，而利润下降12%稍多一点。美国总收入下降51%，1929～1930年收入从819.2亿美元下降为394.9亿美元，而工资部分从68.3%增加到85.4%，利润下降率大概为75%。总资本为3100万埃镑的65家埃及股份有限公司的利润指数发生了激烈的下降。若以1929～1938年时期为100，从1929年的130降至1933年的89，下降率为31%。印度工业利润指数也有明显下降，从1928年的100降至1931年的27.8，下降率达72%。这一指数的激烈波动与制造业指数的微小波动形成对照，从而证明：在外国工业部门中（利润指数的计算是以外向型大企业为基础的）波动幅度大，而在以国内市场为目标的小生产部门（手工业和小工业）中波动不大。

此外，"欠发达"国家的农业收入的波动取决农业生产的性质。如果是为出口而生产的，那么它的波动就会很大。埃及就是一个例子。1924～1928年（以1939年为100）农业收入的平均指数由145下降到1931年的75，下降率为48%。假设农业收入占国家收入的50%，而其他生产活动未受危机影响，那么仅仅农业这一项，就会使国民收入减少24%，也就是说，其下降率超过英国以及其他如德国等相近的工业大国的下降率。

在这种情况下，人们可能会认为，"欠发达"国家收入波动比发达国家更为激烈，至少，纳入国际市场的那些国家是这样的，也就

是说，它们的出口值在国内生产总值中占较高的比率。人们也可能
用出口波动来衡量收入波动。

　　人们掌握了关于几个"欠发达"国家（印度、智利）或发达的
基础产品生产国（澳大利亚等）的国民收入波动的直接估算。这些
直接估算说明，"欠发达"国家国民收入周期性波动的幅度取决于它
们与国际市场一体化的程度——而此点是由出口值在其国内生产总
值中所占比重来衡量的。智利是一个与国际市场一体化程度很深的
国家，（澳大利亚虽然不是"欠发达"国家，但专门出口基础产品，
在这点上同"欠发达"国家相似）它的下降幅度至少同发达国家一
样大，甚至更大。印度纳入国际市场的程度不深，下降的幅度始终
很小。

　　这样的结果是人们可以预料的。它使人们得出的结论是：在发
达国家的周期和"欠发达"国家的周期之间根本不存在共性。1930
年工业国实际收入的波动幅度大约是25%。19世纪时，这一波动率
似乎是5%。对此，英国、法国、德国和美国的工业生产指数的周期
性变化可资证明。在任何情况下，这一波动不能归咎于出口的下降。
在一个出口占国民收入 1/4 的国家里，出口量下降10%只能使实际
总收入下降2%。然而，1929 年世界制成品出口量（大体上相当于
发达国家的全部出口量）仅下降27%，这只能使实际收入减少7%，
而不是25%。在19世纪，出口量在周期中似乎始终保持稳定，只是
总产值有所变化，但在价格发生波动后变化也不大。因此，危机主
要是由国内需求而不是由国外需求的萎缩引起的。当然，国外需要
的萎缩在一定情况下也会加剧总需求的衰落。

　　周期的责任应归诸国内投资。由投资量和出口量减少构成的需
求的初次萎缩引起了需求的二次萎缩。

　　让我们用数字来说明美国的情况。在繁荣时期，纯投资额占收
入的10%左右。投资的衰落意味着需求的初步萎缩达10%。出口量

减少 50% 意味着相当于国民收入 2.5%（因为出口在美国相当于它的国民收入的 5%）的另一个需求的初次萎缩。初次萎缩占收入的 12.5%。因为需求的最终萎缩是 25%，所以我们可以把需求的实际倍数值估计为 2。

（二）走向周期和世界行情理论

历史经验使我们得出下列七个结论。

（1）不论是发达还是"欠发达"国家，贸易收入行为都没有明显的规律可循。因为出口和进口同步变化，变化幅度也相近。但是，"欠发达"国家总还有某种倾向：它们的出口下降十分明显，而进口下降就较不明显。

（2）发达国家贸易下降主要是因为它的进出口减少了。而"欠发达"国家的贸易下降主要是因为出口价格下跌，通过价格下跌反映出来的交换条件的恶化以及由此出现的实际进口能力的减弱。

（3）产生国际收支勿庸置疑周期运动的原因主要是资本运动而不是贸易收支运动。

（4）1914 年以后，在发达和"欠发达"国家中国民收入的波动突然加剧了。进出口以及价格的波动也如此。第二次世界大战以后，波动失去了有规则的周期性，取而代之的是变动的行情，其运动幅度是有局限性的。

（5）"欠发达"国家工业生产的波动取决于这一产品的市场和该国家对外贸的依赖程度。

（6）"欠发达"国家农业收入的波动取决于上述同样的因素。

（7）"欠发达"国家实际总收入的波动往往小于发达国家的实际总收入波动。在这些国家中，由于价格的可变性很大，表现为日常价格的收入波动的幅度显然很大。

从上述结论中，我们得出下列四个论点。

（1）周期不是通过货币量波动的途径"传导"的。在繁荣时期，"欠发达"国家的国际收支有盈余，而在萧条时期则相反，这一点自然是正确的。但这些国家的国际支付手段时而上升，时而下降。而国内的流通始终是"中性"的，也就是说，始终与货币收入（实际收入×价格水平）[①] 保持平衡。

（2）周期也不是因为倍数作用而通过贸易收支"传导"的。贸易收支行为实际上变化最大。上面，我们已从时间上，从各个国家的角度讲到了这个问题。还要补充一点：即使一个"欠发达"国家的收支出现了盈余，也不会由于盈余而引起"感应"投资浪潮和"二次"投资浪潮。

（3）其实，周期就是依靠出口的农业劳动者收入运动的周期性现象，这个现象的表现形式是出口产品交换条件的周期性恶化。这一波动对面向国内市场的工业生产，对整个"服务部门"有副作用，但作用十分有限。"欠发达"国家的周期丝毫不超过这些国家进口能力的周期。

（4）在国际周期中，"欠发达"国家对于复苏起着重要的作用，因为它们在前资本主义环境的解说中为发达国家的出口提供了补充市场。在萧条时期，发达国家和"欠发达"国家之间的贸易虽然也有减少，但与发达国家之间的贸易锐减相比，往往情况要稍好一些。而且经常是在萧条时期发达国家的进口增加了，这种情况在 19 世纪十分普遍。

根据这些论点，可以创立一个国际行情理论。按照这一理论，外围在积累机制中发挥着特殊作用。这种特殊作用在复苏时看得特别清楚，但在中心行情运动的其他各个阶段，它也有所显示。

---

① 参阅本书第三章。

（三）复苏机制中外围的作用

在国际复苏机制中，外围的作用不容忽视。① 因为，不论多么严重，萧条总是表面现象，它在"欠发达"国家中比在中心资本主义国家中能够更加迅速地结束。在萧条时期的发达国家中，大量劳动力沦为失业者。紧缩影响到各种收入：首先是利润，其次也涉及工资总额。此外，在繁荣时期，新企业增添设备，这样，它们的运转速度就要降低。没有使用的生产能力成为沉重的负担，从而给复苏增加了困难。

"欠发达"国家占主导地位的收入——地租——的波动幅度很大，而大部分居民的混合收入就不是这种情况。诚然，这些国家的手工业者和农民是不利的世界行情的受害者。他们中一部分人破了产，失去了他们的经济地位，并沦为失业者。但是这些社会阶级的广大群众所受的苦同发达国家的工人群众所受的苦在程度上是不同的。旨在自我消费的整个食品生产部门既不受萧条的影响，也得不到繁荣所带来的好处。

此外，在这些国家中，如果在繁荣时期外国资本大量涌入，从而给新企业增添了设备，而且这些设备永久地留了下来，这些情况与发达国家相比大同小异。在外围国家，资本对第三产业和轻工业的投资特别感兴趣。② 然而对第三产业的投资往往是一种纯"财政"投资：买是为了再次出售房地产、出口产品以及证券等。这一大批非物质性和非生产性的"资本"被萧条所摧毁而没有留下负担沉重和影响复苏的生产能力。虚拟资本的被摧毁穷了本国而富了外国。这些国家背上了沉重的包袱。另外，如果其他情况都一样的话，与

① 布朗沙尔：《埃及的危机》，1931，《埃及的第二次危机》，1932；埃尔华绥：《智利的过渡经济》，纽约，1945。

② 参阅本书第二章。

重工业投资相比较，轻工业投资后留下的未使用的生产能力不是那么大，对市场的压力也不那么沉重。

所以，如果危机表现为"欠发达"国家对外交换水平的急剧下降，那就只有停止曾经导致地租下跌的出口以及奢侈品的进口。然而，一旦这些出口活动中止后，与外部的交换水平便会稳定下来，因为由资本主义的生产方式左右的波动对本地部门的收入影响甚微。相反，发达国家的萧条可以变得严重得多。在使利润消失之后，萧条开始影响工资。因此，在萧条期间，发达国家之间的交换量一般下降的幅度要比发达国家和"欠发达"国家之间的交换量还要大。

到了一定时候，"欠发达"国家市场所具有的那种相对僵硬性，可以成为促进复苏的原因。外围与资本主义体系中心之间存在的交换关系向中心提供了通过当地手工业解体能够容易地找到新市场的可能性。在繁荣期间，外国资本若能在其他活动方面找到更赚钱的去处，它们会对这样的市场感到满意的。在繁荣期间，中心有足够的吸引力可以使人们对创建新企业同外围的手工业竞争感兴趣。事实上，在周期的发展中，发达国家资本收益率的波动比在"欠发达"国家更为强烈。交易所活动以及动产证券十分激烈的波动——这些活动必然会产生时起时伏的贬值和升值——在发达的资本主义国家中激化了资本边际效用的下降和上升。发达国家资本利润率的激烈波动使得某些活动在萧条时期也有足够的盈利。

当地的原始生产在萧条时期结束时的进一步解体表现为发达国家掀起的新的出口浪潮。在这方面，货币化机制开始动摇。由于贫困经济进一步解体而造成的"欠发达"国家货币收入的增加，表现为当地储蓄的形成。这些储蓄立即转向投机流通领域。而投机流通之所以极易产生是因为它们不会造成无用的生产能力而给积累增加沉重的负担。

"欠发达"国家的倍数现象与发达国家的繁荣机制现象有些深刻

的区别，它只是"欠发达"国家货币收入的一种发展而已。事实上，一般来讲，这种发展只是以牺牲实物收入为代价的。从外贸开始的原始经济的这种加速解体使"欠发达"国家的形势更为严重。因为在这些国家中，大量破产的手工业者已成为长期的失业后备军。[①] 然而，表现为这些国家资本主义新发展的这一解体，使资本主义类型的收入加速形成，因此也加速了新的货币储蓄的形成。这一储蓄将成为投机流通的基础。此外，本地经济的进一步解体也突出了地租的作用，它预示了今后进口的发展。因此，开辟外部新市场不是最终解决问题的办法。从理论上讲，开辟市场对发达国家的复苏完全没有必要。[②] 复苏在很大程度上依靠国内市场的进一步拓展，而这一点必须依助于普及资本更为密集的新技术。然而，每次在中心发生了萧条后，人们总能看到在外围开辟了新的市场。所以，海外国家在国际复苏机制中起着积极作用。

（四）在周期发展中外围的职能是根据中心的需要进行"结构调整"

"欠发达"国家不仅在国际复苏机制中对国际周期发挥积极作用，而且在整个繁荣的积累过程中也起着不可忽视的积极作用。以总收入增加为特点的繁荣的发展，表现为利润的增加，从而也表现为储蓄积累量的增加。但另外，工资是相对下降了。因而，消费能力日益远离生产能力。由补充投资提供的新的生产资料迅速地向市场投放了大量无法被吸收的消费品。在一个时期内，加速作用维持了一种所谓新的效益的幻觉。这种新设备之所以必要是因为消费的绝对量增加了。这样，就产生了消费品的生产过剩，因为所分配的

---

① 参阅本书第二章。
② 参阅前面的分析。

和用于购买这些产品的购买力（主要是工资）低于这一生产总价值。在哈罗德的著作中，表现为倍数下降的这一生产过剩（储蓄倾向的增长）长期以来被加速作用所掩盖，而加速产生的是相反的效应。

必须看到，这一生产过剩不是储蓄倾向过分强烈造成的。不管这种倾向达到什么水平，人们可以想象在生产资料生产和与这相适应的消费品生产之间有一个总的生产分工，这样整个储蓄都可以进行投资。这种可能性就是经济增长本身所具有的意义（当人们对周期进行抽象时）：当总收入增长时，储蓄水平提高了，这就使得生产资料生产的发展比消费品生产的发展速度更快。生产资料生产的发展速度更快反映了生产水平的提高，从而使以后的总收入得到增长。

如果这一发展围绕着一个上升的倾向与正弦曲线相结合，那是因为不管在一个完整的周期中储蓄倾向的平均值如何，它的上升速度太快了。机制在超速运行。正是这种超速运行——它主要是由于利润的高度弹性造成的——产生了周期。但这决不意味着必须使储蓄倾向处于稳定状态。相反，发展要求增强这种倾向，同时使这种倾向成为可能。只不过必须使这种倾向来得更慢或是更快些。

实际上，与消费品生产的生产过剩相对应的是生产资料生产的不足。相对增长的购买力（储蓄利润）随时准备购买生产资料，而生产资料的生产似乎始终处于不足状态。换句话说，繁荣的特点是生产资料生产和消费品生产之间日益增长的不平衡。人们认为，加速和倍数的对抗作用在一个时期内掩盖了这一日益增长的不平衡。

发达国家和"欠发达"国家之间的贸易继续掩盖这一不平衡，也就是说延长了繁荣时期。发达国家与不发达国家之间的交换根本不是解决所谓资本主义国家总的生产过剩的办法。即使没有前资本主义环境的解体问题，资本主义国家的发展也是完全可能的。如果说外贸与资本主义同步发展，这并不是上述原因造成的，而只是因为资本主义本身有扩大市场的倾向。

然而，发达国家与"欠发达"国家之间的贸易在资本主义的发展中起着积极作用。

与落后的贸易伙伴相比，发达国家始终处于优势地位，可以说，它们采取的是"出口"攻势①。只是到了以后，"欠发达"国家的结构才发生变化，出口基础产品以适应于先进国家生产的演变。所以，体系的中心和外围之间在贸易关系中的不平衡是长期的。但是，这种长期不平衡经常得到纠正。在最先进国家的发展中，这种不平衡只是起一种微弱的类似信贷的催化作用。

讲到这里，必须把问题更深入一步：要抓住"欠发达"国家的结构如何适应于发达国家生产发展需要的机制。在各个生产领域中，发达国家都优越于"欠发达"国家。在繁荣阶段，那些有生产过剩倾向的产品首先在外围国家中寻找，而且找到了市场。正是那些消费制成品——它们在繁荣阶段变得愈来愈丰富——得到了大量的出口。相反，在那个阶段，发达国家对比较缺乏的产品的需求日益增长，这就使"欠发达"国家的结构得以调整，从而适应先进国家的经济需要。在繁荣时期，"欠发达"国家对一部分产品实行专业化生产，但这些产品在发达国家有供不应求的倾向。"欠发达"国家专门从事基础产品的生产以装备发达国家，主要是农业原料和矿产品。

消费品的交换是供过于求，而中间产品的交换则相反，是供不应求。这就有利于发达国家的上升运动。同样，这一交换——对于"欠发达"国家的资本主义生产部门来说——加剧了消费品生产和中间产品生产之间的不平衡。因此，这些国家——在那里原料生产发展得比利用这些原料的工业制成品生产更快——在周期的全过程中与外贸的联系愈来愈紧密。从社会的观点来看，国际专业化又一次被证明它不具有任何能产生理性的特点。

---

① 参阅本书第一章。

至此，人们对外围在世界行情中的真正地位有了更好的理解。尽管资本主义生产方式在外围的扩大对发挥积累机制的神奇功能并不是主要的，但这一扩大对中心的增长起催化和加速作用。因而，这也是重要的。但它不是加速中心增长的唯一力量。它甚至只是一个辅助因素。

到了 1945 年①以后的当代阶段，情况就是这样。我们都知道，第二次世界大战以后的资本主义经历了一个十分辉煌的增长时期。可是，在这一现象中，"第三世界"资本主义生产方式的扩大只起了一个十分次要的、几乎可以忽略不计的作用。西欧的现代化（"美国化"）是这一"奇迹"的主要因素。现代化也就是资本主义市场的深化（不是扩大）始终只是一个"可能"的解决办法（正如马克思和列宁时常宣称的那样）。但是在各个方面，尤其是政治方面（对"共产主义"的恐惧等）的诸因素汇集以后，这种解决办法就变成现实的了。这就不能再对此做出任何机械的、"经济主义"的解释。欧洲共同市场和美国资金大量涌入欧洲是这个现象最突出的反映。

然而，如果说在这一阶段资本主义的扩大在外围没有起到重要作用，这并不意味着情况一贯如此，也不说明今后将永远如此。在过去，19 世纪资本主义市场在殖民地的巨大发展浪潮，肯定对中心相对平静的积累过程起过重要的作用。这第一次浪潮决定了中心和外围之间第一批国际专业化的形式，而外围自然适应了中心的要求。这种适应形式在一定程度上阻塞了资本主义发展的机制。当资本主义发展在外围采取这些形式后，它的可能性就开始枯竭了。因此，1930 年的危机来得特别激烈。

1945 年以来资本主义世界所经历的那类增长——它建立在西欧

---

① E. 卢阿斯：《当前的资本主义市场问题》，《前线》，1969 年 9 月、10 月、11 月号。

"美国化"的基础之上——也衰竭了。国际货币危机和长期"滞胀倾向"的再现正是这种衰竭的表现。以后还会出现何种可能性呢？我们认为有三种可能性：首先，东欧国家（俄国及其卫星国）逐渐纳入世界市场而且它们也走向现代化；其次，随着自动化，征服原子和空间而到来的当代科技革命可能为市场的深化开辟重要的前途；最后，建立在新型国际专业化基础上的"第三世界"资本主义发展的新浪潮。当代技术革命恰恰有可能实现这种新型的国际专业化。在这种情况下，中心国家将专门从事超现代化的活动，而迄今为止一直由它们垄断的传统工业将由外围来承担。这样，外围又一次适应了中心的需要，从而在世界规模的积累机制中发挥重要作用。

结论综述

第一，行情波动——不论这种波动是否像第二次世界大战之前所表现出来的那样是一种有规律的周期形态——是资本主义生产方式所特有的生产能力和消费能力之间内部矛盾的表现形式。这些矛盾不断被资本主义市场的深化和扩大所克服。流行的经济理论专门解释了产生矛盾的原因，尽管用的是"加速"和"倍数"相结合的"经济主义"语汇，从而掩盖了体系的矛盾根源，而且这种理论善于超脱现象表面的货币形式。虽然它最终和马克思的分析相一致，但它采用的解释是机械的、简单化的。

第二，资本主义生产方式固有的这一矛盾的历史规律是矛盾日趋严重，这一点正为极其深刻的 1930 年的危机所证明。这一倾向性的规律并不导致资本主义体系"自发的，灾难性的崩溃"，因为垄断机构和国家干预总是可以做出反应，以吸引日益增加的生产过剩。所以，世界规模的积累所赖以进行的历史条件是最主要的。在可能预见的将来，当代科技革命以及东欧国家逐渐被纳入世界资本主义体系可能会极大地改变世界规模的积累的条件。外围资本主义的发展，外围的结构调整以适应中心积累的需要（也就是说，中心和外围之间国际专业化的形式）也应该在行情分析中占有重要的地位。

第三，流行的经济理论认为，"欠发达"国家就相当于处在发展前期的发达国家。这种理论无法解释外围固有的行情现象。它把发达国家对"欠发达"国家进行行情"传导"的机械论点作为挡箭牌。这种"传导"或是通过货币机制，或是通过外贸倍数机制来实现。事实上，资本主义体系的外围经济没有真正的、自身的行情现象，包括从外部"传导"来的也不存在，因为外围经济没有自身的内部动力。

第四，然而，外围可以在世界规模的周期运行或行情的波动中占有重要地位。实际上，外围可以排斥"前资本主义环境"而为资本主义生产方式的发展提供场所。尽管这种资本主义生产方式的发展对发挥积累机制不是主要的，但它对中心的增长起着催化和加速作用。可以肯定，外围在殖民统治的最初年代占有过重要地位。到了当代，它似乎失去了这种重要性。但将来，一旦形成国际专业化的新结构，它又可获得重要地位。

第五章
外围国际收支的调整

引　言

　　随便翻阅一下各大学使用的世界经济教科书就能使我们了解到，人们所教授的是一个国家的国际收支如果发生不平衡，应该作自我消化。此外，在"发展政策"和"项目分析"等课程中，人们指出，"欠发达"国家应该为了项目的"社会效益"采用"平衡交换率"。然而，我们要在这里说明，关于调整国际收支机制的这些形形色色的理论——价格效应的经典理论，后凯恩斯的收入效应理论，交换理论——所赖以存在的基础从根本上说都是错误的。而这些基础在流行的理论（如货币数量论）中又十分顽固，因为人们不知道如何代替它们而不抛弃神圣的主观价值论；或者说，这些形形色色的理论所依靠的是使用经验主义的方法做出的目光短浅的分析。当代的理论在一系列虚假的问题中愈陷愈深，徒劳地寻找着一些不适当的问题的答案（因为人们不愿意摆脱经验主义），拒绝正视问题的关键。而关键就是：国际收支的平衡——至多不过是倾向性的——是以国际结构的经常性调整为条件的。可是，就发达世界和"欠发达"世界的关系而言，这些结构反映了世界体系的中心对外围的不对等的统治。外部平衡——国际秩序——之所以可能，是因为外围的结构是按照中心积累的需要铸成的。换句话说，只有当中心的发展产生和维持了外围的"欠发达"状态时，平衡才有可能。拒绝正视关键问题揭示了流行经济理论有意识形态上的性质。这个理论整个都建筑在这样一个普遍和谐的宗教前提之上，因而不可能使普遍和谐成为被否定的对象，也就不能受到科学的批评。这个理论就是以此作为代价只顾表面现象而不看关键。这些都决定了它不理解"欠发达"的性质，也不理解世界规模的积累的动力和收支的动力，特别是不理解发达世界与"欠发达"世界的关系。

本章首先将从外部对有关国际收支"自发"调整的理论进行批判——在这之前先简要地回顾一下构成这一收支的要素——其次试着从世界资本主义体系外围的结构调整要适应中心积累需要的方面做出深入的分析，以回答真正的问题。最后力求对"欠发达"国家对外关系史的各种看法进行比较。

一　国际收支的构成

当人们谈到收支时，往往在用词上有些含混不清。收支究竟包含哪些内容？

毫无疑问，它应该包含某些因素在内。这些因素构成了纯贸易性质日常活动的货币对应物：货物的进出口，贸易服务的支付（运输费和保险费）。还应把旅游者的开支，移民的汇款以及其他性质相同的资金运动包括在内。但是，是否应该把所有资本运动都纳入收支呢？

人们不应该把所有因素都简单地纳入收支，因为日常的收支活动和资本的收支活动本来就始终是平衡的。所以，必须对所有活动进行调节。自愿交易的收支一旦出现逆差就可由相应的贷款加以平衡。外国的贷款也可以是自愿的或强迫的。那么，是否应该把所有资本运动都从收支中排除出去呢？

外国投资资本在国内的利息和利润是与其他资本运动因素完全不同的一笔资金。它们来自早先的外国投资。因此，对这个问题不能提出任何疑问。将这笔钱纳入收支是不成问题的，所以人们把利息运动列入日常活动之中。在其他构成资本收支活动中，有必要给予长期投资以特殊地位。在这里，外汇交易只是一种必要的手段，而不是资本转移活动的主要内容。

资本的短期运动和"强迫性"的短期借贷是性质完全不同的两件事。人们用同一个资本运动的词汇，却把许多经济性质不同的活动混淆在一起了。有的是利用汇率的差别从中抽取利润的外汇买卖活动，有的是因为贴现率运动而出现的临时性资金转移（资本家力求把他们掌握的现金短期存在高利率的国家中去），还有的是从超经济角度，往往是从政治角度考虑而形成的、著名的"国际短期资金"运动。所有这些运动的特点是它们都是自愿的。而集中所有外汇的机构有时被迫地——因为在自愿的资金输出和输入运动之间缺乏一种"天然"的平衡——给予外国以短期的信贷。这些信贷自然是"被迫的"。在国际关系中绝对自由占统治地位的时代，这样的义务是不存在的，因为只要解决价格问题，总可以找到外汇的。今天的汇兑控制机构应该在短期内对资金的输入和输出进行平衡。如果资金短缺，该机构只能坚决拒绝把外汇给需要的商人。在这种情况下，外国商人就会求助于外贸的保证机构，这种机构在哪个国家都有。这个机构用当地货币结算外国人对本国人的债务。它对缺乏外汇的本国商人拥有债权，所以它可以提供短期贷款，这也是它对外国应尽的义务。

在这一点上不存在外部的控制。自从在 1945 年创建了国际货币基金组织以后，人们放弃了灵活的汇兑而代之以僵硬的汇兑体制。

这就使外汇的收购活动（以相对固定的汇率进行收购）并不总是能够实现。因为以这样的汇率有可能提供不出足够的外汇来弥补赤字。

黄金的转移在资本的收支活动中也不是单一型的。人们把黄金作为清偿债务的一种手段。人们收购黄金，利用黄金价值的波动进行投机或者满足一种储存的长期需要。这种需要有时促使"欠发达"国家和发达国家大量进口黄金。

所以，为了对收支状态有一个概念而必须考虑的因素是贸易活动，可比收入的转移，利润的汇出，资本的长期运动以及为满足本国储存需要的黄金转移。①

事实上，正是这些项目形成了国际交易中真正的经济力量。那些短期运动即使是"自愿"的，所发挥的也是临时性力量的作用。尽管这些运动对汇兑有一定影响，因而也对一般经济条件产生影响，但是它们的长期发展没有任何值得考虑的、足够普遍的倾向。

此外，也有必要对真正的收支和银行资本运动的收支加以区别。之所以有必要是因为往往外国商业银行的分支机构在"欠发达"国家开展业务，它们向后者提供现金。应该把这些银行的资金输入和输出同用于投资的资本输入和输出加以仔细的区分，尽管两者对汇兑的影响是一样的。在那些已经被纳入高度集中的货币区——今天的法郎区和埃斯库多区——的"欠发达"国家中，做这样的区分是很重要的。在那些国家里，整个银行体系是由宗主国的大银行办事处和分支机构组成的。由固定利率做保证的资本转移的绝对自由，使得银行可以根据需要，用当地经济的货币手段②输出或输入现金。

阿弗塔利翁不同意把长期的国际投资放进收支中去。他说，因为"如果把新的投资也放进去，那就不知道如何加以区分了，不然

---

① 米德：《收支平衡》，牛津，1951。
② 参阅本书第三章。

就索性把从收支到结算的所有投资都放进去，而结算总是平衡的"。①
我们觉得上述理由不能令人信服。问题不是进行统计而要进行理论
研究，因而必须明确地对国际投资和周期性资金的转移加以区别。
此外，从统计的角度来看，对商业活动收支项目的估价有时同对资
本活动的估价一样，也不准确。阿弗塔利翁指出，海关统计资料是
不准确的，它们忽视了年度内汇率的变化，而只提供了不反映实际
情况的平均数字。② 的确，国际债务收支只在金融上有意义，没有实
际价值。③ 从统计上不可能知道对外国的债权有多少是通过实际投资
来抵偿的，又有多少是由现金来抵偿的，也就是说有多少是存在外
国的货币。此外，在国外的投资值来自收支，它在很大程度上本身
也是虚的，因为外国的证券受行情波动的影响。加之，对外的财政
账目本身并不反映所有的资本运动。它不重视当地再投资的利润以
及未分配的后备资金。所以，想仅仅依靠对国际收支的检查就能对
国际投资问题得出有价值的结论是天真的。

尽管如此，收支仍不失为一个经济的现实。正常情况下，当反
映实际经济力量的有关项目不出现差额的时候，收支就达到平衡。

我们提出的问题有下列几个。①是否存在一个能使"实际"收
支向"自发"平衡发展的机制？所谓"实际"收支就是排除黄金货
币运动、外汇及"补偿"性货币（指的是其银行体系由宗主国办事
处和分支机构组成的那些国家），而包括因货币体系的需要而出现
的、相应的现金运动。②如果存在这样一个机制，因而也存在一个
所谓"平衡"的、"自然"的汇率，那么，与之相适应的结构平衡
是什么性质的？③特别是在发达的中心和"欠发达"的外围的关系
中，这一"结构性的调整"是什么性质的？

---

① 阿弗塔利翁：《货币、价格和汇率》，巴黎，1935，第 256 页。
② 阿弗塔利翁：《货币、价格和汇率》，巴黎，1935，第 253～255 页。
③ 比耶：《本国结构和国际投资的关系》，讲义，巴黎，1950～1951。

二　国际收支"自发"调整机制理论

一个国家收支的暂时逆差，不论其原因是临时性的还是结构性的，是否有可能通过对汇率、价格和其他经济活动水平施加影响而自我吸收呢？经济理论对此的回答还是肯定的，尽管当代人已经对调整机制的分析进行了大胆的改变。

亚当·斯密只是运用价格机制来建立国际平衡。他沿袭了波丹、佩蒂、洛克和康蒂永的十分古老的重商主义传统。这些前人在他们那个时代发现，商业收支的不平衡是被黄金运动抵销的。此外，他继承了数量论的传统，认为黄金运动决定了一般的价格水平运动。到了那个时候，不平衡就能被自我吸收。由此可以肯定，外部不平衡的唯一原因是"国内通货膨胀"。19 世纪的那些"金锭崇拜者"在李嘉图的率领下，只差一步就要超越这一观点了。按照波桑盖的看法，收支不平衡的原因不在于货币（出口的困难是战争和向国外提供援款造成的），这种看法尽管有很强的逻辑力量，但说服不了当代人。在以后图凯和李嘉图之间关于数量论的争论中也出现过类似情况。图凯驳倒了李嘉图的理论，但提不出任何积极的看法来取而代之。

魏克赛尔的功劳是他在 19 世纪末期突出了国际平衡机制中需求变化的地位。收支逆差被分析为购买力的转移。这一额外的购买力使得外国迟早可以增加它的进口，而出现逆差的国家迟早会减少它的进口。不需要使价格做任何变动就能达到国际平衡。这一极为深刻的革命性贡献被俄林所继承，他在这个基础上进一步提出这样的看法：德国的赔款可以偿付。人们能够体会到，当时价格效应的经典理论（与数量论有联系）的势力是多么强大，因为连凯恩斯这样杰出的人才也拒绝放弃旧的观念。如果说他主张德国不能支付赔款，这仅仅是因为他相信德国进出口的价格弹性作用会带来一种"反常"

效果，而不是"正常"效果。经过了很长一段时间以后，收入的观念才为人们所接受。并不是凯恩斯本人，而仅仅是凯恩斯的后人在国际平衡理论中引进了由波桑盖创造，并由魏克赛尔和俄林所继承的主要方法。

人们往往把价格观念和收入观念看作相互排斥的两种观念。例如，常的研究①使读者得出的结论是分析外贸对收入变化的回答足以描述和解释国际交换的状态。文纳②认为，观察时期愈长，价格弹性愈大，因而常的悲观主义统计是站不住脚的。文纳的反驳过分注意传统，它不愿意看到需求是取决于价格之外的其他因素。

然而，毫无疑问，同一个需求现象具有两个方面。需求取决于价格还是收入？对事实方面进行长期的争论迫使我们做了许多计量经济方面的统计。③ 整个瓦尔拉斯所设计的总平衡始终以供求规律为基础。以赛伊为首的首批市场分析家之所以提出需求法则，其目的就在于要以效用价值理论来代替劳动价值理论。需求对价格变化的反应可以用产品边际效用递减来做出解释。不需要与这些反应无关的因素的干预就能达到平衡。但实际上，这个理论结构是很脆弱的，不可能代替李嘉图特别是马克思分析的所有内容。产生这一弱点是因为赛伊和瓦尔拉斯在分析时不了解收入是需求的根本因素。他们夸大了需求法则的作用。产品效用递减法则可以说明，当价格上涨时，需求就减少，但这有一个条件：收入水平不发生变化。然而，在总平衡的理论中，收入分配是以产品的相对价格为依据的。价格

---

① 常：《收支的周期运动》，剑桥。

② 文纳：《国际贸易与经济发展》，牛津，1953，第24~27页。

③ 常：《国际进口需求的比较》，《经济研究》第34、45、46期；《世界进口需求统计》，《经济与统计》，1948年5月号；《两次大战期间英国的进口需求》，《经济与统计》，1946年6月号。《英国收支情况补遗》，《经济》，1946年8月号；丁伯根：《替代弹性的衡量标准》，《经济与统计》，1946年8月号；《对美元匮乏问题的几点看法》，《经济学会会议记录》，华盛顿，1947。

的任何变化都会改变收入。因此，人们就依赖对不同时期的分析以便走出边际效用论的恶性循环。今日的价格取决于昨日的收入，而昨日的收入取决于前日的价格。向历史求救是地地道道的理论上的投资，是边际效用论彻底承认自己无能的招供。

然而，外贸价格弹性分析和旧的供需分析性质相同。它们假设交换国双方的国民收入是稳定的，这样就失去了国际贸易实际运动的任何解释价值。

用供需来对一般收入变化做出反应，特别是用外贸对国民收入变化做出反应，是一场真正的革命①。但是必须指出这些研究所具有的表述性：人们发现，在那个时代当时收入水平有多高，那么，那个产品的交换水平就有多高。到了后一个时期，收入、价格和交换数量就不同了。于是人们做出假设，需求取决于价格和收入。可以用一个带有三个变量的线性方程式来表示这一假设：两个变量是独立的——价格和收入，第三个是与之相联系的需求。分析它们之间的部分关系可以在确定非独立变量中明确两个独立变量的各自作用。这是常的分析方法，它依靠对离散差的分析测试。在经济学中，人们总可以用与其他两个量发生的线性关系来表达一个量，从而找到能使这一关系具有统计意义的系数。从上述分析中可以得出的结论是三个量是相联系的，但并不是说，只可能有这样的联系，也不是说，只有这样的联系才最有意义。通过这个方法，可以得到比较正确的描述，但仅此而已。这就是这个方法的弱点，它可以保证一个假设具有起码的合理性，但它不能在几个同样合理的假设中做出选择。为了做出选择，唯一可行的方法只能是抽象的经济分析。为此，必须正视经济学的根本问题——价值和货币的性质等，这些是任何统计方法不能回避的。

---

① 俄林：《国际和地区贸易》，1933。

（一）价格效应经典理论①

这一理论是在 19 世纪初建立的，它为了适应当时的现实（金本位制）做出了一些假设，并以货币的数量论作为基础。任何一个进口商都可以在收购外汇（外国金币）和向外国出售黄金（金锭）之间进行选择，收支逆差不会大幅度降低本国货币的汇率以影响汇兑条件并促进出口。因此，不平衡最终只能表现为黄金的大量流失。由于黄金的流失而造成的国内价格普遍下降（从而引起出口价格的下降）与国外稳定的价格相比（从而使进口价格也趋于稳定）抑制了进口，鼓励了出口，从而恢复了平衡。这就是因交换条件恶化而使平衡得到恢复。

19 世纪数量论对国际关系的分析，特别是戈申②所做的分析达到了"精雕细琢"的地步。戈申认为，中央银行为了对付黄金储存减少的威胁而做出的自然反应足以使国际收支恢复平衡。中央银行用提高贴现率的办法来吸引短期外国资本，从而弥补外汇短缺。这样，人们就完全陷于普遍和谐的思想之中，这种思想扰乱了人们的分析，以至于使人们在进行正常的论证中都发生错误。因为戈申在这个问题上走得太远了。高贴现率之所以能吸引短期外国资本只是因为这种高贴现率居高不下。过了一段时候，黄金储备恢复以后，中央银行就会降低贴现率，收支又会出现不平衡。

尽管这一理论是在金本位条件下建立的，但它很容易被引用到汇率稳定的"欠发达"国家——外汇本位制国家中去。现代经济理论家正是这样做的。收支的不平衡导致外汇的流失。随之而来的国内信贷紧缩对价格会产生影响，从而得以恢复平衡。

---

① 莫萨克：《国际贸易总平衡理论》，纽约，1944；希夫：《直接投资是贸易和收支的条件》，《经济季刊》，1942 年 2 月号。

② 戈申：《对外贸易》，伦敦，1861。

此外，如果这些国家实现了银行一体化，加上它们的货币一体化，从这一角度来看，那就是整个实际收支和银行运动趋于平衡了。外汇的流失，不论它是实际收支逆差（投资中断，贸易收支逆差）造成的，还是外国银行输出盈余现金造成的，都以同样的方式影响信贷和价格。总之，正是总收支的平衡使我们可以得出结论：国内的流通以出口为代价[①]。同样，在一个金本位的国家中，为了满足流通的需要而进口的黄金也是以出口为代价的。

价格效应的经典理论和货币数量论的逻辑联系是深刻的。只有当货币的数量决定价格水平时，这个理论才有意义。如果银行实行一体化，这个理论就迫使人去想象，银行现金的流动也应包括在"自发"平衡的收支之中。为了拯救这个理论，必须以这一观点为起点。这样，人们就不必再检查为什么会这样，而只需说，"事情本来就是如此"，即实际收支决定了国内货币流通量。人们又一次充满了必要的普遍和谐思想。[②]

只有当"欠发达"国家货币独立（纸币本位）时，这种理论才会失效，正如用它不适用于发达国家之间的关系一样。因为到了那个时候，收支的不平衡对汇兑的影响极大，足以改变国际交换条件。

1. 对价格效应理论的批判——价格的弹性[③]

直到最近人们才发现，交换条件的改变——它或是归咎于因黄金和外汇的涌入而出现的国内价格运动，或是归咎于可产生同样效果的汇率的贬值或升值——一方面有利于（或不利于）出口，另一方面又降低（或提高）统一价格。国内价格的上涨（或称升值）和下降（或称贬值）可根据弹性水平改善或恶化收支状况。同样，对

---

① 我们不赞成这一结论，请参阅本书第三章。

② 参阅本书第三章。

③ 参阅 J. 鲁滨逊：《关于就业理论》中《外贸》一节，牛津，1953；诺加罗：《经济理论的逻辑价值》，第六章。

进口亦然如此。

对价格弹性的不同的综合效应进行分析在当前已变得很普通了。在 J. 鲁滨逊著作中提出的公式中包含四个弹性：国内的出口供给弹性，国外的进口供给弹性，国内的进口需求弹性，国外的出口需求弹性。准确地说，远在凯恩斯派经济学家之前，诺加罗已经严肃地批评了奥古斯坦·古尔诺的汇兑理论。这个理论提出了一个需经论证的假设：由于价格弹性的作用，贬值可以吸收赤字。

2. 进口价格对国内产品价格的影响

如果经济已完全被纳入国际市场，那么进口价格的变动就会引起国内所有价格，包括出口价格的变动。因此，人们对汇率变动效应（通过进口价格效应）对国内价格的影响进行了批评。同样，假设汇率稳定，那么国内价格的变化（比如国内价格下降）也会产生同样效果。相对来说较高的进口价格难道不会影响整个价格的上涨趋势吗？阿弗塔利翁指出，在某种情况下，汇率水平本身会影响国内价格。不应相信汇率通过价格的变化渠道只影响进口商品的价格，而贬值最终只有在进口产品进入国内产品制造时才会影响其他商品价格。阿弗塔利翁借用几个历史上的事例来说明，汇率有时通过增加货币收入对所有价格发生影响。汇率变动对依照商店已付款商品的数量而产生的对进口商收入的影响，对外国证券持有人的收入的影响，对出口商和出口产品生产者的收入的影响，是否总是能够决定价格随着汇率的变化普遍发生时涨时落现象呢？如果这一行动是十分深刻的，如果货币收入的波动不能被储蓄波动所抵销，如果所有的收入都投向市场，那么很可能会出现上述结果。在这种情况下，一旦贬值的效应全部消失后，收支情况又会和贬值前的收支情况完全一样。暂时被吸收的长期的不平衡将再次出现。不会有任何长期平衡的倾向。

历史上可以找到许多这类机制的例证，特别是在拉丁美洲货币史上。在 19 世纪，连续发生过多次贬值，特别是在阿根廷。长期以来，这些贬值不起作用，因为贬值之后紧接着就是大幅度的普遍涨价。我们已经指出这一普遍涨价的机制是如何和占统治地位的收入行为——地租——密切地联系在一起的。[1] 这些经验证明，人们不能依靠货币手段来解决国际收支的实际不平衡，因为这不平衡是深刻的结构性失调造成的。这些经验也证明，货币的国内和国际价值不能长期离异。尽管实际上存在一批不参与国际交换的国内产品，但是国内部门最终还是受到国外价格的影响。这一影响是通过收入来施加的。近年来的经验充分证实了我们的看法。以 1967 年马里法郎的贬值为例，根据法国专家的反映，那次贬值的目的是为了使马里的收支达到平衡。但贬值的结果是立即引起价格的大幅度上涨，尽管工资还被冻结。还有一个极端的例子，它说明占统治地位的价格结构强加给被统治的经济，这样的例子值得加以研究。

诚然，在 19 世纪欧洲历史上，金本位和运用贴现率的货币补偿政策（建立在戈申理论基础上的政策）一度是有效的。虽说是这样，但这难道不是仅仅因为长期以来收支一直是平衡造成的吗？难道不是因为不平衡从来只是暂时的（特别是与行情相联系）吗？如果不平衡是结构性和顽固型的，那么所使用的方法不是早就不灵验了吗？[2]

（二）汇率效应理论[3]

直接的价格效应是建立在数量论基础上的。这就是错误的根源。

---

[1]　参阅 S. 阿明论文集，第一章。

[2]　除了对价格弹性，进口价格对国内产品价格的影响，短期资本运动的意义这三者提出批评外，还应加上对数量论的带根本性的批评。因为流通中的货币量是取决于需要而不是取决于中央银行的愿望。中央银行的国际外汇运动与本国的货币运动从来没有关系，正如纳克斯在统计中所指出的那样。1922～1938 年对 26 个国家的统计表明，在 382 例中，只有 121 例是符合经典理论的（见国际联盟《国际货币平衡》，第 77 页）。

[3]　布德维尔：《外贸、国民收入和贬值》，《经济杂志》，1950 年 10 月号。

假设货币不可兑换，同时又存在一个能够随着收支情况（即整个实际收支情况和银行收支情况）而发生巨大变动的汇率，同时还假设这是一个"欠发达"国家，那里有外国商业银行在进行活动，那么，这样的汇率是否会不经过数量论的干预而产生价格效应呢？在这种情况下，汇率的变化导致进口价格的变化，但没有任何理由使得国内产品和出口产品的价格也发生变化，这些价格本应和国内价格相一致。数量论认为，之所以这样，是因为货币的数量始终稳定不变。而其他人又说，那是因为汇率并不总是对国内价格产生影响。

在这方面，也应该像前面所说的那样，用同样的方式对这种分析加以补充。一方面，根据价格弹性的理论，汇率的变化可以产生"正常"和"反常"的效应。另一方面，进口价格也可以对国内价格以及出口价格产生影响。方法相同：通过价格渠道，通过占统治地位的收入行为以及通过价格结构的传导。

同样，短期资本运动也能避免汇率和价格的变化，如同过去资本运动能避免黄金和价格运动一样。如果中央银行提高利率，它就能吸引短期外国资本，如同在金本位制度下的情况一样，理由相同。在收支出现暂时逆差时，中央银行也可以避免贬值以及由此产生的物价上涨，正如在金本位制度下，它可以避免黄金的流失和由此产生的物价下跌。但是，这一行动遇到了同过去一样的限制。如果逆差是结构性的、长期的、深刻的，则外国资本的涌入将无法消除逆差。特别是因为在贬值的情况下，汇兑将受损失的前景根本不可能因高利率带来的微薄利润将投机家吸收住。总之，一旦利率上升，短期资金迟早会停止输入。

对价格效应的分析最终能够得出什么结论呢？首先，没有什么价格效应，而只有汇率效应。国际收支的不平衡并不通过货币数量直接影响价格。这个不平衡对汇率产生影响，然后，汇率又对所有价格产生影响。其结果是，汇率的变化永远不能——不管价格的弹性多大——解决结构不平衡的困难。因为经过了一定时期之后，人们发现事情仍然是原地踏步，毫无进展。其次，必须知道，即使是在过渡时期，汇率的波动并不一定改变国际收支的状况，因为存在关键的价格弹性。

如果人们想象，在外围国家中，因为缺乏本国产品和外国产品之间的替代，进口需求弹性特别小；在这些国家中，出口商收入占有特别重要的地位，因为这些国家的国际一体化程度高；除了这些收入对需求会产生影响外，还有起决定作用的心理因素——它将货币的内部价值和它的外部价值联系在一起；同时还存在一个占统治地位的经济的价格结构对被统治的经济的传导机制，那么，人们可以得出这样的结论：在绝大多数情况下，贬值根本无法解决收支长期不平衡的问题，不仅仅不能在短期内，更不能在长期内；而相反，这样的贬值将在短期内使国际收支状况更为严重。

（三）收入效应理论

1. 俄林的新理论

在魏克赛尔和俄林的著作中，收入效应机制的形成十分简单。众所周知，国际收支逆差是以购买力向国外转移来调节的。这新的购买力可以使受益的经济进口更多的商品。此外，购买力的转移迫使受损的经济压缩其需求，特别是它的进口需求。所以，俄林的出发点是完全正确的，而价格效应的分析是从数量论的立场出发，也就是说，这种分析所设计的模型是建立在完全错误的基础之上的。

在金本位制度下的黄金转移是购买力转移的基础，仅此而已。当然，如果放弃货币的可兑换性和浮动的汇率，作为购买力转移的不平衡也会对汇率产生影响（条件是不平衡不被任何一种国际货币所消除，如黄金或外汇，也就是说在国际货币的储备枯竭之后）。不平衡对汇率的这些副作用可以通过提高物价来制止购买力的转移，从而阻碍恢复平衡机制的运行。但是，这种机制基本上同过去的旧机制的性质相同。

俄林的理论与旧的理论相比有巨大的优势，那就是不管交换条件发生什么变化，它都可以解释收支重新得到恢复的原因。经典理论认为，正是这些条件朝固定方向的变化才使平衡得以恢复。可是经验多次证明，尽管交换条件发生反常变化，平衡仍然恢复了。从收入的角度来看，这就很好解释逆差是收入向国外转移，它增加了进口（而不是出口），不管交换条件是好（产生正常效应），还是坏（产生反常效应）。

购买力转移的理论的另一个优点是它突出了恢复平衡仅仅具有一种倾向性。收支盈余后增加的购买力是否会全部投入进口需求，这是毫无把握的事情。费德里奇①从凯恩斯观点出发，认为一份在国外得到的收入不仅向收入者转移了购买力，而且自动地通过倍数机制在支付国创造了一份收入和一项额外的生产。当英国向阿根廷购买时，它提供了英镑。经过一段较长时间的周转以后，这些英镑只能用来购买英国的商品。这种说法假设问题已经得到了解决。但是不能肯定，掌握英镑的人是否一定愿意——考虑到价格——在英国购买东西。

这种趋于平衡的倾向在任何情况下都是有效的，不管货币是稳定的（如金本位制，外汇金本位制，外汇本位制）或是不稳定的（纸币本位制），虽然有时汇率效应也会起作用。此外，趋于平衡的是实际收支，不是整个实际收支和银行资本的流动。流入旨在投资的资本增加了国家的收入。然而，通过外国银行流入现金以对付不断增加的货币需要不会增加任何收入。在这种情况下，人们懂得了

---

① 费德里奇：《关于外贸倍数原则的有效性》，《国际经济》，1950 年 8 月号。

为什么"欠发达"国家并不是用实际出口来支付货币流通量的增加的。[1]

2. 凯恩斯后的经济学家的新理论[2]

凯恩斯思想是通过强调收入的最初增加后产生的倍数效应使这一理论臻于完善的。反映这一思想的有凯恩斯之后的经济学家梅斯勒和马克鲁伯。

如果用最简单的语言来表达,这一理论的机制就是国际收支顺差如同独立的投资一样,它通过倍数机制的作用,决定着国民收入更大的增加。由于它有进口倾向,所以能够对国际收入进行调整。相反,国际收支逆差决定着总收入的减少,从而会压缩进口,这就有助于使收支恢复平衡。

哈勃勒提供了说明该机制运行的最简单的例子。能够"产生混乱"的因素(独立投资 I 和国际收支差额 $X - M$)是被乘数。乘数就是储蓄的反倾向(消费倾向)。我们可得出以下公式:

$$Y = (I + X - M) \frac{1}{1 - c} \tag{5.1}$$

以后我们又努力改进这一公式,明确独立因素和外部交换固有的感应因素。但这以后的改进没有改变主要的论证内容。

科林·克拉克的第一个公式是:

$$Y = (I + X) \frac{1}{1 - c + m} \tag{5.2}$$

他通过取消 $-M$,提高了被乘数,而缩小了进口倾向这个乘数。这一公式可以部分地将感应效应和独立效应区分开。哈罗德的公式引进了实际的观点,他的方法是根据进口的实际目的对各种进口进

---

[1] 参阅本书第三章。
[2] 梅斯勒:《重新认识转移问题》,《政治经济杂志》,1942;马克鲁伯:《国际贸易和国内收入倍数》,纽约,1943。

行分类：旨在国内投资的进口或旨在生产出口产品的进口。科林·克拉克的其他公式能够在感应效应和独立效应（第二个公式见 1938 年的《经济杂志》）之间做出显著的区别，并在模型中引入时间因素（克拉克的动力倍数）。

马克鲁伯提出的模式（连续贯入模式）能够同时考虑 A 国收支变化对 B 国产生的效应以及 B 国收支变化对 A 国产生的互为效应。梅斯勒的水平倍数模式也一样。现在让我们来看一看梅斯勒提到的一个十分有趣的例子："支付者"和"受款者"的国民收入大幅降低，以至于债务国无法清偿债务。因而，国际收支能否平衡就取决于这两个国家消费和投资倾向的价值。这个例子的意义在于它本身包含这样一个问题，即它证明了国际收支的平衡反映的无非是现有各国经济的结构调整，而这个例子则突出了它们的要求。

这些凯恩斯之后的理论曾遭到众多的批评。人们指责这些理论把收入的增加和减少视为同一性质。金德尔伯格指出，在一个"欠发达"国家，杜森贝里的"论证"效应表现为下列事实：繁荣之后出现的、连续不断的补充进口变得持久不息，即使到了萧条时期[1]出口急剧下降时也不能再予压缩。人们还指责这些理论假设稳定的边际倾向，假设价格、汇率和利率都是万世不变的。

坦率地说，这些指责还是次要的。人们对所有这些外贸倍数公式应该提出的主要批评，同对一般倍数分析做出的批评是一致的。[2]如果说是需求创造供给的话，那么无论是现在还是过去，都是通过生产实现的，而生产的发展要求储蓄投资。所以，人们应该考虑的不是储蓄倾向，而是储存倾向（凯恩斯的"被迫"储存，而不是对实际价值的前资本主义的储存）。那么，应该如何看待哈勒勒的外贸

---

① 金德尔伯格：《战后国际货币稳定化》，《经济问题》，纽约，1943。
② 参阅本书第二章。

倍数公式呢?

在发达国家,因为凯恩斯的储存倾向没有完全消失,所以哈勃勒的这个公式的外贸倍数还有一定意义。在那些国家,收支盈余的表现的确和投资一样。国外的"礼品",即使是临时性的,也能使经济活动得到某些生气。这个凯恩斯储存倾向只是发达国家生产能力和消费能力之间的矛盾的写照。①

但在"欠发达"国家,不存在这种倾向,公式中第二部分的价值就无法确定。倍数失去它的独特意义。如果在"欠发达"国家中,一项真正生产性的投资提高了总收支,就可以在今后实行补充性进口。然而,仅仅是简单的盈余并不是生产性的,正如在"欠发达"国家,生产不是受消费能力的限制,而是受生产能力的限制。因此,"礼品"不解决任何问题,它根本不可能使社会富起来。相反,国外的"礼品"纯粹是一种损失,它减少了国民收入。

此外,了解什么是不同"倾向"的问题——回答关于进口倾向的稳定性或进口倾向的变化问题——不是一个"先验的事实"问题,而是一个根本性的理论问题。决定国际收支平衡的结构调整意味着什么呢?这一调整恰恰意味着倾向的变化,特别是进口倾向的变化。我们根本不可能想象出还有什么与这些倾向不同的模式。这种经验主义的态度不能使我们有任何进展。因为倾向不是随意变化的,必须了解这些倾向是如何以及为什么会发生变化。基于这个根本原因,建立在外贸不平衡收入效应基础上的模式不可能澄清外围国家国际收支问题。

考虑到"欠发达"国家价格的可变性——这种可变性是和外贸倍数分析不相容的——人们不再把收入效应作为这些国家恢复平衡

---

① P. 斯威齐:《资本主义发展理论》,纽约,1942; P. 巴兰和 P. 斯威齐:《垄断资本》,巴黎,1969。

的手段。实际上，凯恩斯之后的经济学家已经超过了俄林，"现代"理论已成为倍数理论，而不再是"国际和地区贸易"理论。这些已经太过分了。我们不同意倍数分析，基本的理由可见前述。我们认为，俄林的分析还是对的。

现代作家在反对倍数分析的同时，一般都回到了传统的价格效应。他们不赞成收入效应，因为"欠发达"国家的"储蓄倾向很弱"，由于这些国家的价格可变性，倍数效应也很弱。人们在这些国家中看到了独立于汇率之外的价格变动，所以人们又回到了急剧的价格效应。① 在萧条时期，情况正好相反。难道不应得出前面所做出的分析是不正确的结论吗？在分析中，人们否认国际收支对价格的直接影响，认为国际收支只有通过汇率才会立即对价格产生影响。难道不应该认为"欠发达"国家已证明有产生直接价格效应的可能性吗？根据经典理论，国际收支逆差会导致支付手段的流失，而这一流失将造成价格的下降（积累过程）。假设本国货币是独立的，那么国内外汇和黄金储备枯竭根本不是价格下降的原因，而是下降的后果，它和出口量减少一样，只是使国际收支出现逆差。这一枯竭不会导致国内价格的下降，而是导致货币贬值，从而使价格上涨。普遍而大幅度的涨价彻底消除了贬值带来的效果。这些临时性的效果毫无积极意义。在萧条的情况下，贬值实际上不可能增加出口量。所以，国际收支的逆差只是一时恶化，因为外国货币的统一价格下跌了。

关于国际收支调整的理论，我们得出的结论是完全否定的。首先，不管它表面上如何，价格效应实际上在发达国家和"欠发达"国家都不起作用。其次，"汇率"效应并不导致平衡的恢复。往往，汇率的变化只是在一个时期内起作用，特别是在"欠发达"国家发生作用。直到国内价格普遍上涨，上涨的幅度与汇率下降的幅度相

① 瓦利克：《出口经济的货币问题》，剑桥，1950，第 210～211 页以及第 198 页。

同为止，而且往往朝反常的方向发生变化（因为存在价格弹性）。最后，"收入"效应只是带倾向性的，它涉及结构调整，而这正是问题的关键。

所以，不存在自动调整国际收支的机制。可以肯定的是，一般情况下，进口就是以具体的货币形式向国外转移购买力。这种转移自然会发展为今后的出口。这个倾向是很普遍的。它和市场经济中一切购进在条件允许的情况下可能会形成的出售倾向是一致的。但是，如同存在这个深刻的倾向不能解释市场规律一样，它也不能解释国际自动平衡的理论构思。

然而，国际收支大体上平衡维持了一个世纪。人们应该得出这样的结论：在那个期间，"欠发达"国家的结构完全能适应占统治地位国家的需要。整个问题在于这个"结构性和谐"并不能避免内部矛盾。相反，这些矛盾更尖锐化了。因为平衡对于体系中被统治的外围来说，符合于"被阻塞的过渡"。这时，就显出了平衡的真实性质，平衡所赖以存在的国际专业化也变得难以接受。国际收支的不平衡暴露无遗，迫使它的牺牲者做出反应。如果这个反应不发展到否定国际专业化体系基础的地步，它也会在其他次要方面表现出来。例如，导致对货币体制的改革。"欠发达"国家往往正是这样打破僵硬的货币依附关系。它们努力使国际收支的暂时性波动不至于改变"欠发达"国家经济的内部条件，从而为结构调整创造方便条件，以使收支达到大体上的平衡。今天，一旦国际收支的暂时性波动改变了"欠发达"国家经济的内部条件，结构调整就变得更加困难了。

资本输出的新政策反映了发达国家对这一问题有所认识。世界银行、金融集团知道，如19世纪那样的"自然"的结构调整已经不存在了。这些机构正确地得出结论：人们只在那些使用投入资本后立即可以提取超额外汇以支付利润回流的地方才会去投资。长期不平衡是通过减轻国际一体化程度，压缩外国资本的办法来解决的。

但是，"欠发达"国家的经济结构根深蒂固，不易改变。那是一种外围资本主义经济，也就是说，它的资本主义积累过程不是建立在扩大国内市场的基础之上，而是建立在外部需求的基础之上的。外国需求和外国资本的输入始终是"欠发达"国家资本主义发展的主要根源。而这一发展本身又受国外收支不平衡的阻碍。这就是受阻塞的过渡时期的现象。

（四）"自然平衡汇率"的条件和意义

1. 可兑换货币的平衡平价汇率

刚才我们已经谈到，说明两种有联系的经济体制的实际材料告诉我们，国际收支在自由交换的条件下不可能达到平衡。自动机制不起作用。因此，在这种情况下，不存在什么"平衡"汇率。无论有什么样的汇率，严重的结构不平衡使得国际收支始终对一方是逆差，对另一方则是顺差。

实际上，所谓平衡汇率指的是这样一种汇率，它可以使收支达到平衡，又不需要对进口和资本的长期"自然"运动进行限制。说收入调整机制只是具有倾向性的，就等于认为这样的汇率并不总是存在的。更明确地说，汇兑机制是短期的，而结构调整是长期的，所以，并不总有平衡汇率，更不会有什么"自然"和"自发"的汇率。

但人们都有一个印象，似乎在整个 19 世纪都存在平衡汇率。当然，在 18 世纪，从某种角度来看，"平价"汇率就是两种可兑换成黄金的货币之间的"正常"汇率。由发行银行以固定价格和不限量地买卖黄金，包含着输金点有限范围内的汇率波动。

这是否说明平价汇率就是市场汇率实际所趋向的一种汇率呢？阿弗塔利翁明确指出，汇兑机制和货币能否兑换在性质上没有区别。不管是哪种情况，汇率的变化都是由同样的力量决定的：收支状况，对货币在本国经济中未来价格的估计，资本的投机运动。唯一的区别——在这里倒是一个巨大的区别——是兑换体制中包含着有限的汇率波动。

假设出现国际收支结构性的逆差，其中一部分收支始终是逆差，而与之相对的另一部分则始终是顺差。在输出的输金点这一级上，汇率维持稳定。这个汇率有可能使逆差国的黄金不断向顺差国"流失"。情况当然不会持久。中央银行会通过提高贴现率限制黄金外流。但如果结构性不平衡太严重了，这样的政策很快就会失效。

然而，在这种情况下，平价汇率可能构成平衡汇率。长期的收支不平衡意味着进口倾向过于强烈，也就是说，总需求过分投向进口需求，而对国内产品的需求不够。价格终于失去了平衡，从而又使价格出现疲软。难道又回到价格效应上去了吗？完全不是。这里，不是货币的数量对价格的总水平在起作用，而是收入在对相对价格起作用。国内价格的下跌，因此造成出口价格的下跌，意味着交换条件的恶化，本国出口商收入的减少，也就是国家收入的减少，这就会使进口锐减。只要不恢复平衡，这样的机制将持续下去。兑换性给予体制以足够的稳固性，使得收入机制能够充分发挥它的作用，也就是说，最终恢复收支平衡。

如果兑换停止会出现什么样的形势呢？到了那时，人们也可以想象汇兑理论会出现什么样的状况。

2. 假设货币不可兑换，"正常"汇率就会消失

汇兑理论的目的就是要解释存在于两种货币价值之间的关系。当然，人们对货币价值的一般想法最终决定了人们对深刻的汇兑性质的想法。因此，把货币价值确定为它的购买力的边际效用论，在汇兑方面完成了关于购买力均等的理论。同样，边际效用论在国内方面发展了数量论，并且完成了国际数量论，确定了黄金的国际分配，以保证在购买力方面达到汇兑平衡。[①]

---

① 阿弗塔利翁：《黄金和它在世界上的分配》，巴黎，1932。

在我们的分析中①，已经摈弃了数量论。当涉及确定货币的内部价值时，我们应该把货币可兑换和不可兑换两种情况加以区别。在可兑换的情况下，黄金生产的实际成本限制了货币价值的变化。从这个意义上来讲，平价汇率就是正常汇率。如果放弃可兑换性，中央银行不再不限量地、以固定价格收购和出售黄金，这时，黄金价格本身就会随着总的价格上升而运动。因此，人们就看不到机制之间的紧密结合，它们似乎完全可能发生逆转。同样，再也没有价格和汇率的正常水平了。

阿弗塔利翁研究了在这种情况下 1914～1925 年欧洲汇率的变化，是他建立了这一机制的运行过程。阿弗塔利翁在仔细研究了法国和其他国家的经验之后指出，外汇购买力一方面的确构成它的需求的一个因素，而另一方面，汇率波动本身在一个不可兑换的国家里，可以牵动价格（通过成本和收入的双重渠道），从而使得购买力均等理论失去它的整个内容。在他的著作中，详细研究了投机的心理机制。既然可兑换性这个"保险杆"已经拆除，投机就可以牵动汇率，而汇率又能决定国内价格和黄金价格。另外，连正常汇率这个词也失去了全部真实意义。长期以来，官方的汇率和由于通货膨胀而降低了购买能力之间存在的差距太大，给出口造成困难，并增大了收支的逆差。处于这种情况下的国家经济只能用贬值的办法来解决问题，以使货币的外部价值适应货币的内部购买力，而贬值又会引起新的通货膨胀浪潮，从而使贬值失去所有的效果。在这里，投机问题就更不必再提了。这种投机在现实中比比皆是。人们在贬值问题上进行投机，因为经验证明，只要出现与当今形势相同的情况，它本身就孕育着下一次贬值。实际形势是造成贬值的原因，而不是投机，投机只是加速了事态的发展。

––––––––––––––––

① 参阅本书第三章。

　　产生这样形势的所有条件都存在于国际收支结构性不平衡之中。反映这一深刻的结构性不平衡的国际收支长期逆差，迫使各国贬值。不可兑换货币的贬值引起了通货膨胀的浪潮，而这又导致产生早先的形势。这就再次表明，只有通过对外贸和资本运动的控制，通过对实际运动的直接行动，才能避免长期不平衡的出现。当货币变得不可兑换时，体系不再有足够的稳固性以等待收入效应充分发挥它的作用，并恢复平衡。带有倾向性的不平衡导致长期的不稳定。

　　3. 平衡汇率和充分就业

　　现代经济学家，特别是纳克斯①，在确立平衡汇率定义的时候，硬性规定了一个附带条件：必须保证充分就业。

　　J. 鲁滨逊在就业水平和汇率之间建立了一种联系。其实，这个联系是非常肤浅的。它依据对凯恩斯分析的简单化的图解。J. 鲁滨逊把国民收入水平同利率用一种机械的方式联系起来，以至于按照她的说法，存在一个能保证充分就业的利率。可是，凯恩斯恰恰要竭力说明，失业可能成为一个无法解决的问题。J. 鲁滨逊后来又人为地把国际资本运动同利率联系起来。可是，这运动取决于发达国家资产收入的绝对和相对的数量，也取决于在宗主国和海外投资盈利的前景。这一前景在很大程度上和利率的浮动没有关系。J. 鲁滨逊根据这些以简单化的方式得到的、主观想象的关系，指出利率如何每达到一定水平（也就是就业每达到一定水平），必然有相应的汇率以使收支达到平衡。这种认为在许多变量中其中一个总是可以抽象地被固定下来，而其他变量会适应于这个抽象价值的看法，在那些主张"总平衡"的分析家使用的方法中是典型的。它遭到了人们对经济学中经验主义方法论的各种批评。这种方法是完全形式主义的。它否认存在不可逆转的、深刻的因果关系。因此，平衡汇率显

―――――――――――

　　①　纳克斯：《国际货币平衡》，《论国际金融》，1945。

然不能同就业量问题联系起来，否则就完全是人为的，脱离现实的。

4. 平衡汇率——中心对外围的统治汇率

事实上，这样的汇率完全可能，甚至可以肯定成为发达国家与"欠发达"国家关系中的"统治"汇率。与每一级汇率相应的是在不同部门中对投资相对利润率的某种分配。但是，并不是汇率来决定"欠发达"国家对外国资本的吸收量。恰恰相反，资本的涌入取决于发达国家掌握自由资本的程度以及现实的一般条件使这些投资在国外盈利多少的程度。发达国家在收支的天平上衡量以后，才决定汇率的"平衡"水平是多少，也就是说，决定一个水平，使它们能够支付输入资本的利息，支付根据"欠发达"国家一体化程度而决定一定数量的进口商品，也就是说由能够出口多少商品（与一体化程度有关）来决定对外国商品的需求。换而言之，汇兑机制可以调整"欠发达"国家的结构，使之适应统治国家的结构。从这个意义上讲，"最佳"的平衡，也就是说，能够改变这一结构的平衡，必须压缩进口。当然，如果金本位制这个保险杆被拆除了，暂时改变贸易条件或资本运动条件会导致汇率的改变。而汇率通过使"欠发达"国家不同部门相对利润率的不同分配会对外国投资方向产生影响，从而会对统治条件也产生影响。但是，"欠发达"国家的结构总是在做适应于发达国家结构的调整。

三　满足中心积累需要的世界资本主义体系的外围的结构调整

（一）国际结构调整理论

"欠发达"国家的经济不是前资本主义经济，也不是两种自主体系并存的一个是"资本主义"另一个不是资本主义的"二元经济"。① 它们是外围资本主义经济，也就是说，它们的特点是受资本主义生产方式统治。但是那里的生产方式建立在国外市场的基础上，而且不会变成一种独特的生产方式，如同在那些一开始就以国内市场为基础以及在那些前资本主义生产方式早已解体的国家里那样。

因此，在这些国家里，每当人们遇到大的经济问题时，最终总是涉及国际收支问题，这并不奇怪。在这些国家的发展过程中发生的任何重大的经济变革都对收支的各个因素产生影响。发达国家是否也是这种状况呢？在这些国家中，我们也看不出有什么重大的变化不影响本国经济和外国的关系。但是，两个问题有质的区别。人们完全可以设计资本主义经济的发展模式而不在这个发展模型中谈国际关系。这个理论模式是完全正确的，因为资本主义经济形成一个能够自给自足、统一的整体。设计这样一个模式对一个"欠发达"国家来说是不可思议的，因为"欠发达"国家就其本质来说就不可能孤立于国际市场之外。它的国际一体化的形式决定了它的发展的速度和方向。"欠发达"国家的经济本身不形成统一的整体。离开造就它的世界资本主义市场就无法理解它。

所以，问题不在于了解是否存在能特殊和一般地调整统治的发达中心和被统治的"欠发达"外围关系的、保证国际收支"自发"平衡的机制。显然，这样的机制是不存在的，至少以保证"自动"平衡的形式出现的机制是不存在的。只有流行经济学科具有的意识形态性质以及这个学科（以"上帝之手"这种人们不敢再提及的最坦率的方式）不惜一切代价要发现"普遍和谐"机制的愿望才会认为存在这种机制，并千方百计地集中各种理论：根本上错误的数量

---

① 参阅本书第一章以及 A. 弗兰克《拉丁美洲的资本主义与"欠发达"》，巴黎，1968。

论，对弹性的错误分析，求助于经验主义，拒绝分析"倾向"的意义等。

问题是要了解为什么尽管没有这些机制，资本主义的体制仍在运行。体制不仅在运行，而且在发达资本主义国家之间的关系中，在发达国家与外围国家的关系中，保证了相对的平衡。如果说在发达国家之间的关系中，体制在运行，那当然也反映在一系列危机中，这些危机构成了资本主义的发展史：19 世纪和 20 世纪前 30 年的经典的周期性危机，那是国家的货币危机和外交政策危机，然后就是发生在第二次世界大战之后的最近一次"美元饥饿症"危机，紧接着就是当前国际货币体制危机。长期的结构调整是这部历史的背景。这个调整的特点始终是充满了不平等，不对称，统治，而这些过去是英国造成的，今天是美国造成的。

涉及我们更关心的中心和外围的关系，从根本上来看，调整是不平等的，调整是通过使"欠发达"国家国际收支形成长期逆差倾向而实现的。此外，这个倾向还有一个特点，那就是"欠发达"国家国际支付长期出现愈来愈多的困难。

这一深刻的倾向恰恰反映了一种力量，这种力量使得资本主义国家出口只是对"欠发达"国家更为"必要"（一种固有的出口倾向），这种力量还为出口流通创造方便条件。资本主义经济的活力和反映在工业生产中的这种活力的日益增强的绝对优势，使这些国家的出口始终领先于"欠发达"国家的出口。这种持久的倾向在资本主义经济"高度发展"的情况下得到了加强，而在周期和复苏中更是如此。相反，外围资本主义的发展，从扩大对外交换和外资投资开始，始终受外部的推动。因此，这种发展没有自身强大的活力，因而无法开辟新的市场。它只是适应于中心资本主义向它开辟的市场。

诚然，**通过调整**"欠发达"国家的结构，使之适应于发达国家的需要，长期的不平衡不断有所克服。实行结构调整依赖于价格结构的调整，这种调整使得对中心有利的出口生产在任何情况下都是最赚钱的。在生计经济中，货币流通的普及使得当地生产根据资本主义的经济效益重新调整了方向。生产方向的调整使出口活动进一步得到发展。当外国资本出现的时候，它也根据短期效益确定方向，将生产引向与国外市场有联系的部门。

　　但是，这样的国际专业化只有通过长期斗争，克服日益增大的障碍才能开辟自己的道路。因为外围资本主义并不彻底摧毁前资本主义生产关系。相反，它加强前资本主义的结构，因而才有农业资本主义的加强，这正是"欠发达"的特点。在几乎所有的"欠发达"国家中，农业资本主义是资本主义发展的主要形式。在此基础上形成了地主阶级（庄园主或富农），它发挥着重要的历史作用。[①]这种类型的发展加强了地租的统治地位。[②]它表现为一种强烈的，从最先进的国家进口奢侈品的倾向。尤其是因为行情有利，所以这种进口量很大。地租的加强也表现为储存量的增大。为了满足这种增大的储存量，就要求到国外去购买黄金，增加黄金的进口量。这一发展的特殊性一方面使地租占据了统治地位，另一方面又把外国及本国资本引向本来就无法出口的第三产业。这种非生产性活动的特殊效益把外国资本吸引到无法提供必要的出口利润以支付投资利润的部门中去。

　　国际专业化机制自身就包含着内在矛盾。因为这种机制意味着"欠发达"国家必须缩小它的生产品种（供给品种）。而同时，随着殖民开发带来的收入的增加，需求却在扩大，也就是说需求正在一个多品种的范围内展开。供需平衡只有在进口增长十分迅速并超过

---

① 　S. 阿明：《非洲资本主义的发展》。

② 　参阅本书第二章。

生产的条件下才有可能。这就是进口倾向增强的意义。这样的机制只有当出口增长也十分迅速的情况下，即到了国际专业化体制建立起来的时候才能运行。可是，对整个外围来说，在一个长时期内，中心对外围产品的需求只能按照中心增长的速度来增长。因此，外围的历史必然永远是一部先是"奇迹"——在体制刚建立时出现短时期的高速增长——随后便是充满阻塞、停滞甚至衰退，"没有前途的奇迹""失败的起步"的历史。

专业化本身应该不断寻找新的形式。在专业化漫长的历史中——拉丁美洲有三个世纪，北非和亚洲有一个世纪以上，非洲有80年——外围先后在服务于中心资本主义积累的专业化中完成了各种使命。在商业资本主义时代，外围为巨大的海上贸易提供了超额利润：非洲提供了劳动力（奴隶买卖），美洲提供了食糖等产品，欧洲的"封建的"消费者是实现这超额利润的手段。在工业资本主义时代，首先，国际专业化具备了商业交换的主要形式——交易经济。这种经济以农产品同消费品的交换为特点（其发展正是外围农业资本主义的根源）。其次，从19世纪末叶起，通过外国资本的投资，出现了矿业经济。以后，依靠这一资本建立起整个轻工业。国际经济一体化迫使"欠发达"国家专业从事轻工业生产，因而要求进口重工业产品。通过这种渠道，进口倾向增强了。到了当代，新的国际专业化初具规模：发达的中心专门从事自动化生产，它要求素质很高的劳动力；外围专门从事工业革命时代的传统生产——包括重工业生产，这些只要求一般性劳动。

除了专业化这个根本性的、长期而日益加剧的矛盾以外，还有外国投资动力所产生的矛盾。"欠发达"国家与资本市场的一体化通过资金的流失直接给国际收支造成负担。支付先前投资的外国资本的利润逐渐大于资本的输入。对综合的利润做简单的计算说明，不管外国新的投资增长得多么快，利润的回流总是很快就将其超过了。

因此，外围从新借债人变为老借债人。在外围从事投资的外国资本所具有的垄断性更加重了这种榨取。同时，外国资本利润的输出抵消了加速作用的倍数效应。加速职能的地点转移到了国外，这种转移本身表现为进口倾向的增强。①

伴随国际专业化严格组织而来的货币和银行一体化，为当地储蓄的流失以及转移至中心创造了方便条件。这种机制的运行如同在中心有一个强大的资本中央控制器一样。"欠发达"国家不是因为它们缺少资本而接受资本——如同流行理论给人提供的错误印象那样——而是由中心决定向它们提供资本。

当代国际专业化日益增长的困难使外围普遍发生了公共财政危机。因为国家要负担专业化的社会费用——特别是基础设施的费用，它涉及大量的重复行政开支。而不断增长的公共开支增强了进口倾向，因为这一开支或直接或间接地与进口的内容有十分密切的关系。②

19世纪的长期逆差不断通过结构调整得到克服，而这种调整在很大程度上依靠了贵金属本位制的稳固性。对于货币独立的国家（特别是拉丁美洲）来说，反复贬值的周期不影响结构调整。而今天，人们避免贬值。官方严格地固定汇率已成为一种法规。这样做的结果是，外汇的输入不足以满足需要。因此，外国资本家总是受到威胁，眼看他们的利润无法汇出。外国投资的"风险"系数太大。新的外国资本的输入减少了，或十分混乱。外国资本输入速度的减慢使形势更为严重，因为它限制了两个外汇主要来源中的一个。当局迟早必须采取唯一的解决办法：压缩进口。

中心的机构负责将投资引向短期内就能够获利的部门中去，也

---

①　参阅本书第二章。

②　S. 阿明：《关于法郎区非洲国家货币体制的调整》，《非洲月刊》，1969年5月号。

就是说，从生产活动中提取外汇。在这方面，原料的例子是十分突出的。外国投资不惧怕当局的任何措施，因为产品本身就是全部用来出口的。即使当地政府决定冻结外国投资的利润，外国资本家也很容易能够将他们企业的利润汇回国内去。为此，只要把原料稍稍便宜地卖给一家子公司就行了。不管当地政府对汇率和利润汇出制定什么法律，企业始终能够获利。但是对投资资本来说，其他领域内情况就不同了，特别是在产品内销部门。当局为了克服外贸逆差，采取一些措施威胁这些生产活动。

外围国家政府通过采取控制措施而不是改变国际专业化这个根本方向所得到的平衡，实际上阻碍了国家与世界市场一体化的进程，只是一种低层次的调整。

这样，外围满足中心积累需要的结构调整首先意味着外围的资本逐渐向中心转移。不平等交换①，也就是说百年来交换条件的恶化，或者说直接的和间接的整个劳动量的交换日益不平等，变得愈来愈严重了。在埃马纽埃尔之后，我们曾提出，不平等的劳动报酬（生产率的比例是 $1:5$，但劳动力价值的比例是 $1:20$）通过国际利润分配规律的作用，是如何使价值转移达到 220 亿美元的。如果说外围的贸易占其产值的20%，这就等于15%的产值被转移了。

在这种条件下，把"平衡"汇率——它有助于财富的中央控制机制的运行——说成有什么"自然"价值，那是荒谬的。只有普遍和谐的思想才看不到这种调整的性质。那种主张采取"现实汇率"以保证国际收支平衡，至少保证不同项目的社会盈利率（参考汇率）的"发展政策"，实际上是造成"欠发达"的发展政策。

流行经济理论从未系统研究过这种结构调整机制。但是，危机——它表现为当代愈来愈多的"欠发达"国家的国际收支危机——已成为

---

① 参阅本书第一章及 A. 埃马纽埃尔《不平等交换》，巴黎，1969。

必然。流行经济理论竭力解释这一危机，不是把它看作世界市场根本机制运行的必然结果，而是看作当代的一种特殊现象。

劳尔·普雷维什和金德尔伯格也赞成后一种分析。普雷维什认为，这是20世纪的一种新现象，产生的原因是新中心（美国）的进口倾向持续减弱。金德尔伯格则把现象归咎于工业国家"成熟"的结果。两人的看法始终是描述性的，没有把现象分析为过渡受阻塞的表现。

（二）普雷维什的论点①

普雷维什用来解释"欠发达"国家长期逆差（黄金流失倾向）的论点同他这样的看法有关：在20世纪的中心——美国——出现了进口倾向减弱的运动。

人们认为，19世纪发达国家（主要是英国）的收支波动比"欠发达"国家更为激烈。在萧条时期，国民收入的下降——英国相对说比外围国家更严重——在当时占统治地位的中心中引起的进口缩减比海外国家更明显。当时的英国吸引了那些国家的黄金，因为在萧条时期，国际收支（假设在整个周期中是平衡的）不利于"欠发达"国家。然而，在繁荣时期，现象的对称性使得黄金又流向"欠发达"国家：英国国民收支相对膨胀导致英国进口水平相对来说比"欠发达"国家的进口水平还要高。

普雷维什认为，到了20世纪，现象失去了它的对称性，因为美国的进口倾向不断减弱，而英国的进口倾向始终保持稳定。为了使现象保持对称，中心波动与外围波动之比应与中心进口倾向下降成比例。但情况不是这样。其结果是，萧条时期黄金从"欠发达"国家流向发达国家的数量超过了繁荣时期发达国家流向"欠发达"国

---

① 联合国组织：《拉丁美洲经济发展及其问题》，第四章。

家的数量。

让我们来注意一下，普雷维什提出的命题是：在19世纪的漫长时期中，"欠发达"国家的国际收支一直是平衡的，到了今天，它们却长期出现逆差。这个命题不是建立在中心和外围的波动规模的基础之上，而仅仅是建立在中心进口倾向运动的基础之上的。

让我们来解释一下。假设世界分成两个国家：一个叫发达的中心，另一个叫"欠发达"的外围。比较剧烈的波动发生在中心。在萧条时期，中心进口减少50%，外围进口（它正是中心出口）减少10%。于是，外围出现逆差，中心收支则有所好转。繁荣时期正好相反。对整个周期来说，国际收支始终是平衡的。还可以假设相反的情况，也就是说，外围的波动更激烈，或者同中心一样激烈，其结果应该是相同的。波动幅度的大小说明谁在繁荣中得益，谁在萧条中受害，是中心还是外围。但它不可能解释国际收支中为什么会有非对称性，即在两个对手中只有一个是长期逆差的。

至于进口倾向，它说明的是波动的相对广度。假设中心的进口倾向弱，而外围的进口倾向强，中心收入的某种波动（不论它朝哪个方向波动），将会根据两种收支的相对规模，在外围产生比较大的波动。在这里，中心的微弱波动在外围产生更强烈的波动。相反，外围的强烈波动对中心只产生微弱的效果。中心的波动比外围的波动弱，正常情况下，应该是这样，因为世界分割为两个国家，两国的进口倾向正好与他们的收入相反（两国的进口额是一样的），而中心的收入应该更多。

现在来介绍一下中心的进口倾向运动。假设萧条时期中心的进口减少50%，外围的进口减少10%。中心的收支出现顺差，而外围则出现逆差。然后来到了繁荣时期。在这之前，中心的进口倾向已经减弱，它不再增加50%，而只增加20%。而外围的进口则增加10%。尽管外围的收支是顺差，但这个顺差还低于它在萧条时期的逆差。这就形成了长期逆差。如果外围的波动更为激烈，情况也就会相同。在萧条时期，中心的进口减少10%，则外围的进口就要减少50%。这样，在外围的收支中出现了顺差。在随之而来的繁荣时期，中心的进口增加20%，而外围的进口增加50%。这样，外围的逆差就超过了顺差。

不管人们是否接受普雷维什的假设（19世纪中心的波动更大），但他的论证是正确的：如果中心进口倾向长期减弱，为了使现象保持对称性，那么同时就要使中心波动比外围波动的商数以进口倾向减弱的比例得到增长。

我们认为，在19世纪，中心和外围波动的幅度是明显相同的（我们的计算甚至表明，中心的波动也许还稍稍大一些）。到了20世纪——至少到第二次世界大战之前，中心和外围的波动似乎都增大了，特别是在外围。因而，波动商可能下降了，这就加重了进口倾向减弱的影响。

这一点才是最主要的。人们可以批评普雷维什的是他为了证明发达国家减弱了从"欠发达"国家进口的倾向，选择了反映美国进口总倾向的数字（从1919年的5.9%减少到1948年的3.0%）。实际上，产生这一现象的原因不是一个国家进口倾向的变化，而是总的发达国家从"欠发达"国家进口倾向的变化。然而，发达国家总的进口倾向不断在增强，因为发达国家之间的贸易在不断增长。"欠发达"国家的进口倾向（由于这些国家之间不进行贸易，所以这个倾向就是指它的从发达国家进口的倾向）也增强了。总而言之，"欠发达"国家从发达国家的进口倾向大于发达国家从"欠发达"国家的进口倾向，这简单地表现为中心收入与外围收入比率的上升。

所以，造成困难的原因并不是因为中心进口倾向的减弱，而是中心进口倾向的增长速度不及外围。请注意，美国的这种倾向似乎的确减弱了，因为这个国家总的进口倾向减弱了（尽管这个国家从

"欠发达"国家进口的倾向有可能增强了)。但是,对整个发达世界来说,情况并非如此。

的确,外围的相对波动幅度至少在第二次世界大战之前还一直是增长的,但增长幅度很小。另外,"欠发达"国家从发达国家进口的倾向,最初是不存在的,后来却达到了30%(略少于这些国家总的进口倾向)。发达国家从"欠发达"国家进口的倾向最初也不存在,后来达到了7.5%(根据我们的统计,占这些国家总的进口倾向的3/10)。中心从外围的进口倾向与外围从中心的进口倾向之比从最初接近1发展到今天为 $\dfrac{7.5}{30} = 25\%$(反比是接近4)。

所以,从总的来看,发达国家的进口倾向的增长低于"欠发达"国家。

那么普雷维什的论点有什么意义呢?很简单,那就是中心的发展建立在内部市场(发达国家整个市场)基础之上,而外围的发展是建立在外部市场(发达国家市场)基础之上的。这个基本结构的不对称性就是进口倾向关系变化的原因。但是,这个运动不是20世纪才有的特殊现象。自从外围和世界市场实现了一体化之后一直存在这个运动。如何解释外围国际收支长期逆差的倾向只是到了后来才发生呢?回答这个问题就要运用普雷维什在分析中忽视的资本运动这个因素。"欠发达"国家贸易收支长期逆差倾向可以通过外国资本来抵销。仅仅在周期某些阶段(繁荣时期)进入的外国资本很可能使这些国家的收支波动更大,但是外国资本进入有助于使盈余和亏损在整个周期中得到平衡。的确,资本输入本身包含着利润的输出,但是后者最终将超过前者。到了那个时候,利润的输出量将愈来愈大,最终它将与上面已分析过的贸易收支运动一起,成为当今"欠发达"国家收支长期逆差的根源。在19世纪,外国资本的不断输入超过了利润的输出,从而抵消了贸易收支恶化造成的后果。

20 世纪利润输出超过了新资本的输入，再加上贸易收支的逐渐恶化，更加剧了国际收支的恶化。金德尔伯格在他设计的模型中正是引用了这些因素以及其他一些因素。

（三）金德尔伯格的分析①

金德尔伯格不是从"欠发达"国家和发达国家的关系问题，而是从"美元饥饿症"和第二次世界大战以后欧洲和美国的关系问题上着手进行分析的。这个问题激起了一场经济方面的讨论，参加讨论的主要对手是哈罗德和金德尔伯格。

作为英国利益捍卫者的哈罗德把"美元饥饿症"归罪于美国的政策，特别归罪于美元对黄金的过度升值以及美国的高关税。金德尔伯格当时是用一般的理论来回答这位英国作者的观点的。因此，金德尔伯格首先摆出事实，使得"欠发达"国家成为各个阶段的行情牺牲品的机制是同今天在欧洲和美国关系中仍在起作用的机制相似的。人们知道，1949 年因为美国发生了一次小小的萧条使得欧洲向美洲的出口减少了大约 50%。金德尔伯格认为，要使美国和欧洲因它们的国民收入的变化而对国际经济关系的影响相对称，必须具备五个条件：①必须使一个地区对另一个地区的依附程度（这个依附程度是由每个国家中出口和国民收入之间的比率来衡量的）相同，②必须使两国的通货膨胀和通货紧缩所造成的压力同向发展，③必须使价格弹性在两国的出口中也起同样的作用，④必须使技术革新不是永远被一国所垄断，⑤必须使两国有同样的供给去满足需求。

然而，在美国和欧洲的关系中，同样，在发达国家和"欠发达"国家的关系中，恰恰不具备这五个条件。所以，在收支中就有不对称性。

---

① 金德尔伯格：《美元匮乏》，伦敦，1950；《国际经济》，1953；《收支的不对称性》，《经济杂志》，1954。哈罗德：《美元》，伦敦，1953。

关于第一条，我们的意见同上面介绍普雷维什的分析时所提的意见是一样的：外贸的依附程度决定了波动的传导方向。它无法解释长期逆差。所以，"欠发达"国家对向发达国家出口的严重依附，发达国家对向"欠发达"国家出口的轻微的反向依附，只是简单地说明中心的微弱波动在外围产生了强烈的波动，然而外围的强烈波动不可能对中心产生重大的后果。最主要的不是倾向的强弱，而是倾向的运动。

顺便提一句，这个命题虽然是正确的，但并不意味着中心的波动总是比外围的波动弱。因为波动的幅度不仅取决于出口的规模和出口在收入中的地位，波动也取决于（投资）内部需要的波动。这个因素是十分重要的，事实上，中心的波动往往比外围的波动还要激烈。[1]

金德尔伯格分析的第二点值得注意，因为它是新的，大有讨论的余地。金德尔伯格所说的"通货紧缩"趋势指的是储蓄过剩趋势。所以，当前中心的"通货紧缩"趋势包含着"成熟"形势。与此相对应，金德尔伯格提出了外围储蓄不足的"通货膨胀"趋势。这里，使人感到遗憾的是他把从社会角度自愿的投资同体系的运行必然会要求的投资相混淆了。诚然，如果从"欠发达"国家理想的发展角度来看，它们的储蓄是不够的。但是，从体制运行的角度来看，储蓄不可能"不足"。反正，储蓄也没有过剩。此外，我们不赞成使用通货膨胀和通货紧缩这两个词，因为，发达国家的所谓通货紧缩趋势实际上伴随着真正的通货膨胀趋势（也就是说，货币发行过剩趋势，因而也是价格持续上升趋势）。不过，将思路打开还是有益的。这个所谓的通货紧缩趋势意味着在发达的中心，萧条比在其他国家更为严重，而繁荣又不那么明显。[2]

---

① 参阅本书第四章。
② 现象要更为复杂。关于这一点请参阅巴兰和斯威齐著作中当代过剩动力那一部分。

因此，在萧条时期，中心的进口减少50%，而外围的进口减少10%。外围的收支是逆差。但是，一旦繁荣时期来临，中心的进口的增加平均不超过50%，而是20%，而外围的进口增加50%。外围的收支仍然是逆差。这样，逆差就是长期的了。

价格弹性加强了长期逆差趋势。发达国家的价格缺乏弹性，而"欠发达"国家的价格具有高度弹性。在萧条时期，中心的进口量减少50%，外围的这些出口价格也降低50%。中心进口值共计降低125%。相反，外围的进口从数量上看减少了10%，但是进口价格不变。中心收支的盈余更多来自价值而不是来自数量。相反，在繁荣时期，中心的进口价和进口量都增加了，前者增加50%，而后者增加20%。因此，这些进口值就增加了80%。中心收支在进口量上所盈余的，在进口价值上变成亏损了。但是，这种抵消作用只是局部的。"欠发达"国家出口的巨大弹性使得它的长期逆差更为严重了。从数量上来看，外围的收支逆差在世界这个地区的总平均贸易中占70%（在萧条时期，外围的逆差是40%：出口减少50%，进口减少10%；在繁荣时期，逆差为30%：出口增加20%，进口增加50%，所以总逆差是70%）。从价值上来看，逆差在萧条时期是125% – 10% =115%，顺差在繁荣时期是80% – 50% =30%，总的逆差是85%。

金德尔伯格的分析很有价值，但他始终停留在贸易收支领域内。他的分析也如同普雷维什的分析，应以同样的方式加以补充。此外，这个分析始终是描述性的，和普雷维什的一样。为什么发达国家和"欠发达"国家的进口倾向、价格弹性、供给对需求的满足等会像现在这种状况呢？

回答必然如此：外部市场在外围资本主义发展中的地位是造成这些倾向的原因。因此，对外贸易的依附程度是历史运动的产物，对于这个历史运动，我们已经勾画了它的不同阶段。所谓通货紧缩的压力是处于"成熟"状态造成的,价格弹性的原因是经济的垄断化程度:垄断性的工业生产比始终处于竞争状态的农业生产更能抵制价格的下降趋势。技术革新自然都是来自发达国家而不是来自"欠发达"国家。这些革新和革新在"欠发达"国家所产生的"示范效应"加强了进口倾向,把对本国市场的需求转化为对进口的需求。总之,在资本主义的结构中,供给是十分富于弹性的,能干的企业家能够预测需求,而在企业只知追随需求(外部需求)的结构中,供给的弹性很低。这种情况加强了具有不同垄断程度的生产对价格相对弹性的效应。

因此,无论是普雷维什还是金德尔伯格的分析,都不能代替关于外围的结构调整必须服从中心积累需要的理论。

四 外围资本主义国家国际收支的简史

如果没有深刻的国际结构调整,国际收支就可能处于长期的逆差之中。长期的逆差最终都是为收入效应所克服,但在一定时期内,这种逆差可以是十分巨大的。因此,倾向性逆差可能是这一现象更为正确的提法。

假设汇率稳定(金本位制或外汇本位制),倾向性逆差不断被潜在增长速度的减慢所克服。很难用数字来说明这个现象,它像是一种深刻的倾向,不通过表面的外部征兆显露出来。相反,如果汇率可以自由浮动,倾向性逆差就会不断通过货币贬值表现出来。这样,就比较容易发现这种现象了。当然,贬值也可以由国内的通货膨胀引起,而不是由国际收支的逆差引起。不过,了解了货币发行史就可以更有把握分清彼此的原因了。也可以通过"欠发达"国家国际储存运动(储存黄金或外汇)来找出这一现象。

（一）储存与国际收支

以为只需要通过观察外围的国际储存运动就能够发现一个体制的深刻的倾向，如外围国际收支的逆差倾向，那是一种危险的想法。经验主义可以发现事物的表象，但不能代替分析。

实际上，国际货币运动不是自动地取决于国际收支的，而后者由实际力量决定。这个运动不仅是被动的，它有时也是主动的。因为"国际货币"不仅仅是国家间的货币而已，它也是储存手段（黄金或外汇），国内货币和商品（工业黄金）的担保。储存和国内货币需要是由实际力量而不是由收支状况决定的。被储存的国际货币从私人手中转移到银行体系中去，或实行反方向转移，这就使中央银行的储存运动不是由前面所分析的、起关键作用的收支，而是由其他力量来决定。

究竟是哪些力量决定国际黄金运动呢？一方面是实际收支，另一方面是满足国内货币流通和储存对黄金的需要。为了证明这一点，我们将论证分两步完成。第一步：假设世界上两类国家（发达中心和"欠发达"外围）的收支是平衡的。第二步：使这些收支不平衡。

我们在进行论证的第一步时，很容易证明以下事实：黄金是根据货币需要和储存的实际需要在中心和外围之间进行分配的。我们不谈工业黄金，因为工业黄金是地道的商品。首先让我们来看看国内货币需要。假设黄金是国内唯一的货币。黄金通过一定的机制，从生产国流向非生产国。在 A 国，黄金生产费用高（金价低）。在 B 国则相反，黄金生产费用低（金价高）。A 国出口商品，而 B 国进口商品。黄金从 B 国流向 A 国。然而，黄金生产国 B（例如南非）并不是从世界各国进口商品。它和非黄金生产国中能够向它提供它所需要的商品的最发达的国家打交道。在英国和印度会出现黄金的不合理分配吗？英国向南非出口，印度尽管也需要黄金以利于它的货币流通，但它不出口。在这种情况下，英国和印度之间的收支不经过黄金运动会平衡吗？根本不可能，因为银行出面干预了。银行在印度发行可兑换的纸币以满足货币需要。为了有足够的黄金做担保，只要印度中央银行向南非购买黄金就行了。也就是说，向黄金生产者提供可兑换的印度货币。有了这个从印度转移到南非的购买力，这个国家就会进口更多商品。收入效应将使印度的国际收支恢复平衡，黄金的输入在平衡中不是被动的，而是主动的。

取消货币的可兑换性并不改变这一模型，除非汇率在收支最初不平衡的影响下，在进口黄金之后发生波动。

现在让我们谈谈储存对黄金的需要。印度储存者只卖不买，他不断地从流通中购进黄金。他的行动的后果是使货币需要愈来愈强烈。银行进口黄金就是为了抵销货币的持续流失。

另外，收支决定着黄金的感应运动。收支逆差意味着，印度人从国外买进的比他们向国外出售的更多。他们用黄金支付，从而使黄金流失。在这里，银行只是中介，黄金不是银行的。流失的黄金是个人的。

货币的不可兑换性丝毫不能改变这些进程，除非以后对黄金的需求主要取决于储存者。他们是向银行购买所需要的黄金。负责用黄金向外国偿还国家债务的银行，进口黄金以弥补储存者购去的黄金。

在所有前面的论证中，可以用黄金和外汇来代替黄金这一个词。此外，外国银行随时可以自由地进口或出口它的外汇，方法是改变它们总行的账目。

因此，黄金和外汇的国际运动完全不一定像收支运动那样有规律。我们可以看看一个"欠发达"国家的情况，它的收支在萧条时期日趋恶化。与此同时，非储存化现象加剧了黄金的流失（单纯停止储存以及停止进口黄金所起的作用是一样的）。相反，如果收支在萧条期有所改善，这两个反向运动可以部分或全部抵消。此外，在萧条时期，由于收入和价格的压缩，国内对黄金和外汇的货币需要更为微弱，这就加剧了黄金的流失或至少阻碍了黄金的流入。在繁荣时期情况则相反。

通过对世界黄金分配演变的研究来估计储存情况是不可靠的。印度吸收的黄金可能比英国相对要少，但是印度对货币黄金的需求比英国大，而这个事实同印度储存大于英国储存又不矛盾。

总之，最好还是通过实际流动的数字——商品、长期资本、汇回的利润、商业利息——来衡量收支的演变，而不要通过国际货币储存运动。可惜，在实际工作中往往做不到这一条。

然而，储存和货币需要恰恰加重了"欠发达"国家的倾向性逆差。在根据这两个过去一直未被重视的新的实际力量的前提下，发展才会得到认可。

黄金和外汇的储存是造成不平衡的真正力量。条件是繁荣时期的储存要大于萧条时期的反储存。

不断增长的货币需要是另一个造成不平衡的力量。这个在繁荣时期增加，在萧条时期减少的需要，在长时期内也是增长的。国内货币需要和国际货币需要一般是有区别的。由于"欠发达"国家国际收支波动幅度愈来愈大，所以国际货币需要在长时期内也是增长的。

国内货币需要通过进口黄金（金本位制），发行无担保本国货币（独立货币）或完全由黄金和外汇做担保（外汇本位制）的本国货币来满足。只有在国内货币流通由国际货币作担保的情况下，货币需要才会对收支发生影响。我们还应该说明，只有当本国银行进口这种担保，即用本国货币支付这种担保时（本国货币到了外国人的手中就成了外国人的一个补充购买力）货币需要才会发生影响。如果只是外国银行"进口"这些资金，也就是说把资金从总行转移到分行，那实际上不存在任何购买和收入转移问题，而只是一个简单的现金转移。① 对于国际货币需要来说，情况也一样。

我们试图以几个"欠发达"国家（印度、埃及和中国）为例，研究这个旨在满足长时期内储存的货币需要（国内和国际的，这两个需要尽管理论上应该分开，但实际上无法分开）的独立的黄金和外汇运动。

1835～1913 年，印度②每年平均吸收价值达 410 万英镑的黄金。这个数字反映独立的黄金需要和 1898 年以后国际收支的感应运动。独立运动完全是由储存需要决定的。事实上，当时对国内黄金的流通情况是不了解的。国内只流通白银（实行单一银币制。1835～1884 年进口印纹白银达 2.57 亿英镑；经过对旧银币的再轧制，其进口值达 2.70 亿英镑），直到 19 世纪末，还不需要国际货币。在 1898 年之前，一直用白银来交换黄金以支付亏损（所以反映收支情况的是白银的进口波动）。在这以后，印度进口商向中央银行交付银卢比，由银行向伦敦支付黄金。如发生长期逆差，银行就要购买黄金。所以对黄金的货币需要是用来解决外部用途的。还要提到，这个体制对印度是不利的。一旦发生逆差，印度就要用它的货币，即贬值了的银币到国际市场上去购买黄金。人们会理解为什么英国商业银行不愿意进行这样不合算的交易，而是由印度政府来承担牺牲，以稳定它的汇率。统计表明，运动的周期性依附不是很明显的。1898 年以前，运动只说明储存需要的波动。存在某种追随周期的波动倾向，但是，上升趋势往往掩盖了储存在萧条时期低于繁荣时期的这一倾向。1898 年以后，除了储存的独立需求之外，还有为了外部交换的黄金储备需求。上升趋势完全掩盖了周期性依附。

---

① 参阅本书第三章。

② 国际联盟：《黄金分配资料选编》；O. 霍普特：《当代货币史》，巴黎，1886，第 245～253 页。

对于埃及和中国来说，1890~1913 年，它们每年平均吸收价值达
270 万英镑的黄金。上升趋势掩盖了周期，这个周期实际上是存在的。
在萧条时期，黄金的一年的进口量小于繁荣时期一年的黄金进口量。这
个繁荣时期是指萧条以后而不是指萧条之前的繁荣时期。对中国来说，
运动只反映储存运动（国内流通的是白银）；对埃及来说，运动是双重
的，独立的（既为了储存，又为了国内需要），又是受收支感应的。

对于埃及来说，由全部进口黄金的运动（因为国内货币需要是
由进口然后再出口的黄金来满足的）揭示的上升趋势是清晰可辨的。
进口周期同样由全部进口黄金的运动来揭示。这里也指储存的独立
运动和收支的感应运动。1914 年以后，这一趋势随着国内对黄金的
需要消失而削弱了。然而，储存要求仍然很强烈。但到了 1945 年以
后，这种为了国内流通的要求超过了旧的对黄金的要求。人们也注
意到 20 世纪 30 年代强烈的反储存要求。另外，出现了黄金进口和
总的地租水平之间的极为密切的关系。地租在国家出口中占有一个
比较稳定的比重。事实上，地租和总出口随着出口棉花的数量和价
格的变化而变化。我们的统计表明，这种关系是比较稳定的。可以
计算出 1887~1950 年用黄金来储存的地租的比例。这一比例的变化
是突出的。在 1914 年以前，地租比重的不断增大反映了地主阶级的
富足。第一次世界大战以后，现代的习惯使大部分黄金储存被纸币
和银行账户所代替。但是，储存的周期性依附仍然是明显的。第二
次世界大战以后，依附性的增强一方面反映了地主阶级仍然很富足，
另一方面也反映了黄金储存的局部恢复。因为持续的通货膨胀使
1920~1940 年以纸币和账户形式积累财富所具有的吸引力消失殆尽。

因而，黄金储存在"欠发达"国家是一股巨大的力量，它对收
支有深远的影响。这个总结论是人所共知的。基钦[①]认为，1920~

---

① 国际联盟：《国联财务委员会黄金代表团第一次临时报告》附件 7，第 59 页。

1929 年，25% 新开采的黄金被印度所吸收，50% 用于货币，而 21% 用于工业。的确，就整个 19 世纪来说，吸收黄金的主要是发达国家。1835～1889 年，印度的储存所吸收的黄金没有超过 13% （1890～1929 年为 16%）[1]。

1870～1913 年，发达的中心国家所吸收的黄金量是巨大的，这是事实。在那个时代，英国一年要吸收 320 万英镑的黄金[2]。它的周期性依附很可能来自国内的货币需要（增长趋势）。法国 1880～1913 年吸收了 55.64 亿法郎的黄金，平均每年为 1.63 亿法郎。法国所吸收的黄金绝对量超过了印度。英国吸收的黄金大概超过印度的一半，以人均计算超过许多。但是问题不在于储存黄金，而是货币需要是以这个速度增加的。这个需要比"欠发达"国家的需要强烈得多。令人注目的是法国当时还不普遍使用支票，法国输入的黄金超过英国。

1929 年以后西方的储存趋势经常出现，但在 1914～1929 年，仅是偶尔出现。当货币失去它的含金价值后，积累黄金的风尚发展了起来。同时，严重的 1929 年萧条使海外第一次出现了反储存趋势（在 19 世纪，当萧条来临时，储存减少，但很少出现反储存趋势）。在 20 世纪 30 年代，印度和埃及的地主和农民等取消了他们的储存资金。他们把黄金出售给银行，银行拿到伦敦去交换贬值的英镑。这使得英国能够支持它的汇率。正如 1930 年 12 月和 1937 年 9 月[3]黄金来源和使用的表格所显示的那样，那次运动是十分深刻的。第二次世界大战以后，出于偶然的原因，储存黄金的做法在发达国家中，特别在法国，得到了加强。

---

① 国际联盟：《国联财务委员会黄金代表团第一次临时报告》附件 7，第 59 页。
② 坎克罗斯：《本国和外国投资 1870～1913 年》，剑桥，1953。
③ 国际联盟：《国际货币经验》，第 10 页；《国际货币概况》第一卷，第 4 页。

（二）外围外汇的减少和贬值周期[①]

大概从什么时候起外围的国际收支变成长期逆差的呢？这个问题很难回答。形势逆转似乎发生在不同时期，而这也要根据各国不同情况来确定。古巴，法国和英国在非洲的殖民地长期都是收支顺差。有人因此会错误地认为，现今货币的输入是由实际出口支付的。但早在 19 世纪，几乎所有美洲国家的汇率长时期以来已经降低了。以巴西为例，国际收支的逆差和纸币的过度发行都要对汇率下降负责。1880～1900 年的阿根廷情况也是如此。这说明，这些国家的国际收支早在 19 世纪已经是逆差了。它们是当时基础产品的生产大国，它们与国际市场的一体化程度早已超过了当时刚刚成为殖民地的亚非国家。

到了 20 世纪，那就更没有问题了。在危机前夕的 1929～1937 年，各国货币的含金价值已普遍降低。然而，"欠发达"国家货币含金价值的降低程度大大超过发达国家。如果说某些"欠发达"国家还保留了与宗主国货币的汇率不变（如法国、比利时、葡萄牙、西班牙、英国以及其他英镑区成员的殖民地），这决不是因为它们在平衡国际收支时没有任何困难，而是由于宗主国起的作用，以便让收入机制像过去那样充分发挥它的效应。因此，人们可以看到，它们在 1937 年的外汇储备（它代替黄金作为它们的国际货币）比 1929 年减少了。这充分证明，倾向性逆差是长期的。拉丁美洲的形势也反映了这种长期逆差。因为，即使这些国家采用贬值了的汇率，逆差依然存在，正如 1927～1937 年（一个完整的周期）货币黄金的中央储备以及整个货币储备出现减少所证明的那样。相反，发达国家

[①]　国际联盟：《商业银行备忘录》，第 119 页；《国际货币经验》，第 57～62 页和附件 4，第 270～271 页；联合国组织：《拉丁美洲的经济发展及其问题》，第 31 页。

的所有储备在同期内都增加了。

第二次世界大战以后，比较固定的汇率制代替了从前的浮动汇率制。但是，在国际货币基金组织的赞同甚至授意下，在"欠发达"国家，贬值十分频繁。由于事先已发生了国内通货膨胀，所以这些贬值有时是必要的。但它往往是国际收支长期逆差而被迫形成的。国际收支长期逆差仅仅被通货膨胀所加剧。同时，外围的国际储备减少了。[1] 战后不久，许多发达国家（西欧）国际收支也出现了逆差，这是事实。在战后复兴时期，世界经济体制几乎只对美国一家有利。作为中心的美国、欧洲和日本只是在第一阶段过去以后才各自恢复它的传统的地位，然而也不是没有提出发达国家之间十分严重的调整问题，如当前的国际货币危机。

（三）历史的教训：从外汇本位制到"货币独立"的幻想

1. 外汇本位制的历史作用

开始时，前资本主义国家掌握着适合其需要的货币储备。它们与世界市场一体化的程度体现在国际交换关系的不断发展，首先是贸易关系，其次是金融关系。国际收支是个新事物，它长期以来有逆差倾向，原因如前分析，是深刻的。

如果这些国家拥有发达的金融组织，它们的中央银行首先应该用提高贴现率及收购黄金的政策制止黄金的大量流失。假如这些措施无效，当局应该建立一个控制体系，从数量上控制商品和资本的实际运动。否则，只能让事情放任自流。那样，就会使金融体制中的黄金储备枯竭。在这之后，人们只好放弃金本位制，采用货币不可兑换制和浮动汇率，或者使增长减速，直至恢复平衡。

但是，侈谈"欠发达"国家要拥有什么先进的金融组织难道不

---

[1] 洛佩尔：《国际现金与非洲货币政策的诸因素》，《非洲月刊》，1969 年 5 月号。

是空想吗？前资本主义国家的经济结构根深蒂固，它们没有信贷和银行，实际上根本没有现代化的金融组织。随着国际经济关系的发展，出现了国际收支这个新事物，但它经常逆差，这样，黄金就流向发达国家以弥补逆差。

本国经济开始时拥有足够的黄金储备，但到了后来它的货币储备枯竭了，在这种情况下，没有资金，如何去开展国内的贸易业务呢？只能通过外国银行系统输入金币。银行从这种业务活动中盈利。因为输入的金币当然不会白白交给本国经济去使用，而是借给有此需要的私人，以付息为代价。在埃及的外国银行，每年从欧洲进口英国和法国的金币，把它们有息地借给商人。从这个意义上说，国外收支的逆差迫使本国经济付出额外的代价。本国经济实际上已不可能使用已经完全枯竭的本国货币储备作为其支付手段，而只得依靠国外的信贷。

这种情况不会持久。一般地讲，"欠发达"国家很快就会出现全面的货币一体化。新体制使国际收支得到局部好转。严格而没有限制的汇率使"欠发达"国家能得到必要的外汇以弥补国际收支一般性的逆差。

某些"欠发达"国家彻底的货币一体化甚至消灭了国际收支长期逆差所带来的困难。[①] 不过，从长远来看，这个逆差还必须发挥收支机制的作用才能被克服。而实际收支总是倾向于平衡的。从这个意义上来说，"欠发达"国家用不着依靠出口盈余来支付输入的货币流通，尽管它们必须用现金来支付这一货币的使用权。

因此，采用外汇本位制，降低"欠发达"国家的增长速度，采用占统治地位并能促进结构调整的汇率就可以使体制恢复平衡。用

---

① 至少从理论上讲是这样。而实际上，长期逆差会促使宗主国主动修正外汇本位制，参阅 S. 阿明《关于法郎区非洲国家货币体制的调整》，《非洲月刊》，1969 年5 月号。

这种方式来调整国际收支对本国资本的形成有多大的危害不言自明。一方面是直接的危害，因为恢复平衡是通过压缩本国收支来实现的；另一方面是间接危害，因为这个机制使结构调整朝有利于加速专业化的方向发展，从而牺牲了自主的增长。

2. 选择另一条出路：货币独立

"欠发达"国家货币储备的最初流失对于一个独立国家来说是一件十分伤脑筋的事情。国家入不敷出，日益困难。为此，拉丁美洲国家借助于不可兑换的纸币。当时，人们连可以控制汇率都不知道。也许就是这个原因，所以当时建立的体制都是自由汇率制，也就是说，随时可以贬值。

在19世纪，已经有一些政治上独立的国家拒绝接受汇率固定、数量不限的"外汇牌价"制这种货币全面一体化的做法。它们肯定希望在自己国家里建立一种可兑换的货币体制。但它们做不到。难道这不是又一次证明上述关于国际逆差理论的正确性了吗？如果阿根廷一开始就控制了它和外国的关系，它不是能够建立一个稳定的货币体制了吗？它不是实际上已牺牲了这样一种体制的长处而去换取国际贸易和资本运动绝对自由的好处了吗？阿根廷为这种自由所支付的代价首先是耗尽了它的国际支付手段的原始储备，其次是建立起始终不稳定、经常贬值的本国货币。本国货币的不稳定性和不可兑换性所反映的就是国际收支的长期逆差。

对于这些货币独立的国家来说，最终只有两个解决办法：要么保留国际交换自由的"好处"，从而牺牲货币平衡；要么放弃与外国交往的自由，保住货币平衡，但必须以削弱对外交换关系的增长为代价。

"自由化"的选择有利于不断增强的国际专业化机制的建立，也会为外国资本的投资、外国和本国外围资本主义的发展创造条件，但它决不能保证汇率的稳定。因为在这种情况下，占统治地位的外汇的价值决定了依附于这一外汇的本国货币的价值。不同类型的、占统治地位的国家通过对货币价值的前途的评估，直接施加影响。恰恰由于货币缺少可兑换性以及银行体系的软弱无能，使得价格有可能随意上涨。这一机制是不受国际收支状况左右的。此外，还有独立于汇率之外的国际收支的波动机制，它决定货币的储备量，从而对生产、价格和积累产生影响。此外，国际收支的逆差对汇率发生影响，而汇率又对价格和积累产生影响。我们已经讲过，"欠发达"国家的经济对阿弗塔利翁描述的机制的作用是异常脆弱的。

因而，"欠发达"国家价格居高不下和通货膨胀持续不只是另有原因的。价格居高不下，不是国内机制的作用所致，而是取决于国际经济关系，它对成熟的发达国家的积累十分有利。相反，价格居高不下对不存在长期需求不足的国家来说只有害处，因为它们的问题是生产不足。

本国资本积累受到了这种货币混乱的极大影响。因此，与国外经济关系的绝对自由化阻碍了当地资本主义，甚至外围资本主义的发展。

当然，这种自由可能有利于外国资本的输入。而这种输入不担心贬值带来的风险。外国资本所寻求的是一个临时的避风港，投机资本的确在汇兑上有遭到重大损失的风险。因此，这些资本要从这些国家流失。但是，用在长期投资上的资本在这方面丝毫不必担心。它们进来的目的不是要离开而是要留下。要流走的是这些资本的利润：这方面也不用害怕，因为利润是和投资的实际价值，而不是同它的以后的金融价值成比例的，所以，利润是跟着汇率走的。①

不管怎么说，资本的输入总是"欠发达"国家中外围资本主义发展的一个主要原因。围绕着这一发展，本国资本也可能形成。尽管在"欠发达"的条件下，倍数机制不起作用，但是，在一定程度上，本国资本的积累速度在结构稳定的条件下，取决于外国资本输

---

① 国际联盟：《国际货币经验》，第 151 页。

入的规模和国际一体化的程度。

然而，这种发展始终只是外围资本主义的发展。它局限在日益加强的国际专业化的范围内。它不彻底摧毁当地前资本主义结构。相反，它加强"欠发达"结构以及被统治的经济状况。汇率是可变的，但始终贬值，所以是一种受统治的汇率。

在这里，最好要区别两种可能性：一种是繁荣时期收支顺差相当于困难时期的逆差（出现收支的倾向性平衡）；另一种是两者不相等（出现长期不平衡）。

出现第一种可能性时，汇率保持稳定，更准确地说，货币轮番地贬值和升值。1920 年阿根廷、玻利维亚、哥伦比亚和秘鲁的汇率正是这样随着原料价格的下降和由此出现的收支逆差而下降，及至1922～1925 年，汇率才又上升了。这种现象相当普遍。原油、咖啡和锡的价格与委内瑞拉、巴西、哥伦比亚和玻利维亚的汇率之间有十分密切的关系。在这种情况下，"欠发达"国家掌握足够的国际货币周转资金以避免汇率的浮动是可能的。由国家进行干预以防止这些浮动也是可能的。当然，这种体制比较费钱，因为收支波动幅度大，所以货币的储存量也不小。

但如果逆差是倾向性的，也就是说萧条时期的逆差大于繁荣时期的顺差，那么贬值就是不可避免的了。这正是 1920 年、1929 年所发生的：1922～1925 年的升值低于 1920 年的贬值，1929 年贬值之后并没有立即出现 1935～1937 年的升值。汇率稳定基金在发达国家尚且不能抵制深刻的倾向（它的储备已枯竭），更何况是"欠发达"国家，1941 年玻利维亚的例子说明了这一点。

因此，"欠发达"国家愈来愈倾向于另一种解决方案。人们趋向于认为应该把控制汇率[①]作为克服国际收支不平衡的唯一方案。

---

① 国际联盟：《关于控制汇率的报告》，日内瓦。

如果认为控制仅仅是权宜之计，如果这种发展的根本方向不改变，继续单纯地从日益增强的国际专业化的角度来考虑发展，即优先发展向世界市场出口的生产，那么很自然，只有以阻碍发展——即便是外围式的发展——为代价才能得到国际收支的平衡。这种阻碍不能够最终解决问题，即使只是一个国际收支平衡问题也无法解决。不平衡的深刻倾向继续在发展，而控制早晚会失去效应的，于是必须贬值。当代"欠发达"国家的历史有的是这方面的经验。它们说明，如果不否定世界市场一体化战略，如果不认真考虑退出世界市场（这是自主发展而不是外围式发展的条件），那么，与最有效地控制国际经济关系配套的"货币独立"就是一种空想。

结论综述

第一，所谓能保持国际收支自行平衡的机制，其性质属于"市场规律"的说法，是空洞的陈词或错误的理论。

关于存在价格效应、汇率效应、外贸倍数机制的看法是建立在错误的数量论这一货币理论以及对"弹性"和"倾向"的短视分析基础之上的。这种分析把假设作为论证。流行的经济理论回避真正的问题，即出现"弹性"和"倾向"的原因是什么，它们在中心和外围为什么有所不同，它们是如何演变的。人们不能不看到，流行经济理论所竭力企图为之辩护的——如同对市场规律那样——是普遍和谐的思想。如同市场规律一样，没有什么平衡的普遍倾向。

第二，平衡倾向反映一种结构调整机制。这恰恰是流行经济理论所回避的关键问题。在中心和外围的关系中，这种结构调整是不对称的：外围根据中心积累的需求，受其左右，价格结构和利润分配完全被控制，外围的资本主义发展始终是外围型的，也就是说主要是建立在国外市场的基础之上。伴随调整而来的必然是外围国际收支的长期逆差倾向。不从结构调整（国际专业化机制）出发就企图解释国际收支的不对称性，这种解释至多只能是片面的、表述性的。普雷维什和金德尔伯格的解释就是这样的。他们表述了"弹性"和"倾向"的状况和运动。而这些状况和运动之所以会这样，恰恰因为它们反映了结构调整最深刻的机制。

第三，外围国际收支的历史反映了两个迅速交替的阶段。第一个阶段的特点是收支顺差，它正好发生在殖民开发阶段，"欠发达"经济的诞生阶段以及"欠发达"国家的发展阶段。第二个阶段就是长期逆差倾向阶段，它发生在资本主义体制的危机时期，建立在国外需求基础上的增长受"阻塞"时期。外汇本位制在一个时期中掩盖国际收支的逆差倾向。这一逆差迟早会迫使"欠发达"国家走货币独立的道路。但是，货币独立不是问题的真正解决办法，因为问题不在这里，而是在世界市场一体化的深刻的机制之中。所以，在这种条件下，货币独立只会增加货币的混乱。

再版后记

　　本书第一版在不到一年的时间内就已销售一空，我们希望本书引起讨论和批评的愿望完全实现了。我们通过这次讨论学到了许多东西，如果这本书应当重新撰写的话，那肯定不会采用完全相同的方式。首先，今天我们对自己的某些不足认识得更清楚了；其次，历来受到我们摒弃的某些观点已经被重新修订，这就要求我们更进一步发展我们自己的论据。

　　"不平等贸易"问题和外围资本主义形态的前途问题是讨论中的两个主要问题。虽然在法国人们花费笔墨最多的是第一个问题，但是我们认为它是从属第二个问题的次要问题。在世界其他地方，特别是在分析进行得更深入的拉丁美洲，人们关心的是下面这类重大问题：什么原因造成了外围形态的积累直到目前仍没有实现以自我为中心的、完整的资本主义的发展？世界体系的前景如何？中心和外围是否朝着日益各奔东西的方向发展？或者这种分野仅仅是演变的一个阶段，而该体系在这种情况下趋向于形成某种世界范围内清一色的资本主义形态。在这种条件下，无疑应当对当代世界的一切问题，例如阶级斗争问题和"民族"问题，重新加以分析。此外，由于这种原因而互相交织在一起的这些问题已经构成了一个单一的问题，这个问题的各个方面又是密不可分的。

我们要在这篇后记中提出我们对这些问题的看法。但在此之前，有必要对方法问题的某些方面加以说明。

一是历史既没有停留在 1800 年，也没有停留在 1917 年或 1945 年。每过十年，都会有新的现象出来，它们反映了以前阶段所预料不到的新变化。与五个世纪以前相比，今天的历史并不具有更多的线条性。正像假马克思主义的"五个阶段"模型（原始共产主义、奴隶制、封建制、资本主义、社会主义）是源于机械主义的观念（在方法上与罗斯托何其相似！）一样，把当代演变完全归结为马克思、列宁或托洛茨基的所谓"预见"是源于宗教教条主义。发展的不平等仍是能够永远揭露预言思想的唯一准则。此外，政治斗争的结局每时每刻都在决定着新的、未预料到的和难以预料的抉择。因此，必须在每个阶段将新现象严格地纳入分析之中。这似乎是很平常的事。然而总是有那么一些寻求事物的绝对可靠性的人拒绝这样做，因此他们或者无视这些新现象，或者不惜一切代价企图把它们纳入一个预先没有将它们包括在内的模式中。

对巴兰和斯威齐著作①的讨论是表明后一种分析方法与我们的分析方法之间根本分歧的最好例证。我们仍然认为这部著作是一个重要的贡献，它包括了与方法有关的新的基本现象，当代体系正是用这种方法来克服内部生产能力和消费能力之间日益增长的、长期的根本矛盾。因此我们表明了这样一种观点，即作为当代垄断资本主义时代国家和垄断政策的结果的剩余趋于上升的规律与利润率趋于下降的规律根本不会发生矛盾，相反，它正是后者在当代体系中的体现。然而，某些评论家对巴兰和斯威齐的观点群起而攻之。原因何在？因为它证明了这个体系能够运转（难道还有比这更清楚不过的吗？），因而它使这些人处于尴尬境地。人们更喜欢那种宗教式的、

---

① P. 巴兰和 P. 斯威齐：《垄断资本》，巴黎，1968。

使人放心的世界或面临灭顶之灾或奇迹般地一举实现黄金时代的看问题方法，而不喜欢那种令人忧心的、认为条件是无休止的变化的并迫使人们不断更新研究方法的观点。

此外，欧内斯特·曼德尔"驳斥"巴兰和斯威齐所使用的方式是奇特的。曼德尔不对被批评的体系加以内部分析以发现可能存在的不协调现象，而仅限于给这两位美国作家冠以"凯恩斯主义者"的帽子①！这是因为，他们对凯恩斯的批评采取了严肃的态度，他们看到，凯恩斯的出现反映了流行理论对一些重大现象做出解释的必要性。然而，正是通过深入地批评凯恩斯——在巴兰和斯威齐之后，我们在本书的许多地方也是这样做的——人们才同时发现了问题（垄断时代剩余的吸收问题）和问题的答案。人们发现凯恩斯的货币理论掩盖了实质问题，即存在于生产能力和消费能力之间的矛盾问题，这是一个只有用资本主义生产方式的理论才能解释得通的问题。因此必须寻找凯恩斯所主张的途径之外的另一种途径来弄清楚这一体系是如何克服上述矛盾的，巴兰和斯威齐所做的正是这种工作，这一工作引导他们对吸收剩余的方法加以分析。由于曼德尔拒不采用这种类型的批评方法，所以使其观点变得枯燥无味：他有意躲避出现的新问题，而使自己仅仅限于推广马克思的著作。因此，他的"教科书"无疑就像是苏联科学院出版的教科书的姐妹篇。唯一的区别是，曼德尔在推广普及《资本论》的同时，还对苏联的官僚主义进行了抨击；而俄国的作家们除了用同样的方式进行同样的普及之外，还对他们自己的制度极尽炫耀之能事。托洛茨基主义所持的也是这类态度，因此它是苏联官方意识形态的名副其实的孪生兄弟：同样都是教条主义。

---

① E. 曼德尔：《价值——劳动理论与垄断资本主义》，《政治经济学评论》1970年第1期。

二是对流行理论进行批评总是可以学到东西。确切地说，这甚至是能够获得实际进步的唯一科学方法。作为意识形态的经济主义构成了一种经常性的威胁，因为经济体制的演变在每一个阶段都要为经济主义的新幻想创造条件，而这些幻想以一种新的巧妙方式渗透到思想方法当中去。因此宣布自己永远和彻底拒绝经济主义是远远不够的。这一领域里的批评不力几乎总是导致一种钟摆式的运动，即在平庸的经济主义和唯意志论的理想主义之间不断地摆来摆去，这种理想主义荒谬地宣称"经济无甚重要性"，因此也就为经济主义的卷土重来准备了条件。不幸的是，我们经常能够看到这种情况，尤其是在本书中涉及的一个重要领域，也就是工业部门和工业技术的选择。

就在 10 年以前，"进步人士"还毫不犹豫地站在系统地选择现代基础工业的支持者一边，而"自由主义者"和家庭式的保守派主张"欠发达"国家选择轻工业和轻技术。今天，这两类人都已明显地站到了经济主义的立场上：或者追求经济增长的最快速度，或者追求个人的眼前利益。

斯大林时代的口号就是不惜一切代价争取最快增长速度的反映，"在一切生产领域赶上并超过美国"。在有关的理论和实践方面制定的这种目标全然不顾可衡量的经济增长所包括的内容。然而，对国民核算的批评告诉我们，测得的总额只包括商品数额，即与资本主义生产方式有关的数据。由于人们心目中只有国内生产总值，因而就忘记了这种数额最后有可能是通过破坏生产力而取得的：人和自然资源。因为生产力在资本主义生产方式条件下仅仅是手段，唯一的目的是实现利润的最大化。用经济界的行话说，"企业盈利的考虑会使外部经济内在化"，这种外部经济确切地说正是在破坏人力资源和自然资源的基础上建立起来的。正是由于这种原因，资本主义生产方式具有的增长能力——经济学家确定的意义上的增长，即相对的和有限的增长——不仅比从前所有生产方式的增长能力要强，而且也可能比社会主义的增长能力还要强，如果社会主义在利润的位置上重新恢复人的目的性。"环境问题"的"发现"——尽管这种说法是可憎的，并且迫使人们首先区分人类环境和自然环境，其次才能谈论对人类的破坏和对自然资源的浪费——在今天颇为时髦，它反映了人们已经意识到经济数量的相对性。它引导人们从根本上批评盈利考虑；重申了商品盈利考虑的很短的时间范围——最多只有 20 年①，这个时间范围大大低于任何掌握了自己的命运的社会；揭露了扩大盈利企图的人为特点，这种企图不属于经济主义的范畴（正如用所谓"社会措辞"建立的成本—利润分析证明的那样②）。由于把最大限度的增长作为最终目的——一种绝对价值——因此人们将社会科学简化成为经济主义。但是，最近几年通过对苏联经验的批评，人们发现不应当用不惜任何代价的办法来追求最大限度的增长率，加之恢复黄金时代和野蛮时代的神话和嬉皮士思想的混合及对资本主义世界现状的批评所发挥的作用，使得"劳动力密集型"技术一下子受到青睐。在这种错误的基础上，某些人自以为可以根据自己的方式，在不顾整体背景和发展前景的情况下对中国政策的某些方面做出解释。

社会主义的蓝图当然不是以经济主义的词汇来为自己下定义，但是它包含经济的内容，它并不否认这一点，否则便会苍白无力。因此，完善的社会主义必定是建立在高生产率的现代经济之上。在现代化和社会主义之间不存在冲突，正相反，社会主义只能比资本主义更现代化。对此持反对意见就等于相信弊病是由技术造成的，

---

① 迈克尔·坦泽：《国际石油政治经济学与"欠发达"国家》，伦敦，1970。在该书的第 32 页，人们看到作者对"短期"盈利考虑的国家的灾难性后果进行了典范性的分析。

② 对成本—利润分析的批评是由伊格纳齐·萨赫斯发起的，见《环境质量的管理与发展计划》，为联合国环境大会提供的集体论文，日内瓦，1971 年 10 月，油印本。

而不是由当前应用这种技术的社会制度造成的。恰恰相反，与现代化发生冲突的正是资本主义的生产方式，而且它还歪曲了现代化的潜在力量。这一论断是毫无根据的吗？有关分割过细和单调的工业劳动的破坏作用，无论是哪种社会制度下的这类劳动的破坏作用，人们都发表了许多著述。但是看到的事实使人们忘记了向前展望。因为随着时间的推移，这种劳动形式将显示出它是资本主义生产方式的特有形式，它将首先完成一个历史使命——积累，其次它自身也就过时了。当代技术革命——在本书中我们主动地强调了这一点——将用自动化取代分割过细的非技术劳动（从机械化之初，它就是主要的劳动形式）。它既可以使人争取到可支配的非劳动时间，还将使劳动以新的高技术形式出现。

不过，当前的体系对这一前景将如何做出反应呢？它在那里看到的不是人类解放的曙光，而是大量失业的威胁以及与只接纳少数人的制度相比越来越多的那部分人类被社会所抛弃（特别是在外围的那部分人类）。这是以利润为最终目的的盈利考虑和经济主义的束缚的自然倾向，它仅仅把人作为劳动力看待。我们认为，在这个领域内有必要对新马尔萨斯主义关于人口问题的潮流重新加以分析。我们要补充说明的是，这类活动带有明显的种族主义特点：人们忘记了这一点，即今日构成发达世界的人民 1800 年在世界总人口中所占比例要低于 1970 年的比例。人们把一个实际问题，但又是次要的问题（积累阶段人口增长与经济增长的关系问题，这个积累阶段是一个过渡阶段）当成绝对第一位的问题，这就转移了方向。因此，在社会摆脱了资本主义生产方式强加给它的局限性的条件下，人类才能够从经济异化中解放出来，同时也就解放了生产力。因而增长与自觉社会主义的社会力量发展之间、与世界社会主义文明的创建之间并不存在冲突。每当冲突似乎存在的时候，那都是因为问题是以错误的方式提出的，实际上是用经济主义的词汇提出的，或者是采用了绝对否定经济主义的形式，其实这都是同一问题的另一面。

这种基本的发展前途不应当与过渡阶段和过渡战略混淆起来。而且在这方面，我们仍将坚持我们在本书中捍卫的论断。因为即使存在问题，也肯定是过渡问题，而不是前途问题。使社会主义前途成为可能的政治变动发生在那些不是完善的中心资本主义国家，正是在这种条件下存在着确定阶段的特殊问题。在这里，最重要的是永远不要忽略加强整个民族的社会主义团结的必要性。因为这正关系到向社会主义过渡的问题，目的（社会主义）不能成为手段（积累）的牺牲品。衡量过渡体制成就的不仅是实现的增长率，而且还有同时保证积累和社会主义蓝图的组织形式及觉悟进步的能力。如果这一目标被放弃，那么过渡实际上就不成为过渡了，它变成了建立一种资本主义经济，即使它有别于历史上前几种类型的经济。与某些人草率的论断相反，这种要求并不排斥现代化工业的建设。它反对的是人们仅限于建立这种工业和用资本主义同样的方式来建立这种工业。换言之，让社会的其他部门服从这种工业的需要，让它们处于廉价劳动力供应者的被动地位，"经济主义"迫使人们要做的正是这些，即遵从"市场规律"。中国的实践试图切实解决这个问题。在这方面，我们发现中国的实践在某些地方很接近马哈拉诺比斯为印度制定的模式中隐含的内容。但是，印度的这一模式从来也没有付诸实践，因为它与这个国家领导阶级的目标相抵触，因而也就表现了其"幼稚"。

在过渡的社会主义政策条件下，现代化工业的建立不会产生在外围资本主义形态下这种工业的建立所带来的同样影响。在这方面，需要加以纠正的不是"现代化的选择"，而是这种现代化的选择所依赖的那些部门普遍存在的单一的外向性以及其他部门对世界体系范围内的积累要求历史表现出的屈从性。如果整体政策不对资本主义固有的这种关系加以纠正，即迫使社会其他部门服从必须建立的现代化部门的这种关系，那么，"发展极"就会变成"欠发达的发展极"。这是我们在本书中曾一再强调的论点。

我们对这个问题某些方面的分析从那以后又有所发展。人们开始不那么轻视拉丁美洲关于社会边缘化问题的研究成果了，这个问题的出现正是在外围资本主义条件下建立现代部门所导致的后果。"第三世界"城市失业人口的快速增长显然是由于选择现代技术和实行低工资的相互作用造成的。我们关于增长停滞的理论以及对拉丁美洲实行的进口替代政策的批评与这个问题是明显联系在一起的。不过，这个问题的解决并不在于放弃搞现代化，或者放弃为农业或过去的低效率手工业技术所做的任何朴素的辩护。问题的解决办法是以其他方式使现代化部门和现代化程度较低的部门结合起来。这是问题很重要的一个方面，我们对此强调得不够（在前面只是简要地谈到了这一点），它引出了外围资本主义的前途问题，后面我们还要再次论及。

中国的"文化大革命"涉及了这些问题，它不仅揭示了这种需要实现的新的结合在政治方面的问题，而且还揭示了我们没有注意到的其他方面的问题，特别是外围国家独立自主进行科学技术研究的绝对必要性问题，这种独立自主可使外围国家摆脱虚假的困境：或者照抄当代西方的现代化技术；或者采用适合西方一个世纪前条件的陈旧技术，外围今天的条件已与这些条件风马牛不相及。我们有必要强调这个问题的重要性，只有中国人对此表现出了具有实际意义的想象力。

在这方面，我们缺乏足够的想象力。原因是我们更偏重于认为技术是问题的外部条件，是一个"自变参数"。在这种狭隘的范围内，势在必行的现代化选择必定会局限于照搬西方当前的技术，就像日本和俄国过去曾经做过的那样。但是，人们现在开始明白技术研究是依据制度的需要来确定方向的，因此也就知道技术不是一个外部条件。在这方面，对"欠发达"问题的分析同样是一般经济理论批评的出发点。对"技术转让"问题的研究，特别是在关于拉丁美洲的著作中这方面的研究揭示了中心通过其技术垄断对外围实行统治的问题，它也再一次告诉人们经济主义关于技术自主的假设是在回避问题。因为这种假设是要把科学研究引上更适应于问题的现代技术的道路。对"欠发达"国家来说，问题不在于就选择人所共知的"中间技术"达成"协议"，这是处于今天已经过时的、低效率的1840年的欧洲技术和1970年的美国超现代化技术之间的一种技术，而是要确定第三种现代化技术的经济特征。这种技术的经济特征已经在某些著作中得到了阐述。①。

三是我们仍然认为，为了对问题做出科学的分析，不应当从神圣著作的注释出发，而应当从现实以及这种现实在它所处的社会的理论和意识形态如何得到反映出发。因而也正是从这个立场出发，我们要再次对上述根本问题的讨论情况加以分析。

我们运用这种分析问题的方法，而且从对国际贸易理论的批评出发，明确指出，"对国际贸易的批评是提出问题的必要出发点，这种批评必然会超出问题的本身界限"。我们清楚地知道，如果存在不平等的贸易，是因为中心的社会形态不同于外围的社会形态。我们已明确地指出了这一点。但是，如果人们从对纳入同一世界体系的这两种社会形态之间保持的统治关系（不平等关系）的分析出发，那么就更容易发现问题的实质。

不平等贸易理论的发表导致了对该理论提出者埃马纽埃尔的群起攻击②。这不应使人感到惊奇。对埃马纽埃尔提出的批评有三类。第一类批评是贝特兰提出的，他同意作者在《不平等贸易》中提出

---

① U. 马勒·普兰坦伯格：《技术与依附》，《政治经济学评论》第3期，1971。
② 见 A. 埃马纽埃尔：《不平等贸易》，巴黎，1969。人们还可以在《世界报》（1969年11月11日埃马纽埃尔和贝特兰的文章）、《今日政治》（1969～1970年，埃马纽埃尔、H. 德尼、A. 格拉努、G. 多夸以及贝特兰的文章）和《人类与社会》（1969～1971年第12、15、18、19各期上发表的埃马纽埃尔和 G. 帕卢瓦的文章）等刊物上看到这次论战的情况。

的论证范围。但是贝特兰对马克思在国际关系领域中提出的价值转
化为生产价格的模式的延伸（对此他是接受的）没有得出合乎逻辑
的结论。而根据他自己的假设（错误的），中心的剩余价值率要更
高，因为从这个结论来看，发达国家倒成了不平等贸易的受害者！
第二类批评断言，中心的工资更高是因为那里的劳动生产率更高，
正是这种情况"解释"了不平等。在这里，我们难道不应当和埃马
纽埃尔一道再一次重申这些批评家们是在重复边际效用学说的论点，
他们忘记了马克思所指出的劳动力的价值与劳动生产率是互不相关
的吗？从表面上看，第三类批评显得更为巧妙，这些批评者企图否
认不平等贸易这一说法的意义，拒不承认埃马纽埃尔有权运用价值
转化的模式。在他们看来，这种模式只有在资本主义生产方式范畴
内才具有意义，而这种模式是不可能扩展到不同的社会形态的关系
中去的①。这种论断会使他的批评无懈可击。然而他付出了什么代价
呢？他否认了世界单一资本主义体系的存在，换言之，最终否认了
资本主义本身的存在！当然转化模式不能无限扩大到一切领域。例
如，它不可能用来分析古代希腊和波斯之间的贸易关系。只有试图
建立一种万能体系的边际效用经济学才会随心所欲地提出这类荒谬
的论点。然而此处并不是这种情况，因为中心和外围仍然属于世界
同一资本主义体系。

马克思提出了资本主义生产方式的理论，并抽象地为这种生产
方式确定了三个条件：产品的商品形式的普遍化（市场的普遍化），

---

① 这种绝对不能接受的批评是 E. 夏特兰提出来的（《不平等贸易的理论向何
处去？》，《政治经济学评论》第 3 期，1971）。弗洛里昂的批评（《埃马纽埃尔置身腓
力斯人中间》，出处同上）有某种程度的不同，因为他承认剩余价值在国际的转移，
因而他事实上承认不平等贸易的论点，正如同他在其他著作中已经明确承认了这一
点一样（J. 巴伊和 P. 弗洛里昂：《半工业化经济矛盾的激化》，出处同上，第 39
页）。因此，他的批评最终是针对那些匆匆得出政治结论的有关著作的，而这些著作
与不平等贸易的论点是毫无关系的。

劳动力的商品形式的普遍化（单一劳动市场的存在），资本竞争的普遍化（同样的单一资本市场的存在，它表现为利润率的调整）。这三个条件不是从虚幻的天上掉下来的，它们抽象地反映了马克思所研究的资本主义生产方式的现实，19 世纪中叶的英国是这种生产方式的具体的模型。世界资本主义体系是这个现实的另一个方面，如果人们想要对它做出理论分析，那么也应抽象地给它下一个定义。不过，在这一合理抽象方面，世界体系表现为一个世界商品市场的存在和资本的国际流动。既然存在世界商品市场，就会有国际范围的价值问题。既然存在这样一个问题，人们就应当（而不仅仅是能够）运用价值转化的模式。唯一的问题是要知道人们是否能够正确地运用它们（隐蔽的各种假定价值等）。在这方面，我们请读者参阅本书中的分析，对此我们在这里没有任何需要再增加的内容了。

可以肯定，不平等贸易不是造成工资不平等的原因，而恰恰相反。那么为什么中心的工资更高呢？这当然是因为中心的社会形态不同于外围的社会形态。但是，这样说并不等于在不同形式下做毫无进展的同语重复。很明显，在封闭式的经济中（马克思曾加以研究的、以自我为中心的中心资本主义生产方式），在生产力总水平（生产力发展的水平）和工资水平之间存在某种关系。因为，如果工资降到某种水平以下，那么这一体系的生产能力就会超过它的消费能力，而且生产必定要紧缩（如果工资的下降导致向效率更低的技术倒退，那么这种现象就会更为复杂一些）。我们以对边际效用学派关于一般平衡理论和利息率理论进行必要的批评的方式，在本书中的许多地方论证了这种关系。正是在这种情况下，人们才能找到在资本主义生产方式的纯模式中剩余价值率不能无限提高的理论依据；也只有这样，人们才能创造利润率趋于下降的规律的科学价值，因为只有这样人们才能证明这种趋势必然要压倒相反的趋势。这种基本的论证解释了工资和利润在国民收入中所占份额相对稳定的这一事实。J. 鲁滨逊试图用另外的方式加以阐述（求助于利息率）的这种事实最后仍没有被边际效用学派关于一般平衡的理论解释清楚①。显而易见，只有认真研究"资产阶级经济"，并对这种经济加以深入批判，人们才能发现上述所有这些情况。因为这种批判可使人们看到被遗漏的某些问题，这些问题被遗漏正是因为人们仅限于重复劳动力的价值并不独立于生产力发展水平之外。对一般平衡理论的批评可使人们了解这种关系的意义，同时人们必须重新走马克思已经走过的从具体的现实到达理论的抽象之路。重复这些理论的抽象其实是懒惰的表现，它将使马克思主义成为一种教条主义的哲学，而马克思主义其实是一种方法。

然而，我们同时也曾指出，这种必然的联系在外围的资本主义外向型经济中已经消失。从那时起外围的工资可以停滞在很低的水平上而不会阻碍外向型发展的进程。这正是我们的论证的中心所在，即如果资本主义生产方式是一种以自我为中心的发展模式，那么它将变成独有的，而外向化"阻碍"了它的发展，因而也就阻止它变成独有的。这种基本的论证解释了为什么世界体系不会导致在外围出现和中心同样的社会形态。在这方面，拉丁美洲最近几年的理论贡献与我们是完全一致的。

在这种条件下，以自我为中心的经济和外向型的经济这一对经济意味着什么呢？它意味着，在以自我为中心的经济中，社会矛盾的两个方面之间存在着一种有机联系：资产阶级和无产阶级之间的有机联系，两个阶级都被纳入了同一个现实之中，这就是国家。它还意味着，在与此相反的外向型经济中，人们看不到在民族范围内的这种对立统一，这种统一已被打破，它只存在于世界范围内。

---

① 与我们的批评相比，J. 鲁滨逊的批评的不足之处在前面引过的 J. 巴伊和 P. 弗洛里昂的文章中得到了明确的反映。

对世界体系的基本运行规律以及对资本主义生产方式进行有区别的分析必将带来重大的研究成果。这些成果必定要对资本主义前途的整个问题重新加以讨论，这怎能使人感到惊讶呢？如果最终人们不否认生产关系结构的决定性作用，从而陷入实证主义的或结构主义的折中主义之中的话，那么事实上是不可能仅仅把这些成果的影响限于经济领域，也不可能消除它们的任何政治意义。只有那些寻求永恒不变的可靠性的人才会对重新探讨问题感到不快。

这些成果中的首要成果涉及直接经济问题，这就是不平等贸易，它仅意味着价值的转移。仅仅由于这个成果涉及不同的关系的问题就说它毫无意义，必然会导致将马克思关于原始积累的分析视为一种荒谬的分析，因为这种分析本身也涉及了不同形态之间的关系。让不平等贸易理论承认它本身意味着"中心的工人剥削外围的工人"，这其实是脱离了正题，因为只有资本所有权才会产生剥削。诸如此类的废话不能说明任何问题，无论它们是同意还是反对不平等贸易的理论。这也就是承认在生活水平和政治态度之间存在着一种机械主义的关系，从而幼稚地将经济基础与上层建筑之间的辩证关系简化成了经济主义的直接决定，让不平等贸易理论承认它本身还表明，外围的资产阶级像无产阶级一样关注从中心的统治下解放出来，这是忘记了这个资产阶级从一开始就是步中心资产阶级的后尘建立起来的，这是又一次把社会生活简化成为几种过于简单化的经济主义的主张。探讨所有这些问题不是本书的宗旨。因此我们还是让那些无聊的业余论战家们去继续这类辩论吧。

若更进一步加以深入研究，则可以看到不平等贸易表明必须要从世界范围来考察阶级斗争问题，而且民族问题不能被认为是"纯粹"阶级斗争这一根本问题的附带现象。归根结底，正是因此这个理论才使人感到如此窘迫。因为它表明资产阶级（中心的资产阶级，在世界体系范围内存在的唯一的资产阶级）无论在中心还是在外围都对无产阶级群众和被无产阶级化了的群众实行剥削，不过它对外围无产阶级群众的剥削更残酷、更粗暴；它表明实行这种剥削是可能的，因为作为统一的基础的客观机制把无产阶级和这种统一联系起来（民族经济以自我为中心的特点决定了这种统一），它限制了对中心无产阶级的剥削，但是，这种客观机制在外向型的外围并未运转。

我们的分析到此为止，因为我们进行这一分析的目的并不是具体描绘外围最近两个世纪的历史，更不是要对它的前途做出某些预测。以这种方法加以分析的世界体系表明，无论在中心还是在外围它既包含了对社会主义重新进行讨论的内容，又包含了反对进行这种讨论的对抗内容。任何"预言"——即使是归之于马克思、列宁或托洛茨基的预言——都不能代替真正的历史辩证法。

具有如此特征的世界体系的形成不仅使外围的社会主义潮流的发展成为"可能"，而且到目前为止，导致社会主义力量的主要中心由中心移向了外围。这种情况并不是任何"第三世界主义的理论"的表现，而只是对一种事实的冷静验证，即向社会主义方向的转化到目前为止在这个体系的外围还没有打开突破口。这个事实像其他所有事实一样应该得到解释，而且这是能够做到的。否认这种转化的社会主义特征，或者在外围的革命历史中看到的只是"历史的偶然事件"的结局，或者像托洛茨基分子那样把这些革命归结为"扎克雷式的农民起义"，这是回避问题的一种方法。这种否认世界范围内的体系转变——最终也否认了世界体系的存在——的做法，其职能在于维护人们赋予马克思关于资本主义生产方式的分析的神圣特点，不是把马克思的分析作为分析的出发点，而是把它作为一种完美无缺的科学的全部所在。因为这是忘记了外围被纳入世界体系之后已经在很大程度上被无产阶级化，我们在本书中十分强调这种基本现象。

人们还能继续认为发达世界与其外围是隔绝的吗？这是忘记了美国公司从外部构成了世界第三种经济力量，为美国资本生产剩余价值的无产者无论是置身国外还是置身美国都一样。在承认了这一事实的基础上，贝特兰最近对问题提出了新的正确看法，这种看法与我们的看法几乎完全相同，他是这样写的，"我同样认为有一件很重要的事要做，就像文章中指出的那样，即在毛泽东的观念和'第三世界'主义倾向之间划一条极明确的界线，后一种倾向认为所谓的'欠发达'国家是被发展遗弃了的国家或落后的国家。而实际上它们是帝国主义统治的产物，这种统治改造了它们，并把它们纳入了世界帝国主义体系。在这个体系中它们具有明确规定的职能，这就是原料和廉价劳动力的供应职能。正是这种职能使这些国家的群众的革命意识变得成熟起来，无论他们是严格意义上的无产阶级群众，还是被无产阶级化了的群众，因而他们有能力成为无产阶级政治的代言人"[①]。贝特兰通过此举放弃了被我们称为"前列宁主义"的、含混不清的立场。他在与埃马纽埃尔的论战中否认不平等贸易采取的就是这种立场。

外围的无产阶级化的进程当然还未完结，准确地说，原因正是外围发展的外向型特征。这种规模的运动会导致严重的结局。外围的这一运动失去了它在理论上的假"纯洁性"：它既是反帝运动，又是民族运动。社会主义的唯一成就——直到目前为止——准确地说正是表现在社会主义和民族目标结合得最完整的那些地方（中国、越南）。大量群众的半无产阶级化的这一特点无疑会导致各式各样的自发倾向和可能的"偏向"：尤其是农业资本主义的再生倾向、国家资本主义形成的倾向及"民族主义"的倾向。这种分析完全不同于法农主义的分析，后者认为外围无产阶级化的群众——借口他们享有虚幻的"物质利益"——考虑的只是农民集团的利益，否认他们

---

① C. 贝特兰：《关于〈毛的马克思主义〉》，给罗萨纳的信，1971 年 3 月，载《宣言》，巴黎，1971，第 243 页。

会成为社会主义可支配的力量，而只有混乱的论战才会将这两种分析混淆起来。只有那些企望历史依据 1867 年的"神圣革命"一劳永逸地建立起来的模型保持其"纯洁性"的人才会对所有这一切表示不满。对采取行动和改变现实表现出无能为力是托洛茨基主义的一个特点，它是徒劳地反对现实的根源所在。

我们对无产阶级群众、半无产阶级化的群众、无产阶级化的群众和正在无产阶级化的群众所做的区分，我们一再要求准确地对外围的无产阶级化的机制加以分析以及我们对这种进程的未完成特征所具有的清醒认识提前对所有那些搞烦琐哲学的人们做出了答复，他们这些人最终只是停留在重复资本主义生产方式的定义是在生产关系水平上确定的，而不是在交换关系的水平上确定的。这种令人讨厌的平庸重复偏离了主题，因为我们讨论的是世界资本主义体系，而不是资本主义的生产方式。因而，这类不注重事实的分析（为什么到目前为止只在本体系的外围打开了突破口？）没有任何价值。

我们甚至应当对问题更深入地加以研究。东方的"民族主义"不是其"不成熟"的产物，而是对西方的失败和发达国家的社会主义出路的推迟的反响。如果这种推迟还要继续下去，而且从历史角度来看这是可能的，甚至不能排除社会主义（尽管是一种不完全的社会主义）还会在很长时期内与民族主义（尽管是"无产阶级"的民族主义）共存。

但是，目前出现的这种交替绝不是唯一仅存的可能。任何人都不能阻止在中心出现社会主义转变的设想，有关工人群众与世界体系一体化的任何过于简单化的经济主义论据都不是决定性的。因为，即使这种一体化是一个事实（部分的），但它不是一个不可逆转的事实（如果一体化是完整的，那么它将是不可逆转的）。我们绝不会否认这个一体化的事实（部分的一体化），否则西方社会主义出路的推迟便会难以理解，除非是求助于主观主义的和虚构的论据（如工会和工人"领袖"的态度等)。这个事实也解释了对社会主义的"异议"由"传统的"无产阶级转向了生活在社会边缘的人们以及这种转移在意识形态上的反应,马库斯的论著已证明了这一点。为了避免再次陷入不得体的论争,在这里有必要明确指出:西方社会转变的抉择要求对世界体系发起挑战的不应只限于生活在社会边缘的人群,应让广大群众投身于这一运动,这其中不仅包括"传统的"工人无产阶级,而且还包括无产阶级化了的新阶层,尤其是"白领阶层"和"技术人员阶层",随着自动化的发展,后两个阶层的人数还会大大增加。

只有历史将对这两种可能以及它们之间的无限组合做出结论,而任何预言都将是一种幻想。

另外,对不平等贸易的批评还使人们看到了欧洲中心主义所具有的惊人实力。人们原本希望中心的无产阶级从资产阶级那里把推动历史的作用继承下来;希望它继承资本主义发展的"积极"方面,而不继承其"消极"方面。可悲的是,发展是不平衡的,并导致了在历史上发挥动力的角色由这种文明转向了另一种文明。希腊文明在奴隶时代之后没能幸存下来。只有当欧洲文明让位于一种真正的世界文明的时候,资本主义才会让位于社会主义。"先进的"西方无产阶级把社会主义作为"礼物"赠给"落后的"外围群众的这种观点并非是"令人难以忍受的",只不过这种谎言在今天已被历史所揭穿。

不平等贸易还使我们注意到了一个极其重要的变化,即世界资本主义体系的优势已转向了政治方面。我们只是扼要地谈到了这一点。不过,当人们涉及问题的主要方面的时候,即外围形态的动力和前景问题,这种变化具有根本的重要性。

四是我们完全赞同把"欠发达"的根源作为世界规模的资本主义发展的后果来加以分析的思想流派,正因为如此,我们反对由于"欠发达"概念与"传统性"概念的混同而产生的一切无稽之谈。

我们认为，发达和"欠发达"是辩证统一的两个对立面。现今的拉丁美洲学派采用的就是这种类型的分析方法，当代理论取得的基本成就应归功于这一学派（或这些学派）。这一流派内部的分歧在我们看来往往是微不足道的，而且反映了这样一种平凡的事实，即这个小组或那个小组把研究的侧重点放到了与被研究国家的现实有密切关系的问题的这个方面或那个方面（一个国家的现实是极其多样的），而极少涉及根本的理论分歧。

正因为如此，作为埃及人，我们把研究的重点放到了地租的作用（被地主阶级攫取的地租，这些地主是他们的国家与国际资本主义体系实行一体化的"受益者"）方面、外围国家的土地危机的根源方面、工资和小农劳动报酬的冻结（在这些国家被冻结在很低的水平上）方面。许多拉丁美洲作者强调了市场的外部特征在工资冻结过程中所应承担的责任。我们完全同意这种看法并且在本书的多处地方使这些现象之间建立了密切的联系。在对进口替代政策的批评方面，以劳尔·普雷维什、塞尔索·富尔塔多和玛丽娅·孔塞松·塔瓦雷斯为先导的拉丁美洲学派再一次做出了最系统的分析①，在这方面与我们的观点是一致的。

除此之外，前途问题仍然是辩论的对象，这种辩论不仅是可能的，而且也是必要的。我们提出这种论点并非是偏爱未来学。而且我们也没有扮演被我们自己批评过的预言家这种角色的愿望。如果有必要研究正在发展着的事物，也仅仅是以谦逊的态度根据每个阶段现实本身的演变来对分析加以修正。

在最近几年当中，人们研究的重点是大型的多国或跨国公司在世界体系演变方面所具有的越来越重要的作用，而我们自己在这个

---

① 塞尔索·富尔塔多：《拉丁美洲的发展与停滞：一种结构分析》，耶鲁，1965；玛丽娅·孔塞松·塔瓦雷斯：《巴西进口替代进程的衰退时期》，《拉丁美洲经济通讯》，1964。

领域中的分析是不充分的和陈旧的①。不过我们还是在考虑这样一个问题，即当人们从这些企业的作用中看到了世界资本主义生产进程的开端之时，他们是否过分夸大了它们的作用。可是，如果人们同意先于现实而提前做出结论，那么这种世界进程将向何处发展呢？在本书中，我们把马克思关于他那个时代的殖民地前途的分析重新拿来加以讨论，而丝毫没有害怕会犯"异端渎圣罪"，我们把这种恐惧症留给了教条主义者（参见本书第一章）。可是，现在轮到我们来接受这一点：我们对前途的分析同样是以当前的趋势为基础的，今后也会失去其价值。这是因为，如果当前发达国家和"欠发达"国家这种两极分化的趋势所揭示的重大矛盾没有获得社会主义的解决办法，那么世界体系自身就会以朝难以预测的方向演变的方式为自己提供"解决办法"。

从这种意义上说，难道人们无权就"半工业化"国家，特别是拉丁美洲的巴西、墨西哥提出某些问题吗？在这些国家，规模效应发挥了作用（应当更完整地对此加以研究，而我们的著作基本没有涉及），那么是否应当排除它们的以自我为中心的资本主义发展前景呢？这种前景不应再重新引回到民族资本主义的这个老问题上去。像加拿大那样，墨西哥（或者巴西）难道不会逐渐变成美国的一个充分得到发展的州吗？这个问题是从这种意义上提出的：目前明显的社会边际化现

---

① 在这一方面的学术著作极为丰富，在这里我们至少可以列举下面这些。G. 阿里吉：《多国公司、工人贵族和热带非洲的经济发展》，载《非洲的经济基础和上层建筑》，埃劳迪出版社，1969；M. 德切科：《跨国公司对"欠发达"国家经济政策的影响》（蒂尔堡讨论会，油印文献）；S. 海默：《商业理论摘录第三册：跨国公司的时代》（蒂尔堡讨论会，油印文献，1970）；《跨国公司和它们之间的联盟》（附加报告书，第一册，1971）；《跨国公司的效率》（油印文献，待出版）；S. 海默和 S. 雷斯尼克：《国际贸易与不平衡发展》（载《金德尔伯格纪念文集》，待出版）；M. 基德龙：《大战前的西方资本主义》，庞甘，1970；C. A. 米夏莱：《多国公司》，1969；R. E. 米勒和 P. R. 卡特：《现代二元经济》（蒙罗维亚计划会议，1971，油印文献）；罗托恩：《大战以来的资本主义》（蒂尔堡讨论会，1970，油印文献）；O. 逊克尔：《资本主义的跨国一体化与拉丁美洲的民族解体》（《外交政策》，1970 年第 6 期）；B. 萨克利夫：《70 年代资本主义的前景：外国资本主义国家》（蒂尔堡讨论会，1970，油印文献）；M. 坦泽前引书。

象将逐步减少，直至消失。这种以自我为中心的发展所需的投资不是由民族资本提供，而是由美国资本提供，当然民族资本会以小兄弟的身份与美国资本联合，正如加拿大的情况那样。在这种情况下，显然矛盾会由经济领域转向文化—政治领域。在这方面我们再一次发现了我们曾谈到过的世界体系的优势由经济方面转向政治方面的这个问题。

在这篇后记中不可能对这个问题做出回答，因为它需要大量的、新的研究成果。但是它应引起人们的深思。我们在本书中指出了"欠发达"的三种征兆（我们称之为"结构性的特征"）：部门之间的生产率的不平等、脱节和统治。显然，在巴西和热带非洲，脱节不是以同一种方式出现的。拉丁美洲的"半工业化国家"（巴西、墨西哥、阿根廷……）已经具备了一个一体化的工业整体。这个工业整体甚至在朝着以自我为中心的方向发展，尽管其方式是特殊的。因为它不像发达国家那样，是一个建立在包括所有人口在内的宽广的国内市场基础上的工业整体，而仅仅是一个以"富有的"和"被纳入了该体系"的部分人口构成的国内市场为基础的工业整体。这些国家的以自我为中心的一体化工业用这种方式，把它没有吸收的处于社会边缘的人口抛弃在市场之外，这些人中的大部分是农村人口以及由他们演变而成的城市贫民区居民。造成这种现象的原因是，在纳入世界体系之前被开发的农业仍然是一种外向型的农业，因而劳动报酬很低，并且呈停滞状态。脱节并不表现在工业内部，而是反映在国内农业和工业间的关系上。正像人们通过巴西的例子可以清楚地看到的那样，这种现象表现为一种特殊的对外贸易结构，即出口保持了"传统的""欠发达"国家的出口模式（初级产品，特别是农产品占优势），而进口则是发达国家类型的模式（主要进口能源、半制成品、设备和食品，而不是消费制成品）。这种现象要求人们更深入地考察工农业在发展中的关系问题。它还要求人们考虑这样一个问题：我们在本书中谈到的脱节的"传统"形式（尤其是亚洲和非洲的脱节形式）是否仅仅构成了"欠发达"的第一个阶段，或者"半工业化国家"是否一开始就具有某些实现这类演变的特点。

更进一步，人们就要考虑——在脱节随着仍处于社会边缘的部门被纳入一体化而逐渐变得缓和的情况下——"欠发达"是否会消失。这仅仅是一种设想，但是令人担心的是统治还会继续存在，特别是在技术发明领域。就是在这种假设中，"欠发达"的类型也会不同于目前的"欠发达"一般类型。在拉丁美洲，人们把研究重点放在依附方面而不是脱节方面就反映了这种担心。

然而，我们要指出的是，当前没有任何迹象表明处于社会边缘的部门会逐渐消失并被纳入一体化的体系。例如在墨西哥，"处于社会边缘"的人口仍占全体人口的一半，而经济增长速度已经放慢，在人均 300 美元的水平以下！我们认为，人们之所以产生处于社会边缘的部门会逐渐消失的幻想，原因是这个国家 1910～1960 年异乎寻常的现代化，能够实现这次现代化完全是由于 1910 年的土地革命和卡德纳斯执政时期的国有化（1939～1940 年）。这是很久以后在"第三世界"其他国家（印度、埃及等）得到发展的一股潮流的第一次实践。直至出现相反的情况，这种类型的"资产阶级"（或者"小资产阶级"）民族主义不大可能超越这个界限，因为它不可能与世界体系决裂。墨西哥的经济持续增长越来越依赖于对美国的劳动力输出（全部 5000 万人口中的 700 多万已经在美国充当季节工）和旅游业，反映了新形式的依附和"欠发达"的颇具意义的其他趋势（未来趋势），对这个国家来说难道不是很有特点的吗？

对前途问题的分析的关注不应当忘记当前的现实。直到目前为止，世界体系的主要趋势是中心与外围差距的扩大而不是缩小。从这个意义上说，帝国主义问题继续构成了唯一的真正问题。皮尔逊报告①的观点

---

① 《发展中的伙伴》，纽约，1969。参见我们对该报告的批评文章。《加深的差距：70 年代的发展》，纽约，1971。

雄辩地证明了这一点。任何要掩盖这一基本现实的企图都会使分析失去科学性而最终陷入卫道士的意识形态，不管这种企图是多么巧妙。我们认为，一种新的不平等国际专业化的超现代趋势是未来科学研究的更为重要的领域，即使这种趋势还处于萌芽状态。因此，我们在本书中特别强调这种趋势。总而言之，在目前的世界体系中以及在刚刚出现的新的世界体系中，不平等贸易问题仍旧是现实问题，因为这关系到不平等的国际劳动分工（因而也关系到不平等贸易）。既然贸易仍然是反映直接表面不平等的一种现象，因此这个问题不具有最根本的重要地位。问题的本质，正像我们在本书中指出的，存在于以自我为中心和外向的辩证矛盾关系之中（或者说是存在于发达和"欠发达"这种关系之中）。

如果人们仅注意表面现象而不把这种关系只是作为分析的出发点来加以考虑，那就有可能陷入实证主义的经验论，这是很正常的。在这方面，我们可以以关于世界范围利润率调整的讨论作为例子，这种调整仅仅是一种趋势，它还会遇到另外一种趋势的反抗（垄断之间的不平等、各国国内政策的相互影响等）。关于劳动市场的动力的讨论也属于这一类情况。外围较高的剩余价值率的原因我们在本书中已经分析过了，它意味着对中心有利的价值转移。但是，与此同时还形成了一个由洲际移民引发的世界劳动市场（刚刚处于萌芽状态）。第二次世界大战后高级技术人员的"人才流失"拉开了这一趋势的序幕。像以往一样，在资本需要劳动力的地方，劳动受资本的支配，而不是相反。如果这种移民万一在今后占据了主要地位，那么民族和文化差异就必定会受到资本的剥削，当今发达世界的移民工人的不平等地位充分证明了这一点。最终，大量的劳动力转移有可能形成一种与今天的外部殖民化相对应的"内部殖民化"。拉丁美洲作为美国的内部殖民地、黑人形成了南非国内的殖民地就是这种范例。这提醒我们应当认真对待种族主义和普遍的种族隔离的交替出现。在这里，政治变成了压倒一切的问题，"不平等贸易"成为"发达"社会的内在问题，从而作为国际贸易的一种形式消失了。

五是本书此次再版只是在第一版的基础上做了稍许修订。许多排版和印刷错误得到了改正。有时显得过于累赘的文笔没有加以修改，因而也反映出作为本书基础的授课讲义的口语化原貌。篇幅较长是出于教学的需要和作者为了使学习社会科学专业的大学生们，甚至不是专门学习经济学的大学生都能看懂。例如，我们觉得讲述商品贸易条件和生产率的比较演变较之以分析复合要素的贸易条件的演变方式来直接用经济学术语谈论问题更为清晰。对于书中很多比较旧的参考资料，我们以为没有多大必要加以更新，因为我们在本书中坚持的很大一部分观点在十几年以前就曾表述过。这样做既不是出于懒惰，也不是出于怀旧，而仅仅是由于最近发表的有关这个课题的著述没有任何新东西。有人认为没有必要再对 10 年以前流行的增长阶段论进行批评：罗斯托的理论不再受到重视了。但是无论如何他曾经是美国一届总统的顾问，而且相当多的政府制定的经济政策仍然以虚假的阶段论假设作为理论基础。"专家治国论者"由于文化贫乏而对这类"社会科学"表示满意。此外，在知识界和大学界，今天当人们谈论罗斯托的理论时都一笑置之；而就在不久前，人们对他还十分仰慕，而且在创立"欠发达"的发展理论方面不必对他加以否定。我们认为，凯恩斯时期和20世纪四五十年代的凯恩斯主义时期是当代大学经济学的重要时期。后来占上风的实证主义的专家治国论和经济计量学潮流只是凯恩斯思想和后凯恩斯思想在应用领域里的反映。尽管变化的时尚使这一潮流在表面上有所更新，但是今天它在这个领域及消费品领域已完全丧失了潜力。大学经济学的真正复兴要从对根本思想的批评开始，这些根本思想曾经是这一学科的起源。

因此，我们认为，而且继续认为，在这一领域对主观主义的边际效用经济学说进行彻底的批判是至关重要的。皮埃罗·斯特拉法对边际效用主义的批判①实际上已经敲响了主观价值学说的丧钟。继李嘉图和马克思之后，斯特拉法再次发现，宏观经济是根源所在，决定着无产阶级和资产阶级之间收入分配差别的社会力量对比，还决定着经济总平衡的所有条件，超出这种社会力量对比的效益计算没有任何合理性。因而我们认为，关于"欠发达"的理论，在对主观主义的价值学说进行批判的同时，有必要深入探索普遍一致的意识形态的根源。总而言之，大学的教学经验使我们确信这一点。剩余价值率所具有的决定性作用以及由此决定了的利润率的有限的、次要的作用在发展经济学和欠发展经济学领域带有根本的重要性（第二章的第二节）。从理论上坚持这一点要求我们进行多方面的研究以取代生产能力和消费能力之间的矛盾所具有的决定性地位：如果不进行这种分析，倍数机制由外围向中心的"转移"就无法理解。不过，我们在本书中仅探讨到此为止。无疑，从另外一种角度来写的另一本书（从对主观价值理论进行彻底批判的角度）将涉及另外一些问题，其中特别是价值转化为价格的问题②。

在对主观价值学说进行了彻底批判之后，应当根据这种精神来对理论上不那么重要，但在实践中同样重要的那些问题加以研究。有关"货币独立"的幻想，特别是国际关系领域形势发展及其前景的含混不清，理论上的实证主义的经验主义以及对汇兑市场的操纵控制等问题，应当根据对发展理论和欠发展理论以及主观价值理论

① 皮埃罗·斯特拉法：《商业式的商品生产》，剑桥，1960。

② 博尔特基耶维奇 1907 年第一次提出了这个问题，随后在很长时期内对该问题进行了争论，参加争论的有娜塔莉·莫什科弗斯卡、希尔费丁、布丹等人。斯威齐（《资本主义的发展理论》，第 7 章，纽约，1942）和埃马纽埃尔（《人类与社会》第 18 期，1970）后来都再次对这个问题进行了争论。在这些争论中，人们看到了劳动价值学说的"失败"，并且有些人试图把这个学说与主观学说加以"合并"。我们认为，斯特拉法的研究成果揭露了这种做法的错误，并且重新恢复了劳动价值的完整意义。当然，我们在这里不可能对这类问题进行认真的讨论。

的批判来加以重新研究。所以我们多次重复这种批判。

当然，由于本书是对一种理论，即发展和欠发展经济学理论进行批评，因此，需要做一项实实在在的工作，这是读者在书中所看不到的：刚刚处于萌芽状态的一种社会形态的理论，甚至是关于前资本主义形态和"文明活动"的一种更普遍的理论①。

另外有必要指出，本书的第一版肯定没有对拉丁美洲的情况充分加以分析②，这也是一切非卫道士的欠发展经济学的不足。拉丁美洲问题研究的创始人是劳尔·普雷维什。我们在本书中也指出了不

---

① 关于这个课题，请参见 A. 佩尔蒂埃和 J. J. 戈布洛所著《历史唯物主义与文明史》一书中关于这个问题的出色的导言，社会出版社，1969。关于阿拉伯世界，请参见 A. 库德西的文章《阿拉伯世界的民族主义与阶级斗争》，《每月评论》第 22 期，1970。

② 这一方面的参考书目很多，需要援引的至少有以下几本。巴勃罗·贡萨雷斯·卡萨诺瓦：《墨西哥的民主》，安特罗波斯出版社，1969；费尔南多·恩利克·卡尔多素：《依附社会的政治与发展》，安特罗波斯出版社，1971，《拉丁美洲的发展社会学》，安特罗波斯出版社，1969；里卡多·西伯蒂、恩素·法莱托、费·恩·卡尔多素和恩·法莱托：《拉丁美洲的依附性与发展》，拉丁美洲经济与社会规划研究所，圣地亚哥，1967；阿尔多·费莱：《阿根廷的经济：它的发展阶段与目前存在的问题》，墨西哥城，1965；安德烈·冈德·弗兰克、塞尔索·富尔塔多：《美国与拉丁美洲的"欠发达"》，巴黎，1970；希诺·赫尔玛尼：《一个过渡时期的社会与政策：从传统社会到群众社会》，布宜诺斯艾利斯，1965；弗朗斯·辛克拉梅特和其他作者：《不均衡发展的辩证法》，CEREN，1970 年第 6 期，圣地亚哥；奥克塔沃·亚尼：《国家资本主义——巴西的工业化与社会结构》，里约热内卢，1965；马尔科斯·卡普兰、何塞·马托斯·马尔、鲁伊·莫罗·马利尼：《"欠发达"与革命》，墨西哥城，1969；尼亚卡·维莱拉露斯：《1808～1930 年巴西为实现工业化所做的斗争》，圣保罗，1961；厄克托·西尔瓦、何塞·米切莱纳、何塞·多明戈斯和其他作者《乌拉圭的经济发展进程》，蒙得维的亚，1969；里卡多·M. 欧尔蒂斯：《阿根廷经济史》，布宜诺斯艾利斯，1955；阿尼巴·平托、阿尼巴·吉哈诺、特奥托尼奥·多斯桑托斯：《依附性与社会变迁》，圣地亚哥，1970；《社会主义或法西斯主义——美洲的拉丁式二分论法》，圣地亚哥，1969；罗多尔福·斯塔芬哈根：《非洲国家的社会阶级》，安特罗波斯出版社，1969；奥斯瓦尔多·逊克尔、玛丽娅·孔塞松·塔瓦雷斯、托尔夸托·迪·特利亚：《关于工业化的第一次冲击波的理论》，布宜诺斯艾利斯，1964；克劳迪奥·维利斯、弗朗西斯科·维福特、卡尔多素和维福特：《依附性的社会学》，圣地亚哥，1971；马歇尔·沃尔夫以及许多其他作者，可惜的是我们还没有读过他们的著作。

平等贸易的理论是由他创立的，即使他第一次创立这种理论的形势背景已经失去了其意义。批评理论的创立也应当主要归功于由他领导的联合国拉丁美洲经济委员会。我们是赞同这种理论的，因为正是联合国拉丁美洲经济委员会首先对众多的问题加以分析研究，其次才出现了当前的拉丁美洲各种学派，如对进口替代政策的批评及依附理论。

亚洲，特别是非洲在这一研究领域里的惊人的落后从另一角度证明了拉丁美洲的贡献的重要性。至今在亚洲和非洲把增长与发展混为一谈的事屡见不鲜。涉足这种落后的原因领域便会立刻促使人们对大学的作用加以思索。因为拉丁美洲的大学自 20 世纪 20 年代起就开始对中等阶级敞开了大门，这种开放的速度有时超过了发达世界的大学。贵族的、法律的和实证主义的古老文化受到了社会科学的冲击。然而，如果说美国的大学的这种开放没有遇到严重的意外情况，但人们知道落后于时代的欧洲国家只是在最近才进入这个阶段，而且无法克服大学的危机（法国的情况就是一个证明）。拉丁美洲的制度一直没有能力接受外围资本主义所不需要的这种变革，长久的酝酿时期促使形成了一个真正的知识分子阶层，并且使其质量达到了异乎寻常的高水平。在亚洲和非洲，直接殖民化制度避免了这种具有推动作用的矛盾的产生。正是应当在这个背景下来观察目前"第三世界"，尤其是法语非洲对大学有步骤的破坏政策，这一政策的目的是要把教育仅限于培养应用型的技术人员并遏制有能力对"欠发达"问题加以思索的真正的知识分子。

因此，对"欠发达"的批评不仅对经济的复兴，而且对社会科学的复兴具有重要的作用。重视经济增长并对"效益"和经济计量学充满幻想的"发展的第一个十年"（20 世纪 60 年代）是一个明显的失败。所以，对"第二个十年"来说，甚至联合国也开始认识到"增长不等于发展"。从此经济学家的批评将随时招致方式上的风险，即无害的、最终又是含糊不清的假综合分析家会削弱经济学家的批评。结构主义学派拒绝探寻制度中的具有推动作用的矛盾，它为这种活动提供了方便①。这就是说，对"欠发达"的理论上的批评要导致对世界资本主义体系的批评，在社会研究领域里没有外交学的位置②。

萨米尔·阿明

1971 年 7 月

---

① 在这方面的代表人物至少有冈纳·缪尔达尔：《亚洲的悲剧：国家贫困的探索》，彭吉恩出版社，3 卷本，1968；阿瑟·刘易斯：《发展的进程》，1971；汉斯·辛格：《贸易与投资的利润分配》，修订本，国际发展局，布莱顿，1971，油印文献；联合国社会发展研究所的一个科研小组也在从事"发展问题的统一途径"的研究（日内瓦，该项研究工作正在进行中）。缪尔达尔的分析方法最为系统，但属于结构主义学派，他否认生产关系具有最后的决定作用，这种经济主义的批评导致了心理主义。如果说阿瑟·刘易斯的努力没有超脱对"经济""社会"计划的折中主义排列，而汉斯·辛格的有勇气的自我批评是试图把统治和帝国主义切实纳入经济分析中来。

② 冈纳·缪尔达尔正是这样说的。

参考文献

Abdallah, I. *Monnaie et structure économique.* Cairo, 1952.

Abramović, D., et al. *Economic Growth and External Debt.* 1964.

Ady, P. "Colonial Industrialisation and British Employment." *Review of Economic Studies*, Winter 1943.

Aftalion, A. *Les crises périodiques de surproduction.* Paris, 1913.

———. *Monnaie, prix et change.* Paris, 1935.

———. *L'or et sa distribution mondiale.* Paris, 1932.

Akerman, J. "Discontinuities of Employment Cycles." *Nordisk Tidskrift for Teknisk Økonomie* (1-4), 1948.

———. "Le problème de l'équilibre international dans les économies en voie de développement." *Bulletin Int. Sc. Soc.*, Spring 1951.

———. "Structural Limits in Economic Development." *De Economist,* 1949.

al Said, M. H. *L'Egypte contemporaine.* 1962.

Albertini, J-M. *Les mécanismes du sous-développement.* Paris, 1966.

Allais, M. *Economie et intérêt.* Paris, 1947.

Allen, J. C. *A Short Economic History of Modern Japan.* London, 1963.

Amin, S. *L'Afrique de l'Ouest bloquée: l'économie politique de la colonisation, 1880-1970.* Paris, 1971.

———. "La bourgeoisie d'affaires sénégalaise." *L'homme et la société,* 2d quarter 1969.

———. "Le commerce interafricain." *Le Mois en Afrique,* December 1967.

———. "Le développement du capitalisme en Afrique noire." In *En partant du "Capital,"* edited by Victor Fay. Paris, 1968.

———. *Le développement du capitalisme en Côte d'Ivoire.* Paris, 1967.

———. *L'économie du Maghreb.* 2 vols. Paris, 1966.

———. "Les effets structurels de l'intégration internationale des économies précapitalistes, une étude théorique du mécanisme qui a engendré les économies dites sous-développés." Thesis. Paris, 1957.

———. "L'évolution des structures de financement du développement économique en Egypte de 1952 à 1967." In *Studies in the Economic History of the Middle East.* London, 1970.

———. "L'intégration internationale des sociétés précapitalistes." Duplicated. Paris, 1957.

———. *Le monde des affaires sénégalais.* Paris, 1969.

———. "La politique coloniale française à l'égard de la bourgeoisie commerçante sénégalaise, 1820-1960." Colloque de l'AIA, 1969.

———. "Pour un aménagement du système monétaire des pays africains de la zone franc." *Le Mois en Afrique,* May 1969.

———. "Sous-développement et marché mondial." *Politique aujourd'hui,* September 1969.

———. *Trois expériences africaines de développement: le Mali, la Guinée et le Ghana.* Paris, 1965.

———. *L'utilisation des revenus susceptibles d'épargne en Egypte de 1939 à 1953.* Statistical thesis. Paris, 1955.

Amin, S., and Coquery-Vidrovitch, C. *Du Congo français à l'UDEAC—histoire économique de l'Afrique équatoriale, 1880-1969.* Paris and Dakar, 1969.

Angell, J. W. *Investments and Business Cycles.* 1941. Reprint ed. 1973.

———. *Theory of International Prices.* 1926. Reprint ed. 1972.

Anstey, V. *The Economic Development of India.* London and New York, 1929. Rev. ed. 1936.

Aron, R. *La lutte des classes.* Paris, 1967.

Arrighi, G. Communication to the Congress on African Studies, Montreal, October 1969.

———. "International Corporations, Labor Aristocracies, and Economic Development in Tropical Africa." In *Essays on the Political Economy of Africa,* G. Arrighi and J. S. Saul. New York, 1973.

———. "Labor Supplies in Historical Perspective: A Study of the Proletarianization of the African Peasantry in Rhodesia." In *Essays on the*

Political Economy of Africa, G. Arrighi and J. S. Saul. New York, 1973.

———. "The Political Economy of Rhodesia." In *Essays on the Political Economy of Africa,* G. Arrighi and J. S. Saul. New York, 1973.

Arrighi, G., and Saul, J. S. *Essays on the Political Economy of Africa.* New York, 1973.

———. "Nationalism and Revolution in Sub-Saharan Africa." In Arrighi and Saul, op. cit.

———. "Socialism and Economic Development in Tropical Africa." In Arrighi and Saul, op. cit.

Aubrey, H. G. "Deliberate Industrialisation." *Social Research,* June 1949.

Aujac. "L'inflation: conséquence monétaire du comportement des groupes sociaux." *Economie appliquée,* 1950.

Avineri, S., ed. *Karl Marx on Colonialism and Modernization.* New York, 1969.

Awad, A. *L'évolution de la monnaie en Egypte et l'avenir de la libre égyptienne.* 1942.

Backman, J. *Price Flexibility and Inflexibility.* New York, 1940.

Bailly, J., and Florian, P. "L'exacerbation des contradictions dans les économies semi-industrialisés." *Critique de l'économie politique* 3 (1971).

Bain, J. S. "Measurement of the Degree of Monopoly. A Note." *Economica,* 1943.

Bairoch, P. "Evolution 1960-67 et perspectives à court terme de l'économie du Tiers Monde." Colloquium of the Vienna Institute for Development and Co-operation, June 1968.

———. *Révolution industrielle et sous-développement.* 1963.

Balogh, T. "The International Equilibrium and U.S. Private Investments." *O.U.I.S. Bull. Ag.,* 1951.

———. "Note on Deliberate Industrialisation for Higher Incomes." *Economic Journal,* June 1947.

———. "Some Theoretical Problems of Post-war Foreign Investment Policy." *Oxford Economic Papers,* March 1945.

———. "South Africa's Hot Money Problem." *The Banker,* June 1948.

———. "Static Models and Current Problems in International Economics." *Oxford Economic Papers,* June 1939.

Bank of England. *U.K. Overseas Investments, 1938-1948.* London, 1950.

Baran, P. A. *The Political Economy of Growth.* New York and London, 1957.

Baran, P. A. and Hobsbawm, E. "The Stages of Economic Growth." *Kyklos* 2 (1961).

Baran, P. A. and Sweezy, P. M. *Monopoly Capital: An Essay on the American Economic and Social Order.* New York and London, 1966.

———. "Notes on the Theory of Imperialism. Problems of Economic Dynamics and Planning." In *Essays in Honor of Michael Kalecki.* Oxford, 1963.

Barnerias, J. S. *L'équilibre économique international; nouveaux aspects de la théorie.* Paris, 1952.

Barrère, A. *Théorie économique et impulsion keynésienne.* Paris, 1952.

Barret, F. *L'évolution du capitalisme japonais.* Paris, 1945.

Bastable, C. F. *The Theory of International Trade with Some of Its Applications to Economic Policy.* London, 1887.

Baster, A. S. J. *The Imperial Banks.* London, 1929.

Bauer, P. T., and Paish. "The Reduction of Fluctuations in the Incomes of Primary Producers." *Economic Journal,* December 1952.

Bauer, P. T., and Yamey, B. S. "Economic Progress and Occupational Distribution." *Economic Journal,* December 1951.

Belshaw, M. "Economic Development in Asia." *Economia Internazionale,* November 1952.

———. "Observations on Industrialisation for Higher Incomes." *Economic Journal,* September 1947.

———. "Stabilisation in a Dependent Economy." *Economic Review,* April 1939.

Bénard, J. *La conception marxiste du capital.* Paris, 1951.

Berg, E. "Structure des salaires dans les pays peu développés." Colloquium, Egelund, Denmark, 23-27 October 1967.

Bernstein, E. M., and Patel, I. G. "Inflation in Relation to Economic Development." IMF Staff Papers, November 1952.

Bertin, G. Y. *L'investissement international.* Paris, 1967.

Bettelheim, C. *L'économie allemande sous le nazisme.* Paris, 1945.

———. *Nouveaux aspects de la théorie de l'emploi.* Paris, 1952.

———. "A propos du 'Marxisme de Mao': lettre à Rossana Rossanda" (March 1971). In *Il Manifesto* (Rome).

———. "Revenu national, épargne, investissement chez Marx et Keynes." *Revue d'économie politique* 2, 1948.

———. *Studies in the Theory of Planning.* Bombay and New York, 1961.

Bézy, F. "La situation économique et sociale du Congo-Kinshasa." *Cultures et développement* 1:3 (1969).

Biacabe, P. *Analyses contemporaines de l'inflation.* Paris, 1962.

Bienaymé, A. *Croissance et monnaie en plein emploi.* Paris, 1964.

Black, J., and Tsou, S. "International Commodity Arrangements." *Quarterly Journal of Economics,* August 1944.

Blanchard. "La deuxième phase de la crise en Egypte." *Egypte contemporaine,* 1931.

———. "La crise en Egypte." *Egypte contemporaine,* 1931.

Bloch Lainé. *La zone franc.* Paris, 1956.

Blowers, G. A., and Macleod, A. N. "Currency Unification in Libya." In *IMF Staff Papers,* November 1952.

Boeke, J. H. *Economics and Economic Policy of Dual Societies.* Haarlem, 1953.

Bonné,. A. *State and Economics in the Middle East.* 1955. Reprint ed. Greenwich, Conn., 1973.

Booker, H. S. "Debt in Africa." *African Affairs,* April 1949.

Boserup, E. *The Conditions of Agricultural Growth.* Chicago, 1965.

Boudeville. "Commerce extérieur, revenu national et dévaluation." *Revue économique,* October 1950.

Bower, P. A. *The Balance of Payment of Nigeria in 1936.* Oxford, 1949.

Breguel. "La croissance du fardeau fiscal et l'inflation dans les pays capitalistes." *Questions d'économie,* 1953.

Bresciani-Turroni, C. *The Economics of Inflation.* London, 1937. Reprint ed. New York, 1968.

———. "Egypt's Balance of Trade." *Journal of Political Economy,* June 1934.

———. *Inductive Verification of the Theory of International Payments.* Cairo, 1933.

———. "Les problèmes monétaires contemporaines." *Revue économique,* 1950.

Bronfenbrenner, M. "The High Cost of Economic Development." *Land Economy,* May 1953.

Brown, A. J. *Applied Economics.* New York, 1948.

———. *Economic Problems of a Tropical Dependency.* London, 1948.

———. *Industrialisation and Trade.* London, 1943.

———. *The International Gold Standard Reinterpreted.* New York, 1940.

———. "Should Commodity Prices Be Stabilized?" *District Bank Review,* December 1953.

Brus, W. *Problèmes généraux du fonctionnement de l'économie socialiste.* Paris, 1968.

Bruton, H. J. "Growth Models and Underdeveloped Countries." *Journal of Political Economy*, August 1955.

——. "Productivity, the Trade Balance and the Terms of Trade." *Economia internazionale*, August 1955.

Buchanan, D. H. "The Historical Approach to Rent and Price Theory." *Economica*, 1929.

Buchanan, N. S. "Deliberate Industrialisation for Higher Income." *Economic Journal*, December 1956.

——. *International Investment and Domestic Welfare*. New York, 1945.

Bukharin, N. *Imperialism and World Economy*. 1915. Reprint ed. New York, 1973.

Bunle and Rist. *Tableaux du commerce international de 1890 à 1938*. Sirey, 1950.

Burnham, J. *The Managerial Revolution*. New York, 1941.

Burns, A. R. "The Organisation of Industry and the Theory of Prices." *Journal of Political Economy*, February-December 1937.

Byé, M. "La grande unité interterritoriale dans l'industrie extractive et ses plans." In *Cahiers de l'ISEA*, Series F.

——. "Les principes de la spécialisation internationale." Duplicated. Lectures, cours de doctorat, Paris, 1953-54.

——. *Les relations économiques internationales*. Paris, 1969.

——. "Les relations entre l'investissement international et la structure nationale." Lectures, cours de doctorat, Paris, 1950-51.

——. *La spécialisation internationale*. Cours de doctorat, 1953-54.

——. "Stabilité internationale et économies nationales: remarques sur l'exposé du Professeur Lundberg." Rome Congress, September 1956.

——. *La transmission internationale des fluctuations économiques*. Course of lectures, cours du doctorat, Paris, 1952-53.

Cairncross, A. K. *Home and Foreign Investment, 1870-1913*. Cambridge, 1953.

Calcaterra. "La possibiltà di divergenza fra i livelli nazionali dei prezzi." *Revista internazionale di scienze sociali*, September-October 1950.

Cannan, E. "The Application of the Theoretical Apparatus of Supply and Demand to Units of Currency." *Economic Journal*, 1921.

Cardoso, F. H. *Politique et développement dans les sociétés dépendantes*. Paris, 1971.

——. *Sociologie du développement en Amérique latine*. Paris, 1969.

Cardoso, F. H., and Faletto, E. *Dependencia y desarrollo en America latina*. Santiago, 1967.

Cardoso, F. H., and Welfort, F. *Sociologia de la dependencia.* Santiago, 1971.

Carter, P. R. "The Modern Dual Economy, A Cost-Benefit Analysis of Lamco Cy." Duplicated. Conference on Planning, Monrovia, 1971.

Cassel, G. "The Rate of Interest, the Bank Rate and the Stabilisation of Prices." *Quarterly Journal of Economics,* 1928.

Central African Statistical Office. *The Balance of Payments of Southern Rhodesia, 1946-1952.* Salisbury, Rhodesia, 1953.

"Ceylon's Central Banking Experiment." *The Banker,* July 1950.

Chabert, A. *Structure économique et théorique monétaire.* Paris, 1956.

Chalmers, R. *A History of Currency in the British Colonies.* London, 1893.

Chamberlin, E. H. *The Theory of Monopolistic Competition.* 1932.

Chang, T. *Agriculture and Industrialisation.* Cambridge, 1949.

———. "The British Balance, 1924-1938." *Economic Journal,* December 1947.

———. "The British Demand for Imports in the Inter-war Period." *Review of Economics and Statistics,* June 1946.

———. *Cyclical Movements in the Balance of Payments.* Cambridge, 1951.

———. "A Further Note on the British Balance." *Economica,* August 1946.

———. "International Comparisons of Demand for Imports." *Review of Economic Studies* 34, 45, 46.

———. "A Statistical Note on World Demand for Imports." *Review of Economics and Statistics,* May 1948.

Chatelain, E. "Où mène la thèse de l'échange inégal?" *Critiques de l'économie politique* 3, 1971.

Chenery, H. R. "The Application of Investment Criteria." *Quarterly Journal of Economics,* February 1953.

———. *Cartels, Combines and Trusts.* 1944.

Clark, C. *The Conditions of Economic Progress.* London, 1940.

———. "Determination of the Multiplier from National Income Statistics." *Economic Journal,* 1938.

———. "The National Income of Great Britain in 1932." *Economic Journal,* June 1933.

Clark, C., and Crawford, J. C. *The National Income of Australia.* London, 1938.

Clausen, G. L. M. "The British Colonial Currency System." *Economic Journal,* April 1944.

Colon Torrès, R. "Agricultural Credit in the Caribbean." *Caribbean Economic Review,* December 1952.

Conan, A. R. "Balance of Payments of the Colonies." *The Banker,* April 1949.

———. "India's Balance of Payments Problem." *The Banker,* December 1949.

Condliffe, J. B. *The Commerce of Nations.* London, 1951.

Coquery-Vidrovitch, C. "De la traite négrière à l'exploitation des palmistes du Dahomey: XIXe siècle." Communication to the AIA seminar, Freetown, 1969.

———. "Recherches sur une mode de production africaine." *La Pensée,* April 1969.

Corea. "Overall Budgetary Policy in an Export Economy." *Ceylon Economist,* 1950.

Courtin. "L'intérêt." Course of lectures, Paris, 1949-50.

———. *Théorie de l'intérêt.* Cours du doctorat, Paris, 1949-50.

Cox, O. C. *Capitalism as a System.* New York, 1964.

Crouchley, A. E. *The Investment of Foreign Capital in Egyptian Companies and Public Debt.* London, 1936.

d'Alauro, O. "Commercio internazionale e concorrenza monopolistica." *Economia internazionale,* November 1949.

Dantwala, M. L. "Agricultural Credit in India—the Missing Link." *Pacific Affairs,* December 1952.

Das, N. *Industrial Enterprise in India.* 1938. Reprint ed. New York, 1962.

Datta, B. *The Economics of Industrialisation.* 3d rev. ed. Calcutta, 1960.

Davis, S. "Experience Under Intergovernmental Commodity Agreements, 1902-45." *Journal of Political Economy,* June 1946.

Day, A. C. L. "Devaluation and the Balance of Payments." *Economica,* November 1950.

de Cecco, M. "The Influence of Multinational Corporations on the Economic Policies of Underdeveloped Countries." Duplicated. Paper presented at the Tilburg Conference, 1970.

Delbard. "Les dynamismes sociaux au Sénégal." Mimeographed. Dakar, 1965.

Denis, H. *La monnaie.* Paris, 1951.

———. "Le rôle des débouchés préalables dans la croissance économique de l'Europe occidentale et des Etats-Unis." *Cahiers de l'ISEA,* Series P, no. 5, 1961.

———. "Le sens et la portée des coûts comparés." *Revue d'économie politique*, 1940.

de Vries, M. G. "The Magnitudes of Exchange Devaluations." *Finance and Development* 2, 1968.

Dike, K. O. *Trade and Politics in the Niger Delta, 1830-1885*. Oxford, 1956.

"Distribution et contrôle du crédit." *Revue économique*, 1951.

Di Tella, T. *Una teoria sobre el primer impacto de la industrializacion*. Buenos Aires, 1964.

Divatia, M. V., and Trivedi, H. M. *Industrial Capital in India (1938-39)*. Bombay, 1947.

Dobb, M. "Note sur le degré d'intensité capitalistique des investissements dans les pays sous-développés." *Economie appliquée*, 1954.

———. *Political Economy and Capitalism*. 1945. Reprint ed. Greenwich, Conn., 1972.

———. *Studies in the Development of Capitalism*. Rev. ed. New York, 1964.

Dobretsberger, J. "Théorie des territoires économiques." *Economie appliquée*, 1950.

Domar, E. "The Effect of Foreign Investment and Underdeveloped Countries." *Journal of Political Economy*, February 1953.

———. "The Effects of Foreign Investments on the Balance of Payments." *American Economic Review*, December 1940.

Dos Santos, T. *Dependencia y cambio social*. Santiago, 1970.

———. *Socialismo o fascismo, dilema latino-americano*. Santiago, 1969.

Ducros, B. "Les investissements américains à l'étranger et l'équilibre international." *Revue économique*, March 1954.

Dusenberry, J. S. *Income, Saving, and the Theory of Consumer Behavior*. Cambridge, Mass., 1949.

Duncan, A. J. "South African Capital Imports, 1893-98." *Canadian Journal of Economics and Political Science*, February 1948.

Dunlop, J. T. "Price Flexibility and the 'Degree of Monopoly.'" *Quarterly Journal of Economics*, August 1939.

Dupriez, L. H. *Les mouvements économiques généraux*. Louvain, 1947.

Durand, D. *La politique pétrolière internationale*. Paris, 1962.

Durand, H. *Essai sur la conjoncture de l'Afrique Noire*. Paris, 1957.

Duret, J. *Le marxisme et les crises*. Paris, 1933.

Dutt, R. P. *India Today*. London, 1940.

———. *Modern India*. London, 1927.

Edgeworth, F. Y. *Papers Relating to Political Economy.* 1925. Reprint ed. New York, 1970.

———. Review. *Economic Journal,* 1897.

Einzig, P. *International Gold Movements.* London, 1931.

el Kodsy, A. "Nationalism and Class Struggles in the Arab World." *Monthly Review* 22, 1970.

Ellis, H. "Some Fundamentals in the Theory of Velocity." *Quarterly Journal of Economics,* 1938.

Ellsworth, P. T. *Chile, An Economy in Transition.* New York, 1945.

———. *The International Economy.* New York, 1956.

Emmanuel, A. "La question de l'échange inégal." *L'homme et la société* 18, 1970.

———. *Unequal Exchange: A Study of the Imperialism of Trade.* Brian Pearce, trans. New York and London, 1972.

Engler, R. *The Politics of Oil.* New York, 1961.

Enke, S., and Salera, V. *International Economics.* 2d ed. New York, 1953.

Ewing, A. *Industry in Africa.* London, 1968.

Exter. *Report on the Establishment of a Central Bank in Ceylon.* Ceylon Government, 1948.

FAO (Food and Agriculture Organization). *Agricultural Credit for Small Farmers.*

———. *A Reconsideration of the Economics of the International Wheat Agreement.* Rome, 1952.

Falkowski, M. *Problèmes de la croissance du Tiers Monde vus par les économistes des pays socialistes.* Payot, 1968.

Fang, H. *Industrial Capital in China.* Tientsin, 1936.

Fanno, M. *Trasferimenti anormali dei capitali.* Turin, 1935.

Fay, V., ed. *En partant du "Capital."* Paris, 1968.

Federici. "On the Validity of the Principle of Foreign-Trade Multiplier." *Economia internazionale,* August 1950.

Feis, H. *Europe the World's Banker, 1870-1914.* New Haven, Conn., 1930.

Félix, D. "Structural Imbalances, Social Conflict and Inflation." *Economic Development and Cultural Change,* January 1960.

Fellner, W. "The Capital-Output Ratio in Dynamic Economics." In *Money, Trade and Economic Growth: Essays in Honor of John Henry Williams.* New York, 1951.

———. *Competition Among the Few.* New York, 1949.

Fellner, W., and Haley, B. F., eds. *Readings in the Theory of Income Distribution.* Homewood, Ill., 1951.

Ferns, H. S. "Investment and Trade Between Britain and Argentina in the 19th Century." *Economic History Review*, 1950.

Ferrer, A. *La economia argentina, las etapas de su desarrollo y problemas actuales*. Mexico City, 1965.

Fetter, T. A. *A Masquerade of Monopoly*. 1931. Reprint ed. 1966.

Fitch, B., and Oppenheimer, M. *Ghana: End of an Illusion*. New York, 1966.

Flamant, M. *Théorie de l'inflation et politiques anti-inflationnistes: essai d'application des concepts keynésiens*. Paris, 1952.

Florian, P. "Emmanuel chez les philistins." *Critiques de l'économie politiques* 3, 1971.

Forté, A. *Les banques en Egypte*. Paris, 1938.

Frank, A. G. *Capitalism and Underdevelopment in Latin America*. New York, 1967.

———. "The Development of Underdevelopment." In *Latin America: Underdevelopment or Revolution*. New York, 1969.

———. "Sociology of Development and Underdevelopment of Sociology." In op. cit.

———. "Walt Whitman Rostow: Ode to Underdevelopment." *Tricontinental* 7, 1968.

Frankel, S. H. "The Industrialisation of Agricultural Countries and the Possibility of a New International Division of Labour." *Economic Journal*, June-September 1943.

———. "The Situation in South Africa, 1929-32." *Economic Journal*, March 1933.

Franklin, N. N. "South Africa's Balance of Payments and the Sterling Area, 1939-1950." *Economic Journal*, June 1951.

Friedman, M. *Studies in the Quantity Theory of Money*. Chicago, 1956.

Furtado, C. *Development and Stagnation in Latin America: A Structural Approach*. New Haven, Conn., 1965.

———. *The Economic Growth of Brazil: A Survey from Colonial to Modern Times*. Berkeley, Calif., 1963.

———. *Obstacles to Development in Latin America*. New York, 1970.

GATT (General Agreement on Tariffs and Trade). *Rapports annuels sur le commerce mondial*.

Galbraith, J. K. *The Affluent Society*. 1948. 2d rev. ed. 1969.

———. "Monopoly Power and Price Rigidities." *Quarterly Journal of Economics*, May 1936.

———. *The New Industrial State*. New York, 1971.

Gayer, A. D.; Homan, P. T.; and James, E. K. *The Sugar Economy of Puerto Rico*. New York, 1938.

Gayer, A. D.; Rostow, W. W.; and Schwartz, A. J. *The Growth and Fluctuations of the British Economy, 1790-1850*. Oxford, 1953.

Gendarme. "Le multiplicateur du commerce extérieur." *Revue économique*, October 1950.

Germani, G. *Politica y sociedad en una epoca de transicioni de la sociedad tradicional a la sociedad de masas*. Buenos Aires, 1965.

Ghaleb, G. O. *Les capitaux étrangers en Egypte*. Thesis. Paris.

Gonzalez Casanova, P. *Democracy: Mexico*. New York, 1970.

Goschen, G. J. *The Theory of the Foreign Exchanges*. London, 1864. Reprinted 1932.

Graham, F. D. "International Trade Under Depreciated Paper: the United States, 1862-1879." *Quarterly Journal of Economics*, 1922.

——. "Some Aspects of Protection Further Considered." *Quarterly Journal of Economics*, February 1923.

——. "The Theory of International Values Re-examined." *Quarterly Journal of Economics*, November 1923.

Greaves, I. *Colonial Monetary Conditions*. New York, 1953.

——. "The Sterling Balances of Colonial Territories." *Economic Journal*, September 1950.

Gritly. "The Structure of Modern Industry in Egypt." *Egypte contemporain*, 1947.

Grove, D. L. "The Role of the Banking System in the Chilean Inflation." *IMF Staff Papers*, September 1951.

Gruson, C. *Esquisse d'une théorie générale de l'équilibre économique*. Paris, 1949.

——. *Origines et espoirs de la planification française*. Paris, 1968.

Guitton, H. *Les fluctuations économiques*. Paris, 1951.

Gutelman, M. *L'agriculture socialiste à Cuba*. Paris, 1967.

Haberler, G. *Prosperity and Depression*. Cambridge, Mass., 1964.

——. *The Theory of International Trade*. London, 1936.

Hall, R. L., and Hitch, C. J. "Price Theory and Business Behaviour." *Oxford Economic Papers*, May 1939.

Hansen, A. *Monetary Theory and Fiscal Policy*. New York, 1949.

Harrod, R. F. *The Dollar*. London, 1953. Paperback ed. New York, 1963.

——. *Economics Essays*. London, 1952. Rev. ed. New York, 1973.

——. *Towards a Dynamic Economics*. New York, 1948.

Haupt, O. *L'histoire monétaire de notre temps*. Paris, 1886.

Hazlewood, A. "Sterling Balances and the Colonial Currency System." *Economic Journal*, December 1952.

Heaton, H. *Economic History of Europe.* 1948.

Heckscher, E. "The Effect of Foreign Trade on the Distribution of Income." *Ekonomisk Tidskrift* 21, 1919.

Hicks, J. R. *Contribution to the Theory of the Trade Cycle.* Oxford, 1950.

———. "The Foundations of Welfare Economics." *Economic Journal*, December 1939.

———. "Mr. Keynes and the Classics." *Econometrica*, 1937.

———. "A Suggestion for Simplifying the Theory of Money." *Economica*, 1935.

———. *The Theory of Wages.* New York, 1948.

———. *Value and Capital.* Oxford, 1946.

Higgins, B. "The Dualistic Theory of Under-Developed Areas." *Economic Development and Cultural Change*, January 1956.

Hinkelammert, F., et al. "Dialectica del desarrollo desigual." *CEREN* 6, 1970.

Hinschaw, R. "Foreign Investment and American Employment." *American Economic Review*, May 1950.

Hirschman, A. O. "Devaluation and the Trade Balance." *Review of Economics and Statistics*, November 1945.

———. "Industrial Nations and Industrialisation of Under-developed Countries." *Economia internazionale*, August 1951.

———. *National Power and the Structure of Foreign Trade.* 1945. Reprint ed. Berkeley, Calif., 1969.

———. *The Strategy of Economic Development.* New Haven, Conn., 1958.

Hobson, C. K. *The Export of Capital.* 1914. Reprint ed. New York, 1963.

Hobson, J. A. *Imperialism.* London, 1902.

Horsefield, J. K. "Inflation in Latin America." *IMF Staff Papers*, September 1950.

Hubbard, G. E. *Eastern Industrialization and Its Effect on the West.* 1938. Reprint ed. Greenwich, Conn., 1973.

Hume, D. A. "Political Discourses." In *Essays Moral, Political and Literary.* 1875; New York, 1963.

Humphrey, D. D. "The Nature and Meaning of Rigid Prices, 1890-1933." *Journal of Political Economy*, February-December 1937.

Hymer, S. "The Efficiency of Multinational Corporations." Duplicated.

——. "Excerpt on Mercantilism III, The Age of Multinational Corporations." Duplicated. Paper presented at Tilburg Conference, 1970.

——. "The Multinational Corporation and Its Allies." *New Statements* 1, 1971.

IMF (International Monetary Fund). *Annuaires des balances des paiements extérieurs.*

——. Research and Statistics Department. *A Demand for Money: an International Comparison.* J. O. Adekunle, ed. 1965.

——. *Directions of Trade* and *A Supplement to International Financial Statistics (1962-1966).*

Ianni, O. *Estado e capitalismo, estructura social et industrializacão do Brasil.* Rio de Janeiro, 1965.

Imbert, J. *Histoire économique des origines à 1789.* Paris, 1965.

Imlah, A. H. "The Terms of Trade of the United Kingdom." *Journal of Economic History,* November 1950.

INSEE (Institut National de la Statistique et des Etudes Economiques). *L'Egypte, mémento économique.*

Institut International de Finances Publiques. *Aspects financiers, fiscaux et budgétaires du développement des pays sous-développés.* London, 1951.

IRES–Université Lovanium de Kinshasa. *Indépendance, inflation, développement: l'économie congolaise de 1960 à 1965.* Kinshasa, 1968.

——. *Lettre mensuelle* 1, 1967.

Issawi, C. *Egypt in Revolution: An Economic Analysis.* New York, 1963.

——. "Egypt Since 1800: A Study in Lopsided Development." *Journal of Economic History,* March 1961.

——, ed. *The Economic History of the Middle East, 1800-1914.* Chicago, 1966.

Iversen, C. *Aspects of the Theory of International Capital Movements.* London, 1936.

Jalée, P. *Imperialism in 1970.* New York, 1972.

——. *The Third World in World Economy.* New York, 1969.

Jathar, G. B., and Beri, S. G. *Elements of Indian Economics.* Cambridge, 1949.

Jayawardena. "The Problem of Liquidity in an Underdeveloped Economy." *Ceylon Economist,* 2d quarter 1952.

Jenks, L. H. *The Migration of British Capital to 1875.* New York, 1927.

Jewkes, J. "The Growth of World Industry." *Oxford Economic Papers,* February 1951.

Johnson, H. G. "The De-stabilising Effect of International Commodity Agreements on the Prices of Primary Products." *Economic Journal,* September 1950.

————. "Equilibrium Growth in an International Economy." *Canadian Journal of Economic and Political Science,* November 1953.

Kahn, R. "Investment Criteria in Development Programs." *Quarterly Journal of Economics,* February 1951.

Kaldor, N. "Capital Intensity and the Trade Cycle." *Economica,* February 1939.

————. "A Model of the Trade Cycle." *Economic Journal,* 1940.

————. "Welfare Propositions in Economics." *Economic Journal,* September 1939.

Kalecki, M. "Degree of Monopoly. A Comment." *Economic Journal,* 1942.

————. "The Distribution of National Income." In *Theory of Economic Dynamics.* New York, 1968.

————. *Theory of Economic Dynamics.* New York, 1968.

Keynes, J. M. "The Theory of the Rate of Interest." In *Readings in the Theory of Income Distribution,* edited by W. Fellner and B. F. Haley.

————. *A Treatise on Money.* Vol. 5 and 6 of *The Collected Writings of John Maynard Keynes.* New York, 1972.

Kidron, M. *Western Capitalism Since the War.* London, 1970.

Kindleberger, C. "L'assymétrie dans la balance des paiements." *Revue économique,* March 1954.

————. *The Dollar Shortage.* London, 1950.

————. *European Economic Integration and the Development of a Single Financial Centre for Long-Term Capital.* In *Weltwirtschaftliches Archiv,* 1963.

————. "Foreign Trade Multiplier and Balance Equilibrium." *American Economic Review,* March 1949.

————. *International Economics.* New York, 1953.

————. "International Monetary Stabilization." In *Postwar Economic Problems,* edited by S. Harris. New York, 1943.

————. *International Short-Term Capital Movements.* New York, 1937.

————. "Planning for Foreign Investment." *American Economic Review,* March 1943.

————. *The Terms of Trade.* London, 1956.

Klein, L. R. "Theories of Effective Demand and Employment." *Journal of Political Economy,* 1947.

Knight, F. H. "Profit." *Encyclopedia of the Social Sciences* 12, 1934. Reprinted in *Readings in the Theory of Income Distribution*, edited by W. Fellner and B. Haley.

Knight, F. K. "Capital, Time and the Rate of Interest." In *Encyclopedia Brittanica*. 1946.

Kondratieff, N. D. "The Long Waves in Economic Life." *Review of Economic Statistics*, November 1935.

Kuznets, S. S. "Les différences internationales dans la formation du capital." *Economie appliquée*, 1953.

———. *Income and Wealth of the United States*. Cambridge, 1952.

———. *National Income and Its Composition*. Vol. 1. New York, 1941.

———. *National Income of the United States*. 1946.

———. *The National Product Since 1869*. New York, 1946.

Labasse, J. *Les capitaux et la région*. Paris, 1955.

Lacoste, Y. *Géographie du sous-développement*. Paris, 1965.

———. *Ibn Khaldoun*. Paris, 1965.

Lacour-Gayet, J., ed. *Histoire du commerce*. 6 vols. Paris, 1950.

Lacroix, J.-L. *Industrialisation au Congo*. Paris, 1966.

Laidler, H. W. *Concentration of Control in American Industry*. New York, 1931.

Lamartine Yates, P. *Commodity Control*. London, 1943.

Lambert, D. *Les inflations sud-américaines*. Paris, 1959.

Lange, O. *Price Flexibility and Equilibrium*. Bloomington, Ind., 1944.

———. "The Theory of the Multiplier." *Economic Review*, 1943.

Lary, H. B. *Imports of Manufactures from Less Developed Countries*. New York, 1968.

Layton, C. *L'Europe et les investissements américains*. Paris, 1968.

———. *Transatlantic Investments*. Paris, 1966.

League of Nations. *Aperçu du commerce mondial*. 1931.

———. *Aperçu de la situation monétaire 1937-1938*. Vol. 1.

———. *La crise agricole*. 1931.

———. *Documents sélectionnés sur la distribution de l'or*.

———. *Economic Stabilization in the Post-War World*. Geneva, 1945.

———. *Enquête sur les accords de clearing*.

———. *L'équilibre monétaire international*.

———. *L'expérience monétaire internationale*. Geneva, 1944.

———. *Industrialisation et commerce extérieur*. Geneva, 1945.

———. *L'inflation, son évolution*.

———. *Mémorandum sur les banques commerciales, 1913-29*.

———. *Premier rapport provisoire de la délégation de l'or à la commission financière de la S.D.N.*

——. *Rapport sur le contrôle des changes.*

——. *Le réseau du commerce mondial.*

Legoyt, A. *La France et l'étranger, études de statistique comparée.* Paris, 1870.

Leontieff, W. "The Use of Indifference Curves in the Analysis of Foreign Trade." *Quarterly Journal of Economics,* 1933.

Lerner, A. P. "The Concept of Monopoly and the Measurement of Monopoly Power." *Review of Economic Studies,* October 1933–June 1934.

——. "The Diagrammatical Representation of Cost Conditions in International Trade." *Economica,* August 1932.

Lescure, J. *Les crises générales et périodiques de surproduction.* Paris, 1932.

——. *Hausses et baisses des prix de longue durée.* Paris, 1933.

Lewis, C. *America's Stake in International Investment.* Washington, D.C., 1938.

Lewis, W. A. *Development Planning.* New York, 1966.

——. "Economic Development with Unlimited Supplies of Labour." *Manchester School,* May 1954. Reprinted in *Economics of Underdevelopment,* edited by A. N. Agarwala and S. P. Singh. New York, 1963.

——. *The Theory of Economic Growth.* London, 1955. Paperback ed. New York, 1970.

Liau, P. *La détermination des taux d'intérêt.* Paris, 1962.

Liebenstein, H. *Economic Backwardness and Economic Growth.* New York, 1957.

Lindhal, E. *Etudes sur la théorie de la monnaie et du capital.* Paris, 1949.

Löbel, E. Lectures (untitled). Duplicated. Institute of Economic Development and Planning, Dakar, 1966.

——. "Liquidités internationales et éléments d'une politique monétaire de l'Afrique." *Le mois en Afrique,* May 1969.

Luas, E. "Economie, tiers-science." *Front,* October 1969.

——. "Problèmes actuels du marché capitaliste." *Front,* September, October, November, 1969.

Lutfalla, G. "Report of the Washington Meeting, 6-18 September 1947." *Econometrica,* January 1948.

Luxemburg, R. *The Accumulation of Capital.* New York, 1968.

Lynch, D. *The Concentration of Economic Power.* New York, 1946.

MacDougal. "Britain's Foreign Trade Problem." *Economic Journal,* March 1947.

Machlup, F. "Elasticity Pessimism in International Trade." *Economia internazionale,* February 1950.

———. *International Trade and the National Income Multiplier.* New York, 1943.

Macrae, N. A. D. "Experiment in Central Banking: A Study of San Domingo's New Bank." *The Banker,* October 1948.

Magdoff, H. *The Age of Imperialism.* New York, 1968.

Malhotra, D. K. *History and Problems of India's Currency, 1835-1949.* Simla, 1949.

Malinvaud. "Les élasticités prix." *Journal de la Société de Statistique de Paris,* May-June 1950.

Malkani. "Post-war Currency System in India." *Indian Journal of Economics,* 1946.

Mandel, E. "La théorie de la valeur-travail et le capitalisme monopolistique." *Critiques de l'économie politique,* no. 1, 1970.

Mandelbaum, K. *Industrialization of Backward Areas.* New York, 1945.

Manoilesco, M. *Théorie du protectionnisme et du commerce international.* Paris, 1939.

Marchal, A. *Systèmes et structures.* Paris, n.d.

Marchal, J. *Le mécanisme des prix.* Paris, 1951.

Marchal, J., and Lecaillon, J. *Les flux monétaires.* Paris, 1966.

Marjolin, R. *Prix, monnaie et production.* Paris, 1941.

Marquez, J. "Notes on Balance of Payments Problems in Relation to Economic Development of Latin America." *Inter-American Economic Affairs,* September 1947.

Mars. "The Monetary and Banking System and Loan Market of Nigeria." In *Mining, Commerce and Finance in Nigeria.* London, 1948.

Marsh. *World Trade and Investments.* New York, 1951.

Marshall, A. *The Pure Theory of Foreign Trade.* 1897.

Mason, E. S. *Foreign Aid and Foreign Policy.* New York, 1964.

Massé. "Pratique et philosophie de l'investissement." *Economie appliquée,* no. 4, 1952.

Matthews. *Trade Cycle.* New York, 1959.

Mauro, F. *L'expansion européenne 1600-1870.* Paris, 1964.

Mauro Marini, R. *Subdesarrollo y revolucion.* Mexico City, 1969.

Meade, J. E. *The Balance of Payments.* New York, 1951.

Mears, L. A. "Private Foreign Investment and Economic Development: Venezuela, Saudi Arabia and Puerto Rico." *Inter-American Economic Affairs,* Summer 1953.

Mendershausen. "The Pattern of Overseas Economic Development in

World War II and Its Significance." *Economia internazionale*, August 1951.

Metzler, L. A. "Graham's Theory of International Values." *Journal of Political Economy*, February 1950.

——. "The Transfer Problem Reconsidered." *Journal of Political Economy*, 1942.

Michalet, C. A. *L'entreprise plurinationale*. Dunod, 1969.

Mikesell, R. F. "Financial Problems of the Middle East." *Journal of Political Economy*, June 1945.

——. "Monetary Problems of Saudi Arabia." *Middle East Journal*, April 1947.

——. "Sterling Area Currencies of the Middle East." *Middle East Journal*, April 1948.

Mikhailevski. "Le système inflationniste de financement des guerres." *Questions d'économie*, 1952.

Mill, J. S. *Principles of Political Economy*. London, 1848.

Ministry of Finance and Economic Affairs. *Essai d'interprétation de la demande de monnaie*. Paris, 1965.

Mireaux, E. *L'organisation du crédit dans les térritoires d'outre-mer*. Paris, 1954.

Modigliani, F. "Liquidity Preference and the Theory of Interest and Money." *Econometrica*, 1944.

"Monetary Systems of the Colonies." *The Banker*, July 1948 and February 1949.

Moret, M. "Contribution à l'étude des termes de l'échange." *Economie contemporaine*, February 1950.

Morgan, T. "The Approach to International Commodity Problems." *Three Banks Review*, March 1959.

——. "A Measure of Monopoly in Selling." *Quarterly Journal of Economics*, 1946.

Mosak, J. L. *General Equilibrium Theory in International Trade*. New York, 1944.

Mosk, S. A. "Latin America and the World Economy, 1850-1914." *Inter-American Economic Affairs*, Winter 1948.

Mossé, E. *Marx et le problème de la croissance*. Paris, 1957.

Moursi, F. *Iqtisadiat al houqoud*. Cairo, 1952.

Mstislasky. "Some Questions Regarding Investment Efficiency." *Sowjetwissenschaft*, no. 4, 1949.

Muhlenfeld, A. "The Netherlands West Indies: A Financial and Economic Survey." *The Banker*, December 1943.

Muller-Plantenberg, U. "Technologie et dépendance." *Critiques de l'économie politique,* no. 3, 1971.

Mumford, L. *Technics and Civilization.* New York, 1934.

Muranjan, S. *Modern Banking in India.* Bombay, 1952.

Myrdal, G. *Asian Drama: An Inquiry into the Poverty of Nations.* New York, 1968.

———. *Industrialisation and Population.* London, 1933.

———. *Monetary Equilibrium.* New York, 1939.

Nadler, M. "American Foreign Investments." *Banca Nazionale del Lavoro Quarterly Review,* January-March 1950.

Nasr, Z. *Essai sur la notion d'inflation.* Paris, 1949.

Neisser, H. "The Nature of Import Propensities and the Multiplier." *Economia internazionale,* August 1949.

Neisser, H., and Modigliani, F. *National Income and International Trade: A Quantitative Analysis.* Urbana, Ill., 1953.

Newlyn, W. T. "The Colonial Banks." In *Banking in the British Commonwealth,* edited by R. S. Sayers. Oxford, 1952.

———. *Money in an African Context.* New York, 1967.

Newlyn, W. T., and Rowan, D. C. *Money and Banking in British Colonial Africa.* Oxford, 1954.

Nicolai, A. *Comportement économique et structures sociales.* Paris, 1960.

Niebyl, K. "What Rights Should the Holder of Money Have." *American Economic Review,* May 1947.

Niveau, M. "L'organisation de la zone sterling et le rôle international de la livre." *Economie appliquée,* January-March 1953.

Noceto, J. D., et al. *El proceso economico del Uruguay.* Montevideo, 1969.

Nogaro, B. *La monnaie et les systèmes monétaires.* Paris, 1945.

———. *La méthode de l'économie politique.* Paris, 1939.

———. *La valeur logique des théories économiques.* Paris, 1947.

Nurkse, R. "International Monetary Equilibrium." In *Essays in International Finance,* 1945.

———. *Patterns of Trade and Development.* Oxford, 1962.

———. *Problems of Capital-Formation in Underdeveloped Countries.* New York, 1967.

OECD (Organization of Economic Cooperation and Development). *Examen 1968, aide du développement, efforts et politiques poursuivis par les membres du comité d'aide au développement.*

———. *Rapports annuels sur les flux internationaux de capitaux.*

Ohlin, B. *Interregional and International Trade*. Rev. ed. Cambridge, Mass., 1967.

Okyar, O. "La théorie keynésienne et les pays sous-développés." *Economie appliquée*, 1951.

Oliver, R., and Matew, G., eds. *History of East Africa*. Oxford, 1963.

Ortiz, R. M. *Historia economica de la Argentina*. Buenos Aires, 1955.

Owen, G. *Industry in the U.S.A.* New York, 1966.

Paish, F. W. "Causes of a Change in Gold Supply." *Economica*, November 1938.

Palloix, C. *Problèmes de la croissance en économie ouverte*. Paris, 1969.

Pandit, Y. S. *India's Balance of Indebtedness, 1898-1913*. London, 1937.

Patinkin, D. "Price Flexibility and Full Employment." *American Economic Review*, September 1948.

Pazos, F. "Economic Development and Financial Stability." In *IMF Staff Papers*, October 1953.

Pearson Report. *Partners in Development*. New York, 1969.

Pelletier, A., and Goblot, J. J. *Matérialisme historique et histoire des civilisations*. Paris, 1969.

Peltzer, E. "Industrialization of Young Countries and the Change in the International Division of Labor." *Social Research*, September 1940.

Pentland, H. C. "The Role of Capital in Canadian Economic Development Before 1875." *Canadian Journal of Economics*, November 1950.

Perronnière. *Les opérations de banque*. Paris, 1954.

Perroux, F. "L'A.I.O.C. et les effets de domination." *Economie appliquée*, 1952.

——. "Les espaces économiques." *Economie appliquée*, 1950.

——. "Esquisse d'une théorie de l'économie dominante." *Economie appliquée*, 1952.

Peyret, H. *La stratégie des trusts*. Paris, 1966.

Phelps. *The International Economic Position of Argentina*. Philadelphia, 1938.

Pigou, A. C. *The Economics of Welfare*. 1920. Reprint ed. London, 1952.

——. *Wealth and Welfare*. 1912.

Pinto, A. "Structure économique, productivité et salaires en Amérique latine." Colloquium, Egelund, Denmark, 23-27 October 1967.

Plumptre, A. F. W. *Central Banking in the British Dominions*. Toronto, 1940.

Polak, J. J. "Balance-of-Payments Problems of Countries Reconstructing with the Help of Foreign Loans." *Quarterly Journal of Economics,* February 1943.

———. *An International Economic System.* London, 1954.

Polak, J. J., and Chang, T. "Effects of Exchange Depreciation." *IMF Staff Papers,* February 1950.

Porter, R. S. "Buffer Stocks and Economic Stability." *Oxford Economic Papers,* January 1950.

Poulantzas, N. *Pouvoir politique et classes sociales.* Paris, 1958.

Pradel. "L'optimum d'investissement." *Revue d'économie politique,* no. 3, 1953.

Preobrazhensky, E. A. *The New Economics.* 1926. English ed. New York, 1965.

Prest, A. R. *War Economics of Primary Producing Countries.* Cambridge, 1948.

Prokopovicz, S. N. *L'industrialisation des pays agricoles et la structure de l'économie mondiale après la guerre.* Neuchâtel, 1946.

Prou. *Origines et formes récentes de la théorie du multiplicateur d'investissement.* Thesis. Paris, 1948.

Raj. *The Monetary System of Egypt.* London, 1935.

Ranger, T. O., ed. *Aspects of Central African History.* Evanston, Ill., 1968.

Rao. "Deficit Financing, Capital Formation and Price Behaviour in an Underdeveloped Economy." *Indian Economic Review,* February 1953.

———. "Full Employment and Economic Development." *Indian Economic Review,* August 1952.

———. "Investment Income and the Multiplier in Underdeveloped Economies." *Indian Economic Review,* February 1952.

Raulin, H. *La dynamique des techniques agraires en Afrique tropicale du nord.* Paris, 1967.

———. *Techniques et bases socio-économiques des sociétés rurales nigériennes.* Paris, 1966.

Reynolds, L. G., and Gregory, P. *Wages, Productivity and Industrialization in Puerto Rico.* New York, 1965.

Riad, H. *L'Egypte nassérienne.* Paris, 1964.

Richta, R. *La civilisation au carrefour.* Paris, 1969.

Rieffer, W. W. "A Proposal for an International Buffer Stock Agency." *Journal of Political Economy,* December 1946.

Rippy, J. F. "The British Investment 'Boom' of the 1880s in Latin American Mines." *Inter-American Economic Affairs,* March 1948.

Rist, C. *Histoire des doctrines relatives au crédit et à la monnaie depuis John Law jusqu'à nos jours.* Paris, 1938.

———. "Quelques définitions de l'épargne." *Revue d'économie politique,* 1921.

———. *Qu'est-ce que la monnaie?* Paris, 1920.

Robbins. *Essay on the Nature and Significance of Economic Science.* 1932.

Robertson, D. H. *Money.* Cambridge, England, 1947.

———. "Mr. Keynes and the Rate of Interest." In *Essays in Monetary Theory.* 1940.

Robinson, J. "The Classification of Inventions." *Review of Economic Studies,* 1937-1938.

———. *The Economics of Imperfect Competition.* London, 1933.

———. *An Essay on Marxian Economics.* 2d ed. New York, 1966.

———. *Essays in the Theory of Employment.* London, 1937.

———. "The Foreign Exchange." In *Essays in the Theory of Employment,* op. cit.

———. "The Generalisation of the General Theory." In *The Rate of Interest and Other Essays.* London, 1952.

———. "Imperfect Competition and Falling Supply Price." *Economic Journal,* 1932.

———. "Notes on the Economics of Technical Progress." In *The Rate of Interest and Other Essays,* op. cit.

Rodney, W. "African Slavery and Other Forms of Social Oppression on the Upper Guinea Coast in the Context of the Atlantic Slave Trade." *Journal of African History,* no. 3, 1966.

Rosenberg, W. "Banking in a 'Dependent' Economy: New Zealand and Eire Compared." *The Banker,* October 1947.

Rostas, L. "Industrial Production, Productivity and Distribution in Britain, Germany and the United States, 1935-37." *Economic Journal,* April 1943.

Rostow, W. W. *The Stages of Economic Growth.* 2d ed. New York, 1971.

Rothschild, K. W. "The Degree of Monopoly." *Economica,* 1942.

Rottenberg, S. "Note on 'Economic Progress and Occupational Distribution.'" *Review of Economics and Statistics,* May 1953.

Rowan, D. "Banking Adaptation in the Gold Coast: A Critique of the Recent Report by Sir Cecil Trevor, C.I.E." *South African Journal of Economics,* December 1952.

———. "Banking in Nigeria: A Study in Colonial Financial Evolution."

Banca Nazionale del Lavoro Quarterly Review, July-September 1952.

——. "The Native Banking Boom in Nigeria." *The Banker,* October 1951.

Rowe, J. W. F. *Markets and Men.* Cambridge, England, 1936.

Rowthorn, R. "Capitalism Since the War." Duplicated. Tilburg Conference, 1970.

Royal Institute of International Affairs. *The Problem of International Investment.* Oxford, 1937.

Rudloff, M. *Economie politique du Tiers Monde.* Paris, 1968.

Ryelandt, B. *L'inflation congolaise, 1960-1968.* Forthcoming.

——. *L'inflation en pays sous-développés. Origines, mécanismes de propagation et effets réels des pressions inflatoires et des opérations de stabilisation au Congo, 1960-1969.* Thesis. Kinshasa, 1969.

Saccheti. "Bilancia dei pagamenti dei paesi in sviluppo." *L'industria,* no. 4, 1950.

Sachs, I. "Environmental Quality, Management and Development Planning." Duplicated. A contribution at the United Nations Conference on the Environment, Geneva, 1971.

Salant, W. S. "The Domestic Effects of Capital Export Under the Point Four Program." *American Economic Review,* May 1950.

Salter, A. *Foreign Investment.* Princeton, N.J., 1951.

Sammarco, A. *Précis d'histoire de l'Egypte.* Vol. 4. Cairo, 1935.

Samuelson, P. A. *Economics.* 8th ed. New York, 1970.

——. "The Gains from International Trade." *Canadian Journal of Economics and Political Science,* May 1939.

——. "The Price of Factors." *Economic Journal,* June 1948-June 1949.

Sartre, L. *Esquisse d'une théorie marxiste des crises périodiques.* Paris, 1937.

Saxton, C. C. *The Economics of Price Determination.* London and New York, 1942.

Sayers, R. S., ed. *Banking in the British Commonwealth.* Oxford, 1952.

Scheffer. "La banca nei paesi sottosviluppati." *Bancaria,* 1955.

Schiff, E. "Direct Investment, Terms of Trade, and Balance of Payments." *Quarterly Journal of Economics,* February 1942.

Schlesinger, E. R. *Multiple Exchange Rates and Economic Development.* Princeton, N.J., 1952.

Schloss, H., and Millner, H. "Banking Without a Central Bank: A Review of Experience in Palestine." *The Banker,* April 1948.

Schmitt, H. O. *Monetary Policy and Social Conflict in Indonesia.* Berkeley, Calif., 1969.

Schumann, C. G. W. "Aspects of the Problem of Full Employment in South Africa." *South African Journal of Economics,* June 1948.

Schumpeter, J. A. *The Theory of Economic Development.* 1934.

Schurmann, F. *Ideology and Organization in Communist China.* 2d ed. Berkeley, Calif., 1968.

Scitovszky, T. de. "A Reconsideration of the Theory of Tariffs." *Review of Economic Studies,* Summer 1942.

Seers, D. "A Theory of Inflation and Growth in Underdeveloped Economies." *Oxford Economic Papers,* 1962.

Sen, A. K. *Choice of Techniques.* 3d ed. New York, 1968.

Sen, S. *Central Banking in Underdeveloped Money Markets.* Calcutta, 1952.

Shannon, H. A. "Evolution of the Colonial Sterling Exchange Standard." *IMF Staff Papers,* April 1951.

———. "The Modern Colonial Sterling Exchange Standard." *IMF Staff Papers,* April 1952.

Shenoy, B. R. "The Currency, Banking and Exchange System of Thailand." *IMF Staff Papers,* September 1950.

Simkin, C. G. F. *The Instability of a Dependent Economy: Economic Fluctuations in New Zealand, 1840-1914.* London, 1951.

Singer, H. W. "The Distribution of Gains Between Investing and Borrowing Countries." *American Economic Review,* May 1950.

———. *Distribution of Gains from Trade and Investments, Revisited.* Duplicated. Brighton, England, 1971.

Singh. "Monetary Standard in India." *Indian Economic Journal,* July 1953.

Smith, A. D. "Aperçu général des tendances des salaires dans les pays en voie de développement." Colloquium, Egelund, Denmark, 23-27 October 1967.

Spiegel, H. W. *The Brazilian Economy: Chronic Inflation and Sporadic Industrialization and Inflation.* Philadelphia, 1949.

Sraffa, P. *Production of Commodities by Means of Commodities.* New York, 1960.

Staley, E. *World Economic Development: Effects on Advanced Industrial Countries.* Montreal, 1944.

Stamp, L. D. *Our Undeveloped World.* London, 1953.

Stavenhagen, R. *Les classes sociales dans les sociétés africaines.* Paris, 1969.

——. "Seven Erroneous Theses About Latin America." In *Agrarian Problems and Peasant Movements in Latin America,* edited by R. Stavenhagen and O. Feinstein. New York, 1973.

Steindl, J. *Maturity and Stagnation in American Capitalism.* Oxford, 1952.

Stopler, W. F. "A Note on the Multiplier." *Economia internazionale,* August 1950.

Stopler, W. F., and Samuelson, P. A. "Protection and Real Wages." *Review of Economic Studies,* November 1941.

Sunkel, O. "Intégration capitaliste transnationale et désintégration nationale en Amérique latine." *Politique étrangère,* no. 6, 1970.

Sutcliffe, R. B. "Outlook for Capitalism in the Seventies: the Peripheral Capitalist Countries." Duplicated. Tilburg Conference, 1970.

Sweeny, T. D. "The Mexican Balance of Payments, 1947-1950." *IMF Staff Papers,* April 1953.

Sweezy, P. "On the Definition of Monopoly." *Quarterly Journal of Economics,* 1937.

——. *The Theory of Capitalist Development.* New York, 1942.

Sweezy, P. M., et al. *The Transition from Feudalism to Capitalism.* A Symposium. New York, 1954.

Szereszewski, R. *Structural Changes in the Economy of Ghana, 1891-1911.* London, 1965.

Tamagna, F. M. *Banking and Finance in China.* New York, 1942.

Tanzer, M. *The Political Economy of International Oil and the Underdeveloped Countries.* Boston, 1970.

Taussig, F. W. "The Change in Great Britain's Foreign Terms of Trade After 1900." *Economic Journal,* 1925.

——. *International Trade.* New York, 1927.

Tavarès, M. C. "Auge y declinacion del processo de substitucion de importaciones en el Brasil." *Bol. Ec. de America Latina,* 1964.

Terray, E. *Marxism and "Primitive" Societies.* New York, 1972.

Thomas, P. J. "India in the World Depression." *Economic Journal,* September 1935.

Thorner, D. *Investment in Empire.* Philadelphia, 1950.

Tinbergen, J. *Business Cycles in the United Kingdom, 1870-1914.* Amsterdam, 1951.

——. *International Economic Integration.* New York, 1963.

——. "Some Measurements of Elasticities of Substitution." *Review of Economics and Statistics,* August 1946.

——. "Some Remarks on the Problem of Dollar Scarcity." A speech at the meeting of the Econometric Society, Washington, D.C., 1947.

Triantis, S. G. "Cyclical Changes in the Balance of Merchandise Trade of Countries Exporting Chiefly Primary Products." *American Economic Review*, March 1952.

———. "Economic Progress, Occupational Redistribution and the Terms of Trade." *Economic Journal*, September 1953.

Triffin, R. *Gold and the Dollar Crisis.* Rev. ed. New Haven, Conn., 1961.

———. "Monetary Development in Latin America." *Federal Reserve Bulletin*, June 1945.

Tsuru, S. "Economic Fluctuations in Japan, 1868-93." *Review of Economics and Statistics*, November 1941.

———. "On Reproduction Schemes." Appendix to *The Theory of Capitalist Development*, by Sweezy. New York and London, 1942.

Tucker, R. "The Degree of Monopoly." *Quarterly Journal of Economics*, 1940.

Tyszynski, H. "Economics of the Wheat Agreement." *Economica*, February 1949.

U.N.O. *Annuaire du commerce international.*

———. *Commodity Trade and Economic Development.*

———. *Demographic Yearbook.*

———. *Le développement de l'économie de marché en Afrique tropicale.* New York, 1954.

———. *The Economic Development of Latin America and Its Problems.*

———. *Economic Development of the Middle East, 1945 to 1954.*

———. *Economic Survey of Latin America, 1948.*

———. *Etude sur le commerce Asie-Europe.*

———. *Foreign Capital in Latin America.*

———. *Formulation and Economic Appraisal of Development Projects* 1951: 11: B4.

———. *Growth and Stagnation in the European Economy.* 1954.

———. *Inflationary and Deflationary Tendencies 1946-1948.*

———. *Instability in Export Markets of Under-developed Countries.* September 1952, II: A 1.

———. *International Flow of Private Capital.*

———. *International Flow of Private Capital 1946-52.* II, 5.

———. *Measures for the Economic Development of Underdeveloped Countries.* New York, 1951.

———. *Measures for Economic Stability.* 1951. 51 II A 2.

———. *Mesures prises par les gouvernements en matière de chômage, d'inflation et de balance de paiements, 1951-52.*

———. *Méthodes et problèmes de l'industrialisation des pays sous-développés.*

———. *Mission to Haiti.*

———. *Mobilization of Domestic Capital in Certain Countries of Asia and the Far East.* 1951. II, F 3.

———. *Les mouvements internationaux de capitaux entre les deux guerres.*

———. *National Income and Expenditure.*

———. "On the Establishment of Certain Small Loan Banks by Government, with Special Reference to the Experience in Indonesia." *Economic Bulletin, E.C.A.F.E., UNO,* 2nd quarter, 1951.

———. *Prix relatifs des importations et des exportations des pays insuffisament développés.*

———. *Progrès de la réforme agraire.*

———. *The Public Debt.* 1948. XVI 1.

———. *Public Finance Surveys, Foreign Capital in Latin America.*

———. *Report of the U.N. Mission to Chile, 1949-50* 2, no. B 6, 1951.

———. *Le revenu national et sa distribution dans les pays insuffisament développés.*

———. *Scope and Structure of Money Economies in Tropical Africa.* 55 II C 3, 4.

———. *Statistics of National Income and Expenditure* series H. no. 7.

———. *Survey of Current Inflationary and Deflationary Tendencies.*

———. *Tendances et politiques des balance des paiements, 1950-51.*

United Africa Co., Ltd. "The West African Currency Board." *Statistical and Economic Review,* September 1951.

Venkatasubbiah, H. *The Foreign Trade of India, 1900-1940.* New Delhi, 1946.

Vilelaluz, N. *A ·luta pela industrialização do Brasil, 1808-1930.* São Paulo, 1961.

Vinelli, P. "The Currency and Exchange System of Honduras." *IMF Staff Papers,* April 1951.

Viner, J. *Canada's Balance of International Indebtedness, 1900-1913.*

———. *International Trade and Economic Development.* Oxford, 1953.

———. *Studies in the Theory of International Trade.* London, 1937.

Visine, F. *La transmission des fluctuations économiques par le commerce extérieur.* Thesis. Paris, 1953.

von Burg, W. *La politique des cours différentiels de change selon les pays.* Geneva, 1953.

Von Mises, L. *Theory of Money and Credit.* 1934. Reprint ed. New York, 1971.

Wallace, D. H. "Monopoly Prices and Depression." In *Explorations in Economics: Notes and Essays Contributed in Honor of F. Taussig.* New York, 1936.

Wallich, H. C. *The Monetary Problems of an Export Economy.* Cambridge, England, 1950.

——. "Underdeveloped Countries and the International Monetary Mechanism." In *Money, Trade and Economic Growth,* edited by H. G. Johnson. New York, 1951.

Warburton, C. "The Misplaced Emphasis in Contemporary Business Fluctuation Theory." In *Readings in Monetary Theory,* edited by F. A. Lutz and L. N. Mints. New York, 1951.

——. "The Secular Trend in Monetary Velocity." *Quarterly Journal of Economics,* February 1949.

Ward, B; d'Anjou, L; and Runnels, J. D., eds. *The Widening Gap: Development in the 1970s.* New York, 1971.

White, H. D. *French International Accounts, 1880-1913.* Cambridge, England, 1933.

Whitman, R. H. "A Note on the Concept of Degree of Monopoly." *Economic Journal,* 1941.

Whittlesey, C. R. "The Stevenson Plan: Some Conclusions and Observations." *Journal of Political Economy,* February-December 1931.

Wicksell, K. *Interest and Prices.* London, 1936.

Wightman, D. "The Sterling Area—Part 1: Origins and Development." *Banca Nazionale del Lavoro Quarterly Review,* April-June 1951.

Wilff. "Liaison entre prix et monnaie." *Revue d'économie politique,* 1934.

Williams, E. *Capitalism and Slavery.* 1944.

Williams, J. H. *Argentine International Trade Under Inconvertible Paper Money, 1880-1900.* Cambridge, England, 1920.

Wilson, R. "Australian Capital Imports, 1871-1930." *Economic Record,* May 1931.

——. *Capital Imports and the Terms of Trade.* Melbourne, 1931.

Wood, G. L. *Borrowing and Business in Australia.* London, 1930.

Wood, R. C. "Tucker's Reasons for Price Rigidity." *American Economic Review,* December 1938.

Woodruff, W. *Impact of Western Man.* New York, 1967.

Wu, C. Y. *An Outline of International Price Theories.* London, 1937.

Wu, Y. L. "International Capital Investments and the Development of Poor Countries." *Economic Journal,* March 1946.

Wythe, G. *Industry in Latin America.* New York, 1949.

Yakemtchouk, R. *Assistance économique et pénétration industrielle des pays de l'Est en Afrique.* Kinshasa, n.d.

Young. "Saudi Arabian Currency and Finance." *Middle East Journal,* April 1947.

Zakaria, I. *Change, commerce extérieur et équilibre économique international d'après la doctrine et les expériences françaises, 1919-1950.* Thesis. Paris, 1953.

人名译名对照表

A

Amin，Samir	萨米尔·阿明
Angell	安吉尔
Arrighi，Giovanni	乔瓦尼·阿里吉
Ady	艾迪
Aliènes	阿利埃尼
Aftalion	阿弗塔利翁
Aujac	奥雅
Akmen	艾克曼
Allen	艾伦
Anstey	奥斯特
Awad	阿瓦德
Adekunle	阿德肯尔
Abdallah，Ismail	伊斯梅尔·阿卜达拉赫

B

Baran，Paul	保罗·巴兰
Byé，Maurice	莫里斯·比耶
Bortkiewicz	波凯维兹
Bastable	巴斯台布尔
Bettelheim	贝特兰
Boukharine，N	N. 布哈林
Bean	比恩
Borenstein	博伦斯泰因
Beri	贝里
Brown	布朗
Bischoffsheim	比朔夫斯海默
Bertin，Gilles，y	吉尔·y. 贝尔坦
Bowley	鲍利
Benard，J	J. 贝纳尔
Bairoch，Paul	保罗·贝罗赫
Bruton	布鲁顿
Burg，Wolfram. Van	沃尔夫拉姆·冯·布格
Bienaymé，A	A. 比昂亚梅
Baster	巴斯特
Booker	布克
Bresciani	布雷夏尼
Bregnel	布雷涅尔
Biacabe，P	P. 比亚卡伯
Barret	巴雷

Backman	巴克曼
Burns	伯恩
Bernstein	伯恩斯坦
Bronfenbrenner	布龙芬布雷纳
Berkeley	伯克利
Blowers	布洛尔斯

C

Chi Yun Wu	迟云吾
Calcaterra	卡尔卡泰拉
Chang	常
Chabert，A	A. 夏贝尔
Clark，Colin	科林·克拉克
Creamer	克里默
Coquery-Vidrovitch，	卡特琳·科
Cathérine	克里·维德罗维奇
Cacoste，Yves	伊夫·拉科斯特
Condliffe	康德利夫
Cox，Oliver C	奥利弗·C. 考克斯
Cairncross	卡恩克罗斯
Cleona	克莱奥纳
Chamberlin	张伯林
Cassel	卡赛尔
Courtin	考廷
Cannan	坎南
Clauson	克劳森

Clamers	克拉默
Crouchley	克劳奇利
Caribbean	卡里贝恩
Condillac	康迪拉

D

Denis，H	H. 德尼
Dobrovolsky	多勃罗沃尔斯基
d'Alauro，O	O. 达劳罗
Durand，D	D. 迪朗
Dobretsberger	多布勒茨伯格
Dorrance	多兰斯
Dragoslav	德拉戈斯拉夫

E

Emmanuel，A	A. 埃马纽埃尔
Ellsworth	埃尔斯沃斯
Edgeworth	埃奇沃斯
Ewing，Arthur	阿瑟·埃温
Engler，Robert	罗伯特·恩格尔
Ellis	埃利斯
Exter	埃克斯特

F

Frankel	弗兰克尔

Frank，A. G.	A. G. 弗朗克
Feis	菲斯
Fruhling	弗吕林
Fellner	弗尔纳
Friedman，Milton	米尔顿·费里德曼
Ferronière	费罗尼埃尔
Félix，D	D. 费利克斯
Fitch，Bob	鲍勃·菲奇
Furtado，Celso	塞尔索·富尔塔多
Forté	伏尔泰
Flamant	弗拉曼特
Ferrer	费勒

G

Graham	格雷厄姆
Goncol	贡戈尔
Goschen	戈申
Gruson	格鲁森
Grove	格罗夫
Greaves，I	I. 格里夫斯

H

Hume	休谟
Haberler	哈勃勒
Hicks	希克斯

Heckscher，Eli	伊利·赫克歇尔
Horovit	霍罗卫特
Hirschman	希尔施曼
Hubbard	哈伯德
Hobson，C. K.	C. K. 霍尔森
Hobson，J. A.	J. A. 霍布森
Heaton	希顿
Harrod	哈罗德
Hawtrey	霍特里
Hansen	汉森
Hazlewood	黑兹尔伍德
Hall	霍尔
Hitch	希契
Horsefield	霍斯菲尔德
Haupt	汉普特

I

Imlah	伊姆拉赫
Iversen，Carl	卡尔·艾弗森
Ismail	伊斯梅尔
Issawi	伊萨维

J

Jalée，Pierre	皮埃尔·雅雷
Jathar	贾瑟

Jewkes	鸠克斯
Jenks	詹克斯
Jayawardena	贾亚瓦德纳
James	詹姆斯

K

Kaldor	卡尔多
Kuznets	库兹涅茨
Kindleberger	金德尔伯格
Khaldoun，Ibn	伊本·哈勒顿
Knight	奈特
Keynes	凯恩斯

L

Lénine	列宁
Lerner	勒纳
Leontieff，W	W. 里昂惕夫
Luxembourg，Rosa	罗莎·卢森堡
Lewis，W. A.	W. A. 刘易斯
Lary，Hal B.	哈尔·B. 拉里
Layton，Christopher	克里斯托弗·莱顿
Lange	朗格
Lainé，Bloch	布洛克·莱内
Löbel，Eli	伊利·勒贝尔
Lindhal	林德哈尔

Lundberg	隆德贝格
Lecaillon	勒凯荣
Lescure	莱斯居尔
Leod，Marc	马可·列奥

M

Marx	马克思
Metzler	梅斯勒
Mill，Stuart	斯图尔特·穆勒
Marshall，A	A. 马歇尔
Modigliani	莫迪格里安尼
Magdoff，Harry	哈里·马克道夫
Moret	莫雷
Manoilesco	马诺伊莱斯科
Mossé，E	E. 莫塞
Mosk	莫斯克
Marsh	马什
Mason，Edward S	爱德华·S. 梅森
Mises	米赛斯
Marchal，J	J. 马夏尔
Moursi，Fouad	福阿德·穆尔西
Myrdal	米尔达尔
Marjolin	马乔林
Mikesell	米克赛尔
Malkani	马尔加尼
Muhlenfeld	米伦菲尔德

P

Palloix，Christian	克里斯莱昂·帕鲁瓦
Preobrazhensky	普列奥勃拉真斯基
Polak	波拉克
Prebisch，Paul	保罗·普雷比什
Peltzer	佩尔策
Prokopovicz	普罗科波维耶
Pigou	皮古
Perroux，François	弗朗索瓦·贝胡
Peyret，H	H. 皮里
Patinkin，Don	唐·帕廷金
Plau	普劳
Paish	佩什
Plumptre	普伦普特里
Patel	佩特尔
Pazos	帕左斯
Prest	普雷斯特
Pinto	平托

R

Ricardo	李嘉图
Rachmuth	拉姆特
Rowan	罗恩
Richta，Radovan	拉多芬·里奇塔

Rippy	里比
Robinson，J	J. 鲁滨逊
Rist	李斯特
Roberson	罗伯特
Riad	里德
Ryelandt，B	B. 拉伊隆德
Raj	拉吉
Rosenberg	罗森贝格
Rurand	鲁兰德
Rao	拉奥

S

Sweezy，p	P. 斯威齐
Samuelson	萨缪尔森
Smith，Adam	亚当·斯密
Saul，J. S.	J. S. 索尔
Singer	辛格
Staley	斯特利
Stopler	斯托普勒
Sammarco，Angelo	安杰洛·萨马尔科
Scitovszky	西托夫斯基
Schlesinger	施勒辛格尔
Schumpeter	熊彼特
Seers，Dudley	达德利·西尔斯
Sultan，Fouad	福阿德·素丹
Shannon	香农

Shenoy	申赛
Spiegel	施皮格尔
Sayers	塞耶斯
Sen	森
Scheffer	谢弗
Schloss	施洛斯
Schmitt	施米特
Simla	欣拉

T

Taussig	陶西格
Tinbergen	丁伯根
Triantis	特里安蒂斯
Thorner	索纳
Tanzer，Michael	迈克尔·坦泽
Torrès，Colon	科隆·托雷斯
Triffin	特里芬
Tamagna	塔马尼亚
Tantzala	坦扎拉
Turoni	图罗尼
Tucker	塔克

U

Urbana	乌尔巴那

V

Viner，J	J. 文纳
Venkatasubbiah	文卡塔苏比亚
Vinelli	维内利

W

Weisser	维赛尔
Woodruff，William	威廉·沃德鲁夫
Withers	威瑟斯
Wicksell	魏克赛尔
Waburton	瓦伯顿
Wallich	瓦利希
Wightman	怀特曼
Wilff	维夫
Wallace	华莱士
Wood	沃德

Y

Young	扬

译后记

　　本书的作者萨米尔·阿明于 1931 年出生在埃及，1957 年在法国巴黎大学获得经济学博士学位，1957～1963 年先后在一些非洲和阿拉伯国家担任政府高级经济顾问，1963～1970 年担任法国普瓦蒂埃大学、巴黎大学和塞内加尔达喀尔大学的教授。此后，他还担任过联合国非洲计划和发展研究所所长、联合国非洲未来战略局的主要负责人。他从 20 世纪 50 年代开始研究经济发展理论，发表过数十部学术专著，是世界著名经济学家、"依附论"的创立者之一和"西方马克思主义"的一位代表人物，至今仍活跃在国际学术舞台。

　　《世界规模的积累》是萨米尔·阿明的主要代表作，也是"依附论"的一部奠基之作。作者在这本书中对"依附论"进行了精心构建和系统阐述。他通过对李嘉图以来各种经济学理论的扬弃，并把"外围"的剩余价值外流与马克思主义关于资本原始积累的理论相结合，为其"依附论"的创立奠定了理论基础。他认为，资本主义世界是一个由"中心"和"外围"两种"社会经济形态"构成的体系。在这个体系中，"中心"利用不平等的国际劳动分工剥削"外围"，从而实现其世界规模的资本积累；而"外围"的经济发展则因此被"滞阻"，并处于对"中心"的依附地位。在作者看来，这是发达与"欠发达"的根本原因，"欠发达"国家只有摆脱这种依附关系，才能获得经济发展。

国际学界对"依附论"固然褒贬不一，但萨米尔·阿明及其代表作《世界规模的积累》享有显著的学术地位，并曾对一批发展中国家，特别是非洲和阿拉伯国家的发展实践产生显著影响。这本书1970年在法国用法文第一次出版后，很快销售一空，以后多次再版，并从1974年起被翻译成英文出版，在世界各国广为发行。至今，这本书仍在许多国家的经济发展问题教学与研究中被列为重要参考书，也是人们了解"西方马克思主义"思潮的一扇窗口。

我们翻译这本书，始于20世纪80年代。当时，杨明柱和我还分别是北京大学和中国社会科学院的年轻研究人员，虽然涉足发展问题研究的时间未久，已经感受到"依附论"对发展中国家发展战略的影响，于是产生了翻译一部"依附论"代表作的想法，并选中了萨米尔·阿明的《世界规模的积累》。李宝源是中联部资深的法语翻译专家，对非洲发展问题相当熟悉，他的加盟使我们信心倍增。然而，1988年我们完成全书翻译后，联系出版一直不顺利。直到2008年，承蒙中国社会科学院王立强教授的热情推荐，这本译著获得中国社会科学院世界社会主义研究中心的出版资助并被列入"世界社会主义研究丛书"出版项目，尘封20年的译稿才得以付梓。

我们奉献给读者的《世界规模的积累》中文版，最初是根据1978年法文版翻译的。其中杨明柱翻译第二章和再版后记，李宝源翻译序言、第四章和第五章，我翻译第一章和第三章，全书由李宝源校订。后应社会科学文献出版社编辑的建议，我又参照1974年英文版对全书一些章节的译文进行了校订，并翻译了作者为中文版撰写的序言。由于译者水平所限，不当之处在所难免，敬请读者指正。

杨 光

2008年10月6日

中国社会科学院西亚非洲研究所

图书在版编目（CIP）数据

世界规模的积累：欠发达理论批判／（埃及）萨米尔·阿明（Samir Amin）著；杨明柱，杨光，李宝源译．－－北京：社会科学文献出版社；重庆：重庆出版社，2016.12

（国外马克思主义和社会主义研究丛书）

书名原文：Accumulation on a World Scale：A Critique of the Theory of Underdevelopment

ISBN 978 - 7 - 5097 - 5463 - 4

Ⅰ.①世…　Ⅱ.①萨…　②杨…　③杨…　④李…　Ⅲ.①发达国家 - 国际经济关系 - 发展中国家 - 研究　Ⅳ.①F114.44

中国版本图书馆 CIP 数据核字（2016）第 283413 号

国外马克思主义和社会主义研究丛书

世界规模的积累
——欠发达理论批判

著　　者／［埃及］萨米尔·阿明
译　　者／杨明柱　杨　光　李宝源
校　　者／李宝源　杨　光

出 版 人／谢寿光
项目统筹／祝得彬
责任编辑／刘　娟
装帧设计／刘沂鑫　刘　颖

出　　版／社会科学文献出版社
　　　　　地址：北京市北三环中路甲 29 号院华龙大厦　邮编：100029
　　　　　网址：www. ssap. com. cn
　　　　　重庆出版社
　　　　　地址：重庆市南岸区南滨路 162 号 1 幢　邮编：400061
　　　　　网址：www. cqph. com
发　　行／重庆出版集团图书发行有限公司
印　　装／三河市东方印刷有限公司

规　　格／开本：787mm × 1092mm　1/16
　　　　　印张：43　字数：555 千字
版　　次／2016 年 12 月第 2 版　2016 年 12 月第 1 次印刷
书　　号／ISBN 978 - 7 - 5097 - 5463 - 4
著作权合同
登 记 号／图字 01 - 2008 - 2429 号
定　　价／158.00 元

本书如有印装质量问题，请与读者服务中心（010 - 59367028）联系